Die großen Kathedralen

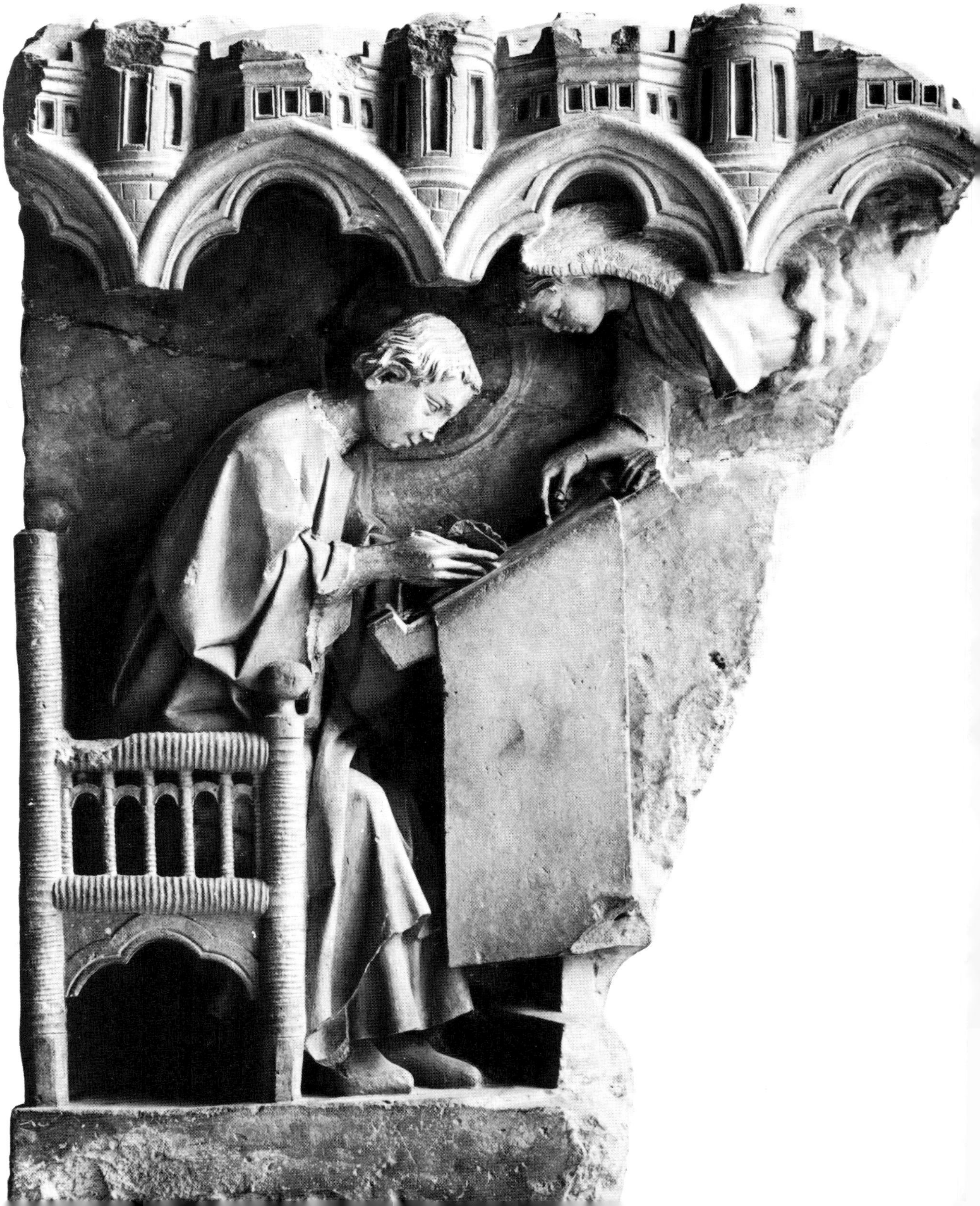

Wim Swaan

Die großen Kathedralen

Albi Amiens Bourges Burgos Canterbury Chartres Coutances Ely Florenz Freiburg Gloucester Köln Laon Leon Lincoln Mailand Orvieto Palma de Mallorca Pamplona Paris Peterborough Reims Regensburg Rouen Salisbury Sevilla Siena Straßburg Toledo Ulm Wells Wien York

DUMONT

Übertragen aus dem Englischen von Herbert Frank

Die Deutsche Bibliothek – CIP-Einheitsaufnahme
Swaan, Wim:
Die grossen Kathedralen : Albi, Amiens, Bourges, Burgos, Canterbury, Lincoln, Mailand, Orvieto, Palma de Mallorca, Pamplona, Paris, Peterborough, Reims, Regensburg, Rouen, Salisbury, Sevilla, Siena, Strassburg, Toledo, Ulm, Wells, Wien, York / Wim Swaan. [Übertr. aus dem Engl. von Herbert Frank]. – Unveränd. Nachdr. – Köln : DuMont, 1996
  ISBN 3-7701-3817-1

NE: HST

Alle Rechte für alle Länder: Paul Elek Productions Ltd., London
© 1969 für die deutschsprachige Ausgabe:
Verlag M. DuMont Schauberg, Köln
© 1996 für die Sonderausgabe: DuMont Buchverlag, Köln
Alle deutschsprachigen Rechte vorbehalten

Printed in Italy by Amilcare Pizzi

ISBN 3-7701-3817-1

Vorsatz vorn
Zwei Originalzeichnungen der Westfassade des Straßburger Münsters. Links: Detailzeichnung aus der Zeit um 1300, genauer ausgeführte Version der frühesten Zeichnung aus der Zeit um 1275. Rechts: Der Giebel über dem Mittelportal mit dem Baudekor der 'Löwen von Juda', Meister Michael Parler zugeschrieben, um 1385. Straßburg, Musée de l'Œuvre Notre Dame

Vorsatz hinten
Zwei Zeichnungen aus dem Skizzenbuch des Villard de Honnecourt. Links: Bauplan einer Apsis und liegende Figur. Rechts: Figuren, »der Kunst der Geometrie gemäß konstruiert«. Paris, Bibliothèque Nationale

Schutzumschlag vorn
Detail der großen nördlichen Fensterrose von Notre-Dame, Paris

Schutzumschlag hinten
Kathedrale von Reims, Blick nach Westen

1 (Titelbild) *Der hl. Matthäus schreibt nach dem Diktat des Engels.* Vom Lettner der Kathedrale zu Chartres, Mitte 13. Jh. Paris, Musée du Louvre

2 *Madonna mit dem Kind.* Detail einer besonders seltenen und kostbaren Holzplastik von Andrea Pisano, Mitte 13. Jh. Orvieto, Museo dell' Opera del Duomo

Vorwort

Der Schatz an großen Kirchen, den uns die Gotik hinterlassen hat, ist so reich, daß wir vieles unerbittlich eliminieren mußten, sollte unser Buch nicht ein bloßer Katalog von Fakten und Daten werden. Wir beschränkten uns auf Kathedralen im eigentlichen Sinne – Kirchen, welche die *cathedra*, den Thron eines Bischofs, beherbergen – und verzichteten, wenn auch ungern, auf große Wallfahrtskirchen wie Saint-Denis und Westminster Abbey, San Francesco in Assisi und Santa Croce in Florenz, die Elisabethkirche in Marburg und die strengen, aber eindrucksvollen Backsteinkirchen in Norddeutschland und dem Baltikum wie auch auf die einzigartigen Schönheiten der portugiesischen Gotik.

Trotzdem standen wir vor einem solchen Überfluß, vor allem in Frankreich und England, daß uns die Wahl schwer fiel. Wir sahen uns genötigt, manches auszulassen, was uns persönlich teuer ist. Wir meinten, richtig zu handeln, indem wir 33 Kathedralen herausstellten. Diese Auswahl ermöglichte uns in Text und Illustration eine intensive Behandlung des Stoffes, und sie ist auch repräsentativ genug, um dem Leser die bautechnische und ästhetische Entwicklung der gotischen Kathedrale anschaulich zu machen.

Besonderen Nachdruck legten wir auf die Abwandlungen, die das *opus francigenum* unter verschiedenen Witterungsverhältnissen – der Winterkälte in Wien oder der Hitze in Sevilla – und aufgrund des schon zutage tretenden Nationalcharakters erfuhr.

Zu den größten Leistungen gotischer Architektur gehörte ihre Fähigkeit, die Baukunst mit den anderen Künsten, vor allem der Skulptur und der Glasmalerei, zu integrieren. Die ausgewählten Kathedralen sind besonders reich an diesen und anderen Kunstwerken, und die vielen Illustrationen gestatten interessante Vergleiche, z. B. zwischen dem lächelnden Engel von Reims und denen von Regensburg und León.

Es könnte dem Leser auffallen, daß die sozialen Umstände beim Bau mittelalterlicher Kathedralen von den Autoren hier und da verschieden interpretiert werden; Christopher Brooke und Wim Swaan, die einander in ihren Auffassungen respektieren, erwarten auch vom Leser Verständnis dafür, daß diese Unterschiede nicht prinzipieller Art sind, sondern Ergebnisse der persönlichen Betrachtungsweise, mit der jeder Autor an das historische Tatsachenmaterial herangeht.

W. S.

Inhalt

Die Kathedrale in der mittelalterlichen Gesellschaft
Eine Einführung von Christopher Brooke, Professor of History, Westfield College, University of London 13

Die Welt der Kathedralenbauer 23

Der gotische Stil 47

Wie Kathedralen gebaut wurden 71

Frankreich
Laon 105
Paris 110
Chartres 118
Reims 127
Amiens 134
Bourges 143
Coutances 151
Rouen 154
Albi 159
Straßburg 163

England
Canterbury 173
Lincoln 183
Wells 188
Peterborough 196
Salisbury 200
York 208
Ely 210
Gloucester 217

Deutschland und Österreich
Köln 225
Freiburg 233
Regensburg 240
Ulm 244
Wien 250

Spanien
Burgos 259
Toledo 260
León 272
Pamplona 274
Palma de Mallorca 280
Sevilla 282

Italien
Orvieto 290
Siena 299
Florenz 305
Mailand 311

Verzeichnis der Fachausdrücke 317
Anmerkungen 319
Bibliographie 324
Index 326

Verzeichnis der Abbildungen

FRANKREICH

Kathedrale von Albi

Baldachin-Portikus und klippenförmige Ziegelmauer	Abb. 60
Blick auf die Kathedrale	Abb. 78
Die hl. Cäcilia, Schutzherrin der Kathedrale	Abb. 98
Blick auf die Kathedrale	Abb. 176
Der mittelalterliche Donjon der Westfront	Abb. 177
Spätgotischer Eingang	Abb. 178
Die prächtige Chorschranke	Abb. 179
Blick vom Wachtturm der Abtei St. Salvi auf das Bollwerk der Kathedrale	Abb. 180
Engel von der Chorschranke mit Christusmonogramm	Abb. 181
Grundriß	Fig. 14, S. 162

3 *Der hl. Martin und der Bettler.* Spätes 13. Jh. Regensburg, Dom

Kathedrale von Amiens

Basrelief am Sockel des *Beau-Dieu*	Abb. 24
Februarbild	Abb. 28
Details aus dem Basreliefpaar der Tugenden und Laster	Abb. 29
Blick ins nördliche Querschiff	Abb. 38
Phantastische Kreaturen an den Dachrinnen	Abb. 48
Bronzene Grabfigur des Evrard de Fouilloy	Abb. 49
Gewändefiguren	Abb. 55
Blick auf das Triforium des Mittelschiffs	Abb. 130
Detail der Bronzefigur des Evrard de Fouilloy	Abb. 140
Das Hauptschiff	Abb. 141
Der Chor mit dem ganz aus Fenstern gebildeten Triforium	Abb. 142
Blick in das nördliche Querschiff	Abb. 143
Die Zeltdächer der Kapellen	Abb. 149
Die *Vierge-Dorée*	Abb. 150
Strebebogen fangen den Schub der Chorgewölbe auf	Abb. 151
Portal des hl. Firmin	Abb. 152
Die Westfassade	Abb. 153
Die südliche Fensterrose mit dem 'Glücksrad'	Abb. 154
Detail vom Chorgestühl	Abb. 155
Diagrammatischer Schnitt durch das Hauptschiff	Fig. 7, S. 62

Kathedrale von Bourges

Vignette der Stellmacher- und Böttchergilden	Abb. 12
Lanzettfenster mit dem *Propheten Hesekiel*	Abb. 13
Detail aus einem von der Maurergilde gespendeten Fenster	Abb. 17
Detail aus einem von der Maurergilde gespendeten Fenster	Abb. 18
Detail aus dem St. Stephans-Fenster	Abb. 22
St. Stephans-Fenster	Abb. 51
Blick auf die Kathedrale vom Park des Erzbischöflichen Palastes aus	Abb. 54
Das sechsteilige Gewölbe	Abb. 64
Die fünf Portale	Abb. 156
Bauplastik an der Westfassade	Abb. 157
Die gotische Krypta	Abb. 158
Teil der Westfassade mit dem spätgotischen Nordturm	Abb. 159
Blick ins Innere	Abb. 160
Detail vom 'Fenster der Apokalypse'	Abb. 161
Das Jüngste Gericht im Tympanon der Westfassade	Abb. 163
Die skulptierte Fensterrose im mittleren Giebel und das Maßwerk des Westfensters	Abb. 164
Vignette mit *Szene aus dem Leben des hl. Stephan*, vom St. Stephans-Fenster	Abb. 292
Grundriß	Fig. 12, S. 146
Schnitt	Fig. 13, S. 149

Kathedrale von Chartres

Der hl. Matthäus schreibt nach dem Diktat des Engels. Vom Lettner der Kathedrale. Paris, Louvre	Abb. 1
Ein Stallknecht hält die Pferde der Weisen aus dem Morgenland am Zügel. Vom Lettner in Chartres. Paris, Louvre	Abb. 7
Mittleres Tympanon vom 'Königsportal'	Abb. 26
Die Strebemauern des Schiffes	Abb. 35

Pfeiler und Statuen	Abb. 36
Das 'Labyrinth'	Abb. 80
Die westliche Fensterrose. Aus dem Skizzenbuch des Villard de Honnecourt	Abb. 93
Die westliche Fensterrose	Abb. 95
Die rhythmische Anordnung der Bündelpfeiler	Abb. 111
Detail der großen nördlichen Fensterrose mit den Königen des Alten Testaments und der hl. Anna	Abb. 112
Detail der Fensterrose	Abb. 113
Die Westfassade	Abb. 119
Detail vom Südturm	Abb. 121
Das Strebewerk des Chors	Abb. 122
Detail von der Märtyrersäule am südlichen Portikus	Abb. 123
Das Südportal	Abb. 124
Basrelief von der Chorschranke	Abb. 125
Gewändefiguren am 'Königsportal'	Abb. 126
Figuren aus dem Alten Testament am Nordportal	Abb. 127
Johannes der Täufer, vom nördlichen Portikus	Abb. 128
Farbiges Fenster mit *Jerobeam*	Abb. 145
Grundriß und Schnitt	Fig. 9 u. 10, S. 120

Kathedrale von Coutances

Lanzettfenster mit *Saint Lô*	Abb. 13
Die scharf umrissenen Formen und das schindelartige Muster der Turmspitzen	Abb. 37
Apsis und Laterne, Blick vom Bischöflichen Palast	Abb. 165
Die Westtürme	Abb. 166
Detail vom Inneren der Laterne mit den Knospenkapitellen	Abb. 167
Doppelsäulen und Gewölbe des Chorumgangs	Abb. 168
Die Laterne über den Arkaden der Vierung	Abb. 169

Kathedrale von Laon

Details aus einem Rundfenster	Abb. 21
Marienleben, Glasmalerei im Chor	Abb. 77
Die Westfassade. Stich nach einer Zeichnung von Émile Boeswillwald	Abb. 191
Tympanon des Mittelportals mit *Marienkrönung*	Abb. 102
Blick von der Galerie zum Hauptschiff	Abb. 103
Innenraum mit östlicher Fensterrose	Abb. 104
Die Türme. Aus dem Skizzenbuch des Villard de Honnecourt	Abb. 105
Eines der frühesten Kapitelle	Abb. 106
Schnitt	Fig. 6, S. 61

Notre-Dame in Paris

Basrelief an der Westfassade	Abb. 4
Das Tympanon des 'Annenportals'	Abb. 20
Der Innenraum mit der Orgel	Abb. 23
Detail der originellen Verzierung an den eisernen Scharnieren der Türen des 'Annenportals'	Abb. 33
Detail von der nördlichen Fensterrose	Abb. 50
Oberer Teil der Westfassade	Abb. 96
Die doppelten Seitenschiffe zeigen die Verstärkung der abwechselnd angeordneten Pfeiler, die den Schub des Gewölbes auffangen	Abb. 107
Das strahlenförmige Maßwerk der großen Fensterrose im südlichen Querschiff	Abb. 108
Das Chorhaupt mit seinen graziösen Strebebogen	Abb. 109
Mariä Himmelfahrt, von einem Basrelief im Chor	Abb. 110
Detail der Chorschranke	Abb. 117
Blick von Süden über die Seine	Abb. 118
Basrelief im Chor	Abb. 120
Grundriß	Fig. 8, S. 110

Kathedrale von Reims

Portal des Jüngsten Gerichts	Abb. 9
Petrus, von der Nordhalle der Kathedrale	Abb. 10
Detail vom Gewölbe im Chorumgang	Abb. 45
Grabstein des Hugues Libergier	Abb. 81
Die Chorkapellen. Zeichnung des Villard de Honnecourt	Abb. 94
Bergkristall-Reliquiar des Heiligen Dorns und Engel, der den Dorn hielt. Reims, Schatzkammer	Abb. 116
Engelchor an den Strebepfeilern am Langhaus	Abb. 129
Das Dach über dem Hauptschiff mit seiner Bekrönung durch vergoldete *fleur-de-lis* und die oberen Geschosse des Südwestturms	Abb. 131
Äußerer und innerer Aufriß eines Joches. Aus dem Skizzenbuch des Villard de Honnecourt	Abb. 132
Säulenkapitelle und Gurtbogen des Seitenschiffs	Abb. 133
Das mittlere Portal der Westfassade	Abb. 134
Die Heimsuchung. Bauplastik am Westportal	Abb. 135
Skulpturen vom Nordportal der Westfassade: *Saint Nicaise* und der lächelnde *Engel von Reims*	Abb. 136
Detail der inneren Westwand. *Kommunion des Ritters*	Abb. 137
Ausschnitt aus der *Heimsuchung* Abb. 135	Abb. 138
Laubwerk mit Drachen. Kapitell, Mittelschiffarkade	Abb. 139
Inneres. Blick nach Westen	Abb. 148
Der sog. 'Remigius-Kelch'. Reims, Domschatz	Abb. 389
Grundriß	Fig. 11, S. 128

Kathedrale von Rouen

Blick in die große mittlere Laterne	Abb. 170
Chorumgang mit der Skulptur König Richards I. von England	Abb. 171
Blick auf die Arkaden im Chor	Abb. 172
Groteske Figur vom 'Portail des Libraires'	Abb. 173
Die durchbrochene Wand der Westfassade	Abb. 174
Detail vom 'Portail des Libraires'	Abb. 175

Straßburger Münster

Augustbild	Abb. 27
Personifizierungen von Tugend und Laster	Abb. 30
Kopf einer Tugend. Straßburg, Musée de l'Œuvre Notre-Dame	Abb. 31
Johan Hültz von Köln, Entwurf für die Turmspitze. Straßburg, Musée de l'Œuvre Notre-Dame	Abb. 58
Signatur Meister Erwins von Steinbach. Straßburg, Musée de l'Œuvre Notre-Dame	Abb. 82
Vermutliches Selbstbildnis des Nicolaus Gerhaerts von Leiden, vom zerstörten Chorgestühl von 1467. Straßburg, Musée de l'Œuvre Notre-Dame	Abb. 85

8 Verzeichnis der Abbildungen

Der eiserne Hahn der astronomischen Uhr von
    Straßburg. Straßburg, Musée Rohan . . . . . Abb. 91
Drei deutsche Kaiser in den Fenstern des nördlichen
    Seitenschiffs . . . . Abb. 162
Die Engelsäule . . . . Abb. 182
Portal des *Jüngsten Gerichts* an der Westfassade mit
    den klugen und den törichten Jungfrauen . . . . Abb. 183
Marientod vom Südportal . . . . Abb. 184
Ansicht des Straßburger Münsters im Jahr 1630 von
    Wenceslas Hollar; Stich von 1645 . . . . Abb. 185
Detail des Passionsfensters mit *Einzug in Jerusalem* . Abb. 186
Mittelalterliche Häuser umrahmen die Westfassade . Abb. 187
Das Münster in einer Darstellung aus dem 19. Jh. . Abb. 188
Seitliche Fassade des Südturms . . . . Abb. 189
Kopf der Synagoge. Straßburg, Musée de l'Œuvre
    Notre-Dame . . . . Abb. 190
Kopf des Versuchers. Straßburg, Musée de l'Œuvre
    Notre-Dame . . . . Abb. 191
Ausschnitt aus einer Zeichnung von Meister Michael
    Parler. Straßburg, Musée de l'Œuvre Notre-Dame Abb. 192

ENGLAND

Kathedrale von Canterbury

Details von den Fenstern in der Corona . . . . Abb. 75, 76
Blick vom Haupteingang des Stiftshauses auf die
    Westtürme . . . . Abb. 196
Blick in die Dreifaltigkeits-Kapelle. Im Hintergrund
    die Corona-Kapelle . . . . Abb. 199
Chorhaupt und Chorquadrat der Corona-Kapelle . . Abb. 200
Meißelarbeit an den korinthischen Kapitellen der
    Dreifaltigkeits-Kapelle . . . . Abb. 201
Blick in die Corona-Kapelle . . . . Abb. 202
Blick in das Netzgewölbe des Mittelschiffs . . . . Abb. 203
Darstellung der Kathedrale von J. Buckler . . . . Abb. 204
Mit den durchbrochenen Querarkaden wurden die
    Pfeiler der Vierung abgestützt . . . . Abb. 205
Grundriß . . . . Fig. 15, S. 181

Kathedrale von Ely

Das Zimmerwerk des Oktogons . . . . Abb. 72
Blick von Westen auf den Galiläa-Portikus an der
    Basis des Normannenturms und auf die Laterne . Abb. 244
Ostfenster der Marienkapelle . . . . Abb. 245
Blick in die achteckige Laterne . . . . Abb. 246
Kopf von der Bogenstellung der Marienkapelle . . Abb. 247
Das Rippengewölbe über den westlichsten Jochen des
    Chors . . . . Abb. 248
Blick in die Marienkapelle . . . . Abb. 249

Kathedrale von Gloucester

Chorinneres. Blick nach Osten . . . . Abb. 53
Kragstein-Köpfe beschließen die Schäfte des
    Gewölbes über dem normannischen Schiff . . . . Abb. 73
Kopf der Grabfigur König Eduards II. . . . . . . Abb. 250
Blick in das Rippengewölbe über dem Chor mit
    seinen Engelbossen . . . . Abb. 251
Das große Ostfenster . . . . Abb. 252
Das Gewölbe über der Vierung mit dem Skelettbogen Abb. 253
Blick vom Seitenschiff zum Transept . . . . Abb. 254
Blick von Nordosten . . . . Abb. 255
Der südliche Kreuzgang mit dem Fächergewölbe . Abb. 256
Lavatorium im nördlichen Kreuzgang . . . . . . Abb. 258

Kathedrale von Lincoln

Schlafende Wächter am Ostergrab . . . . Abb. 6
Blattornamente . . . . Abb. 86
Fensterrose im südl. Querschiff ('Bishop's Eye') . . Abb. 92
Die Westfassade . . . . Abb. 197
Die 'verrückten Gewölbe' im St. Hughs-Chor . . . Abb. 206
Schüssel mit der Gotteshand und silberner Kelch.
    Vom Grab des Bischofs Gravesend . . . . Abb. 207
Blick vom Triforium der Galerie auf den Engelchor Abb. 208
Mittelschiff. Blick nach Osten . . . . Abb. 209
Das nördliche Querschiff mit dem 'Dean's Eye' . . Abb. 210
Die übereinander angeordneten doppelten Bogen-
    stellungen der Chorgänge von Geoffrey de Noier Abb. 211
Engel in den Zwickeln der Triforiums-Arkade . . . Abb. 212
Verwundeter Ritter, vom Pferd stürzend. Miserikordie
    vom Chorgestühl . . . . Abb. 213
Detail einer Arkade des Engelchors . . . . Abb. 214
Der Mittelturm . . . . Abb. 215
Grabmal des Bischofs Fleming . . . . Abb. 257
Grundriß . . . . Fig. 16, S. 183

Kathedrale von Peterborough

Beatus-Seite aus dem Peterborough-Psalter mit Szenen
    aus dem Alltagsleben und Tier-Darstellungen.
    Brüssel, Bibliothèque Royale . . . . Abb. 79
Das Fächergewölbe über dem Chorabschluß . . . . Abb. 97
Blick vom Nordosten auf die Türme und Fialen der
    Westfassade . . . . Abb. 224
Die Westfassade . . . . Abb. 225
Der vorherrschend normannische Innenraum. Blick
    zur gotischen Westfront hin . . . . Abb. 226
Der Chor mit dem schönsten aller spätgotischen
    Fächergewölbe . . . . Abb. 227
Gewändepfeiler an der Westfassade . . . . Abb. 228
'Piscina' im nördlichen Chorgang . . . . Abb. 229

Kathedrale von Salisbury

Glasmalerei des 13. Jh., Grisaille . . . . Abb. 144
Blick auf die Kathedrale . . . . Abb. 231
Blick von Nordosten . . . . Abb. 232
Die scherenförmigen Arkaden . . . . Abb. 233
Detail vom großen Turm . . . . Abb. 234
Blick vom südlichen Seitenschiff ins Mittelschiff . Abb. 235
Das geometrische Maßwerk des Kreuzgangs . . . . Abb. 236
Blick in das Gewölbe des Stiftshauses . . . . . . Abb. 237
Grundriß . . . . Fig. 17, S. 200

Kathedrale von Wells

Gemeißeltes Ornament aus der Vorhalle der Krypta	Abb. 11
Die hl. Dreifaltigkeit und *Die Verkündigung*. Dean Hussey Monument	Abb. 52
Säulenkapitelle im Hauptschiff	Abb. 193
'Golden Window'	Abb. 198
Das Hauptschiff. Blick auf die Vierung	Abb. 216
Die scherenförmigen Arkaden an der Vierung	Abb. 217
Die Westfassade	Abb. 218
Blick vom rückwärtigen Chor auf die Marienkapelle	Abb. 219
Steinmetzarbeit an einem Kapitell im südlichen Querschiff	Abb. 220
Kragstein-Konsole	Abb. 221
Die Stufen zum Stiftshaus und dem überdachten Weg über das 'Chain Gate'	Abb. 222
Palmwedelartig gehen die 32 dichtgedrängten Rippen vom Mittelpfeiler des Stiftshauses aus	Abb. 223
Die skulpturenreiche Westfassade	Abb. 230

Kathedrale von York

Kopf in den Blendarkaden unter dem 'Fünf Schwestern-Fenster'	Abb. 32
Inneres des Chors mit Blick auf das große Ostfenster	Abb. 44
Detail von den Ostfenstern	Abb. 146
Blick von Südosten	Abb. 238
Maßwerk des Westfensters ('Herz von Yorkshire')	Abb. 239
Triforium und Fenstergeschoß des nördlichen Querschiffs mit Eichenholzgewölbe	Abb. 240
Bauplastik über dem Südportal des Hauptschiffes	Abb. 241
Die hohen Lanzettfenster ('Die fünf Schwestern')	Abb. 242
Fenster mit heraldischen Motiven	Abb. 243

DEUTSCHLAND UND ÖSTERREICH

Freiburger Münster

Von der Schneidergilde gestiftetes Fenster	Abb. 13
Eine der *Artes liberales*	Abb. 25
Figur an der Dachrinne	Abb. 40
Spätgotisches Gewölbe der 'Parler-Schule'	Abb. 46
Inneres mit Motiv-Madonna	Abb. 270
Der durchbrochene Turmhelm	Abb. 271
Blick in den Turmhelm	Abb. 272
Blick in den Chor	Abb. 273
Die Artes liberales vom westlichen Portikus	Abb. 274
Fenster im Hauptseitenschiff	Abb. 276
Maria mit Kind. Glasmalerei. Freiburg, Augustinermuseum	Abb. 277
Chorumgang und Kapellen	Abb. 278
Grundriß	Fig. 19, S. 233

Kölner Dom

Die Westfassade mit den Doppeltürmen	Abb. 57
Krümme eines Bischofsstabes. Köln, Domschatz	Abb. 115
Schwert des Erzbischofs von Köln. Köln, Domschatz	Abb. 259
Die Gewölbe sind die höchsten, die je gebaut wurden	Abb. 260
Blick auf Köln mit dem vollendeten Chor des Doms und dem Kran auf der Spitze des unvollendeten Westturms. Holzschnitt von Anton Woensam von Worms	Abb. 261
Blick vom Triforium auf die Pfeiler des Schiffs mit den doppelten Seitenschiffen	Abb. 262
Malerei an der Chorschranke	Abb. 263
Detail vom Giebel des Petrusportals an der Westfront	Abb. 264
Detail vom Hochaltar	Abb. 265
Vergoldete Silbermonstrans. Köln, Domschatz	Abb. 266/67
Chorkapelle. Detail vom Grabmal des Erzbischofs Konrad von Hochstaden	Abb. 268
St. Christophorus	Abb. 269
Malereien auf der Chorschranke	Abb. 275
Grundriß	Fig. 18, S. 225

Regensburger Dom

Der hl. Martin und der Bettler	Abb. 3
Südliches Querschiff mit dem Brunnen, der Donauwasser führt	Abb. 279
Nördliches Seitenschiff an der Apsis mit zwei Ciborien	Abb. 280
Kragsteinfiguren	Abb. 281
Der Engel befreit den hl. Petrus aus dem Gefängnis; aus dem Tympanon der Westfassade	Abb. 282
Die Jungfrau der Verkündigung	Abb. 283
Der Engel von Regensburg	Abb. 284
Die Westfassade. Lithographie von Domenico Quaglio, 1820. London, Victoria and Albert Museum	Abb. 285

Ulmer Münster

Die doppelten Seitenschiffe mit ihren Sterngewölben	Abb. 286
Der Turm	Abb. 287
Blick in die Besserer-Kapelle	Abb. 288
Zwei Büsten vom Chorgestühl, von Jörg Syrlin d. Ä.	Abb. 289
Der *Schmerzensmann*, ein Werk Hans Multschers, auf dem Mittelpfeiler des Westportals	Abb. 290
Mittlere Tafel vom Altaraufsatz, von Martin Schaffner	Abb. 291
Ptolemäus von Jörg Syrlin d. Ä. am Chorgestühl	Abb. 293
Der angestrahlte Turm vom anderen Donauufer aus	Abb. 294

Stephansdom in Wien

Die hl. Anna selbdritt, vom Hauptturm des Doms. Wien, Kunsthistorisches Museum	Abb. 14
Gewölberippen der Katharinen-Kapelle	Abb. 19
Selbstbildnis des Baumeisters Anton Pilgram an einer Orgelkonsole	Abb. 83
Detail eines Baldachins vom Chor des Stephansturms. Wien, Kunsthistorisches Museum	Abb. 147
Blick in das Hauptschiff nach Westen	Abb. 295
Kopf der hl. Anna. Vom Hauptturm des Stephansdoms. Wien, Kunsthistorisches Museum	Abb. 296
Der originelle Giebel von Hans Puchsbaum	Abb. 297
Die Dienstboten-Madonna	Abb. 298
Gesamtansicht	Abb. 299
Das Dach	Abb. 300
Detail der Kanzel. Skulptur von Anton Pilgram	Abb. 301

Katharina von Böhmen und Rudolf IV. Von der Westfassade des Stephansdoms. Wien, Kunsthistorisches Museum . . . . Abb. 302
Herzog Albrecht II., der Weise. Kopf der Statue vom Hauptturm des Stephansdoms. Wien, Kunsthistorisches Museum . . . . Abb. 303
Grundriß . . . . Fig. 20, S. 250

SPANIEN

Kathedrale von Burgos

Laterne über der Vierung . . . . Abb. 34
Gesamtansicht . . . . Abb. 304
Tympanon der Puerta del Sarmental . . . . . . Abb. 306
Die Puerta del Sarmental . . . . Abb. 307
Die Nischen der Westtürme mit ihrem reichen Kriechblumen-Dekor . . . . Abb. 308
Heraldischer Baudekor von der Capilla del Condestable Abb. 309
Gotische und maurische Einflüsse im Sterngewölbe der hohen Laterne über der Vierung . . . . Abb. 310
Burgos, 'Capilla del Condestable' . . . . Abb. 311
Blick in das Hauptschiff nach Westen . . . . . Abb. 312

Kathedrale von León

Detail vom Fenstergeschoß und Triforium des nördlichen Querschiffs . . . . Abb. 71
Blick ins Innere . . . . Abb. 305
Die hohen Fenster der Apsis . . . . Abb. 314
Der Eingang zum Paradies. Aus der Darstellung des *Jüngsten Gerichts* von der Westfassade . . . . Abb. 323
Kopf des Verkündigungsengels . . . . Abb. 324
Tympanonfiguren im Vestibül des Kreuzgangs . . Abb. 325
Die Westfassade . . . . Abb. 328

Kathedrale von Palma

Innenraum mit Fensterrosen . . . . Abb. 5
Die palisadenartige Südfassade über der Ufermauer . Abb. 47
Die palisadenartige Südfassade . . . . Abb. 334
Tierschnitzereien am Chorgestühl . . . . Abb. 335
Skulptur vom Mirador-Portal . . . . Abb. 336
Grundriß . . . . Fig. 23, S. 280

Kathedrale von Pamplona

Reliquiar des Wahren Kreuzes. Pamplona, Schatzkammer . . . . Abb. 62
Blick in das Gewölbe der Vierung . . . . Abb. 326
Spätgotisches Maßwerk der Kreuzgang-Arkaden . . Abb. 327
Detail einer Wandmalerei von Juan Oliver, aus dem Refektorium. Pamplona, Museo de Navarra . . Abb. 329
Polychromes Relief im Kreuzgang . . . . Abb. 330
Blick auf Kreuzgang und südliches Querschiff . . Abb. 331
Blick in den Kreuzgang . . . . Abb. 332
Silberreliquiar des Heiligen Grabes. Pamplona. Schatzkammer . . . . Abb. 333

Kathedrale von Sevilla

Blick nach Westen . . . . Abb. 337
Blick auf die Gewölbe des Juan Gil de Hontañon . Abb. 338
Hauptretabel . . . . Abb. 339
Die 'Puerta del Bautismo' an der Westfassade . . Abb. 340
Das Strebewerk über den Seitenschiffen . . . . . Abb. 341
Hauptretabel mit Darstellung der *Ostfassade* und des *Giralda-Turms*, wie sie um 1510 aussahen . . . Abb. 342
Grundriß des Hauptgebäudes . . . . . . Fig. 24, S. 282

Kathedrale von Toledo

Reliquiar von Sant' Anita. Toledo, Domschatz . . Abb. 114
Detail der Titelseite zur Schöpfungsgeschichte in der Bibel Ferdinands des Heiligen. Toledo, Domschatz Abb. 313
Chorumgang mit Durchblick zur Santiago-Kapelle mit der Steinschranke . . . . Abb. 315
Silbernes Reliquiar des hl. Eugenio. Toledo, Schatzkammer . . . . Abb. 316
Detail des 'Retablo mayor' . . . . Abb. 317
Blick vom inneren Seitenschiff auf das Hauptschiff . Abb. 318
Der Westturm aus grauem Granit . . . . Abb. 319
Mittleres Portal an der Westfassade . . . . . . Abb. 320
Die Westfassade und der große Turm mit der dreifachen 'Dornenkrone' . . . . Abb. 321
Skulpturen vom Gewände der 'Puerta de los Leones', von Juan Alemán . . . . Abb. 322
Grundriß und Schnitt . . . . Fig. 21 u. 22, S. 267

ITALIEN

Dom von Florenz

Eingang zu Giottos Campanile . . . . Abb. 369
Blick auf Dom und Campanile . . . . Abb. 370
Blick nach Osten in das Mittelschiff . . . . . . Abb. 371
Detail vom Fresko der *Streitbaren Kirche* von Andrea da Firenze in der Spanischen Kapelle des 'Chiostro Verde' der Kirche Santa Maria Novella . . . . Abb. 372
Kopf der Jungfrau Maria des Arnolfo di Cambio von der alten Domfassade. Florenz, Museo dell'Opera del Duomo . . . . Abb. 373
Die unvollendete Fassade. Zeichnung des 16. Jh. Florenz, Museo dell'Opera del Duomo . . . . Abb. 374
Blick auf die Südfassade . . . . Abb. 375
Detail von einer der Bronzetüren des Andrea Pisano am Baptisterium . . . . Abb. 376
Sechseckige Basreliefs am untersten Geschoß des Campanile . . . . Abb. 377
Die 'Porta della Mandorla' mit der *Himmelfahrt Mariä* von Nanni di Banco . . . . Abb. 378
Relief von einer der Bronzetüren des Andrea Pisano am Baptisterium . . . . Abb. 379
Grundriß . . . . Fig. 26, S. 305

Mailänder Dom

Bauplastik vom südlichen Querschiff . . . . . . Abb. 43
Aufriß nach dem Proportionsschema *ad triangulatum*. Abb. 380

Urkunde des Herzogs Gian Galeazzo Visconti über
 die Abtretung der Marmorbrüche von Candoglia
 an das Kapitel des Doms. Mailand, Archive der
 Veneranda Fabbrica . . . . Abb. 381
Gesamtansicht . . . . Abb. 382
Blick auf die Gewölbe mit dem *trompe l'œil*-Maßwerk Abb. 383
Mittelfenster der Apsis . . . . Abb. 384
Schattenspiel auf den marmornen Dachterrassen . . Abb. 385
Blick auf die Strebepfeiler, Fialen und Statuen . . . Abb. 386
Die statuengekrönten Fialen . . . . Abb. 387
Blick auf die Apsis und die achteckige Laterne über
 der Vierung mit der Statue der *Madonnina* . . . . Abb. 388
Grundriß . . . . Fig. 27, S. 311

Dom von Orvieto

Madonna mit dem Kind. Detail einer Holzplastik von
 Andrea Pisano. Orvieto, Museo dell'Opera del
 Duomo . . . . Abb. 2
Maria Magdalena. Detail eines Polyptychons von Simone
 Martini. Orvieto, Museo dell'Opera del Duomo . Abb. 41
Die vertikalen Linien der gotischen Strebepfeiler
 werden durch die horizontalen Zebrastreifen des
 romanischen Langhauses betont . . . . Abb. 344
Der hl. Christophorus. Intarsie vom Chorgestühl.
 Orvieto, Museo dell'Opera del Duomo . . . . Abb. 345
Blick auf die gotische Apsis . . . . Abb. 346
Drei Details aus dem Relief der Schöpfungsgeschichte
 vom Fassadensockel, von Lorenzo Maitani . Abb. 347–349
Zwei Silberplatten, vom Reliquiar der heiligen Altar-
 decke, geschaffen von Ugolino di Vieri und Schülern.
 Orvieto, Museo dell'Opera del Duomo . . . . Abb. 350
Detail vom Reliquiar des hl. Savino, von Ugolino
 Vieri und Viva di Lando . . . . Abb. 351
Der hl. Andreas. Intarsie vom Chorpult. Orvieto,
 Museo dell'Opera del Duomo . . . . Abb. 352
Baudekor aus eingelegtem Marmor vom Mittelportal Abb. 354
Bronzeadler an der Westfront, v. Lorenzo Maitani . Abb. 355
Die westliche Fensterrose . . . . Abb. 356
Die Verdammten des Jüngsten Gerichts, Relief an der
 Westfassade, von Lorenzo Maitani . . . . . . Abb. 357
Die Westfassade . . . . Abb. 368

Dom von Siena

Erzengel Gabriel aus der *Verkündigung* von Simone
 Martini, für die Kapelle von Sant'Ansano gemalt.
 Florenz, Uffizien . . . . Abb. 8
Detail vom Reliquiar des hl. Galgano. Siena, Museo
 dell'Opera Metropolitana . . . . Abb. 16
Ecke der Westfassade . . . . Abb. 56
Oberer Teil der reich verzierten Fassade mit dem
 Rundfenster ohne Maßwerk . . . . Abb. 343
Das Ostfenster . . . . Abb. 353
Blick auf den Dom von den Ruinen des 'Nuovo
 Duomo' aus . . . . Abb. 358

Blick auf das Hauptschiff . . . . Abb. 359
Kopf des hl. Simeon von Giovanni Pisano. Von der
 Fassade des Doms zu Siena. Siena, Museo dell'
 Opera Metropolitana . . . . Abb. 360
Kopf der Miriam von Giovanni Pisano. Von der Fassade
 des Doms zu Siena. Siena, Museo dell' Opera Metro-
 politana . . . . Abb. 361
Reliquiar des hl. Galgano. Siena, Museo dell'Opera
 Metropolitana . . . . Abb. 362
Unterer Teil der Fassade, von Giovanni Pisano . . Abb. 363
Detail der Kanzel des Nicola Pisano . . . . Abb. 364
Die Mitteltafel der *Maestà* des Duccio di Buoninsegna.
 Siena, Museo dell'Opera Metropolitana . . . . Abb. 365
Verkündigung des Simone Martini, gemalt für die
 Kapelle Sant'Ansano im Dom. Florenz, Uffizien Abb. 366
Detail aus der *Maestà* des Duccio . . . . Abb. 367
Grundriß . . . . Fig. 25, S. 299

VERSCHIEDENES

Die Entwicklung des gotischen Gewölbes . . . Fig. 1–5, S. 60
Dreipaß . . . . Fig. 28, S. 317
Bezeichnung der Rippen im gotischen Gewölbe Fig. 29, S. 317
Mouchette . . . . Fig. 30, S. 318
Kielbogen oder Eselsrücken . . . . Fig. 31, S. 318
Soufflet . . . . Fig. 32, S. 318
Wiedergaben aus dem Skizzenbuch des Villard de
 Honnecourt. Paris, Bibl. Nationale   Abb. 39, 84, 87–89, 90
Detail der *Virgen Blanca*. Toledo, Domschatz . . . Abb. 15
Spanisches Antependium. Schatzkammer der Kathe-
 drale von Gerona . . . . Abb. 42
Darbietung der Reliquien. Aus dem Belleville-Brevier
 mit den Illuminationen von Jean Pucelle und seiner
 Schule. Paris, Bibliothèque Nationale . . . . . Abb. 59
Mittelalterliche Schmiede. Initiale aus dem Gorleston-
 Psalter. London, British Museum . . . . . . Abb. 61
Bau der Madeleine in Vézelay. Aus dem Manuskript
 ›L'Histoire de Charles Martel et ses Successeurs‹.
 Brüssel, Bibliothèque Royale . . . . Abb. 63
Bau der Arche und *Turm von Babel*. Aus dem Stunden-
 buch und Psalter des Duke of Bedford. London,
 British Museum . . . . Abb. 65/66
Die Errichtung des Turmes von Babel. Darstellung in einer
 französischen Bibel. New York, Pierpont Morgan
 Library . . . . Abb. 67
Die hl. Barbara. Grisaille von Jan van Eyck. Antwer-
 pen, Musée Royal des Beaux-Arts . . . . . . Abb. 68
Der Bau des Tempels von Jerusalem. Miniatur von Jean
 Fouquet. Paris, Bibliothèque Nationale . . . . Abb. 69
Ziegelbau und Bau eines Tempels. Aus einer Bibel des
 13. Jh. Baltimore, The Walters Art Gallery . . . Abb. 70
König Offa besichtigt mit seinem Architekten die Bauarbeiten.
 Zeichnung des Matthäus von Paris. London,
 British Museum . . . . Abb. 74
Humoristische Tierdarstellungen aus dem Gorleston
 Psalter und aus der Bibel des William of Devon.
 London, British Museum . . . . Abb. 194/95

Die Kathedrale in der mittelalterlichen Gesellschaft

Die Kathedrale in der mittelalterlichen Gesellschaft

Eine Einführung von Christopher Brooke

Die Kunst mittelalterlicher Kathedralen bietet ein getreues Spiegelbild der Gesellschaftsordnung. In Notre-Dame in Paris sehen wir einen Bauern Brennholz für den Winter sammeln (Abb. 4); das Monatsbild des Februar in der Kathedrale von Amiens zeigt einen Bauern, der die Schuhe auszog, um sich am Feuer zu wärmen (Abb. 28); andere Bauern mit Pflug, Pferd und Wagen erblicken wir am Eingang zu Giottos Campanile in Florenz. In Bourges verrichten Kürschner ihre Arbeit (Abb. 12); die Fenster der Kathedrale von Chartres zeigen 43 Werktätige der Stadt bei Ausübung ihres Berufes; in Florenz stellte Andrea Pisano zwei Gewerbezweige dar, die beim Bau der Kathedrale an erster Stelle mitwirkten: Metallbearbeitung und Bildhauerei (Abb. 377). Vom Straßburger Münster schauen drei deutsche Herrscher herab. Herzog Rudolf und seine Gemahlin – jetzt im Museum – standen an der Westfront des Wiener Stephansturms. Die Westfassade der Kathedrale von Wells (Abb. 230) entfaltet vor uns eine größere Parade von Königen, als die Hexen vor Macbeth heraufbeschworen.

Da jede Bevölkerungsschicht zum Bau der Kathedrale beitrug, war es nur billig, daß dies in dem Gebäude zum Ausdruck kam. Der Bau wurde teilweise durch Stiftungen finanziert – so hatten sich in Wells die Könige als Gründer und Schutzherren der Kirche ihren Platz verdient –, in der Hauptsache aber, wie heute, durch Spenden und Opfergaben. In Bourges und in Chartres sieht man die Handwerker auf den Fenstern, die sie selber der Kirche gestiftet hatten. Wie die Beiträge gesammelt wurden, zeigen die Rechenschaftsberichte über den Bau des Mailänder Doms. Das Motto der Herzöge von Visconti weist auf die Rolle hin, die sie dabei spielten; der 'Duomo' war Ergebnis einer gemeinschaftlichen Bemühung der ganzen Stadt, der kleinsten Straße und jeder Bevölkerungsschicht. Am 23. 9. 1387 boten die Tuchmacher ihre Mitwirkung und über 42 Lire in bar an (das italienische 'Pfund' war damals mehr wert als das englische der Gegenwart), am 20. 9. hatten die zwölf Gemeindediener sich erboten, am Bau mitzuhelfen, mußten aber des schlechten Wetters wegen darauf verzichten und spendeten 14 Lire. So ging es weiter, viele Jahre lang. Tausende beteiligten sich, eine Stadt, ein ganzes Herzogtum diente dem einen Bauunternehmen.

Damals wie jederzeit gab es Menschen, die der Bau einer Kathedrale gleichgültig ließ: Puritaner mißbilligten die verschwenderische Ausschmückung, Ketzer wollten nichts von Kirchen wissen. Dennoch waren Kirchen und Kathedralen in besonderer Weise Schöpfungen der Städte, die sie schmückten, der Gemeinden, deren Mittelpunkt sie bildeten, der Gesellschaft, deren Gemeinschaftshaus sie waren: eine erstaunliche Zusammenballung von Kräften in einer Welt, in der noch alle Länder 'Entwicklungsländer' waren.

4 *Winter*, Basrelief an der Westfassade von Notre-Dame, Paris

Die mittelalterliche Gesellschaft gleicht einer Pyramide, in der Tote und Lebende zusammenhausen und über der Gott thront. Die Heiligen wirken ins Leben hinein wie bei Homer die Götter: am Leben und Treiben der Sterblichen zutiefst interessiert; jeder war einer Kultstätte besonders zugetan, einem Menschenkreis besonders hilfreich – eine Art höherer Aristokratie. Wie die griechischen Götter verfügten sie über wunderbare Kräfte; man erwartete, daß sie auch Gewalt anwenden würden, um die Ihrigen zu schützen. Sie blickten meist auf eine menschliche Vergangenheit voll heroischer Tugenden zurück und schätzten in ihren Schützlingen die Eigenschaften, die sie selber mit solchem Ernst

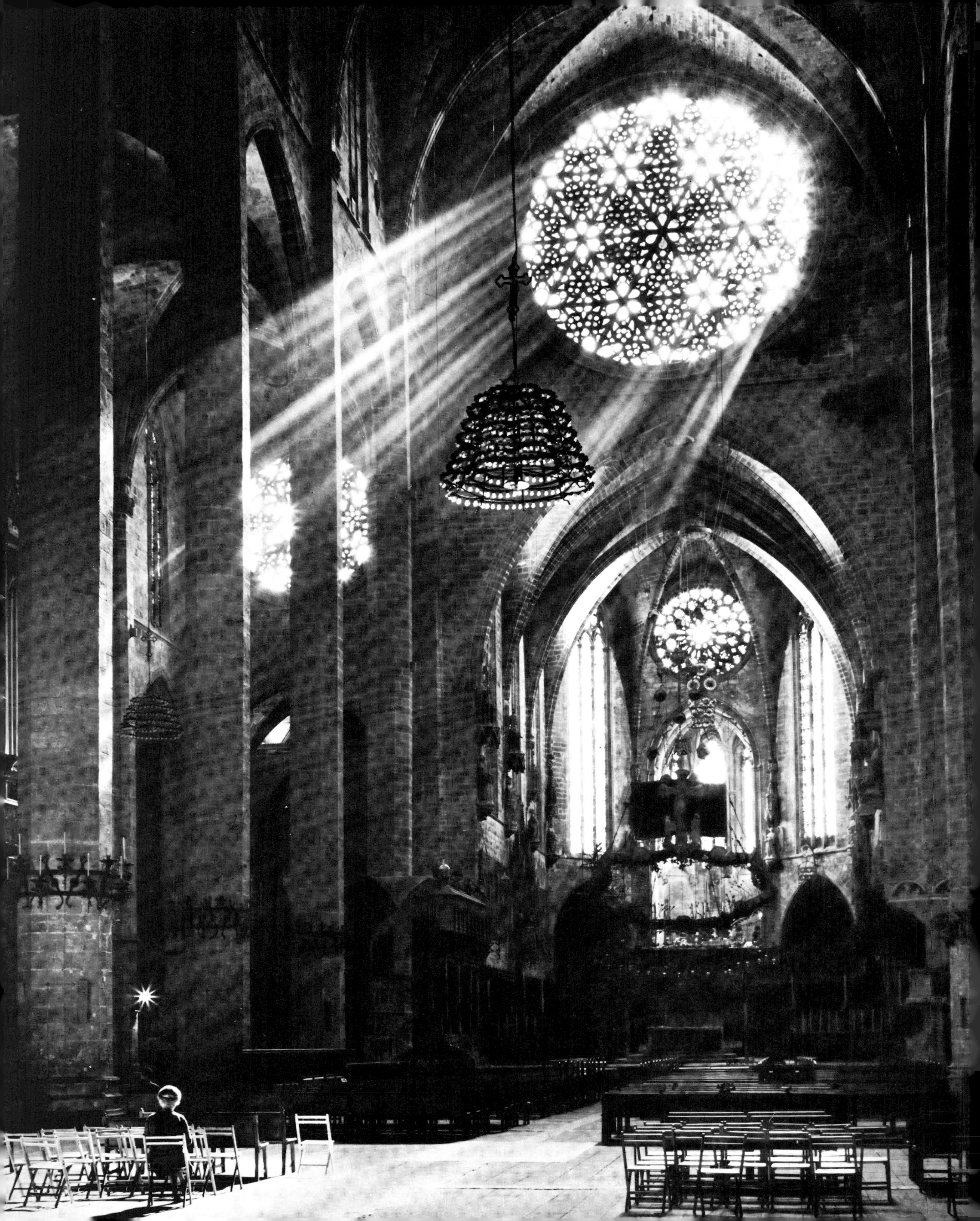

in sich entwickelt hatten. Von ihnen aus führten zwei Stufenleitern in die Niederungen der menschlichen Gesellschaft: eine geistige, geistliche, Papst und Bischöfe an der Spitze, Äbte und Mönche, Archidiakone, Domherren und andere Kleriker in der Mitte, die Ortsgeistlichkeit unten; eine säkulare mit Kaiser und Königen, Prinzen und Baronen, Rittern und Edelleuten, Kaufleuten und Handwerkern, Bauern und Knechten.

Die Kirchen und Kathedralen wurden gebaut, um allen Gesellschaftsschichten ein gemeinschaftliches Heim zu schaffen.

Gottes Gegenwart war universal; die Kathedrale aber war in doppelter Hinsicht seine Wohnung. Er war der Architekt des Universums, der oberste Baumeister, wie man es in Toledo in der Bibel von St. Louis sieht: architektonische Fertigkeit kam von ihm und hatte ihm zu dienen. Einen naiven Ausdruck findet diese Auffassung in dem Stundenbuch von Bedford, wo Gott den Bau der Arche Noahs überwacht. Sodann aber bildete der Hochaltar einen Mittelpunkt der Kirche; hier wurde der Hauptakt des Gottesdienstes zelebriert, hier waren bei der Messe täglich Sein Leib und Sein Blut gegenwärtig.

In der frühgotischen Periode, in der die Kathedrale noch nicht in verschiedene Räume mit hohen Gittern und Retabeln geteilt und der Hostie ein besonderer Platz eingeräumt war, fiel der Heilige, dessen Schrein den Blick beherrschte, als der Hauptbewohner vieler großer Kirchen sogleich ins Auge. Die Bedeutung des Heiligen, dessen Gegenwart Reliquien gewährleisteten, zeigte sich in der reichen Ausschmückung der Reliquiare und in Darstellungen von der Entdeckung der Reliquien: so auf den Glasfenstern von Bourges und besonders in Canterbury, wo die ganze Kathedrale zu einem Monument und zu einer Heimstatt für den hl. Thomas Becket wurde; eine Kapelle in der ungewöhnlichen Form einer Krone symbolisierte und beherbergte die Krone des Heiligen, den man enthauptet hatte.

Die Kathedrale von Canterbury diente Christus und Thomas als Wohnstätte, doch war auch sie Heimstatt für jede Schicht vom Bauern bis zum König.

Die meisten Bauern freilich sahen sie nur von ferne. Einige halfen während des Baus beim Heranschaffen der gewaltigen Mengen von Holz und Stein, andere stellten Wagen und Arbeit zur Verfügung oder leisteten je nach Vermögen Beiträge zu dem Baufonds; war der Bau vollendet, konnten sie an Pfingstsonntagen mit ihren Ortsgeistlichen an den großen Prozessionen zu der Kathedrale teilnehmen oder an Festtagen zu den Heiligen pilgern, die dort ruhten. Die riesigen Schiffe mittelalterlicher Kathedralen dienten teilweise dazu, großen Volksmengen bei solchen Gelegenheiten Unterkunft zu bieten.

Dagegen war die Kathedrale des späten Mittelalters ein Haus mit vielen Räumen. Die kleineren waren meist Kapellen; hier lasen dazu bestellte Priester die Messe für die Seelen des Stifters der Kapelle, für seine Familie, auch für eine Gemeinschaft oder 'Gilde'. Zu Ende des Mittelalters gab es allein in Laon mehr als fünfzig Messepriester. In der St. Pauls Cathedral in London wurde im 14. Jahrhundert an vierundsiebzig verschiedenen Stellen die Messe gelesen; nicht alle waren einzelne Kapellen, mehrere Priester zelebrierten am selben Altar, sie vertraten aber innerhalb der Kathedrale ihren eigenen Interessenkreis. Einige waren von Bischöfen und Domherren gestiftet, andere von Großkaufleuten in den Städten, andere von Großgrundbesitzern. Hier gaben sich die höheren Schichten der Laiengesellschaft ein Stelldichein.

Der ausgesprochene Laie, der Bauer etwa, besuchte die Kathedrale nur gelegentlich. Wenn er kam, fand er in Autun über dem

◁ 5 Innenraum der Kathedrale von Palma mit Fensterrosen

6 *Schlafende Wächter am Ostergrab*, in dem am Karfreitag bei einer zeremoniellen Grablegung ein Christusbild beigesetzt wurde. 14. Jh. Lincoln, Kathedrale

Westportal eine erregende Mahnung an das Jüngste Gericht; im Kreuzgang der Vergebung in der Londoner Alten St. Paulskirche einen dramatischen Totentanz (eine Malerei nach in Frankreich verbreiteten, später in Deutschland und Spanien kopierten Vorbildern), und im späten Mittelalter unter einem Grabmal die steinerne Figur eines Toten, die ihn an das auch ihm bevorstehende Ende irdischer Herrlichkeit gemahnte. Große Herren stifteten Kapellen in Kirchen oder Abteien, mit denen die Geschichte ihrer Familie verknüpft war, und auch in den Kathedralen, um ihrer Seele die ungewisse, gefahrvolle Begegnung mit dem Tode zu erleichtern.

Die Kathedralen standen in Städten; die meisten zogen ihre Domherren von weit heran; einige (wie Köln) aus dem Hochadel der Umgebung. Oft war die Kathedrale inniger mit der Bürgerschaft verbunden als mit den Großgrundbesitzern. Das mittelalterliche Europa war eine Agrargesellschaft, Kaufleute und Handwerker spielten aber keine untergeordnete Rolle. Der Bauer lebte von dem, was auf dem Felde wuchs, doch von der Mitte des

7 *Ein Stallknecht hält die Pferde der Weisen aus dem Morgenland am Zügel.* Realistisch sind die Scharniere und das Schloßblech an der Stalltür wiedergegeben. Vom Lettner in Chartres. Paris, Musée du Louvre

Mittelalters an waren weder er noch sein Pachtherr vollständig vom Ertrag der Ernte abhängig. Das gesellschaftliche Gefüge – Streitroß und Waffen des Lehnsherrn, sein Haus, sein reicher Haushalt und die Kapelle – wurde von dem Überschuß getragen, der für bares Geld verkauft werden konnte. In einer Gesellschaft, deren Güterverkehr nach unseren Maßstäben unglaublich langsam und beschwerlich war, spielte das Transportgewerbe eine überragende Rolle. Im 12. und 13. Jahrhundert bauten Könige und Edelleute im Norden Europas neue Städte; auf den Wochenmärkten innerhalb und bei den Messen außerhalb der Stadtmauern tauschte man Ware in Geld und das Geld in Waren, Gebrauchs- wie Luxusgegenstände. Unter den Reichen, die die Märkte organisierten und die Städte verwalteten, fanden sich Immigranten, die ihre in anderen Handelszentren erlernten kaufmännischen Fertigkeiten mitbrachten, Söhne armer Leute, die Unternehmungsgeist wohlhabend machte, jüngere Söhne des örtlichen Adels, die ohne Land blieben und Kaufmann wurden – Männer wie Dick Whittington, der mit »nicht mehr als einer Katze« begann und regierender Bürgermeister von London wurde.

In den Mittelmeerländern, vor allem Italien, waren die Städte keine Neugründungen des Hochmittelalters; sie waren auch nicht in dem Maße wie in England oder Frankreich der Bevormundung von Königen oder Fürsten unterworfen. Der Bruch mit der Verfassung der späten Römerzeit ging hier nicht so radikal und schnell vor sich. Die Städte blieben die gesellschaftlichen und wirtschaftlichen Kraftzentren des Landes. In ihren Mauern wohnten Bauern, Edelleute, Kaufleute und Handwerker, auch Sklaven zusammen. In Südeuropa (durch stärkeres Beharren auf dem alten Lebensmuster) bildeten im Mittelalter die Haussklaven, die im Norden schon verschwunden waren, noch eine normale Gesellschaftsschicht.

Sonst war der Unterschied zwischen Norden und Süden nicht groß. Die der Kathedrale von Florenz angegliederte Taufkapelle – spätromanisch, obwohl das gegenwärtige Gebäude die Bautätigkeit verschiedener Jahrhunderte zeigt – ist ein überzeugender Beweis für die Lebenskontinuität und den bürgerlichen Gemeinschaftssinn in einer großen italienischen Stadt: hier wurden alle in der Stadt geborenen Kinder getauft. Florenz und Mailand erlitten manche Schicksalsschläge und wurden, wie nordeuropäische Städte, von Grund auf neu gebaut. Der Gemeinschaftssinn, der in hohem Maße dazu beitrug, daß die Bürger von Florenz ihre Stadt auf der Höhe der italienischen Renaissance mit Kunstwerken schmückten und daß die Mailänder ihre Kathedrale mit unzähligen gotischen Fialen verzierten, findet in vielen nördlichen Städten Parallelen. Die Glasfenster von Bourges und Chartres zeigen, wie stark die Innungen und Zünfte am Bau der Kathedrale beteiligt waren, mit Männern aus den verschiedensten Betrieben der mittelalterlichen Industrie, besonders der Tuchwirkerei. Von der übermenschlich anmutenden Tätigkeit der Steinmetzen legt die ganze Kathedrale Zeugnis ab.

Am Bau der Kathedrale von Chartres war jede gesellschaftliche Schicht der Stadt und der Diözese wie der Landbezirke vertreten, der König nicht ausgenommen. Er war die höchste Spitze der Laienhierarchie, wie in Deutschland und (weniger stark) in Italien der Kaiser des Heiligen Römischen Reiches. Er war mehr als eine weltliche Figur; vor der Krönung wurde er mit heiligem Öl gesalbt und sollte wie über Grafen und Bürgergemeinden so auch über Bischöfe herrschen. Hiermit war nicht jeder einverstanden, denn neben dem weltlichen Herrschaftssystem stand das der Kirche, mit dem Papst an der Spitze, eine geistliche Monarchie, der auch der König untertan war. Die Päpste betonten gern, daß Könige keine Priester und erst recht nicht Bischöfe seien, und daß ihre Macht sich nicht auf Bischöfe erstrecke. In Wirklichkeit existierten beide Herrschaftssysteme nebeneinander, ohne zu einer Harmonie zu verschmelzen: bestes Beispiel für die Kompliziertheit der geteilten Loyalität, der die Menschen des Mittelalters unterworfen waren.

In vielen Kathedralen nahm der König einen besonderen Platz als Schutzherr und 'Stifter' ein: seine Vorfahren hatten die Kathedrale gestiftet, er führte die Schutzherrschaft weiter. Er wurde daher ehrfurchtsvoll empfangen, nahm an der Ernennung der Domherren teil und konnte auf manche Weise seinen Einfluß geltend machen. In der St. Pauls Cathedral war es Sitte, daß allen Domherren, ob ortsansässig oder nicht, wöchentlich Zuwendungen von Brot und Bier gewährt wurden. Im 14. Jahrhundert versuchten die ortsansässigen den anderen die kirchlichen Zuwendungen vorzuenthalten: sie schlossen Brauerei und Bäckerei.

8 Erzengel Gabriel aus der *Verkündigung* von Simone Martini. 1333 für die Kapelle von Sant' Ansano, Siena, gemalt. Florenz, Uffizien

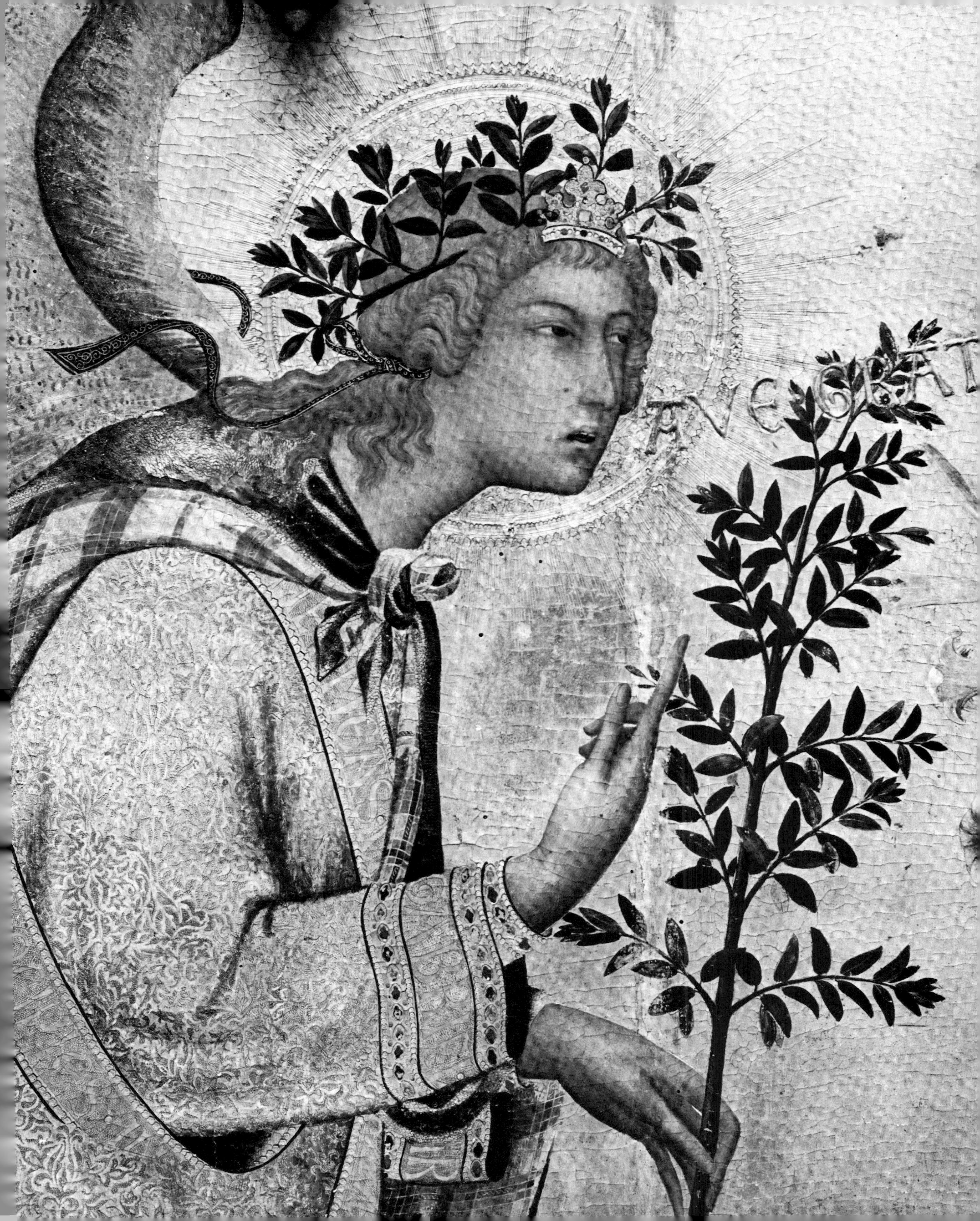
AVE GRAT

Eduard III. erteilte ihnen in wohlgesetzter Rede eine Rüge, nicht aus persönlichem Interesse an der St. Pauls-Brauerei, sondern weil viele nichtansässige Domherren Staatsdiener waren und daher ohne Mühe einen königlichen Patentbrief in ihrem Interesse erwirken konnten. Diese Geschichte beleuchtet den Charakter eines Domkapitels im späten Mittelalter. Grundsätzlich war es eine große Körperschaft, und die Rechte des gesamten Kanonikats wurden nie ganz vernachlässigt; grundsätzlich standen auch alle unter der Leitung des Bischofs, der sie ernannte oder 'kollationierte'. Dennoch erfreute sich in vielen Teilen Europas nur eine kleine Elite von Domherren der Unabhängigkeit. Die nicht ortsansässigen Domherren, ja sogar die Bischöfe handelten weise, wenn sie ihre Kirchenstühle in der Kathedrale und ihre Sitze im Stiftshaus, wo die Angelegenheiten des Kapitels geregelt wurden, nicht zu häufig aufsuchten. In der St. Pauls Cathedral hatten die meisten Domherren ganz andere Pflichten: sie dienten dem König oder dem Papst oder einem großen Herrn. Sie waren Mitglieder des privilegierten, gebildeten Hochklerus. Im 15. Jahrhundert trugen die meisten von ihnen akademische Titel. Innerhalb der Geistlichkeit gab es große Rangunterschiede; der gewöhnliche Klerus wurde nur zu den zahlreichen Ämtern niederer Art (Chorherren und Messepriester) in die Kathedrale zugelassen. Die großartigen Kirchenstühle, bequem, behaglich und in angemessener Weise prächtig, in Lincoln wie in Sevilla so schöne Vorbilder spätmittelalterlichen Gewerbefleißes, waren den ansässigen Domherren vorbehalten.

In den verschiedenen Teilen Westeuropas herrschten große Unterschiede nach Größe und Organisation in den Kapiteln; einige führten ein Gemeinschaftsleben, andere waren arm und bescheiden; die Domherren jedoch lebten meist in schönen Häusern allein und entbehrten nichts. Im 14. Jahrhundert verlangten die Domherren Londons, damit ihr Kreis klein bleibe, daß ein neuer Anwärter verschwenderische Gastfreundschaft übe; das Vermögen eines jener städtischen Kaufleute, mit denen sie verkehrten, war dazu nötig – bei einem Domherren die große Ausnahme. Außergewöhnlich war auch das System, das für einige Kathedralen in England, der Normandie und Sizilien galt: hier versahen Mönche den Dienst oder (in Sées und Carlisle) Ordensgeistliche, die nach einer Ordensregel und in Gemeinschaft lebten. Die klösterlichen Kapitel wurden im 10., 11. und 12. Jahrhundert gegründet; die Idee ging von dem hl. Dunstan und seinen Mitarbeitern aus, sie entsprach dem Versuch, das Klosterleben im 10. Jahrhundert zu beleben. Mönchische Chronisten aus Canterbury schildern anschaulich, wie eine große Kathedrale auf diejenigen wirkte, die tagtäglich viele Stunden in ihr verbrachten, um der Messe beizuwohnen und den Gottesdienst zu zelebrieren.

Unter ihnen ragt der Mönch Eadmer hervor, der von der normannischen Eroberung bis zum frühen 12. Jahrhundert lebte. Er ging mit Mönchen und Erzbischöfen um, aber die Heiligen Dunstan und Ælfheah (Alphege), wie auch Christus selber, dem die Kathedrale geweiht ist, waren ihm ebenso lebendig. Am nahesten stand ihm der Meister, der ihn zum Schreiben inspirierte und ihm so viel bedeutete wie ein Erzbischof und Heiliger in einer Person: Anselm von Canterbury, Theologe und Philosoph, Benediktinermönch und 'Vater' der Scholastik, aus Aosta gebürtig. In der örtlich parochialen Welt vertrat er die Universalität der mittelalterlichen Kirche. Über den königlichen Hof oder die Gesellschaft schrieb Eadmer nur mit einer gewissen Gleichgültigkeit; seine ›Geschichte neuerlicher Ereignisse‹ schildert vorzüglich das weltliche Leben des hl. Anselm. Sie beginnt ein Jahrhundert zuvor in den Tagen von St. Dunstan, dem ersten der heilig gesprochenen Erzbischöfe, dessen Reliquien jetzt in der Kathedrale ruhen (Bischöfe aus früherer Zeit wurden in der St. Augustinus-Abtei oder anderswo begraben). Anschaulich ist der Bericht über die normannische Eroberung; bezeichnenderweise führt Eadmer den Sturz des Geschlechtes von Godwin (König Harolds Vater) auf den Tag zurück, an dem er sich einen Christus und den Heiligen der Kathedrale von Canterbury gehörenden Herrensitz aneignete. Die Ankunft des ersten Erzbischofs des neuen Regimes schien ein bedeutenderes Ereignis als die Ankunft des Eroberers selber, und beide Ereignisse stellte die Ankunft des hl. Anselm (1033–1109) in den Schatten. Eadmer empfand sich als Teil eines Kosmos: der Kathedrale mit ihrer Gemeinde, ihren Reliquien, ihren örtlichen Traditionen und ihrer englischen Vergangenheit. Sein Erzbischof genoß Ansehen in ganz Europa, oft lebte er im Exil, Eadmer führte er am päpstlichen Hofe ein.

Am 29. 12. 1170 erhielt die Kathedrale von Canterbury ihre bedeutendste Reliquie, als Thomas Becket in ihren Mauern ermordet wurde. 1174 gab ein Brand den Mönchen den willkommenen Vorwand zu einem großen Neubau. Der neue Chor, von dem französischen Baumeister Wilhelm von Sens (dem Helden in Dorothy Sayers Buch ›Der Eifer Deines Hauses‹) entworfen, ist es das erste bedeutende englische Bauwerk mit gotischen Elementen. Der letzte Akt des großen Unternehmens erfolgte 1220: unter der Leitung von Erzbischof Stephen Langton, der den heute noch existierenden Thron bestieg, wurden die Reliquien des hl. Thomas Becket, des seligen Märtyrers, zu dem Chaucers Pilger zogen, in einen prächtigen neuen Schrein überführt. Langtons Thron stand in der Mitte der Apsis nach Westen zu; rechts und links von ihm die Erzbischöfe und Bischöfe; hinter ihm der neue Schrein, den Durchblick beherrschend, sichtbar für die Menge in Lanfrancs normannischem Kirchenschiff. An den Seiten die Kapellen und die Heiligenschreine von Dunstan und Ælfheah, vor dem Erzbischof der Hochaltar, der Altar Christi, auf dem dieser selbst sichtbar erschien, wenn der ministrierende Priester bei der Messe Hostie und Kelch in die Höhe hielt, damit alle Gläubigen ihn sähen und anbeteten.

Sie werden ihn freilich nicht genau haben erkennen können, denn seit Lanfranc die Kathedrale 140 Jahre zuvor erbaute, war der Chor zweimal vergrößert worden, einmal zur Zeit Anselms, um mehr Raum für Mönche und Heiligenschreine zu schaffen, und dann beim letzten Umbau, um für Beckets Schrein eine angemessen weite Räumlichkeit zu finden. Der Erzbischof war also weit vom Ende des Schiffes entfernt, und wahrscheinlich war auch der offene Durchblick der romanischen Kathedrale durch höhere Chorschranken zwischen Schiff und Chor beeinträchtigt. Die hohen Schranken wurden in den meisten Ländern Europas im späten Mittelalter üblich. Die Beziehung der Kathedrale zu ihrer Umwelt drückt sich darin aus. Im 14. und 15. Jahrhundert begannen die Schranken Schiff und Chor zu scheiden, und in den Kathedralen mit großen Heiligenschreinen hinter dem Hauptaltar trennten die hoch aufragenden Retabel den Altar von dem Heiligen. Zu Ende des Mittelalters thronten Langtons Nachfolger in einem steinernen Sessel, noch immer in westlicher Richtung vor Beckets Schrein, den die Retabel aber bald für die Mönche (und erst recht für die Menge im Schiff) unsichtbar machten. So wurde ein neuer stattlicher Thron aus Holz in südlicher Richtung vom Heiligtum errichtet. Dieses absurde Hin und Her veranschaulicht die Wandlung, in der die Kathedrale von einem einzigen großen Raum zu einem Haus mit verschiedenen Einzelräumen wurde.

Der Gedanke einer Privatsphäre, in der sich große Männer von Familie und Dienerschaft, vom häuslichen Leben absondern, war dem frühen Mittelalter fremd. Im 11. Jahrhundert war ein Schloß ein Gebäude mit zwei Räumen: in der Halle saß der Herr mit seinen Hausgenossen beim Schmaus, hier schliefen auch viele Lehnsmänner. Wollte der Hausherr mit seiner Familie allein sein, so zog er sich in das Gemach zurück, das fast ebenso groß wie die Halle war. Privaträume waren unbekannt. Im späten Mittelalter aber wurden sie häufiger; auf Wohnlichkeit und Luxus wurde nun Wert gelegt, jedenfalls bei den Wohlhabenden. So war auch anfangs das Schiff einer großen Kirche religiöser und gesellschaftlicher Treffpunkt; man mußte eigens Verordnungen erlassen gegen das Ballspiel und das Abschießen von Vögeln im Innern der Kathedrale. Im späten Mittelalter aber wollten Domherren und Mönche Wind und Lärm und die laute Menschenmenge fernhalten; sie verlangten eine gewisse Pracht der Umgebung, im Gotteshaus mehr als in ihren eigenen Räumen. Doch die Menge ließ sich nicht ins Kirchenschiff zurückdrängen: sie wollte dem Heiligenschrein hinter und neben dem Hochaltar nahe sein. So wurden der Heilige und die Seitenschiffe, von wo aus man zu ihnen gelangte, wie auch das Hauptschiff durch Schranken abgeschirmt; innerhalb der Kathedrale wurde ein Haus errichtet, in dem der Gottesdienst in würdiger Abgeschiedenheit zelebriert werden konnte.

Aber dies war nicht der einzige, vielleicht nicht einmal der Hauptgrund. Der offene Durchblick einer romanischen oder frühgotischen Kathedrale ließ im weithin sichtbaren Schrein den Heiligen als eigentlichen Bewohner der Kirche deutlich werden.

9 *Die Seelen der Seligen, von Engeln getragen, um an Abrahams Busen zu ruhen.* Portal des Jüngsten Gerichts, Kathedrale von Reims

Dagegen betonte die spätmittelalterliche Kathedrale die Stellung Gottes an der Spitze der gesellschaftlichen Pyramide; innerhalb dieser Rangordnung spielten die Heiligen noch immer eine Rolle, und die Domherren wurden nicht vergessen. Für die meisten Kirchenbesucher blieb die Messe am Hochaltar und die Gegenwart Gottes beim Hochamt unsichtbar und fern; die Domherren aber sahen ihn, ohne von der Menschenmenge abgelenkt zu werden. Gottes Gegenwart war nicht auf die Messe beschränkt, da es im späten Mittelalter üblich wurde, der Hostie einen besonderen Raum vorzubehalten; in einigen Teilen Europas baute man für die Messe ein kostbares Tabernakel. Der Grundcharakter der Kathedrale ebenso wie die vielfachen, oft geringfügigen Veränderungen des Raumes machen deutlich, daß die Kathedrale als Heimstätte für die gesamte Christenheit gedacht war; ihre ständigen Bewohner waren die höheren Schichten der geistlichen Hierarchie, Domherren, Bischöfe, Heilige und schließlich Gott selber. Zu jeder Zeit gab es Leute, die diese Auffassung verwarfen; zweifellos waren die Motive der Kathedralenbauer mannigfaltiger Natur: Prunkliebe, Prestige und Mode waren beteiligt. Viele Baumeister arbeiteten wie im 14. Jahrhundert der Kaufmann von Prato 'im Namen Gottes und des Profits'. Und dennoch bezeugt die verschwenderisch reiche Kunst des Handwerks, von der unsere Abbildungen einen Eindruck geben, eine gewaltige Zusammenballung schöpferischer Energie und die tief empfundene Auffassung von der menschlichen Gesellschaft als einer Stufenleiter und Hierarchie, deren Gipfelpunkt, Thron und Rechtfertigung der Gott ist, für den es nicht Juden noch Griechen, nicht Sklaven noch Freie gibt.

10 *Petrus*, von der Nordhalle der Kathedrale von Reims. Um 1240

1 Die Welt der Kathedralenbauer

Die Welt der Kathedralenbauer

Es war prophezeit worden, das Ende des ersten christlichen Jahrtausends werde auch das Ende der Welt sein. Als der kritische Zeitpunkt ohne die allgemein erwartete Sintflut vorüberging, atmete ganz Europa erleichtert auf. »Es war, als ob die ganze Erde ihr Alter von sich geschüttelt hätte und sich nun überall in ein weißes Kirchengewand kleidete«, schrieb der Kluniazenser-Mönch Raoul Glaber drei Jahre nach der Jahrtausendwende. In den nächsten anderthalb Jahrhunderten entstanden die monumentalen Kirchen, der Ruhm der romanischen Kunst[1].

Viele waren Abteikirchen. Reformbewegungen[2] wie die des Kluniazenserordens bewirkten eine starke Spiritualität, die sich des Zeitgeistes bemächtigte, die mönchische Lebensweise als das Ideal eines gottgeweihten Lebens bestätigte und die Menschen zu großen, meist noch von den jeweiligen Herrschern verwalteten Stiftungen begeisterte. Überall wurden neue Klöster gegründet und alte restauriert. Es war das goldene Zeitalter des Mönchtums. Der Niedergang der karolingischen Dynastie ging Hand in Hand mit dem politischen Zerfall und dem Triumph eines fast anarchischen Feudalsystems. Die Bevölkerung der Städte hatte sich verringert oder aufs Land zerstreut. Hauptstädte gab es nicht mehr, seitdem die nominellen Herrscher mehrere Residenzen hatten, einmal in einem Schloß, dann in einer Abtei Hof hielten. In einer wesentlich geldlosen Gesellschaft war Landbesitz die einzige Quelle des Reichtums. Die Basis des gesellschaftlichen und wirtschaftlichen Lebens war in Frankreich zum *mansus* (Lehngut) zusammengeschrumpft; es war zum Teil autonom und wirtschaftlich fast selbständig, ohne Anreiz zu einem Produktionsüberschuß. Schlechte Verkehrsverhältnisse und das Fehlen einer Händlerklasse machten es unmöglich, andere als örtliche Bedürfnisse zu befriedigen. Aus dieser feudalen Gesellschaft aber ging allmählich die moderne Welt hervor.

Im östlichen Mittelmeerraum ergriffen italienische Städte, wie Venedig und Pisa, die Initiative im Handel mit Byzanz und der islamischen Welt und bauten auch die Verbindungen mit dem Norden aus, über die Wasserstraße des Dnjepr, die das Schwarze Meer mit der Ostsee verband. Dies wirkte als ein mächtiges Stimulans zur Wiederbelebung des Handels in der ganzen westlichen Welt, in welcher der von der Kirche angeregte 'Gottesfrieden' einen Geist des Vertrauens und neue Unternehmungslust erzeugte[3]. Land wurde trockengelegt, Wälder gerodet, und an dem erweiterten Horizont tauchte eine neue Figur auf: der Kaufmann.

Der Aufstieg einer handeltreibenden Schicht innerhalb des Feudalsystems und die damit zusammenhängende Erstarkung der Städte hat etwas Rätselhaftes. Wer waren diese Kaufleute, woher kamen sie? Einer der besten Kenner dieser Zeit, Henri Pirenne, gelangte zu der Überzeugung, daß sie nicht aus den Reihen der Landbesitzer, noch weniger des Klerus stammten, auch nicht aus der auf Lehngütern wohnenden Bauernbevölkerung, sondern aus der Masse der landlosen Armen, aus »dem Nomadenvolk, das durch das Land zog, zur Erntezeit gegen Tagelohn arbeitete, von der Hand in den Mund lebte... ein Abschaum... der nichts zu verlieren und alles zu gewinnen hatte«[4]. Diese Händler-Abenteurer waren zunächst in einer Person »Trödler, Fuhrleute, Gauner und Hochstapler«[5]. Sobald aber der Handel ein Gewerbezweig unter anderen war, wurden sie 'Kaufleute', ließen sich an einem geeigneten Ort nieder, an der Anlegestelle einer Flußfähre, in der Nähe eines Schlosses oder eines befestigten Bischofssitzes[6] und zogen andere Händler an, da nur im

11 *Lamm Gottes*, gemeißeltes Ornament aus der Vorhalle der Krypta in der Kathedrale von Wells

Zusammenhalt Sicherheit gewährleistet war. In ihrem Kielwasser kamen Handwerker und Gewerbetreibende, von der Aussicht auf Dauerbeschäftigung angelockt. Der Prozeß der Urbanisierung nahm seinen Anfang.

Die neuen Siedlungen bildeten sich um den Kern der feudalen Festung oder Burg herum und umgaben sich gleichfalls mit befestigten Mauern. Diese äußere Festung oder Vorburg (frz. *faubourg*) war die Stadt, deren Einwohner *bourgeois* (Bürger) genannt wurde. Die neue Bürgerklasse in den Städten, im Bewußtsein ihrer neuerworbenen Kraft und Unabhängigkeit, von bürgerlichem Klassenbewußtsein erfüllt, in scharfem Konkurrenzkampf mit Nachbarstädten begriffen, war dazu geschaffen, die großen gotischen Kathedralen zu bauen, deren jede nicht nur das Primat des Glaubens zu verkünden wollte, sondern auch den kommerziellen Vorrang der Stadt vor der Rivalin.

Während der Kreuzzüge (der 1. wurde 1095 proklamiert) kamen viele zum ersten Mal in direkte Berührung mit den verfeinerten, viel höher entwickelten byzantinischen und islamischen Kulturen. Dem Kriege folgte der Handel, und in Europa stieg die Lebenshaltung, besonders in Wohnkultur und Kleidung. Neue Stoffe wie Brokat, Taft, Damast und Moiréseide hielten ihren Einzug. Neue Betriebe stellten pharmazeutische und kulinarische Produkte her. Zum ersten Mal wurde (in beschränktem Maße) Zucker zum Süßen von Speisen verwendet, und in den Gärten Europas duftete eine neue Blume: die Rose.

In der ersten Hälfte des 12. Jahrhunderts stand die 'mittelalterliche Renaissance' in voller Blüte. Den neuen Städten war es heftigem Widerstand zum Trotz gelungen, immer mehr autonom zu werden. Die Entwicklung gipfelte in den durch königliche Freibriefe anerkannten 'freien Städten' und 'Kommunen'. Als wünschenswerte Form des Reichtums trat das Geld an die Stelle des Landbesitzes; das untergrub die Basis des Feudalsystems. Die städtischen Ansiedlungen florierten, allerorts wurden Pläne für neue Städte entworfen. Die Bevölkerungsexplosion kam auch der Landwirtschaft zugute, die auf die Sklaven verzichten mußte; sie wanderten in die Städte ab, wo sie ein Jahr und einen Tag verbringen mußten – dann konnten sie nicht mehr von ihren Herren zurückgerufen werden[7]. Das Roden und Urbarmachen des Landes vollzug sich nun in schnellerem Tempo; auf dem Lande wie in den Städten geschah das gleiche wie später in der Pionierszeit auf dem amerikanischen Kontinent.

Auch die Verbindungen wurden besser; vom 10. und 11. Jahrhundert an besuchten italienische Kaufleute Flandern; im 13. Jahrhundert hatte sich der Handel, hauptsächlich in Stoffen, stark intensiviert. Die gut erreichbaren Messen der Champagne wurden von Kaufleuten aus ganz Europa besucht. Früher waren die meisten Reisenden Pilger gewesen; jetzt waren Kreuzfahrer, Kaufleute, Studenten, Maurer und Bauhandwerker ständig unterwegs.

Von Bedeutung für die kulturellen Kontakte mit dem Islam wurden die kosmopolitischen Höfe Spaniens, Süditaliens und Siziliens. Die arabischen Eroberer hatten sich das Wissen des klassischen Altertums, Persiens und Indiens zueigen gemacht und gaben es nun, mit den Errungenschaften ihrer eigenen Kultur, auf ihren Hochschulen der jungen Generation weiter. Die arabischen Zahlen, das Dezimalsystem, die euklidische Geometrie (von Adelard von Bath aus dem Arabischen übersetzt), die ›Optik‹ des Ptolemäus, die Werke des im 11. Jahrhundert lebenden arabischen Astronomen Al-Hasan, Abhandlungen über Algebra und Trigonometrie (beides vornehmlich arabische Wissenschaften), dazu Literatur in lateinischer, griechischer und hebräischer Sprache kamen über den Islam nach Europa[8]. Weitreichende Folgen hatten die Werke des Aristoteles (der größten klassischen Autorität für die Philosophen des Islam), zunächst in Übersetzungen aus dem Arabischen, später im griechischen Urtext, aber auch die berühmten Aristoteles-Kommentare des maurischen Philosophen Ibn Rushd (Averroës).

In den neuen Städten Europas herrschte ein unersättlicher Wissenshunger: dem Unterricht, bis dahin in den Kathedralen-Schulen zentriert, von denen einige noch aus der Zeit Karls des Großen stammten, kam neue Bedeutung zu. Ein halbes Jahrhundert lang begründete der Ruf des großen Lehrers Anselm (um 1050–1117) die Bedeutung der Schule von Laon; später wurde Chartres eine wichtige Bildungsstätte des Humanismus unter so glänzenden Gelehrten wie Bernhard und Thierry von Chartres und Wilhelm von Conches. Der große Johannes von Salisbury beschloß 1180 in Chartres sein Leben.

Die 'Schulen' gaben der religiösen Philosophie ihren Namen: Scholastik. Bis zur Mitte des 12. Jahrhunderts herrschte der Einfluß des hl. Augustinus vor, der schon im 4. Jahrhundert eine Versöhnung von Neuplatonismus und Christentum angestrebt hatte. Die Gotteserfahrung war ihm der ausschließliche Zweck des Lebens, die Sinnenwelt aber Falle und Blendwerk. Die Wirklichkeit war nur hinter den physischen Erscheinungen zu erfassen, in der geistigen Wahrheit, der Spiegelung des Göttlichen in den Dingen. Nur durch Verinnerlichung und Meditation gelang das. Die Natur war nur das Symbol der übernatürlichen Welt, die sich im Glauben manifestierte.

Der Studienplan der Schulen umfaßte die Sieben Freien Künste (*Artes liberales*): das *trivium* (Grammatik, Rhetorik, Dialektik), für Fortgeschrittene das *quadrivium* (Arithmetik, Geometrie, Musik, Astronomie); darüber standen die 'Mutter der Künste', die Philosophie, und die Lehre der christlichen Offenbarung, die Theologie. Die Naturwissenschaften fehlen. Es gab nur wenige Bücher, nur der Lehrer besaß eines, so empfahl sich eine sokratische Form des Unterrichts, die in den Schriften der Scholastik ihre Spuren hinterließ[9]. Die dialektische Methode machte deutlich, was man der klassischen Philosophie schuldete. Freilich war die Suche nach der Wahrheit maßvoll zu betreiben, wenige Lehrer nur trotzten der Gefahr und wagten, den Kirchenvätern oder gar der Heiligen Schrift zu widersprechen. Innerhalb der erlaubten Grenzen erstrebten die frühen Scholastiker eine Synthese von Neuplatonismus und christlichem Ideengut. Ihre tiefschürfenden kosmologischen Spekulationen, besonders die Interpretation der metaphysischen Natur des Lichts und der Bedeutung mystischer Zahlenverhältnisse in der göttlichen Ordnung und Harmonie spielten bei der Entwicklung der gotischen Architektur eine entscheidende Rolle.

Die zunehmende Vertrautheit mit den vom Islam übermittelten Schriften des Aristoteles, insbesondere der ›Metaphysik‹, die den Nachdruck auf das durch empirische Methoden erworbene Wissen legt, gab dem Denken eine neue Richtung. Nun schien es möglich, mit der Vernunft den Dogmen zu begegnen. Die sinnliche Wahrnehmung übernahm in der philosophischen Spekulation eine führende Rolle, die Erscheinungswelt und die bisher mißachtete Schönheit der Natur erhielten einen neuen Sinn.

Die stark empfundene Notwendigkeit, Glauben und Vernunft zu versöhnen, kristallisierte sich in der dramatischen Konfrontation zweier großer Geister: dem Gelehrten Peter Abälard (1079–1142) und dem Mystiker Bernhard von Clairvaux (1091–1153). Abälard, uns aus der Geschichte seiner Liebe zu Heloïse bekannt, war der hervorragendste Denker seiner Zeit, ein unerschrockener Sucher nach der Wahrheit, von patristischer Tradi-

12 Vignette der Stellmacher- und Böttchergilden, die das Fenster gespendet hatten. 13. Jh., Kathedrale von Bourges

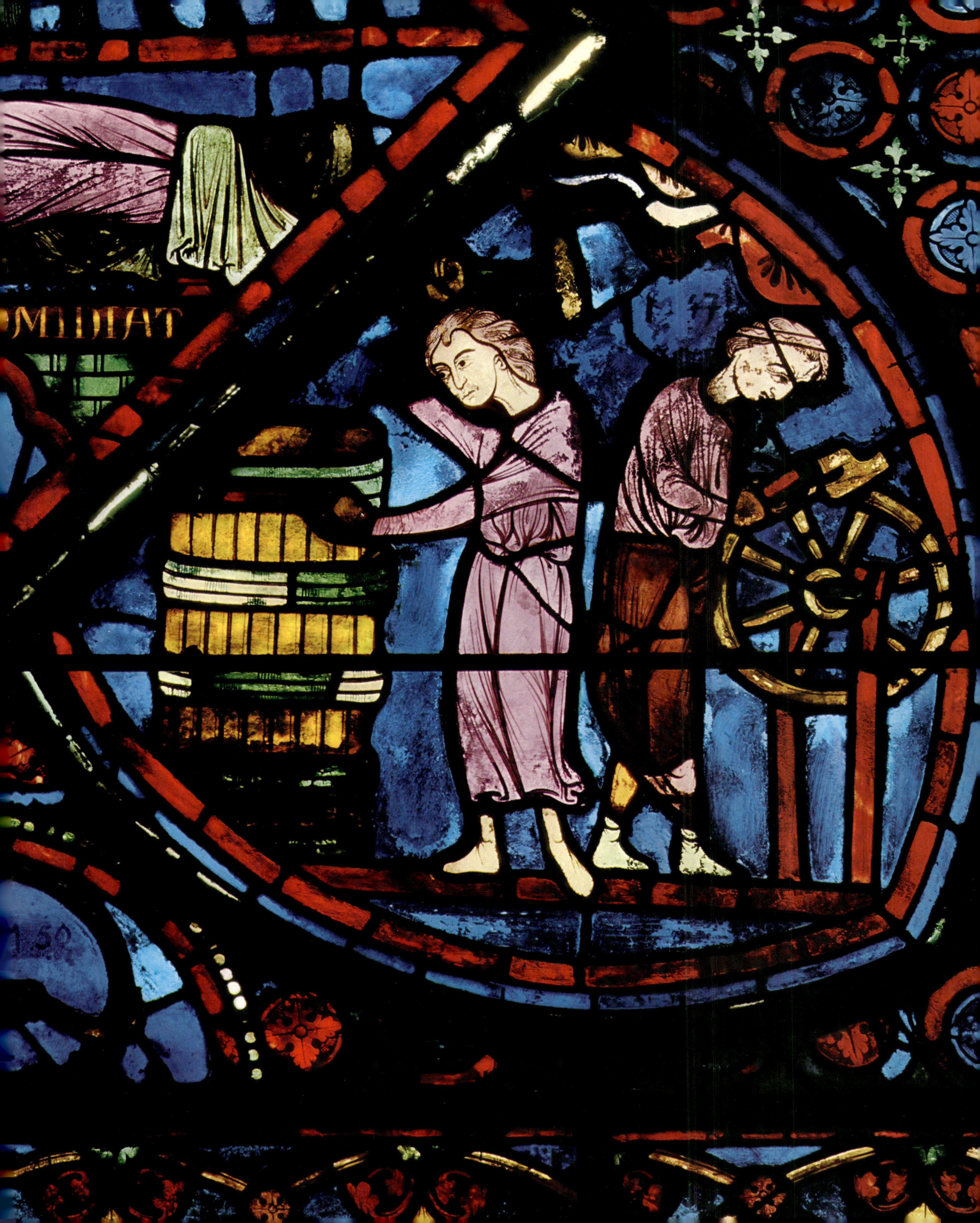
MIDIAT

EZECHIEL

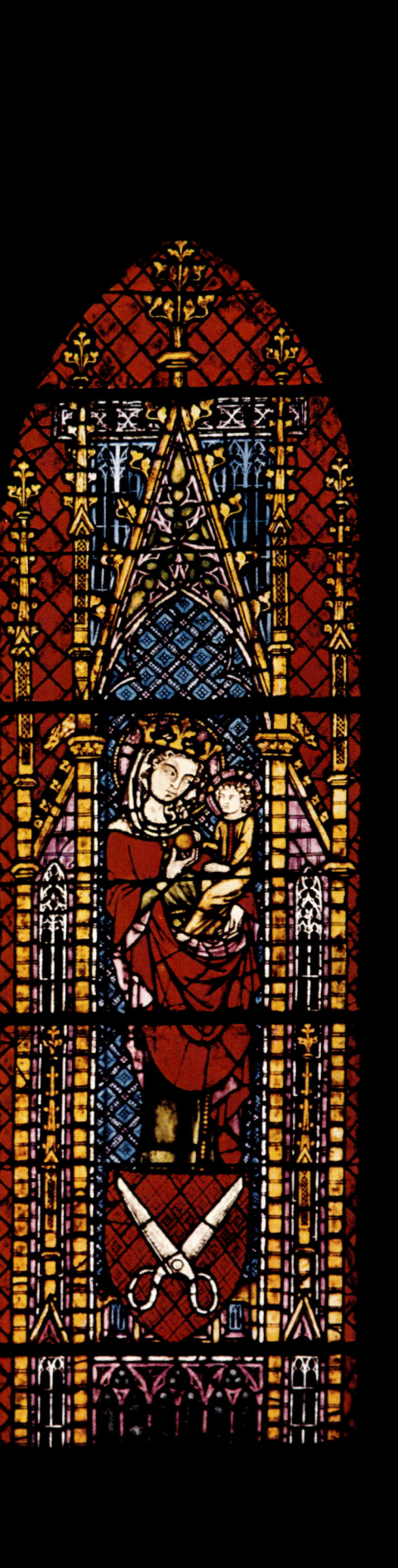

tion erstaunlich unbeeinflußt. Sein größtes Werk, ›Sic et Non‹ (Ja und Nein) untersucht zahlreiche theologische Hauptprobleme und stellt die verschiedenen Antworten aus den Heiligen Schriften und den Kirchenvätern einander gegenüber. Dieses Verfahren, den Glauben vor den Richterstuhl der Vernunft zu zitieren, schien dem hl. Bernhard unerträglich: er zögerte nicht, »diesen Mann, der froh ist, wenn er in einem dunklen Spiegel nichts sieht, aber alles von Angesicht zu Angesicht schauen muß«, zu denunzieren. Auf seine Veranlassung hin machte der Gerichtshof von Sens (1140) Abälard den Prozeß, verwarf einige seiner Schlußfolgerungen und zwang ihn, sich entmannt in das Kloster Cluny zurückzuziehen. Bernhard blieb Sieger, aber sein Triumph war von kurzer Dauer. Kaum zehn Jahre später brachte Gratians ›Concordia discordantium canonum‹ (Konkordanz einander widersprechender kanonischer Regeln), aufgebaut auf Abälards Prinzipien, Ordnung in das widersprüchliche Quellenmaterial, wurde begeistert aufgenommen und bildet seitdem die Grundlage des Kirchenrechts. Auch Albertus Magnus (1193–1280), der große deutsche Gelehrte, machte sich die aristotelischen Prinzipien und das Beharren auf der Vernunft zueigen; sein italienischer Schüler Thomas von Aquino (1225–1274) vollzog die längst fällige Synthese von Bernhards Glauben und Abälards Vernunft in seiner monumentalen ›Summa Theologica‹.

Er schuf, auf Aristoteles, vor allem die ›Metaphysik‹, gestützt, ein gewaltiges, fest gefügtes Gedankensystem, in dem Glaube und Vernunft, Mensch und Natur, Kirche und Staat, heidnisches und christliches Wissen integriert waren. Die meisterhaft logisch konstruierte ›Summa‹ stellt den Höhepunkt der 'Hochscholastik' dar und rechtfertigt den Ruf des hl. Thomas als des größten mittelalterlichen Philosophen und Theologen. Er führte das aristotelische Denken zum Siege; die Erkenntnis aufgrund sinnenhafter Evidenz gelangte zur Geltung. Von nun an war »eine Pflanze wieder in ihrer pflanzenhaften Existenz gegeben und nicht mehr die Kopie der Idee einer Pflanze«[10] (Erwin Panofsky).

Aufgrund dieser dramatischen Wandlung der Anschauungen im 12. Jahrhundert wurden die Kathedralen-Schulen allmählich von einer neuen, halb weltlichen Institution überflügelt: den Universitäten. Zu Anfang des 13. Jahrhunderts gab es fünf: Paris, Montpellier, Oxford, Salerno, Bologna. Drei herrschten auf speziellen Gebieten: Medizin in Montpellier und Salerno, kanonisches und römisches Recht (auf dem ›Corpus Iuris‹ beruhend) in Bologna. Auf allen anderen Gebieten war die Vorherrschaft von Paris unbestritten. Von Abälards Zeit bis zum Ende des 14. Jahrhunderts gab es kaum einen bedeutenden Theologen oder Philosophen, der nicht in Paris studiert oder unterrichtet hätte. War Rom der Mittelpunkt der Kirche, so herrschte ihr Geist in der Pariser Universität; das wurde stillschweigend in einem päpstlichen Erlaß von 1292 anerkannt, dem zufolge Graduierte der Pariser Universität sich keiner weiteren Prüfung zu unterziehen brauchten, wo immer sie unterrichten wollten. Johann von Osnabrück im Norden und Ser Brunetto Latini in Italien bestätigten die Überlegenheit der französischen Kultur[11]. Der stolze Ausspruch von Eudes de Châteauroux (Mitte des 13. Jahrhunderts) entsprach der Wahrheit: »La France est le four, où cuit le pain intellectuel de l'humanité« (Frankreich ist der Ofen, in dem das geistige Brot der Menschheit gebacken wird). Ganz Europa sah

◁ 13 Beispiele gotischer Glasmalerei in Lanzettenform. Links: *Maria mit dem Kind* auf dem von der Schneidergilde (Schere!) gestifteten Fenster. 14. Jh., Freiburger Münster; Mitte: *Der Prophet Hesekiel.* 13. Jh., Kathedrale von Bourges; rechts: *Saint Lô.* 13. Jh., Kathedrale von Coutances

14 *Die hl. Anna selbdritt*, vom Hauptturm des Stephansdoms, Wien. Um 1320. Wien, Kunsthistorisches Museum. (Der Kopf Mariä ist die Kopie eines im Landesmuseum Linz befindlichen Originals)

auf Frankreich. Das erklärt die schnelle Verbreitung und Anerkennung des *opus francigenum* oder 'französischen Stils', wie der gotische Stil im Ausland genannt wurde.

Die Verweltlichung des Unterrichts verursachte eine erhöhte Produktion von Büchern. Im 12. Jahrhundert vermachte Bernhard von Chartres, einer der größten Gelehrten seiner Zeit, der Kathedrale seine ganze Bibliothek: 24 Bände! Ein Jahrhundert später gab es bereits eine 'Massenproduktion' von Büchern, von berufsmäßigen Schreibern abgeschrieben; Paris hatte eine ganze Straße von Illustratoren und Buchhändlern.

Dem englischen Geschichtsschreiber Matthäus von Paris († 1259) zufolge gab es in Paris nicht weniger als 3000 Studenten und sechs Vorlesungen allein für englische Theologiestudenten. In Bologna bildeten die Studenten 'Gilden' verschiedener Nationalitäten, Symptom für eine der wichtigsten Entwicklungen dieses Zeitabschnitts: das Entstehen eines nationalen Bewußtseins und dadurch eine erhöhte Bedeutung der Nationalsprachen.

Die praktische Erziehung des Kaufmanns gab dem Studium der Landessprache großen Auftrieb. An den feudalen Höfen stand der Minnesänger im Schatten des aristokratischen Troubadours von Aquitanien mit seiner verfeinerten Lyrik in der Sprache Südfrankreichs, dem melodischen *Langue d'oc*. Zu dem heroischen *chanson de geste*, das den Sinn für das gemeinsame europäische Erbe stärkte, gesellte sich im 13. Jahrhundert die höfische Novelle mit ritterlicher Romantik und später ihr bürgerliches Gegenstück, derbe Geschichten mit realistischen humorvollen Darstellungen, wie bei Chaucer.

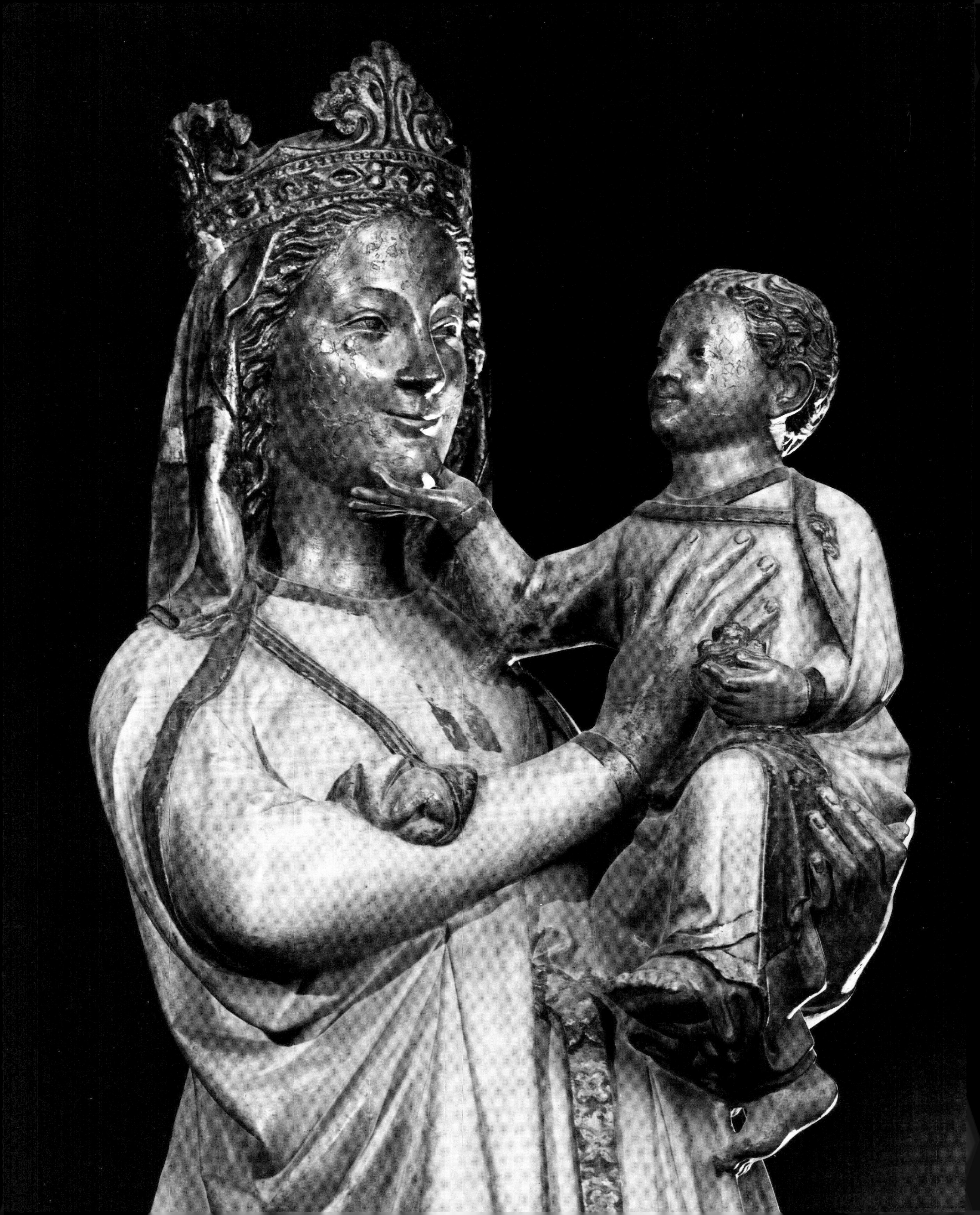

Der zur Synthese strebende Geist des Jahrhunderts, manifestiert in der Philosophie der Scholastiker, fand seinen vollendeten dichterischen Ausdruck in Dantes ›Göttlicher Komödie‹. Wie die gotische Kathedrale und die ›Summa‹ des Thomas von Aquino besitzt sie enzyklopädische Größe, umfaßt das ganze Leben und ist in ihrer formalen Struktur ein Abbild der kosmischen Ordnung[12]. Dante ist nicht nur einer der größten Künstler aller Zeiten, sondern auch das Vorbild eines neuen Typs, des gebildeten Laien, der in einer neuen Sprache schreibt. Ein Jahrhundert früher hätte Dante die italienische Sprache noch nicht vorgefunden.

Zu den interessantesten Aspekten der gotischen Kultur gehört die bedeutende Rolle der Frauen. Nach der Männerwelt des frühen Mittelalters wird nun die weibliche Stimme hörbar: Eleanore von Aquitanien und Blanche von Kastilien greifen in den Lauf der Geschichte ein; die Frau ist nicht nur Gegenstand höfischer Poesie, das weibliche Empfinden selber findet seinen dichterischen Ausdruck. 'Liebeshöfe' und Rittertum rufen den adligen Ritter ins Leben, der demutvoll um die Gunst der Lehnsherrin wirbt. Die ritterliche Minne kommt auch im Marienkult zum Ausdruck, dem der hl. Bernhard durch seine Lehre gewaltigen Auftrieb gab. Die Muttergottes als 'Notre-Dame' (Unsere Liebe Frau) verdrängte zumal in Frankreich die Heiligen, denen früher die Kathedralen geweiht waren.

Die Gesellschaft, in der sich der gotische Stil entwickelte, war noch eine Feudalgesellschaft, aber gegenüber dem frühen Mittelalter streng hierarchisch geordnet. Johannes von Salisbury verglich den Staat mit dem menschlichen Körper: die Priesterschaft sei die Seele, der König die Intelligenz usw., die Bauern schließlich die Füße. In der Wirklichkeit bestand eine solche organische Einheit nicht; bestenfalls gab es ein prekäres Gleichgewicht entgegengesetzter Kräfte, der dynamischen Ausgewogenheit gotischer Architektur vergleichbar. Der Anspruch des Papstes auf universale Herrschaft kam damals seiner Verwirklichung nahe. Das Problem der Einheit beschäftigte viele; die Scholastiker widmeten sich eingehend der theoretischen Fundierung einer harmonisch organisierten Gesellschaft, in der die widerstreitenden Interessen von Kirche *(sacerdotium)* und Staat *(imperium)* miteinander versöhnt wären. Als Ideal eines christlichen Herrschers galt Ludwig IX. (der Heilige) von Frankreich, der einen neuen, geradezu unerhörten Sinn für Ehre und Integrität in die Politik einführte. Seine Rechtsreformen machten es noch dem geringsten Untertanen möglich, sein Recht zu finden. Aufgabe des Staates war der Schutz der Bürger, die Monarchie, gestärkt, erschien in unvergleichlichem Glanz, die kulturelle Vorherrschaft Frankreichs fand darin ihre Bestätigung.

Ihre höchste Blüte erreichte die mittelalterliche Gläubigkeit in der Person des hl. Franz von Assisi (1182–1226). Bernhard von Clairvaux hatte im Gegensatz zu den Scholastikern die überragende Bedeutung von Glauben und Barmherzigkeit (Liebe) zum Erfassen der göttlichen Mysterien betont; durch Hervorhebung der Würde des Menschen als Kind Gottes und Bruder Christi unterstrich er den Gedanken der menschlichen Brüderschaft. Der hl. Franziskus sah sogar die Vögel als 'Brüder' an. Die neuen Bettelorden (Franziskaner wie Dominikaner) kehrten der Welt nicht länger den Rücken, sondern holten sich Hilfe und Beistand von den Bürgern, unter denen sie lebten.

◁ 15 Die Gotik war das Zeitalter 'Unserer Lieben Frau', Notre-Dame. Detail einer Skulptur aus farbigem Marmor, französisch, 14. Jh., bekannt als *Virgen Blanca* (Weiße Madonna). Toledo, Domschatz

16 Detail vom Reliquiar des hl. Galgano. Siena, Museo dell' Opera Metropolitana

Viele große Abteien waren mit Bedacht fern von weltlichem Leben errichtet worden; die Zisterzienser suchten absichtlich ungesunde Gegenden auf, in der Hoffnung, daß im Elend das Licht des Geistes umso heller erstrahle. Auch ein so liberaler Mann wie Abälard war dieser Ansicht, der die Wirklichkeit freilich nicht immer recht gab. Die gotische Kathedrale dagegen war im Kern der Stadt gelegen, die Gebäude scharten sich um sie wie Küchlein um die Henne. Der Vorhof (engl. *parvis*, von frz. *paradis*) war klein. Im Lauf der Jahrhunderte wurden Betstuben, Kapellen, Sakristeien an die Kirche angebaut, aber auch Läden und Buden; sogar Wohnhäuser klammerten sich wie Kletten an ihre Flanken. Alte Stiche zeigen das noch. Der von malerischen Holzbauten umgebene Vorhof, mit seinen Buden, intim und unfeierlich, ist heute von glänzenden Autobussen und Personenwagen auf den weiten, charakterlosen Plätzen verdrängt worden, die die Städteplaner des 19. Jahrhunderts einer Kathedrale für angemessen erachteten. Es waren aber nicht nur ästhetische Erwägungen; die Ähnlichkeit des Platzes vor Notre-Dame in Paris mit einem Paradeplatz ist kein Zufall: auf dem erweiterten Platz sollte die Artillerie bei einem Aufruhr Stellung beziehen können.

In der mittelalterlichen Stadt konzentrierte sich der Ehrgeiz der Bürgerschaft auf die Kathedrale. Hier versammelten sich die Bürger an den großen kirchlichen Feiertagen, die mit Prunk und Pracht begangen wurden: hierher kamen sie, um vor einem Heiligenschrein zu beten oder um Gesellschaft zu finden. Die mittelalterliche Kathedrale war durchaus nicht nur ein Ort der Andacht. In ihren Mauern spazierte man, plauderte laut miteinander, brachte auch wohl seinen Lieblingshund, einen Sittich oder Falken mit. Liebespaare trafen sich hier – wie, ohne kritische Absicht, eine Persönlichkeit mit so hohen Prinzipien wie Christine de Pisan (1365– um 1433) beiläufig aufzeichnete. In Wallfahrtsorten schliefen und aßen die Leute sogar in der Kathedrale, in der auch regelmäßig Gemeindeversammlungen stattfanden, so daß einige Städte es für unnötig hielten, ein Rathaus zu bauen. Die Kathedrale war Schauplatz von Rechtshändeln, Disputationen und Feierlichkeiten beim Abschluß der Universitätsexamen und Geschäften aller Art. Der Bürgermeister von Straßburg nahm von seinem Kirchenstuhl in der Kathedrale aus die Amtshandlungen vor. In der Kathedrale von Chartres, die die heiligste Reliquie der Muttergottes bewahrte und größere Inbrunst erweckte als irgendeine andere Kirche, hatten die Weinhändler ihre Buden im Schiff und gaben ihren Platz erst auf, als das Kapitel einen Teil der Krypta für sie allein reservierte.

Die Gilden, die kostbare Kirchenfenster gestiftet hatten, suchten den besten Platz dafür aus und versahen sie ohne falsche Scham mit Vignetten, in denen sie Reklame machten – für uns die besten Quellen zur Erforschung des Alltagslebens im Mittelalter (Abb. 12, 18). Die große Schere im Wappen des Fensters, das die Schneider in Freiburg im Breisgau stifteten (Abb. 13), ist eine so wirksame Reklame wie heute das Warenzeichen eines großen Unternehmens. Das Leben und Treiben machte die Kathedrale nicht zum Tollhaus, wie man denken könnte. Das Innere war so weiträumig – in der Kathedrale von Amiens hätte die gesamte Bevölkerung der Stadt Platz finden können –, daß einander widerstreitende Betätigungen leicht zu trennen waren. Ein Tumult am Westportal war in einer Chorkapelle nicht mehr zu hören. Die Räumlichkeit fügte sich auch darum so leicht allen Zwecken, weil das Innere noch nicht mit Stühlen oder Bänken vollgestellt war; man stand (wie während der Predigt) oder kniete. Scharf umrissene Raumteile blieben besonderen Zwecken vorbehalten: der Laienstand erhielt nur Zugang zum Mittel- und den Seitenschiffen und gelegentlich, im Fall einer Wallfahrt, zu den Grabstätten, die man vom Chorgang aus erreichte. Der Chor selber war allein den Geistlichen zugänglich, die am Zelebrieren des Gottesdienstes teilnahmen, der feierlich und würdig zu sein hatte; im Gottesdienst lag ja die Existenzberechtigung der Kathedrale. Ob der Laienstand daran teilnahm, war von zweitrangiger Bedeutung. Der Chor war meist von den Umgängen und später auch vielfach vom Schiff durch eine solide Mauerschranke, Lettner, getrennt; so bildete er ein Inneres im Innern. In England hießen die Schranken *roodscreens* (Kreuzgitter) da sie meist von einem Kreuz überragt wurden; in Frankreich nannte man sie *jubes*. Sie wurden abgeschafft, als im 18. Jahrhundert der Zeitgeschmack einen freien Durchblick verlangte; an ihre Stelle traten die vergoldeten Eisengitter im Stil Louis XIV. und Louis XV., die sich in ihrer gotischen Umgebung so sonderbar ausnehmen (Abb. 104). Einer der wenigen erhaltenen *jubes* in Stein ist der herrliche Lettner in der Kirche von Albi (Abb. 179).

Die Kathedrale ersetzte auch das Theater. In der Liturgie war ein stark dramatisches Element enthalten, und bei der Einweihung des Gebäudes gab es nicht selten richtige Vorführungen: der vom Klerus begleitete Bischof führt die prächtige Prozession zur neuen Kathedrale, wo ein Geistlicher die Rolle des bösen Geistes spielt und hinter verschlossenen Toren im Hinterhalt liegt *(quasi latens)*. Vor der Tür angekommen, klopft der Bischof dreimal mit seinem Stabe an, und die Prozession beginnt den Wechselgesang: »Hört zu, ihr Tore, und öffnet euch, ihr Tore von ewiger Dauer, und der Herr des Himmels wird eintreten.« Erst herrscht Stille, dann ertönt von drinnen eine Stimme: »Wer ist der Herr des Himmels?« Die Antwort erbraust: »Der Herr der Heerscharen ist der Herr des Himmels«. Auf dieses Wort springen die Riegel auf, der überwältigte 'böse Geist' schlüpft in die Menschenmenge, und der Bischof betritt mit der Prozession die Kathedrale, um die Einweihungszeremonie zu vollziehen.

Am Gründonnerstag wurde das große Kreuz der Kathedrale herabgenommen und mit dem Ziborium, das die Hostie enthielt, in das verhüllte 'Ostergrab' gelegt. Das war ein tragbarer Schrein, manchmal aber auch ein Steinbau von der Größe einer kleineren Kapelle, der seinen festen Platz hatte (Abb. 6). Die Zeremonie am Ostersonntag bestand in der frühesten Form aus einem Wechselgesang zwischen dem Engel am Grabe und den drei Marien. Später wurde das dramatische Element verstärkt und Wächter in Rüstungen (die Pilatuswache) hinzugefügt, die Tag und Nacht neben dem kerzenerleuchteten Grab Wache hielten: den Höhepunkt bezeichneten Donnerschlag und Rauch, als Christus aus dem Grabe auferstand. Manche Kathedralen sorgten zu Pfingsten für ein originelles Schauspiel: man ließ vom Dach eine Taube fliegen, die flammendes Werg hinter sich herzog, zur Darstellung der feurigen Zungen, mit denen die Apostel begabt wurden.

17 Oben: *Maurer bauen einen zinnengeschmückten Turm*; unten: *Zwei Maurer tragen Baumaterial in einer Trage, ein dritter trinkt aus einem Krug*. 13. Jh. Aus einem von der Maurergilde gespendeten Fenster der Kathedrale von Bourges

18 *Maurermolle*. 13. Jh. Aus einem von der Maurergilde gespendeten Fenster der Kathedrale von Bourges

19 Umseitig: Gewölberippen der Katharinen-Kapelle, Stephansdom, Wien

20 Umseitig: Tympanon des 'Annenportals' von Notre-Dame, Paris. Zwischen 1160 und 1170 für einen weniger spitzen Torbogen geschaffen, dann dem gegenwärtigen Standort eingepaßt. Zu Seiten der Madonna Bischof Maurice de Sully mit dem Dekan des Kapitels, lesend, und Ludwig VII., kniend

Eine dramatische Vorführung der 'Flucht nach Ägypten' gab es in Beauvais: ein junges Mädchen, einen Säugling in den Armen, ritt der Prozession voran auf einem Esel in die Kathedrale vor den Altar. Es folgte die feierliche Messe in der herkömmlichen Form, doch Introitus, Kyrie, Gloria und Credo endeten

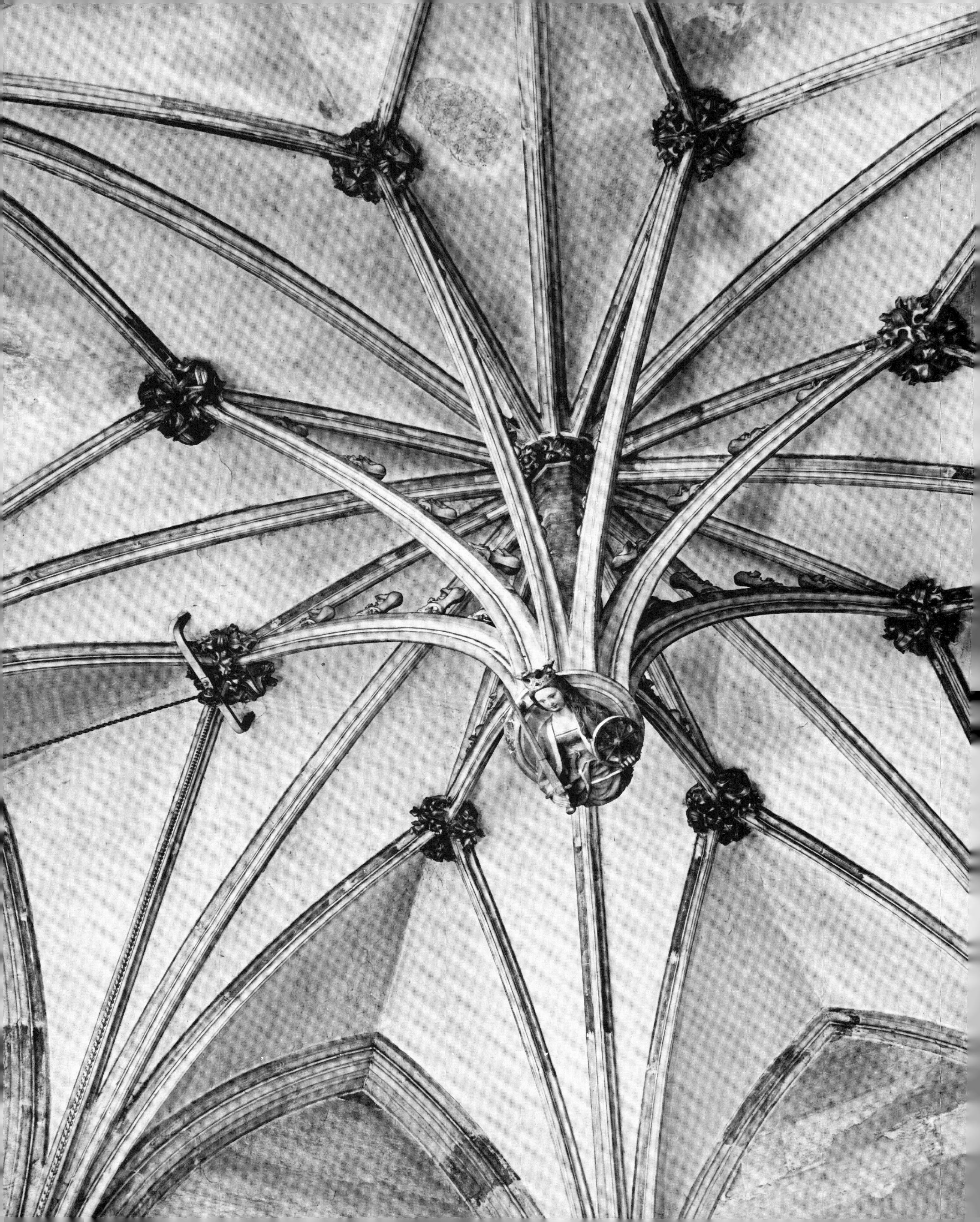

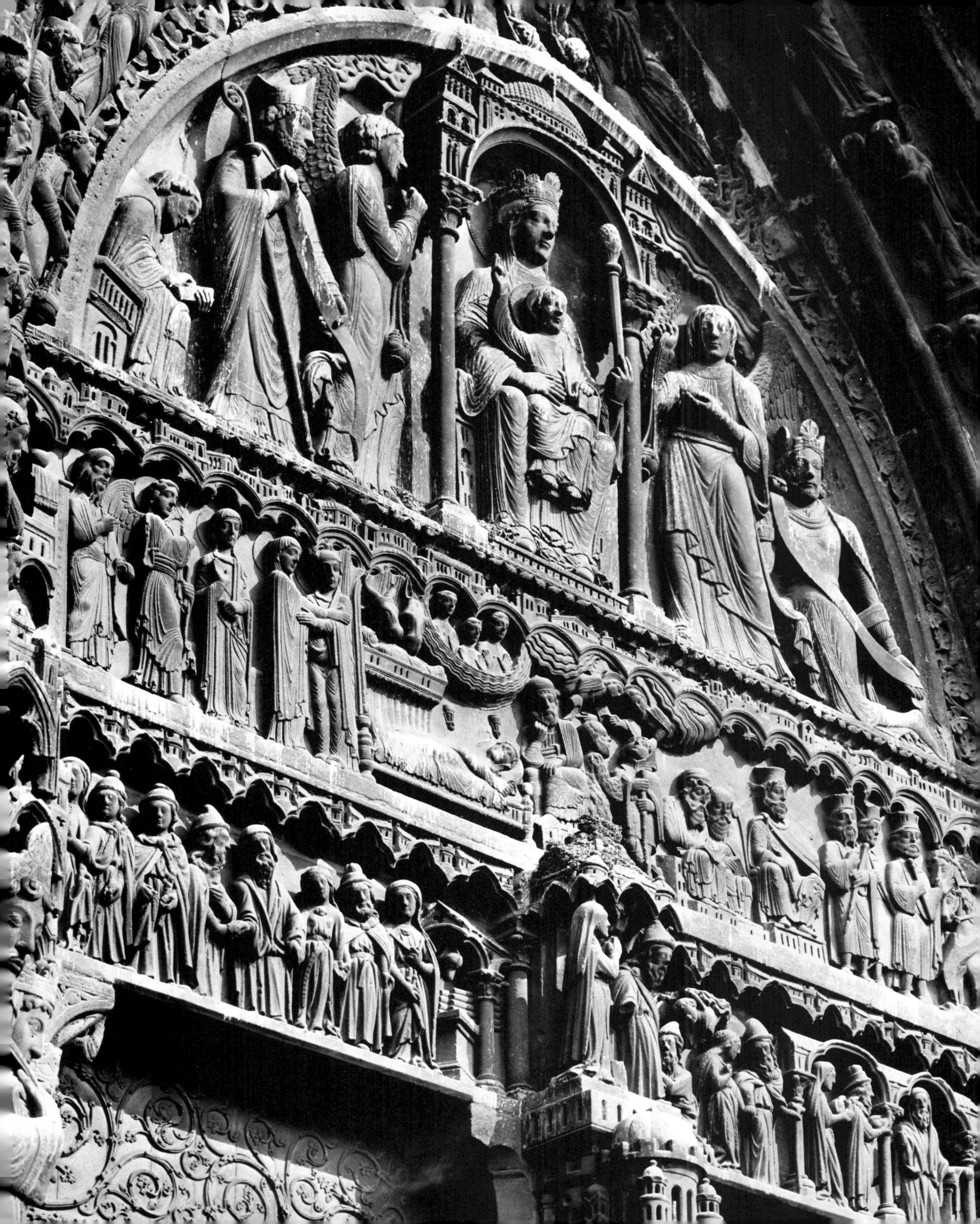

nicht mit der gewöhnlichen Formel, sondern in einem Iahen, das der Priester in der 'Eselssprache' wiederholte. In Rouen gingen die liturgischen Regeln für das 'Eselsfest' noch weiter: an bestimmten Stellen des Gottesdienstes wurde das Tier dreimal kräftig am Schwanz gezogen, so daß sein Iah genau mit dem dreimal wiederholten 'Dominus vobiscum' zusammenfiel[13].

Im Bestreben, Seelen zu gewinnen, hatte die Kirche schon früh heidnische Sitten übernommen, darunter das große Fruchtbarkeitsfest um die Wintersonnenwende. Bei den römischen Saturnalien wurde einen Tag lang die gesellschaftliche Ordnung auf den Kopf gestellt; diese Sitte findet man in den liturgischen Possen wieder, von denen die berühmteste und berüchtigste das 'Narrenfest' war, das hauptsächlich in Frankreich gefeiert wurde. Verboten und wieder zugelassen, nahm das Fest die Form wilder Lustbarkeiten an, wie wir den zahlreichen Vorschriften, was *nicht* zulässig war, entnehmen. Während der Zeremonie des 'Deposuit' bei den Worten »*deposuit potentes...*« (er hat die Mächtigen von ihrem Stuhl gestoßen) übergab der Vorsänger der Kathedrale den Amtsstab einem Hilfspriester, der mit den Chorknaben unter großem Lärm die Leitung übernahm. »Man kann Priester und Geistliche sehen, die während des Gottesdienstes Masken tragen, als Frauen, Kuppler und Spielleute verkleidet im Chor tanzen, unzüchtige Lieder singen und am Altar Blutwurst essen, die Kirche mit dem stinkenden Rauch von alten Schuhsohlen beräuchern und durch die Kirche rennen und springen...«[14]. An einem solchen Tag wurde die Kirche zum Tingeltangel.

Der hl. Franziskus ließ die Anbetung der Weisen aus dem Morgenland in einem richtigen Stall mit lebenden Tieren aufführen: daher rührt die große Popularität der Krippe *(praesepium)*. Solche Darstellungen an Festen wie dem Dreikönigstag konnten im Chor nicht Platz finden, man führte sie in 'lebenden Bildern' an den Pfeilern des Mittelschiffs auf; die Menge sah von den Seitenschiffen aus, wie die drei Weisen einem Stern aus brennenden Kerzen folgten, der von der Decke herabhing und sich mechanisch von einer Szene zur anderen bewegte.

Von hier aus war es nur ein Schritt zum liturgischen Drama, das im Freien gespielt wurde – der erste Schritt auch zum weltlichen Theater. Die späteren liturgischen Dramen und Mysterienspiele mit ihrer komplizierten Bühnengestaltung und ihrer gleichzeitigen Handlung im Himmel, auf der Erde und in der Hölle benutzten die Kathedrale als Hintergrund. Die dramatischen Zyklen des Theaters 'im Freien', die Stunden, oft Tage dauerten, waren vom Wetter abhängig; in Nordeuropa begannen daher die Sommervorstellungen die im Winter zu verdrängen. Anfangs wurden die Aufführungen zweifellos stark von bildnerischen Werken beeinflußt, in der Spätgotik wirkte umgekehrt das Theater auf die Künste ein, was seinen Ausdruck in 'theatralischen' Kostümen und Posen fand. Die Toten entstiegen beim Jüngsten Gericht nicht mehr den Sarkophagen, sondern kamen aus der Erde hervor in höchst makaberer Weise – wie im Theater die Schauspieler durch Versenkungen verschwanden und wieder auftauchten.

Die Kathedrale war auch Musiksaal. Die Zeit erlebte eine starke Entwicklung der polyphonen Vokalmusik, die in der letzten Hälfte des 12. Jahrhunderts in den Kompositionen des Leoninus und des Perotinus Magnus, der Hauptmeister der Notre-Dame-Schule, ihre ersten Triumphe feierte, wodurch Paris auch auf dem Gebiet der Musik führend wurde. Perotinus komponierte auch die Begleitmusik früher liturgischer Dramen. Die faszinierende, gleichzeitige Entwicklung verschiedener melodischer Themen fand ihre vollendete Form in der liturgischen Motette für mehrere Stimmen, deren komplizierte Form, wie zeitgenössische Musiker betonen, nicht für das Volk war, das zweifellos lieber in die halb improvisierten 'Laude' einstimmte, die von den Bettelorden ausgingen.

Aelred, Abt von Rievaulx, brach Mitte des 12. Jahrhunderts in die Klage aus: »Warum in Himmelsnamen dieses furchtbare Brausen, das eher an das Geräusch des Donners erinnert, als an die Milde der menschlichen Stimme?«. Die Orgel spielte aber während der Gotik nicht die große Rolle, die dieser Ausspruch vermuten läßt. In der Geschichte von Notre-Dame in Paris wird bis zum 14. Jahrhundert keine Orgel erwähnt; wenn es eine gab, dann war sie wohl nur klein und diente Studienzwecken. Die Musikliebhaber des Mittelalters konnten nie die vollen, triumphierenden Klänge des 'Te Deum' hören, die erst die Vervollkommnung des Instruments in den folgenden Jahrhunderten ermöglichte. Freilich nehmen die großen Orgeln des 18. und 19. Jahrhunderts in vielen gotischen Kirchen, wie in Notre-Dame, optisch die Aufmerksamkeit allzu gefangen (Abb. 23)[15].

Die Religiosität des Mittelalters war das Gegenteil unseres 'Sonntagsgottesdienstes'. Von der Geburt bis zum Tode war das Leben unzertrennlich mit der Religion verbunden. Der liturgische Kalender vermeldete nicht nur die Namenstage der Heiligen und die kirchlichen Festtage, er bestimmte den gesamten Zyklus des Alltagslebens. Nahte im Juni das Fest des hl. Barnabas, so war es Zeit zum Heuen, und am Kirchenportal wies ein Bauer, der Holzklötze trägt, auf den nahenden Winter (Abb. 4). Trotz aller Zeremonien war der Gottesdienst spontan und unbefangen. Das Leben erhielt seinen Sinn durch den Glauben, die Kirche wiederum ließ sich vom Leben inspirieren. Salimbene da Parma berichtet, wie der berühmte Humanist Heinrich von Pisa vom Liebeslied eines Dienstmädchens so entzückt war, daß er die Melodie für seinen 'Christe Deus Christe meus, Christe Rex et Domine' benutzte[16].

Für die ungebildeten Massen des Mittelalters war die Kathedrale die *biblia pauperum*. »Ich bin eine alte Frau, die nichts weiß und nie ein Wort gelesen hat. Ich sehe in der Kirche... ein gemaltes Paradies mit Harfen und Lauten, und ein Höllenfeuer, in dem die Sünder sieden. Das eine macht mich ängstlich, das andere glücklich...«[17] – diese Worte legte François Villon seiner Mutter in den Mund. Die Kirche wußte um die Macht des Bildes. Der hl. Gregor schrieb: »Was Schriften denen geben, die lesen können, tut ein Bild für die Ungebildeten, die nur schauen können«[18]. Wenn das Bild einem so bewußt didaktischen Zweck diente, durften die Themen nicht der Phantasie des Künstlers überlassen bleiben, wenn auch die Ikonographie von den Ungebildeten sicher nicht immer verstanden wurde. Emile Mâle[19] wies nach, daß die Thematik der Bildwerke in den Kathedralen genauso sorgfältig zusammengestellt wurde wie die Abhandlungen der Scholastiker. Wie die ›Summa Speculum‹ oder die ›Imago mundi‹ der Zeit entfaltete sie ein enzyklopädisches Bild dieser und jener Welt.

In Bauplastik und Kirchenfenstern der Kathedrale von Beauvais sehen wir die vier 'Spiegel des Vincent von Beauvais' (Speculum maius). Das ›Speculum naturale‹ zeigt die Erschaffung der natürlichen Welt – faktisch und symbolisch. Im mittleren Tympanon des Königsportals von Chartres sehen wir gemäß der

21 Kirchenfenster waren die *biblia pauperum*, das Buch der Armen. Von ▷ unten nach oben und links nach rechts: *Die Flucht nach Ägypten* (zwei Szenen), *Die drei Weisen aus dem Morgenland, im Traum ermahnt, einen anderen Heimweg zu nehmen, und ihre Heimreise*. Dazu eine entsprechende Episode aus dem Alten Testament: *Daniel prophezeit den Sturz der Götzenbilder*. Aus einem Rundfenster der Kathedrale von Laon, frühes 13. Jh.

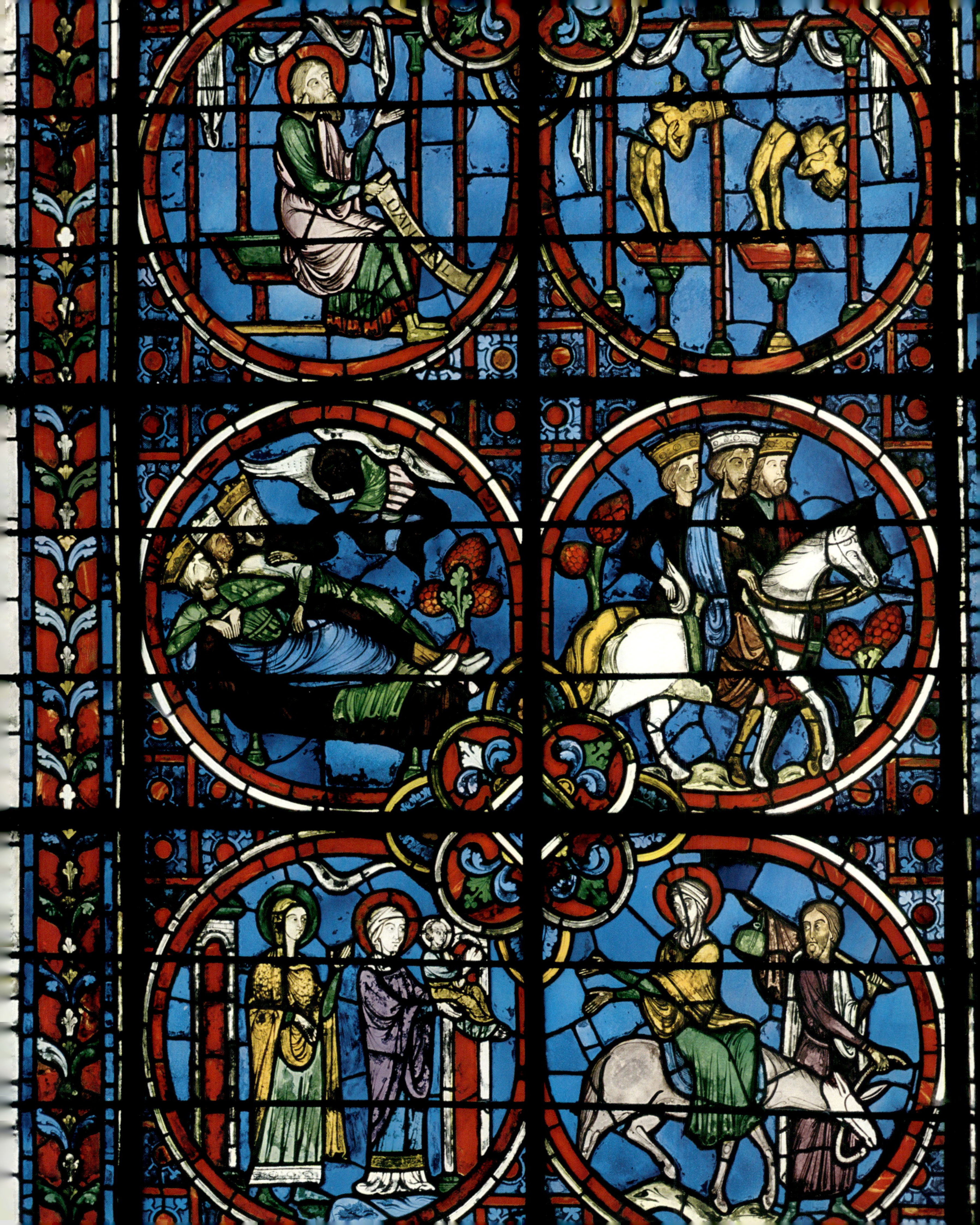

S: STEFANVS

LVCI
S: STEPH

Vision des hl. Johannes Christus in der Mandorla thronen, umgeben von den 'Evangelistensymbolen' (Abb. 26)[20], die in vielen Meisterwerken der christlichen Kunst erscheinen. Ihre Auslegungen in zeitgenössischen Kollektenbüchern gibt uns einen Einblick in die Ideen des mittelalterlichen Menschen. Das Symbol des Matthäus ist der Mensch: sein Evangelium beginnt mit dem Stammbaum Jesu; zu Johannes gehört der Adler: man nahm an, er könne geradewegs in die Sonne blicken, wie Johannes geradewegs zum Herzen des Gottes (Christus) vorgedrungen war; des Markus Zeichen ist der Löwe: nach der »Stimme des Rufers in der Wüste« am Anfang seines Evangeliums; Symbol des Lukas ist der Ochse, das Opfertier des alten Gesetzes: sein Evangelium beginnt mit dem Bericht vom Opfer des Zacharias. Die vier Symbole konnten aber auch die vier Mysterien im Leben Christi bedeuten: die Menschwerdung (Mensch); den Opfertod (Ochse); die Auferstehung (Löwe; man glaubte, er schliefe mit offenen Augen und verglich ihn mit dem Heiland, »der aus seinem göttlichen Wesen heraus lebte und schaute, auch wenn er aufgrund seines menschlichen Wesens in den Schlaf des Todes zu versinken schien«); die Himmelfahrt (Adler). Drittens verkörperten die Evangelistensymbole vier Tugenden: die Intelligenz des Menschen; die Ergebenheit des Opfertiers; den Mut des Löwen, den Blick des Adlers, »dessen grader Blick die ewigen Dinge erschaut«[21].

Daß der Löwe mit offenen Augen schlafe und der Adler gradewegs in die Sonne blicke, war in den Bestiarien zu lesen, die auf Tierfabeln und halbwissenschaftliche Darstellungen des Altertums zurückgingen. Das frühe Christentum hatte sie mit Symbolik beladen; Autorität genossen sie, weil die Kirchenväter sie zitierten, die in den Vorgängen des Tierreichs ein Bild für Leben und Tod des Erlösers sahen. Sie waren im Mittelalter ungemein populär, vor allem in den gereimten Versen des frühscholastischen Theologen Honorius von Autun[22]. Zu Füßen des Segnenden Christus (des *Beau-Dieu*) in Amiens liegt ein Geschöpf, das ein Ohr auf die Erde preßt und das andere mit der Schwanzspitze zustopft (Abb. 24); es ist die 'Schlange' aus den Bestiarien, »eine Art Drachen, der durch Gesang bezaubert werden kann«, und der diese Schutzhaltung einnimmt, wenn Gefahr droht. »Die Schlange«, sagt Honorius, »ist das Bild des Sünders, der sein Ohr vor den Worten des Lebens verschließt.« Einen weiteren Grund, im Löwen ein Symbol der Auferstehung zu sehen, fand man in der (angenommenen) Tatsache, daß die Löwin leblose Junge zur Welt bringe, die am dritten Tage erst das Brüllen des Vaters zum Leben erwecke. Die Eule, die am Tage schläft, verglich man den Juden, die ihre Augen dem Licht der Wahrheit verschlossen. Den Schwan ließ die Legende vom Schwanengesang zum Symbol der Seele werden, die in der Todesstunde in Erwartung ewiger Seligkeit oder Verdammung vor Freude oder Angst aufschreit.

In diesem 'Spiegel der Natur', den der mittelalterliche Sinn für Symbole sich erschuf, liegt der Ursprung der spontanen Freude an den Schönheiten der Welt – den Blumen des Feldes und Gartens, den Vögeln und Tieren, die liebevoll beobachtet und beschrieben wurden. Hier erwacht in der Gotik ein neues Interesse für die Erscheinungen der Natur. Die gotische Kunst zeichnet sich denn auch durch ein sensuelles und sogar sinnliches Element aus. Nach Arnold Hauser gibt es »kaum eine Epoche der europäischen Geschichte, deren Literatur so in Beschreibun-

◁ 22 *Vor der Heiligkeit Stephans schrecken die Bestien zurück. Ein Engel trägt seine Seele himmelwärts.* Aus dem Fenster mit der Entdeckung der Reliquien des hl. Stephanus, 13. Jh., Kathedrale von Bourges

23 Innenraum von Notre-Dame, Paris. Die Orgel des 18. Jh. verdunkelt die westliche Fensterrose

gen von der Schönheit des nackten Körpers, vom Sich-Kleiden und Entkleiden schwelgt...«[23]. Dies geschah in der weltlichen Kunst, aber eine ähnliche Strömung zeigt sich auch in der Kathedrale. Die für die Themenstellung verantwortlichen Theologen wachten wohl darüber, daß die Aktfigur nur dort erschien, wo sie absolut erforderlich war – so bei der Auferstehung der Toten beim Jüngsten Gericht –, aber die Sinnlichkeit des Zeitgeistes lebte sich in unzüchtigen Teufeln und Dämonen aus, in phantastischen, auch obszönen Grotesken und Narrenspielen.

Der Sündenfall verdammte den Menschen zur Arbeit im Schweiße seines Angesichts. Das ›Speculum doctrinale‹[24] zeigt die Monatsbilder unter den Zeichen des Tierkreises: der Bauer sät und erntet, drischt das Getreide und keltert den Wein, schlachtet eine Sau für den Weihnachtsschmaus und wärmt sich im kalten Februar an einem Feuer (Abb. 27, 28). Nur wenige Jahrhunderte hatten solchen Respekt vor ehrlicher Arbeit; auf dem Felde, im Schafstall, in der Bäckerei, der Schmiede, der Schneiderwerkstatt oder im Bergwerk ist sie dargestellt – immer mit Sympathie, auch mit Humor, nie mit Herablassung oder karikaturistisch.

Die *Artes liberales*, die freien Künste, die die Grundlage des Unterrichts bildeten, wurden durch stattliche Frauen mit typischen Attributen personifiziert. Frau Grammatik, die Rute in der Hand, beaufsichtigt zwei Schüler (Abb. 274); die Geometrie trägt Zirkel und Lineal (Abb. 25); die Astronomie ein Astrolabium, manchmal auch einen Scheffel (wohl als Hinweis, daß der

24 Die mittelalterliche 'Schlange' preßt ein Ohr auf die Erde und hält das andere mit der Schwanzspitze zu: Symbol des Sünders, »der seine Ohren den Worten des Lebens verschließt«. Basrelief am Sockel des *Beau-Dieu*, Kathedrale von Amiens

25 Die Geometrie, eine der *Artes liberales* am Freiburger Münster ▷

Lauf der Sterne die Zeit für das Säen und Ernten vorschrieb); eine Figur in Lyon, Verkörperung der Philosophie, zeigt einen Gelehrten mit dem Kopf in einer Wolke; eine Leiter deutet die Wissensstufen an, die man ersteigen muß, um diese 'Mutter der Künste' zu beherrschen.

Manchmal erscheinen berühmte Persönlichkeiten in Begleitung der Musen. In Chartres erblickt man eine Frau, die ein Glockenspiel mit einem Hammer bedient, eine Personifizierung der Musik, darunter eine kleine Figur, die eifrig schreibt, wahrscheinlich Pythagoras, der ja eine Musiktheorie aufstellte. Im ›Speculum morale‹ sind Tugenden und Laster geschildert. Der alte Kampf zwischen Gut und Böse findet Ausdruck in der 'Psychomachia', dem 'Seelenkampf'. Die Tugenden, liebliche Jungfrauen, durchbohren mit Lanzen ein Ungeheuer, das Laster, zu ihren Füßen (Abb. 30). Diese Darstellungsweise dominierte in der Romanik und frühen Gotik, später wurden Tugenden und Laster in paarweisen Medaillons oder Tiefreliefs einander gegenüber gestellt. Die Tugenden, jetzt stattliche Frauen in Ritterrüstung – gewappnet für den Seelenkampf – tragen Schilde mit entsprechenden Emblemen: die Taube bedeutet die Demut, die Schlange die Vorsicht, der Löwe (oder Bulle) die Tapferkeit (Abb. 29). Die hünenhaften Damen bringen die Unerschütterlichkeit der Tugend deutlich zum Ausdruck, doch kann man nicht leugnen, daß sie manchmal nicht gerade einnehmend sind. Dagegen sind die Szenen, die die Laster schildern, ganz köstlich – voller Bewegung, Leben und Charme: Ein gekrönter Ritter fällt kopfüber vom Pferd (Eitelkeit); ein Mann schlägt seine Frau (Streit); ein Ritter, von einem Hasen erschreckt, läßt sein Schwert fallen und läuft davon (Feigheit; Abb. 29).

Im vierten und letzten 'Spiegel', dem ›Speculum historiale‹, sind Ereignisse vom Paradies bis zu den Leben der Heiligen dargestellt. Quellen sind das Alte Testament und die Evangelien, die Apokryphen und die Heiligen-Viten, wie Jacobus de Voragine sie in seiner ›Legenda aurea‹ sammelte. Geschichte bedeutete im Mittelalter Kirchengeschichte. Die weltliche Geschichte – sogar so wichtige Ereignisse wie die Kreuzzüge – findet sich in der Kunst der Kathedralen kaum je widergespiegelt. Den Eroberungen der mächtigsten Könige wird nicht der Platz eingeräumt, den man dem alltäglichen Lebenskreis des Bauern und des Handwerkers zubilligt.

26 Mittleres Tympanon vom 'Königsportal' der Kathedrale von Chartres

27 *Bauer mit entblößtem Oberkörper beim Dreschen.* Augustbild vom Straßburger Münster

»Das Alte Testament ist nichts anderes als das Neue, aber verschleiert, und das Neue ist nichts anderes als das Alte, entschleiert«, schrieb der hl. Augustinus in dem Werk ›De Civitate Dei‹, und die Theologen wetteiferten miteinander darin, Christi Kommen im Alten Testament verkündet zu sehen. Abrahams Opferung des Isaak entsprach Gottvater, der seinen Sohn opfert[25]. Noah, »der einzige Rechtschaffene« wurde mit Christus, dem vollendeten Menschen, gleichgesetzt, und die Arche, die auf den Wassern der Sintflut schwamm, mit der Kirche und dem Wasser der Taufe. Nie wurde die Zahlenmystik so weit getrieben. Der hl. Augustinus bestritt das allgemein angenommene Alter Christi bei der Kreuzigung (33 Jahre) und behauptete, es müsse 30 gewesen sein, weil die Arche 30 Ellen hoch gewesen sei. Die Apokryphen, gegen deren *deliramenta* (Albernheiten) der hl. Hieronymus wetterte, enthielten jene Fülle von Wundern, die den mittelalterlichen Menschen so entzückten. Zusammen mit den phantastischen Abenteuern der Heiligen waren sie für die Künstler eine unerschöpfliche Inspirationsquelle.

28 *Ein bärtiger Mann in Winterkleidung wärmt sich die bloßen Füße am Feuer.* Februarbild von der Kathedrale von Amiens

29 *Die Tapferkeit*, gewappnet mit Schild und Schwert; und *Die Feigheit*: ein junger Ritter läßt beim Anblick eines Hasen das Schwert fallen. Details aus dem Basrelief-Paar der Tugenden und Laster, Kathedrale von Amiens

Die Kathedrale war ein belehrendes, mahnendes Kompendium der Welten der Natur, des Gefühls und des Geistes, der Vergangenheit, der Gegenwart und der Zukunft. Dies alles gipfelte in den Prophezeiungen vom Weltuntergang, vom Jüngsten Gericht und der Gründung des Himmlischen Jerusalems, dessen irdische Verkörperung die Kathedrale war.

◁ 30 *Die Tugend als liebliches Mädchen, welches das Laster, ein Ungeheuer, mit der Lanze durchbohrt.* Straßburger Münster

31 *Kopf der Personifikation einer Tugend.* Straßburg, Musée de l'Œuvre Notre-Dame ▷

32 Umseitig: Der kühn gemeißelte Kopf in den Blendarkaden unter dem 'Fünf Schwestern-Fenster' der Kathedrale von York erinnert uns an Barlach

33 Umseitig: Detail der originellen Verzierung an den eisernen Scharnieren der Türen des 'Annenportals' von Notre-Dame, Paris. 13. Jh.

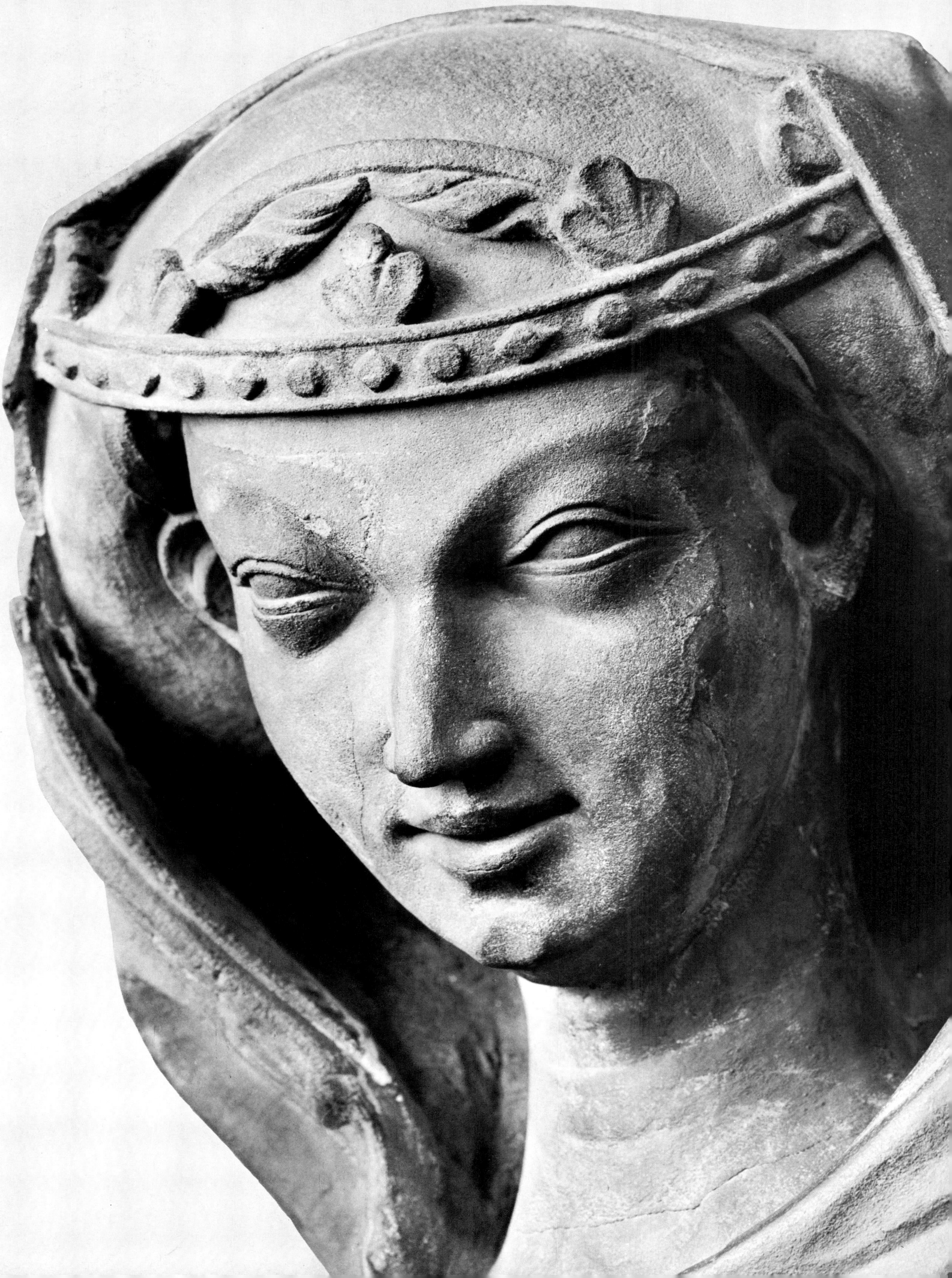

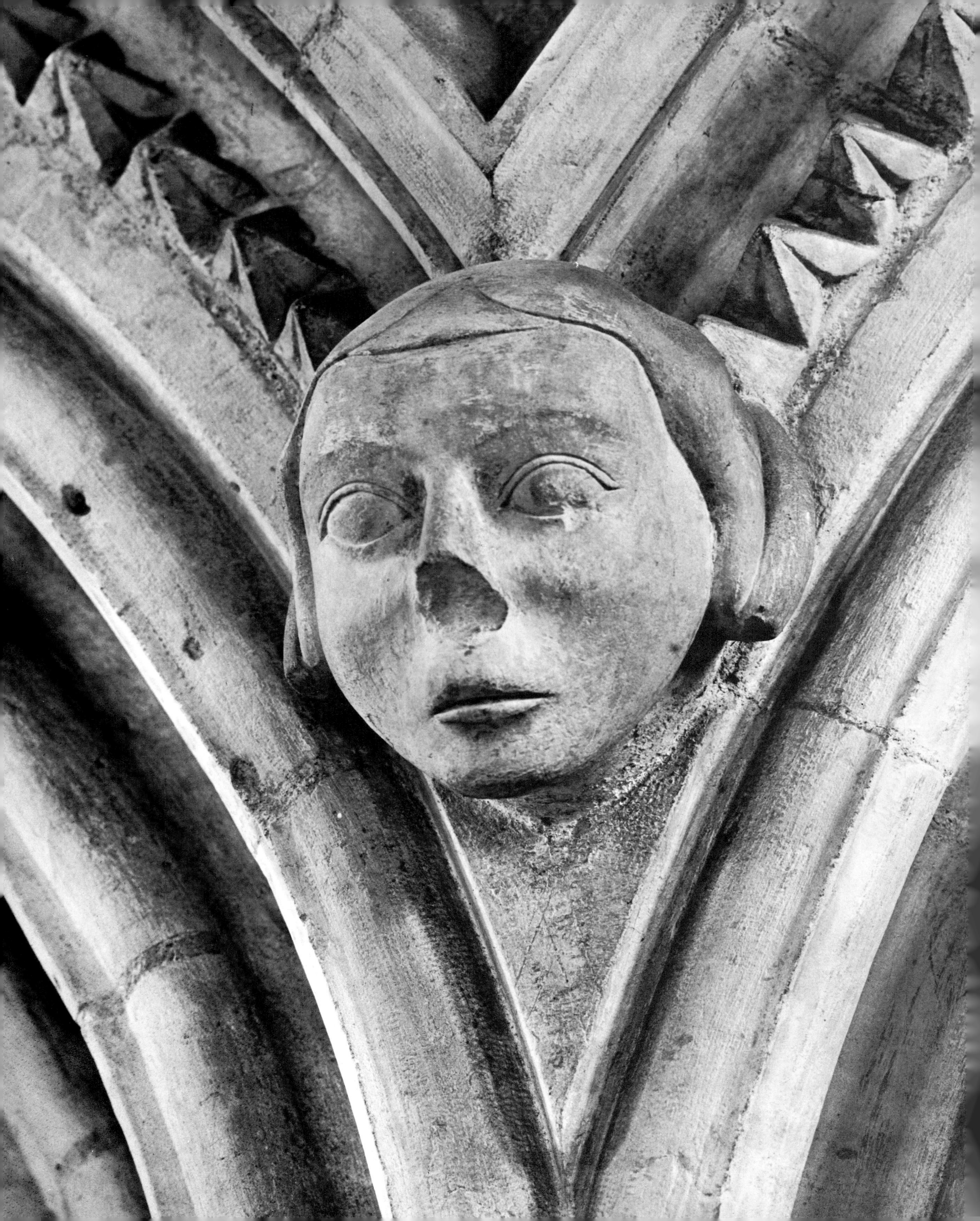

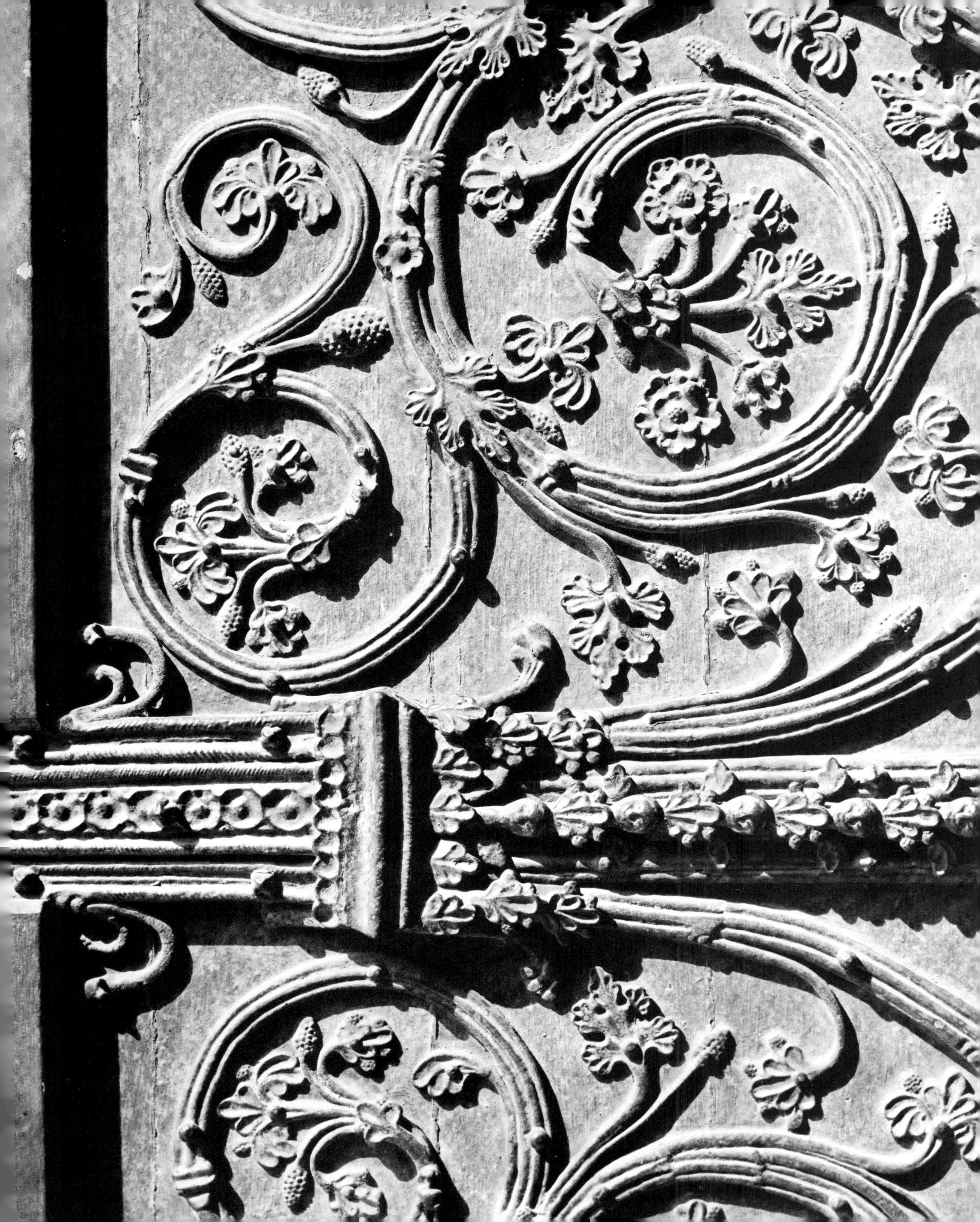

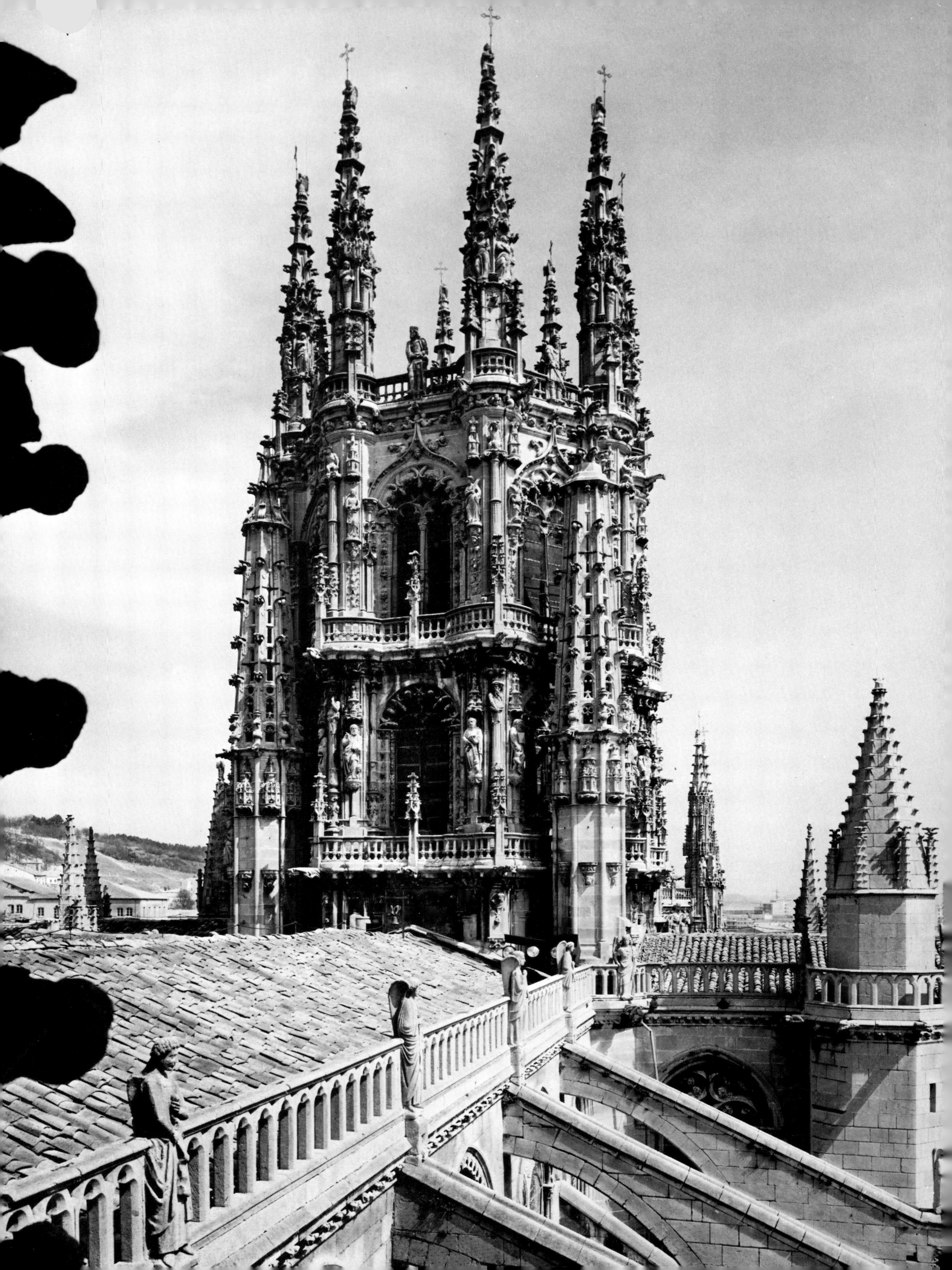

2 Der gotische Stil

Der gotische Stil

»Manchmal strömten so viele Pilger herbei, um die Reliquien anzubeten, daß niemand unter den Tausenden sich mehr regen konnte; man konnte nur wie eine Marmorstatue steif und starr dastehen. Am schlimmsten erging es den Frauen, die in der Masse starker Männer wie in einer Weinpresse zerquetscht wurden: totenblaß schrien sie wie in der Stunde der Wehen. Manche wurden über den Haufen gerannt, von Männern über die Köpfe der Menge in die Höhe gehoben und hinweg getragen... Aber auch die Laienbrüder, die den Kirchenbesuchern die Passionswerkzeuge zeigten, mußten oft vor der heranstürmenden Menge ausweichen, und, wenn ihnen der Fluchtweg abgeschnitten war, mit den Reliquien durch die Fenster entkommen.«[1]

Dieses anschauliche Bild der anstürmenden Massen an einem der hohen Kirchenfeiertage – aus politischen Motiven, wie wir sehen werden, noch übertrieben – ist typisch für den Stil des Abtes Suger von Saint-Denis, der einer der ersten feurigen Bewunderer der Gotik war.

Suger (1081–1151) machte eine glänzende Karriere. Als Kind einer Bauernfamilie trat er früh in den Dienst der Kirche. Bereits im Kindesalter erkannte man seine Begabung: der zehnjährige Chorknabe wurde in die exklusive Abteischule von Saint-Denis zugelassen, die den Söhnen des Adels und, da die Abtei auch königliche Residenz war, den Prinzen von königlichem Geblüt vorbehalten war. Er bewies ein so ungewöhnliches organisatorisches und diplomatisches Talent, daß er, noch nicht dreißig Jahre alt, sein Kloster auf Kirchentagungen und am päpstlichen Hofe vertrat. Die Dynastie der Kapetinger hatte sich im Bemühen, die Macht der Feudalherren einzuschränken, mit der Kirche verbündet. In diesem Kampf spielte die Königliche Abtei eine wichtige militärische Rolle. Suger kam als Abgesandter seines Abtes in direkte Berührung mit einem seiner früheren Mitschüler, König Ludwig VI. Aus der Jugendbekanntschaft erwuchs eine innige Freundschaft. Solange der König lebte, blieb Suger sein erster Minister, sein nächster Berater und Vertrauter; viele Erfolge seiner Regierung schreiben die Historiker Suger zu.

Suger wurde 1122 Abt von Saint-Denis. 1124 bedrohte der deutsche Kaiser Heinrich V., Schwiegersohn Heinrichs I. von England, das Königreich mit Krieg. Ludwig VI. eilte nach Saint-Denis und gelobte der Abtei reiche Stiftungen, wenn der Schutzheilige Frankreichs und des königlichen Hauses die Gefahr abwende. Während einer halb religiösen, halb politischen Zeremonie, von Suger glänzend inszeniert, richtete der König an die versammelten Edelleute einen Aufruf um Beistand, der einen überwältigenden Widerhall fand – auch bei den Adligen, die der Krone von jeher feindlich gesinnt waren. Vor der unerwarteten Einheitsfront bedachte sich der Feind eines besseren, die Gefahr war vorüber. Die Monarchie ging gestärkt hervor,

35   Die Strebemauern des Schiffes. Kathedrale von Chartres

34   Seite 44: Laterne über der Vierung der Kathedrale von Burgos. Wie in Reims halten Engel an der Brustwehr Wache

die Abtei wurde noch reicher, das Ansehen Sugers stieg. Der Höhepunkt seiner Laufbahn war, daß ihm Ludwig VII., als er 1147 am Kreuzzug teilnahm, die Regentschaft übertrug.

Sugers erstaunlicher Erfolg veranschaulicht die liberale, fortschrittliche Haltung der Kirche im 12. Jahrhundert. Nur sie bot in der hierarchischen Gesellschaft dieser Zeit solche Aufstiegsmöglichkeiten. Kein Wunder, daß Suger die Kirche als 'Mutter' betrachtete, der er alles verdankte, zu deren Ehre er alles tat. Schon der Jugendliche hatte davon geträumt, seine Abtei neu aufzubauen und der Raumnot zu steuern, die er so anschaulich beschrieb. Nach den politischen Ereignissen von 1124 gewann Saint-Denis noch an Bedeutung, eine Erweiterung wurde dringlicher. Suger legte jährlich einen großen Betrag für den Baufonds zurück. Er war sechzig Jahre alt, als 1140 die erste Phase des Neubaus eingeweiht wurde.

Zunächst ließ er eine neue Westfassade bauen. Die Türme zu beiden Seiten traten stärker in Erscheinung – wie bei der von Normannen erbauten Abbaye-aux-Hommes in Caen. Besonderen Wert legte er auf die drei großen Portale, die nicht nur große Menschenmengen einlassen, sondern wahre 'Himmelstore' sein sollten. Zum ersten Mal wurde das mittlere Portal mit einer Fensterrose gekrönt. Das Innere des Westteils bestand aus drei Schiffen zu ebener Erde, den Portalen entsprechend; von den Kapellen darüber diente die mittlere als Schatzkammer *(Camera)* und empfing ihr Licht durch die Fensterrose[2]. Schiffe und obere Räume wurden mit Spitzbogen und Kreuzrippengewölbe überdacht. Suger ließ das Karolingerschiff unverändert und wandte seine Aufmerksamkeit dem Chor zu, der in der kurzen Zeit von neununddreißig Monaten umgebaut wurde, wiederum mit Spitzbogen und Kreuzrippengewölben. Der neue Chor fand seinen Abschluß in einem halbkreisförmigen doppelten Chorumgang, von dem neun flache Kapellen mit großen Fenstern ausstrahlten, nach Sugers eigenen Worten »eine elegante und lobenswerte Erweiterung, durch die das ganze Sanktuarium von dem durch die heiligsten Fenster einfallenden Licht wunderbar und anhaltend beleuchtet wird.«[3] Im Chor von Saint-Denis haben wir das Manifest gotischer Architektur vor uns. Das Licht ist Thema und befruchtendes Element, ein »Licht von göttlicher Essenz«[4], das durch strahlende, bunte Kirchenfenster bricht und das Innere mit überirdischem Glanz erfüllt. Die gotischen Architekten, bestrebt, immer mehr von diesem magischen Licht einzulassen, reduzierten ihre Konstruktionen bis auf Baugerippe, forderten in immer höheren und feineren Bauten die Gesetze der Schwerkraft heraus und gingen jedes Risiko ein, um die erste und großartigste Architektur aus Glas zu schaffen.

Der neue Architekturstil wurde glanzvoll gefeiert. Bei der Einweihung des Chors am 11. 6. 1144 waren Ludwig VII. und seine Gemahlin Eleanore von Aquitanien, der Hochadel und eine Schar von Prälaten zugegen. Suger machte aus der Zeremonie nicht nur ein großes religiöses und gesellschaftliches, sondern auch ein politisches Ereignis: während des Gottesdienstes wurde das hohe Ansehen des Königs betont, sein Bündnis mit der Kirche und die Verehrung, die ihm als Gottgesalbtem von Seiten des Adels zukam. Die fünf Erzbischöfe und vierzehn Bischöfe kehrten sicher nicht ohne den Wunsch heim, mit dem lichtdurchfluteten Chor der Abtei von Saint-Denis zu wetteifern – und auch mit deren Beziehungen zur Krone.

Durch Sugers Staatskunst gingen Monarchie, Kirche und der neue Architekturstil eine unlösliche Verbindung ein. Der Triumph der Kapetinger ging Hand in Hand mit dem Triumph des gotischen Stils. Die größten französischen Kathedralen entstanden innerhalb des königlichen Herrschaftsgebietes. »Die französiche Kathedrale«, schreibt Viollet-le-Duc treffend, »wurde zusammen mit der Macht der Monarchie geboren«[5].

Die gotische Leidenschaft für das Licht hat theologische Hintergründe. Die spätantiken Neuplatoniker identifizierten das Licht mit dem höchsten Sein und dem zeugenden Prinzip des Universums und vervollkommneten Platons Gleichsetzung des Lichts mit der Güte und dem Wissen. Durch das Licht erfaße der Geist auch die Wahrheit: Bestätigung dafür war die Stelle des Johannes-Evangeliums, wo das Wort dem Licht verglichen wird, »das in der Finsternis scheint, wodurch alle Dinge gemacht sind und das alle Menschen erleuchtet...« Auf dieser halb heidnischen, halb christlichen Ideengrundlage errichtete im 5. Jahrhundert der syrische Mystiker Pseudo-Dionysios Areopagita ein komplexes Gedankengebäude, das nichts anderes war als eine Theologie des Lichtes. Suger war daran sehr interessiert: ihr Urheber wurde im Mittelalter dem Athener Schüler des Paulus, Dionysios Areopagita, gleichgesetzt und lange auch mit dem im 3. Jahrhundert lebenden Märtyrer und Apostel Galliens Dionysius (frz. Denis) von Paris, dem die Abtei geweiht war. Diese dreifache Person besaß gerade die rechten Eigenschaften eines Schutzheiligen des Reiches. Der Ruf des Heiligen hatte sich durch das Wirken des großen Abtes weit verbreitet, so daß eine neue, dem Nachfolger Sugers gewidmete Übersetzung des Pseudo-Dionysios Areopagita diesen im Rang gleich hinter die Apostel stellte. Seine Philosophie des Lichtes und Sugers Auslegung wurden sehr ernst genommen. Als der scharfsinnige Abälard Zweifel laut werden ließ, ob der Philosoph mit Dionysius von Paris identisch sei, entkam er nur mit Mühe einem Prozeß – nicht wegen Ketzerei, sondern wegen Hochverrats!

Sugers Begeisterung für das Licht, die die Begriffsbestimmung des gotischen Stils entscheidend beeinflußte, war der extreme Ausdruck einer von den Scholastikern allgemein vertretenen Anschauung. So verschiedenartige Männer wie Hugo von St. Viktor, Gilbert de la Porrée, Thomas von Aquino und Robert Grosseteste priesen das Licht als die unmittelbare körperliche Erscheinung des Göttlichen, als den »Mittler zwischen der körperlosen und körperlichen Substanz, zu gleicher Zeit geistiger Körper und verkörperter Geist«. Das Licht, welches Glas durchdringt, ohne es zu zerbrechen, gleichend dem »Wort Gottes, dem Licht des Vaters, das durch den Leib der Jungfrau hindurchgegangen war«, wurde Symbol der unbefleckten Empfängnis. Die Aufmerksamkeit wandte sich auf lichtdurchlässige Stoffe. Schon Pseudo-Dionysios hatte geäußert, die Spiegelung des Lichtes an den Dingen könne bei der Erfassung des göttlichen Lichtes hilfreich sein. Was kam dem in der Körperwelt näher als die glänzende Oberfläche edler Metalle und die unübertreffliche Schönheit edler Steine? Vor den polierten, ungeschliffenen Edelsteinen am großen goldenen Altarkreuz fühlte Suger sich in »irgendeine sonderbare Region des Universums zwischen irdischem Schlamm und himmlischer Reinheit« versetzt. Ähnlich preisen viele mittelalterliche Theologen unermüdlich die mystische Kraft von Edelsteinen, da sie Licht ausstrahlen und »von innen her glühen«.

Gleiches sah man im bunten Glas, das den Glanz von Juwelen hat; heute noch werden die beiden am häufigsten von Kathedralenbauern benutzten Glasfarben als Rubinrot und Saphirblau bezeichnet.

Für den mittelalterlichen Menschen war die Kathedrale in einem ganz reellen, ehrfurchtgebietenden Sinn, den wir kaum noch nachempfinden können, das Haus Gottes. Sie war für ihn nicht weniger als die Verkörperung des Himmlischen Jerusalems, der Mikrokosmos eines göttlicher Ordnung unterworfenen Universums, in dem der *splendor veritatis*, der Glanz der Wahrheit, allen sichtbar wurde.

Die Künste hatten sich dem System von Proportionen und Zahlenverhältnissen anzupassen und garantierten den Zusammenhalt des Universums, indem sie jenen *splendor veritatis* widerspiegelten. Das greift zurück auf die pythagoräische Zahlenlehre und die platonische Kosmologie. Man weiß nicht genau auf

36 Pfeiler und Statuen an der Kathedrale von Chartres ▷

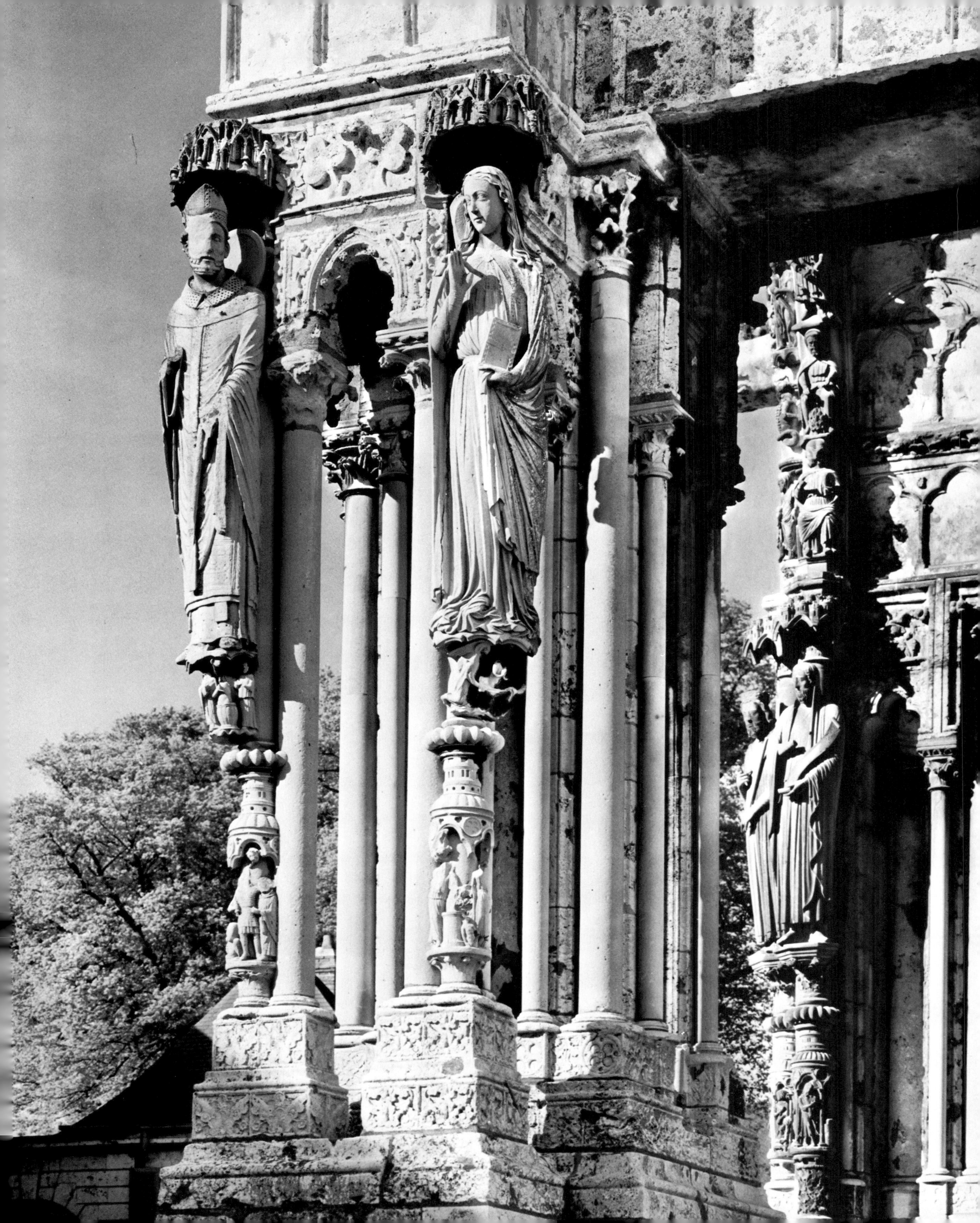

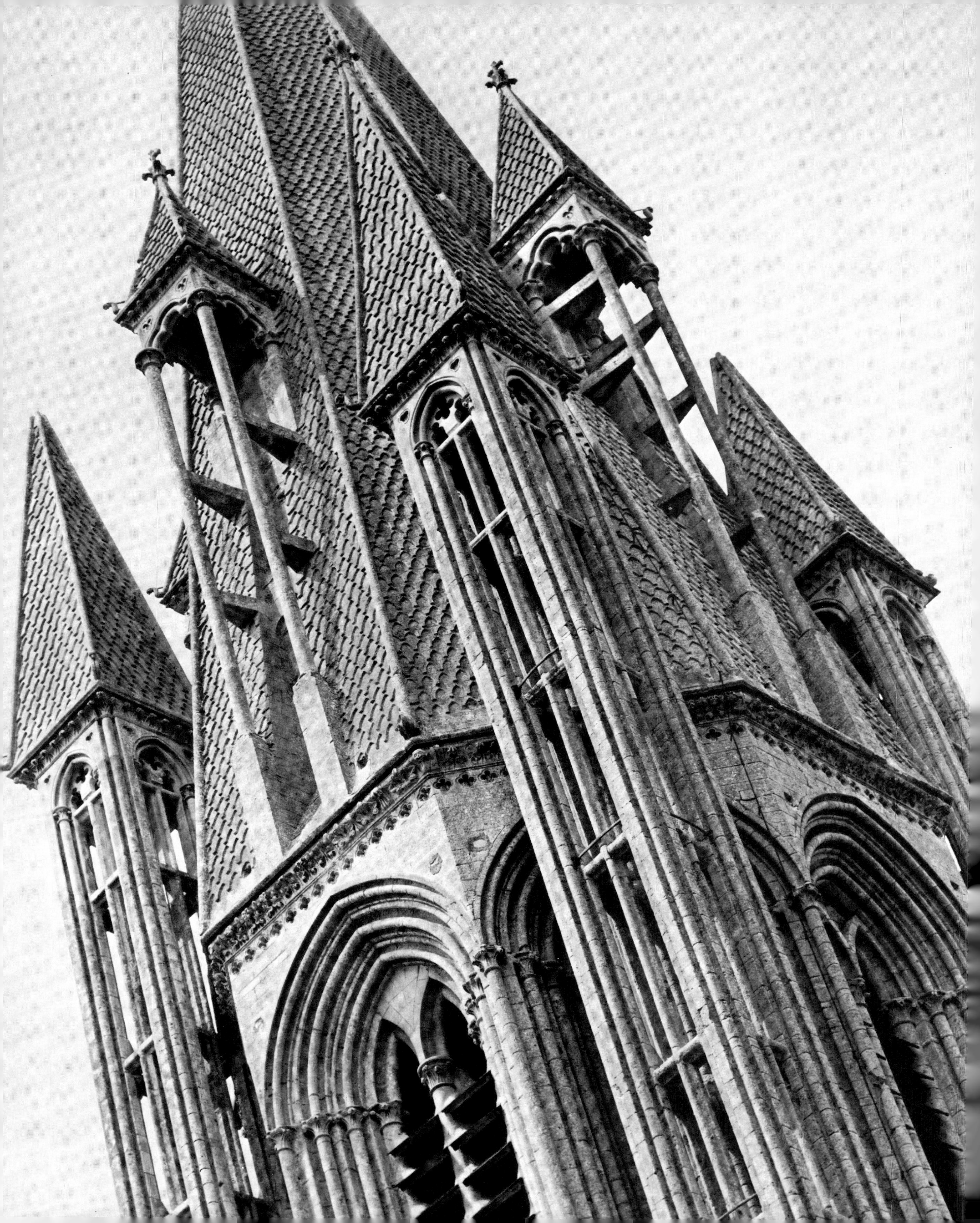

Der gotische Stil 51

welchem Wege diese Anschauungen die Kathedralenbauer im 12. Jahrhundert beeinflußten. Die mittelalterlichen Gelehrten griffen wahrscheinlich auf die Theorie von den fünf Elementen in Platons ›Timaios‹ zurück, die geometrischen Elemente, aus denen das Universum zusammengesetzt sei. Außerdem entsprachen die Erde dem Kubus, das Wasser dem Ikosahedron (einem aus zwanzig gleichen Sechsecken bestehenden Körper), die Luft dem Oktahedron (acht gleichseitigen Dreiecken), das Feuer dem Tetrahedon (vier gleichseitigen Dreiecken), während das Dodekahedron (aus zwölf Fünfecken bestehend) das Universum in seiner Gesamtheit bezeichnete.

Die drei mathematischen Hauptfiguren, die dem Aufbau der fünf Elemente zugrundeliegen, sind das gleichseitige Dreieck, das gleichschenklige Dreieck mit einem rechten Winkel, deren zwei ein Quadrat ergeben, und das Fünfeck. War der göttliche Architekt beim Bau des Universums von diesen Figuren ausgegangen, so war das verbindlich auch für den Bau der Kirchen, der Symbole des Universums. Es ist bewiesen, daß die vom Quadrat und dem gleichseitigen Dreieck ausgehenden Zahlensysteme regelmäßig für den Bau von Kirchen angewandt wurden. Gelegentlich wurde auch das Fünfeck benutzt, dessen Konstruktion durch den Goldenen Schnitt zustandekommt, bei dem sich die kleinere Strecke zu der größeren verhält wie diese zu der Summe beider ($A : B = B : A + B$). Dieses Verhältnis war im Mittelalter offenbar in der Form der Fibonacci-Reihen bekannt (nach dem hervorragenden Mathematiker Leonardo Fibonacci von Pisa, um 1180–nach 1240), bei denen jede gegebene Zahl die Summe der zwei vorhergehenden ergibt und jedes Zahlenpaar eine Annäherung an den Goldenen Schnitt ist. Ein solches Zahlenverhältnis ist 5 : 8, es tritt häufig in den Gebäuden des 12. und 13. Jahrhunderts, z.B. in Chartres, in Erscheinung.

Das Zahlenverhältnis 5 : 8 ist aber auch die mathematische Formel für die kleine Sechste in der Musik; man hat oft ausgesprochen, daß musikalische Verhältnisse eine Rolle in der Architektur spielen. Der hl. Augustinus stellte Musik und Architektur als »Schwestern der Zahl« zusammen über die anderen Künste und machte gelegentlich für eigene Zwecke Gebrauch von der pythagoräischen und neuplatonischen Zahlentheorie. Die Reihen 1 : 1, 1 : 2, 2 : 3, 3 : 4, die mit den Intervallen der vollkommenen musikalischen Konsonanzen übereinstimmen (Unisono, Oktave, Quinte und Quarte), waren mit christlichem Symbolismus überladen[6]. Die geometrischen Reihen, die Platon im ›Staat‹ anführt: 1 : 2 : 4 : 8 ... und 1 : 3 : 9 : 27 ... kamen ebenso wie die Reihe der ganzen Zahlen zur Anwendung.

Ein Beispiel für die Anwendung der Verhältnisse von musikalischen Konsonanzen in der mittelalterlichen Architektur findet sich im Skizzenbuch eines Architekten-Baumeisters des 13. Jahrhunderts: der Grundriß einer Zisterzienser-Kirche mit quadratischem Westwerk und doppelquadratischen Jochen (Abb. 39). Die Quinte (2 : 3) bestimmt das Verhältnis der Breite des Querschiffs zur totalen Länge; die Oktave (1 : 2) das Verhältnis zwischen Seiten- und Mittelschiff und zwischen Länge und Breite des Querschiffs; die Quarte (3 : 4) die Proportionen des Chors, während »die Vierung, liturgisch und ästhetisch Mittelpunkt der Kirche, auf dem vollkommensten Zahlenverhältnis des Unisono (1 : 1) beruht«[7].

Noch erstaunlicher ist, daß auch die Stabilität von Gebäuden durch Zahlenverhältnisse ausgedrückt wurde. Der mittelalterliche Architekt scheint dem Quadrat und dem gleichseitigen Dreieck mechanische Eigenschaften zugeschrieben zu haben. Das zeigt das Vorgehen der Architekten beim Bau des Mailänder Doms. Sie beriefen eine Baumeisterkonferenz ein, die den Grundriß festlegen sollte. Es ging in erster Linie nicht darum, wie hoch die Gewölbe sein sollten, sondern um die geometrische Figur des Grundrisses. Einer der deutschen Berater, Heinrich Parler, in allen Problemen gotischer Architektur bewandert, hielt den bisherigen Grundriß für unsolide, weil die Fundierung, Pfeiler und Strebebogen zu schwach wären. Er schlug vor, den Dom höher zu machen und dem Grundriß die Form eines Quadrats zu geben. Seine Schlußfolgerung war, daß die erhöhte Belastung der tragenden Elemente, die jetzt vermutlich schon zu schwach wären, durch die architektonische Stabilität einer Bauart *ad quadratum* aufgehoben werden würde, da diese mit den Gesetzen übereinstimmte, die dem Kosmos seinen unerschütterlichen Zusammenhalt verbürgten.

Daran läßt sich leicht verstehen, warum die Geometrie, die das 'wahre Maß' bestimmte, eine dominierende Rolle in der Archi-

◁ 37 Die scharf umrissenen Formen und das schindelartige Muster der Turmspitzen der Kathedrale von Coutances

38 Überflutet mit einem 'Licht von göttlicher Essenz' – das verwirklichte Ideal der gotischen Kirche. Blick ins nördliche Querschiff der Kathedrale zu Amiens

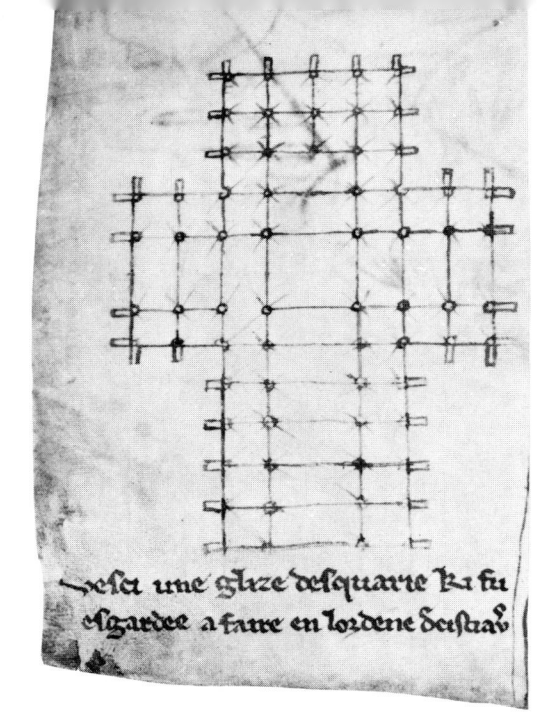

39 Zeichnung für eine Zisterzienserkirche mit quadratischem Abschluß. Die Verhältnisse musikalischer Konsonanzen sind auf die Architektur angewendet. Aus dem Skizzenbuch des Villard de Honnecourt in der Bibliothèque National, Paris

tektur spielte, und warum Dominicus Gundissalinus von Segovia, ein großer Gelehrter des 12. Jahrhunderts, auf die alte antike Formulierung zurückgriff und die Architektur als angewandte Geometrie definierte.

Abt Suger war nicht der einzige, der für den gotischen Stil eintrat; so sonderbar es scheinen mag, auch Bernhard von Clairvaux wurde sein Fürsprecher. Er verabscheute die Zurschaustellung von Reichtum und mißbilligte eine »Kirche, die in ihren Mauern strahlt und an ihren Armen Mangel leidet, ihre Steine mit Gold verkleidet und ihre Söhne nackt läßt«. Nur widerstrebend gab er zu, daß kostbare Materialien und reiche Dekoration die Aufmerksamkeit der Laienwelt auf geistliche Dinge hinlenken könnten. Der Klerus aber bedürfe solcher Stimulantia nicht.

Seinen Groll erregten vor allem die phantastischen Tiere in der verschwenderischen Ausschmückung der spätromanischen Abteien. »Was machen dort jene lächerlichen Monstrositäten, die unglaublich entstellte Schönheit und formvollendete Häßlichkeit? Was sollen dort unreine Affen? Was wilde Löwen? Was monströse Zentauren? Was Halbmenschen? Du siehst unter einem Kopf viele Körper und auf einem Körper viele Köpfe, am Vierfüßler den Schwanz einer Schlange, am Fisch den Kopf eines Vierfüßlers.« War da nicht zu fürchten, daß die Mönche »sich lieber den ganzen Tag damit beschäftigten, als das Gesetz Gottes zu bedenken. Wenn man sich der Albernheiten schon nicht schämt, warum gereuen dann nicht die Kosten?«[8]

Welche Beziehung konnte es geben zwischen der strengen Geistigkeit des hl. Bernhard und Sugers reichem Stil der Architektur, der Dekoration und der Ausstattung in Saint-Denis? Die Antwort lautet: wollte Suger seine Vorliebe für das Kostbare und Großartige, so nahe mit dem Stil von Cluny verwandt, den der hl. Bernhard mißbilligte, durchsetzen, so mußte er überzeugende Argumente erbringen, denn Bernhard war eine Persönlichkeit, die man nicht ignorieren durfte. Suger legte seine Gedanken in zwei Abhandlungen nieder, die uns einen wertvollen – wenn auch indirekten – Einblick in die dem Bau einer mittelalterlichen Kirche zugrundeliegenden Intentionen verschafft. Immer wieder betont er die Notwendigkeit, zu 'klären' und zu 'erleuchten'. Wenn er »die leuchtenden, sehr heiligen Fenster« beschreibt, die sein ganzer Stolz waren, schildert er ausführlich die erbaulichen Gegenstände, die darauf abgebildet sind und »uns vom Materiellen zum Immateriellen hindrängen«, während er den Gebrauch kostbarer Materialien für Kirchengefäße und Ornamente nicht nur mit metaphysischen Argumenten, sondern auch mit einem Hinweis auf das Alte Testament rechtfertigt.

»Wenn goldene Kannen, goldene Phiolen, kleine goldene Mörser nach dem Wort Gottes und dem Gebot des Propheten dazu dienen sollen, das Blut von Ziegen oder Kälbern oder der roten Färse aufzufangen – um wieviel mehr müssen goldene Gefäße, edle Steine und die wertvollsten von allen erschaffenen Dingen unter ständiger Verehrung und mit großer Frömmigkeit zur Schau gestellt werden und dazu dienen, Christi Blut zu empfangen!« Er bezieht sich zweifellos auf Bernhard, wenn er fortfährt: »Die Verleumder wenden ein, für den Weihedienst solle ein heiliges Gefühl, ein reines Herz, ein gläubiger Geist genügen; und auch wir geben rückhaltlos zu, daß dies die we-

40 Der Überlieferung zufolge stellt die Figur an der Dachrinne, die dem Palast des Prälaten ihr Hinterteil zukehrt, den Racheakt eines Bildhauers dar, der Anlaß zu Beschwerden hatte. Freiburger Münster

41 *Maria Magdalena*. Detail eines Polyptychons von Simone Martini, 1320. ▷ Orvieto, Museo dell' Opera del Duomo

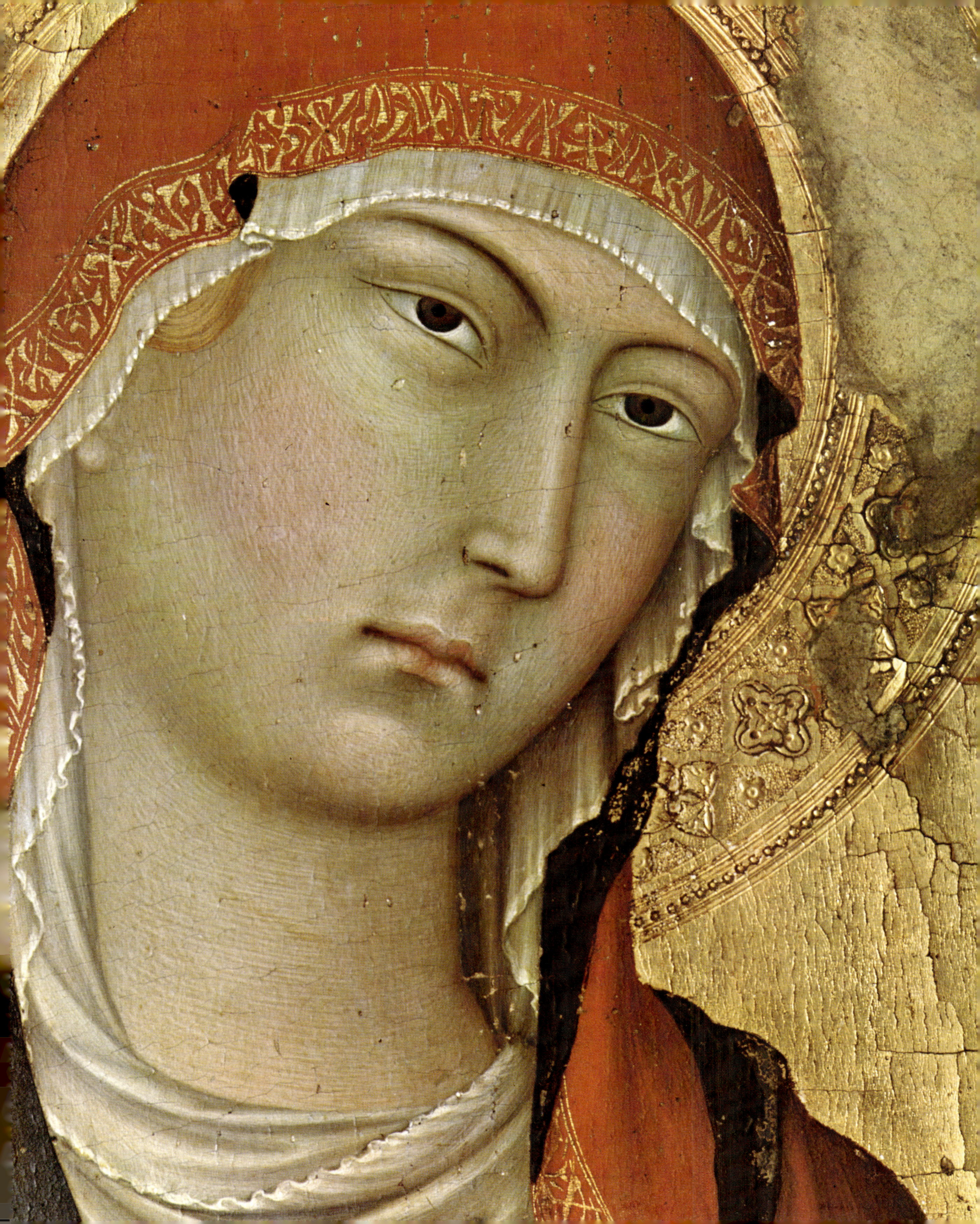

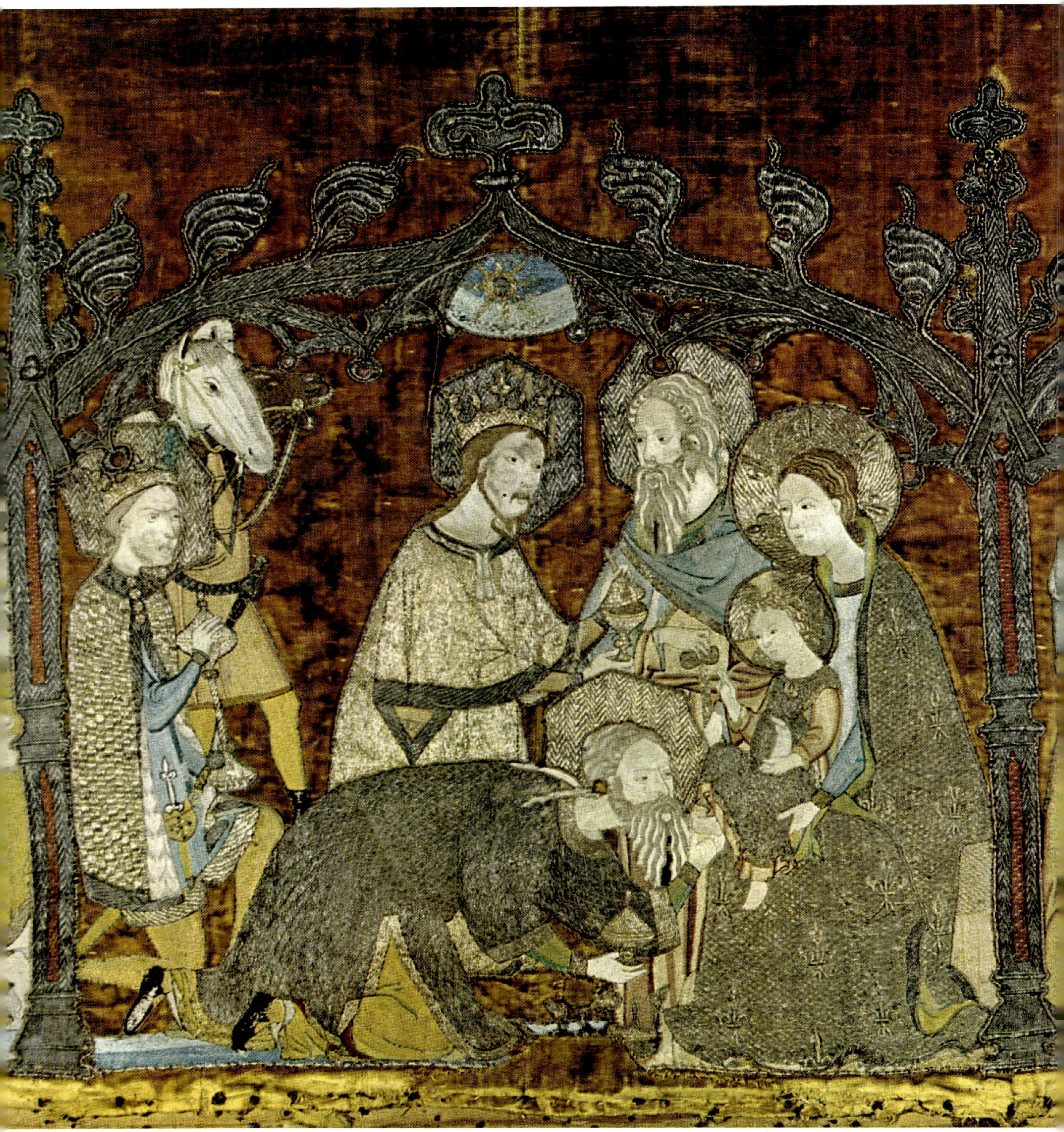

sentlichen Dinge sind. Doch wir bekennen uns zu der Auffassung, daß wir unsere Verehrung auch durch die äußerliche Zierde heiliger Gefäße bezeugen müssen, vor allem aber beim Zelebrieren des Heiligen Opfers, sowohl mit voller innerer Reinheit als auch mit voller äußerlicher Pracht.«[9]

Die Symbolik des Eingangsportals als eines Himmelstors und der Kirche als der Verkörperung des Himmlischen Jerusalems wurde in Versen ausgedrückt, die auf den glänzenden, vergoldeten Bronzetüren standen. Die erhebende Kraft ihrer Schönheit sollte dem Betrachter dazu dienen, »sich von ihnen so erleuchten zu lassen, daß sein Geist sich durch die Fensterscheiben zu dem Wahren Licht aufschwingen konnte, wo Christus die wahre Tür ist«[10]. Auf dem Schlußstein offenbarte ein Vers einen anderen Charakterzug des großen Staatsmanns und Prälaten:

> Empfange, gestrenger Richter, die Gebete
> Deines Suger;
> Nimm mich gnädig auf unter die Zahl
> Deiner Herde[11].

Die Worte nehmen Bezug auf das Tympanon mit Christus als Weltenrichter. Das Motiv ist häufig an den Westfassaden romanischer Kirchen, wo die letzten Strahlen der untergehenden Sonne die letzten Augenblicke einer sterbenden Welt erleuchten; aber wie anders wurde es hier gestaltet! In dem nur einige Jahre zuvor vollendeten Tympanon der Kluniazienser-Abtei in Beaulieu war es eine turbulente Szene. In Saint-Denis sind die Elemente des Geschehens gründlich revidiert und neu geordnet, so daß die Bedeutung klar hervortritt. Die Ordnung dominiert. Ein majestätischer Christus thront in gelassener Allmacht über den Engeln, Aposteln und auferstandenen Toten, deren Größe und Anordnung der ihnen in der Hierarchie zukommenden Bedeutung entspricht. Die 'formvollendete Häßlichkeit', die Monstren und die Tiere mit Fischschwänzen, in Beaulieu größer als die Apostel selber, sind nun in die Vorhölle verbannt. Da ist keine Einzelheit mehr, die der Prüfung des Großinquisitors nicht standhalten könnte.

In Saint-Denis geschah die Anordnung der Skulpturen nach systematischen und didaktischen Prinzipien. Zum ersten Mal schmücken Säulenstandbilder der Könige Israels die nach außen gebogene Wandung der Portale: das Neue Testament (Christus und seine Kirche) wird auf dem Weg über das Alte Testament erreicht und Christi königliche Vorfahren bilden gewissermaßen die Ehrengarde. Mit den Skulpturen der Giebelfelder und den 'Säulenstandbildern' sind die Elemente des gotischen Portals vollständig. (Die Steinmetzarbeit hat durch Revolutionäre ebenso wie durch Restaurateure so gelitten, daß man ihre Schönheit nur noch den Stichen entnehmen kann, die Montfaucon im 18. Jahrhundert veröffentlichte.) Die Ausschmückung des 'Königsportals' in Chartres darf als eine erste Blüte, der »Vorfrühling der gotischen Skulptur«[12], bezeichnet werden.

Den Erfolg, mit dem Suger seine Ansicht verteidigte, kann man daran ermessen, daß die Abtei in ihrer neuen Form mit keinem Wort feindlicher Kritik vonseiten Bernhards bedacht wurde; beide Männer blieben bis zu Sugers Tod in Freundschaft verbunden. Die äußerst wirkungsvolle Darstellung des *splendor veritatis* im lichtdurchfluteten Chor von Saint-Denis und die Reinheit seiner unverhüllt hervortretenden Tektonik, die so stark die musikalischen Konsonanzen, Symbole der göttlichen Ordnung, zum Ausdruck brachte, übten später einen unwiderstehlichen Reiz auf die Zisterzienser aus. In den weltweit verbreiteten Klöstern dieses Ordens brach sich im 13. Jahrhundert eine vereinfachte Gotik Bahn; an die Stelle der im Glanz von Rubinen und Saphiren funkelnden Kirchenfenster von Saint-Denis trat die monochrome Grisaille-Scheibe mit nichtfigurativen Mustern, und die Skulpturen beschränkten sich auf einige Blattmotive.

Für die Kunsthistoriker des 19. Jahrhunderts war die Geschichte der gotischen Architektur nahezu ausschließlich die Geschichte ihrer typischen Bauelemente: des Spitzbogens und des Kreuzrippengewölbes – als hätte die Einführung dieser Elemente eine anscheinend unaufhaltsame Kettenreaktion bewirkt, eine architektonische Evolution, die ganz logisch und schrittweise zum Entstehen des gotischen Stils führte. Heute sind die Gelehrten der Ansicht, daß die Bauelemente zwar eine bedeutende Rolle bei der Entwicklung des Stils spielten, aber doch nur Mittel zum Zweck waren. Der Zeitgeist fand in ihnen einen adäquaten Ausdruck: religiöse Inbrunst in der aufwärtsstreben-

◁ 42 Spanisches Antependium aus dem 14. Jh. Seide, mit Silber und Gold bestickt. Schatzkammer der Kathedrale von Gerona (Spanien)

43 Bauplastik vom südlichen Querschiff des Mailänder Doms. 15. Jh.

44 Inneres des Chors mit Blick auf das große Ostfenster. Kathedrale von York

den Vertikalen, Verlangen nach dem 'Licht des geistigen Wesens' in Klarheit, Ordnung und Synthese. Die spirituelle Atmosphäre der Zeit, jene Mischung von Mystizismus und Scholastik bildete den eigentlichen Beweggrund; eine Wechselwirkung von geistigen und technischen Faktoren brachte den gotischen Stil hervor.

Die im frühen Mittelalter herrschende Unsicherheit drückte sich in Kirchen mit dicken Mauern und schmalen Maueröffnungen aus; es waren 'Gottesfestungen' in einer gefährlichen, feindlichen Welt. Vor dem 11. Jahrhundert dachte niemand daran, die Weite des Schiffes mit etwas anderem als einer Holzdecke zu überspannen. Im 11. Jahrhundert kam ein Gefühl der Sicherheit auf; mit neuer Unternehmungslust ersetzte man die Holzdecken, die häufig Bränden zum Opfer fielen, mit einem durchlaufenden Tonnengewölbe (Fig. 1). Es entstanden die für die romanische Kirche charakteristischen Formen. Das überaus schwere Tonnengewölbe konnte kaum unterbrochen werden, so erhielt das Schiff meistens nur von den beiden Enden her Licht und indirektes Licht von den Fenstern in den Außenwänden der Seitenschiffe. Diese Seitenschiffe hatten entweder ebenfalls Tonnengewölbe (mit kleinerer Spannweite und daher weniger problematisch) oder Kreuzgewölbe. Ein Kreuzgewölbe entsteht, wenn sich zwei Tonnengewölbe rechtwinklig schneiden, wobei an den Durchdringungsstellen Schnittlinien entstehen, die man Grate nennt (Fig. 2). Das Gewicht eines solchen Gewölbes lastet auf Stützen an den Ecken des Jochs. Wenn diese Pfeiler stark genug sind, den Schub aufzufangen, kann ihr Querprofil klein sein, und der Raum dazwischen kann mit großen Fensteröffnungen versehen werden.

Es lag nahe, das Kreuzgewölbe auch für das Mittelschiff zu verwenden, die Höhe der Kämpfer und die große Spannweite der Bögen brachten aber viele Probleme mit sich. Schon im ausgehenden 11. Jahrhundert überspannte man Schiffe von mittlerer Größe mit Kreuzgewölben, von denen wir noch einige in der Lombardei, in den Pyrenäen und im Rheinland finden, und im frühen 12. Jahrhundert sogar einige Schiffe größerer Kirchen, namentlich Vézelay in Burgund. Zu gleicher Zeit wurden in Périgord verschiedene Kuppeln zum Überwölben des Schiffes benutzt – architektonisch befriedigend, aber kostspielig. Die zukünftige Entwicklung des Gewölbes lag auf einem anderen Gebiet.

Nach Paul Frankl »begann der gotische Stil mit der Kombination von diagonalen Rippen mit einem Kreuzgewölbe... nur ihre Kombination brachte gotische Rippen und gotische Gewölbe hervor«[13]. Die früheste Kombination dieser Elemente ist in den Gewölben der Chorschiffe der 1093 begonnenen Kathedrale von Durham erhalten. Ihr Hauptschiff weist die frühesten Spitzbögen Westeuropas auf. Der Spitzbogen, aus Mesopotamien stammend, war häufig in der maurischen Architektur[14]. Die ältesten Spitzbögen in christlichen Sakralbauten gab es wahrscheinlich im Mittelmeergebiet; über Italien kamen sie dann nach dem Westen. Die Normannen mochten sie in Sizilien – im letzten Drittel des 11. Jahrhunderts entrissen sie die Insel den Mauren – oder auf dem 1. Kreuzzug kennengelernt haben. Der Architekt der Kathedrale von Durham war zweifellos Normanne.

Die ersten Experimente mit gotischen Bauelementen fanden alle außerhalb der Ile-de-France statt. Dennoch stand hier die Wiege dieses Stils, denn hier erkannte man zum ersten Mal die Möglichkeiten des damit verbundenen technischen Fortschritts, »hier zogen die Architekten zum ersten Mal die unvermeidlichen Schlußfolgerungen aus dem Gebrauch der Gewölberippen... und machten sie zum Element eines Stils«[15]. Die Ile-de-France hatte im Gegensatz zu Burgund, der Normandie und der Languedoc keine große eigenständige Schule romanischer Kunst hervorgebracht, das erwies sich nun als Vorteil. Der neue Stil füllte eine Lücke und mußte nicht einen einheimischen Stil verdrängen.

Im Kreuzrippengewölbe zerteilen zwei diagonale Rippen unter den Schnittflächen das Gewölbe in vier dreieckige Felder. Das seit dem 13. Jahrhundert für diese diagonalen Gewölberippen benutzte französische Wort ist *ogives* (wohl von lat. *augere* = verstärken). Die englischen, deutschen und italienischen Wörter *ribs*, *Rippen*, *constoloni* sind bezeichnend und gut gewählt, sie lenken die Aufmerksamkeit auf den linearen Charakter des stabilisierenden Elements, der von jedem Merkmal der gotischen Bauart gilt, da sie eher skelettartig als monolithisch, eher gegliedert als homogen ist.

Tragen die diagonalen Rippen zur Stützung des Gewölbes bei? Noch vor fünfzig Jahren hätte man ungläubig darauf reagiert. Selbstverständlich trugen sie dazu bei! Dies bildet den Eckstein der rationalistischen Theorie der gotischen Architektur,

45 Die Kombination von Kreuzrippengewölbe und Spitzbogen erleichterte auch die Überspannung ungleichmäßig geformter Joche; Detail vom Gewölbe im Chorumgang der Kathedrale zu Reims

46 Spätgotisches Gewölbe der 'Parler-Schule'. Freiburger Münster
47 Umseitig: Die palisadenartige Südfassade der Kathedrale von Palma de Mallorca hoch über der Ufermauer ▷

wie Violett-le-Duc und Choisy sie vertraten, wurde aber neuerdings vor allem durch den Kritiker Pol Abraham in Frage gestellt: er sprach der Rippe jede verstärkende Bedeutung ab[16] und sah ihren Wert nur auf formalem oder ästhetischem Gebiet. Die Rippe erzeuge nur die Illusion, daß sie das Gewölbe stütze. Die Anhänger dieser Theorie fanden sie in den gotischen Gebäuden bestätigt, die in den beiden Weltkriegen die Rippen verloren hatten und mit Gewölben ohne Rippen stehengeblieben waren. Andererseits wies man eine viel größere Zahl von Fällen nach, in denen die Kappen verschwunden und die Rippen übriggeblieben waren. Dies betraf Bauten, die nur unter Alter und Witterung gelitten hatten und nicht den unnatürlichen Erschütterungen ausgesetzt worden waren, an die ihre Erbauer nicht gedacht haben konnten. (Die Vierung in der Kirche von Lindisfarne ist ein Beispiel dafür.) Das vom Mauerwerk befreite Rippenskelett, das den Raum umreißt, ohne ihn zu umschließen, ist von größter Ästhetik, ob es sich um Ruinen von Schlössern oder von Abteien handelt.

Ist, nach Pol Abrahams These, der verstärkende Wert der Rippen *letztlich* bedeutungslos, so besagt das noch nicht, daß die Rippen nicht *anfänglich*, beim Errichten des Gewölbes, wichtig für die Stabilisierung waren. Die ersten gotischen Baumeister sahen die Rippe als ein tragendes Bauelement an und nicht nur als Verzierung. Das Wort *ogive* bestätigt das, aber auch ein Gutachten des Baumeisterausschusses, der 1316 über Reparaturen an der Kathedrale von Chartres beriet. Die Rippe vereinfachte die Konstruktion des Gewölbes: die Weite eines großen Kreuzgewölbes wurde in einzelne Felder eingeteilt, die sich leichter bewältigen ließen. Die diagonalen Rippen und die Bogen, die das Joch umschlossen, konnten zuerst errichtet und die nunmehr auf eine dünne Steinhaut (bei den größten Bauten 2,5 bis 3,5 cm dick) reduzierten Gewölbe von einer Abteilung zur anderen eingesetzt werden.

Die Gerüste zur Stützung von Bogen und Gewölben während des Baus konnten Teil für Teil errichtet werden und nicht gleichzeitig unter dem ganzen Kreuzgewölbe. Die kleineren Gewölbe-

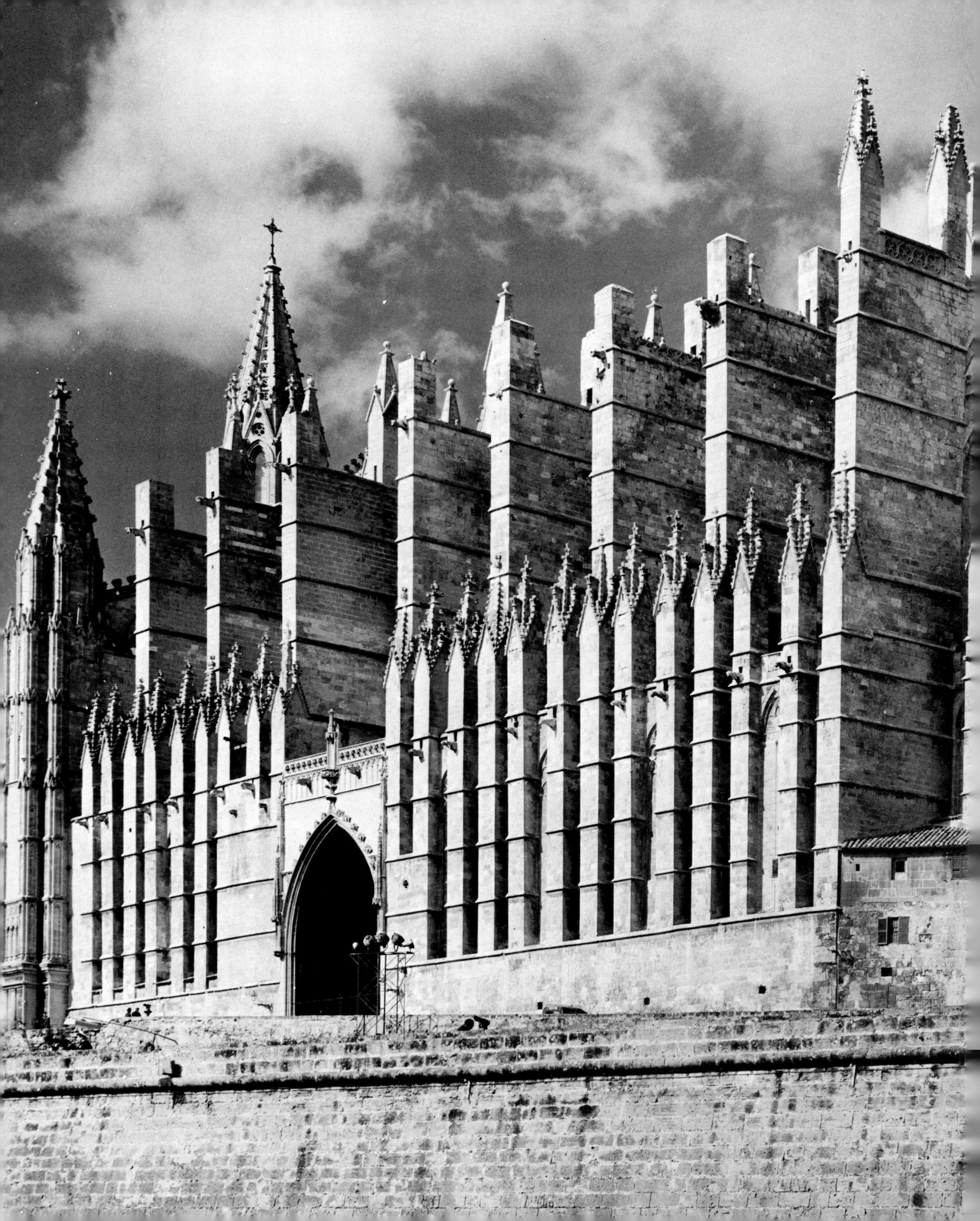

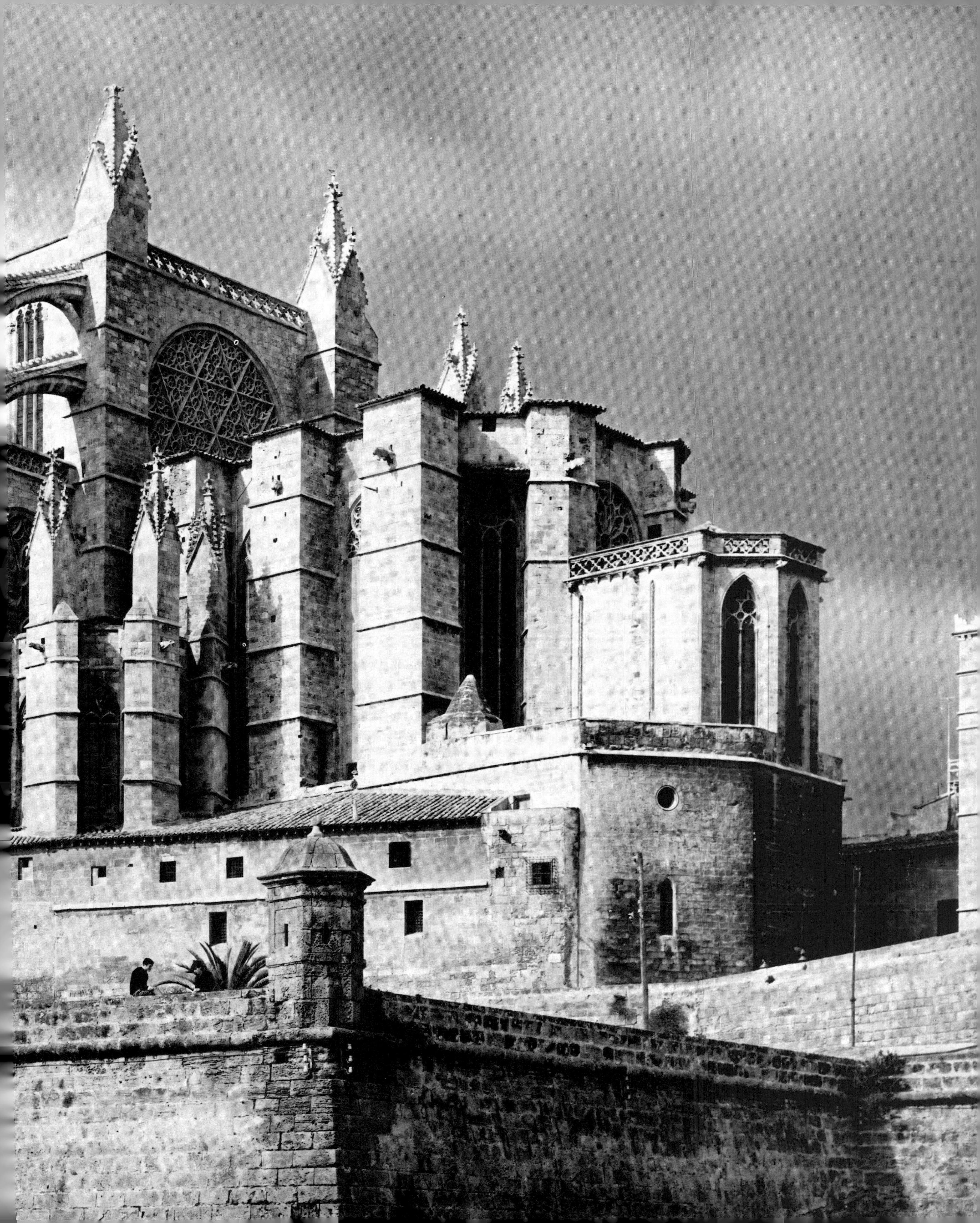

60 Der gotische Stil

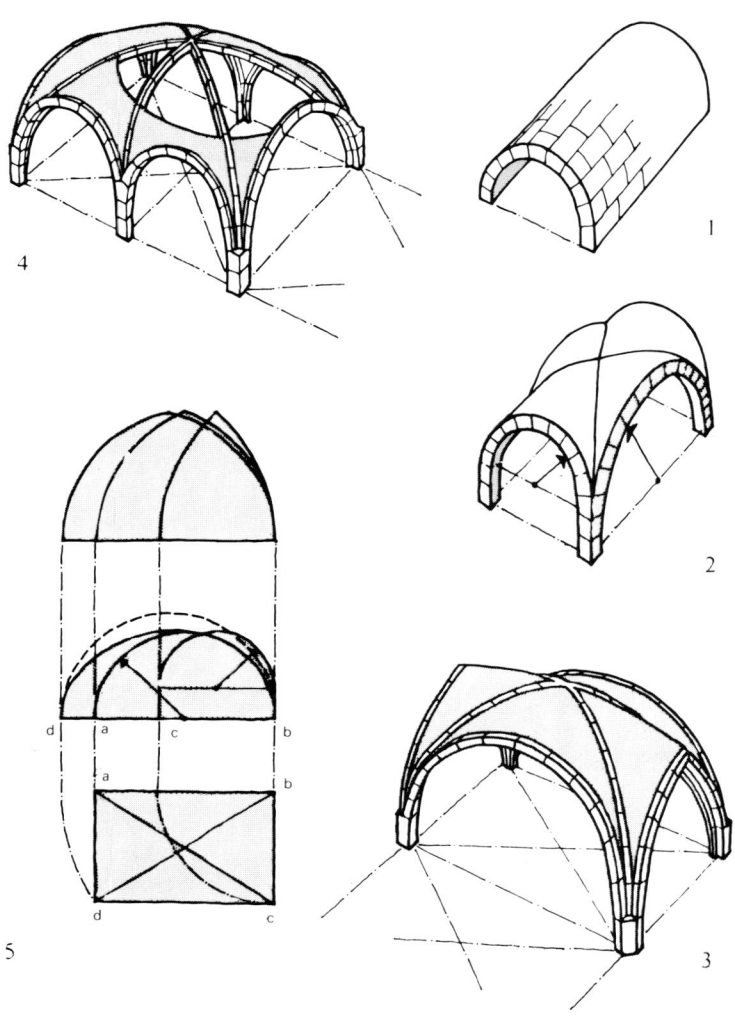

Die Entwicklung des gotischen Gewölbes:

Fig. 1   Tonnen- oder Gurtgewölbe

Fig. 2   Romanische Überspannung eines rechteckigen Joches mit gestelztem Bogen über der kürzeren Überspannung

Fig. 3   Frühgotisches Gewölbe mit Spitzbogen nur über der kürzeren Überspannung

Fig. 4   Kuppelförmiges sechsteiliges Gewölbe (s. S. 317) über einer Einheit von zwei Jochen

Fig. 5   Rechteckiges Gewölbejoch. Da die Höhe einer halbrunden Arkade die Hälfte der Spannweite ausmacht, würde eine solche Arkade über a–b höher sein als die Überspannung der kleineren Seite b–c, und die kleinere Arkade müßte gestelzt, d. h. die Kämpferlinie müßte erhöht werden, wenn die Scheitelpunkte auf gleicher Höhe liegen sollen. Eine halbrunde Arkade über der Diagonale d–b (gestrichelt) würde noch höher sein; sie wurde oft elliptisch geformt, um die Höhe zu reduzieren. Der Spitzbogen erlaubte, das Problem, die Scheitelpunkte von drei Arkaden mit verschiedener Spannweite auf gleicher Höhe zu halten, einfach und elegant durch die Verwendung von mehr oder weniger spitzen Bogen zu lösen.

felder und das leichtere Gewicht der Gewölbewände gestatteten den vielseitigen Gebrauch einer einfachen Form des als *cerce* bekannten beweglichen Bogengerüstes. Dadurch sparte man Gerüst – ein Vorteil, nicht weil das Holz knapp gewesen wäre (große Gebiete Europas waren noch mit Wäldern bedeckt), son-

dern weil das Sägen noch nicht technisch vervollkommnet war und Holz für Planken mit einer Krummaxt in die richtige Größe geschnitten werden mußte: ein mühseliges, zeitraubendes Verfahren. Die diagonalen Rippen verbargen auch die Schnittflächen, die häßlich und schwer zu konstruieren waren, wenn der Grundriß einer mittelalterlichen Kirche es notwendig machte, Joche zu überwölben, die nicht quadratisch, sondern rechteckig waren. Auch die Römer spannten ihre großen Kreuzgewölbe oft über quadratische Joche und vermieden dadurch die bei rechteckigen Jochen entstehenden Schwierigkeiten. Wie die mittelalterlichen Kathedralenbauer diese Probleme durch den Gebrauch des Rippengewölbes lösten, zeigen die Figuren 1 bis 5, wo die bis zur vollendeten Lösung der Hochgotik führende Entwicklung Schritt für Schritt verfolgt wird.

Figur 3 zeigt den Grundriß eines rechteckigen Jochs über einem Mittelschiff; umschlossen wird es von Querbogen, die das Schiff überspannen, und von Wandrippen über den Fensterwänden, unter den Schnittflächen diagonale Querrippen, die sich im Schlußstein schneiden. Bei durchgängigem Gebrauch des halbkreisförmigen Bogens liegt der Querbogen viel höher als die Wandrippe mit kürzerer Spannweite, während die diagonale Rippe sich noch darüber erhebt (5 db). Das Ergebnis ist ein kuppelförmiger Gewölbetyp, wie er in Anjou und Poitou zur Anwendung kam (4). Man löste das Problem, die Scheitelpunkte aller drei Bögen ungefähr auf gleicher Höhe zu halten, indem man den kleinen Wandbogen (d. h. die Wandvorlage des Bogens) bis zur Höhe des Querbogens hinaufzog, während die diagonale Rippe in einem eher kreisförmigen als halbkreisförmigen Profil heruntergezogen wurde (5 c). Eine andere Lösung, die mit dem Rundbogen verbundenen Schwierigkeiten – namentlich seine starke Schubwirkung – zu vermeiden, war, die diagonale Rippe halbkreisförmig zu machen und die beiden anderen Bogen noch höher aufzurichten. Das Resultat ließ aber in ästhetischer Hinsicht zu wünschen übrig. Erst als man die halbkreisförmige diagonale Rippe beließ und durch den Gebrauch von Spitzbogen mit verschiedenen Durchmessern die Wandrippen und die Querrippen auf die gleiche Höhe brachte (5 d), waren *alle* Probleme gelöst, nicht nur für das rechteckige Joch, sondern auch für Gewölbeeinheiten von unregelmäßiger Form, wie etwa am gerundeten Chorabschluß. Hinzu kam, daß der Seitenschub des Gewölbes verringert wurde. In der Schlußphase des gotischen Gewölbebaus, typisch für die Hochgotik, wurde sogar der diagonale Bogen zum Spitzbogen, hauptsächlich aus Gründen der Formenharmonie.

Alle anderen Errungenschaften des gotischen Gewölbebaus, die Nebenrippe, die Querbänder, die Erfindung von Netz-, Fächer- und Kuppelgewölben, erfüllten keine bautechnische Funktion. Der französische Standpunkt ist, daß damit nur die Reinheit der vollkommenen klassischen Lösung beeinträchtigt wurde und der Verfall sich zeigte. Gelehrte anderer Nationalität sind anderer Meinung, besonders Engländer. Der mittelalterliche Gewölbebau in England war, wie wir sehen werden, Ausdruck des nationalen Temperaments; es ist schwer, sich dem Reiz dieser dekorativen Formen zu entziehen.

Der durch die Gewölbe des Mittelschiffs entstehende Seitenschub mußte aufgefangen werden. Frühgotische Kirchen folgten dem romanischen Vorbild und setzten, wie in Lyon (Fig. 6), eine Galerie oder Tribüne über das Seitenschiff. Das Gewölbe der Tribüne wirkte als Verstärkung, besser wie eine zusammenhaltende Fessel um das Mittelschiff. Solange die wichtigsten Gewölbe diese 'Fessel' nicht sonderlich überstiegen, genügte das im allgemeinen; kritische Stellen verstärkte man zusätzlich oberhalb der Tribüne durch Querwände, die an den Gewölben in die

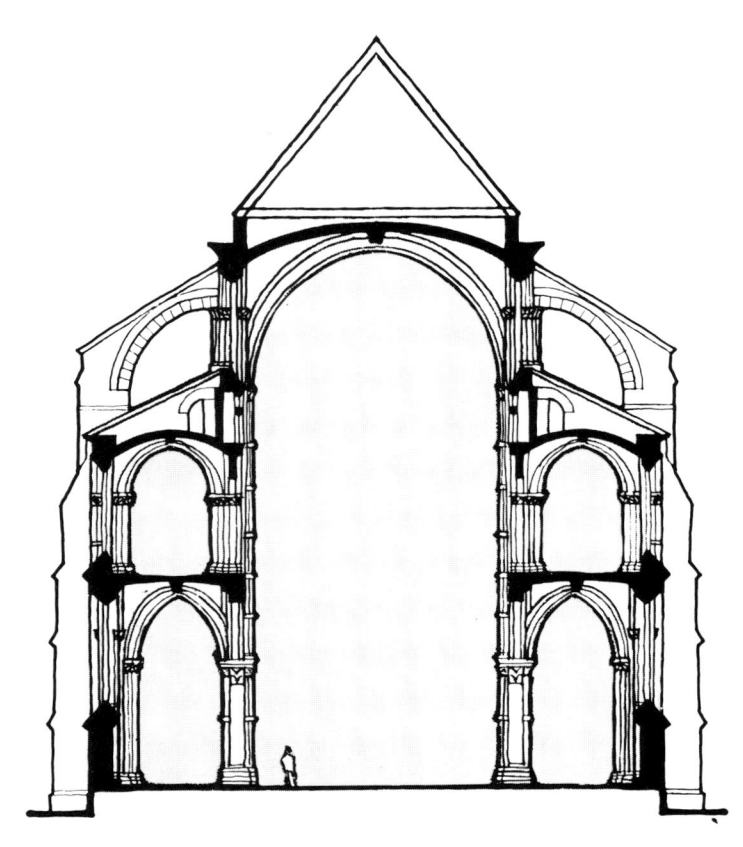

Fig. 6 Kathedrale von Laon. Schnitt

48 Phantastische und zugleich eindrucksvoll realistische Kreaturen blicken von den Dachrinnen herab. Kathedrale von Amiens

Holzdecke eingefügt sind: anfänglich in horizontalen Mauerschichten, die auf den Gewölben der Tribüne ruhen. Mit dem genialen Einfall, die Bogenform zu benutzen, war das Prinzip des Strebepfeilers geboren[17].

Der Strebebogen leitete den Schub über das Seitenschiff auf eine schmale, aber tiefliegende Wandvorlage und von dort aus auf den Boden; das System wirkte wie ein Mann, der mit gespreizten Armen einen fallenden Schrank hält. Das frühe 'vierstöckige' Innere bestand aus der Hauptarkade zwischen Schiff und Seitenschiff, der Galerie, dem Triforium (einer Durchgangsarkade von der Dicke der Mauer auf der Höhe der Seitenschiffdecke) und dem Fenstergeschoß darüber. Durch die Erfindung des Strebebogens konnte die Galerie, die so viel Licht wegnahm, fortfallen, die vier Geschosse wurden auf drei reduziert (Fig. 7). Der Strebepfeiler, aus dem Versteck unter der Decke der Galerie hervorgetreten, konnte sich zu jeder beliebigen Höhe aufschwingen; seine Bogen konnten doppelt, notfalls dreifach sein. Das ermöglichte den Kathedralenbauern, die Gewölbe des Mittelschiffs und die Fenstergeschosse in bisher nicht erträumtem Ausmaß in die Höhe zu treiben.

Mit Hilfe des Rippengewölbes, des Spitzbogens und des Strebepfeilers wurde es möglich, Gewicht und Schub zu lenken und zu konzentrieren, und diese Kräfte innerhalb eines gegliederten Skeletts von Bauelementen, deren Form weitgehend durch ihre Funktion bestimmt wurde, miteinander ins Gleichgewicht zu bringen. Die gotische Baukunst ist weder das Resultat ästhetischer Laune noch bloßer Technik, sie gibt ein anschauliches Diagramm der in dem Gebäude wirksamen mechanischen Energien. Draußen bildet eine Fülle von straffen, frei stehenden Formen – die an moderne Baugestaltung anklingen – ein Steingerüst, in dem die widerstreitenden Kräfte sich in schwebendem Gleichgewicht halten. Drinnen herrscht eine aufwärtsstrebende Körperlosigkeit, der 'himmlischen Stadt' angemessen. Die glühenden Farben der Kirchenfenster zwischen den Gewölben und Pfeilern lassen das komplizierte System der Stützung von außen kaum ahnen.

Mit den in sich ruhenden Formen einer romanischen Kirche verglichen, scheint die gotische Kirche »in einem Entwicklungsprozeß begriffen zu sein, als erhebe sie sich vor unseren Augen; sie macht einen Prozeß anschaulich und nicht das Ergebnis eines Prozesses. Die Auflösung der ganzen Masse in eine Anzahl von Energien, die Überwindung von allem, was starr und ruhevoll ist... verschafft uns den Eindruck eines dramatischen Geschehens... diese dynamische Wirkung ist so überwältigend, daß daneben alles andere nur als Mittel zum Zweck erscheint.«[18]

Mit der Entwicklung der gotischen Architektur und der Auflösung der Wandfläche Hand in Hand ging die Entwicklung der Glasmalerei, der typischen Malkunst dieser Zeit. Sie hat eine lange Geschichte. Kleine Stücke durchscheinenden Glases aus dem 5. Jahrhundert findet man schon in den Fensteröffnungen der Hagia Sofia in Konstantinopel. Einen entscheidenden Fortschritt bedeutete die Einführung der Bleifassung im 10. Jahrhundert[19]. Das Gewicht wurde geringer, die dünnen Bleiruten konnten beliebig gebogen werden; damit waren die vielfältigsten Darstellungen möglich, anstelle der bisherigen geometrischen Muster. Die Glasmaler begriffen das schnell. Im frühen 12. Jahrhundert befaßte sich der Mönch Theophilus in einer berühmten Abhandlung über Kunsttechniken, ›De diversis artibus‹, mit dem Malen von Gesichtern und Händen und dem Faltenwurf. Ein Meilenstein auf dem Gebiet der Glasmalerei, wie in der Architektur, war Sugers neuer Chor in Saint-Denis; er eröffnete den Weg zu den Wunderbauten der Kathedrale von Chartres und der Sainte-Chapelle.

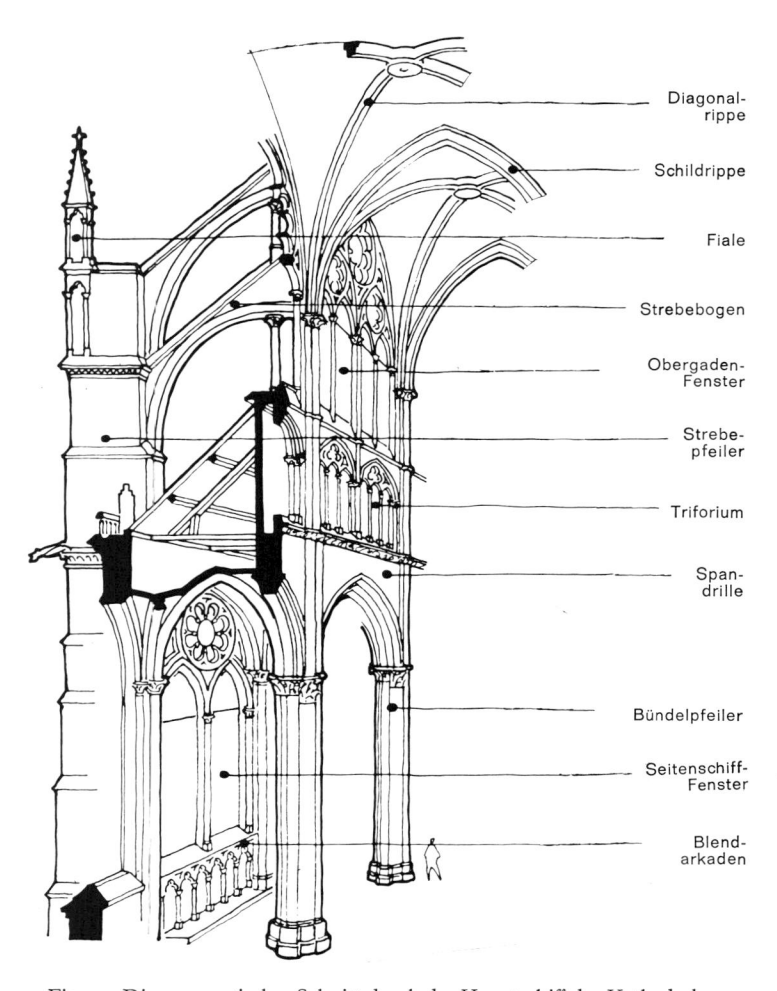

Fig. 7 Diagrammatischer Schnitt durch das Hauptschiff der Kathedrale von Amiens mit den Bezeichnungen der verschiedenen Teile der gotischen Kathedrale (nach Viollet-le-Duc)

49 Bronzene Grabfigur des Bischofs Evrard de Fouilloy († 1222). Kathedrale von Amiens

Die Biegsamkeit, die das Blei so tauglich machte, hatte aber den Nachteil geringer Stärke, besonders gegenüber dem Winddruck. Große Fenster teilte man daher durch starke Eisenstangen, die fest im Mauerwerk ruhten, in kleinere Flächen auf[20]. Die Strenge dieser Eisenstäbe, wirkungsvoll kontrastierend mit den unregelmäßig geformten Glasstücken, verlieh dem Fenster einen eigenen architektonischen Reiz.

Zur Zeit der Gotik war das dicke Fensterglas schon seit langem durch geblasenes Glas verdrängt worden. Man blies einen Glaszylinder, der der Länge nach zerschnitten und zu einer Scheibe ausgewalzt wurde, die man mit einem zangenähnlichen Instrument in die gewünschte Form schnitt. Dieses Glas war noch verhältnismäßig dick und enthielt Blasen und Risse; gerade solche vom Künstler klug ausgewerteten Unregelmäßigkeiten aber geben dem Glas der frühen Gotik seine unnachahmliche Subtilität und Mannigfaltigkeit, seine Trübungen, durch die hier und da Lichtstrahlen schießen. Die schönste mittelalterliche Glasmalerei, die des späten 12. und des 13. Jahrhunderts, war auf wenige Farben beschränkt. Glänzendes Saphirblau und glühendes Rubinrot dominierten, Grün, Gelb, Purpurrot und kleine Stellen aus farblosem Glas sorgten für Akzente. Das Blau wurde mit einem kobaltoxydhaltigen Sand gefärbt, der aus Böhmen kam; dieses Land, reich an Rohstoffen, war schon früh wegen seiner Glasproduktion berühmt. Das zur Erzeugung roten Glases benutzte Kupferoxyd war so stark, daß die Scheibe nahezu undurchsichtig wurde, weshalb man sich der Technik des 'Überfangens' bediente: farbloses Glas wurde mit einer Schicht roten Glases überzogen; auch die gefärbte Schicht war manchmal abwechselnd aus Blättchen von farblosem und rotem Glas zusammengesetzt; diesen zusammengeplätteten Blättchen – in einem Verfahren, dessen Geheimnis verloren ging – schreibt man den unnachahmlichen Glanz alten Rubinglases zu »als ob es von innen her glühe«[21].

Einzelheiten, wie Gesichtszüge, Hände, Kleiderfalten malte man mit gebrannter 'Braunerde', einem aus metallischen Oxyden, Harz und Glas bestehenden schwarzen Pigment auf das Glas. Es wurde mäßig erhitzt, blieb aber auch im verglasten Zustand 'weich' und verletzlich und hat sich in vielen Fällen nur schlecht erhalten. Das tüchtige Handwerk der frühen Periode hat die Zeit besser überlebt als die feineren Arbeiten späterer Zeit, besonders wenn sie mit Glasuren verbunden waren. Im Gegensatz zu diesem Qualitätsverlust der gemalten Stellen erhöht bei Glas mit eingebrannten Farben die im Lauf der Jahrhunderte erfolgende Korrosion und Körnigkeit der Außenfläche die Schönheit, da die einfallenden Lichtstrahlen durch die aufgerauhte Glasoberfläche stärker zerstreut werden. Vom 14. Jahrhundert an ermöglichte der Fortschritt der Technik dünnere Glasscheiben von größeren Ausmaßen. Die Farben wurden heller, die Zeichnung präziser und eleganter, manchmal etwas zu geschmackvoll. Der Typ des Medaillon-Fensters mit vielen kleinen Szenen wich großen Figuren, die oft in einer Ädikula standen, einem Häuschen, mit dem dekorativen Aufwand von spitzer Arkade, blumenverziertem Giebel und Kreuzblume geschmückt. Diese architektonische 'Tiara' erlaubte, die menschliche Gestalt mit ihren natürlichen Proportionen in die hohen, engen Fensteröffnungen einzufügen, die für diese Zeit charakteristisch sind. Große Stellen farblosen Glases wurden nun mit Zeichnungen in leuchtendem Gelb bedeckt, mit Hilfe der

50 Königsgestalt aus dem Alten Testament. Detail von der nördlichen ▷
Fensterrose in Notre-Dame, Paris

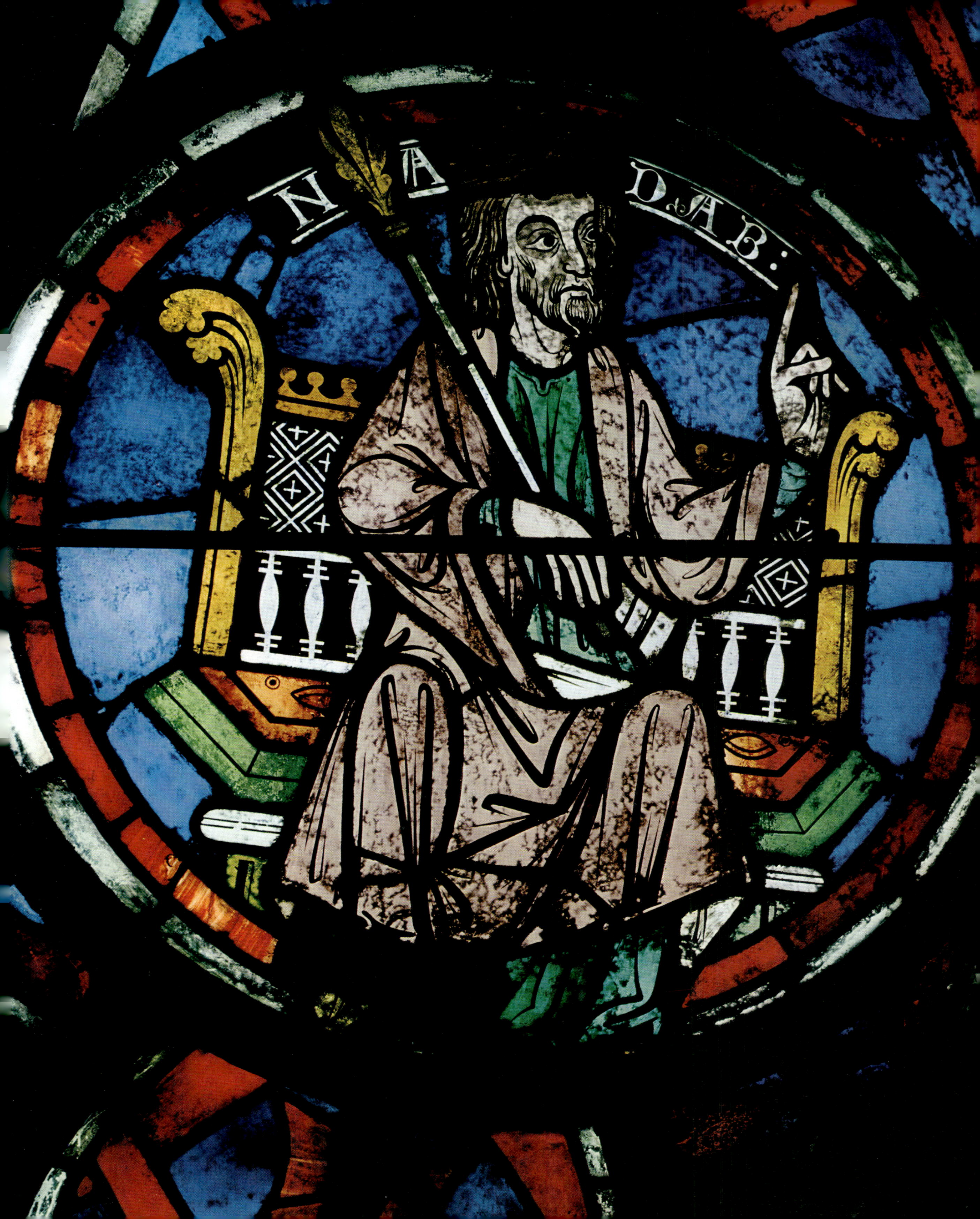
NA DAB:

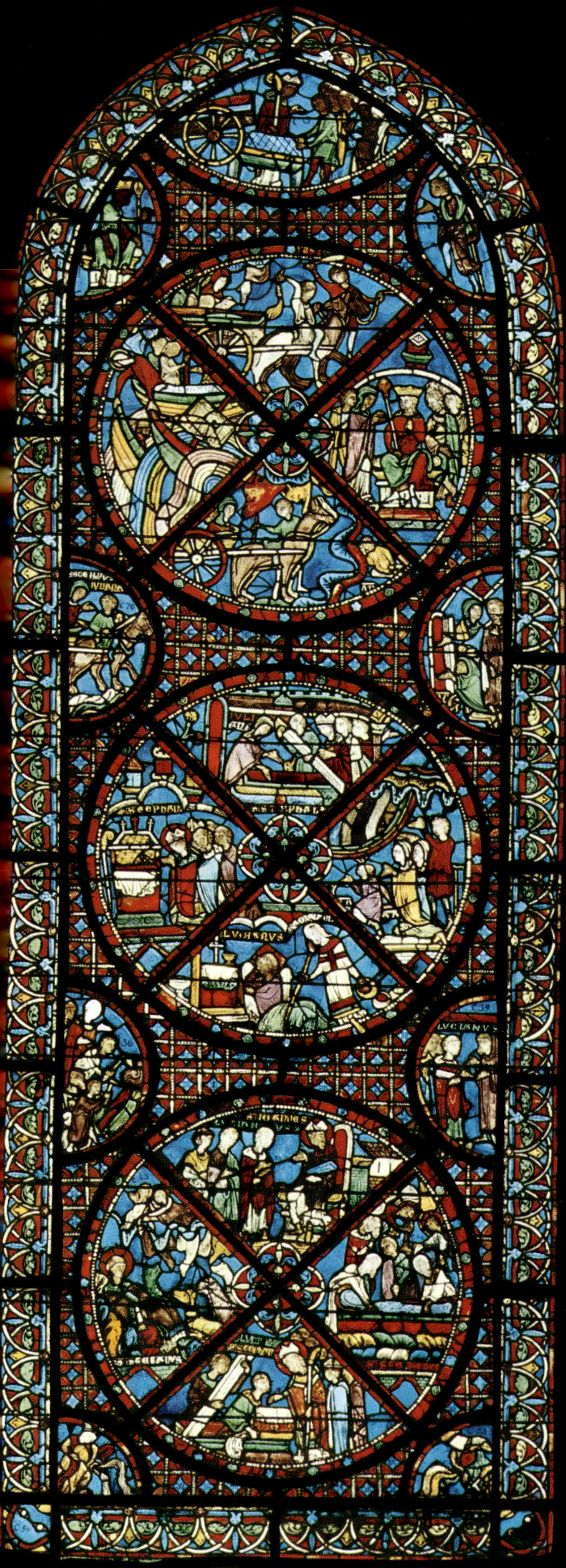
LVCIANVS

'Silberschmelz'-Technik, in der eine silberoxyd- oder nitrathaltige Tusche verschmolzen wurde.

Zur Zeit der Spätgotik wurde es möglich, eine große Glasfläche durch ein sichtbares Metallgerüst in viele Felder aufzuteilen. Große, komplizierte Kompositionen, die oft den Einfluß der Mysterienspiele verrieten, dehnten sich über mehrere Fenster aus. Die Technik der Glasmalerei, die jetzt transparente Glasuren auf farblosem Glas benutzte, kam der Bildmalerei näher. Verfeinerte Effekte der Schattengebung und Perspektive beeinträchtigten ihren Charakter; die große Zeit der Glasmalerei war vorüber.

Erst das 20. Jahrhundert brachte eine Renaissance der Glasmalerei, die stark unter dem Einfluß alter Kirchenfenster stand. Mit der Rückkehr zu den elementaren Prinzipien erkannte man, daß das Wunder mittelalterlicher Glasmalerei vor allem auf der Kunst beruht, dicke Glasstücke wie Edelsteine zu einem wirkungsvollen abstrakten Muster zusammenzufügen, und daß die schwarzen Linien der Bleiruten und des Metallgerüstes den Glanz des bunten Glases durch Kontrastwirkung wesentlich erhöhen. Daher steht die abstrakte moderne Glasmalerei der gotischen näher, als die Versuche des 19. Jahrhunderts, in mittelalterlichem Stil zu malen.

53 Chorinneres der Kathedrale von Gloucester. Blick nach Osten

52 Alabasterreliefs aus Nottingham wurden im Mittelalter nach ganz Europa exportiert. Links: *Die hl. Dreifaltigkeit*, rechts: *Die Verkündigung*. Dean Hussey Monument in der Kathedrale von Wells. Um 1440

◁ 51 St. Stephans-Fenster der Kathedrale von Bourges 13. Jh. (Vgl. Abb. 22)

54 Blick auf die Kathedrale von Bourges vom Park des Erzbischöflichen Palastes aus

55 Die Gewändefiguren der Kathedrale zu Amiens (hier beschneit) scheinen tatsächlich in ihren steifen Posen erfroren, in schroffem Kontrast zu der milden Grazie der *Vierge Dorée* am angrenzenden Trumeau (Vgl. Abb. 150) ▷

56 Umseitig: Dom zu Siena, Ecke der Westfassade

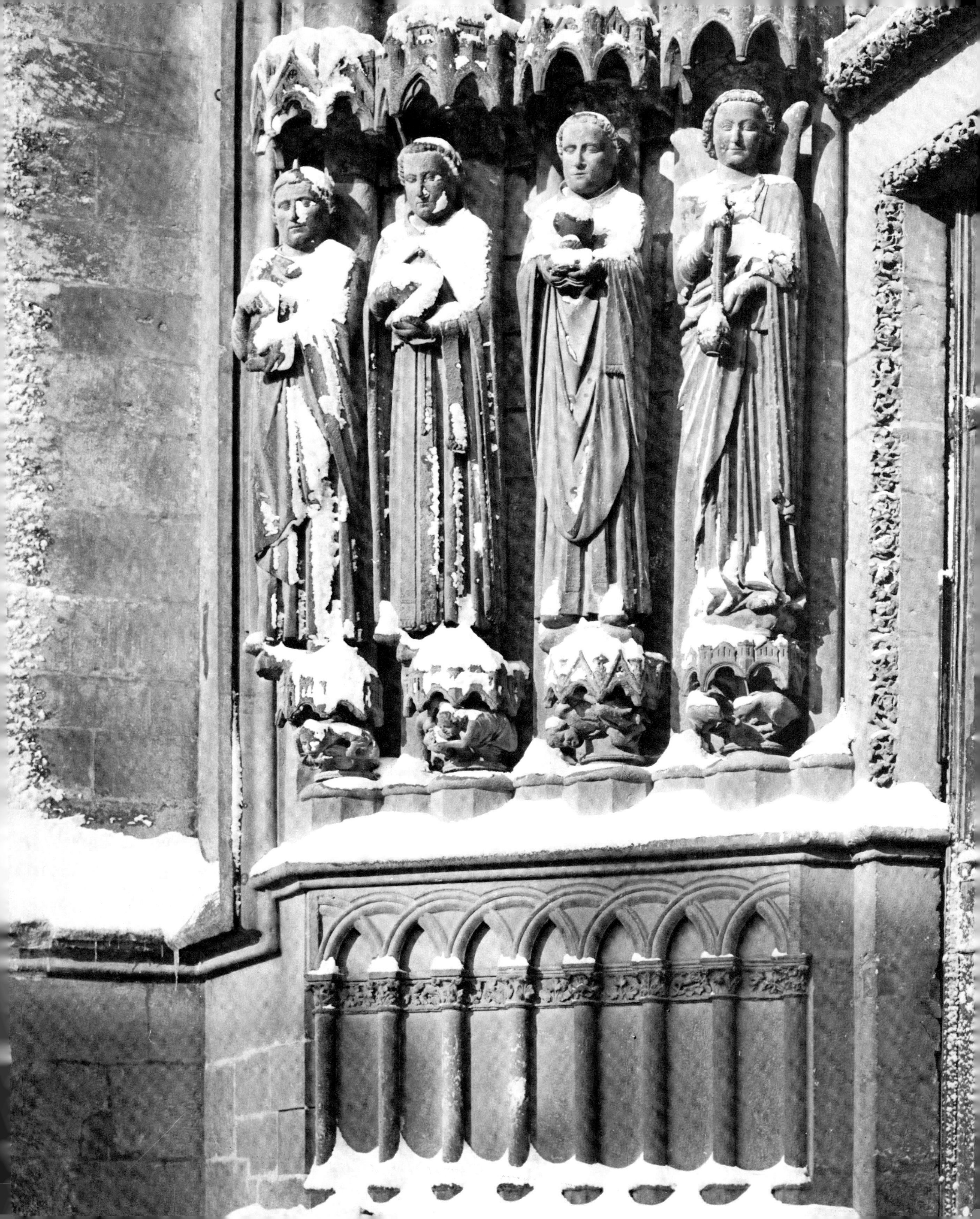

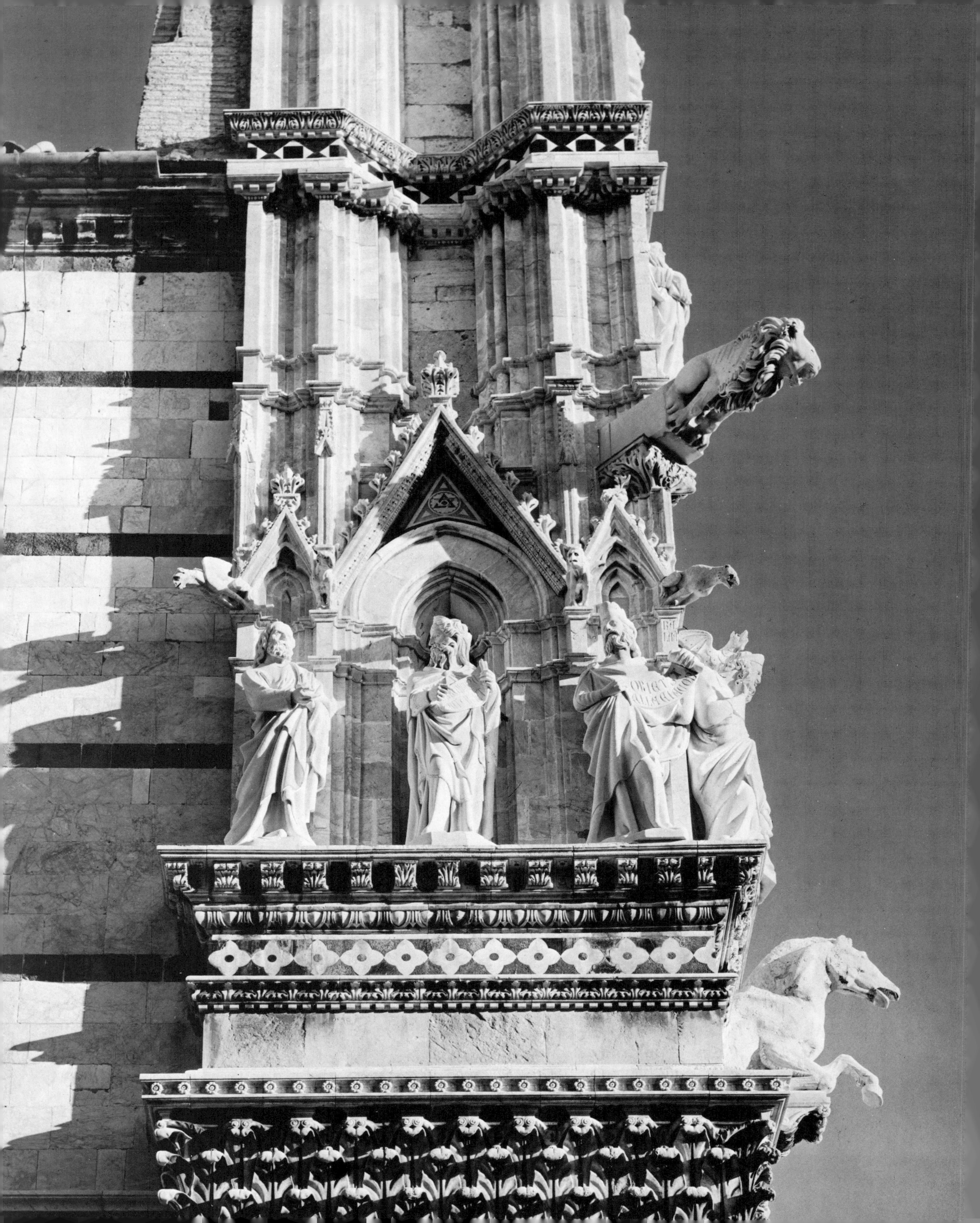

3 Wie Kathedralen gebaut wurden

Wie Kathedralen gebaut wurden

Ein paar hundert Jahre genügten, um Europa mit großen Kirchen zu übersäen – allein Frankreich hat 80 Kathedralen und etwa 500 monumentale Kirchen aufzuweisen. Diese Leistung zeugt nicht nur von großer Zielstrebigkeit, sondern setzt auch straffe Organisation und eine Bauindustrie voraus. Religiöse Leidenschaft gab den Antrieb; die unsagbar reiche und nahezu allmächtige Kirche, die zur Durchführung solch riesiger Projekte über Menschen und Erfahrungen verfügte, lenkte sie in die gewünschten Bahnen. Für den Baufonds reservierte die Kirche einen Teil ihrer regelmäßigen Einkünfte; hinzu kamen Gelder von Bischöfen und Domherren und hin und wieder von Bürgern. Bedeutende Beiträge stammten aus Vermächtnissen. Wir besitzen Dokumente, in denen Notare ermahnt werden, Erblasser an ihre Pflicht dem Baufonds gegenüber zu erinnern. Ab 1200 kamen in irgendeiner Bauphase fast jeder großen Kirche bischöfliche oder päpstliche Dispensationen dem Fonds zu Hilfe.

Unsere Liebe Frau erfreute sich großer Verehrung. Einen Augenzeugenbericht von 1145 darüber hinterließ uns Abt Haimon von Saint-Pierre-sur-Dives in der Normandie: »Wer hat jemals gesehen oder auch nur aus der Vergangenheit vernommen, daß mächtige Fürsten dieser Welt, in Ehren und Wohlstand aufgewachsene Männer, Edelleute, Männer und Frauen, die stolzen Nacken beugten und sich vor Wagen spannen ließen, daß sie wie Zugtiere um Christi willen diese Wagen zogen, beladen mit Wein, Getreide, Öl, Steinen, Holz und alledem, was an Vorrat für den Bau einer Kirche erforderlich ist?« Das Bild dieser Geschäftigkeit hat etwas Rituelles: »Sie schreiten so still daher, daß man kein Murmeln hört ... Wenn sie am Weg haltmachen, hört man nur das Bekenntnis der Sünden und das innige Gebet um Vergebung. Von den Priestern ermahnt, dem Frieden Einlaß in ihre Herzen zu gewähren, vergessen sie jeden Haß, werden Zerwürfnisse beendet und Schulden erlassen, einen sich die Herzen. Ist einer aber so in Sünde verstrickt, daß er seinem Feind nicht mehr verzeihen kann, oder verwirft er den frommen Rat des Priesters, wird sein Opfer sofort vom Wagen heruntergeworfen und er selber aus der Gemeinschaft der Heiligen ausgestoßen ... Wenn die Menge bei Trompetenschall und hinter wehenden Kirchenfahnen ihren Weg verfolgt, verläuft der Marsch so reibungslos, daß kein Hindernis ihn aufhalten kann ... Sobald sie die Kirche erreicht haben, gruppieren sie die Wagen um das Gebäude herum wie ein geistliches Lager und bewachen es die ganze Nacht über feierlich beim Gesang von Hymnen und Lobgesängen. Auf jedem Wagen entzünden sie Wachskerzen und Lampen; sie legen hier die Schwachen und Kranken nieder und bringen ihnen zum Trost die Reliquien der Heiligen. Sodann beschließen die Priester und Geistlichen die Zeremonie mit Prozessionen, denen die Menschen mit demütigem Herzen folgen

57 Die Westfassade des Kölner Doms mit den 150 m hohen Doppeltürmen

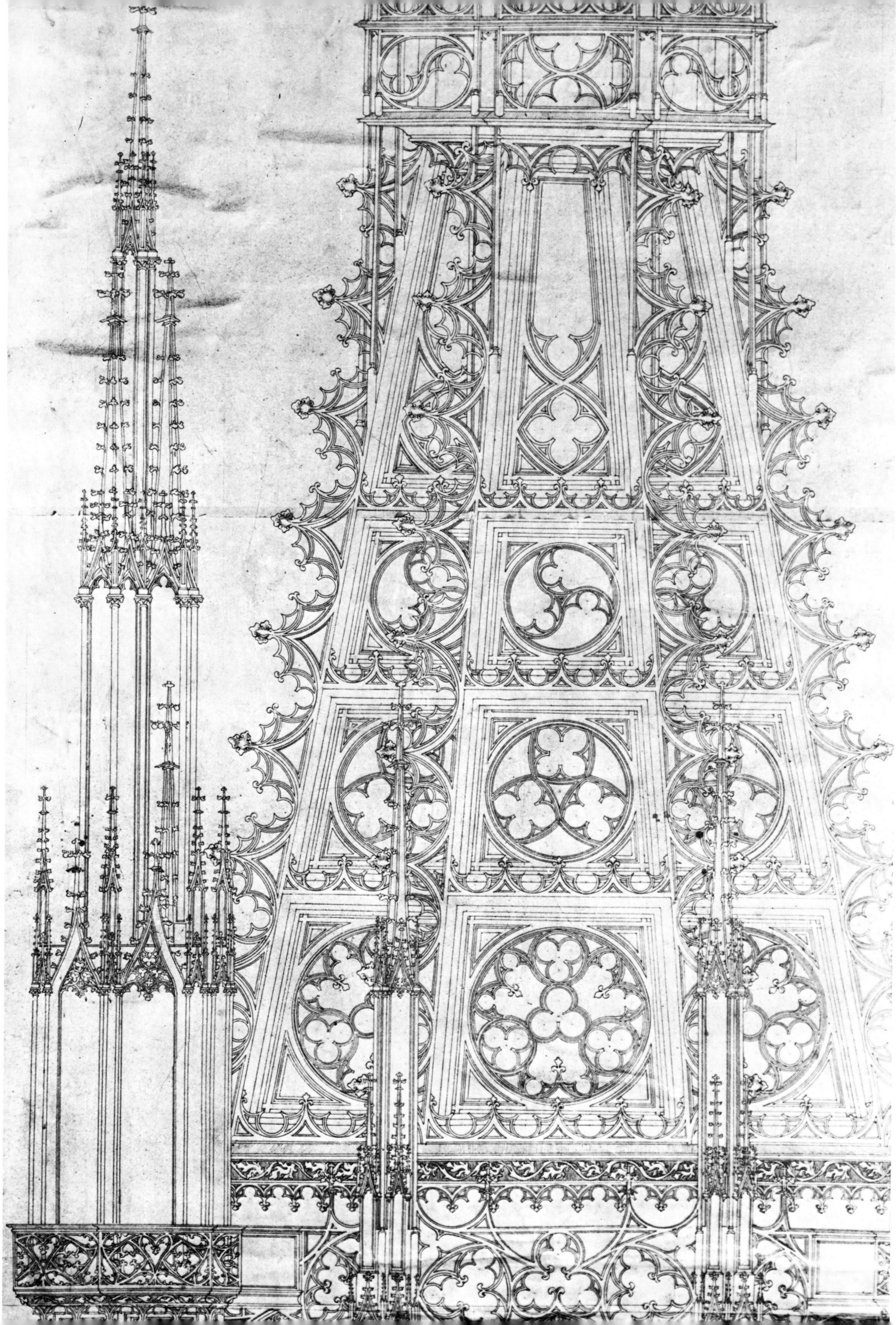

und wobei sie die Barmherzigkeit des Herrn und seiner gebenedeiten Mutter auf die Kranken herabflehen...«[1]

Solche Begeisterung war nicht selten[2]. Sie ist nicht geringer einzuschätzen, auch wenn der 'Wagenkult' maßgeblichen Autoren zufolge symbolisch aufgefaßt werden muß. Wir besitzen ausführliche Berichte über Finanzierung und Bau des Mailänder Doms. Eine Eintragung im Bauregister vom 17. 9. 1387 verzeichnet die freiwillige Mitarbeit von Advokaten, Notaren und sogar dem Bürgermeister. Gian Galeazzo Visconti, der Herzog von Mailand, und seine Familie eröffneten die Kampagne zur Beschaffung des Baufonds durch Stiftung von Juwelen und goldenem Gerät; zusammen mit den Spenden verschiedener Körperschaften – Getreide, Geflügel und Pelzen – wurden diese Gegenstände öffentlich versteigert. Ein Esel, Stiftung der Gemeinde San Marcellino, erbrachte 1 *lira*, 7 *soldi;* ein gemästetes Kalb von der Porta Orientale 8 *lira*, 11 *soldi*. Das öffentliche Interesse wurde mit raffinierten Werbemethoden wach erhalten: Damen führten an der Porta Vercellina die Geschichte von Jason und Medea auf und warben mit dem Hinweis auf das Goldene Vlies für die Spendung eines wirklichen Vlieses, während Gruppen weißgekleideter Mädchen beim Schall von Pfeifen und Trompeten durch die Stadt und die Vororte zogen und um Almosen bettelten. Erwähnt wird die großzügige Gabe der Prostituierten von Mailand.

Reliquien, die besondere Verehrung genossen, waren eine bedeutende Einnahmequelle für eine Kirche. Als ein Brand während der Unruhen von 1112 die Kathedrale von Laon beschädigte, reisten einige Domherren mit den heiligsten Reliquien Beiträge sammelnd durch halb Frankreich. Überall erregten die Reliquien Begeisterung und vollbrachten den Chroniken zufolge sogar zahlreiche Wunder (vgl. Abb. 59). Die Gelder reichten aber trotzdem nicht, und im nächsten Frühling reisten die Domherren ins damals reiche England; einige Schüler Anselms, des berühmten Hochschullehrers von Laon, hatten hier bedeutende klerikale Ämter inne. Die Domherren reisten über Arras und Saint-Omer, wurden von flämischen Kaufleuten übers Ohr gehauen und während der Überfahrt von Piraten überfallen, erreichten aber schließlich Dover. Auf einer siebenmonatigen Rundreise durch Südengland besuchten sie Canterbury, Winchester, Salisbury, Exeter, Bristol und Taunton und kehrten mit hinreichenden Mitteln für die Ausbesserungsarbeiten nach Laon zurück.

In Chartres wurde ein 'Gewand der Jungfrau' aufbewahrt, das tiefe Verehrung genoß. Das trug wesentlich zu dem großen Erfolg eines Aufrufs zur Unterstützung bei; der Bau der Kathedrale wurde in nur 27 Jahren vollendet. Es ist falsch, daß der Bau einer Kathedrale stets Hunderte von Jahren in Anspruch genommen habe. Waren Mittel vorhanden, ging die Arbeit schnell vonstatten; gingen sie aus, unterbrach man sie, und eine weitere Werbeaktion wurde unternommen. Nichts jedoch erwähnt Abt Haimon in seinem Bericht von Freiwilligen, die sich in Chartres an den Bauarbeiten selbst beteiligt hätten. Freiwillige Helfer, die singend Stein auf Stein legen, um die Kathedrale wie einen spontanen Lobgesang, als Ausdruck des 'Volksgeistes' aus dem Boden wachsen zu lassen – das ist eine irrige romantische Vorstellung. Die technischen Schwierigkeiten bei einem so komplizierten Bau wie der gotischen Kathedrale, wo schon die Anordnung der Bauelemente zu ebener Erde der Anlage der Gewölbe entsprechen muß, sind viel zu groß. Trotzdem bestehen diese Vorstellungen vom 'Volksschaffen' hartnäckig weiter. Auch die Rolle der 'Baumönche' ist nicht so groß. Natürlich halfen die Mönche beim Bau der eigenen Abteien, besonders im Kluniazenser- und Zisterzienserorden; die monumentalen Gebäude der gotischen Epoche aber waren, wie das zu jeder Zeit ist, das Werk von Fachleuten. Aus zahlreichen Dokumenten in den Archiven von Kirche und Staat geht das deutlich hervor.

Außergewöhnliche Prälaten wie Suger hatten großen Einfluß auf die Entwicklung der sakralen Architektur, schufen ein neues Schönheitsideal und bestimmten die ikonographische Gestaltung. Nur selten aber interessierten sie sich so für den Bau wie Suger. Viele Bischöfe traten lediglich als Schutzherren und Stifter der neuen Kathedrale auf. Mit der Durchführung der Bauprojekte wurden die Domherren des Kapitels betraut, eine Körperschaft von Priestern unter einem Dekan, dem es oblag, dem Bischof bei der Verwaltung seiner Diözese behilflich zu sein. Aus Dokumenten des 14. Jahrhunderts geht hervor, daß jeder einzelne Domherr, sofern nicht an das Gelübde der Armut gebunden, ein beträchtliches Einkommen aus einer Pfründe hatte, ein behagliches Haus in lebenslänglichem Pachtbesitz besaß und über sein ererbtes Vermögen frei verfügen konnte. Das Kapitel, anfänglich dem Bischof untergeordnet, wurde eine autonome Körperschaft, die seine Macht einzuschränken suchte und mit ihm prozedierte, um eigene Rechte zu erweitern. Von einer Generation zur anderen befaßte sich das Kapitel mit der Finanzierung, dem Bau und dem Unterhalt der Kathedrale, verwaltete die für den Baufonds reservierten Einkünfte, schloß Verträge, leistete die Zahlungen für Baumaterial und Arbeit und stellte den Baumeister an, der mit der technischen Leitung der Bauarbeiten beauftragt wurde. Ein Mitglied des Kapitels, der *custos fabricae* (Bauaufseher), war im Namen des Kapitels für die geschäftlichen Angelegenheiten verantwortlich.[3]

Neben der Ausarbeitung des Bauplans galt die erste Sorge der Heranschaffung der benötigten Materialien und Arbeitskräfte. Am wichtigsten war der Vorrat an Steinen. Sorgfältig mußte der Stein ausgesucht werden, der sich am besten für den Zweck

◁ 58 Johán Hültz von Köln: Entwurf für die Turmspitze des Straßburger Münsters, inspiriert vom durchbrochenen Achteck des Freiburger Münsters. Tinte auf Pergament, nach 1419. Straßburg, Musée de l'Œuvre Notre-Dame

59 Darbietung der Reliquien. Aus dem Belleville-Brevier mit den Illuminationen von Jean Pucelle und seiner Schule. Paris, Bibliothèque Nationale

74 Wie Kathedralen gebaut wurden

60 Der dekorative Baldachin-Portikus der Kathedrale von Albi kontrastiert mit der klippenförmigen Ziegelmauer, die sich in einem Schwung 13,5 m über den Erdboden erhebt

eignete und der Witterung standhielt. Im Bauregister von Westminster liest man: »6 *d* eine Woche lang täglich für das Fahren zu den Steinbrüchen ... und das Aussuchen und Prüfen der richtigen Steine«. Bei großen Projekten konnte ein Kapitel auch einen Steinbruch übernehmen oder einen neuen in Betrieb setzen. Wichtig war im Hinblick auf die hohen Transportkosten die Lage. Die Gelehrten Knoop und Jones[4] weisen mehrere Fälle nach, in denen der Transport drei- bis viermal soviel kostete wie die Steine selber, und zwar kam es dabei weniger auf die Entfernung als auf die Beförderungsmöglichkeiten an, die sich boten. War der Transport auf dem Wasserwege möglich, konnten Steine sogar aus dem Ausland zu konkurrenzfähigen Preisen herangeschafft werden. So wurde der feine kremweiße Sandstein aus Caen in der Normandie, der beim Brechen weich ist, doch an der Luft hart wird – ideal für subtile Steinmetzarbeit –, in großen Mengen nach Großbritannien exportiert.

Den Transport über Land bestritten Ochsenwagen und zunehmend auch Pferdekarren und -wagen, auch Saumpferde. Sie gehörten den Organisatoren oder wurden von den Pächtern kirchlicher Ländereien pflichtgemäß zur Verfügung gestellt; auch (von der Krone) requiriert oder gemietet. Knoop und Jones studierten die Bauabrechnungen für die Abtei von Vale Royal[5], die von 1278 bis 1280 die Ausgaben für das Befördern der Steine vom Steinbruch zur Abtei aufführen, die etwa acht Kilometer voneinander entfernt waren. Einspännige Karren kosteten eine Miete von 2 *d* oder 2½ *d* pro Fahrt, zweispännige 3 *d* oder 3½ *d*. Pro Tag wurden zwei Transporte unternommen, durchschnittlich zwölf pro Woche. In einigen Jahren wurden mehr als 35 000 Karrenfrachten vom Steinbruch zur Baustelle befördert. Man kann sich vorstellen, welche Mühe es kostete, solche Steinmengen mit Spitzhacken, Äxten, Stemmeisen und Keilen aus dem Felsen zu hauen. Die eisernen Geräte wurden schnell stumpf und mußten von Lehrlingen, die sich ablösten, in die Schmiede gebracht werden, die es in jedem Steinmetzhof beim Steinbruch oder an der Baustelle gab. Die Steinbrüche waren schnell erschöpft, denn beim Minieren konnte man nicht tief gehen; die größte Schwierigkeit machte das Grubenwasser.

Die hohen Transportkosten zwangen dazu, die Steine sogleich im Steinbruch roh zu behauen. Der für frühe englische Kirchen häufig benutzte Marmor von der Insel Purbeck wurde oft schon an Ort und Stelle poliert. Im späten Mittelalter ließen sich Bildhauerschulen in der Nähe der Steinbrüche nieder, um dort die Figuren und Dekorationen zu meißeln. Peter von Nottingham schuf für die Kapelle des Windsor Castle einen komplizierten Altaraufsatz aus Alabaster und versandte ihn, zum Aufstellen fertig, auf zehn Karren. Das war ein besonderer Auftrag. Sonst sorgte die 'Massenproduktion' der Werkstätten für einen Vorrat von populären Figuren in allen gängigen Größen. Ein Rechtsfall von 1491 hatte den Verkauf von achtundfünfzig Köpfen Johannes des Täufers zum Gegenstand – religiöse Inbrunst war hier also schon in Frömmelei umgeschlagen.

Obwohl man steinerne Gewölbe baute und beim Kreuzrippengewölbe die Gerüste sparte, waren noch riesige Mengen Holz erforderlich, besonders im Norden für die Konstruktion der großen Dächer, von den Franzosen treffend 'forêts' genannt. Man baute sie meist, sobald das Skelett der Gewölberippen vollendet war, zum Schutz vor der Witterung und um die Kirche einweihen zu können. Die Kappen konnten dann in aller Ruhe fertiggestellt werden.

Die wichtigsten Handwerker beim Bau der Kathedrale waren der Steinmetz und seine Gesellen. Der *cementarius* war ein Steinsetzer oder Verputzer, auch 'Rohmaurer' genannt; der *lathomus* verstand mit 'Hausteinen' umzugehen, einem feinkörnigen Sandstein oder Kalkstein, der in allen Richtungen behauen oder auch ausgehöhlt werden konnte und besonders geeignet zum Meißeln war. Ein solcher Arbeiter war ein 'Freimaurer'[6]. Die Ausdrücke *cementarius* und *lathomus* wurden freilich oft vertauscht, oder man gebrauchte auch das normannisch-französische Wort *masoun* für sie. Lange machte man keinen Unterschied zwischen Künstler und Handwerker. Die Abrechnungen zeigen beträchtliche Lohnunterschiede bei den Steinmetzen: man unterschied aber nur zwischen gelernten und halbgelernten Arbeitskräften, nicht zwischen handwerklicher und künstlerischer Arbeit. Unendliche Mühe wandte man an die Bauplastik der französischen Kathedralen. Am Hauptportal der Kathedrale von Rouen arbeiteten den Dokumenten zufolge fünfzehn Steinmetze, von denen mindestens drei einen Gehilfen hatten, fünfzehn Jahre lang an den vierunddreißig großen Statuen, den vielen kleinen Figuren und dem Tympanon.

sehr wenige ein Testament machten, ihren Erben testamentarisch ein Vermögen. Außer dem Lohn erhielten die Bauarbeiter Zuwendungen verschiedener Art. Einem Zimmermann in Ely gewährte man für gewissenhafte Arbeit einen Zuschlag von 2 s, also 15% seines Jahresgehaltes von 13 s, 4 d. Anderswo wird ein Zuschlag von 4 s für Getränke erwähnt, »damit die Zimmerleute und Dachdecker bei ihrer Arbeit tüchtiger schwitzen können«. Die Beendung einer Arbeitsphase wurde gefeiert. »Handschuhe für den Steinmetz und 2 d für Getränke bei der Fertigstellung der Chorarkaden« nennt ein Rechenschaftsbericht über die Kathedrale von Ely (1425).

Der Lohnunterschied zu verschiedenen Jahreszeiten (5 d pro Tag im Sommer, 4 d im Frühling und im Herbst, 3 d im Winter, laut Verordnung von 1275) ergab sich aus der Zahl der Stunden, in denen bei Tageslicht gearbeitet werden konnte. An der Kathedrale von York arbeitete man im Sommer von ca. 5 Uhr morgens bis zwischen 7 und 8 Uhr abends mit einer halben Stunde Frühstücks- und anderthalb Stunden Mittagspause und einer halben Stunde für einen Imbiß am Spätnachmittag. Oft ruhten die Bauarbeiten im Winter; das Mauerwerk wurde mit Rohr oder Stroh bedeckt, um die Fugen vor Frost zu schützen (Abb. 63). Wurde die Arbeit nicht unterbrochen, galt für die sechs Wintermonate der Neunstundentag. Der Arbeitstag war lang, doch am Sonnabendnachmittag ruhte die Arbeit. Die zahlreichen Feiertage

61 *Mittelalterliche Schmiede (der Geselle am Blasebalg)*. Initiale aus dem Gorleston-Psalter. London, British Museum

62 Reliquiar des Wahren Kreuzes (1401 datiert), aus vergoldetem Silber, mit Emaille und Edelsteinen besetzt. Schatzkammer der Kathedrale von Pamplona

Der Meistersteinmetz hatte eine lange Lehrzeit hinter sich, jahrelang war er als fahrender Geselle unterwegs, bevor er der Gilde sein 'Meisterstück' vorlegte. Oft lernten im 14. und 15. Jahrhundert die Söhne bei ihren Vätern. Viele der besser bezahlten Handwerker gehörten Familien an, die das Handwerk schon lange betreiben. Unter den hochqualifizierten Maurermeistern arbeiteten Gesellen und 'Helfer'. Der *cementarius* oder Steinsetzer hatte meist mehr Gesellen als der *lathomus* oder Steinmetz, denn um ihn gruppierten sich Mörtelmischer und Fuhrleute, die einen großen Teil der Belegschaft ausmachten. Unter diesen finden wir die meisten weiblichen Arbeitskräfte[7]. Hinzu kamen die Arbeiter im Steinbruch. Nachweislich arbeiteten Maurer gelegentlich in den Steinbrüchen, die man neuerdings auch als wichtige 'Ausbildungsstätten' für Steinmetze ansieht. Dennoch bildeten die Arbeiter im Steinbruch im allgemeinen eine besondere Gruppe mit anstrengender und schlecht bezahlter Arbeit.

1212 wurde in London der Höchstlohn für qualifizierte Maurer, Zimmerleute und Dachdecker gesetzlich auf 4 d pro Tag festgesetzt. Bis zum Ausbruch der Pestepidemie (1348) blieben die Löhne etwa auf der gleichen Höhe. Der Schwarze Tod raffte ein Drittel der Bevölkerung hinweg, und erst die daraus resultierende Knappheit an Arbeitskräften bewirkte ein Ansteigen von Löhnen und Preisen, allen Versuchen zum Trotz, sie gesetzlich auf dem alten Stand zu halten. 1349 wurde in England das erste Statut für Handarbeiter erlassen. Zwischen 1350 und 1500 betrug der Durchschnittslohn etwa 6 d pro Tag[8]. Die Bauarbeiter gehörten im Mittelalter mit zu den wohlhabendsten Mitgliedern der Gesellschaft, das geht deutlich aus den von ihnen entrichteten Steuern hervor. Auch hinterließen sie in einer Zeit, in der nur

und Namenstage der Heiligen ergaben dreißig bis vierzig freie Wochentage, die zum Teil bezahlte Feiertage waren, wenigstens für die qualifizierteren Arbeiter. Nach einer Verordnung von 1352 für den Bau der Kathedrale von York wurde ein Tageslohn abgezogen, wenn zwei Festtage in eine Woche fielen, und ein halber Wochenlohn bei drei Festtagen innerhalb einer Woche. Der mittelalterliche Arbeiter stand also besser da als der Proletarier in der Industriegesellschaft des 19. Jahrhunderts.

Was kostete der Bau einer Kathedrale? Wir kennen die Baukosten für den besonders reich dokumentierten Bau der Kathedrale von Salisbury, die, als einzige auf einem zuvor nicht benutzten Bauplatz errichtet, in 46 Jahren fertiggestellt wurde (1220–1266) und im Grunde unverändert erhalten ist: »42 000 marks«, was schätzungsweise einer Million heutiger Pfund entspricht[9]. Der große Turm mit Spitze kam später hinzu und ist in diesem Betrag nicht einbegriffen. Ein Vergleich mit heutigen Verhältnissen ist irreführend; auch wenn die erforderlichen Arbeitskräfte vorhanden wären, würde es heute viele Millionen kosten, um solch ein Gebäude zu errichten.

63 *Bau der Madeleine in Vézelay.* Das Mauerwerk wird zum Schutz gegen den Frost mit Stroh bedeckt (oben links). Aus dem Manuskript ›L'Histoire de Charles Martel et ses Successeurs‹ (14. Jh.). Brüssel, Bibliothèque Royale

Für den Neubau wurde der Bauplatz mit Pflöcken und Schnüren abgesteckt. Man bediente sich dabei des pythagoräischen Dreiecks mit dem Seitenverhältnis 3:4:5, um den rechten Winkel zu erhalten. Während Abteien meist auf weitem Gelände gebaut wurden – die weiträumigen Domkapitel englischer Kathedralen weisen oft auf klösterlichen Ursprung –, wurden die Kathedralen in engbebauten, von Festungswerken eingeschnürten Städten errichtet. Hier war der Bauplatz beschränkt. Von einer Kirche konnte man Teile in den Neubau einfügen, aber meist fand man noch weitere Gebäude auf dem Bauplatz vor: Wohnhäuser, Hospitale, Armenhäuser und andere wohltätige Einrichtungen, manchmal auch noch weitere Kirchen. Die Grundstücke mußten enteignet, die Eigentümer entschädigt werden. Es kam zu zeitraubenden Prozessen; religiöse Körperschaften gaben nicht nach, bevor nicht ein anderes Unterkommen gefunden und eine große Entschädigung bezahlt worden war. Das komplizierte nicht nur das Abstecken des Baugeländes, sondern diktierte auch die Reihenfolge der Bauphasen. Gewöhnlich begann man mit dem Chor, damit der Hochaltar schnell eingeweiht werden konnte. Wo die Reihenfolge geändert wurde, wie in Amiens, wollte man die Gebäude auf dem Gelände noch schonen.

Die Fundamente waren einfach: ein tiefer Graben wurde fast bis zu ebener Erde mit Steinschutt gefüllt. Schwierigkeiten ergaben sich, wenn später ein schwererer Überbau hinzugefügt wurde, als ursprünglich geplant. Im 15. Jahrhundert wurde über der Vierung der Kathedrale von York ein 25 000 Tonnen schwerer Turm gebaut, der auf vier großen Pfeilern ruhte, die ihrerseits eine Last zu tragen hatten, dreieinhalbmal schwerer, als nach modernen Bauprinzipien zulässig, und all das auf den dafür nicht berechneten normannischen Fundamenten. Trotzdem stand der Turm 500 Jahre lang. Jetzt erst geben die Fundamente nach, da der Wasserspiegel allmählich gesunken ist und so die hölzernen Pfähle der Luft ausgesetzt wurden – was die Erbauer kaum voraussehen konnten.

In manchen Fällen wurde der Unterbau mit großer Sorgfalt ausgeführt, so bei Notre-Dame in Paris. Die große Stützmauer, die um das Gebäude läuft, besteht, auch wo sie dem Blick entzogen ist, aus gediegenem Mauerwerk. Auf feuchtem Gelände wurden häufig mit eisernen Spitzen versehene Holzpfähle benutzt. Sie wurden mit schweren Bretterschichten bedeckt, die den steinernen Basen als Unterlage dienten. (Die Kathedrale von Salisbury besitzt im Grunde überhaupt keine Fundamente.)

Der Bau einer großen Kathedrale ist nur selten das Thema künstlerischer Darstellungen; Motive aus dem Leben der Heiligen und der Heiligen Schrift hatten den Vorzug. Aber Illuminationen, die den ›Bau der Arche‹, den ›Turmbau von Babel‹ oder den ›Tempelbau in Jerusalem‹ darstellen (Abb. 66 bis 69) geben uns ein Bild der zeitgenössischen Baumethoden. Der mittelalterliche Künstler versuchte selten, die Vergangenheit historisch treu wiederzugeben, er gab den Figuren die Kleidung seiner Zeit und ließ sie die Arbeit verrichten, die er in seinem Umkreis beobachtete. Für die gotische Bauweise besonders lehrreich ist die Miniatur in einer französischen Bibel (Mitte 13. Jahrhundert) in der Pierpont Morgan Library, New York (Abb. 67). Dargestellt ist der *Turmbau von Babel:* im Vordergrund ein Steinmetz mit dem Meißel; sein Geselle prüft mit dem Winkelmaß den rechten Winkel. Zwei Arbeiter tragen Steine auf einer Trage, ein dritter steigt mit der Maurermolle die Leiter empor. Auf dem Turm der Steinsetzer, die Hände zum Schutz gegen den ungelöschten Kalk in Handschuhen; seine Kelle gleicht den heutigen. Der Mann neben ihm greift nach dem Korb mit Steinen, der durch einen Tretmühlenkran hochgezogen wurde, dessen großes Rad ein einziger Mann bedienen konnte, der hier sogar mit vollen Backen kaut. Gottvater, von Engeln umgeben, überwacht aus den Wolken die Arbeit.

Der *Bau der Arche* aus dem ›Stundenbuch des Duke of Bedford‹[10] gibt ein Bild der Zimmermannsarbeit (Abb. 65). Im wesentlichen sind Geräte und Methoden bis zum heutigen Tage die gleichen geblieben. Die Trage wurde allmählich durch die

64 Das schönste Beispiel eines sechsteiligen Gewölbes. Bourges, Kathedrale ▷

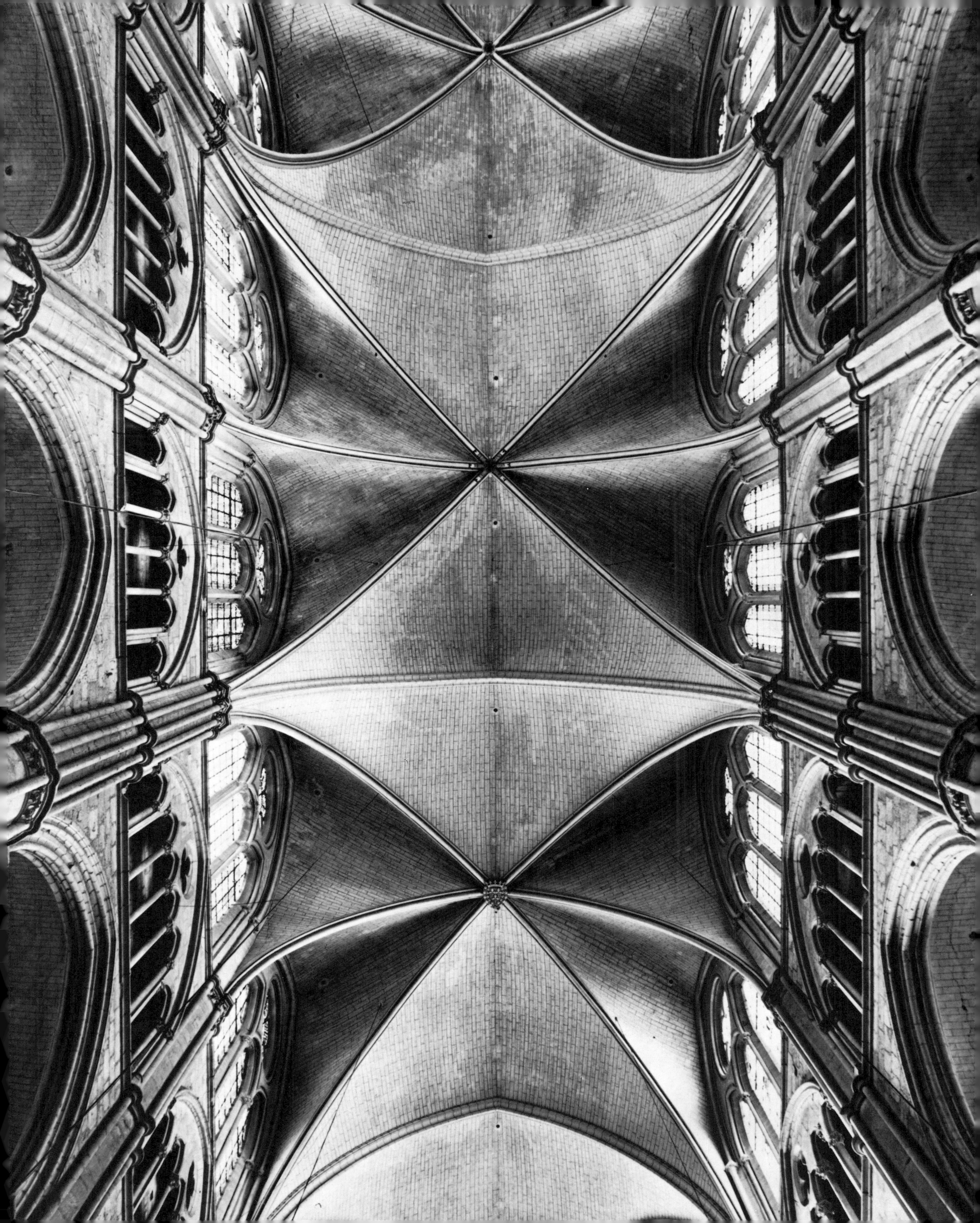

65 und 66 *Bau der Arche* (unten) und *Turm von Babel* (rechts). Aus dem Stundenbuch und Psalter des Duke of Bedford, unter der Leitung von Herman Scheere geschaffen (erste Hälfte 15. Jh.). London, British Museum

Schubkarre ersetzt. Einzigartig in ihrer erlesenen Zartheit und in ihrer Wirklichkeitstreue ist eine Grisaille der *Hl. Barbara* von Jan van Eyck im Musée des Beaux-Arts zu Antwerpen (Abb. 68). Das Thema bot dem Künstler Anlaß zu der ausführlichen Darstellung eines Turmbaus, denn in einem Turm, hier als gotischer Kirchturm wiedergegeben, wurde die Heilige gefangengehalten. Rechts behauen die Maurer unter einem strohbedeckten Wetterdach die Steine, die durch einen Kran zum Dach hinaufgezogen werden; durch die großen Öffnungen des Maßwerks erkennt man noch etwas von dem riesigen Rad. Ein ähnlicher Kran auf der Spitze des unvollendeten Turmes des Kölner Doms war drei Jahrhunderte lang das Wahrzeichen der Stadt (Abb. 261).

Ein eindringliches Bild vom Bau einer gotischen Kathedrale gibt uns eine Miniatur des Jean Fouquet (Abb. 69). Die Kirchenbesucher in den Portalen rufen uns in Erinnerung, daß Jahrhunderte lang der Gottesdienst von den Schlägen der Hämmer und Meißel, den Rufen der Arbeiter und dem Kreischen der Flaschenzüge und Winden begleitet war. Die hellere Färbung des oberen Stockwerks der Westfassade deutet wohl auf eine Unterbrechung der Bauarbeiten – vielleicht bis neue Gelder gesammelt waren.

Die Steinmetze des Mittelalters arbeiteten für die Kirche und für weltliche Herrscher. Könige und Feudalherren bauten Schlösser und schufen in den Befestigungen die profanen Monumentalbauten der Zeit, die gleichrangig neben den sakralen Bauwerken stehen. Alle anderen Gebäude, wie Wohnhäuser, waren leicht gebaut, sie bestanden aus einer Holzeinfassung mit Flechtwerk und Lehm oder Backsteinfüllung. Erst zu Ende der Gotik bekam der Steinmetz einen dritten bedeutenden Auftraggeber: die städtische Gemeinde[11]. Zimmerleute, Stuckarbeiter und Dachdecker konnten in der Stadt auf ständige Beschäftigung rechnen, der Maurer dagegen zog auf der Suche nach Arbeit umher. Die Krone hatte, insbesondere in England, das Recht, Arbeiter zu Bauarbeiten an königlichen Bauprojekten zu verpflichten; auch kirchlichen Behörden wurde das zuweilen zugesprochen[12]. Die Sheriffs der Grafschaft wurden beauftragt, die erforderlichen Arbeitskräfte zu suchen und dahin zu schicken, wo sie benötigt wurden. Für je 30 km wurde ein Reisezuschlag gewährt – im frühen 13. Jahrhundert 4 *d*, 250 Jahre später 6 *d*. In England wurden Arbeiter oft mehr als 150 km weit verpflichtet, im übrigen Europa war das selten. Der Requirierte hatte kein leichtes

67 *Die Errichtung des Turmes von Babel.* Darstellung in einer französischen Bibel, die Mitte des 13. Jahrhunderts entstand. Sie wurde später dem Schah Abbas von Persien zum Geschenk gemacht und für ihn mit arabischen Inschriften versehen. New York, Pierpont Morgan Library

68 *Die hl. Barbara.* Grisaille von Jan van Eyck. Der Turm, in dem der Vater die Heilige gefangen hielt, ist hier als ein großer gotischer Kirchturm wiedergegeben. Antwerpen, Musée Royal des Beaux-Arts

Los. Der 'Königslohn' lag zwar nicht immer niedriger als die normale Entlohnung, doch der Arbeiter war oft lange von seiner Familie getrennt. Es gab auch Feindseligkeiten der Ortsansässigen: 1306 boten die Londoner Arbeiter den zwangsweise angeworbenen Kollegen Schläge an, wenn sie sich nicht mit niedrigeren Löhnen begnügten. Häufig desertierten die Angeworbenen.

Das Wanderleben des mittelalterlichen Maurers stand in schroffem Gegensatz zu der ortsgebundenen Tätigkeit anderer Arbeiter und führte zu Formen des Zusammenschlusses, von denen einige heute noch in den Institutionen der Freimaurer weiterleben. Der Maurer schloß sich seinen Kollegen an. Die Bauhütte, ursprünglich ein Schutzdach gegen die Unbilden der Witterung und ein Lagerplatz für Geräte, wurde zum Treffpunkt in Art eines Klubs. Durch geheime Zeichen und Parolen erkannten die Freimaurer einander. In Schottland kam ein geheimer Händedruck auf, denn eine schnelle Beurteilung der Fähigkeiten eines Fremden war unmöglich. Im 13. und 14. Jahrhundert waren die Bauhütten noch lockere Verbände. Im späteren Mittelalter wurden sie zu mächtigen Maurergilden und schütz-

69 *Der Bau des Tempels von Jerusalem*. Miniatur von Jean Fouquet in ›Antiquités et Guerres des Juifs‹. Paris, Bibliothèque Nationale

70 *Ziegelbau und Bau eines Tempels*. Aus einer Bibel des 13. Jh. Baltimore, The Walters Art Gallery

71 Detail vom Fenstergeschoß und Triforium des nördlichen Querschiffs der Kathedrale zu León

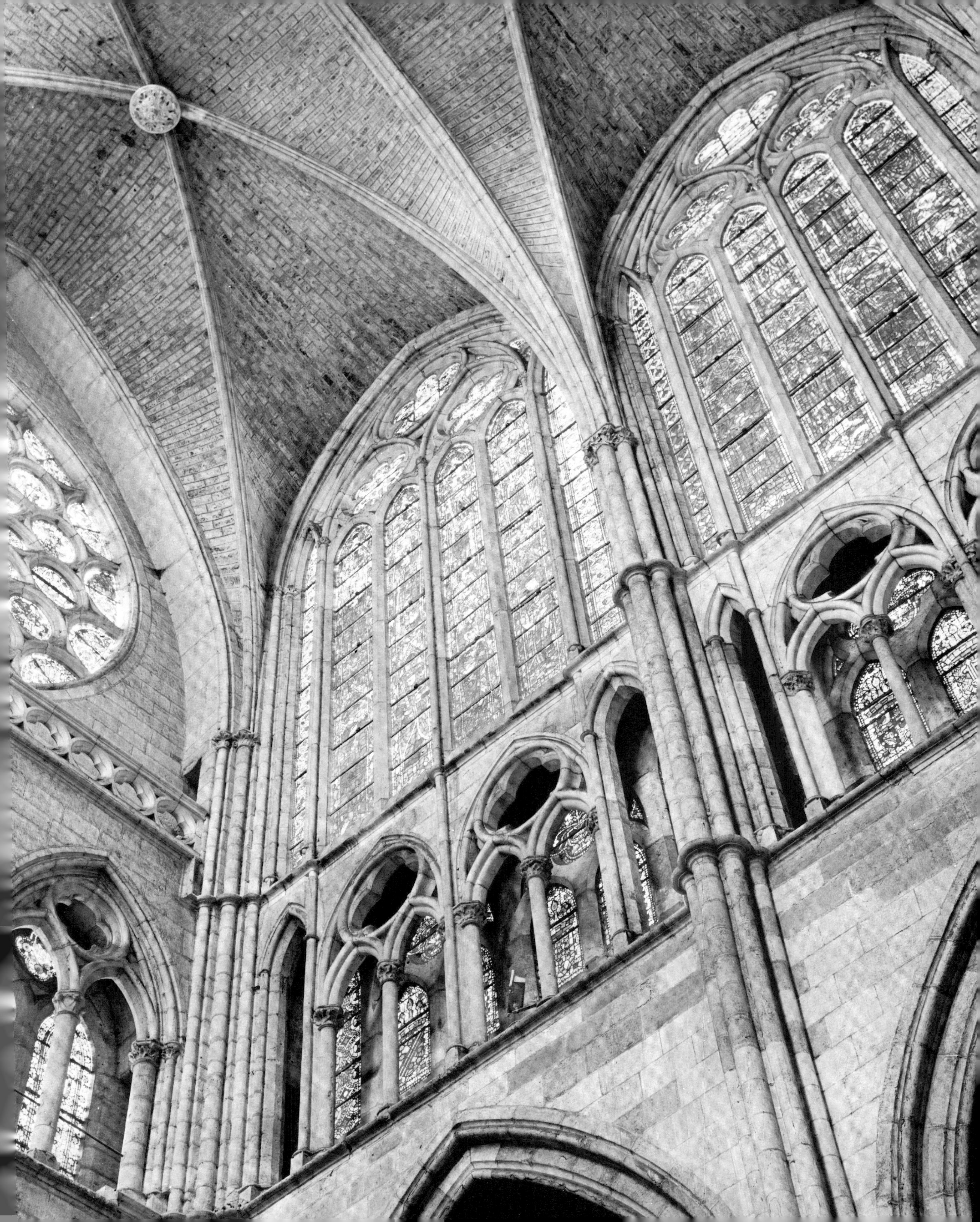

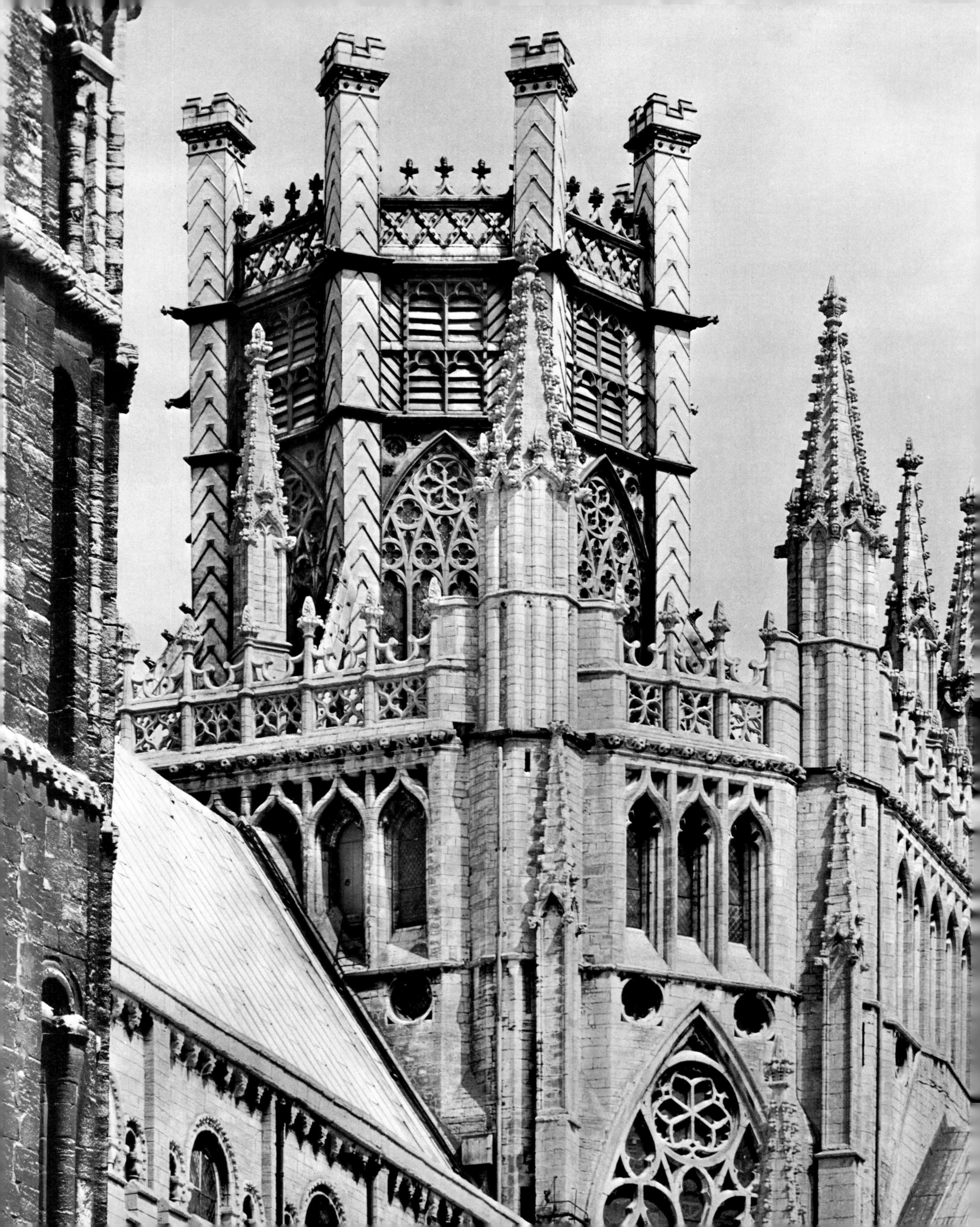

ten durch ein exklusives Zeremoniell die Interessen ihrer Mitglieder.

Wir haben nun von dem Architekten der Kathedrale zu sprechen, dessen Existenz sogar bestritten wurde. Wir verstehen darunter den Mann, der den Bauplan entwarf und verantwortlich dafür war, daß der Bau diesem Plan entsprechend ausgeführt wurde. Daß es diesen Mann gab, der mutatis mutandis dem modernen Architekten entspricht, steht außer Frage. Nur tritt er selten unter dem Namen 'Architekt' in Erscheinung. Er hieß im Mittelalter gemeinhin *magister*: *master* in England; *maistre* oder *maître* in Frankreich, *maestro* in Italien und Spanien; in Deutschland 'Baumeister'.

Der Baumeister war gelernter Steinmetz mit praktischer Erfahrung und im allgemeinen ein gebildeter Mann. Zu einem bestimmten Zeitpunkt hatte er die Maurertätigkeit mit der 'Zeichenkammer' vertauscht, wo er sein Wissen, vor allem in der Geometrie, vertiefte und Baupläne entwarf. Er beaufsichtigte den ersten Zimmermann, den Meisterschmied und seine Maurer. Bei einem Projekt wie der Kathedrale oblag dem Baumeister auch die Organisation des erforderlichen Materials und der Arbeitskräfte. In einigen Fällen erfüllte er die Funktion eines *custos fabricae* und verwaltete den Baufonds. Er war also Bauunternehmer. Weit mehr als ein angesehener Bauaufseher, unterschied er sich dem Range nach von allen anderen. Er verdiente zwei- bis drei- oder gar viermal so viel wie ein hochqualifizierter Steinmetz, wie wir aus zahlreichen Dokumenten der Früh- bis Spätgotik in den verschiedenen Ländern ersehen.

Auch die Arbeitsbedingungen des Baumeisters unterschieden sich von denen der übrigen Handwerker. Während Maurer meist von Woche zu Woche angestellt wurden, hatte der Baumeister einen Jahresvertrag, wenn nicht gar eine Lebensstellung. Beim Bau der Kathedrale von Ely wurde John Stubbard für das Jahr 1359 verpflichtet; zur gleichen Zeit wurden sieben Steinmetze von Woche zu Woche angestellt. Auf der Grundlage eines Wochengehalts von 2 *s* erhielt er £ 5,4 *s* pro Jahr nebst Berufskleidung. Im selben Jahr wurde ein Vertrag zwischen dem Kapitel der Kathedrale von Hereford und John of Evesham geschlossen; darin verpflichtete sich der Baumeister, in Hereford zu wohnen, um den Bau bemüht zu sein, den Arbeitern Instruktionen zu erteilen und ohne Zustimmung des Kapitels keine andere Beschäftigung zu übernehmen. Ihm wurde dafür ein Haus mit einer nominellen Jahresmiete von 10 *s* zur Verfügung gestellt, er erhielt ein Weißbrot pro Tag und sein Leben lang ein Wochengehalt von 3 *s*. Eine Klausel besagte, daß ihm sein Gehalt bei Krankheit bis zu zwei Wochen voll ausgezahlt werde, im Fall längerer Krankheit erhalte er wöchentlich 1 *s*. Eine ähnliche Klausel im Kontrakt zwischen dem Kapitel der Kathedrale von York und William de Hoton sah vor, daß bei Erblindung oder unheilbarer Krankheit die Hälfte des Jahresgehaltes von £ 10 dazu dienen sollte, einen Vertreter anzustellen. In Frankreich erhielt Eudes de Montreuil, der königliche Baumeister, einen Tageslohn von 4 *sous*, eine jährliche Kleidungszulage von 100 *sous*, freie Verpflegung am Hof und Futter für zwei Pferde.

Aus vielen Vertragsklauseln wird deutlich, daß fähige Baumeister gesucht waren und bessere Arbeitsbedingungen aushandeln konnten. Ein Maestro Raymundo fügte 1129 dem Vertrag

◁ 72 Das Zimmerwerk des Oktogons der Kathedrale von Ely ist von außen in Blei gefaßt

73 Ausdrucksvolle Kragstein-Köpfe beschließen die Schäfte eines frühen englischen Gewölbes über dem normannischen Schiff der Kathedrale von Gloucester

mit dem Kapitel der Kathedrale von Lugo (Spanien) die Klausel ein, daß er in Naturalien entlohnt werde, wenn das Geld seinen Wert verliere: statt des Jahresgehaltes von 200 *sueldos* forderte er: sechs Silbermarken, sechsunddreißig Yards Leinwand, siebzehn 'cords' (Frachten?) Holz, sowie Schuhe und Gamaschen je nach Bedarf; dazu monatlich zwei *sueldos* für Fleisch, ein Maß Salz und ein Pfund Kerzen.[13]

Die Vertragsklauseln, die dem Baumeister verboten, andere Beschäftigungen anzunehmen, beweisen, daß dergleichen vorkam. Mangelhafte Beaufsichtigung aber konnte ernste Schäden zur Folge haben. Laut Eintragung im königlichen Kassenregister von England von 1256 sollten der königliche Baumeister, Master John, und der königliche Zimmermann, Master Alexander, künftig neue Projekte persönlich beaufsichtigen und auf Reisen doppeltes Gehalt empfangen. In Spanien erhielt ein Architekt, der am Umbau der Kathedrale von Gerona beschäftigt war und in Narbonne wohnte, ein jährliches Handgeld von 1000 *sueldos* unter der Bedingung, daß er den Bauplatz sechsmal im Jahr besuchte. Ulrich von Ensingen, der die Türme von Ulm und Straßburg entwarf, arbeitete in beiden Städten und verfolgte seine Pläne, indem er die Stadtbehörden beider anstachelte, einander zu übertreffen. Er entwarf auch die Pläne für die Kathedrale von Basel. In Mailand war er neben französischen und deutschen Baumeistern als Ratgeber tätig. Zu Ende der Gotik

84 Wie Kathedralen gebaut wurden

74 König Offa besichtigt mit seinem Architekten die Bauarbeiten. Zeichnung des Matthäus von Paris in ›Lives of the Offas‹. London, British Museum

waren Honorare für Gutachten eine wichtige zusätzliche Einnahmequelle des Architekten. In Spanien nahmen die Kapitel bei schwierigen Problemen mehrfach ausländische Hilfe in Anspruch. 1416 traten die zwölf Baumeister der in Gerona versammelten Junta des Beratungsausschusses zusammen; außer Reiseauslagen und Spesen wurde ihnen beträchtliches Honorar gezahlt.

Einmalig ist das Beispiel einer ›Studienreise‹: vom Vorstand der Kathedrale von Valencia wurde am 18. Mai 1414, als der neue Glockenturm im Bau war, vereinbart, »daß Pedro Balaquer, ein fähiger Architekt, vom Baufonds des neuen Campanile 50 Florinen erhalten solle ... für seine Reisespesen nach Lerida, Narbonne und anderen Städten, um deren Türme zu besichtigen, damit man aus ihnen denjenigen wählen könne, der am elegantesten und am geeignetsten für die Kathedrale von Valencia ist.«[14]

Da ein jeder sich seinem beruflichen und gesellschaftlichen Stande gemäß kleidete, war die so oft in den Verträgen erwähnte Kleidung von großer Bedeutung. Das Zugestehen von Handschuhen deutet auf höheren Rang; ein Vergleich der Preise läßt vermuten, daß die Oberkleider oft pelzbesetzt waren, wie sie in England der Edelmann trug. Der Baumeister kleidete sich als vornehmer Herr. Eine Zeichnung des Benediktiners Matthäus von Paris († um 1259) zeigt *König Offa mit seinem Baumeister,* der Zirkel und Winkelmaß trägt, bei der Besichtigung der Bauarbeiten. Die Kleidung unterscheidet den ›Akademiker‹ eindeutig vom Handwerker.

Ein Manuskript in den Archiven der Kathedrale von Modena (ca. 1200)[15] nennt Lanfranc, der 1099 den Umbau der Kathedrale leitete, einen *mirabilis artifex* und *mirificus edificator.* Mehrfach erscheint über ihm die Inschrift »Lanfrancus Architector«; auf den Darstellungen leitet er die Bauarbeiten, aber eine Handarbeit verrichtet er nie. Daß dies kein Zufall war, bestätigt die vornehme Kleidung, geht aber auch aus den Kommentaren des Dominikanermönchs Nicholas de Biard (Mitte 13. Jahrhundert) hervor, der klerikale Kreise seiner Zeit kritisiert, indem er sie mit den Baumeistern vergleicht, die mit »Meßrute und Handschuhen in der Hand, sagen: ›Mache es so und so!‹, selber aber nicht arbeiten und trotzdem mehr Lohn erhalten als die anderen...« Alle Dokumente zeigen, daß der mittelalterliche Architekt-Baumeister sich in jeder Hinsicht von dem anonymen ›Vorarbeiter‹ unterschied.

Die Namen der Architekten mancher großen französischen Kathedrale des 13. Jahrhunderts fand man in den Steinboden des Hauptschiffs gemeißelt, in einem labyrinthischen Muster, das auf die Dädalus-Mythe anspielt und als eine Art Namenregister der Baumeister diente. Das Labyrinth in Chartres von 12,87 m Durchmesser und mit einem fast 305 m langen Irrgang, ist erhalten (Abb. 80), nicht jedoch die Platte in seiner Mitte, die die Namen enthielt. In Amiens ist das Labyrinth verschwunden; die Platte aber war bis 1828 erhalten. Eingemeißelt waren Bildnisse des Stifters, Bischof Evrard de Fouilloy, und der drei ersten Architekten der Kathedrale. Die Inschrift lautete: »Die Bauarbeiten an dieser Kirche begannen im Jahre des Heils 1220. Bischof der Diözese war damals Evrard; König von Frankreich war Ludwig, Sohn des Philipp Augustus. Zum Baumeister wurden ernannt Robert de Luzarches, darauf Thomas de Cormont und nach ihm sein Sohn Renard, der diese Inschrift im Jahre der Inkarnation 1288 herstellen ließ.«

Konnte man einem Architekten größere Ehre erweisen, als ihn zusammen mit den Größten des Landes zu nennen? Erstaunliche Inschriften finden sich oft an der Bauplastik. »MEISTER JEHAN DE CHELLES BEGANN DIESES WERK ZUM RUHM DER MUTTER GOTTES AM ZWEITEN TAG VOR DEN IDEN DES FEBRUAR 1258«, steht in etwa 20 cm hohen Lettern auf der Säulenplatte des südlichen Querschiffs von Notre-Dame in Paris. Pierre de Montreuil (oder Montereau), der das Querschiff vollendete, ehrte damit seinen erlauchten Vorgänger – ein Zeugnis für den kameradschaftlichen Geist unter den Baumeistern ebenso wie für die sich selbst verleugnende Bescheidenheit des Pierre de Montreuil.

Eine monumentale Inschrift im Musée de l'Œuvre Notre-Dame in Straßburg, die aus einer Kapelle der Kathedrale stammt, lautet: »MCCC · XVI · AEDIFICAVIT · HOC · OPVS · MAGISTER · ERWIN · ECCE · ANCILLA · DOMINI · FIAT · MIHI · SECVNDVM · VERBVM · TVVM · AMEN.«[16] (Abb. 82). Eine solche Signatur des noch im Amt befindlichen Architekten sähe man heutzutage gewiß als Taktlosigkeit an. Man würde Meister Erwin berufswidriges Verhalten vorwerfen.

Der während der Revolution zerstörte Grabstein des Architekten der schönen Kirche Saint-Nicaise in Reims, Hugues Libergier, zeigt eine würdevolle Figur in akademischer Tracht (Abb. 81). Das ist kein Zufall, denn das Wort *universitas* bezeichnete meist eine Körperschaft oder Gilde, und auch die Universität

75, 76 Details von den Fenstern in der Corona der Kathedrale von Canterbury (13. Jh.). *Alttestamentarischer König im Jessebaum* (oben links); *Rückkehr der Boten aus dem gelobten Land,* mit Trauben beladen (unten)

77 *Marienleben.* Glasmalerei des 13. Jh. im Chor der Kathedrale von Laon (oben rechts)

78 Umseitig: Blick auf die Kathedrale von Albi

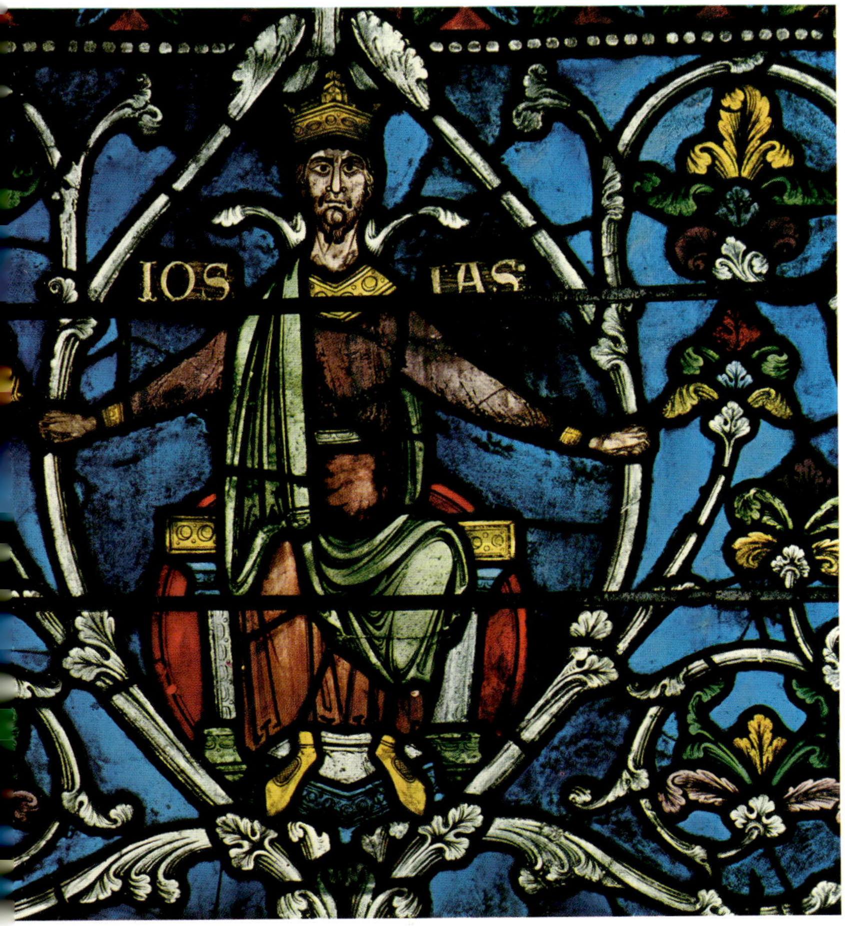
IOS
IAS

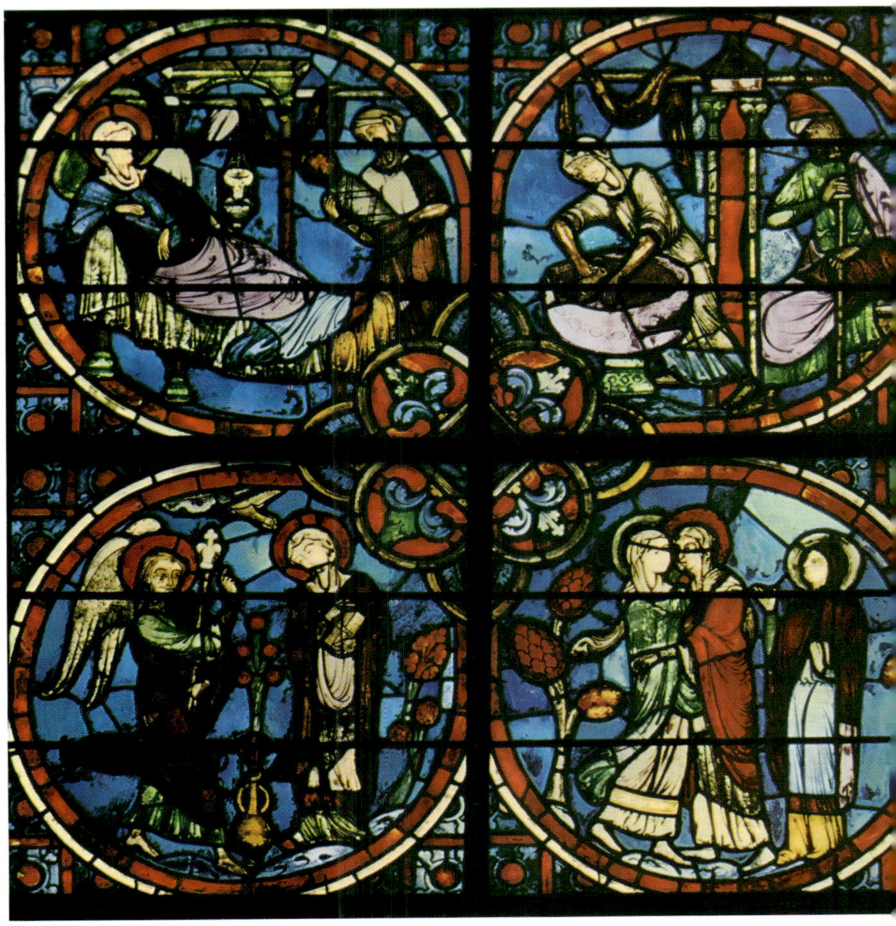

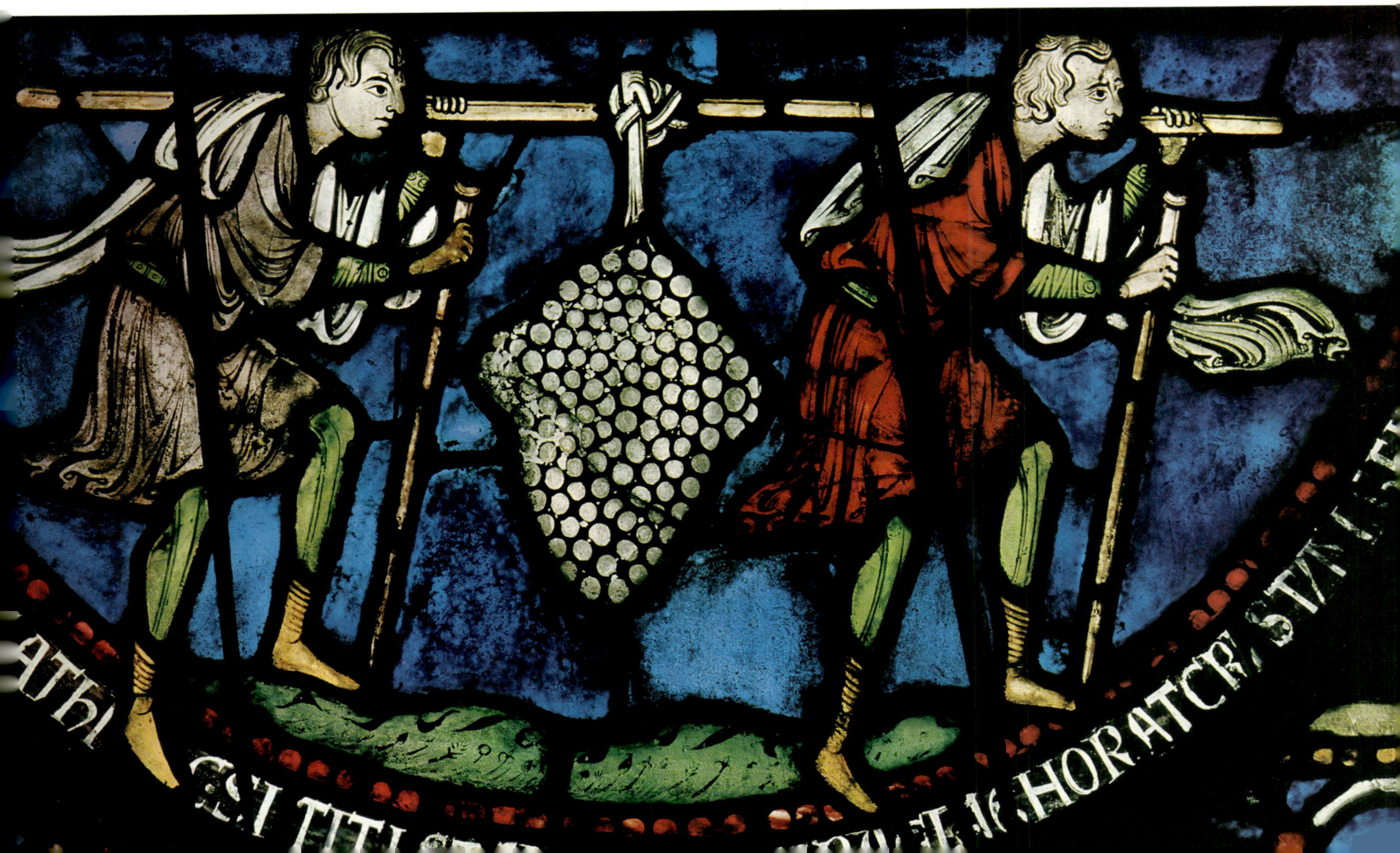

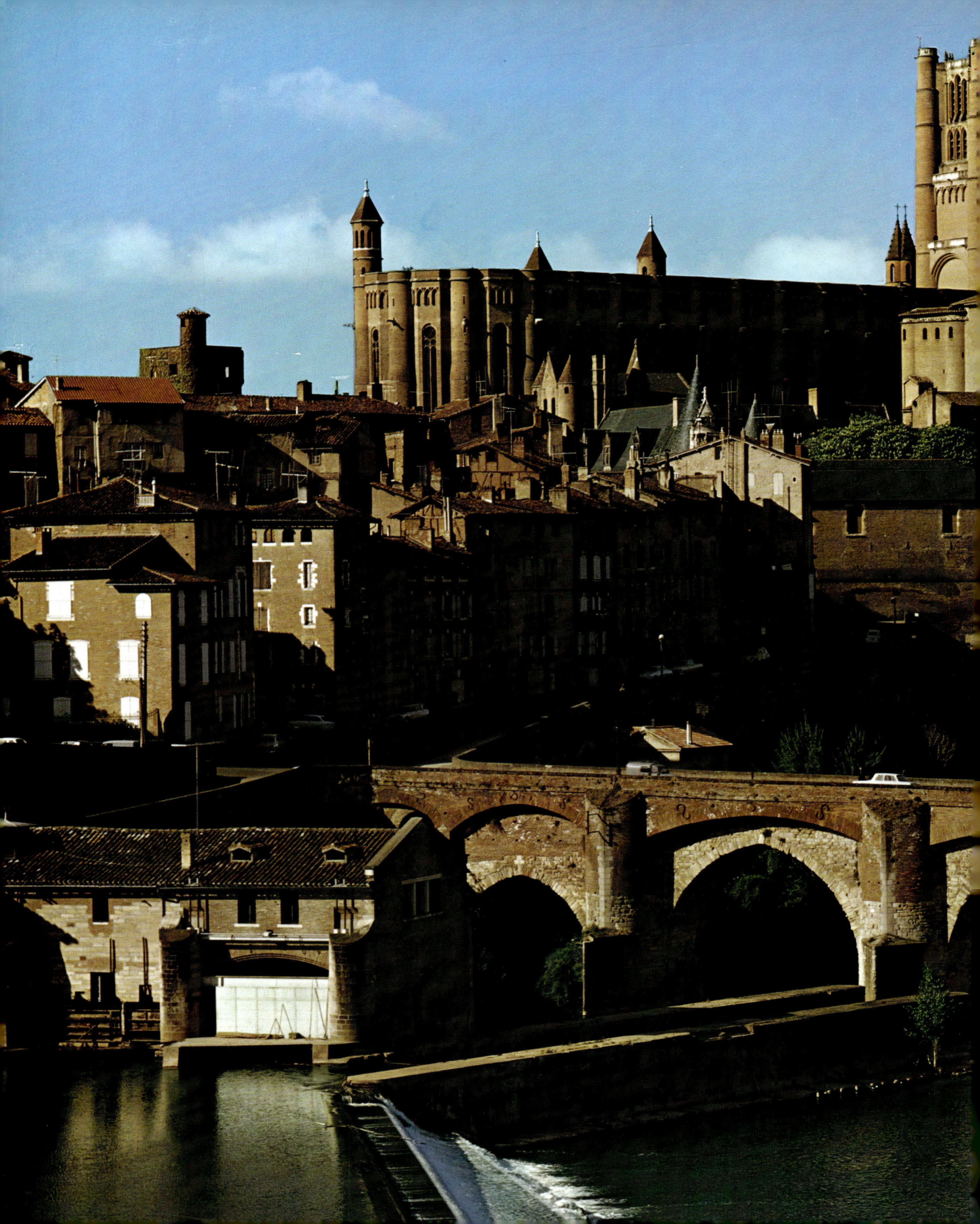

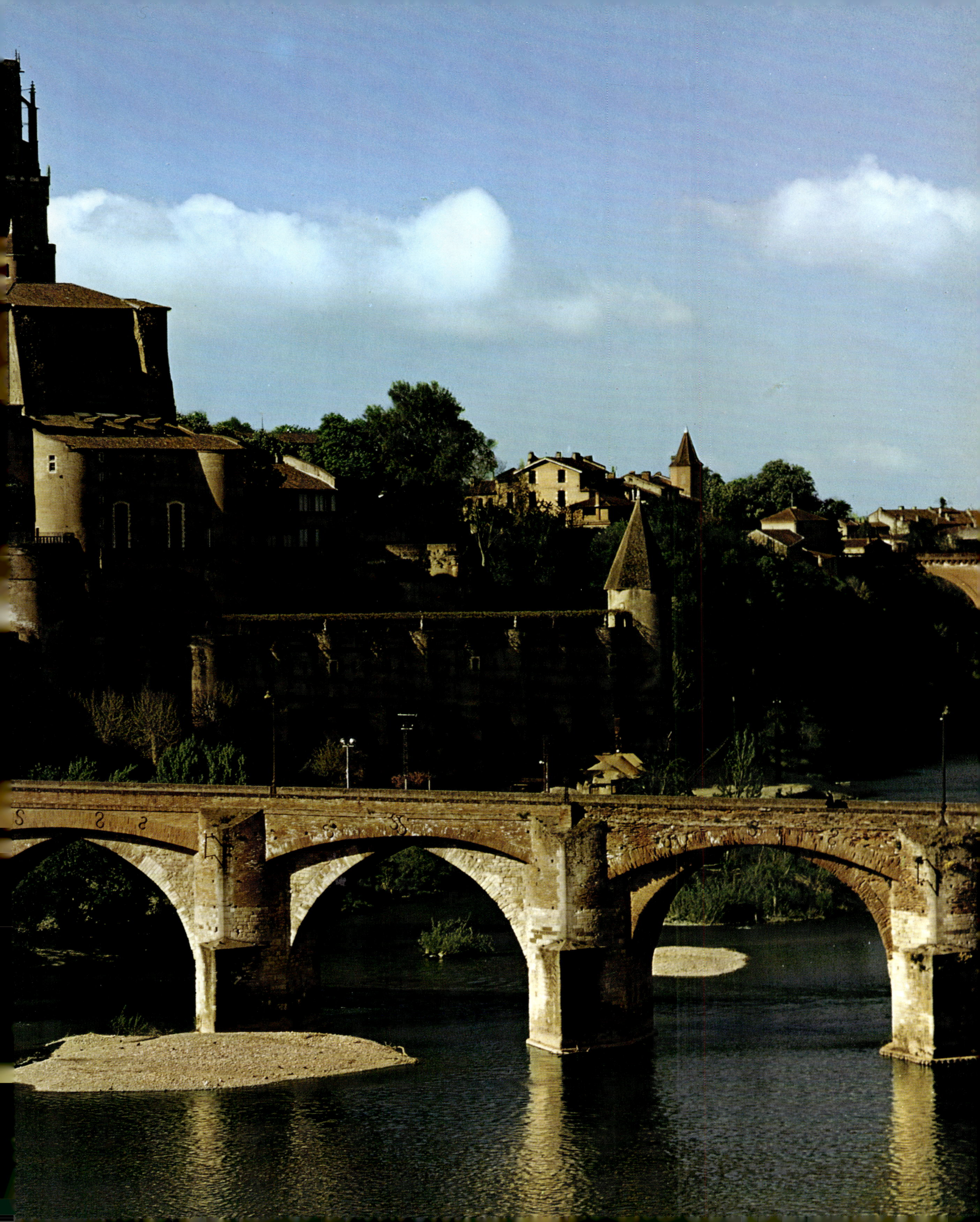

Beatus vir qui non abyit in consilio impiorum & in via peccatorum non stetit: & in cathedra pestilentie non sedit. Sed in lege domini voluntas eius: & in lege eius meditabitur die ac nocte. Et erit tamquam lignum quod plantatum est secus decursus aquax: quod fructum suum dabit in tempore suo. Et folium eius non defluet: & omnia quecumq; faciet prospabuntur. Non sic impii non sic: sed tamquam pulvis quem proicit ventus a facie terre. Ideo non resurgunt

impii in iudicio: neq; peccatores in consilio iustor. Quoniam novit dns viam iustor: & iter impiorum peribit.

Quare fremuerunt gentes: & populi meditati sunt inania? Astiterunt reges terre: & principes convenerunt in unum: adversus dnm & adversus xpm eius. Dirumpamus vincula eorum: & piciamus a nobis iugum ipsorum. Qui habitat in celis irridebit eos: & dominus subsannabit eos. Tunc loquetur ad eos in ira sua: & in furore suo conturbabit eos. Ego autem constitutus sum rex ab eo sup syon montem sanctum eius: predicans preceptum eius. Dominus dixit ad me filius meus es tu: ego hodie genui te. Postula a me & dabo tibi gentes hereditatem tuā

80 Das 'Labyrinth' in der Kathedrale von Chartres (⌀ 12,87 m)

von Paris war ursprünglich die 'Gilde der Gelehrten' und ihrer Schüler. Es erstaunt nicht, daß der Verfasser des Grabspruches für den königlichen Baumeister Pierre de Montreuil (um 1266) dessen höchste berufliche Auszeichnung betont und ihn als *doctor latomorum* (Doktor der Baukunst) bezeichnet.

Ein einziges Werk gewährt uns Einblick in die Arbeitsmethoden eines Kathedralen-Konstrukteurs: das Skizzenbuch des Villard de Honnecourt, der im 13. Jahrhundert, der produktivsten Periode der Gotik, in Frankreich tätig war. Das Buch, dessen ungleich große Pergamentseiten in einen schweren, abgenutzten Ledereinband gebunden sind, besteht jetzt aus dreiunddreißig Seiten mit Zeichnungen auf Vorder- und Rückseite. Ursprünglich war es viel umfangreicher; viele Blätter sind herausgerissen worden. Einst der Bibliothek der Abtei St. Germain-des-Prés in Paris gehörig, wurde es während der Revolution beschlagnahmt und ist heute in der Bibliothèque Nationale. Die Skizzen scheinen schnell hingeworfen; bei einigen wird ausdrücklich erwähnt, daß sie nach der Natur gezeichnet sind *(contrefais al vif)*. Daraus erklärt es sich wohl, daß sie manchmal auf dem Kopf stehen (Abb. 84).

Die Bemerkungen scheinen später hinzugefügt, als Villard sich entschloß, aus den Skizzen ein Handbuch zu machen. Solche Musterbücher sind in Testamenten als wertvolles Vermächtnis der Handwerksmeister erwähnt. Auch Villards Album wurde offenbar als Musterbuch benutzt; es zeigt mehrere Hinzufügungen eines 'Magisters II', auch aus dem 13. Jahrhundert, und Eintragungen in einer Handschrift des 15. Jahrhunderts. Villard wurde in dem Dörfchen Honnecourt bei Cambrai in der Picardie geboren und schrieb im Dialekt dieser Gegend. Im Vorwort sagt er: »Wilars de Honnecourt grüßt Euch und bittet alle, die mit den verschiedenen in diesem Buch enthaltenen Arbeiten beschäftigt sind, für seine Seele zu beten und ihn gut im Gedächtnis zu behalten. Denn in diesem Buch finden sich Beiträge zum Wissen der großen Kunst des Bauens wie auch der Zimmermannskunst. Es zeigt auch die Kunst des Zeichnens, wobei die Umrisse der Geometrie gemäß geordnet und gelehrt werden.«[17]

81 Grabstein des Hugues Libergier († 1263) in Reims. Der Architekt hält das Modell einer Kirche in der Hand

◁ 79 Beatus-Seite aus dem Peterborough-Psalter mit Szenen aus dem Alltagsleben und Tier-Darstellungen. Brüssel, Bibliothèque Royale

82 Signatur Meister Erwins von Steinbach. Straßburg, Musée de l'Œuvre Notre-Dame

83 Selbstbildnis des Baumeisters Anton Pilgram (1513) an einer Orgelkonsole des Wiener Stephansdoms

84 Seite aus dem Skizzenbuch des Villard de Honnecourt mit Einzelheiten über die Konstruktion eines 'Tantalus-Bechers' und eines tragbaren Handwärmers. Paris, Bibliothèque Nationale

Die Fülle der Themen ist geradezu enzyklopädisch und zeugt von weitgespanntem Interesse und scharfem Intellekt. Da sind Pläne, Schnitte und Aufrisse von Gebäuden, Konstruktionen in Stein und Holz, geometrische Lösungen der Fragen: »Wie berechnet man den Durchmesser einer Säule, von der nur ein Teil sichtbar ist?« »Wie mißt man die Breite eines Stroms, ohne ihn zu überqueren?« »Wie findet man die Höhe eines Turms (aus der Entfernung)?«. Da sind Zeichnungen für Kircheninnenräume oder ein reich verziertes Chorpult und zwei verschiedene Entwürfe einer *poupée*, den Abschluß eines Chorstuhls, die erste »leicht herzustellen«, die zweite überaus kostbar, ohne Rücksicht auf Material und Schwierigkeit der Herstellung (Abb. 89). Da sind Zeichnungen für ein Katapult, mit dem man Felsstücke auf die belagerte Stadt schießen konnte, für eine Armbrust, »die nie ihr Ziel verfehlt«, für eine auf dem Prinzip der Schraube beruhende Maschine zum Heben von schweren Lasten und für eine Maschine zum Absägen von Pfahlspitzen unter Wasser.

Villard de Honnecourt war wie viele seiner Zeitgenossen von Automaten und dem Gedanken an das Perpetuum mobile fasziniert. »Wie konstruiert man ein Rad, das sich mittels einer ungleichen Zahl von Holzhämmern oder durch Quecksilber von selber dreht?« steht über einer Zeichnung; »Wie macht man eine selbsttätige Säge?« lautet die Überschrift zu der Skizze einer halbautomatischen Sägemühle, die hydraulisch angetrieben wird. Eine mechanische Sägemühle kauften die Domherren von St. Sernin in Toulouse 1303; 1333 schränkte ein Erlaß ihren Gebrauch (der offenbar schon allgemein war) ein. Viele Dokumente vom Ende des Jahrhunderts beziehen sich auf Lizenzen für solche Maschinen. So wenig überzeugend die Zeichnungen von Uhrwerkautomaten in dem Skizzenbuch erscheinen, Tatsache

85 Vermutliches Selbstbildnis des Nicolaus Gerhaerts von Leiden, vom zerstörten Chorgestühl von 1467. Straßburg, Musée de l'Œuvre Notre-Dame

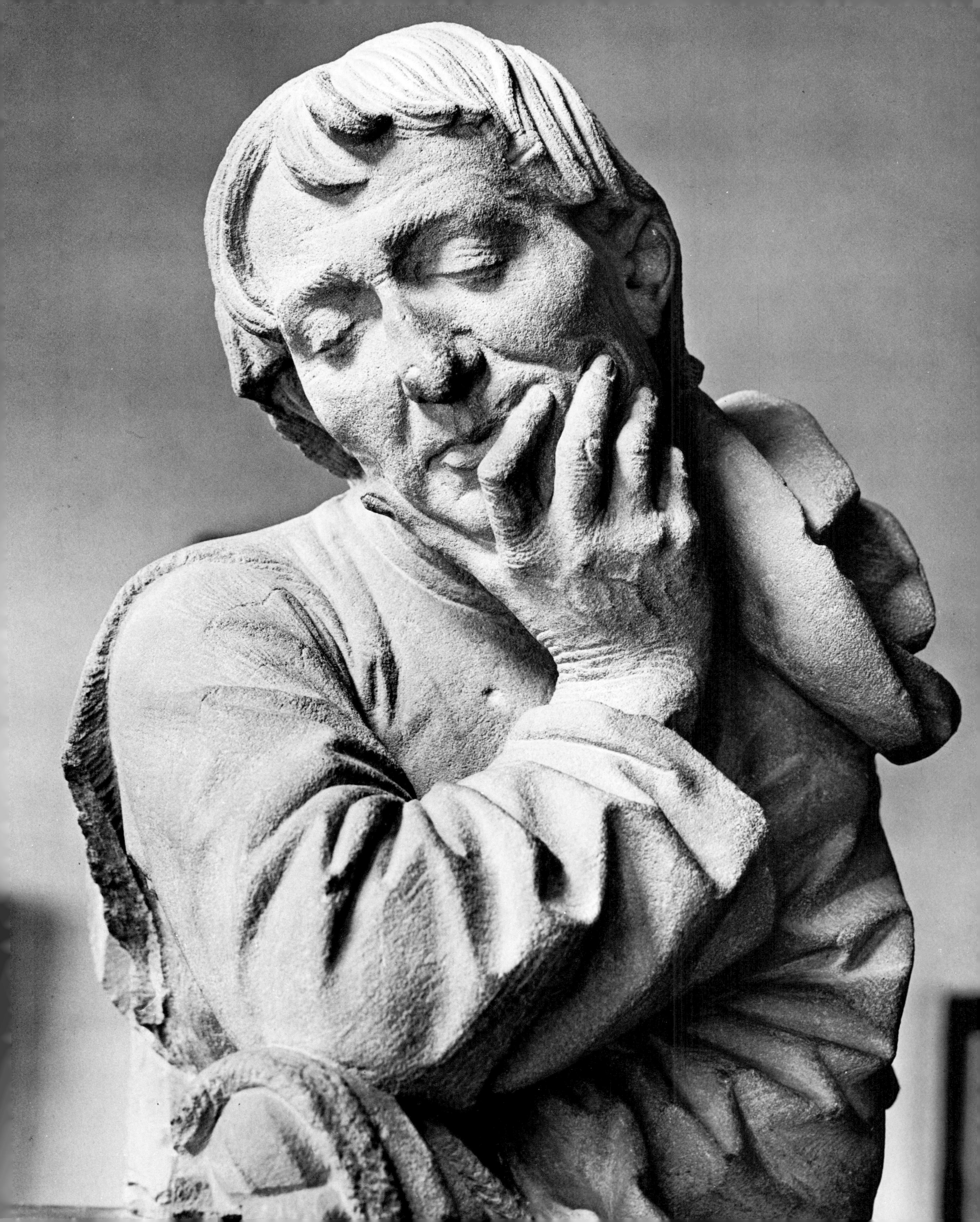

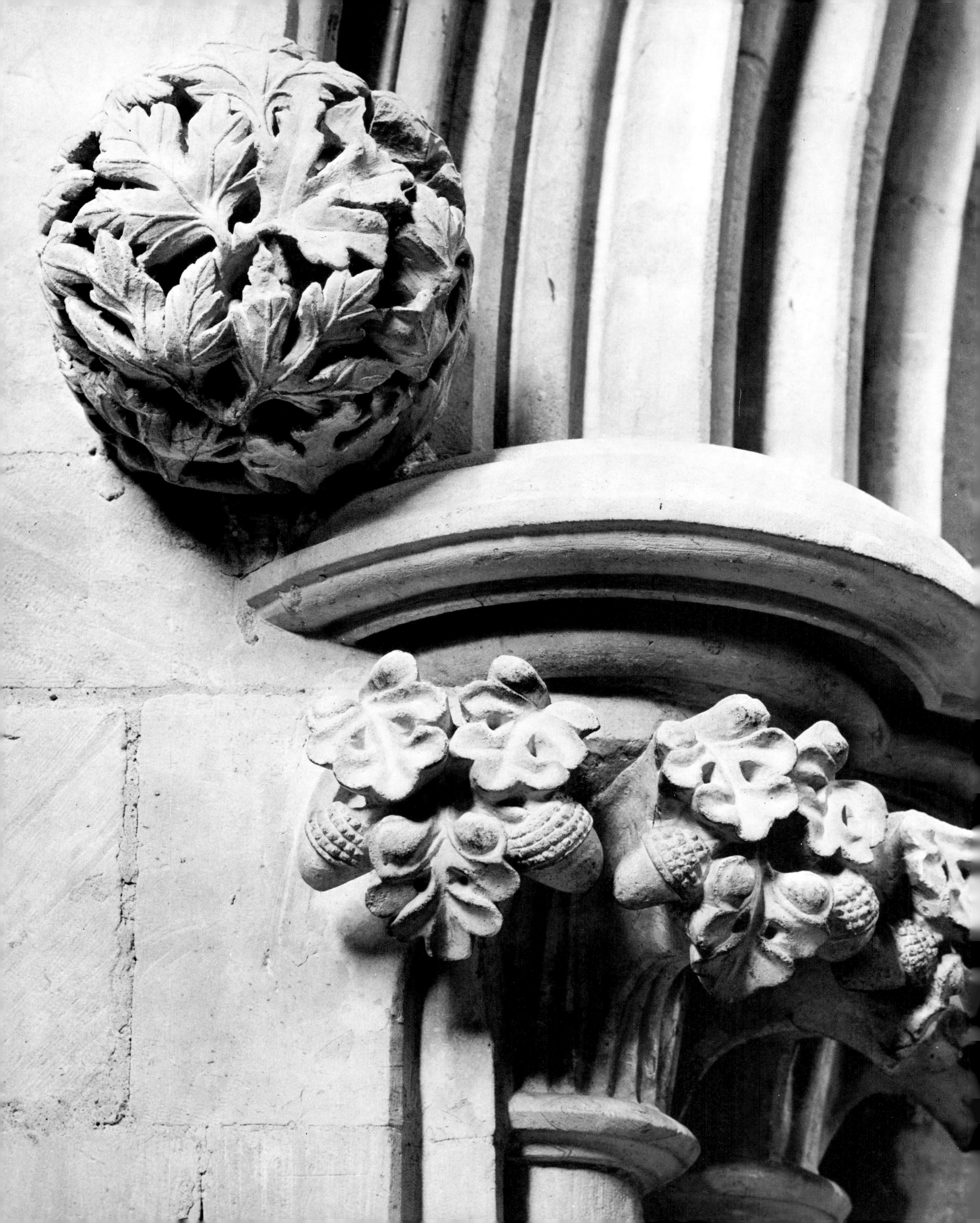

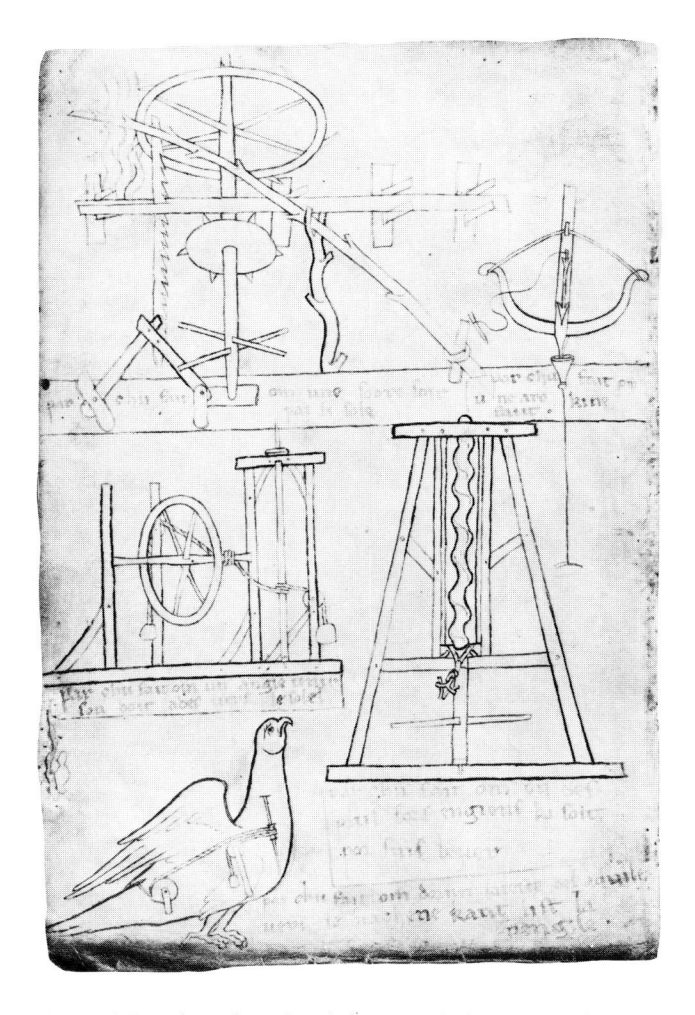

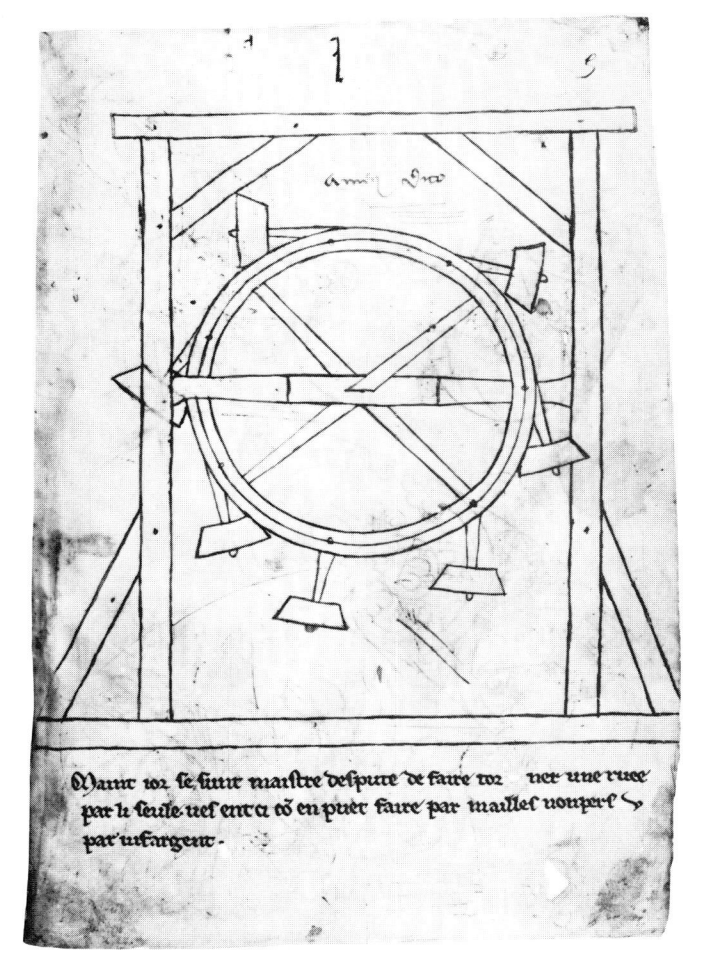

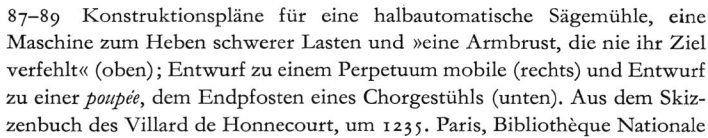

87–89 Konstruktionspläne für eine halbautomatische Sägemühle, eine Maschine zum Heben schwerer Lasten und »eine Armbrust, die nie ihr Ziel verfehlt« (oben); Entwurf zu einem Perpetuum mobile (rechts) und Entwurf zu einer *poupée*, dem Endpfosten eines Chorgestühls (unten). Aus dem Skizzenbuch des Villard de Honnecourt, um 1235. Paris, Bibliothèque Nationale

◁ 86 Blattornamente in der Kathedrale von Lincoln

ist, daß man schon Erfolge damit erzielt hatte. Ältestes Beispiel (geschaffen 1354) ist der Hahn der berühmten astronomischen Uhr in der Kathedrale von Straßburg. Bei jeder vollen Stunde krähte er dreimal und schlug mit den Flügeln – fast 300 Jahre lang. Er ist heute im Musée Rohan zu Straßburg (Abb. 91).

Villard de Honnecourt war nicht weniger auf arbeitersparende Möglichkeiten aus als ein moderner Amerikaner. Die Vorderseite von Blatt 9 zeigt praktische Erfindungen (Abb. 84): »Wenn man einen Handwärmer herstellen will, konstruiert man einen bronzenen Apfel in zwei Hälften, die ineinander passen. In den Apfel tut man sechs bronzene Ringe. Jeder von ihnen muß zwei Drehpunkte haben, und in die Mitte stellt man eine kleine Kohlenpfanne mit zwei Drehpunkten. Die Zapfen müssen sich gegenüberstehen, so daß die Kohlenpfanne in jeder Lage aufrecht steht, da jeder Ring die Zapfen des nächsten stützt. Wenn man diese Vorrichtung wie hier angegeben fertigt, kann man sie je nach Belieben herumdrehen, und die Schlacke wird nie herausfallen. Sie eignet sich besonders für einen Bischof, denn er kann

90 »*Wie man einen Löwen zähmt*«. Aus dem Skizzenbuch des Villard de Honnecourt. Paris, Bibliothèque Nationale

91 Der eiserne Hahn der astronomischen Uhr von Straßburg (1354), der jede volle Stunde mit den Flügeln schlug und dreimal krähte. Er ist der älteste Automat Europas; auch der Mechanismus ist erhalten. Straßburg, Musée Rohan

allen sichtbar einer Hochmesse beiwohnen, und so lange wie er den Apfel in den Händen hält, werden sie warm bleiben, bis das Feuer ausgeht. Diese Maschine bedarf keiner weiteren Erklärung.« Ein Handwärmer, *calefactorium* oder einfach 'Apfel' genannt, war in fast jeder bedeutenden Kirche zu finden. Die Kohlenpfanne wird nach dem Prinzip des Schiffskompasses waagerecht gehalten. Über den Adler auf einem kleinen Turm (Abb. 84) schreibt Villard: »Das ist eine Vorrichtung für einen Trinkbecher«. »Mitten im Becher wird ein kleiner Turm befestigt, und mitten im Turm befindet sich eine Röhre, die bis zum Boden des Bechers läuft ... es müssen auch drei kleine Querstücke an dem Turm sein und bis auf den Boden des Bechers hinunterreichen, damit der Wein im Becher in die Röhre gelangen kann ... Wenn der Becher voll ist, wird der Wein durch die Röhre laufen und durch den Fuß des Bechers, der doppelt ist.« Der Wein wird also herausgesaugt und verschwindet in dem hohlen Fuß, wenn der arglose Gast den Becher an die Lippen führt (daher 'Tantalus'-Becher). Bei einer anderen Art Becher ohne Höhlung spritzte er dem Gast über die Kleider.

Mehr als die Hälfte des Skizzenbuches sind freihändige Zeichnungen von Gegenständen der Natur und der Kunst. Monumentale Figuren von Propheten und anderen biblischen Gestalten, sehr stilvoll, dienten vielleicht als Modell für Bildhauer (vielleicht arbeitete Villard selbst danach, denn er war ein vielseitiger Mann). Funde aus der Römerzeit, damals viel zahlreicher als heute, sind kopiert; es erscheinen Männer beim Ringkampf oder beim Würfelspiel und ein Spielmann mit tanzendem Hund, der einer Dame, die einen zahmen Sittich auf dem Arm hält, eine Serenade darbringt. Die Tierwelt ist vertreten mit Insekten, einem Krebs, Adlern und Straußen, Hunden und Pferden, einem Eber und einem Stachelschwein.[18] Interessant ist die Skizze einer Löwendressur (Abb. 90). Der Dompteur hat zwei Hunde bei sich. Wenn der Löwe auf seinen Befehl knurrt oder nicht gehorcht, schlägt er die Hunde. Der Löwe soll dann erschrecken und Folge leisten – außer, wenn er wirklich wütend ist.

Über die Freihandzeichnungen wurde ein geometrisches Linienschema gelegt; der Künstler erwähnt es im Vorwort ausdrücklich. Es scheint aber mehr eine Gedächtnisstütze gewesen zu sein. Aus dem Skizzenbuch geht auch hervor, daß Baumeister in dieser frühen Periode der Gotik schon weite Reisen unternahmen. »Ich war in vielen Ländern ... wie dieses Buch zeigt«, schreibt Villard. Die erhaltenen Seiten zeigen Skizzen aus Frankreich, der Schweiz und Ungarn. Villard machte von allem Skizzen, was er später gebrauchen konnte.

Zuweilen weicht er absichtlich vom Original ab. In der Zeichnung der großen westlichen Fensterrose der Kathedrale von Chartres, die er bewunderte, aber vielleicht für 'unmodern' hielt, verringerte er die Volumen im Verhältnis zum freien Raum; er änderte das Verhältnis des arkadenförmigen Sterns zu den Kreisen am Rande, die nun auf einer Achse mit den Bogenrundungen statt mit den Speichen stehen; hinzugefügt wurde eine Reihe vierblättriger Kleeblätter, die in dem Fenster nicht vorkommen, während an die Stelle der vierblättrigen Kleeblätter am Außenrand nun dreiblättrige getreten sind, die die Oberfläche stärker aufbrechen (Abb. 93 u. 95).

Eine Zeichnung der während der Revolution zerstörten Kathedrale von Cambrai trägt die Bemerkung: »Das ist der Plan des Chors von Madame Sainte-Marie in Cambrai, wie er jetzt aus dem Boden wächst«; es könnte Villards eigener Entwurf sein. Von der Kirche werden noch weitere Einzelheiten erwähnt, und andere können auf fehlenden Seiten gestanden haben. Die ausführlichsten architektonischen Zeichnungen in dem Skizzenbuch gelten der damals ganz modernen Kathedrale von Reims. Sie war für den Architekten von Cambrai besonders interessant, da Cambrai der Kirchenbehörde von Reims unterstand. Eine Zeich-

92 Fensterrose im südlichen Querschiff der Kathedrale von Lincoln, als ▷ 'Bishop's Eye' bekannt

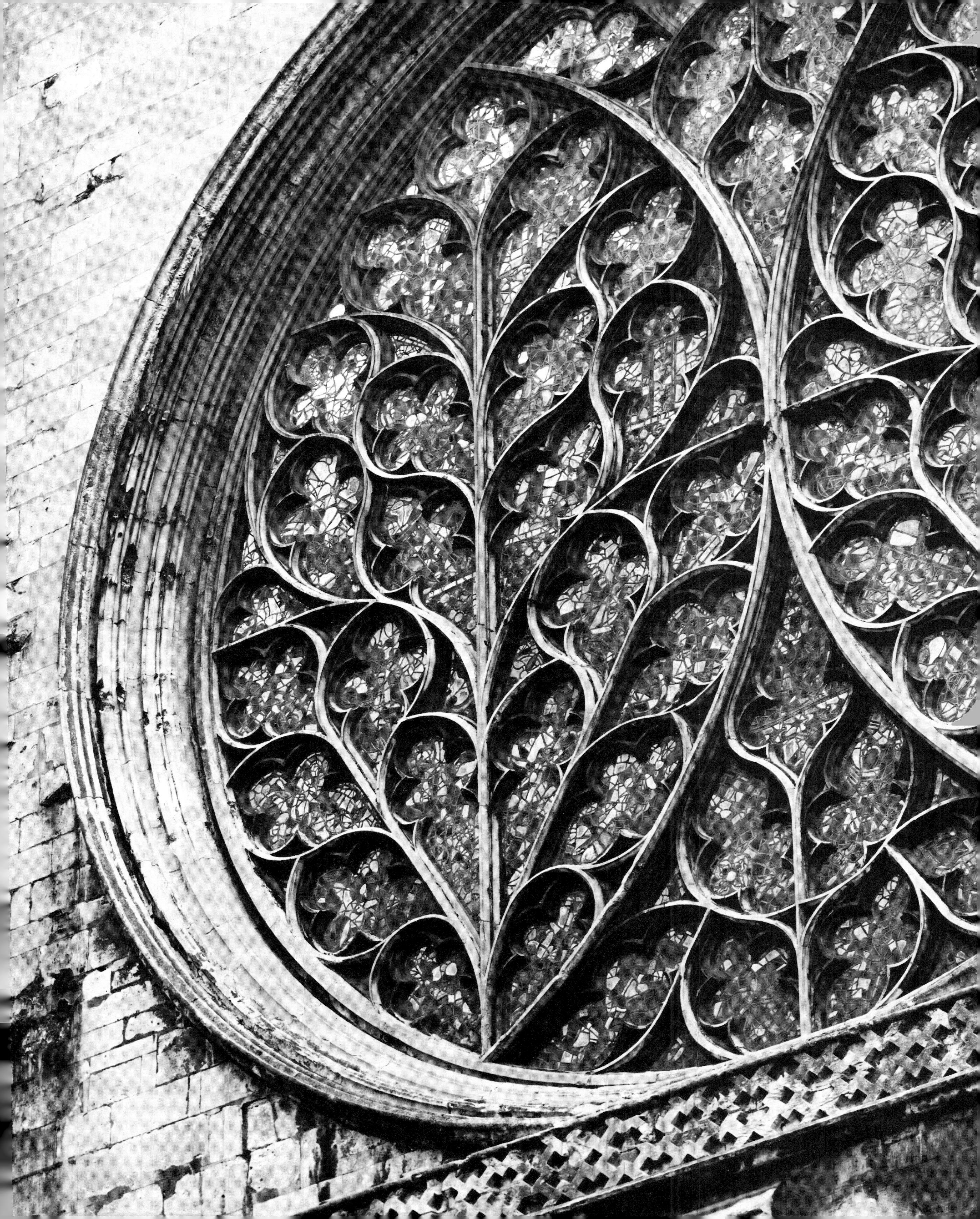

nung kombiniert den äußeren und inneren Aufriß eines Jochs im Mittelschiff (Abb. 132), eine andere zeigt den Schnitt durch ein System von Strebepfeilern; über einer Zeichnung steht die Bemerkung: »Das ist ein Aufriß der Kapellen in der Kirche von Reims – so werden auch die Kapellen in Cambrai sein, wenn sie richtig gebaut werden.« Villards Außenansicht der Chorkapellen, eher eine perspektivische Zeichnung als ein Aufriß, zeigt die skulptierten Engel mit den gespreizten Flügeln sonderbarerweise nackt statt in ihren langen Gewändern (Abb. 94). Die Zinnen, auf die er nachdrücklich hinweist, entsprechen der Auffassung von der Kirche als einer 'Gottesfestung'. Die heutige hohe, durchbrochene Balustrade und die eindrucksvollen Tierskulpturen wurden Mitte des 19. Jahrhunderts von Viollet-le-Duc hinzugefügt.

In Reims zeichnete Villard das Maßwerk in den Fenstern des Querschiffs, das für diese Zeit revolutionär war; er fügte hinzu: »Als ich dies zeichnete, bekam ich den Auftrag, nach Ungarn zu gehen, und daher habe ich es noch lieber« – es erinnerte ihn an einen großen Augenblick seiner Karriere. Warum nach Ungarn? Lassus, ein Architekt des 19. Jahrhunderts, der das Skizzenbuch übersetzte und kommentierte, fand heraus, daß die Landgräfin Elisabeth von Thüringen, die Schwester des ungarischen Königs Bela, Unserer Lieben Frau von Cambrai besonders ergeben war und die Gelder für den Wiederaufbau des Chors gestiftet hatte. Die Arbeiten begannen 1227, vielleicht unter Villard de Honnecourts Leitung. (Nach ihrem Tode 1231 wurde die Landgräfin als Elisabeth von Ungarn heiliggesprochen, in Marburg wurde eine gotische Kirche gebaut, deren Heiligtum ihr Grabmal ist.)

Aus welchem Grunde Villard auch nach Ungarn reiste, er muß einen Namen gehabt haben, sonst hätte man ihn nicht mit einer so weiten Reise beauftragt. Wie er schreibt, war er lange Zeit *(maints jours)* in Ungarn. Leider ist dort kein Werk erhalten, als dessen Urheber er gelten könnte.[19] In dem ganzen Skizzenbuch wird überhaupt nur eine einzige Architekturzeichnung, ein

94 Chorkapellen der Kathedrale von Reims. Zeichnung des Villard de Honnecourt. Paris, Bibliothèque Nationale

93 Die westliche Fensterrose der Kathedrale von Chartres. Seite aus dem Skizzenbuch des Villard de Honnecourt

Chorgrundriß mit doppeltem Umgang und Kapellenkranz, als Entwurf von ihm selbst erwähnt und noch dazu »in Zusammenarbeit mit Peter von Corbie«. Am stärksten beeindruckt an dem Skizzenbuch die erstaunliche Mannigfaltigkeit, die von einer aus vielfigurigen, ikonographisch der Zeit weit vorauseilenden Komposition der *Grablegung* bis zu praktischen Ratschlägen reicht: wie man die Speichen eines Rades spannen könne, ohne in die Gabel zu schneiden oder, am Schluß, wie man Verletzungen der Bauarbeiter behandelt.

Villards Architekturzeichnungen scheinen meist als Gedächtnisstütze gedient zu haben, da sie auf Details verzichten. Didron und Lassus blätterten 1838 in einer Totenliste des Kapitels der Kathedrale von Reims aus dem 13. Jahrhundert; dabei entdeckten sie unter der Schrift verwischte Spuren von Architekturzeichnungen, die sich wiederherstellen ließen. Sie stammten aus einst größeren Pergamentblättern, die ausradiert und zerschnitten worden waren. Es waren Aufrisse, Schnitte und Detailzeichnungen, u.a. der Entwurf für die Westfassade einer Kathedrale, in dem Elemente der Kathedralen von Reims und Amiens vereinigt sind. Es handelt sich um genaue, mit Zirkel und Lineal ausgeführte Detailzeichnungen eines Architekten, dem es nicht um hübsche Bilder ging, sondern um die Brauchbarkeit. Keine Linie ist unnötig, keine zuviel. Bei symmetrischen Darstellungen sind die Einzelheiten nur auf der einen Hälfte ausgeführt. Das 'Palimpsest von Reims' erledigt endgültig die Vorstellung, die gotischen Kathedralen wären von ungefähr, ohne präzise Zeichnungen aus dem Boden gewachsen; es erklärt auch, warum so wenige von diesen Zeichnungen erhalten sind. Eine Körper-

95 Die westliche Fensterrose der Kathedrale von Chartres ▷

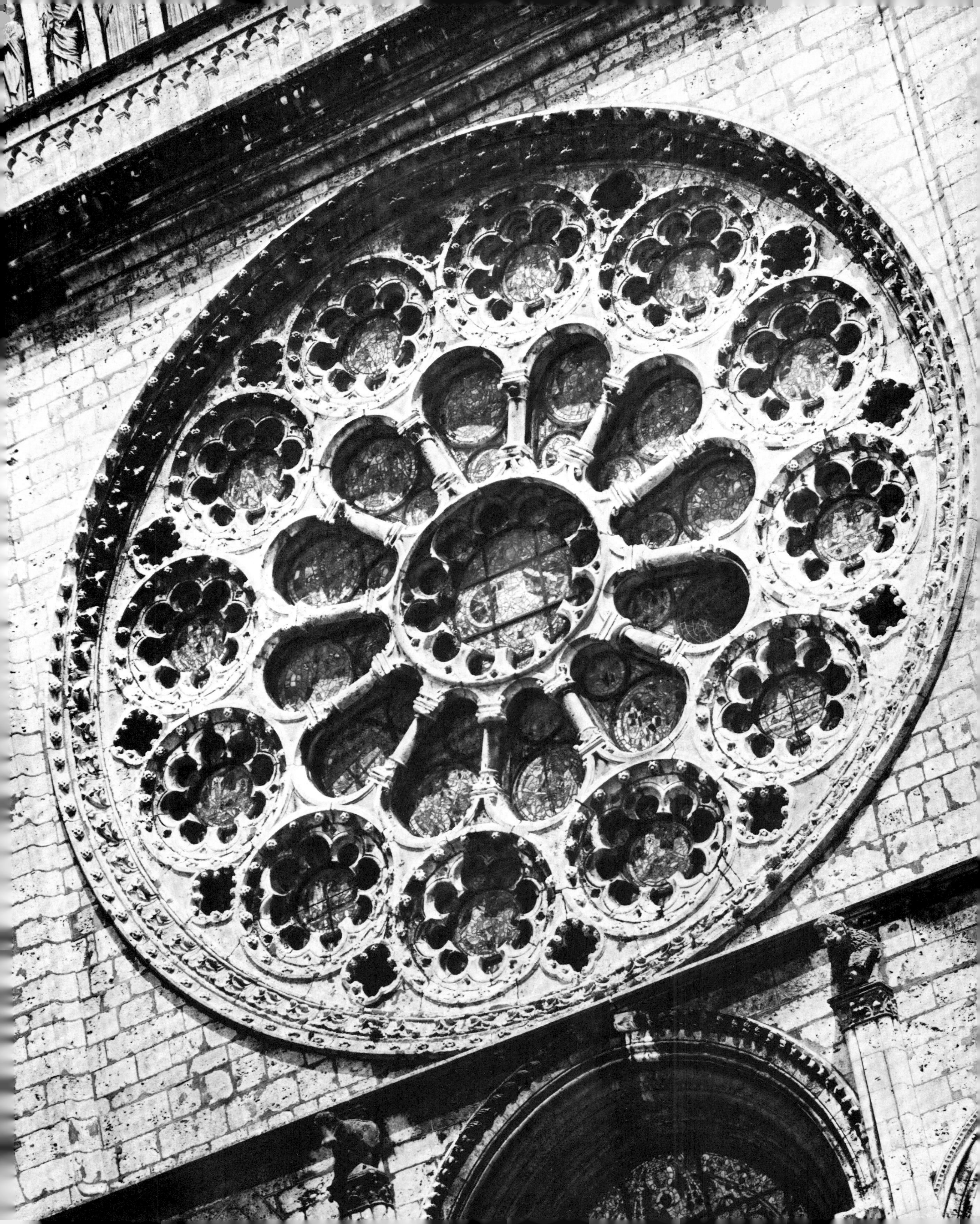

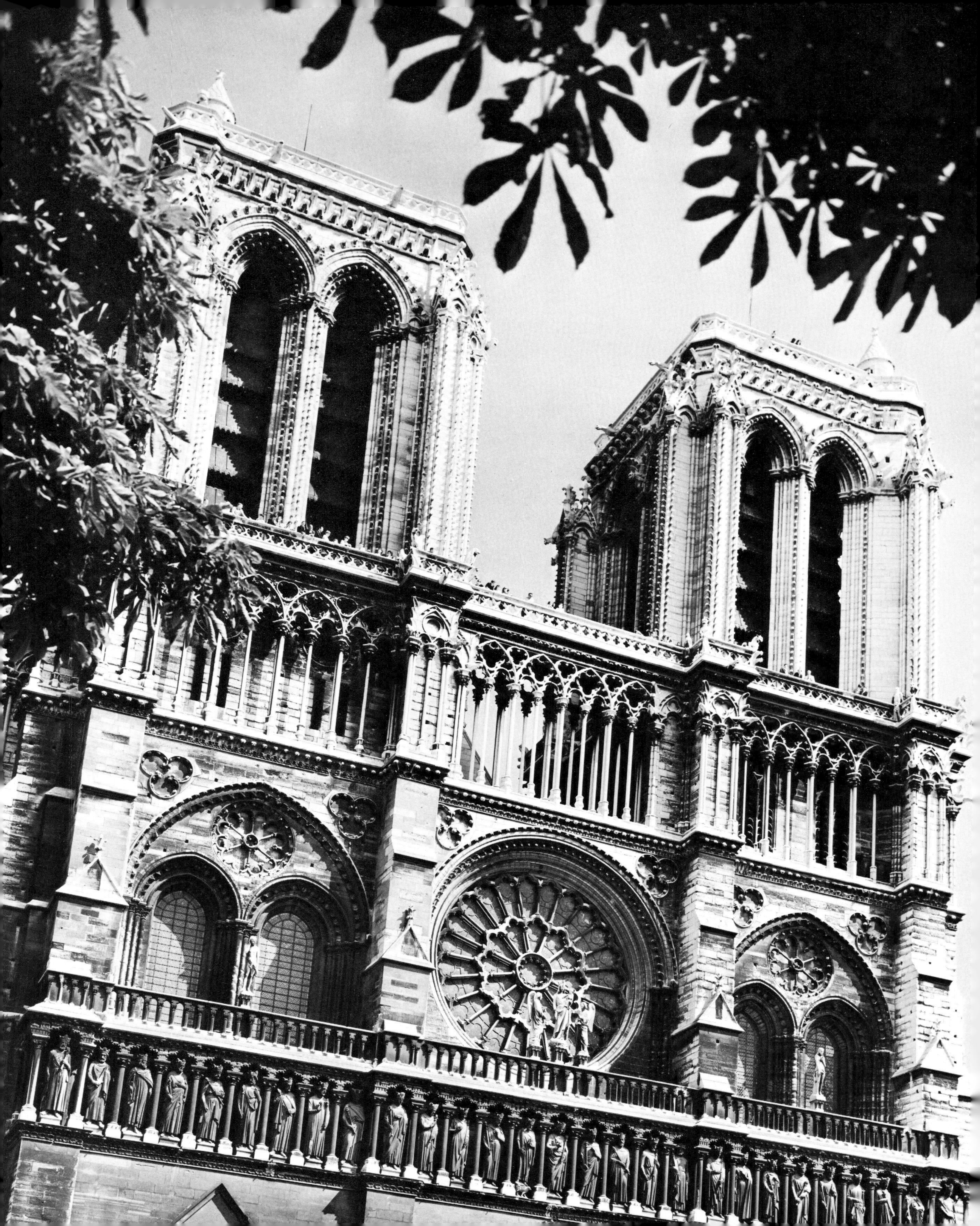

schaft wie das Kapitel hatte für das kostbare Pergament immer Verwendung, so wurden sie ausradiert, sobald ein Gebäude vollendet war und sie ihren Zweck erfüllt hatten.

Die aus dem 14. Jahrhundert stammende Zeichnung der Westfassade des Kölner Doms, die Anfang des 19. Jahrhunderts entdeckt wurde und als Modell für die Fertigstellung im Laufe dieses Jahrhunderts diente, stand auf einer etwa 3 m langen, 90 cm breiten Pergamentseite. Ungefähr dieselben Maße hat die Zeichnung der Westfassade des Straßburger Münsters, die Meister Michael Parler von Freiburg zugeschrieben wird und aus der Zeit um 1385 stammt (Abb. 192). Es ist wohl die schönste gotische Architekturzeichnung, die erhalten ist: mit Tinte ausgeführt, einige Einzelheiten wie Apostelfiguren mit Gouache gehöht. Es ist jedoch nur das spektakulärste Blatt der in der Bauhütte der Kathedrale bewahrten reichen Sammlung von Zeichnungen, die sich auf den Bauplan des Turms beziehen und aus einem Zeitraum von 1275 bis zum Ende des 15. Jahrhunderts stammen.

Solche großen, präzis ausgeführten Zeichnungen setzen gutes Zeichengerät voraus. Keine Zeichenfedern sind erhalten, die vollkommen graden Linien von verschiedener Stärke aber weisen auf den Gebrauch von Schnurzugfedern hin, wie sie heute noch benutzt werden. Die Zeichnungen wurden in einem Zeichenatelier *(chambre de traits)* hergestellt. Es sind keine Baupläne für ganze Gebäude erhalten. Wahrscheinlich stellte man Zeichnungen von einer Bauphase zur anderen her und nie sehr viele zugleich. Als Ergänzung dienten großformatige Detailzeichnungen, manchmal in natürlicher Größe, auf einer 'Zeichenunterlage', etwa einer Platte aus gebranntem Gips, ausgeführt. Man benutzte auch Holzplatten oder eine ebene Steinfläche; bei der Kathedrale von Limoges sind mit einem Stichel ausgeführte geometrische Konstruktionen auf den granitenen Dachplatten über dem Querschiff erhalten. Schablonen und Patronen wurden aus Holz angefertigt. Nach den Sachverständigen spielten Baumodelle im Mittelalter keine bedeutende Rolle. Meister Hugues Libergier hält jedoch offensichtlich ein Kirchenmodell in der Hand (Abb. 81).

Man ist leicht versucht, die Leistungen einer vergangenen Zeit als etwas Geheimnisvolles anzusehen – auch im Fall der gotischen Kathedrale. War nicht der Bund der Freimaurer mit seinen mysteriösen Riten Erbe mittelalterlicher Maurerbünde? Enthielten die Statuen mittelalterlicher Gilden nicht Hinweise auf Geheimnisse, die nicht verraten werden durften? Punkt 3 des Regius-Poems (14. Jahrhundert) verpflichtet den Lehrling, »den Rat seines Meisters und seiner Gesellen für sich zu behalten und niemandem zu erzählen, was er in der Loge gesehen oder gehört hat ... wenn er sich nicht ins Unrecht setzen und Schande über das Gewerbe bringen will«. Als 1459 alle Logen Deutschlands, der Schweiz und des Elsaß in Regensburg zusammentraten, um die Statuten festzulegen, lautete § 13: »Es darf kein Arbeiter, weder Meister noch Parler oder fahrender Geselle, irgendjemanden, er mag sich nennen, wie er wolle, wenn er nicht zu unserem Gewerbe gehört und nie Maurerarbeit geleistet hat, lehren, *den Uszug us dem Grunde zu nemen.*«[20]

Was bedeutet das? Dreißig Jahre später lüftete Matthäus Roriczer, Architekt der Kathedrale von Regensburg, der der Tagung 1459 beigewohnt, aber bezeichnenderweise die Statuten nicht unterzeichnet hatte, das Geheimnis in einer kleinen, dem Bischof von Regensburg gewidmeten Abhandlung mit dem Titel ›Das Büchlein von der Fialen Gerechtigkeit‹:[21] »Mein sehr guter Herr ... Da Euer Gnaden ... ein Liebhaber und Schutzherr der freien Kunst der Geometrie ist ... habe ich es mit der Hilfe Gottes unternommen, etwas von der Kunst der Geometrie und von den elementaren Grundlagen des in die Höhe ragenden Bauwerks darzulegen, um zu erklären, wie und in welchen Proportionen es gradewegs aus der Geometrie mit Zirkelteilung hergeleitet und in die richtigen Maße überführt werden kann.«[22]

Der fürstliche Bischof wird hier also als Liebhaber und Schutzherr der Kunst bezeichnet. Später konnten interessierte Außenstehende in die Logen aufgenommen werden, und in der Renaissance dominierten gar diese 'Amateure'; sie spielten eine bedeutende Rolle im Übergang von der berufsmäßigen zur titulären Freimaurerei.

Matthäus Roriczer erklärt weiter, wie man den Aufriß einer Fiale aus dem Grundriß ableitet. Die meisten Historiker des 19. Jahrhunderts sahen darin die Lösung eines speziellen Problems.

◁ 96 Oberer Teil der Westfassade von Notre-Dame, Paris

97 Das Fächergewölbe über dem Chorabschluß der Kathedrale zu Peterborough. Von Meister John Wastell. Auf der Bosse die Wappen von England

Frankl zeigte jedoch, daß es sich um ein besonderes Beispiel für eine allgemeine Methode handelte. Roriczer hatte tatsächlich fundamentale Aufschlüsse über den Bau von Kathedralen gegeben und, bedingt, auch eine Erklärung für die Harmonie ihrer Proportionen. Für die Konstruktion der Fiale (Abb. 99) zeichnet man zunächst ein Quadrat in den Maßen der Säulenbasis. Darauf

98 Die hl. Cäcilia, Schutzherrin der Kathedrale von Albi, hoch über dem Chor, an der Rückseite der Chorschranke. In den Händen hält sie eine Handorgel und die Märtyrerpalme

verbindet man die Mittelpunkte der vier Seiten und erhält in dem großen Quadrat ein kleineres, das zu ihm in einem Winkel von 45° steht. (Da die Seite des kleineren Quadrats halb so groß ist wie die Diagonale des größeren, ist der Flächeninhalt des kleineren Quadrats halb so groß wie der des größeren.) Der Vorgang wird wiederholt, bis man die erforderliche Anzahl von proportional kleineren Quadraten erhalten hat. Zum Schluß richtet man die Quadrate gerade, so daß ihre Seiten parallel laufen. Ihre Längenmaße können jetzt dazu dienen, die vertikal vorspringenden Maße der Fiale zu bestimmen. Der Architekt sagt dem Maurer also nicht, wie hoch er eine Fiale machen soll, sondern: »Die Höhe muß um so und so viel größer sein als die Länge der Basis.«[23] Diese Länge diente auch zur Bestimmung der genauen Anordnung von Dekorationen; da die verschiedenen Quadrate auch als Grundrisse auf verschiedener Höhe aufgefaßt werden können, kann die Schräge der Fiale leicht durch die Differenz zweier Quadrate definiert werden. Der Maurer konnte, wenn der Architekt ihm das Basisquadrat angab, auf Grund des Aufrisses der Bauskizze und in Kenntnis der Höhenverhältnisse der vorspringenden Teile, die Fiale – oder jedes andere Bauelement – schrittweise »gradewegs aus der Geometrie durch Zirkelteilung« konstruieren und verließ sich dabei eher auf Proportionsbeziehungen als auf arithmetische Maße.

Im Skizzenbuch des Villard de Honnecourt beweist eine Hinzufügung des 'Magister II', daß die Methode der Vervielfältigung des Quadrats schon den Maurern des 13. Jahrhunderts bekannt war. Unter dem Diagramm eines in einem großen Quadrat schräg stehenden kleineren (erste Phase von Roriczers Methode) steht: »So teilt man einen Stein, wenn man zwei gleiche Hälften erhalten will.« Ein anderes Diagramm auf derselben Seite zeigt das kleinere Quadrat in dem großen parallel zu diesem; hierzu die rätselhafte Überschrift: »So legt man ein Kloster mit Galerien und Klostergarten an«, wobei der Folgesatz: ». . . so daß die beiden Areale gleich sind« wohl als selbstverständlich fortblieb.

Auch den gründlichsten mittelalterlichen Architekturzeichnungen fehlt eine Maßskala. Man muß daraus auf eine Abneigung gegenüber dem Zeichnen nach festen Maßstäben schließen. Forschungen ergaben, daß die mittelalterlichen Baumeister ein Einheitsmaß bevorzugten, eine sich gerade anbietende, oft ganz willkürliche Längeneinheit, die als die Basis für die planmäßigen Vermessungen festgehalten wurde. So benutzten die Zisterzienser eine 'große Einheit', die in den verschiedenen Gegenden zwischen 150 cm und 210 cm schwankte, je nach dem ortsüblichen Längenmaß.[24] Beim Bau der Abtei von St. Denis war das Einheitsmaß aus 5 (oder 10?) 'Königlichen' oder 'Pariser' Fuß, zu je etwa 13 Zoll. Der Bauplan der Kathedrale von Mailand wurde auf der Grundlage einer Acht-*braccia*-Einheit entworfen (der Mailändische *braccio* maß etwa 60 cm). In England wurde die gebräuchliche Länge des Pfahls oder *yards* (5,03 m) als Einheit benutzt. Einfache Brüche des Einheitsmaßes ergaben eine Reihe kleinerer Maße.

Das von den Kathedralenbauern benutzte Einheitsmaß, ob 'große Einheit' oder 'Basisquadrat', ersetzte nicht nur einen Zollstock, sondern spielte auch eine ästhetische Rolle. Zugleich mit den vom Einheitsmaß bestimmten Höhendimensionen des Bauplans und dem Überbau, der wiederum durch eine geometrische Konstruktion mit Flächen in der Form einer geometrischen Reihe, wie Roriczer gezeigt hatte, »aus dem Bauplan hervorging«, konnten alle Maße auf das Einheitsmaß wie auf ihren großen Nenner zurückgeführt werden. Wenn dann noch die bedeutendsten Elemente des Entwurfs, wie die Höhe des Hauptschiffs, die Breite des Schiffs und die Breite der Seitenschiffe, sich auf ein einfaches Proportionsschema gründen, das intuitiv vom Auge erfaßt werden kann (den Goldenen Schnitt oder das elementare Verhältnis 2 : 1), dann muß solch ein Schema, durchgängig angewendet, ein harmonisches Verhältnis der verschiedenen Teile, eines jeden zum anderen und zum Ganzen hervorbringen. Bleibt ein großes Kunstwerk im Grunde immer ein Mysterium, ist dies doch eine Erklärung für jene überzeugende Einheitlichkeit, die die Myriaden von Einzelheiten einer Kathedrale zusammenfaßt.

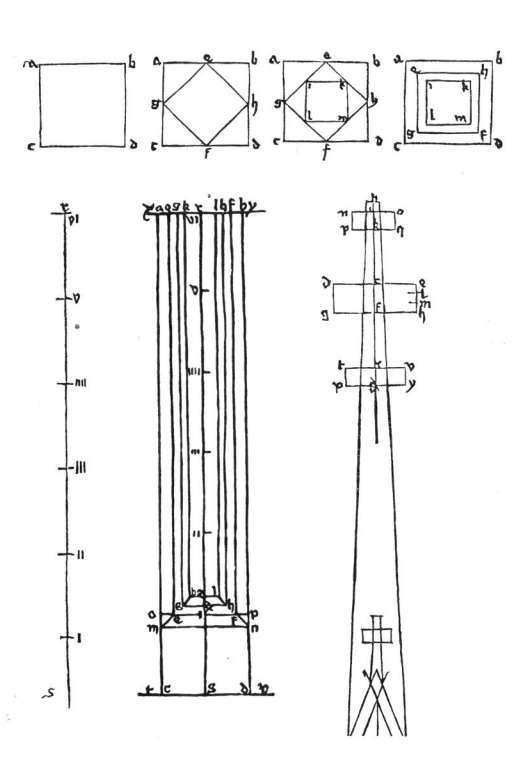

Diese Einheit des Ganzen im gotischen Bau überwältigte schon den jungen Goethe beim ersten Anblick des Straßburger Münsters: »*Ein* ganzer, großer Eindruck füllte meine Seele, den, weil er aus tausend harmonisierenden Einzelheiten bestand, ich wohl schmecken und genießen, keineswegs aber erkennen und erklären konnte. Sie sagen, daß es also mit den Freuden des Himmels sei ... Die Kathedrale steigt sogleich einem hocherhabenen, weit verbreiteten Baume Gottes auf, der mit tausend Ästen, Millionen Zweigen und Blättern wie der Sand am Meer ringsum der Gegend verkündet die Herrlichkeit des Herrn, seines Meisters.« (Von deutscher Baukunst)[25]

99 Die Konstruktion der Fiale, Diagramm des Matthäus Roriczer. Nachzeichnung aus dem ›Büchlein von der Fialen Gerechtigkeit‹, Regensburg 1486

100 Umseitig: Die Westtürme der Kathedrale von Laon

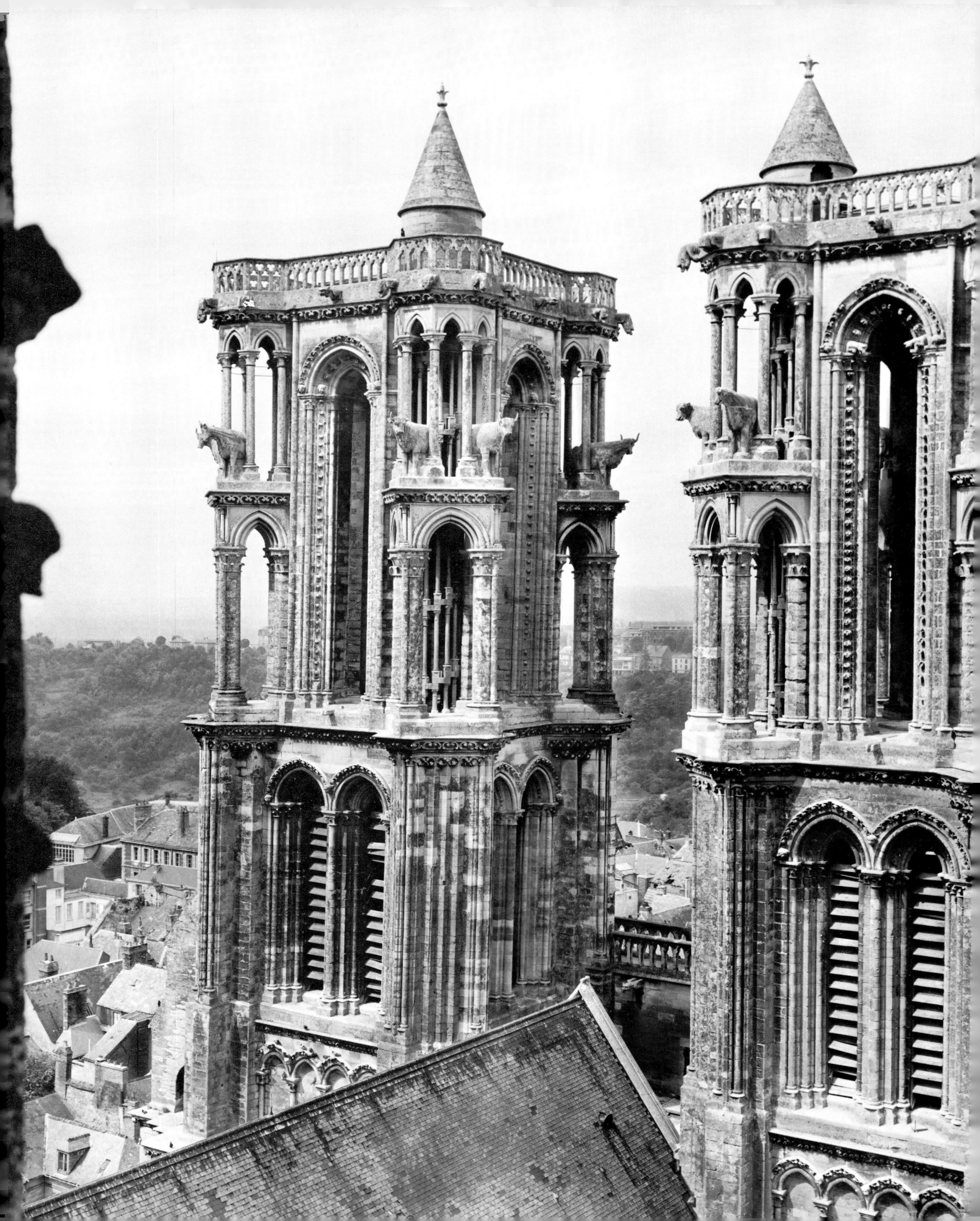

4 Frankreich

Frankreich

Laon

Kaum eine andere Kathedrale Frankreichs ist so herrlich gelegen wie die von Laon. Sie beherrscht den großen Hügel, der unvermittelt aus der Ebene emporsteigt; ihre phantastische, würdige Silhouette erinnert an eine mittelalterliche Krone, und nicht zu unrecht, denn die kleine Stadt, die nach der Revolution ihren Rang als Bistum einbüßte, war das letzte Bollwerk der Karolinger und von 895 bis 988 die französische Hauptstadt.

Das Bistum wurde schon im ausgehenden 5. Jahrhundert gegründet; der erste Bischof war ein Neffe des hl. Remigius, des berühmten Erzbischofs von Reims. Die Stadt, eine blühende Gemeinde, wurde 1112 zum Schauplatz eines blutigen Aufstands der Bürger gegen den tyrannischen Bischof Gaudri, der ihre Privelegien angegriffen hatte. Sie steckten die Schatzkammer der Kathedrale in Brand; die Flammen schlugen auf die Kathedrale über, die noch mit Girlanden vom Osterfest geschmückt war (der König selber hatte einige Tage zuvor der Zeremonie beigewohnt), und die halbe Stadt wurde verwüstet, bevor das Feuer gelöscht werden konnte.

Gaudri wurde in seiner Kathedrale von einem Leibeigenen enthauptet. Wir wissen nicht, was in diesem Wirbel mit den vielen Studenten geschah, die die Domschule von Laon aus ganz Europa anlockte, da der große Anselm noch lebte. Nach diesem Ereignis zogen die Domherren mit ihren Reliquien durch Frankreich und dann auch nach England, um Gelder für den Wiederaufbau der Kathedrale zu sammeln.

Kaum fünfzig Jahre später ließ Bischof Gautier de Mortagne (1155–1174) die wiederaufgebaute Kathedrale niederreißen, um ein Gebäude in dem neuen gotischen Stil zu errichten. Der Bau wurde zwischen 1155 und 1160 in Angriff genommen, nur einige Jahre vor Notre-Dame in Paris (1163), und ist damit die erste Kathedrale der Gotik. Das Ideal des 12. Jahrhunderts fand in ihr vollendet Gestalt. 1230 fertiggestellt, mit nur geringen Hinzufügungen aus späterer Zeit[1], stellt sie einen auffallend harmonischen, einheitlichen Bau dar.

Die Westfassade mit der großartigen tiefliegenden Fensterrose gehört zu den originellsten und schönsten der ganzen Gotik und wird an Wucht von keiner anderen übertroffen (Abb. 101). Sugers Gedanke vom 'Himmelstor' findet hier seinen Ausdruck in den drei großen Portalen mit weit vorspringendem Gewände, die die ganze Fassade einnehmen.

In der Französischen Revolution wurden die Bauplastik schwer beschädigt und die monumentalen Figuren der Gewände vernichtet. Eine spätere Restauration der Tympanon- und Archivoltenreliefs fiel schlecht aus; so sind die neuen Köpfe zu groß für

101 Westfassade der Kathedrale von Laon. Stich des 19. Jh. nach einer Zeichnung von Émile Boeswillwald

die Körper. Trotzdem erhält man heute noch ein Bild von der Größe, der Noblesse und zugleich von der unerhörten Vitalität des ursprünglichen Werkes (Abb. 102). Den Bau beherrschen, aus der Ferne wie aus der Nähe gesehen, die großartigen Türme mit ihren Freigeschossen, aus denen ganz unvermutet riesige

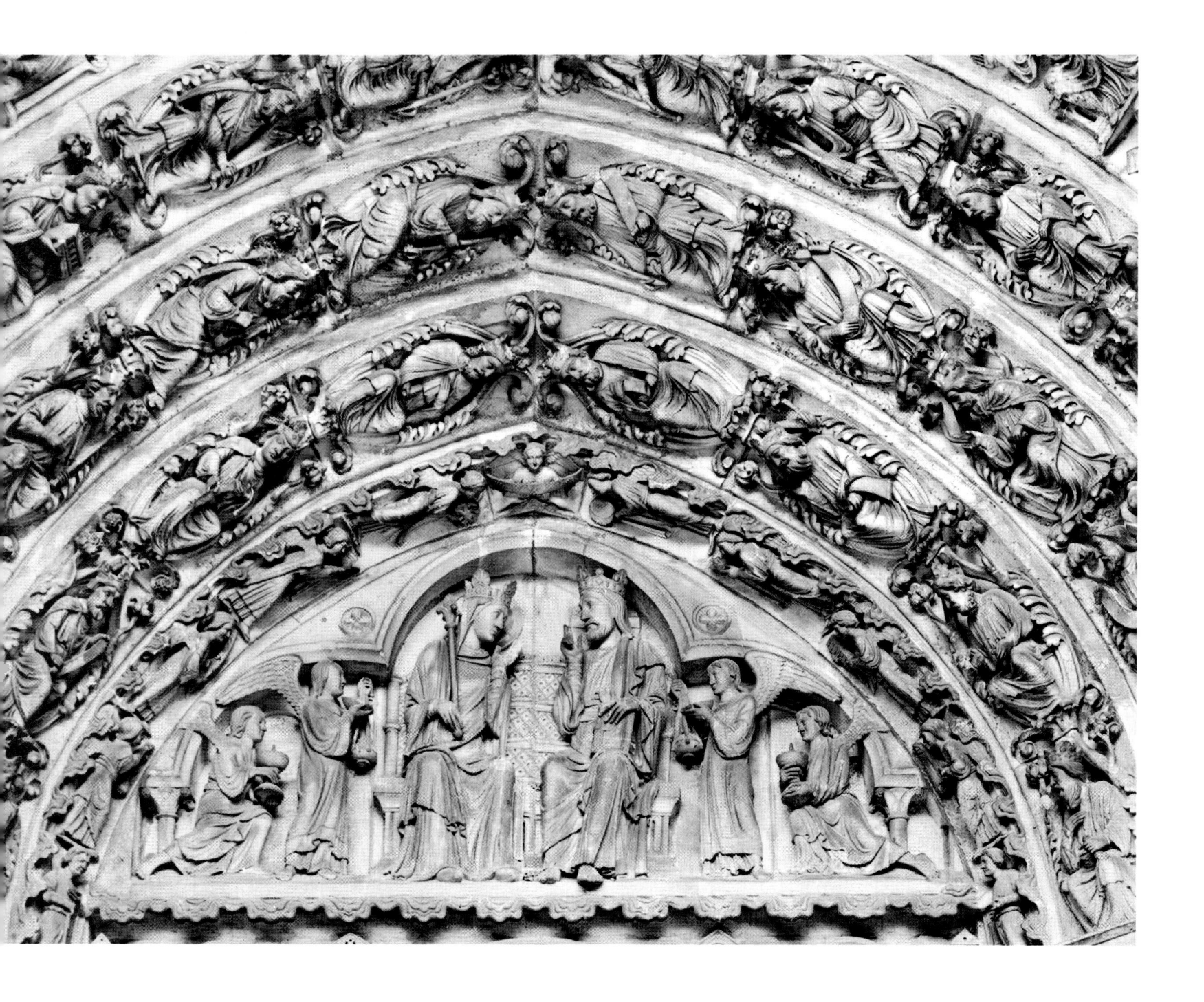

Steinbilder von Ochsen hervorschauen. Die Türme wirken rauh und zart zugleich. Wie eine abstrakte Skulptur nötigen sie den Beschauer, um sie herumzugehen und sie von allen Seiten zu betrachten. Bei jedem Schritt zeigen sie andere Aspekte; Spalten öffnen und schließen sich in den zellenförmig durchlöcherten Schluchten. Die großen Tiere, hieratisch streng, gemahnen an die geflügelten Steinbilder Assyriens, dann wieder wirken sie fast zu gewaltig, wie sie, die Hufe am vordersten Rand des Abgrunds, von ihrer wolkenreichen Höhe herabschauen auf die mit Flechten bedeckten Dächer und engen gewundenen Gassen der alten Zitadelle drunten und über die Getreidefelder hinweg bis zum Horizont.

Die Türme beeindruckten schon die Zeitgenossen in hohem Maße. Villard de Honnecourt bemerkt in seinem Skizzenbuch: »Ich bin in vielen Ländern gewesen, wie Ihr aus diesem Buche ersehen könnt, aber an keinem Ort habe ich jemals solchen Turm erblickt, wie der von Laon einer ist« (nach Hahnloser); er zeichnete einen Grundriß der Türme und einen perspektivischen Aufriß (Abb. 105). Besonders stark beeindruckten ihn die Strebepfeiler, die »großen Pfeilergablungen«, wie er sie nannte, und er riet jedem, der so große Türme bauen wolle, diese aufmerksam zu studieren. Seine Skizze zeigt die Türme von laubverzierten Fialen gekrönt, einer größeren über der Turmmitte und vier kleineren über den Ecktürmen. Im frühen 19. Jahrhundert stand noch eine Fiale (schon schräg infolge des Erdbebens von 1691).

102 Kathedrale von Laon. Tympanon des Mittelportals mit der *Marienkrönung*, die hier schon vollzogen ist; spätere gotische Künstler zeigen meist, wie Christus Maria die Krone aufs Haupt setzt. In den Archivolten die königlichen Vorfahren in den Zweigen des Jessebaums

103 Kathedrale von Laon. Blick von der Galerie zum Hauptschiff ▷

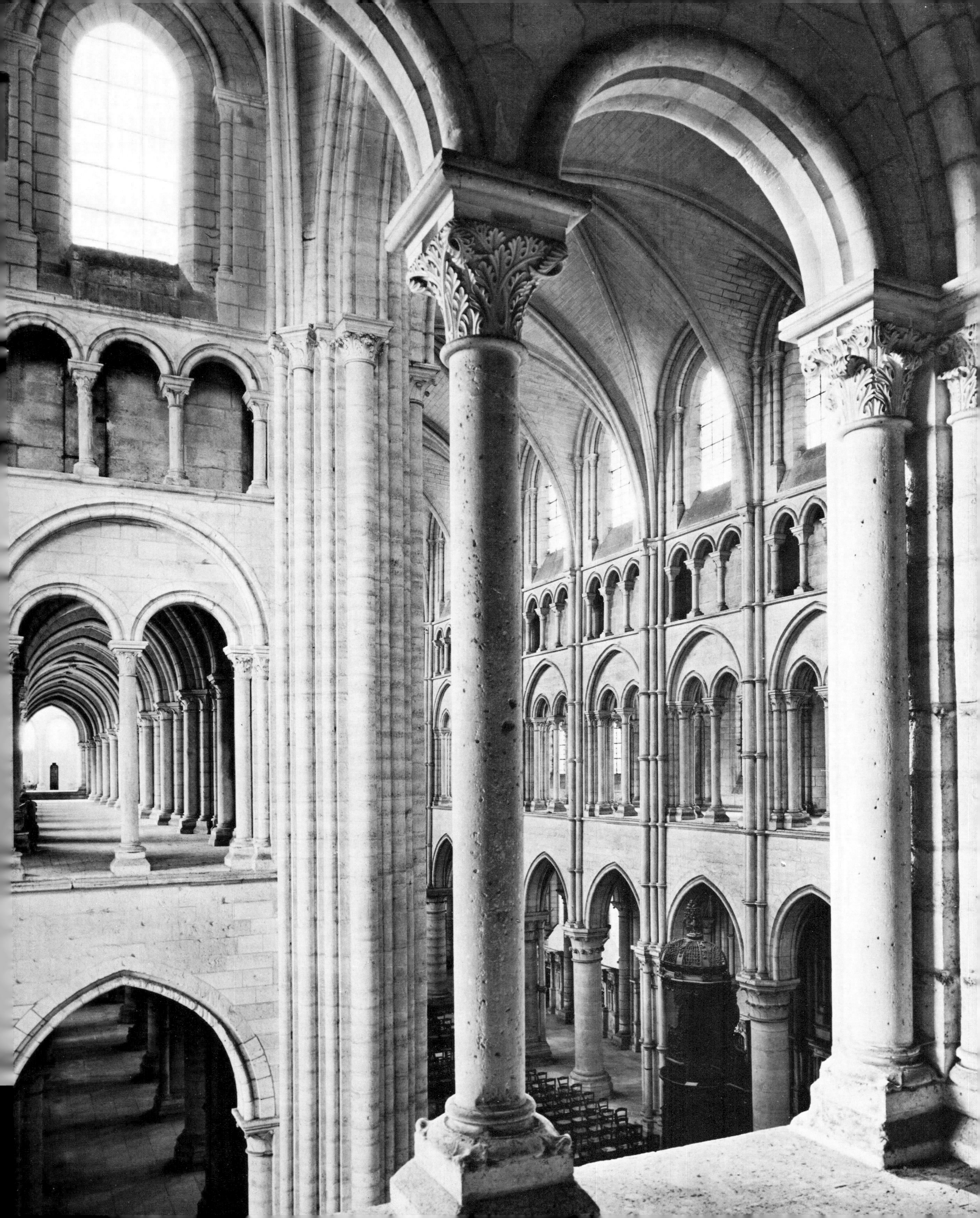

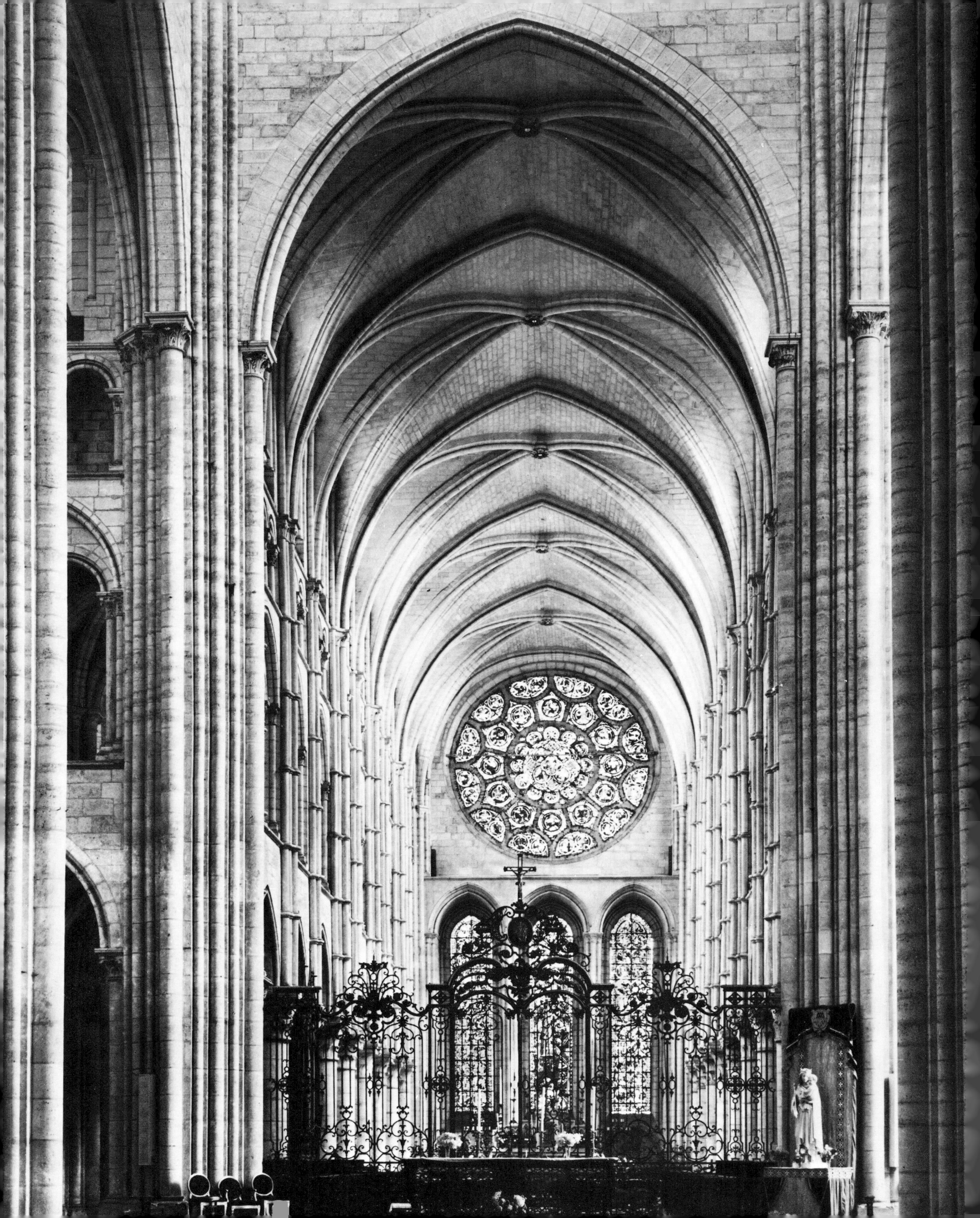

Laon bot das Vorbild für viele Türme, so Bamberg und Naumburg, die es freilich nicht erreichten. Die steinernen Ochsen aber gibt es nur hier; sie erinnern an ein einmaliges Ereignis, ein Wunder. Viele tausende Steinfrachten mußten von den geduldigen, schwerfällig daherstampfenden Tieren die steile Hügelstraße hinaufgeschleppt werden; eines Tages brach ein Ochse erschöpft zusammen; man hätte den Transport unterbrechen müssen, wäre nicht ein anderer Ochse erschienen und hätte den Wagen bis zur Hügelspitze hinaufgezogen, wo er, so plötzlich wie er gekommen war, auch wieder verschwand. So die Legende.

Das lichtdurchflutete Innere, das größer erscheint, als es ist (die Gewölbe sind 23,7 m hoch), hält, was die Westfassade verspricht. Wie erwähnt, wurde der Schub des Mittelschiffgewölbes vor Erfindung des Strebebogens meist von Galerien aufgefangen. So ist es in Laon (Fig. 6, S. 61; Abb. 103). Die klassische Lösung war das *vierteilige* Gewölbe über einem rechteckigen Joch. Zuvor bediente man sich in einigen der großen Kathedralen Frankreichs, auch in Laon, Paris und Bourges, einer Variante dieser Form, des *sechsteiligen* Gewölbes, das einen Kompromiß darstellt. Gewölbeeinheit ist ein Quadrat (oder doch nahezu ein Quadrat), das auf zwei Joche des Mittelschiffs entfällt, es besitzt eine über die Mitte gehende Gurtrippe, die die diagonalen Grate an deren Schnittpunkt schneidet und ihnen Halt gibt (Abb. 104 u. 64).

Das sechsteilige Gewölbe verteilt die Last ungleichmäßig auf die Pfeiler. Die Gotik liebte es, die strukturellen Kräfte linear zum Ausdruck zu bringen, das entsprach auch dem französischen Verlangen nach Klarheit. So fand diese ungleichmäßige Belastung ihren Ausdruck in Bogenschäften mit abwechselnd drei und fünf Bündelpfeilern, die die Linie der Gewölberippen bis auf die Wand des Schiffes hinführen (Abb. 104). Die strenge Logik hätte erfordert, diese Differenzierung bis zum Boden hinab zu führen, und ursprünglich war auch jeder zweite Pfeiler ein Bündelpfeiler. Das gefährdete jedoch die Kontinuität der Mittelschiffarkade, so ließ man später die Schäfte oberhalb der Pfeilerkapitelle aufhören. Das ursprüngliche System von Bündelpfeilern erkennt man noch an einem Pfeiler im Hintergrund der Abbildung 103. Gestaltung und Bauplastik sind in allen Einzelheiten von großer Reinheit und wundervoller Spontaneität. Die frühen Kapitelle, wohl die schönsten, zeigen noch stark romanischen Einschlag (Abb. 106). Die späteren nähern sich schon dem französisch-gotischen Blattornament-Typ. Die ursprünglich polygonale Apsis wurde im frühen 13. Jahrhundert niedergerissen, als man den Chor vergrößerte, um einer ungewöhnlich großen Zahl von Domherren Platz zu bieten, und wurde darauf nach Osten zu quadratisch abgeschlossen. Diese bei den Zisterziensern und in England übliche Form ist in Frankreich häufig.

Herrlich ist die Kombination des kremweißen Steins von Chermizy[2] mit den farbglühenden Ostfenstern (Abb. 104). Die große Fensterrose ist weitgehend restauriert, doch die Glasmalereien der drei Lanzettfenster sind noch die ursprünglichen und von wunderbarer Qualität (Abb. 21 u. 77).[3]

105 Zeichnung der Türme von Laon. Aus dem Skizzenbuch des Villard de Honnecourt. Paris, Bibliothèque Nationale

106 Eines der frühesten Kapitelle der Kathedrale von Laon

◁ 104 Kathedrale von Laon. Innenraum mit östlicher Fensterrose

Paris

Als 857 Paris von den Normannen geplündert wurde, gab es auf der *Ile de la Cité* die Kathedrale, die dem hl. Stephan geweiht war, und eine Marienkirche. Die Kathedrale blieb durch die Entrichtung eines hohen Lösegeldes verschont. Die Marienkirche aber wurde später wieder aufgebaut und war dann bedeutender als die Kathedrale. Maurice de Sully, seit 1160 Bischof von Paris, Sohn eines Kleinbauern, war ein gefeierter Prediger und Theologieprofessor und wie Suger ein Mann von Tatkraft und Ehrgeiz. Wie Suger baute er auch Kirchen. Den ersten Stein der großen neuen gotischen Kathedrale – Notre-Dame – auf dem Gelände der beiden bisherigen Kirchen auf der Ile de la Cité legte 1163 Papst Alexander III. bei seinem Parisbesuch. Zwanzig Jahre darauf wurde der Chor eingeweiht. Als Maurice de Sully 1196 starb, waren nur noch die westlichen Joche des Schiffes und die Westfassade unvollendet. Um 1250 standen schon die Doppeltürme der Westseite.

Diese Kathedrale, kurz nach der von Laon entstanden, stellt in der Geschichte der gotischen Architektur einen Wendepunkt dar. Mit ihren wahrhaft kolossalen Ausmaßen – die Gewölbe des Mittelschiffs sprangen von 21 m auf fast 33,5 m in die Höhe – ist sie nicht nur die letzte und größte Emporenkirche, sondern wohl auch der Geburtsort der Strebebogen, die um 1180 über den Seitenschiffen errichtet wurden.

Der Bauplan war höchst einfach: die doppelschiffige, kreuzförmige Basilika ohne Kapellen wurde von einem einfachen Rechteck umschrieben, aus dem nur ein durchlaufender Halbkreis hervortrat (Fig. 8). Die Laterne über der Vierung, die es in Laon gab, und die vortretenden Querschiffe wurden aufgegeben; an die Stelle der für Laon geplanten sieben Türme[4] traten zwei. Im Inneren machte sich ein neuer Sinn für die Raumeinheit geltend, überzeugender Ausdruck des wesentlichen 'Einsseins', die von der Scholastik vertretene Synthese. Der Raum ist in Einzelheiten gegliedert, die keine autonome Existenz besitzen, sondern Teile eines Ganzen sind. Hier wird von der Einheit ausgegangen im Gegensatz zu dem additiven Bauprinzip der Romanik.

Die Klarheit des Pariser Bauplans blieb jedoch nicht lange erhalten. Schon bevor das Gebäude 1250 vollendet war, wurden Änderungen vorgenommen: der Plan für das Fenstergeschoß des Mittelschiffs wurde geändert, um mehr Licht in das dunkle Innere – ein Ergebnis der Verbindung von Tribünen mit doppelten Seitenschiffen – hereinzulassen[5]. Diese Verbesserung wurde später durch Hinzufügung von Kapellen zwischen den Strebepfeilern des Schiffes zunichte gemacht; darunter litt auch die Wirkung der Seitenfassade.

Die ursprünglichen Fronten des Querschiffs, die jetzt hinter die Kapellenwände zurücktreten, wurden zwischen 1250 und 1267 um ein Joch erweitert. Die neuen Fronten, erbaut von den großen Meistern dieser Zeit, Jean de Chelles und seinem Nachfolger Pierre de Montreuil (vgl. S. 89), sind mit ihren verglasten Triforien im Grunde nur noch Glaswände. Damals erreichte die gotische Bauweise den höchsten Grad an Vollkommenheit, die fast völlige Auflösung der Wandfläche und jene höchste Verfeinerung, die eine Endstufe anzeigt. In der zweiten Hälfte des 13. Jahrhunderts kommt die expansive Ära der Gotik zu einem Abschluß; es setzt eine Periode der Konsolidierung ein. In der Architektur können auch funkelnde Bravourstücke die konservative Einstellung nicht verbergen.

Die neuen Querschiff-Fassaden von Notre-Dame gehören zu den glänzendsten Beispielen des *style rayonnant*, wie man ihn nach dem strahlenförmigen Maßwerk der riesigen Fensterrosen und Rosetten nannte (Abb. 108).

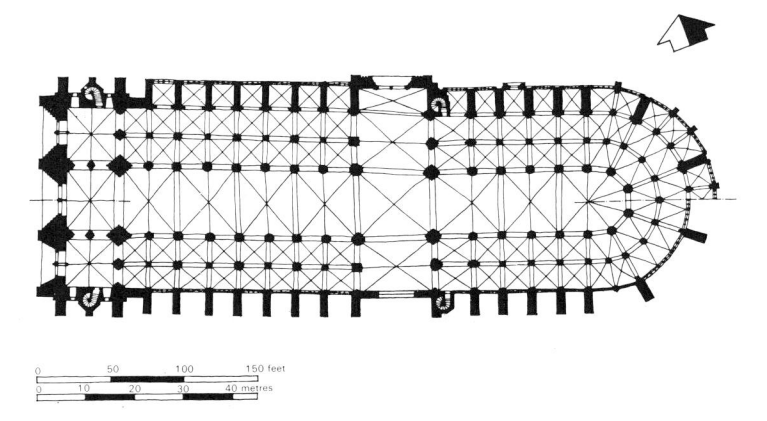

Fig. 8 Notre-Dame, Paris, Grundriß. Im Südteil wird der Plan von 1163 deutlich: noch sind keine Kapellen zwischen die Strebepfeiler eingefügt und die Querschiffe nicht vergrößert. Die Unregelmäßigkeiten sind typisch für einen gotischen Bau

107 Notre-Dame, Paris. Die doppelten Seitenschiffe zeigen die Verstärkung der abwechselnd angeordneten Pfeiler, die den Schub des sechsteiligen Gewölbes auffangen

108 Notre-Dame, Paris. Das strahlenförmige Maßwerk der großen Fensterrose im südlichen Querschiff (Gesamtdurchmesser: 13 m)

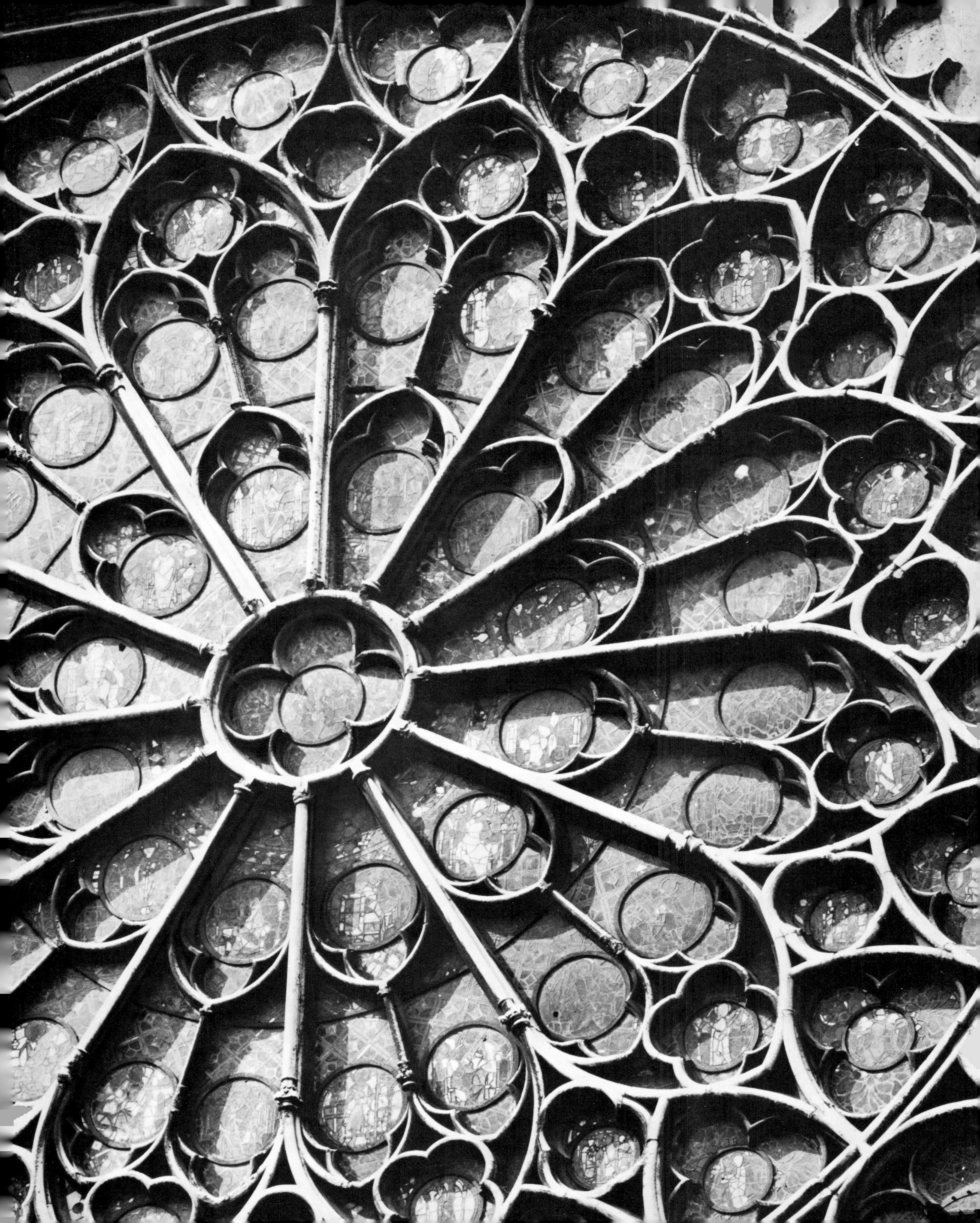

chen Strebebogen des Hauptschiffs durch die gegenwärtigen moderneren, die sich in einem einzigen Zug kühn über die beiden Seitenschiffe schwingen.

Die von Pierre de Montreuil in Angriff genommenen Chorkapellen wurden erst im 14. Jahrhundert von Jean Ravy gebaut, dem Schöpfer der unglaublich leicht erscheinenden Strebebogen

109 Das Chorhaupt von Notre-Dame, Paris, mit seinen graziösen Strebebogen

110 *Mariä Himmelfahrt*. Von einem Basrelief im Chor von Notre-Dame, Paris

Nur in den beiden großen Fensterrosen des Querschiffs und in denen der Westfassade ist das ursprüngliche Glas erhalten. Das Glas der westlichen und südlichen Fensterrosen wurde restauriert; die nördliche Fensterrose blieb im großen ganzen intakt. Die filigranartige Feinheit des Maßwerkes und die prächtigen Farben des Glases, vorherrschend blau, mit 80 Darstellungen aus dem Alten Testament, sind einzigartig in ihrem Zusammenklang und überwältigend in ihrer Ausdruckskraft.

Die ursprünglichen Strebebogen des Mittelschiffs leiten den Schub des sechsteiligen Gewölbes teilweise auf die Pfeiler ab, die die doppelten Seitenschiffe voneinander trennen; diese abwechselnde Verteilung der Last wurde dadurch ausgedrückt, daß immer eine Säule mit einem Bündelpfeiler abwechselt, was eine reizvolle rhythmische Wirkung erzeugt (Abb. 107). Dieses Kenntlichmachen der Gewichtsverteilung diente zweifellos dazu, die Gleichförmigkeit der runden Säulen der Arkade des Hauptschiffs aufzulockern[6] und das Klarheitsbedürfnis des Franzosen zu befriedigen. Im 13. Jahrhundert ersetzte man die vorbildli-

des Chors, die fast 15 m überspannen. Ingenieurskunst wird hier zu reiner Poesie. Diese Strebebogen von der Anmut einer modernen Brücke tragen in hohem Maße dazu bei, daß das Chorhaupt den Eindruck eines Zauberwaldes erweckt oder eines stolz daher segelnden Schiffes (Abb. 109).

Großartige Basreliefs im Schlußstein der Nordfassade des Chors (spätes 13. Jahrhundert) zeigen Szenen aus dem Marienleben (Abb. 110, 120). Nach den Apokryphen wurde der Leichenzug der Muttergottes, den die zwölf Apostel als Bahrtuchträger begleiteten, vom Hohenpriester aufgehalten, der sich der

111 Kathedrale von Chartres. Die rhythmische Anordnung der Bündelpfeiler, ▷ abwechselnd rund mit vier achteckigen Schäften und achteckig mit vier runden Schäften

112 Umseitig: Detail der großen nördlichen Fensterrose der Kathedrale von Chartres mit den Königen des Alten Testaments und der hl. Anna (gestiftet von der königlichen Familie)

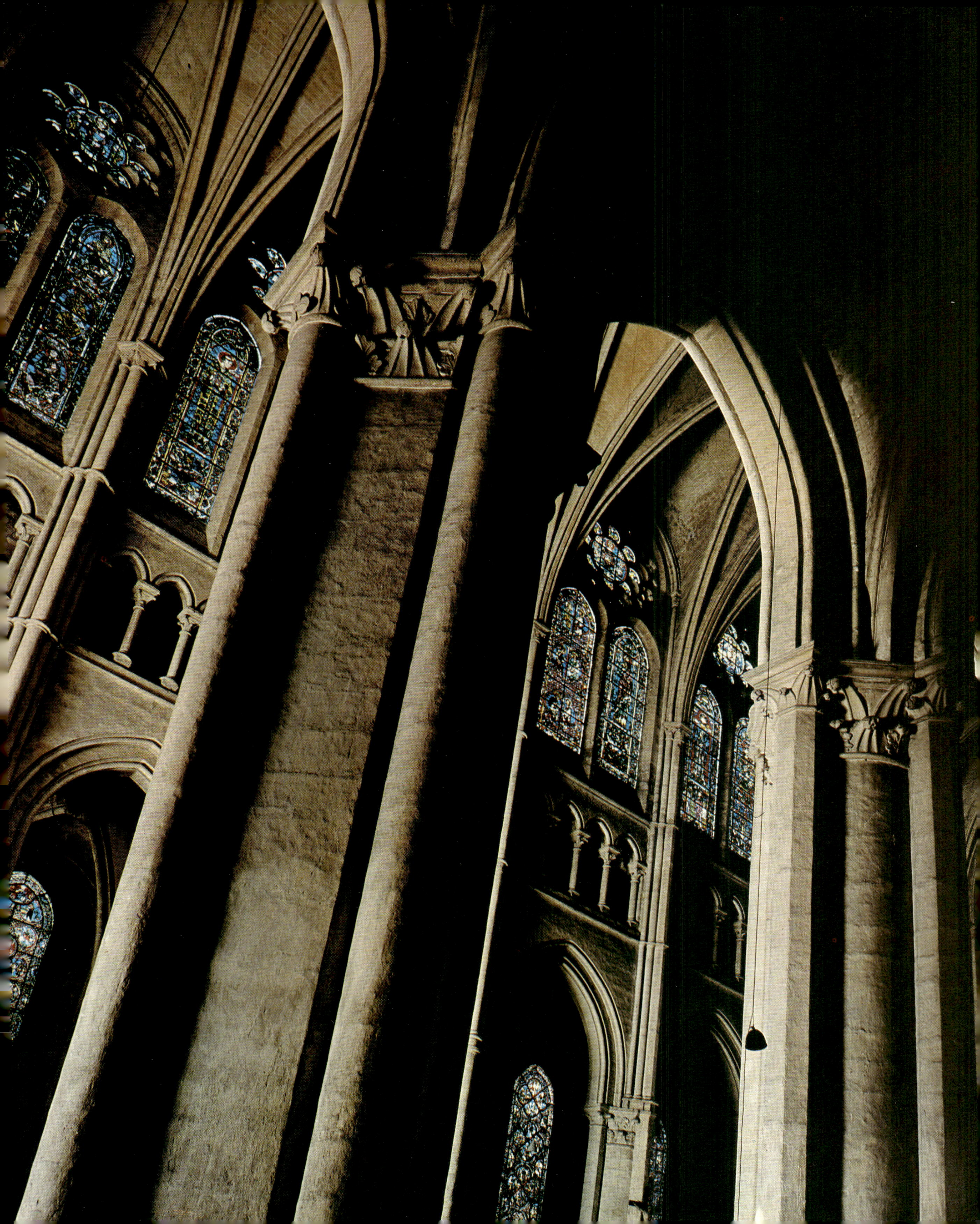

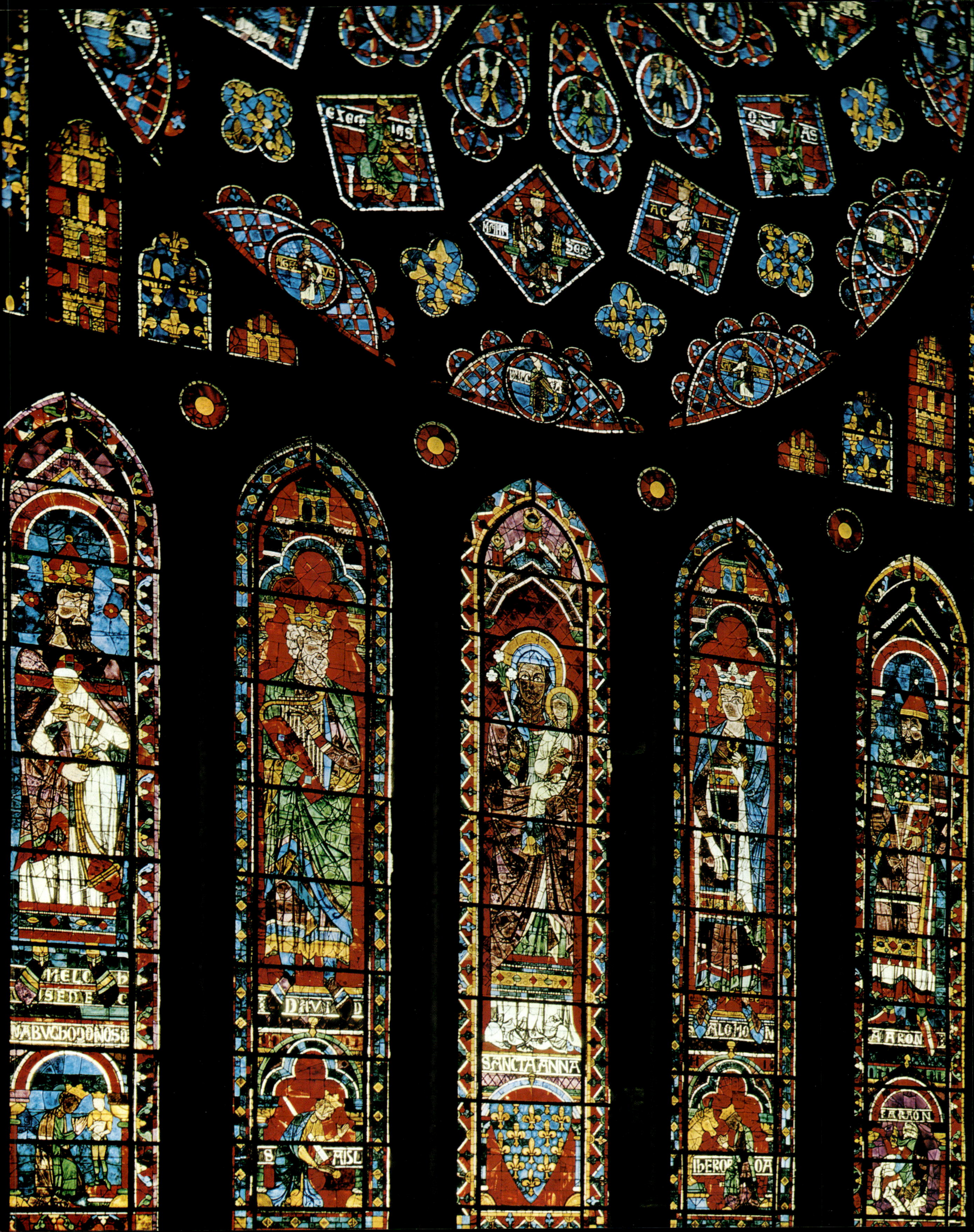
NABVCHODONOSO
SANCTA ANNA
AARON
FARAON

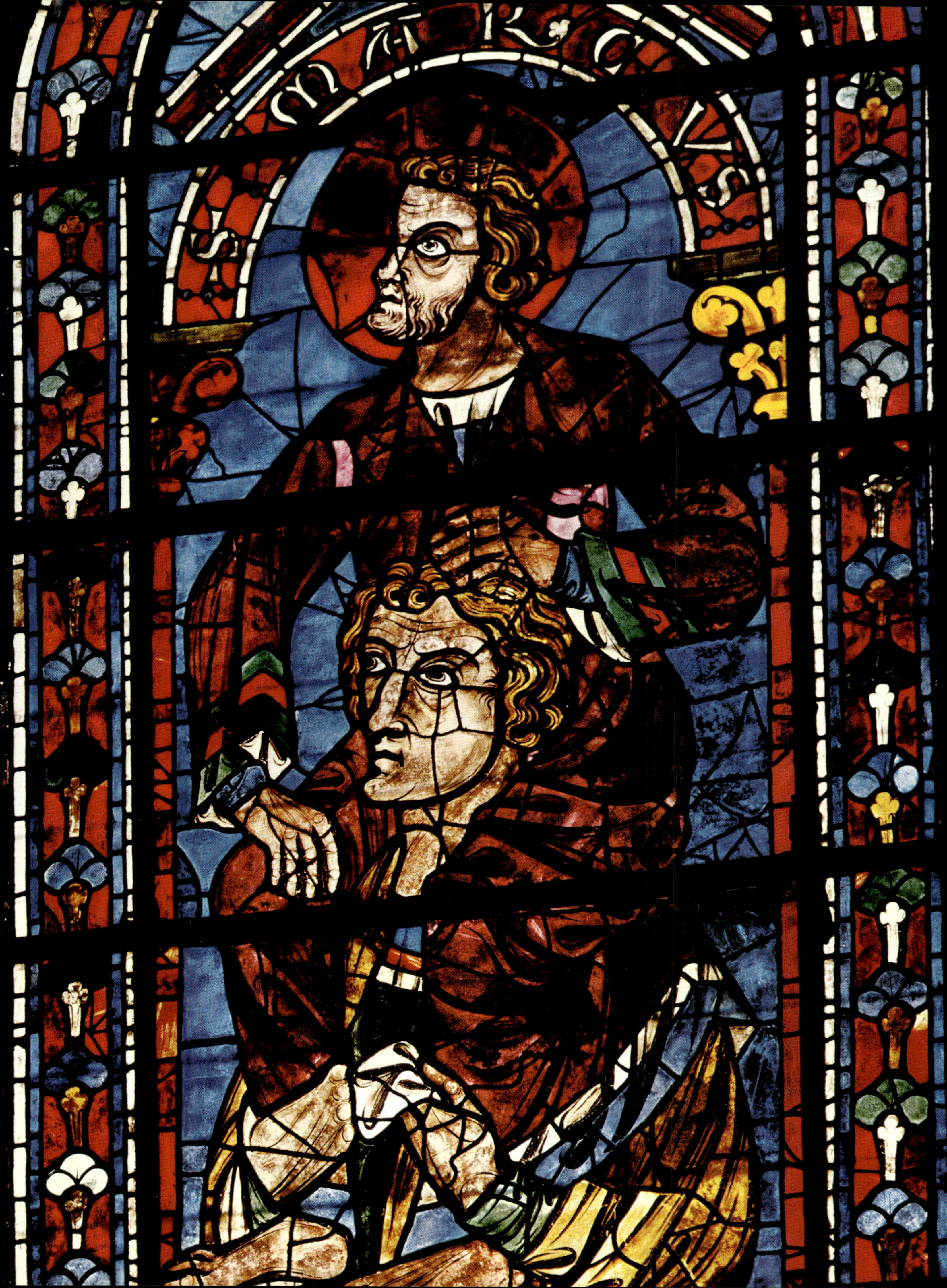
MARCVS

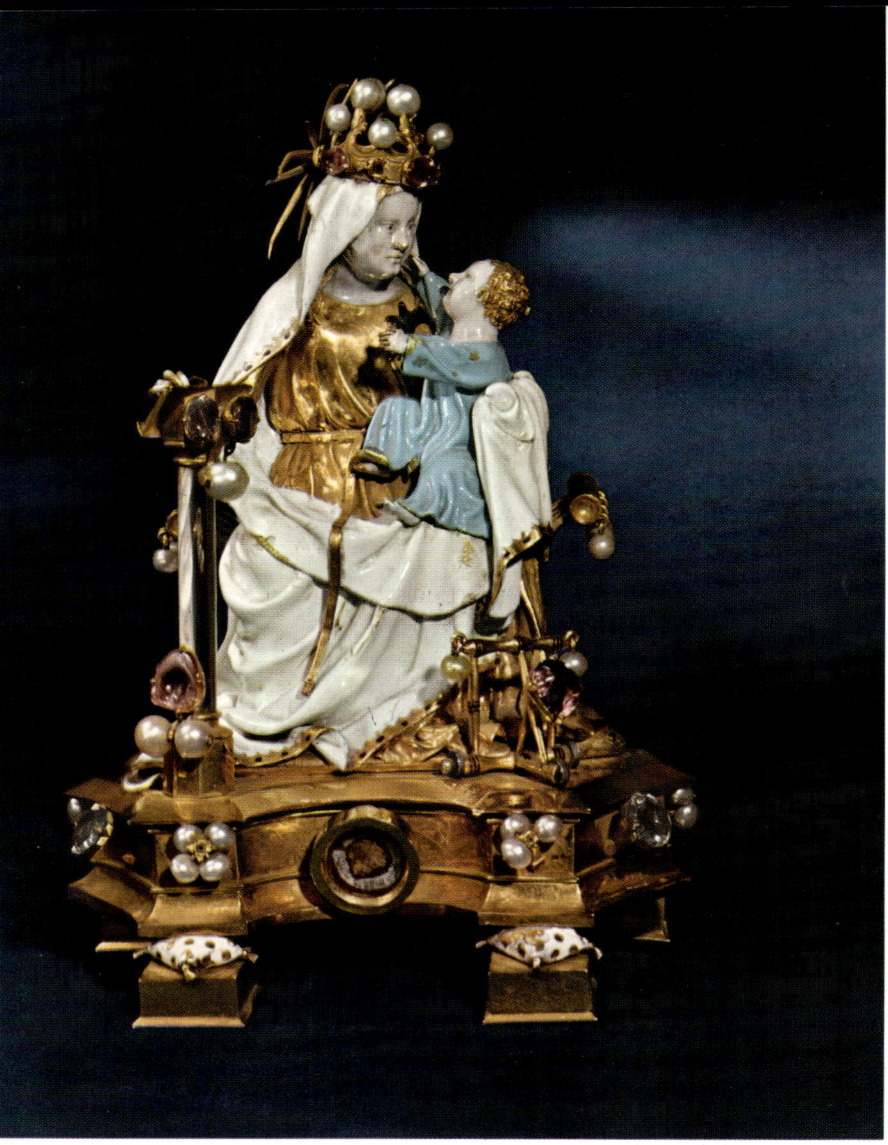
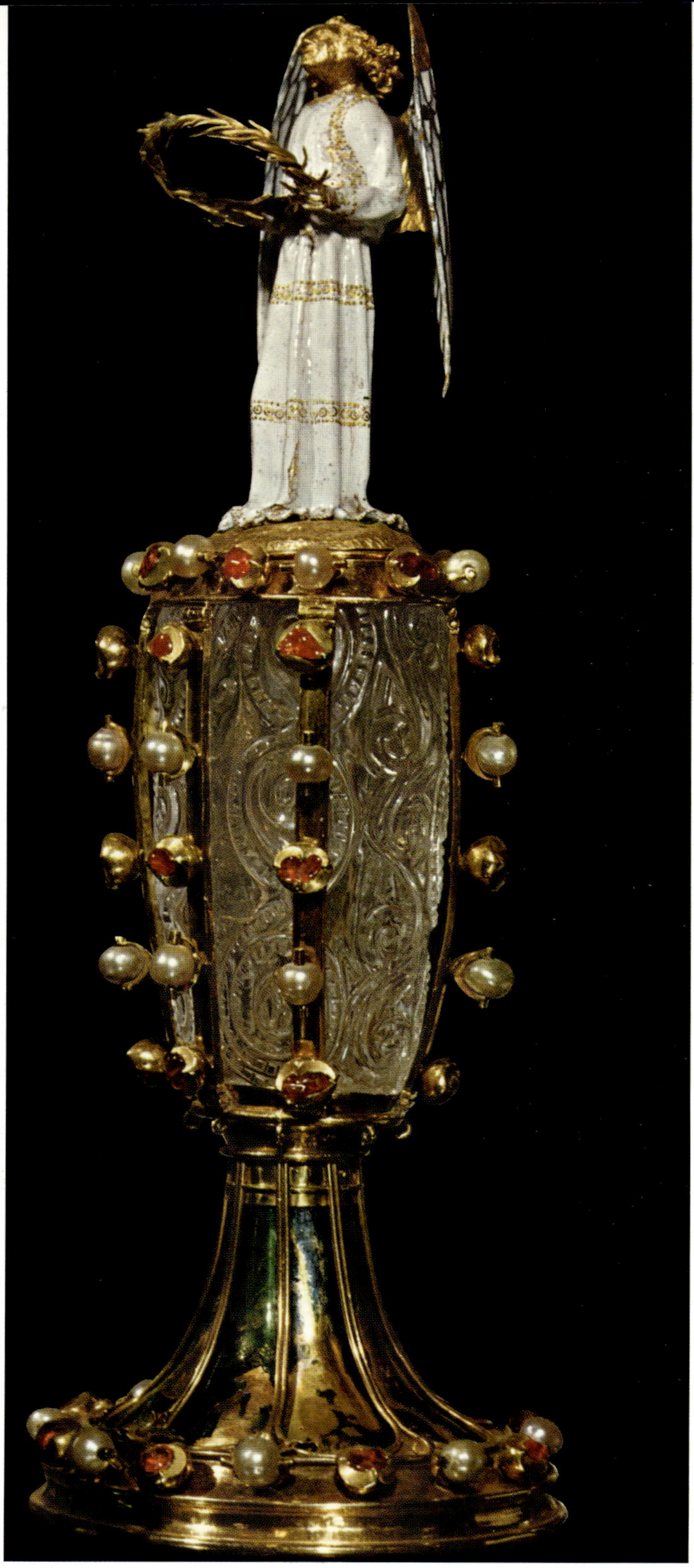
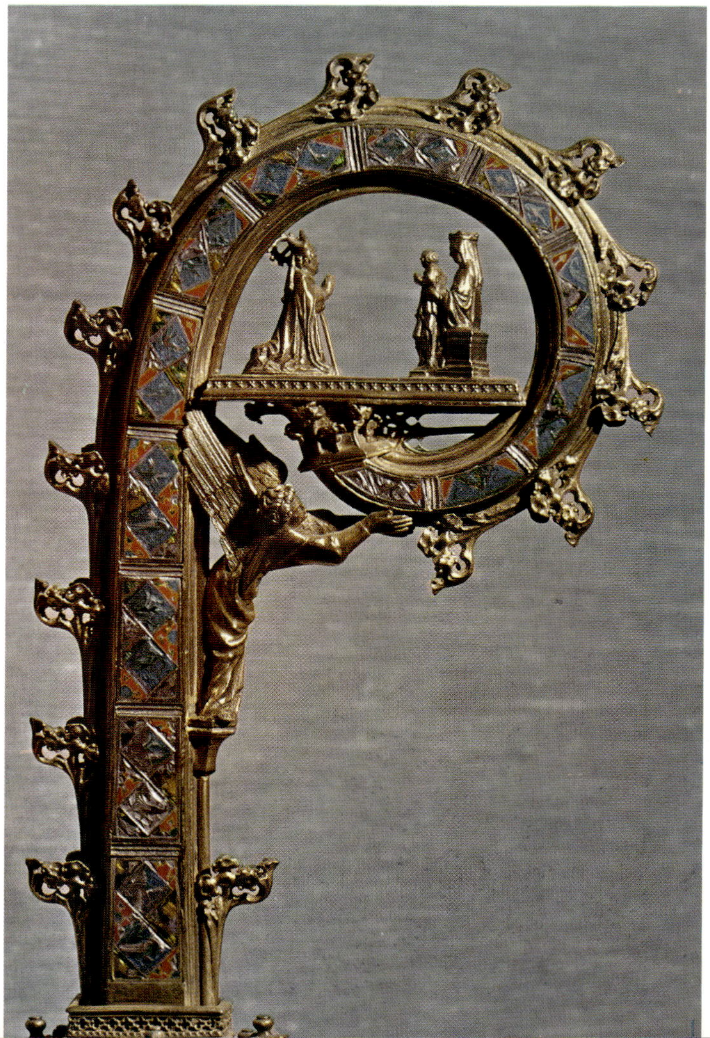
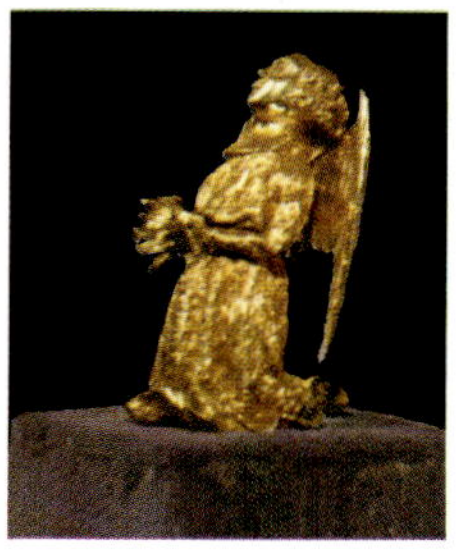

Leiche zu bemächtigen versuchte, um sie zu verbrennen. Doch seine Hände verdorrten und blieben am Sarg haften. Der Hohepriester erscheint zweimal: wie er den Sarg berührt und wie er sich ohne Hände auf der Erde in Krämpfen windet (Abb. 120).

Die Kathedrale blieb, nach Fertigstellung der Chorkapellen um 1330, bis zum Ende des 17. Jahrhunderts so gut wie unverändert. Dann folgten verheerende 'Verbesserungen'. Der gotische Hochaltar wurde durch eine pompöse Pietà ersetzt, von knienden Statuen Ludwigs XIII. und Ludwigs XIV. flankiert[7]. Die alten Grabmäler im Chor wurden niedergerissen wie auch Chorstühle und Chorschranke, für die Glasmalereien wurde in viele Fenster farbloses Glas eingesetzt. Dieser Vernichtungsprozeß nahm das ganze 18. Jahrhundert lang seinen Fortgang. 1771 entfernte man den Türpfeiler des mittleren Portals mit seinem skulpturierten Sturz, um bei der Prozession Platz für den riesigen Baldachin zu haben.

In der Französischen Revolution stieg eine Schauspielerin mit phrygischer Mütze als Göttin der Vernunft auf einen Säulenfuß im Chor; Mädchen streuten Blumen vor ihr aus und priesen sie im Lied, während man alle Metallgegenstände – Glocken, Statuen, Leuchter, Chorgitter und Reliquiare – fortschaffte, um sie in der Münze einzuschmelzen. Später diente die Kathedrale als Lebensmittellager und befand sich in baufälligem Zustand.

Die 28 Kolossalstatuen der Könige von Israel, die über den Portalen der Westfassade einen durchlaufenden Fries bildeten (wie zum ersten Mal in Saint-Denis), wurden irrtümlicherweise für Könige von Frankreich gehalten. Man zog sie an Stricken aus den Nischen und ließ sie unter wildem Jubel auf den Pflastersteinen zerschellen. Die heutigen Statuen sind wie alle freistehenden Skulpturen der Kathedrale – ausgenommen die Madonna auf dem Türpfeiler des Nordtors zum Kreuzgang – Repliken, während der Restaurierung in der zweiten Hälfte des 19. Jahrhunderts unter Leitung von Viollet-le-Duc geschaffen. Auch die Holztäfelung der Chorschranke des 14. Jahrhunderts, die die Veränderungssucht des 18. Jahrhunderts und die Zerstörungswut der Revolution überstanden hatte, wurde wiederhergestellt und neu bemalt (Abb. 117).

Skulpturen waren im Mittelalter wie im klassischen Griechenland oft bemalt. Viele der großen Figuren an den Westportalen, jetzt rußschwarz vor ebensolchem Hintergrund, hoben sich vielfarbig von einem mit Blattgold belegten Grunde ab. Augenzeugen des 15. Jahrhunderts rühmten die prächtige Wirkung. Unserem modernen Geschmack entspricht das so wenig wie ein farbiger Parthenon, dem Mittelalter aber war unsere Vorliebe für Naturstein fremd. Wo die mittelalterliche Plastik ihre Farbe behalten hat, ist der Effekt meistens sehr reizvoll[8], jedenfalls anders als bei den restaurierten Figuren des 19. Jahrhunderts.

117 *Der auferstandene Christus erscheint den drei Marien*. Detail der Chorschranke von Notre-Dame, Paris (14. Jh.; Malerei im 19. Jh. unter Leitung von Viollet-le-Duc erneuert)

Man darf sich allerdings nicht vorstellen, die Kathedrale sei ganz und gar bemalt gewesen. Die Farbe konzentrierte sich auf Brennpunkte wie Portale und Fensterrosen. An den Türmen waren kleine Stellen farbig oder vergoldet.

Die Westfassade von Notre-Dame (Abb. 96) gehört zu den architektonischen Meisterleistungen aller Zeiten. Die Proportionen beruhen auf einer Folge von vier Quadraten 'dem richtigen Maß entsprechend', das größere also immer zweimal so groß wie das kleinere Quadrat, in der von Matthäus Roriczer angegebenen Weise entwickelt (vgl. S. 101). Mit diesen Quadraten wird ein Rechteck im Seitenverhältnis 2 : 3 aufgebaut, das aus zwei ineinander greifenden oder sich zur Hälfte deckenden Quadraten besteht. Die eigentliche Fassade bildet, von den vortretenden Türmen abgesehen, ein Quadrat, und die oberen zwei Drittel,

113 S. 115: Detail aus der Fensterrose der Kathedrale von Chartres. Der Evangelist Markus auf den Schultern des Propheten Daniel

◁ 114 Reliquiar von Sant' Anita. Toledo, Domschatz

◁ 115 Krümme eines Bischofsstabes. Köln, Domschatz

◁ 116 Bergkristall-Reliquiar des Heiligen Dorns. Darunter der Engel, der früher im Reliquiar den Dorn hielt. Reims, Schatzkammer

vom oberen Rand der 'Galerie der Könige' bis zum obersten Turmrand, ein anderes Quadrat. Hier wurde das Ideal des hl. Augustinus verwirklicht: eine Architektur, deren Proportionen auf musikalischen Konsonanzen beruhen, die ihrerseits die harmonische Ordnung des Universums spiegeln. Das Zusammentreffen genialer Baukunst und wohlangewandter Mathematik brachte hier ein Werk zustande, dessen Vollendung noch von den erbittertsten Gegnern der Gotik anerkannt wird.

118 Notre-Dame, Paris. Blick von Süden über die Seine (unten links)

119 Kathedrale von Chartres, Westfassade (unten rechts)

Chartres

Schon in grauer Vergangenheit war die Kathedrale von Chartres Ziel der Pilger. Ein Marienbild stand hier in einer künstlichen Grotte bei einem heiligen Quell. Die ersten christlichen Märtyrer, die man der Legende nach in das Wasser geworfen hatte, ließen es heilkräftig werden. Bis zur Zeit der Französischen Revolution pflegten Nonnen hier Kranke, die durch eine Wunderkur in einem Teil der Krypta Heilung erhofften. In Chartres war die Kathedrale also zugleich Hospital. Die Märtyrer-Legende ist bis ins 12. Jahrhundert zurückzuverfolgen. Sicherlich griff die Kirche, die noch um ihre Existenz kämpfen mußte, auch hier dazu, ein heidnisches Heiligtum und seine Schutzgöttin dem neuen Glauben zu unterwerfen. Bestätigt wird dies durch den archäologischen Fund eines Heiligtums auf dem Gelände der Kathedrale, durch die bei gallischen Sanktuarien häufig vorkommende Verbindung des Heiligenbilds mit einer Quelle, vor allem aber dadurch, daß die ursprüngliche Holzfigur der Schutzherrin von Chartres, der *Virgo paritura* oder Fruchtbarkeitsgöttin – während der Französischen Revolution zeremoniell verbrannt, uns aber aus Beschreibungen und durch Kopien wohl bekannt – den Muttergöttinnen der gallisch-römischen Zeit täuschend ähnelte. Nach einer alten Tradition erkannte man darin christliche Elemente in vorchristlicher Zeit und deutete das so, daß aus prophetischer Ahnung bereits damals die Jungfrau verehrt worden sei.

Diese Gedankenverbindung bestimmte wohl auch Karl den Kahlen 876 die heiligste Reliquie der Jungfrau, die sein Großvater Karl der Große vom Kaiser von Konstantinopel erhalten hatte, aus der Schatzkammer in Aachen in die Kathedrale von Chartres zu überführen: die *sancta camisia*, oder 'heilige Tunika', die Maria bei der Geburt Jesu trug. Chartres hatte nun zweifachen Grund, sich als den »Lieblingsaufenthalt der Jungfrau auf Erden« anzusehen.

Auf dem Gelände der ersten Kathedrale (aus der Mitte des 4. Jahrhunderts) entstanden mehrere Kirchen, die dem Feuer zum Opfer fielen, zweimal mit Absicht vernichtet: 743 auf Befehl Herzog Hunalds von Aquitanien und 858 von dänischen Plünderern. Nach der Katastrophe ließ Bischof Gislebert einen größeren Bau errichten, der zum ersten Mal über die gallisch-römischen Mauern hinausreichte. Um das Bodenniveau auszugleichen, ließ er eine unterirdische Kammer mit schweren Gewölben bauen, die als Schatzkammer diente. Sie existiert heute noch unter dem gegenwärtigen Hochaltar[9] und sollte in der Geschichte der Kathedrale eine bedeutende Rolle spielen. 1020 brannte die Kathedrale wieder vollständig ab.

Die neue Basilika, die Bischof Fulbert baute, war ihrer Pracht wegen in der ganzen Christenheit berühmt. Uns interessiert am meisten die riesige Krypta aus zwei langen, parallelen Korridoren, die bei der Apsis endeten und durch einen Umgang miteinander verbunden waren. Von ihm aus öffneten sich drei radial angelegte Kapellen; das Ganze bildete die Form eines Hufeisens um einen größtenteils nicht ausgehöhlten Kern. Als 1134 ein Brand den größten Teil der Stadt vernichtete, blieb die Kathedrale verhältnismäßig unversehrt. Aus Dokumenten geht hervor, daß gleich darauf ein neuer freistehender Turm vor dem Gebäude errichtet wurde, vielleicht für den Nordturm, der beim Brand zu Schaden gekommen war. Der neue Turm wurde in das spätere Gebäude eingebaut und wird heute von einem zierlichen Helmdach aus dem 16. Jahrhundert überragt (Abb. 119). Schon 1145 wurde der entsprechende Südturm errichtet, mit seiner unvergleichlichen Turmspitze (Abb. 119 u. 121). Zugleich erweiterte man die Seitenschiffe bis zu den Türmen und baute einen Narthex, um die alte Fassade zu verdecken, die auf gleicher Höhe mit den Rückseiten der Türme, also im Osten, stand. (Die wunderbare Beschreibung, die uns Abt Haimon von den sich freiwillig vor die Wagen spannenden Fürsten und Bauern gibt, bezieht sich auf diesen Umbau.) Die Arbeit am Narthex mit den gemeißelten Portalen war noch nicht weit fortgeschritten – es ist das großartige *Königsportal*, durch das wir noch heute vom Westen her die Kathedrale betreten –, als der Bauplan geändert wurde. Der Narthex wurde Stein für Stein abgetragen, und man baute seine Fassade mit dem Königsportal in seiner gegenwärtigen Lage auf gleicher Höhe mit den Vorderseiten der Türme wieder auf. Zum Glück, denn am 10. Juni 1194 wurde Fulberts große Basilika durch Feuer zerstört, ausgenommen die Westtürme und die Fassade zwischen ihnen. Infolge ihres starken Kreuzgewölbes blieb auch die Krypta erhalten.

Nach dieser Katastrophe herrschte tiefe Niedergeschlagenheit. Doch zum Trost blieben die heilige Tunika und die *Virgo paritura* unversehrt. Beim Ausbruch des Brandes hatten Priester sie in die Karolingische Schatzkammer Bischof Gisleberts gebracht und die eisernen Falltüren heruntergelassen. Gleich darauf wurde der Eingang durch fallenden Schutt versperrt. Man entdeckte die Priester mit den kostbaren Reliquien erst einige Tage nach dem Brand. Nun trat an die Stelle der Verzweiflung ein Gefühl großen Vertrauens, das sich zu hoffnungsvoller Erwartung steigerte. Zwar hatte die Jungfrau die Zerstörung ihres Hauses zugelassen, aber nicht, weil sie Chartres hätte verlassen wollen, sondern weil sie sich – so deuten es die Chroniken – »eine neue und prächtigere Kirche zu ihren Ehren wünschte«. Um das recht zu würdigen, müssen wir bedenken, daß die Reli-

120 *Leichenzug Mariä*. Am Bahrtuch die Hände des Hohenpriesters, der den Zug aufhalten wollte. Basrelief im Chor von Notre-Dame, Paris

121 Detail vom Südturm der Kathedrale von Chartres

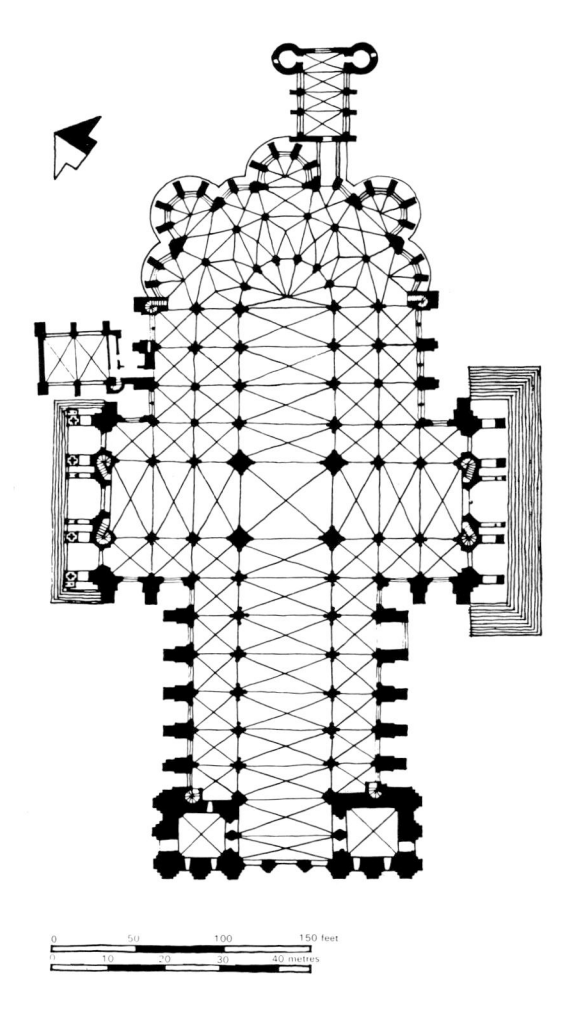

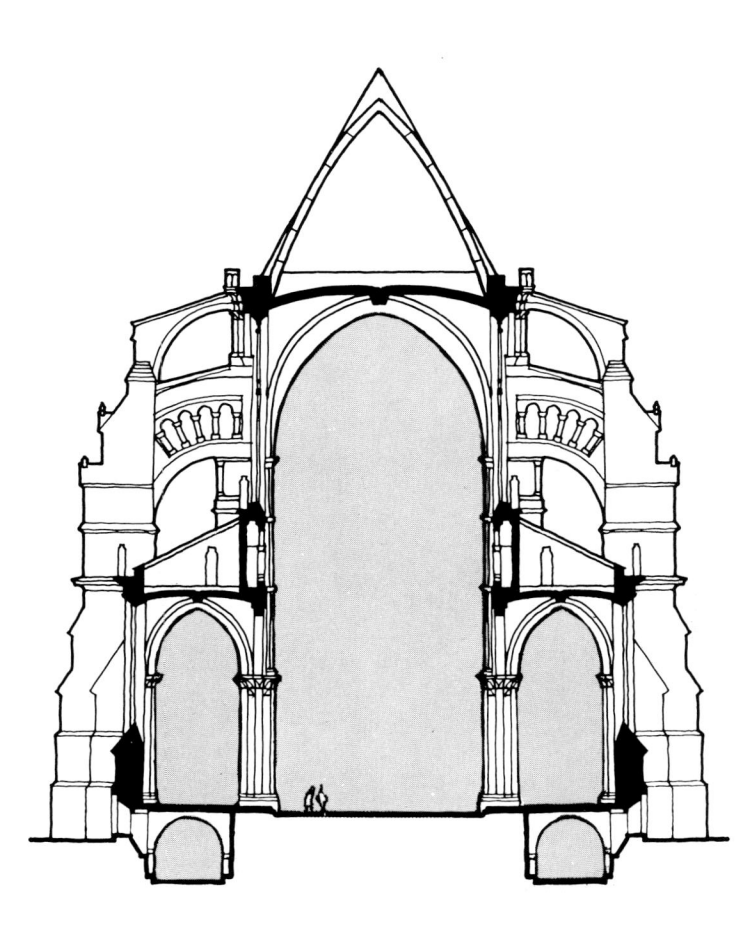

gion des mittelalterlichen Menschen, wie von Simson es ausdrückt, »eine Gemeinschaft mit einer sakralen Realität darstellte, die unsichtbar, aber doch unmittelbar und jederzeit gegenwärtig war. Die Verehrung der Heiligen und ihrer Reliquien und die Auswirkungen dieses Kultes auf fast jede Phase des mittelalterlichen Lebens ... sind unbegreiflich, wenn man die unmittelbare Beziehung zum Übernatürlichen nicht richtig versteht«[10]. Der Kult hatte auch wirtschaftliche Auswirkungen. Die großen Messen an den kirchlichen Festtagen lockten Scharen von Pilgern herbei. Nicht zufällig fanden die vier jährlichen Messen, die Chartres Wohlstand brachten, zur Zeit der Marienfeste statt. Der Verlust der Reliquien, die große Menschenmengen anzogen, wäre daher eine wirtschaftliche Katastrophe gewesen; ihre Wiederentdeckung machte eine neue, prächtigere Kathedrale notwendig, in die sie ihren Einzug halten konnten.

Das Projekt des Wiederaufbaus erweckte bei Armen und Reichen große Begeisterung. Beiträge für 'Unsere Liebe Frau von Chartres' kamen aus ganz Frankreich, aber auch aus dem Ausland herein. Richard Löwenherz begrüßte, obgleich er im Krieg mit Philipp August stand, persönlich die Abgesandten von Chartres, die um Spenden baten, und ermächtigte sie, frei durch ganz England zu reisen. Der Erzbischof von Canterbury soll ein Kirchenfenster gespendet haben. Im ›Book of Miracles‹ steht die Geschichte eines englischen Studenten, der in Frankreich studiert hatte und kurz vor seiner Rückkehr nach England den leidenschaftlichen Aufruf für Spenden vernahm. Er gab seine einzige Kostbarkeit her, eine goldene Halskette, die er für seine Braut gekauft hatte. In der folgenden Nacht erschien ihm zum Lohn die Jungfrau Maria, angetan mit der Kette.

Der Wiederaufbau wurde sofort in Angriff genommen. Man begann mit dem Mittelschiff; um 1220 war der Bau im wesentlichen vollendet. Die Seitenportiken stammen zum größten Teil aus dem zweiten Drittel des Jahrhunderts. Alles, Bauplastik und Fenster, war fertiggestellt, als die Kathedrale am 24. Oktober 1260 eingeweiht wurde.

Durch Fulberts Krypta, die man beibehielt, waren viele Elemente der neuen Kirche von vornherein festgelegt. Die große Breite des romanischen Hauptschiffs, das eine Holzdecke überspannt hatte, stellte die Erbauer des Steingewölbes vor große technische Probleme: die Spannweite betrug 17,25 m (bei Notre-Dame in Paris 12 m). Die größten Schwierigkeiten ergaben sich an der Apsis, da die Wände der drei radial angelegten romanischen Kapellen, auf denen die Säulen des Umgangs ruhen mußten, nicht auf einen einzigen Punkt zuliefen, den Halbkreis aber auch nicht in gleiche Teile zerschnitten. Ein Vergleich zwischen den Grundrissen der Krypta und der Kirche darüber zeigt die Notwendigkeit der scheinbar willkürlichen Unregelmäßigkeiten: der verschieden großen Säulen und Kapellen, und nötigt uns, den Erfindungsreichtum des Architekten zu bewundern, der zwei anscheinend unvereinbare Systeme miteinander verband (Fig. 9).

Der Baumeister der neuen Kathedrale, offenbar in keiner Weise durch die Gegebenheiten einzuschüchtern, schuf statt eines Kompromisses einen revolutionären Bauplan. Die Vorstellung einer Emporenkirche ließ er von Anfang an fallen. Kühne Strebebogen in doppelten Lagen[11] stellten das Gleichgewicht des hohen Gewölbes her, das hier seine klassische vierteilige

Fig. 9 u. 10   Kathedrale von Chartres, Grundriß und Schnitt

122 Kathedrale von Chartres. Das Strebewerk des Chors ▷

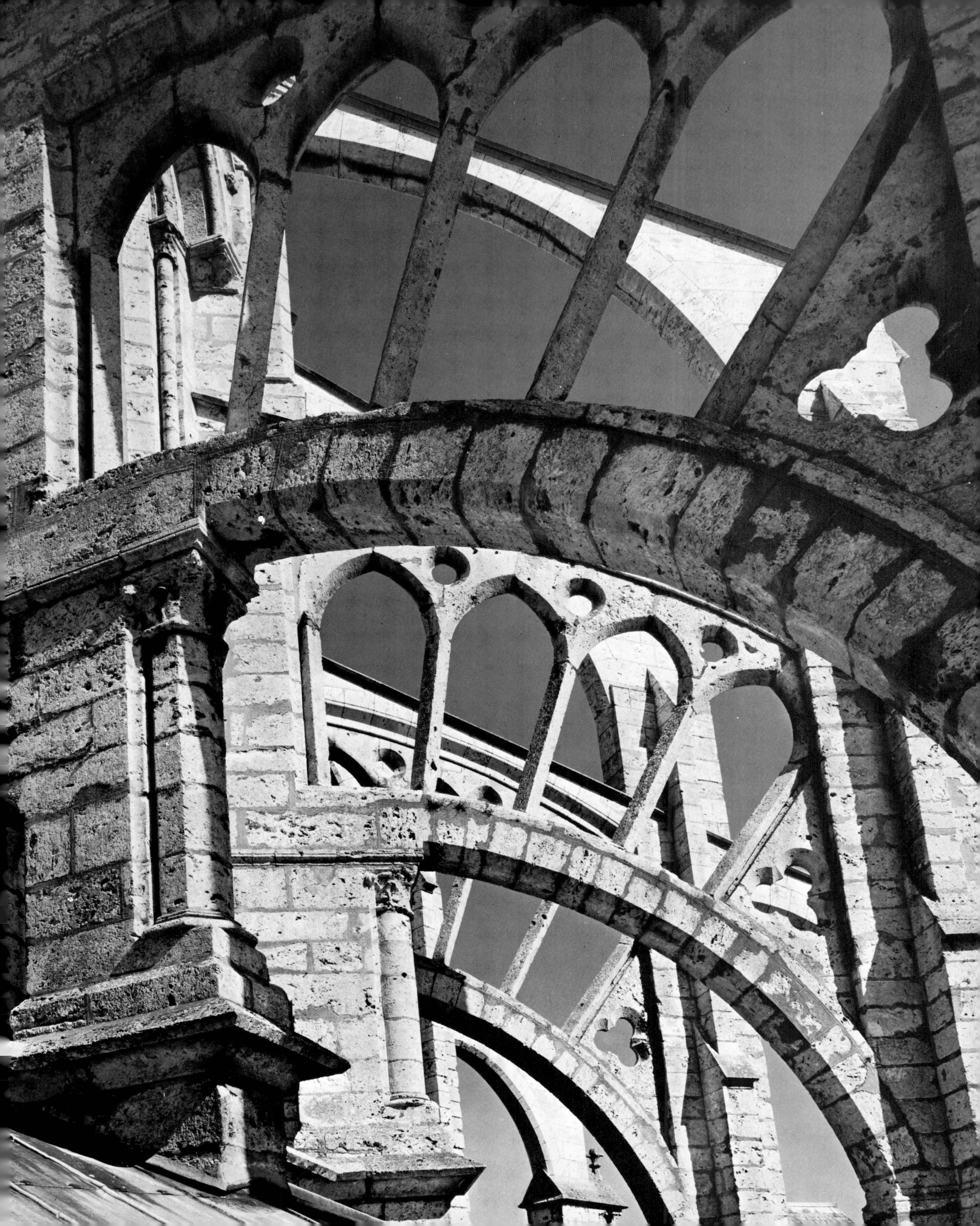

122   Frankreich: Chartres

123   Der hl. Thomas Becket wird von königstreuen Rittern erschlagen. Detail von der Märtyrersäule am südlichen Portikus der Kathedrale von Chartres

Form annahm (Abb. 122). In Chartres erhielt der Pfeiler auch seine charakteristische gotische Form: die zylindrischen Stützen der Arkaden des Hauptschiffs, wie es sie in Laon und Paris gab, wurden hier durch zusammengesetzte Pfeiler, *piliers cantonnés*, ersetzt, wodurch die Linie der Gewölberippen in einer bautechnisch logischen und ästhetisch befriedigenden Weise bis auf den Boden herabgezogen werden konnte. Bei dem vierteiligen Gewölbe verschwand die beim sechsteiligen auftretende Verschiedenheit der Belastung, doch blieb davon auch in Chartres noch eine subtile dekorative Nachwirkung: die Bündelpfeiler sind abwechselnd rund mit vier achteckigen Schäften und achteckig mit vier gerundeten Schäften (Abb. 111). Das Volumen ist jedoch in beiden Fällen gleich, so daß nur der Anschein einer Unterschiedlichkeit als ein besonderer Reiz gegeben ist.

Wie erwähnt, trat in Chartres an die Stelle des viergeschossigen Inneren der Frühgotik das dreigeschossige der Hochgotik: Hauptschiffarkade, Triforium und Fenstergeschoß (Fig. 10). Die doppelten Lanzettfenster, von einer zierlichen Fensterrose über-

ragt, sind zusammen 12,3 m hoch und erstrecken sich über die ganze Breite zwischen den Pfeilern. Die Erbauer der Kathedrale scheinen von der Idee fasziniert, immer mehr 'Licht von göttlicher Essenz' durch immer größere Fenster hereinzulassen. Damit andererseits aber die sakrale Atmosphäre des Inneren durch allzu viel Helligkeit nicht beeinträchtigt werde, bevorzugten sie eine dunklere Tönung des Glases, besonders bei den Blautönen, wenn man sie mit denen der Westfenster aus dem 12. Jahrhundert vergleicht. Die Beschaffenheit, nicht die Fülle des einfallenden Lichtes galt es zu verändern. Ähnlich schaffen moderne Architekten ganze Fensterwände und dämpften dann die übermäßige blendende Helle durch die Verwendung von getöntem Glas.

Die moderne Vorstellung vom durchsichtigen Gebäude war den gotischen Baumeistern fremd. Das Fenster umschloß noch einen Raum, statt ihn nur zu begrenzen; es blieb eine Wand, zwar eine entkörperte, glühende, durchscheinende Wand, aber eine optische Grenze, hinter der die profane Welt lag. In Chartres hat man wie nirgendwo sonst das Gefühl, zum Himmel emporgetragen zu werden, das schon Suger empfand. Der Eindruck des Strahlens und Funkelns, das das Innere erfüllt, ist so überwältigend, daß man zunächst nichts anderes sieht; der Bau selbst scheint nur der Rahmen für das Glas zu sein.

Glasbedeckt ist eine Fläche von etwa 6700 qm. Die drei Fenster unter der westlichen Fensterrose (Abb. 94) wurden mit der berühmten Figur der *Notre-Dame de la Belle Verrière*, jetzt im Chorumgang, aus dem Brand gerettet und stammen etwa von 1150; das übrige Glas gehört im großen ganzen in die Zeit von 1215 bis 1240. Die Künstler sind anonym; nur ein Stück aus dem 13. Jahrhundert, ein Medaillon in der Kathedrale von Rouen, trägt eine Inschrift: »Clemens vitrearius carnotensis m[e fecit]« (Clemens, Glasmacher aus Chartres, hat mich gemacht).

Von den großen Lanzettfenstern blicken die wuchtigen Figuren der Propheten, Apostel und Märtyrer herab, groß genug, um aus solchem Abstand zu wirken. Die aus unzähligen winzigen Glasfragmenten zusammengesetzten Medaillonfenster in den Seitenschiffen und im Chorumgang zeigen kleine Szenen aus dem Leben der Heiligen und können leicht 'gelesen' werden: von links nach rechts und von unten nach oben. Nie zuvor wurden religiöse Gedanken und Ermahnungen in so reizender Form präsentiert wie hier.

Fast alle Medaillonfenster haben die Gilden der Stadt gespendet: Goldschmiede, Maurer, Zimmerleute, Metzger, Bäcker, Gerber usw. Nirgendwo sonst zeigt sich die stolze Freude des Handwerkers an seiner Arbeit so schön wie in diesen Szenen, deren Schöpfer weit mehr leisteten, als wozu sie vertraglich verpflichtet waren. Die Fenster gemahnen an die Einheit der mittelalterlichen Gesellschaft innerhalb der Kirche. Jede Gesellschaftsschicht hatte zum Bau der Kathedrale beigetragen, also mußte sie auch vertreten sein, sei es in Vignetten, die die Stifter-Zünfte bei ihrer Arbeit zeigen, sei es in den Heiligenleben, in der Darstellung eines Auserwählten, der höheres Ansehen genoß als ein Fürst, obgleich er im Leben nur Schuster, Bauer oder Landarbeiter gewesen war.

Zuletzt wurde das nördliche Querschiff fertiggestellt; das Glas für die Fensterrose, eine Spende der königlichen Familie, stammt von 1223 bis 1236 (Abb. 112). Das Wappen von Kastilien, von nicht geringerer Bedeutung als die goldene Lilie Frankreichs, erinnert an die Rolle, die die hl. Blanka (Blanche de Castille) als Königin und später Regentin Frankreichs spielte. Das mittlere

124   Südportal der Kathedrale von Chartres ▷

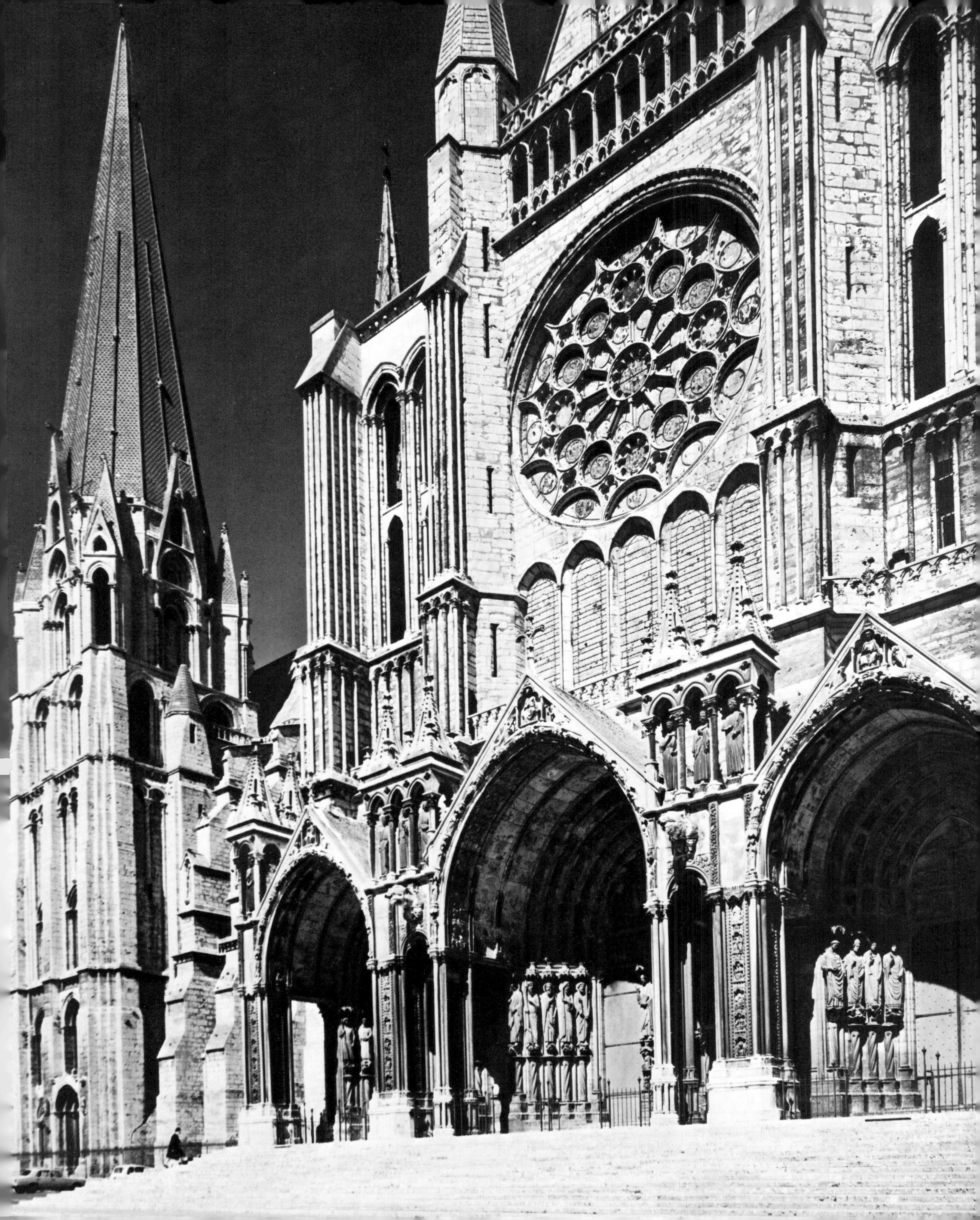

der fünf großen Lanzettfenster unter der Fensterrose (wie auch der skulptierte Türpfeiler des nördlichen Portikus) ist der hl. Anna geweiht. Ihr wurden in Chartres hohe Ehren zuteil, da ihr von Kreuzfahrern in Konstantinopel erbeuteter Schädel zu den Reliquien gehörte, die 1205 in den Besitz der Kathedrale kamen.

125 Basrelief von der Chorschranke der Kathedrale des 13. Jh. Chartres

Das Kirchenarchiv besagt, daß »der Kopf der Mutter mit großer Freude in der Kirche der Tochter empfangen wurde«.[12] Die anderen Lanzettfenster zeigen vier Gestalten aus dem Alten Testament: *Melchisedek*, *David*, *Salomo* und *Aaron*. Die Zeit hat das Glas merkwürdig verändert: die Fleischtöne sind verschiedentlich nachgedunkelt, so daß die Figuren mit ihren blendend weißen Augäpfeln und der dunkelbraunen Haut einen fremdländischen und darum besonders echten Eindruck machen. Salomos ritterliche Gestalt mag von der Ludwigs des Heiligen inspiriert worden sein, der damals noch ein junger Mann war. Fra Salimbene da Parma beschreibt ihn als »*gracilis, macilentus et angelica facie*« (schlank, mager und von engelgleichem Antlitz).

Unter den vier Figuren vier zugehörige Geschichten: Nebukadnezar beim Götzendienst; Sauls Selbstmord; Jerobeam, die goldenen Kälber anbetend (Abb. 145); Pharao, kopfüber vom Pferd in die Fluten des Roten Meeres stürzend.

Die Kirche lehrte, daß das Neue Testament fest auf den Grundlagen des Alten ruhe; in den Lanzettfenstern der südlichen Fensterrose wurde das außerordentlich kühn visuell zum Ausdruck gebracht: die vier Evangelisten sitzen auf den Schultern der vier größten Propheten (Abb. 113). Der ästhetisch so effektvolle Größenunterschied der beiden Figuren geht zweifellos auf die Lehren der Scholastiker, besonders Bernhards von Chartres, zurück, der die Menschen seiner Zeit mit Zwergen verglich, die nur fähig wären, weiter zu sehen als die geistigen Riesen der Vergangenheit, weil sie auf ihren Schultern stünden.

Der Entschluß, das Königsportal und die Türme beizubehalten, muß den Stilwillen des Architekten eingeengt haben. Da er keinen neuen Westeingang in seinem eigenen Stile errichten konnte, scheint er sich mit umso größerer Liebe den Querschiffen zugewandt zu haben, wo er weit über die alte Kirche hinaus und von keinem Unterbau behindert frei arbeiten konnte (Abb. 124). Als Vorbild für die großartigen dreifachen Portiken am nördlichen wie am südlichen Eingang diente offensichtlich Laon; der Bau, erst kürzlich fertiggestellt, wurde allgemein bewundert. In Chartres wandte man größte Sorgfalt auf die Architektur wie auf die Bauplastik. Die anmutige Weite der Portale von Laon wurde noch gesteigert, die innige Verbindung der dreifachen Portiken erzeugte eine stärkere räumliche Wirkung.

Die Bauplastik des Königsportals (um 1150) ist der von Saint-Denis verwandt und könnte in derselben Bauhütte geschaffen worden sein. Sie ist nicht nur das am besten erhaltene und schönste Beispiel für diesen Übergangsstil, sondern gehört zu den bedeutendsten Bildhauerwerken aller Zeiten (Abb. 26, S. 39, u. Abb. 126). Skulptur und Architektur sind hier in vollendeter Weise eine Einheit geworden. Die heiter gelassenen Gewändefiguren sind in ihrem menschlichen Ausdruck, trotz der geringen Ausmaße und der stilisierten, wundervoll dekorativen Behandlung des Faltenwurfs, nicht mehr romanisch und noch nicht ganz gotisch und wurden daher als »Vorfrühling der gotischen Skulptur« bezeichnet[13].

Die Befreiung der Skulptur aus der dienenden Rolle gegenüber der Architektur ist in dem plastischen Schmuck der Nord- und Südportale, die kaum ein Jahrhundert später entstanden, schon weit fortgeschritten[14]. Die Figuren sind natürlich in Proportion und Haltung, sie sind fast losgelöst von der Wand, aber fühlbar im Zusammenhang mit ihrer architektonischen Umgebung konzipiert. Zu den schönsten gehören die Gestalten aus dem Alten Testament am Mittelportal des nördlichen Portikus. Von hoher Poesie ist die Darstellung *Johannes des Täufers* (Abb. 128). *Melchisedek*, *Abraham*, *Moses* und *Samuel* zeigt Abb. 127; besonders eindrucksvoll die Gruppe von Abraham und Isaak: der Vater hat schon die Hand erhoben, um zuzuschlagen, Isaak steht gefesselt, seinem Schicksal ergeben, und beide blicken jetzt empor, da die erlösende Stimme ertönt. Die gefaßte Haltung in einem so dramatischen Augenblick bekundet das ritterliche Ideal der Mäßigung bei Freude und Furcht. In der Kunst des 13. Jahrhunderts gleichen sogar Märtyrerszenen tänzerischen Riten; der Nachdruck liegt auf dem Triumph des Geistes, nicht auf dem Sterben. Die Freude an greulichen Einzelheiten gehört einer späteren Zeit an.

Auf dem Kragstein, der Abraham und Isaak trägt, erscheint das Opfertier, der im Dickicht gefangene Widder, ein Werk vollendeter Meisterschaft. Solche Ausschmückung der Konsolen ist häufig: zu Füßen der *Königin von Saba* ein hockender Negersklave mit Geschenken für König Salomo, zu Füßen des *Hl. Gregor* sein Schreiber, verwundert aufschauend, da dieser ihm die Worte diktiert, die ihm von einer Taube ins Ohr geflüstert werden. Diese meisterhaften Figürchen geben dem Betrachter Hinweise auf die Identität der Hauptfiguren.

Alle vier *specula* (der Natur, der Wissenschaft, der Moral und der Geschichte) breitet Chartres in mehr als 10000 Figuren in Glas oder Stein vor uns aus. Manche Kathedralen können sich in der Architektur mit Chartres messen, eine oder zwei vielleicht in der Bauplastik, keine in der Glasmalerei, geschweige denn in

126 Gewändefiguren am ›Königsportal‹ zu Chartres – vollkommene Einheit von Plastik und Architektur

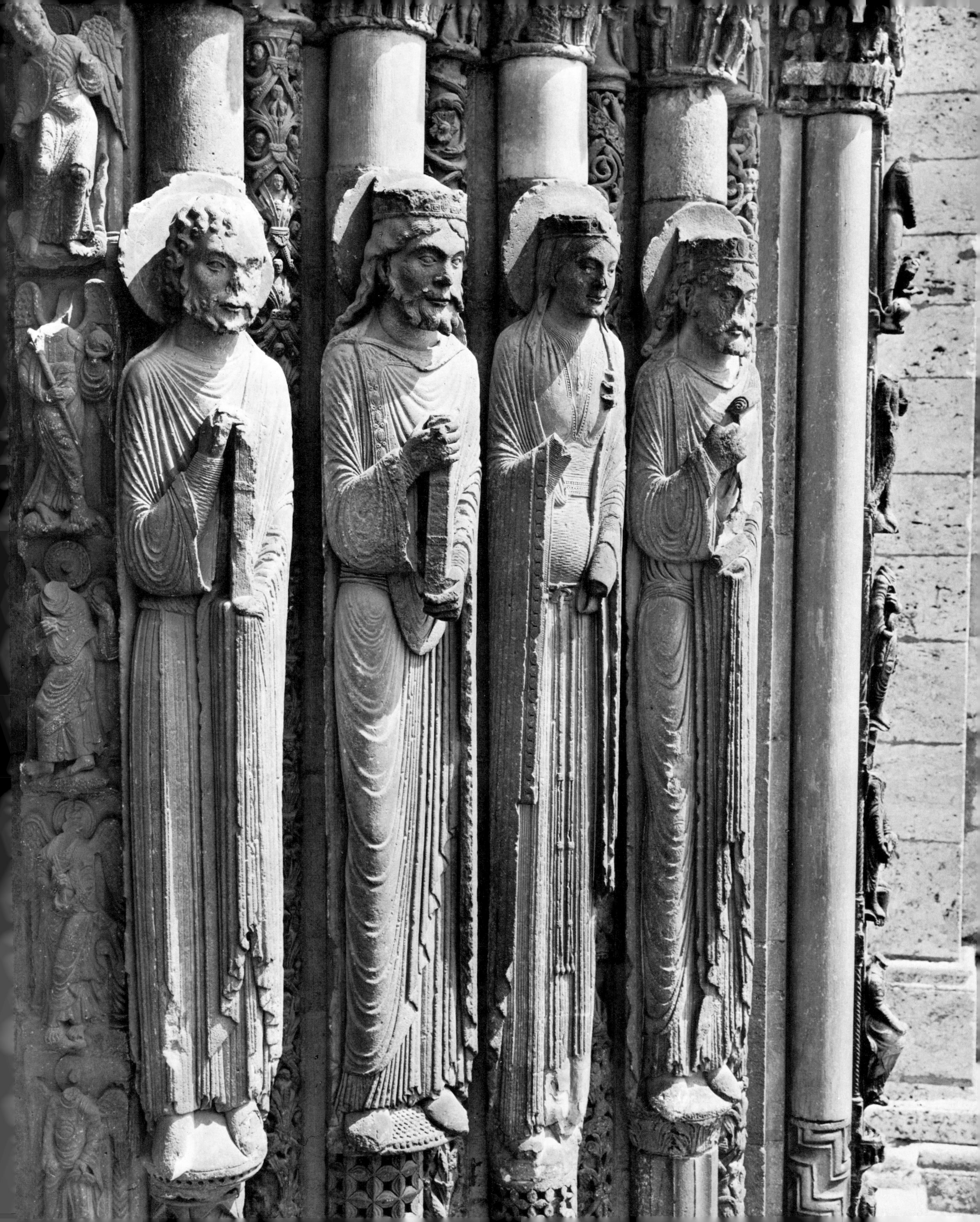

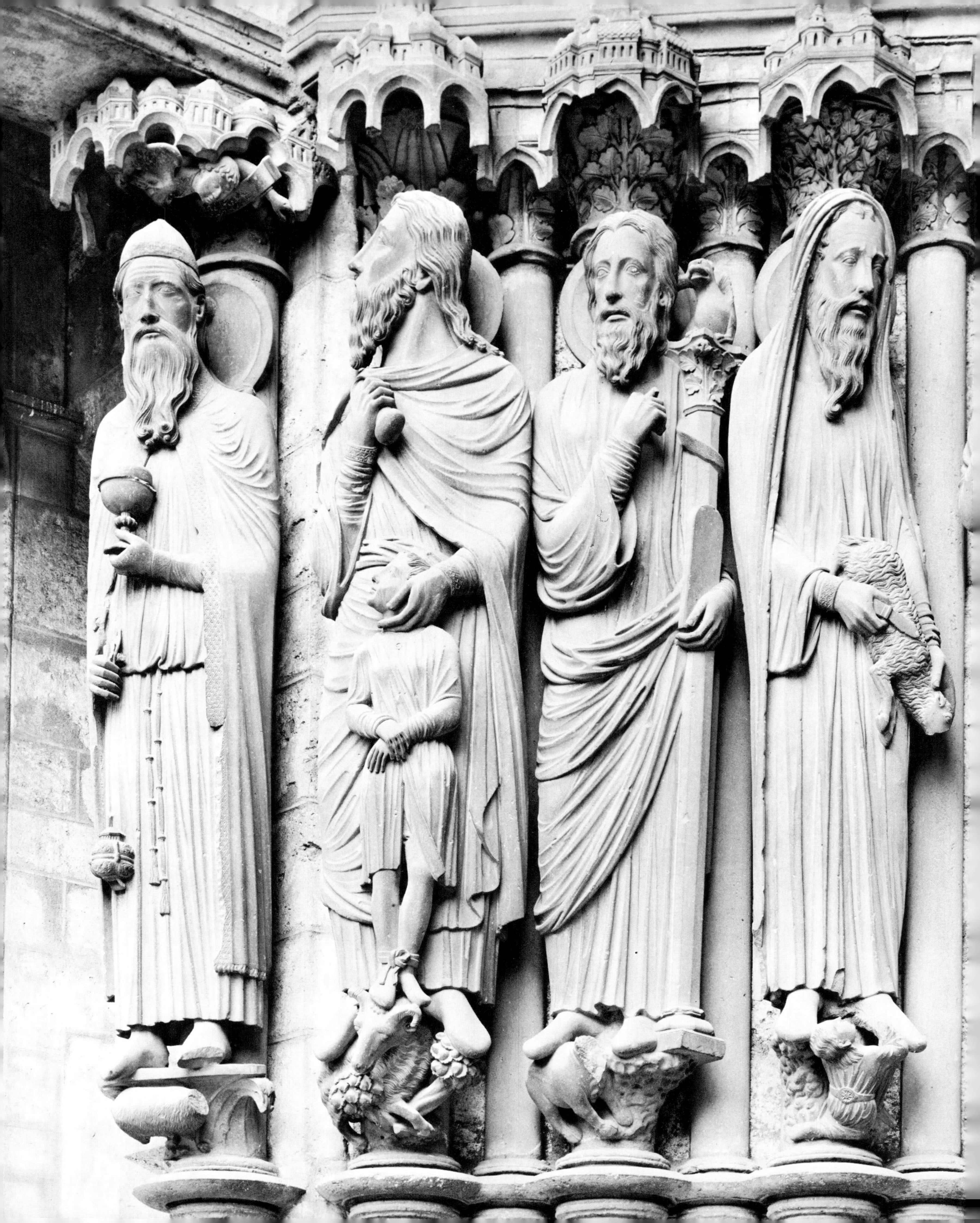

dem unvergleichlichen Einklang von Architektur, Bauplastik und Glas. Die Kathedrale, wie wir sie heute sehen, ist der vollständigste und vollendetste Ausdruck dessen, was den Geist und das Gefühl des Mittelalters ausmacht.

Nach 1260 wurden nur einige unwichtige Änderungen vorgenommen[15], bis in der Nacht des 26. Juli 1506 ein Blitz die bleigedeckte, hölzerne Spitze des Nordturm zerstörte. Das Kapitel beauftragte Meister Jean Texier oder Jean de Beauce mit dem Entwurf einer würdigen Turmspitze, die 1513 fertig war. Der Bau stammt aus einer schöpferischen Periode, die jede Nachahmung der Vergangenheit verschmähte, er zeigt den typischen 'Flamboyant-Stil' der Spätgotik (Abb. 119)[16]. Die ruhelose Bewegung und die gebrochene Silhouette von Meister Jeans Turmspitze hebt sich von der heiteren Gelassenheit des Südturms auffällig ab. Sorgfältig wurden die Volumen der beiden Türme ausgewogen; der neue ist leichter aber höher, womit er zweifellos in besserem Verhältnis zur Höhe der Fassade steht als der Südturm, der ja für eine zurückweichende Westfassade gebaut worden war.

Im 18. Jahrhundert wurde das Innere des Chors von Chartres in klassizistischem Stil umgestaltet. Die Innenfläche der von Jean Texier in Angriff genommenen und erst 1715 vollendeten Chorschranke wurde mit Marmorreliefs von mittelmäßiger Qualität ausgekleidet. Zum Glück blieb das Äußere der Schranke mit ihren zweihundert Figuren und dem köstlichen Maßwerk erhalten. Der größte Verlust war die gleichzeitige Zerstörung des *jubé*, der Steinschranke aus dem 13. Jahrhundert. Bruchstücke ihrer Bauplastik fand man durch Zufall, unter dem Pflaster vergraben; sie gehören zu den schönsten Werken der Gotik (Abb. 125).

◁ 127 Figuren aus dem Alten Testament am schattigen Nordportal der Kathedrale von Chartres. Von links nach rechts: *Melchisedek, Abraham und Isaak, Moses, Samuel*

128 *Johannes der Täufer*. Vom nördlichen Portikus der Kathedrale von Chartres

Reims

In Reims taufte der hl. Remigius am Weihnachtsabend 496 den siegreichen Frankenkönig Chlodwig zusammen mit vielen seiner Krieger. Damit war die Autorität der Kirche bestätigt, und damit nahm eine Tradition ihren Anfang, die der Stadt ihren Rang als Krönungsstadt sicherte.

1210 vernichtete ein Brand, der den größten Teil der Stadt in Asche legte, die karolingische Kathedrale, aber schon im nächsten Jahr wurde am Jahrestag der Katastrophe der erste Stein für die gegenwärtige Kathedrale gelegt. Papst Honorius III. erteilte jedem einen besonderen Ablaß, der zum Bau der neuen

129 Kathedrale von Reims. Von der erhabenen Höhe der Strebepfeiler am Langhaus wacht ein Engelchor über das 'Himmlische Jerusalem' der Kathedrale. Menschliche und tierische Kragsteinköpfe schmücken die Basis der Turmspitzen

Kirche beitrug: »*structura egregia et adeo dispendiosa*«. Die Domherren weihten um 1241 den Chor ein. Die Arbeit an der prächtig dekorierten Westfassade hatte schon begonnen. Der Vorhof zum bischöflichen Palast lag noch voller Steine und Baumaterial, als Philipp VI. von Valois 1328 gekrönt wurde. Während des Hundertjährigen Krieges schritt die Arbeit langsam voran, so daß die Kathedrale 1429 noch nicht fertig war, als in Reims in Anwesenheit der Jeanne d'Arc die Krönung Karls VII. stattfand. 1481 fehlten nur noch die Spitzen der Türme, aber ihre Basen waren schon gelegt, als ein Brand das Dach, den Glockenturm und den großen Dachreiter über der Vierung vernichtete. Nach Ausbesserung dieser Schäden war mit den Geldmitteln auch die Freude am Bau der beiden Turmspitzen dahin.

Das 'Labyrinth' im Hauptschiff (vgl. a. Abb. 80), in dem die Namen der ersten vier Architekten verzeichnet waren, existierte bis 1778. Dann ärgerte einen Domherrn der von Kindern und Kirchenbesuchern verursachte ständige Tumult auf dem gewundenen Pfad; er stiftete 1000 Pfund, um den Boden mit glatten Steinplatten zu bedecken. Zum Glück sind die meisten Einzelheiten der Inschrift auf den Gedenktafeln überliefert worden. Danach geht der ursprüngliche Entwurf auf Jean d'Orbais zurück, bis 1231 Baumeister, »der mit dem Bau des Altarplatzes begann«. Sein Nachfolger, Jean le Loup (1231–1247), baute den Chor und legte die Fundamente für die Westfassade; Gaucher de Reims (1247–1255) arbeitete an den großen Portalen und war vielleicht vorzugsweise Bildhauer, während Bernard de Soissons (1255–1290) dargestellt ist, wie er mit dem Zirkel einen Kreis schlägt; die Inschrift lautet »qui fit cinq coûtes et ouvra à l'O« (der fünf Joche des Gewölbes baute und an dem 'O', der großen Fensterrose, arbeitete). Einen fünften Baumeister, uns aus anderen Quellen bekannt, erwähnte die Inschrift vielleicht auch: Robert de Coucy (1290–1311); er führte die Arbeit an der Westfassade und an den Türmen weiter.[17]

Trotz der langen Bauzeit zeigt die Kathedrale von Reims einen ungewöhnlich einheitlichen Stil; die späteren Meister hielten sich an den ursprünglichen Entwurf. Die Westfassade, die der allgemeinen Vorstellung von einer gotischen Kathedrale am nächsten kommt, ist von großer Schönheit; die reich variierten dekorativen Elemente fügen sich mit überzeugender Sicherheit zu einem Ganzen zusammen, den Beginn einer neuen Epoche ankündigend. Die großen Portiken von Laon, in Chartres an die Seitenfassaden verbannt, kehren in Reims an die Westfront zurück. Weniger schön sind Einzelheiten wie der allzu überladene Giebel des mittleren Portikus; der ganzen Fassade fehlt etwas von der Kraft, der Vornehmheit und der Ausgewogenheit von Paris oder Amiens.

Die 'Galerie der Könige' findet in dieser Krönungskirche naturgemäß ihren monumentalsten Ausdruck; die 56 Statuen, von denen jede 4,3 m hoch ist und 6 bis 7 Tonnen wiegt, bilden an der Basis der Türme einen massiven Fries, der um die Seitenfassaden herum und dann wieder zum Dach zurückläuft (Abb. 131). Den Ehrenplatz in der Mitte nimmt Chlodwig ein, neben ihm seine Gemahlin Clotilde und der hl. Remigius. Unter den Figuren zieht sich um das ganze mittlere Joch herum ein schmaler Balkon; hier sangen am Palmsonntag die Chorknaben, von Musikanten begleitet, das 'Gloria', auf das der Klerus, 4,5 m unter ihnen auf den Stufen versammelt, zusammen mit den Gläubigen die Erwiderung sang.

Zum Schönsten an dieser Kathedrale gehört das Strebewerk am Langhaus, das durch die neu gebauten Kapellen im Schiff unbeeinträchtigt blieb. Die Strebepfeiler enden in offenen, turmartig gekrönten Tabernakeln, in denen Engel mit ausgebreiteten Flügeln stehen und das Himmlische Jerusalem der Kathedrale bewachen (Abb. 129). Das Strebewerk ist außerordentlich solide und widerstand mit den starken Gewölben der Kathedrale dem langen Beschuß im Ersten Weltkrieg[18].

Der klassische Bauplan von Chartres wurde in Reims weiter entwickelt und vervollkommnet. Da hier keine Rücksicht auf einen älteren Bau zu nehmen war, konnte das Chorhaupt regelmäßiger gestaltet werden; es wurde so breit, daß es die Querschiffe mit umfaßte und so den weiten Raum schuf, der für die Krönungsfeierlichkeiten erforderlich war.

Die Gestaltung der Fenster war wohl die bedeutendste Neuerung des Jean d'Orbais. Waren in Chartres in die Wände der Seitenschiffe einzelne Lanzettfenster eingelassen, zwischen jeweils

130 Kathedrale von Amiens. Blick auf das Triforium des Mittelschiffs

131 Kathedrale von Reims. Das Dach über dem Hauptschiff mit seiner ▷ Bekrönung durch vergoldete *fleur-de-lis* und die oberen Geschosse des Südwestturms. Die Figuren der Könige sind 4,30 m hoch

Fig. 11 Kathedrale von Reims, Grundriß

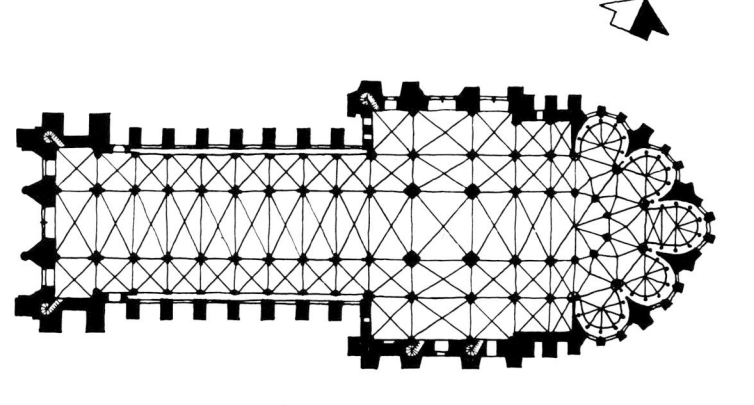

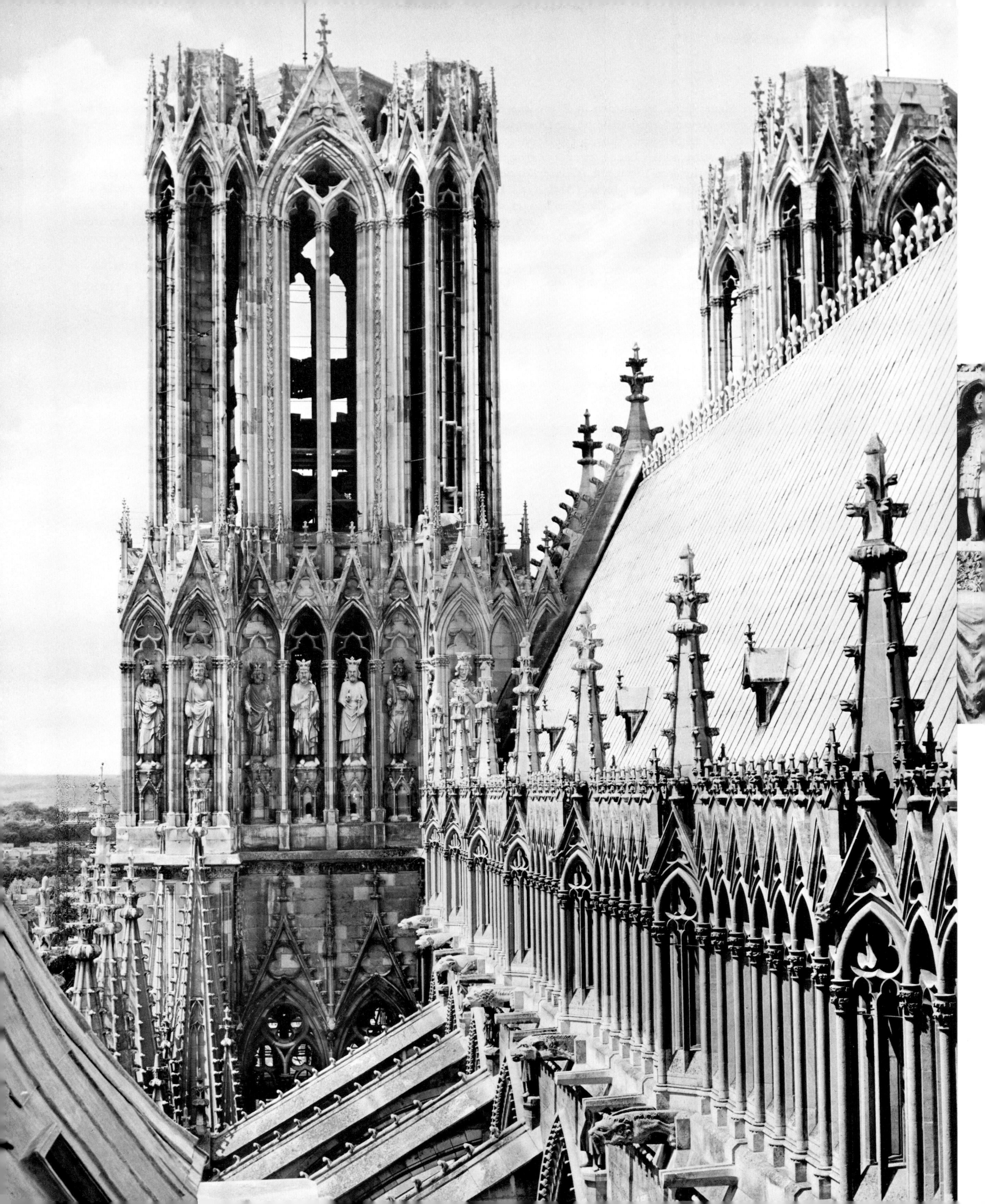

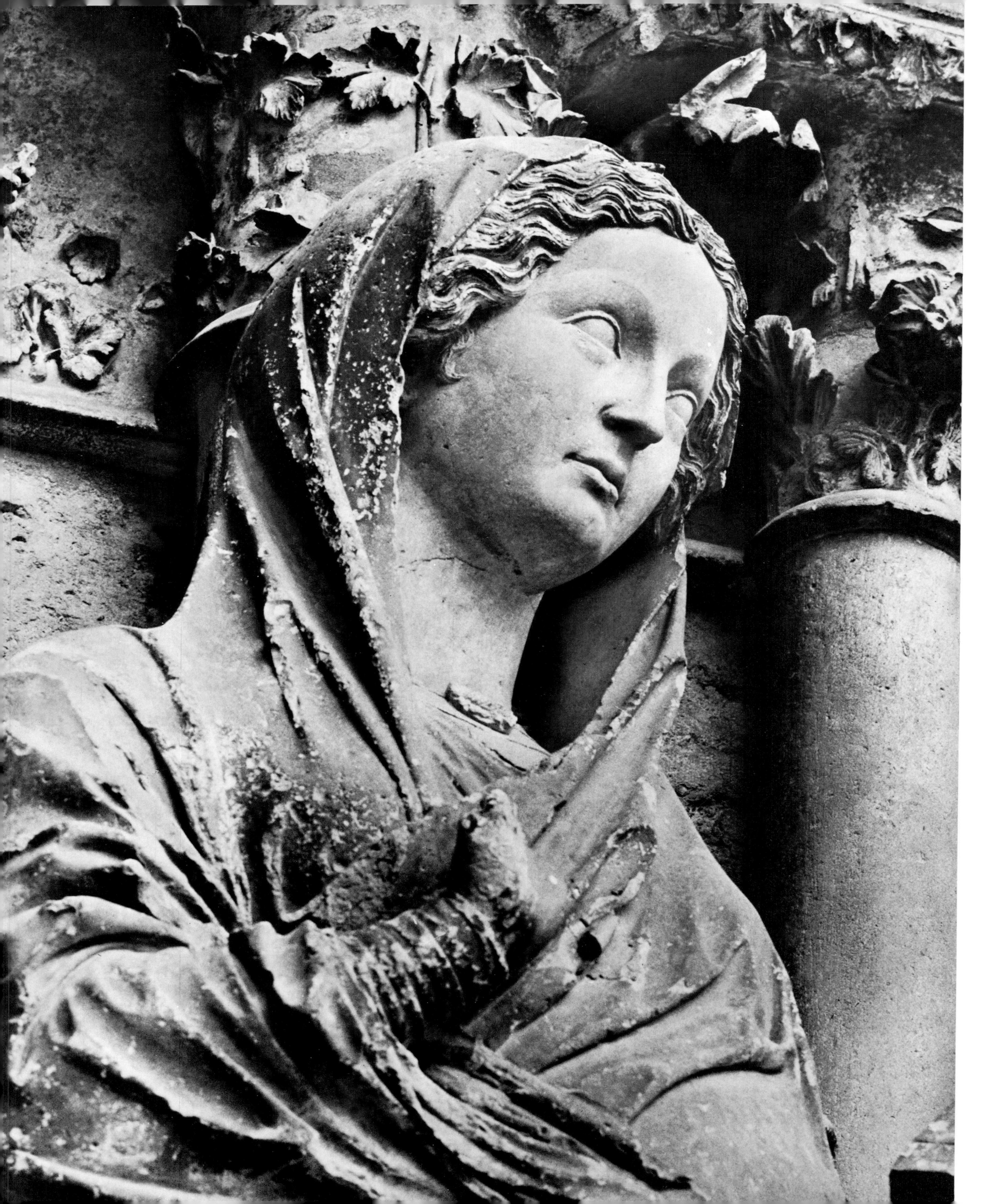

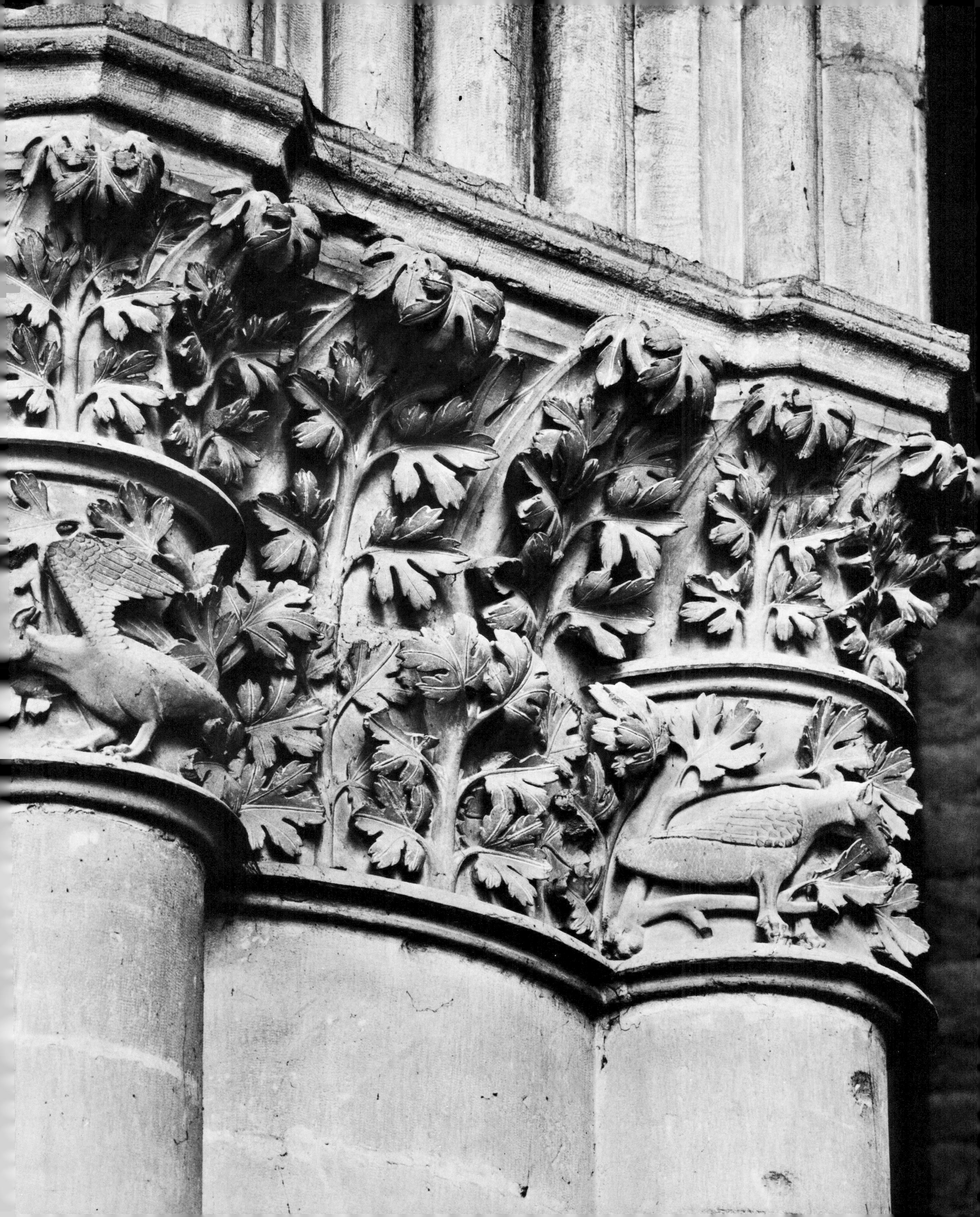

Amiens

Die Kathedrale von Amiens erwarb 1206 aus Konstantinopel einen Teil vom Schädel Johannes des Täufers. Die Reliquie wurde zum Ziel für Pilger von weit und breit und trug beträchtlich zum Wohlstand der Stadt, die wegen ihres Tuches, ihrer Farbstoffe, insbesondere aber ihres Färberwaids berühmt war, bei. Die romanische Kathedrale wurde 1218 durch Brand zerstört; damals war der kluge, aristokratische Evrard de Fouilloy noch Bischof, und sein Dekan war der gefeierte Theologe und Prediger Jean de Boubers oder d'Abbeville, später Kardinal und Vertrauter Papst Gregors IX. Kein Zweifel, daß der erhabene Idealismus und die reich gegliederte, aber kohärente Darstellung der Glaubenssätze in der fest gefügten Ikonographie der neuen Kathedrale diesen beiden außergewöhnlichen Männern viel zu verdanken hat.

Im Gegensatz zur üblichen Bauweise nahm man hier zuerst das Hauptschiff in Angriff, um die auf dem Gelände des Chors stehende Kirche Saint-Firmin so lange wie möglich zu schonen. Evrard de Fouilloy legte 1220 den Grundstein: das Schiff war 1236 vollendet. Gleich darauf begann man mit dem Bau des Chors und der Querschiffe. Geldmangel und der große Brand von 1258 verzögerten die Arbeiten, so daß das Gebäude erst um 1269 fertig wurde. Aus der 1288 in das Labyrinth eingefügten Metallplatte kennen wir den Namen des Architekten, Robert de Luzarches, und seiner beiden Nachfolger (vgl. a. S. 89). Die Kapellen zwischen den Strebebogen des Schiffes wurden zwischen 1292 und 1375 gebaut, die obersten Geschosse der beiden Westtürme stammen aus dem späten 14. und frühen 15. Jahrhundert. Im 18. Jahrhundert wurde der Chor dem Zeitgeschmack entsprechend verändert. Dem vereinten Bemühen einer Gruppe aufgeklärter, einflußreicher Bürger unter Leitung eines Richters, eines Architekten, eines Bibliothekars und des Bürgermeisters der Stadt, des Perückenmachers Jean Lescouve, gelang es, die Kathedrale vor der Zerstörung in der Französischen Revolution zu bewahren.

Die Schatzkammer wurde allerdings geplündert, und die vielen Grabfiguren aus Bronze und Kupfer wurden auch hier zur Münze befördert und eingeschmolzen. Wie durch ein Wunder blieben zwei Bischofsfiguren erhalten – die einzigen, die in ganz Frankreich diese Zeit überstanden – darunter die des Evrard de Fouilloy[21]. Dieses großartige Beispiel einer aus einem Stück gegossenen Bronzeplastik zeigt den Gründer der Kathedrale in segnender Haltung, wie er – recht sanftmütig – die Sünde mit Füßen tritt, die durch zwei reizende drachenartige Kreaturen symbolisiert wird (Abb. 140 u. 49)[25].

Im Hauptschiff von Amiens werden die gotische Bauweise und die zuerst in Chartres verwirklichte Konzeption des klassischen, dreigeschossigen Inneren zur Vollendung geführt (Abb. 141). Hier herrscht eine jedem Prunk abholde Majestät, Verfeinerung ohne Effekthascherei, eine Klarheit der Raumgestaltung, die wie die Verkörperung scholastischen Denkens in Stein wirkt, und ein triumphierendes, doch gebändigtes Aufwärtsstreben. Kräftig

142 Chor der Kathedrale von Amiens mit dem ganz aus Fenstern gebildeten Triforium ▷

140 Kathedrale von Amiens. Detail der Bronzestatue des Stifters, Bischof Evrard de Fouilloy (s. a. Abb. 49, S. 62)

141 Das Hauptschiff der Kathedrale von Amiens, die vielleicht vollendetste Verkörperung gotischen Geistes ▷

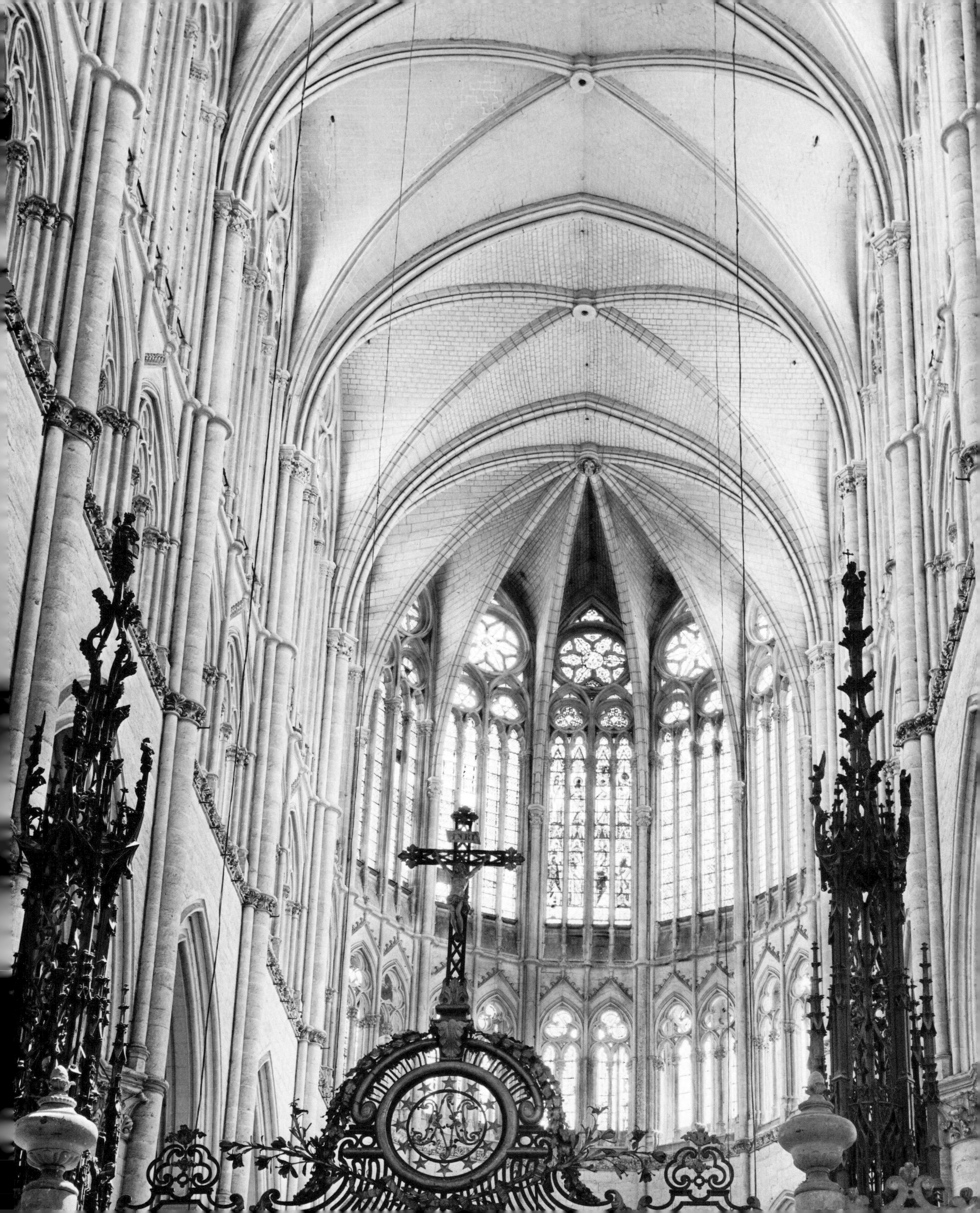

143 Kathedrale von Amiens. Blick in das nördliche Querschiff mit den spätgotischen Fenstern (1325)

herausgemeißelt ist das Steinband mit Blattornamenten unter dem Triforium; es zieht sich wie eine Girlande über die vorspringenden Säulenschäfte und setzt ihrer aufstrebenden Linie einen horizontalen Akzent entgegen, die gegenstrebenden Energien im schönen Gleichgewicht haltend. Diese 'klassische' Ausgewogenheit wird besonders evident, wenn man die Kathedrale mit dem Kölner Dom vergleicht, einem auf Amiens basierenden nachklassischen Entwurf, bei dem die Vertikale frei ausschwingt (Abb. 260).

In Chartres stellt das Triforium ein unabhängiges Element dar, in Amiens verschmilzt es auf subtile Weise mit dem Fenstergeschoß. Der mittlere Fensterpfosten wurde bis zur Basis der Triforiengalerie heruntergezogen und die Arkade in drei Öffnungen gegliedert, von durchbrochenem Kleeblattzierat umgeben und in einen Spitzbogen gefaßt, der die Form der großen Fenster darüber wirkungsvoll abwandelt.

In dem späteren Chor führte die Tendenz, Triforium und Fenstergeschoß zu verbinden, ganz folgerichtig zum verglasten Triforium, *claire-voie* (Abb. 142). Der Umgang und die Kapellen erhielten nicht mehr das übliche schräge Dach, das sich an die Wand des Triforiums lehnt, sondern eine Reihe selbständiger Dächer, was eine malerische Wirkung ergibt, die unter geringeren Händen leicht hätte zu effektvoll ausfallen können (Abb. 149). Im Inneren wurde der Traum von der gläsernen Kirche verwirklicht, doch auf Kosten der plastischen Kraft: die starke Kontrastwirkung des Maßwerks, das sich von dem leuchtenden Glas abhob, und der hellen Triforiums-Arkade, die aus dem verschatteten Durchgang hervortrat, gingen verloren.

Der Drang himmelwärts, der die Wölbungen immer höher getrieben hatte (24 m in Laon und Paris, 36,5 m in Chartres, 38 m in Reims), erreichte hier eine Höhe von 42,30 m. Nur ein Gewölbe in Frankreich ist noch höher: Beauvais mit fast 48 m. Da das eine weitere Schwächung des Skelettbaus zur Folge hatte, war damit die Grenze erreicht und überschritten. Die großen Gewölbe des Chors von Beauvais, 1272 fertiggestellt, stürzten 1284 ein. Das grenzenlose Vertrauen der gotischen Frühzeit erhielt einen Dämpfer.

Die Westfassade von Amiens bietet ein Bild überwältigender Größe (Abb. 153). Sie geht aus von Notre-Dame in Paris. Sie ist prächtiger, reicher gegliedert und wärmer, wenn auch nicht von so vollkommenen Proportionen und solcher Beherrschtheit. Die großen Portale finden nicht ihresgleichen. Die starke Anziehungskraft, die das Hauptportal, trotz des verwirrenden Reichtums rings umher, ausübt, resultiert nicht nur daraus, daß es größer ist, sondern auch daraus, daß es – eine subtile Lösung, die nicht direkt ins Auge springt – tiefer ins Innere reicht als die Seitenportale. Auf dem Trumeau des Mitteltores steht der berühmte *Beau-Dieu d'Amiens*, wohl die schönste mittelalterliche Statue des segnenden Christus, die unbeschädigt die Zeiten überdauert hat; königliche Würde und der Geist des Erbarmens sind in ihr vereint. Das Nordportal ist dem hl. Firmin, dem ersten Bischof von Amiens, geweiht. Unter der Ehrenwache des Heiligen auf dem nach außen gebogenen Gewände des Portals zwei Märtyrer, ihre abgeschlagenen Häupter in der Hand (Abb. 152).

Die herrlichen Basreliefs in den großen Vierblättern des Gewändesockels zeigen paarweise Tugenden und Laster (Abb. 29, S. 40); je ein Paar unter der Monumentalfigur eines Heiligen oder Märtyrers, der die betreffende Tugend verkörpert. In der Reihe darunter die Tierkreiszeichen mit den Monatsbildern: unter dem Zeichen der Fische (Februar) wärmt sich ein bärtiger Mann in Winterkleidung die bloßen Füße am Feuer; ein Fisch brät am Spieß (Abb. 28, S. 39). All das, samt Kleidung und Hausrat, gibt ein Bild häuslicher Geborgenheit.

Im Portal des südlichen Querschiffs steht die bekannteste aller französischen Madonnen, die *Vierge-Dorée*, so genannt nach der Vergoldung, von der trotz der Beschmutzung durch die Stare, die in der Krone nisten, noch immer etwas zu erkennen ist (Abb. 150). Welch ein Abstand zwischen dieser eleganten, bezaubernden Marienfigur (um 1250) und der unnahbaren Königin des Himmels an der Westfassade, die etwa dreißig Jahre früher entstand![26]

Die Fassade des Querschiffes oberhalb der *Vierge-Dorée* ist eine gigantische Fensterwand, um deren große Fensterrose sich eine Reihe von siebzehn Figuren zieht, die auf lebendige Weise die aus den ›Tröstungen der Philosophie‹ des Boëthius stammende Idee des 'Glücksrads' verkörpern (Abb. 154). Die Figuren links, wohlgekleidet, besteigen eben das Rad, auf dessen Höhe eine

144, 145 Klassische Beispiele für die Glasmalerei des 13. Jh. Oben links: Grisaille aus der Kathedrale von Salisbury; oben rechts: farbiges Fenster aus Chartres (*Jerobeam betet die goldenen Kälber an*)

146, 147 Unten links: Detail von den Ostfenstern der Kathedrale von York (frühes 15. Jh.); das transparente Gelb wurde durch die 'Silberschmelztechnik' erzeugt. Unten rechts: Detail eines Baldachins mit ungewöhnlichen Farben vom Chor des Stephansturms (Mitte 14. Jh.), Wien, Kunsthistorisches Museum

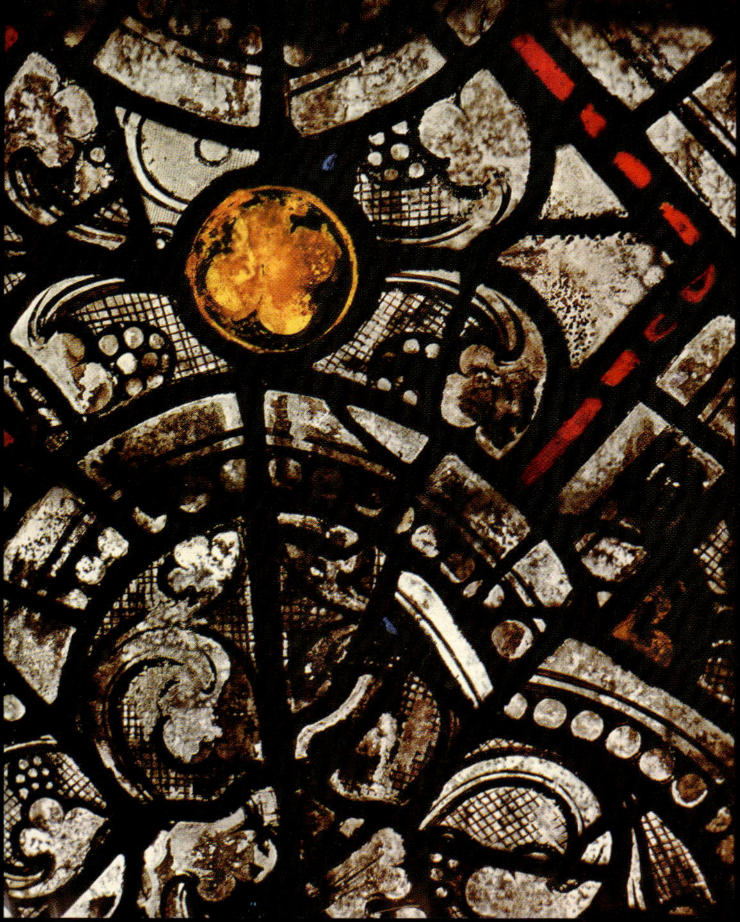
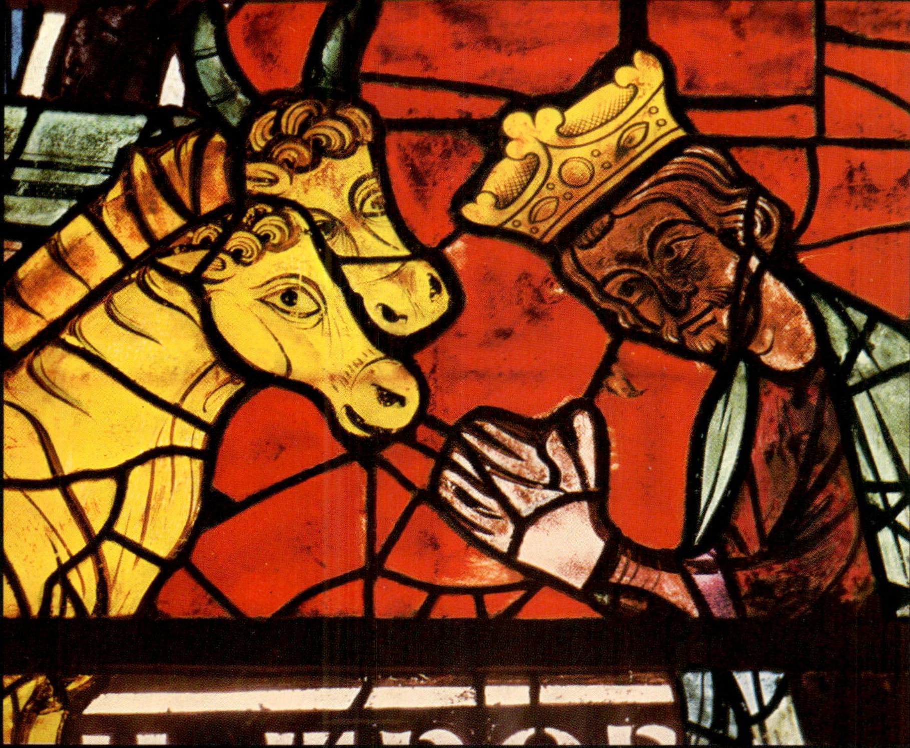
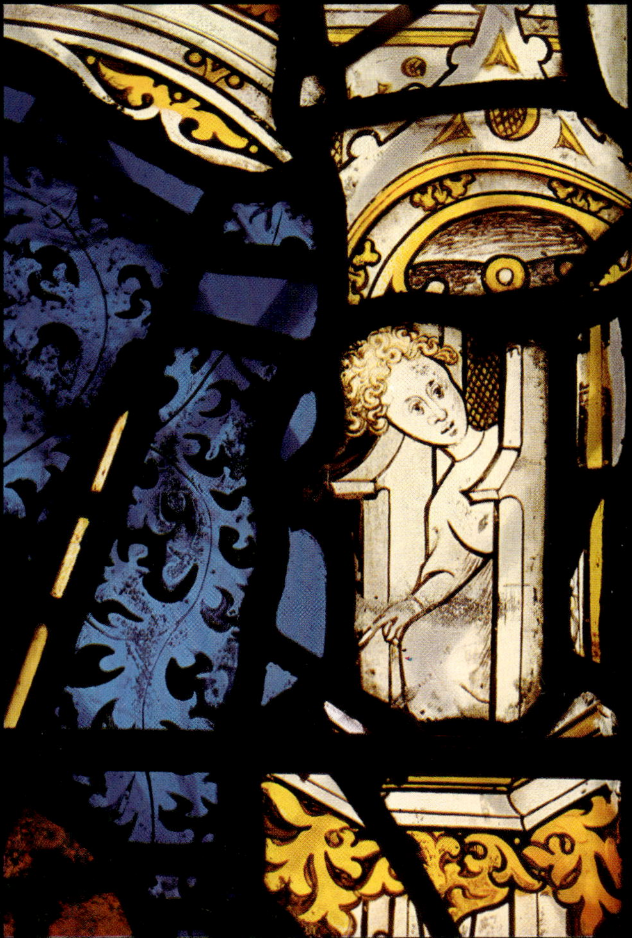
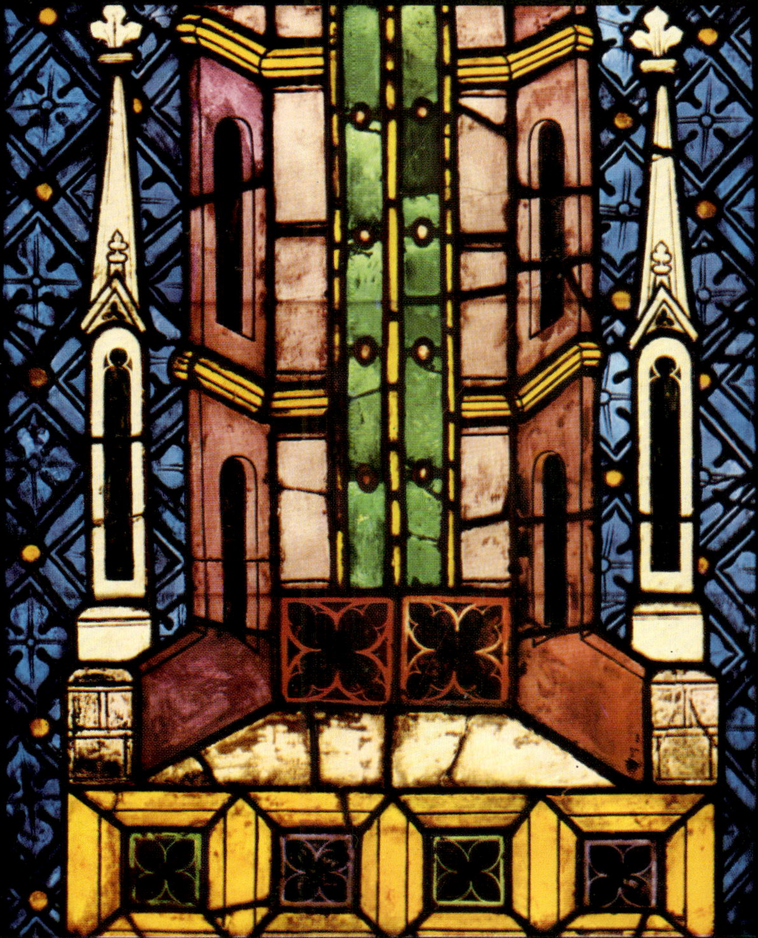

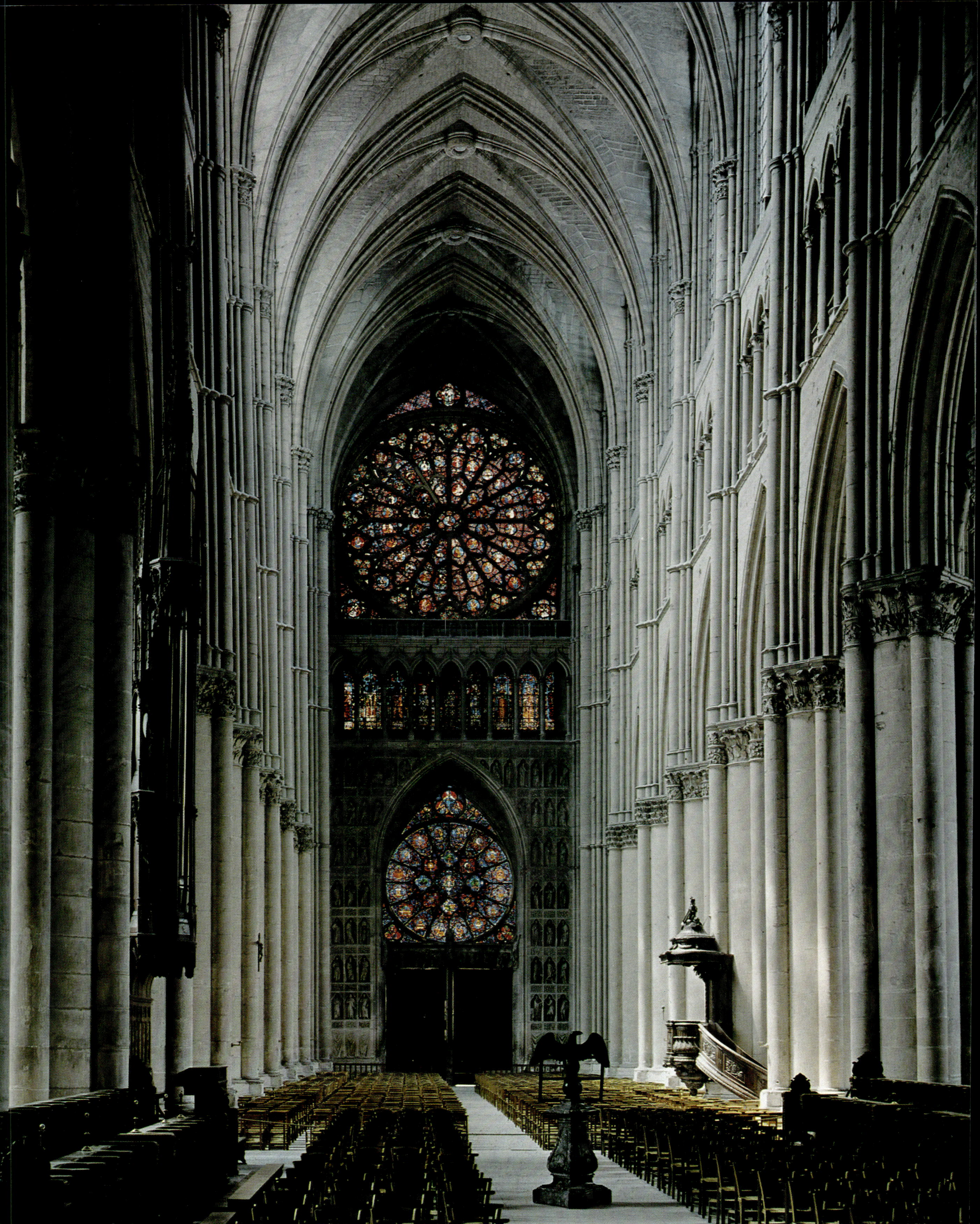

Frankreich: Amiens 139

◁ 149 Kathedrale von Amiens. Die Zeltdächer der Kapellen sind losgelöst vom Triforium, so daß es ganz verglast werden konnte

150 Die *Vierge-Dorée* von Amiens (um 1250). Ruskin nannte sie eine »soubrette picarde«

151 Strebebogen fangen den Schub der hohen Chorgewölbe in Amiens auf

gekrönte Figur thront, gegen Schicksalsschläge offensichtlich gefeit. Die Figuren auf der rechten Seite jedoch machen deutlich, daß dieser Triumph nicht lange währt; barfuß und in Lumpen stürzen sie übereinander zu Boden.

Unvergleichlich schön ist das spätgotische Chorgestühl der Kathedrale. Eine Gruppe von Handwerkern schnitzte von 1508 bis 1522 die 110 Chorstühle und ihre Miserikordien, die 4700 Figuren, meist aus dem Alten Testament, enthalten. An einem Ende des Chorgestühls sieht man einen Handwerker mit Hammer und Meißel bei der Arbeit, die Signatur lautet »Jehan Trupin« (Abb. 155). Die Baldachine über den Chorstühlen, für den König und den Dekan – wenn er in Abwesenheit des Bischofs ministrierte – bestimmt, überragen um 12 m das Louis-Quinze-Gitter, das jetzt den Chor umschließt (Abb. 142), gleich einer Eiche, die nach Ruskins Worten »wie lebendige Zweige wächst, wie lebendige Flamme springt... Baldachin über Baldachin, Gipfel durch Gipfel... in eine bezauberte Lichtung sich windet, nicht auszureißen, nicht zu zerstören, reicher an Laubwerk als jeder Wald, reicher an Geschichten als jedes Buch«[27].

152 Kathedrale von Amiens. Portal des hl. Firmin. Zwei Märtyrer zur Linken tragen ihre abgeschlagenen Häupter in den Händen

153 Umseitig: Westfassade der Kathedrale von Amiens

154 Umseitig: Südliche Fensterrose der Kathedrale von Amiens, mit dem 'Glücksrad', das sie umläuft

◁ 148 Kathedrale von Reims, Inneres. Blick nach Westen

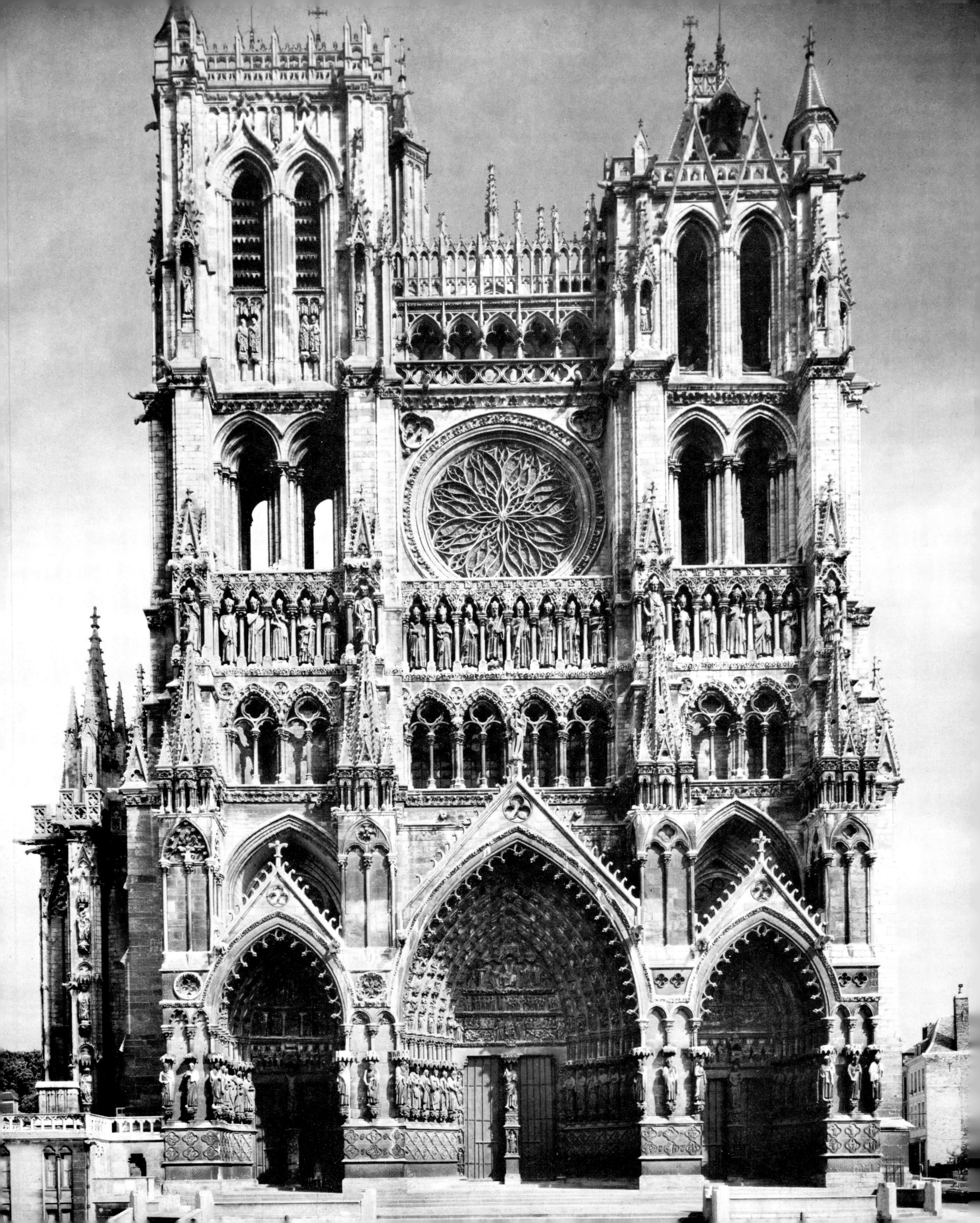

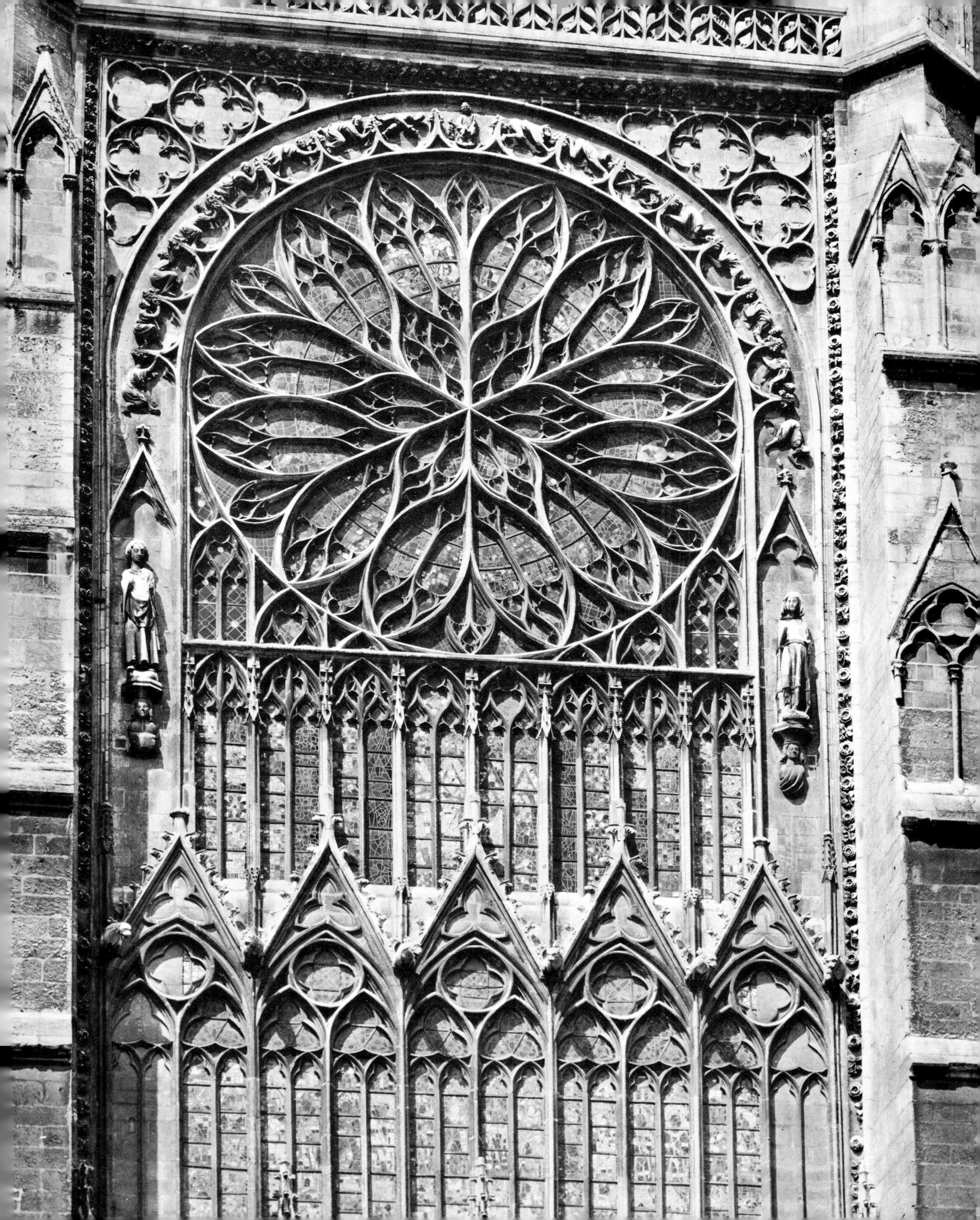

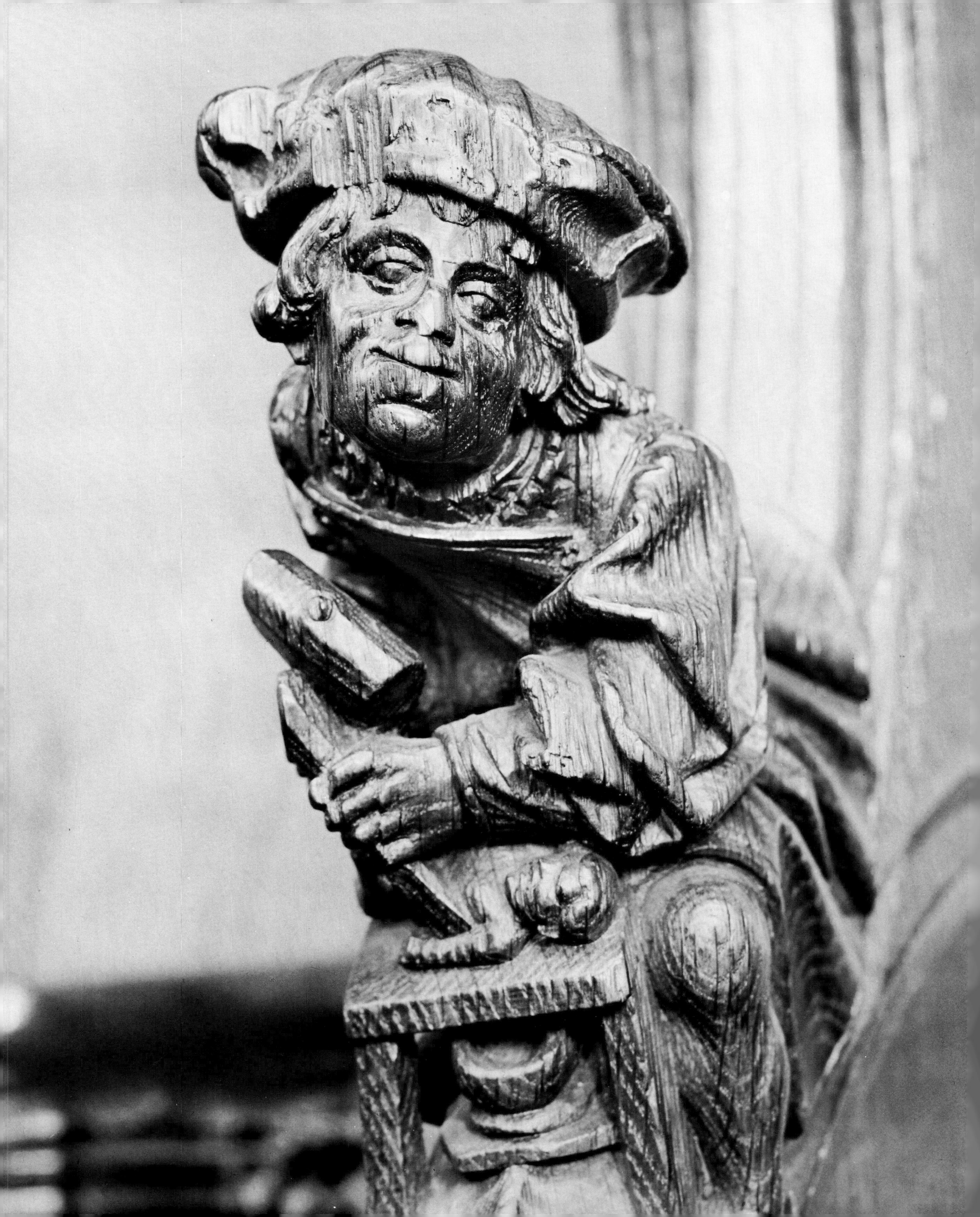

Bourges

Die verschlafene kleine Stadt liegt im Herzen Frankreichs – nur 32 km vom geographischen Mittelpunkt entfernt. Früher einmal die Hauptstadt der Herzöge von Berry, besitzt sie noch viele Schätze der Vergangenheit in außergewöhnlich gutem Zustand. Besonders schön ist der Blick von den gewundenen Alleen aus auf die Kathedrale (Abb. 54), überwältigend aber ist der Eindruck der Westfassade von dem kleinen Vorhof aus. In Bourges erhielt die Idee von der Kirche als einem 'Himmelstor' ihren stärksten Ausdruck in fünf großen Portalen (Abb. 156).

Mehrere dem hl. Stephan geweihte Kirchen standen nacheinander auf dem Gelände der Kathedrale. Hier stand der Überlieferung nach auch der Palast des Léocade, des »ersten Senators der Gallier«, der in einer Palasthalle Ende des 3. Jahrhunderts eine Kapelle für den hl. Ursin eingerichtet haben soll. In der zweiten Hälfte des 12. Jahrhunderts nahm man Bauten im Stil der Hochromanik in Angriff. Teile der vielleicht nie vollendeten Kirche, darunter die schönen Nord- und Südportale, die wahrscheinlich für die Westfassade gedacht waren, wurden der späteren gotischen Kirche einverleibt.

Der Palast des Léocade hatte noch innerhalb der gallischrömischen Stadtmauern gelegen, die die gegenwärtige Kathedrale ein Joch westlich vom Halbkreis des Chors durchqueren. Die ehrgeizigen Pläne, die neue gotische Kathedrale über die Stadtmauern hinaus nach Osten sich erstrecken zu lassen, stellten den Architekten vor das Problem, wie der beträchtliche Niveauunterschied zu überbrücken sei. Er baute eine großartige Krypta – die in Frankreich nur hinter Chartres zurücksteht –, eigentlich eine tieferliegende Kirche, da sie sich in ihrem ganzen Umfang über den Erdboden erhebt und große Lichtgaden besitzt (Abb. 158). Ihre Proportionen sind ebenso schön wie die Einzelheiten ihrer Bauplastik, besonders an den Blattornamenten der Kapitelle. Die bauarbeiten am Chor erfuhren keine Unterbrechung; 1232 konnte er eingeweiht und durch die beiden romanischen Portale betreten werden. Am Hauptschiff wurde noch gearbeitet; es war um 1266 fertig, während die große Westfassade mit ihrer Bauplastik um 1285 vollendet war. Ende des 14. Jahrhunderts setzte Guy de Dammartin, der Architekt des Herzogs Jean de Berry, das riesige Westfenster mit seinem strahlenförmigen Maßwerk ein, das die ganze Breite des Schiffes füllt und in einem so merkwürdigen Kontrast zu dem älteren Bau steht (Abb. 164).

Den Doppeltürmen der Westfassade war ein trauriges Los beschieden. Der Südturm, der ähnlich wie in Chartres eine achteckige Spitze haben sollte, wurde nie vollendet. Als Ende des 14. Jahrhunderts Anzeichen von Sackung bemerkbar wurden, baute man im Süden den großen Strebebogen, um den Turm zu stützen. Der Nordturm stand noch in den ersten Jahren des 16. Jahrhunderts, zeigte sich aber schon baufällig, und am 31. Dezember 1506 stürzte er ein und riß mehrere Joche der nördlichen Seitenschiffe mit sich. Zwischen 1508 und 1540 wurde er in spätgotischem Stil wieder aufgebaut. Mehrere aus dem 13. Jahrhundert stammende Statuen der Vorhalle fanden in seinen Portalen

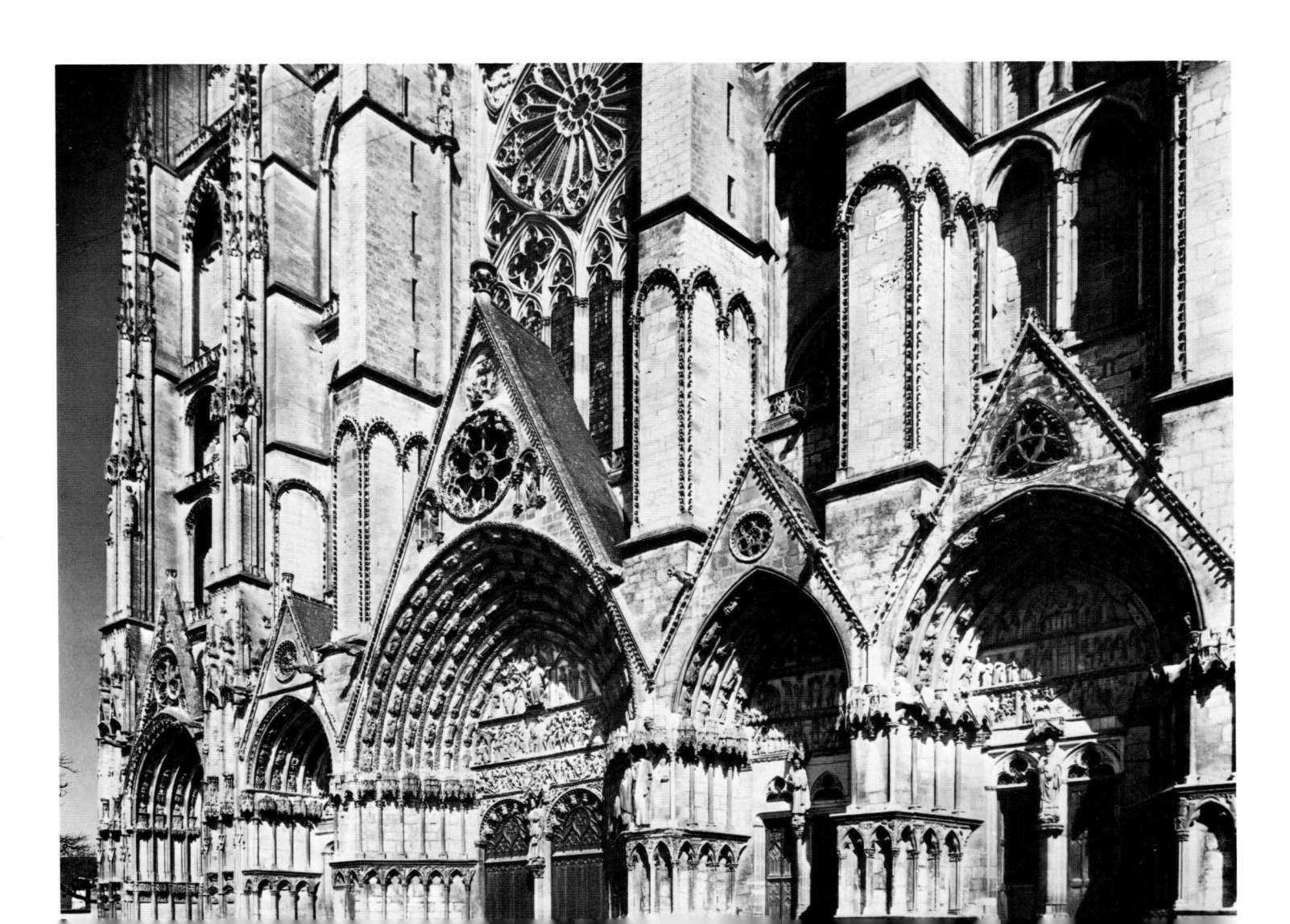

◁ 155 Detail vom Chorgestühl in Amiens: Ein Holzschnitzer bei der Arbeit

156 Die Kirche als 'Himmelstor': fünf Portale führen in die Kathedrale von Bourges

Verwendung, andere, hoch in den Nischen des Turmes, wurden dadurch, daß sie unerreichbar waren, vor dem größten Unglück bewahrt, das Bourges heimsuchte. 1562 besetzten kalvinistische Truppen mehrere Wochen lang die Stadt, zertrümmerten alle freistehenden Plastiken und beschädigten die Basreliefs schwer. Vielleicht verdanken wir es der kalvinistischen Angst vor Hölle die Verdammten von schrecklichen Teufeln zum Höllentor getrieben; einige haben Hufe statt der Füße, einer, mit Hängebrüsten, besitzt die Züge eines gefräßigen Ungeheuers, ein anderer trägt einen Schwanz mit Schlangenkopf, der seine Opfer grimmig in die Beine zwickt. Groteske Fratzen sind in ihre Bäuche oder Hinterteile gemeißelt. Emile Mâle deutet das so: bei den

157 Kathedrale von Bourges. Bauplastik an der Westfassade

158 Die großartige gotische Krypta von Bourges, eigentlich eine tieferliegende Kirche, durch die das unterschiedliche Bodenniveau ausgeglichen wird

und Verdammnis, daß das großartige *Jüngste Gericht* am mittleren Portal verschont blieb und so zu sehen ist, wie es in der zweiten Hälfte des 13. Jahrhunderts geschaffen wurde, als hätten die Bildhauer eben erst ihre Meißel niedergelegt (Abb. 163).

In der untersten Reihe des Tympanons entsteigen die Toten ihren Gräbern, nach dem langen Schlaf vom Tageslicht geblendet. Sie sind nackt. Wenn im Mittelalter auch Aktdarstellungen verpönt waren, so forderte die biblische Geschichte sie hier. Nach mittelalterlichem Glauben leben die vom Tode Erweckten im Mannesalter des auferstandenen Heilands, in welchem Alter sie auch immer gestorben sein mögen. Alle zeigen körperliche Vollkommenheit. Es gibt keine hilflosen Kinder noch Greise, weder Blinde noch Krüppel.

In der mittleren Reihe folgt das *Jüngste Gericht*. Im Mittelpunkt der Erzengel Michael, Heiterkeit und Anmut ausstrahlend, in der Hand die Schicksalswaage, auf der die guten und bösen Taten gewogen werden[28]. Eine Seele – üblicherweise als Kind dargestellt – behütet er vor einem lauernden Dämon.

Zur Linken des Erzengels, auf der 'schlechten' Seite, werden

gefallenen Engeln, auf das Niveau der Bestie herabgesunken, ist die Intelligenz in den niederen Zonen angesiedelt und ihre Seelen stehen im Dienst niederer Begierden. Daher wachsen bei einem Teufel auch die Flügel, statt aus den Schultern, aus dem Steiß hervor. Das Höllentor stellte man sich als das weit geöffnete Maul eines Ungeheuers vor, des Leviathan aus dem Buch Hiob, den die Kommentatoren des Alten Testamentes mit Satan und seinen Werken gleichstellen. Die Stelle: »Sein Odem ist wie Lichtlohe und aus seinem Rachen schlagen Flammen« nahm man wörtlich in Bourges: Teufel fachen das Feuer mit Blasebälgen an, während die Verdammten, darunter ein Bischof, in den Kessel gestoßen werden. Die stoische Resignation der zwei Gestalten zeigt die Vergeblichkeit jeden Widerstandes; zu den Flammenqualen kommt noch die Plage durch Riesenkröten, die sich hartnäckig an Zunge und Brust klammern.

159 Kathedrale von Bourges. Teil der Westfassade mit dem spätgotischen ▷ Nordturm

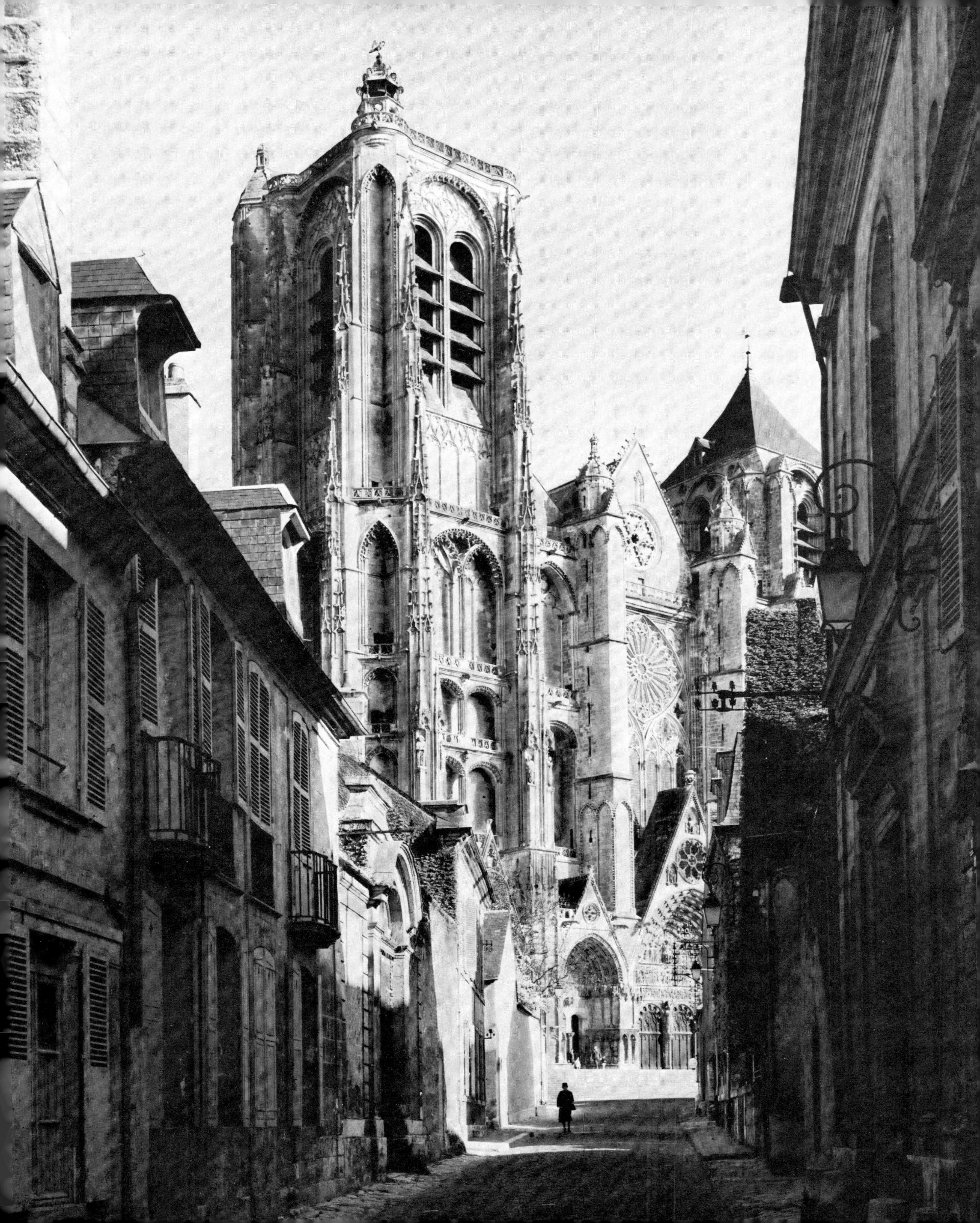

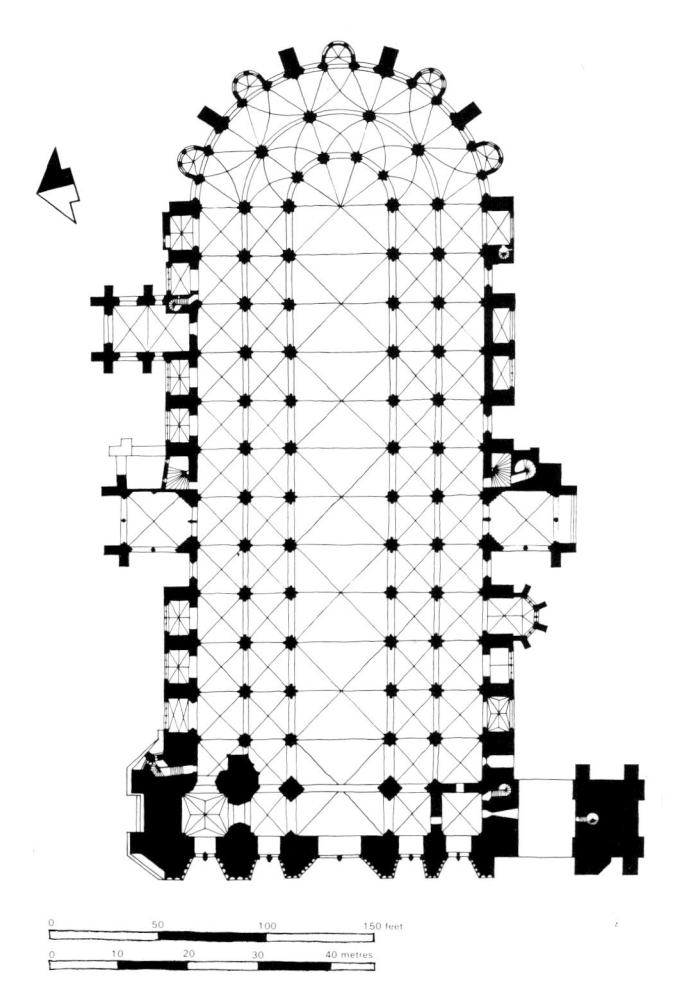

Fig. 12   Grundriß der Kathedrale von Bourges

160   Kathedrale von Bourges. Die Höhen sind rhythmisch abgestuft bis zur höchsten Mittelschiffarkade

Zur Rechten des Erzengels schreiten die Seligen in feierlichem Zug dem Paradies entgegen. Den Zustand der Gnade, in dem sie sich befinden, bringt die Harmonie der Linien vollkommen zum Ausdruck, wie den der Verdammung das wirre Gedränge auf der Gegenseite. Am Himmelstor in der Form eines kleinen Tempels hält Abraham die Seelen der Rechtschaffenen am Busen. Davor begrüßt Petrus, den Schlüssel in der Hand, die Auserkorenen. Ein Mönch, wie Franz von Assisi den dreifach geknoteten Strick um die Hüfte, führt zusammen mit einem König (als Vertreter von *Sacerdotium* und *Imperium*) den Zug der Seligen an.

In der obersten Reihe thront *Christus als Weltenrichter*; von den Vorgängen unter ihm scheinbar unberührt, hält er den Blick eher auf die Lebenden gerichtet. Er weist seine Wunden vor, während vier Engel die Passionszeichen zeigen – Kreuz, Dornen, Krone, Lanze und Nägel: Symbole der Schande, nun Symbole des Ruhms. Den Abschluß der Komposition bilden Maria und Johannes kniend in inbrünstigem Gebet, als glaubten sie, den reuigen Sündern noch helfen zu können, während doch die Theologen einig darin sind, daß diese Entscheidung unwiderruflich und nicht mehr zu beeinflussen ist. Über dem Weltenrichter tragen zwei Engel Sonne und Mond, die bedeutungslos wie Kerzen am Mittag vor dem Gnadenlicht erscheinen.

In Chartres wurde die eine der beiden klassischen Lösungen für die französische gotische Kathedrale weiter entwickelt; die andere in Bourges. Der Bauplan ähnelt bezeichnenderweise dem von Notre-Dame, was uns kaum überrascht, da zur Zeit der ersten Entwürfe der Erzbischof von Bourges und der Bischof von Paris Brüder waren[29]. Zwei bedeutende Unterschiede jedoch gehen aus dem Grundriß nicht hervor. In Paris sind die Querschiffe noch wichtige Elemente, außen mit ihren Giebelfassaden und großen Fensterrosen, innen mit ihrem Gewölbe auf gleicher Höhe mit dem Gewölbe des Hauptschiffes. In Bourges gibt es keine Querschiffe mehr; die beiden Seitenschiffe werden ohne Unterbrechung in der Form eines doppelten Umgangs um die Apsis herumgeführt. Als Notre-Dame erbaut wurde, waren Galerien noch notwendig, um dem Schub des Gewölbes standzuhalten, während der Meister von Bourges seinen Grundriß in einer Zeit konzipierte, die sie durch Strebebogen ersetzen konnte.

Der Baumeister ließ die Tribünengalerie weg, statt aber nach dem Muster von Chartres die Höhe des inneren Seitenschiffes zu verringern, um das Fenstergeschoß darüber höher zu gestalten, ließ er der inneren Arkade ihre Höhe, so daß sein Grundriß dem von Notre-Dame ähnelt, nur daß das Tribünengeschoß fehlt. Die rhythmische Höhenordnung des äußeren und inneren Seitenschiffes und des Hauptschiffes: 9 m, 21 m und 37,50 m, und die durch drei Fensterreihen erzielte gleichmäßige Verteilung des Lichts erzeugen zusammen mit der unerhörten Höhe der Arkade

161   Kathedrale von Bourges. Detail vom 'Fenster der Apokalypse': *Christus als Weltenrichter*; aus seinem Munde geht das zweischneidige Schwert hervor, in der Rechten hält er das Buch mit den sieben Siegeln, in der Linken die sieben Sterne, zu Seiten stehen die sieben Leuchter

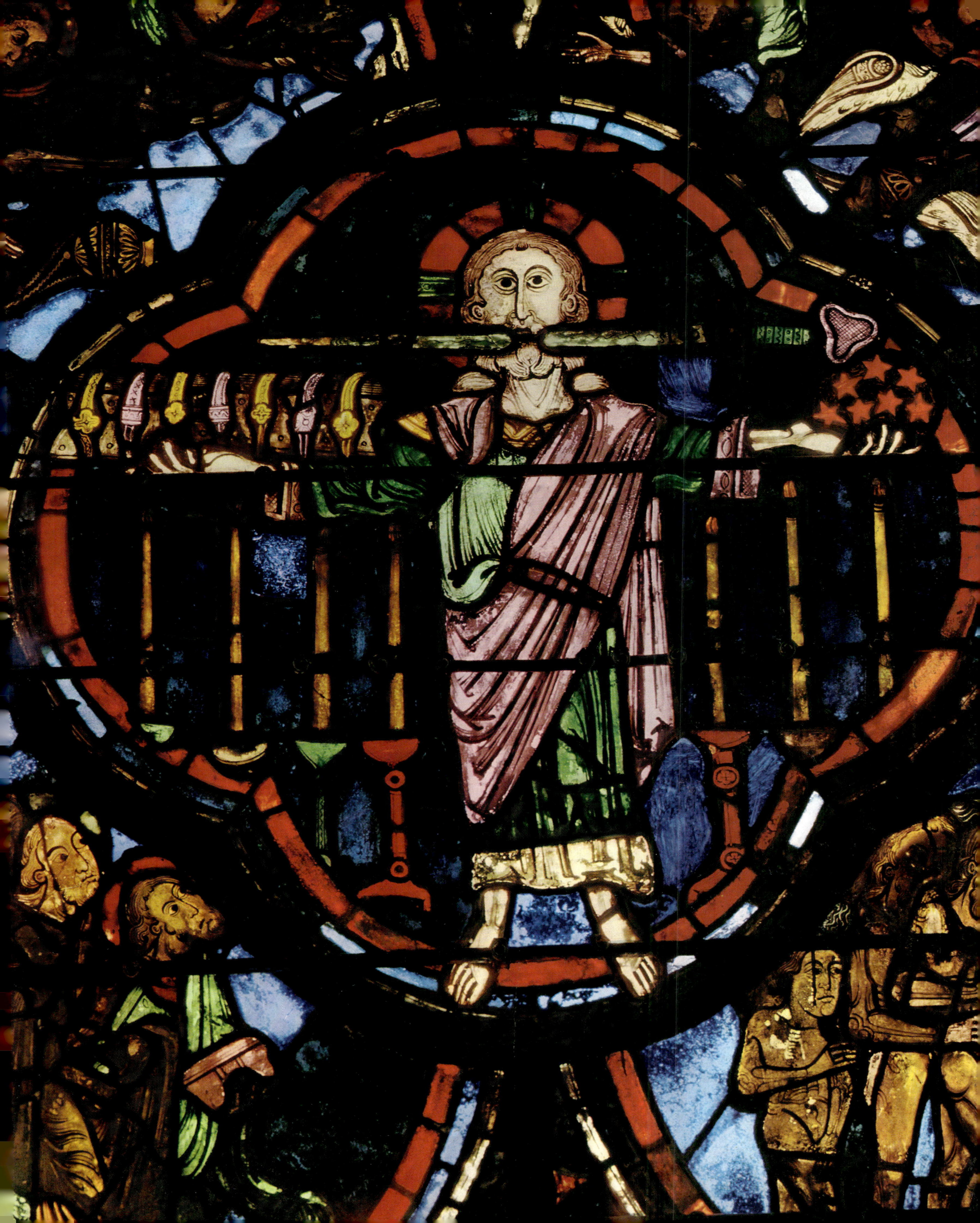

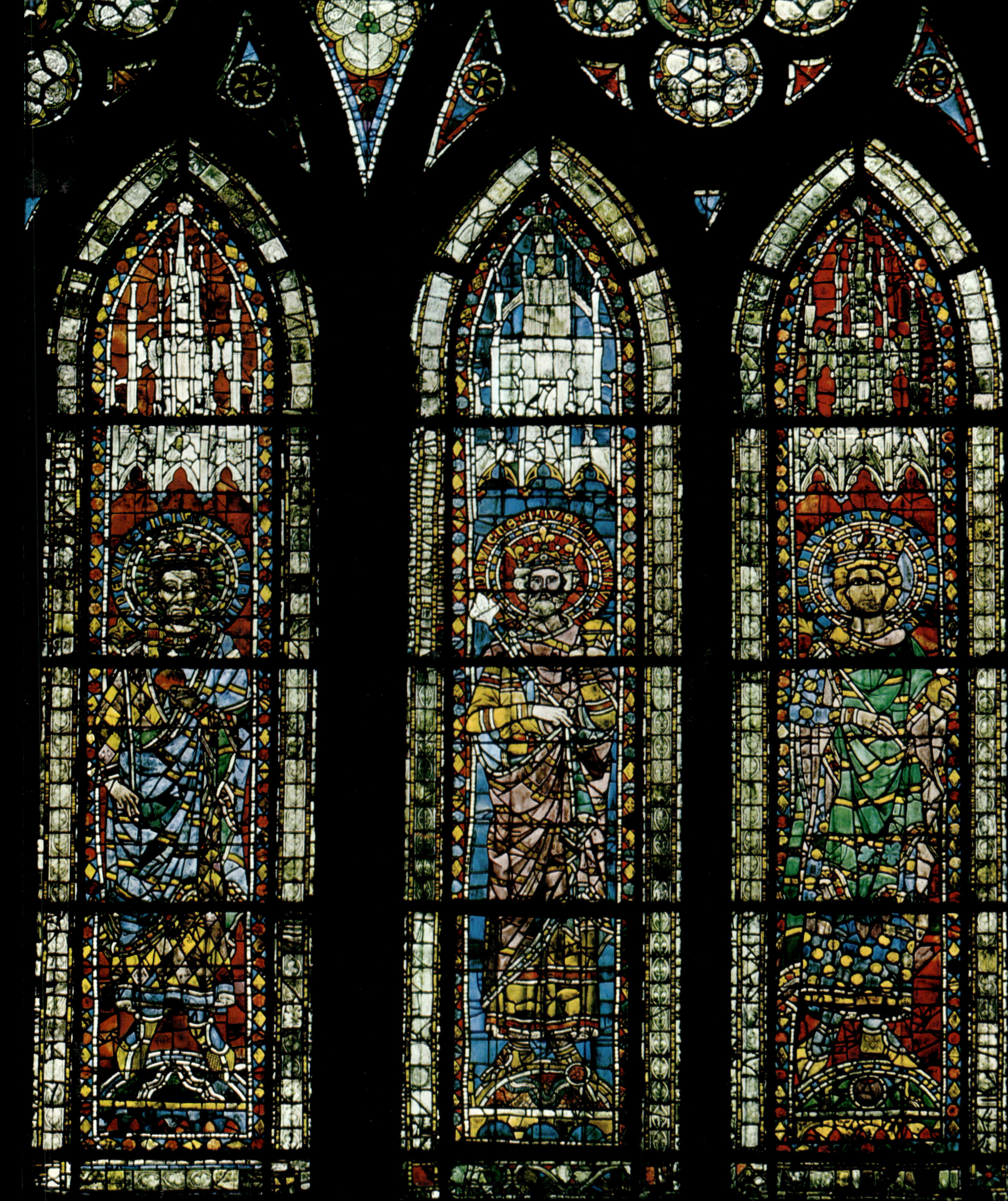

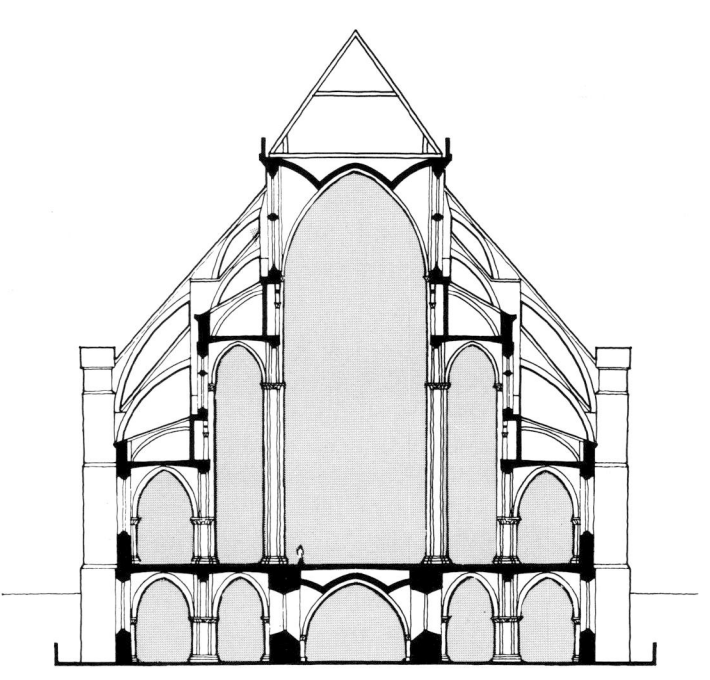

Fig. 13 Kathedrale von Bourges, Schnitt

des Hauptschiffs einen Innenraum, der in seiner Weiträumigkeit und in der monumentalen Größe des Durchblicks nicht seinesgleichen hat. Die in Bourges gefundene Lösung war der von Chartres ästhetisch ebenbürtig, aber schwerer abzuwandeln und wurde daher nicht so häufig nachgeahmt. Einflüsse zeigen die Kathedralen von Coutances, Le Mans, Toledo und auch Mailand.

Die Glasmalerei, von der in Bourges viel erhalten blieb, ist von gleicher Qualität wie in Chartres. Wahrscheinlich waren zum Teil dieselben Handwerker in beiden Kathedralen tätig. Monumentale biblische Figuren erscheinen auch hier in den Lanzettfenstern (Abb. 12), und die Medaillonfenster darunter zeigen in anschaulicher Weise die Arbeit der Stiftergilden (Abb. 17, 18). Ganz anders das einzigartige *Fenster der Apokalypse*: von dunklen Farben und nur wie von Blitzen erhellt, wie es dem Thema entspricht. Im schönsten der drei großen Vierblätter (Abb. 161) der auferstandene Christus als Weltenrichter; aus seinem Munde geht das zweischneidige Schwert hervor, in der ausgestreckten Linken die sieben Sterne, in der Rechten das Buch mit den sieben Siegeln, zu Seiten die sieben goldenen Leuchter, Symbole der sieben Kirchen Asiens – eine wahrhaft majestätische Figur.

◁ 162 Straßburger Münster. Drei deutsche Kaiser in den Fenstern des nördlichen Seitenschiffs (14. Jh.)

163 Kathedrale von Bourges. *Das Jüngste Gericht* im Tympanon der Westfassade

164 Umseitig: Die skulptierte Fensterrose im mittleren Giebel der Kathedrale von Bourges bildet einen starken Kontrast zu dem Maßwerk des Westfensters, das Ende des 14. Jh. eingesetzt wurde

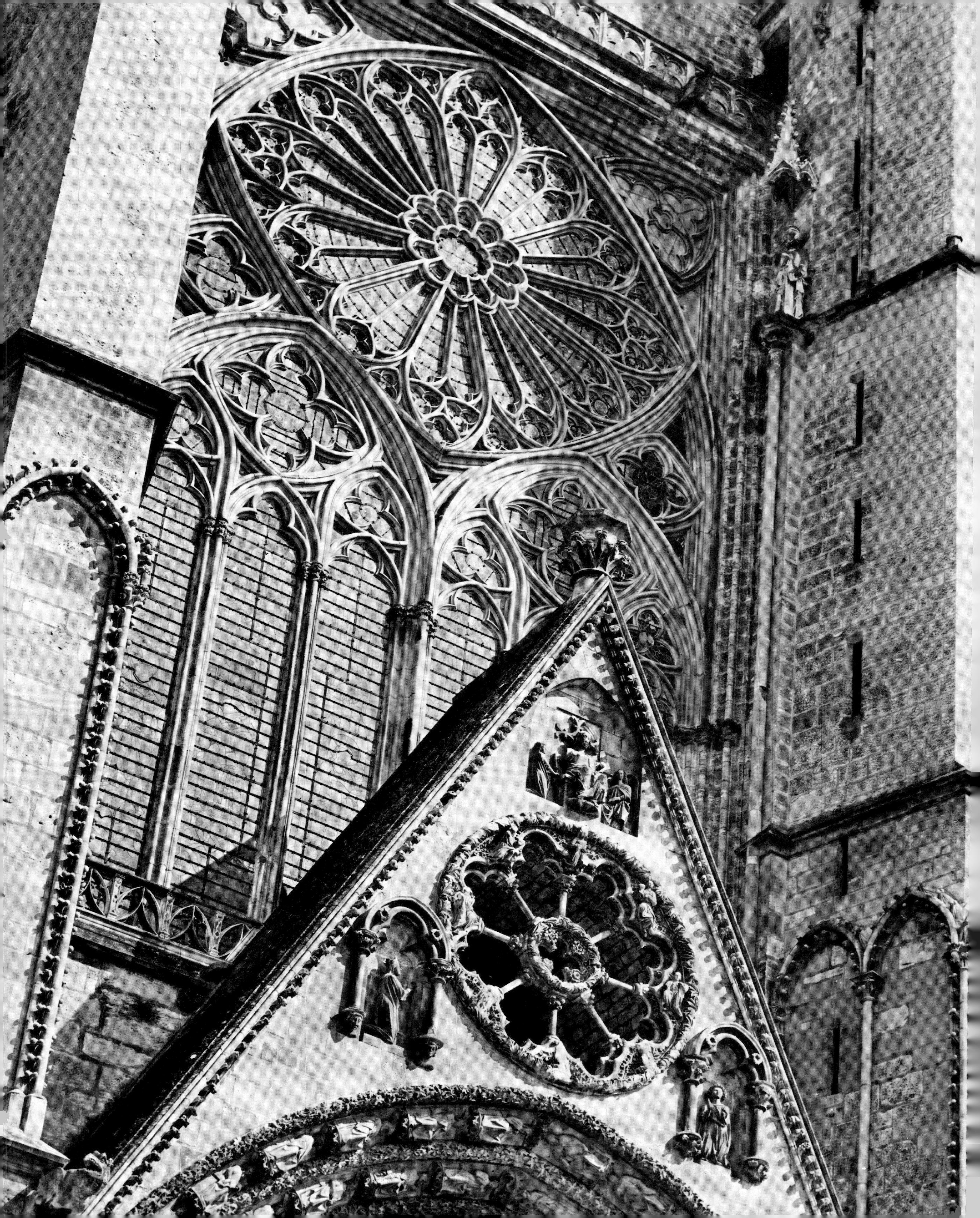

Coutances

Die nach dem römischen Kaiser Constantius Chlorus (um 225–306) genannte Stadt wurde im 10. Jahrhundert von den Normannen erobert und erst wieder 1204 durch Philipp II. August (1165–1223) mit Frankreich vereint. Wenig später begann man mit dem Bau der Kathedrale, die erklärlicherweise typisch normannische Merkmale aufweist. Sie ist das Meisterwerk der normannischen Gotik.

Die heutige Kathedrale wurde nach dem Brand von 1218 gebaut; man übernahm dabei Bauteile der bestehenden romanischen Kathedrale, wie noch ersichtlich ist[30]. Das Hauptschiff, mit

165 Kathedrale von Coutances. Apsis und Laterne, Blick vom Bischöflichen Palast

166 Die Westtürme der Kathedrale von Coutances

dem man begann, konnte schnell fertiggestellt werden. Bis weitere Gelder gesammelt waren, wurde die Arbeit unterbrochen. Der ganze Bau, eingeschlossen die großen Türme, war um 1250 fertig. Er wirkt überaus einheitlich. Hinzu kamen nur im 14. Jahrhundert eine Chorkapelle und eine Reihe von Kapellen im Schiff, die durch ein schönes offenes Maßwerk voneinander getrennt und mit reizenden Altären und Taufbecken ausgestattet sind.

Die normannische Vorliebe für hoch aufragende Türme zeigte schon die Fassade der Abbaye-aux-Hommes zu Caen. Hier nun kam ihr das aufwärtsstrebende Element der Gotik entgegen. Beides zusammen schuf das geradezu raketenhafte Aufsteigen der beiden Westtürme der Kathedrale von Coutances (Abb. 166). Andere Türme sind höher, aber nur hier stoßen die kegelförmigen Bündeltürme so zum Himmel vor. An dem Junitag 1944, als die Stadt brannte und das Dach der großen Laterne wie eine Riesenfackel flammte, muß der Eindruck wahrhaft apokalyptisch gewesen sein. Dieser Kuppelturm über der Vierung, ein großes Achteck mit vier kleinen Türmen, die an den Ecken Wendeltreppen haben, entspricht dem viereckigen unteren Geschoß und gehört zu den elegantesten dieses Typs.

Auch wenn man in Rechnung stellt, daß im Hundertjährigen Krieg, von den Hugenotten während der Religionskriege und schließlich in der Französischen Revolution vieles zerstört wurde, scheint die Bauplastik in Coutances keine überragende Rolle gespielt zu haben. Das ist merkwürdig, denn die Kathedrale entstand in derselben Zeit wie die von Chartres und Amiens. Das nahezu einzige Ornament an der Laternenfassade, die kecken Kriechblumen, betont die kontinuierliche Vertikale der angrenzenden, vollkommen glatten Schäfte: eine rein architektonische Verwendung der Ornamentik.

Die Laterne erhielt nie die beabsichtigte Turmspitze, was kaum ein Verlust ist, da ihr Achteck besonders vom Park des Bischöflichen Palastes aus schön mit dem Chorhaupt harmoniert (Abb. 165). Dem Vorbild von Bourges folgend, zieht sich das Gewölbe des Chorhauptes über dem zweischiffigen Umgang in drei Lagen herab. Die Bündelpfeiler der Hauptarkade des Chors sind ausgesprochen normannisch (Abb. 168): die von den Kapitellen aufstrebenden Doppelbogen, die durch eine tiefe Spalte voneinander getrennt sind, geben dem Raum um das Schiff eine große Selbständigkeit. Die Wirkung in ihrer Dynamik ist wohlberechnet.

Atemberaubend ist der Anblick der Laterne von innen (Abb. 169). Viollet-le-Duc hat sie, wie sie da hoch auf den Bogen der Vierung schwebt, dem Christkind verglichen, das der hl. Christophorus auf den Schultern trägt. Die Gewichtigkeit der Tragepfeiler wird durch die Reihe überaus dünner Schäfte aufgehoben, die sich, nur durch einen engen Hals an dem Gebälk befestigt, in einem Zug zur Kämpferlinie der Bogen aufschwingen. Das Genie des Architekten erweist sich am deutlichsten in dem sanft dämpfenden Akzent der Schaftkapitelle, die spätgotische Baumeister wohl weggelassen hätten. Ihre Horizontalen wirken wie ein harmonisches Vorspiel zu dem Achteck über ihnen. Um den Blick von den doppelten, übereinander liegenden Galerien in die Laterne herab zu ertragen, muß man schon schwindelfrei sein.

Die Architektur von Coutances ist bemerkenswert in ihrer Stilreinheit. Besonders schön ist die innere Bogenstellung der Laterne, mit größter Sorgfalt ausgeführt, auch wo sie von unten kaum zu sehen ist. Die Bauplastik ist überall von großer Lebendigkeit; die Knospenornamente der Kapitelle und des großartigen Frieses, die mit Farnkrautwedeln wechseln, scheinen nur auf einen warmen Frühlingstag zu warten, um aufzuspringen (Abb. 167).

In Coutances finden wir noch schönes Glas aus dem 13. und 15. Jahrhundert. Interessant ist ein schmales Lanzettfenster in dem hohen Fenstergeschoß des Chors. Dort sieht man *Saint Lô*, den gefeierten Bischof von Coutances, segnend, von einem Seraph überragt (die Seraphim haben drei Flügelpaare, die Flügel der Cherubim tragen ein Muster mit rätselhaften Augen) (Abb. 13). In der mittelalterlichen Lehre von den Engeln ist das Rad das Symbol für die 'Thronenden', die dritten der neun Ordnungen himmlischer Wesen. Die ganz ungewöhnlich schöne Farbenzusammenstellung soll, den Normannen zufolge, von ihrer grünen Landschaft inspiriert sein.

167 Coutances. Detail vom Inneren der Laterne mit den Knospenkapitellen ▷

168 Doppelsäulen und Gewölbe des Chorumgangs in Coutances ▷

169 S. 153: Kathedrale von Coutances. Hoch über den Arkaden der Vierung schwebt die Laterne; Viollet-le-Duc verglich sie mit dem Jesuskind auf den Schultern des hl. Christophorus

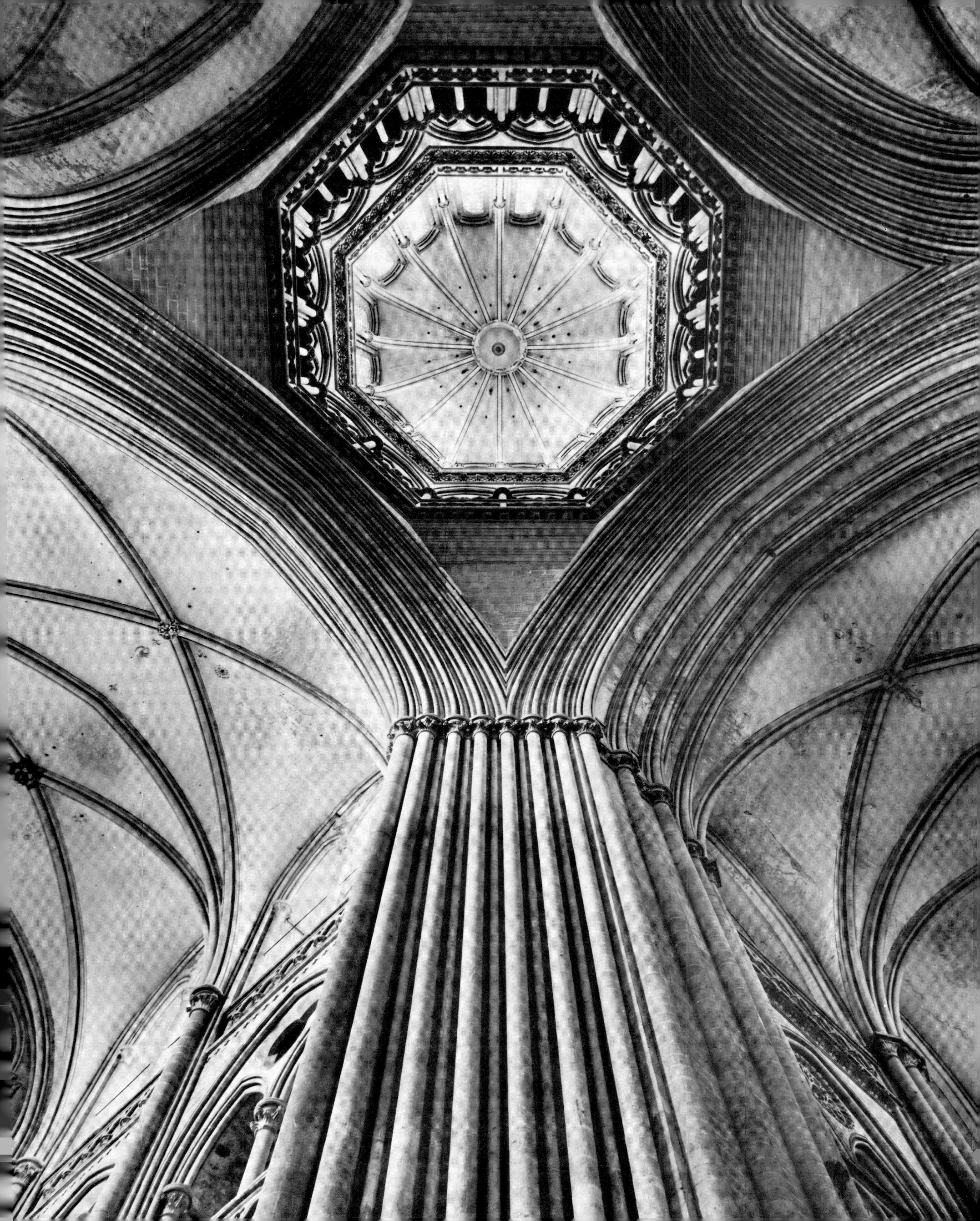

Rouen

Rouen, die Hauptstadt der Normandie, unterhielt innige Beziehungen zu England und war die Lieblingsresidenz der ersten Plantagenets. Richard I. überließ der Stadt sein 'Löwenherz', wo es im Chor der Kathedrale beigesetzt wurde[31] (Abb. 171). Die Kathedrale, ein Bau mit Stilelementen verschiedener Perioden, hat eine reiche, umstrittene Vorgeschichte. Einige Bauelemente, wie die unteren Geschosse des Nordturms entstanden im 12. Jahrhundert, das übrige stammt aus der Zeit nach dem großen Brand im Jahre 1200.

Ausgesprochen normannisch (und auch englisch) ist die großartige hohe Laternenkuppel über der Vierung (Abb. 170). Überraschende und also besonders interessante Einzelheiten der Architektur finden sich hier am Beginn der Gotik, ehe noch 'vollkommene' Lösungen den Geist des Experimentierens zurückgedrängt hatten: Aus den Blattornamenten an den Kapitellen der Chorpfeiler sehen Köpfe hervor, die wirkungsvoll die Vertikale der Bogenschäfte zum Abschluß bringen (Abb. 172).

Die Fenster im Hintergrund enthalten Glasmalereien aus dem 13. Jahrhundert, eine trägt die Signatur des Glasmalers Clemens von Chartres (s. S. 122).

Philipp II. August eroberte die Normandie 1204; im Laufe des Jahrhunders wurde der französische Einfluß vorherrschend. Aus den letzten Jahren des 13. Jahrhunderts stammen die einzigartigen Basreliefs am 'Portal des Libraires' (Portal der Buchhändler). Die obere Reihe zeigt biblische Geschichten (*Die erste Ernte* und *Abels Tod* sieht man auf Abb. 175); die übrigen sind – außer einigen Anspielungen auf die Schönen Künste und die Tugenden und Laster – ausdrucksstarke Gebilde freier Phantasie: stark herausgemeißelte Gaukler, bärtige Zwerge (Abb. 173), erstaunliche Zwittergeschöpfe, die die mit Widerhaken versehenen Vierblätter mit äußerst originellen und dekorativen Kompositionen füllen. Ruskin unterschied zwischen »scherzhaften und furchtbaren« Grotesken. Die Sirenen und Zentauren gehören zweifellos zu den ersteren, ihnen gesellen sich ein Kynokephalos in Stiefeln, ein Mann mit Eberkopf in Denkerpose, ein Gelehrter, der aufmerksam einen Gegenstand in einer Flasche betrachtet, während sich sein Leib in einen Vogelkörper mit Delphinen-

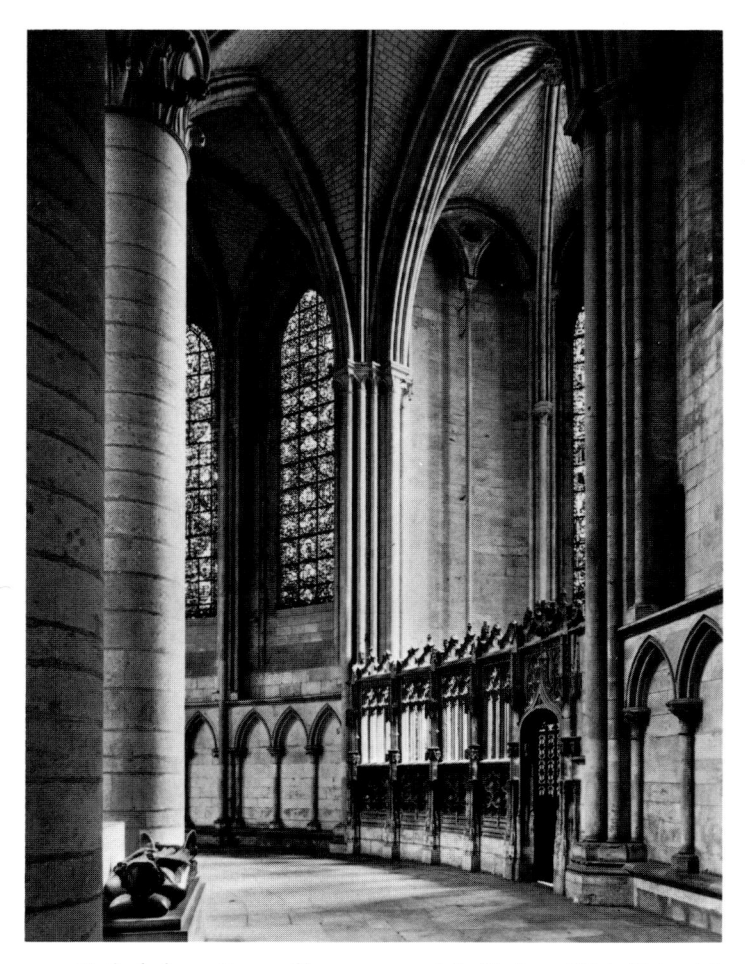

171 Kathedrale von Rouen. Chorumgang mit der Skulptur König Richards I. von England (links), dessen 'Löwenherz' in der Kathedrale beigesetzt wurde

172 Kathedrale von Rouen. Blick auf die Arkaden im Chor ▷

◁ 170 Kathedrale von Rouen. Blick von unten in die große mittlere Laterne

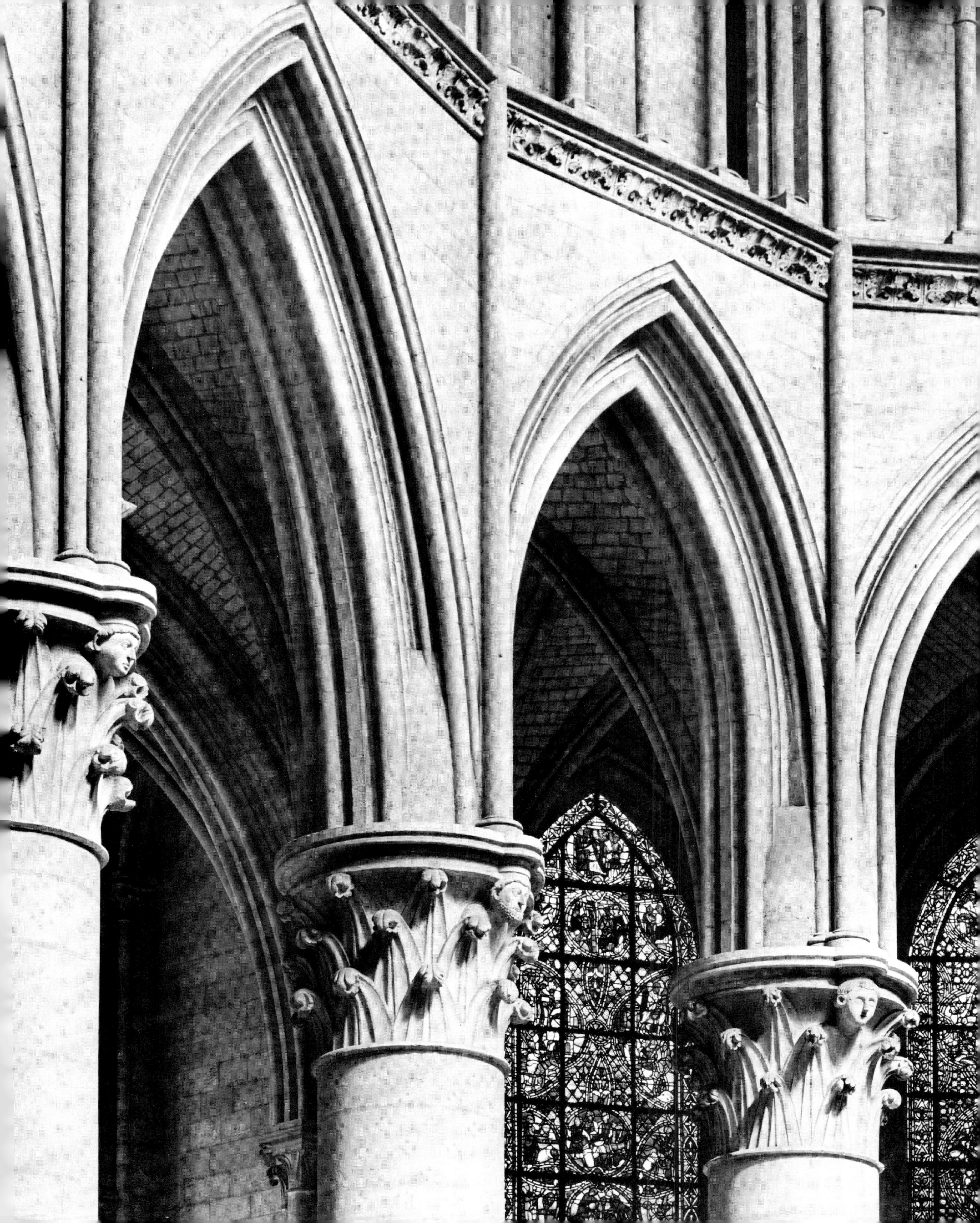

schwanz verwandelt hat. Angesichts der mittelalterlichen Vorliebe für Symbole möchte man Bedeutungen in die Figuren hineininterpretieren, und doch sind sie vielleicht nichts anderes als spontaner Ausdruck der harmlosen Freude am Wunderbaren, die für diese Zeit bezeichnend ist[32], als ein Ausleben des unwiderstehlichen Dranges zur Ausschmückung, der noch die Ränder der Gebetbücher mit Schnurren und Arabesken füllte.

Der Hundertjährige Krieg brachte Einflüsse von England herüber. Das zeigt besonders deutlich der obere Teil der neuen Westfassade, die im ausgehenden 14. Jahrhundert in Angriff genommen und während der englischen Besetzung von Rouen (1419–1449) von den Baumeistern des Duke of Bedford weitergeführt wurde. Vollendet wurde sie erst im 16. Jahrhundert. Eine prachtvoll durchbrochene Wand bedeckt die alte Fassade wie ein großes Retabel oder wie ein festlicher Vorhang, denn die Anordnung der übereinanderliegenden Bauskulpturen wirkt eher malerisch als plastisch[33] (Abb. 174). Wie ein großartiges Titelblatt steht sie vor dem Gebäude, ohne Beziehung zum Inneren. Sie erinnert an englische Gitterfassaden und bedeutet geradezu eine Verneinung französischen Geistes.

In dieser Fassade kündigen schon stilistische Elemente den spätgotischen Stil an, den man in Frankreich nach seinen Flammenformen 'Style Flamboyant' nannte. Sein Merkmal, die rückläufige Wellenlinie, tritt in dem britischen 'Decorated Style' schon in den ersten zwei Dritteln des 14. Jahrhunderts auf. Am oberen Teil einer Tür- oder Fensteröffnung bewirkt er den 'Eselsrücken' mit abwechselnd konvexem und konkavem Umriß, während im Maßwerk wellenförmige Formen (*mouchette* und *soufflet*) in Erscheinung treten[34]. Diese Formen zusammen zeigen den 'englischen' Beitrag in Rouen auf (Abb. 174). *Mouchettes* und *soufflets* schmücken die Giebelfelder; in den oberen Teilen der beiden linken Bogen bildet das Maßwerk den 'Eselsrücken'. In der späteren Blütezeit des 'Flamboyant-Stils' ging auch die starre, spitz zulaufende Linie der Giebel in die rückläufige Wellenform über.

Die fremden Formen wurden schnell assimiliert und weiter entwickelt. Sie drückten wirksam die gehobene Stimmung aus, die ganz Frankreich beim glücklichen Ende des Hundertjährigen Krieges ergriff. Ein Beispiel dafür bietet der Südturm von Rouen, mit dessen Bau man 1487 begann. Er wurde finanziert aus Dispensationen, die den Genuß von Butter während der Fastenzeit gestatteten und hieß daher 'Butterturm'. Der neue Stil fand (mit Abwandlungen) auch in Deutschland und Spanien begeisterte Aufnahme, während gerade England ihn zugunsten des strengen 'Perpendicular Style' verwarf. Die unruhigen, gefühlsbetonten Formen dieser Spätgotik offenbaren den Geisteswandel im 15. Jahrhundert. Der leidenschaftliche Glaube und das ruhige Vertrauen des 13. Jahrhunderts wichen nagenden Zweifeln und oft auch abergläubischer Frömmelei, während der 'Schwarze Tod' und die vielen anderen Epidemien, die Europa heimsuchten, Angst vor dem Tod und eine fast hysterische Flucht aus der Wirklichkeit zur Folge hatten.

Die klassische Scholastik, die in der Philosophie des hl. Thomas von Aquino mit ihrem Nachdruck auf der unteilbaren Wahrheit und der Versöhnung von Glauben und Vernunft gipfelte, hatte sich in zwei widerstreitende Lager geteilt: die ekstatische Mystik, die in den Werken Meister Eckeharts und seiner Schüler in Erscheinung trat, und den Nominalismus der Schule von Wilhelm von Ockham, der Nachdruck auf die Evidenz der Sinneswahrnehmungen, auf Experiment und Logik legte. Eines hatten beide gemein: »Beide zerschnitten das Band zwischen Vernunft und Glauben... die Mystik, um die Reinheit des religiösen Gefühls zu retten, der Nominalismus, um die Reinheit des rationellen Denkens zu bewahren«[35].

Die 'klassische' Architektur des 13. Jahrhunderts hatte sich durch Ordnung und Klarheit und genaue Umschreibung der Bauelemente ausgezeichnet. In der Gotik des 15. Jahrhunderts finden wir eine Vorliebe für bewegte Formen, für überraschende Raumeffekte, für durchlaufende Gesimse, die so verschiedene Bauelemente wie Pfeiler und Bogen miteinander verschmelzen, und für eine immer prächtigere Ornamentik, die den ganzen Bau zu verschlingen droht.

173 Kathedrale von Rouen. Groteske Figur vom 'Portail des Libraires'

174 Kathedrale von Rouen. Die durchbrochene Wand der Westfassade ▷

175 Umseitig: Kathedrale von Rouen. Detail vom 'Portail des Libraires' mit seinen phantasievollen Grotesken

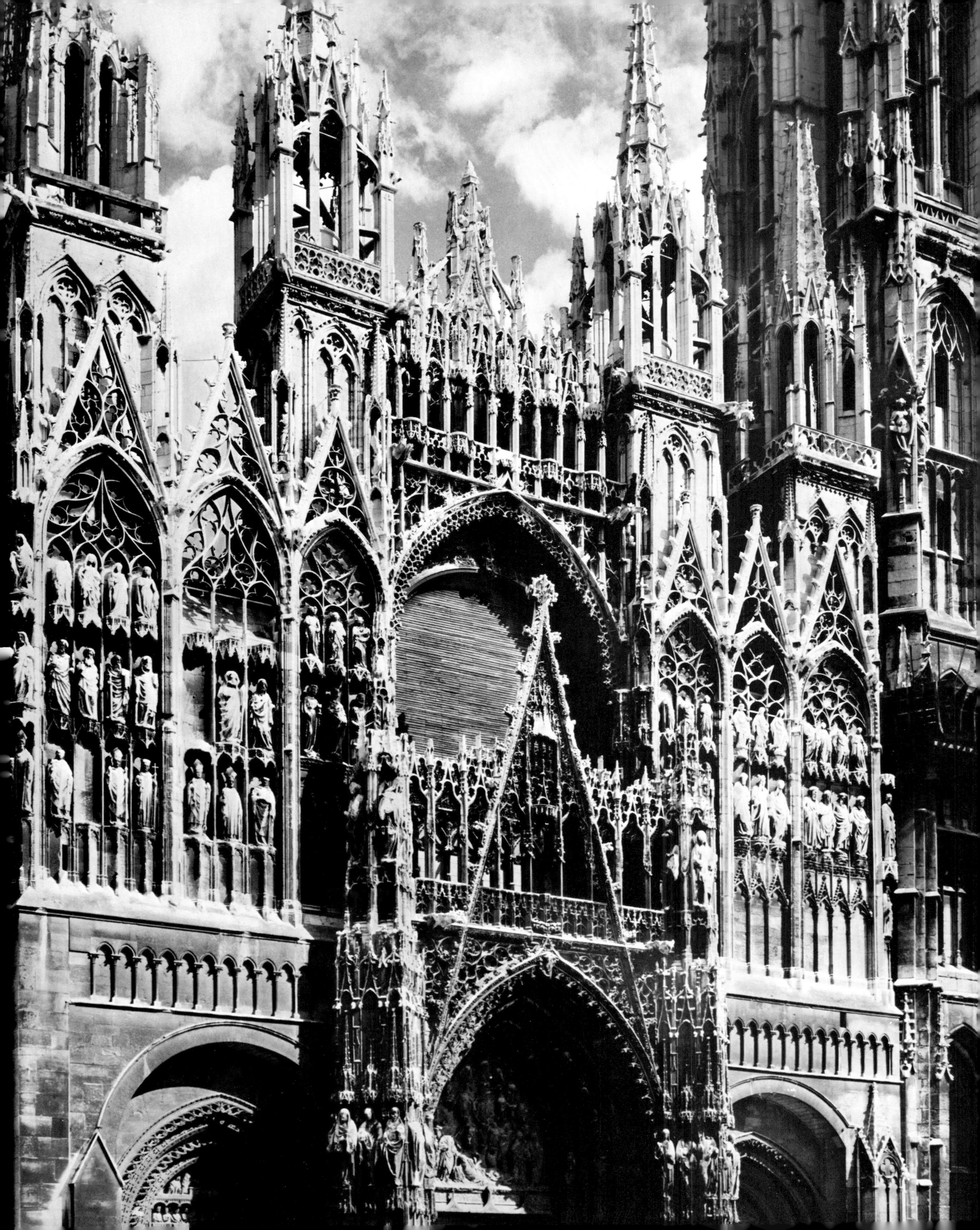

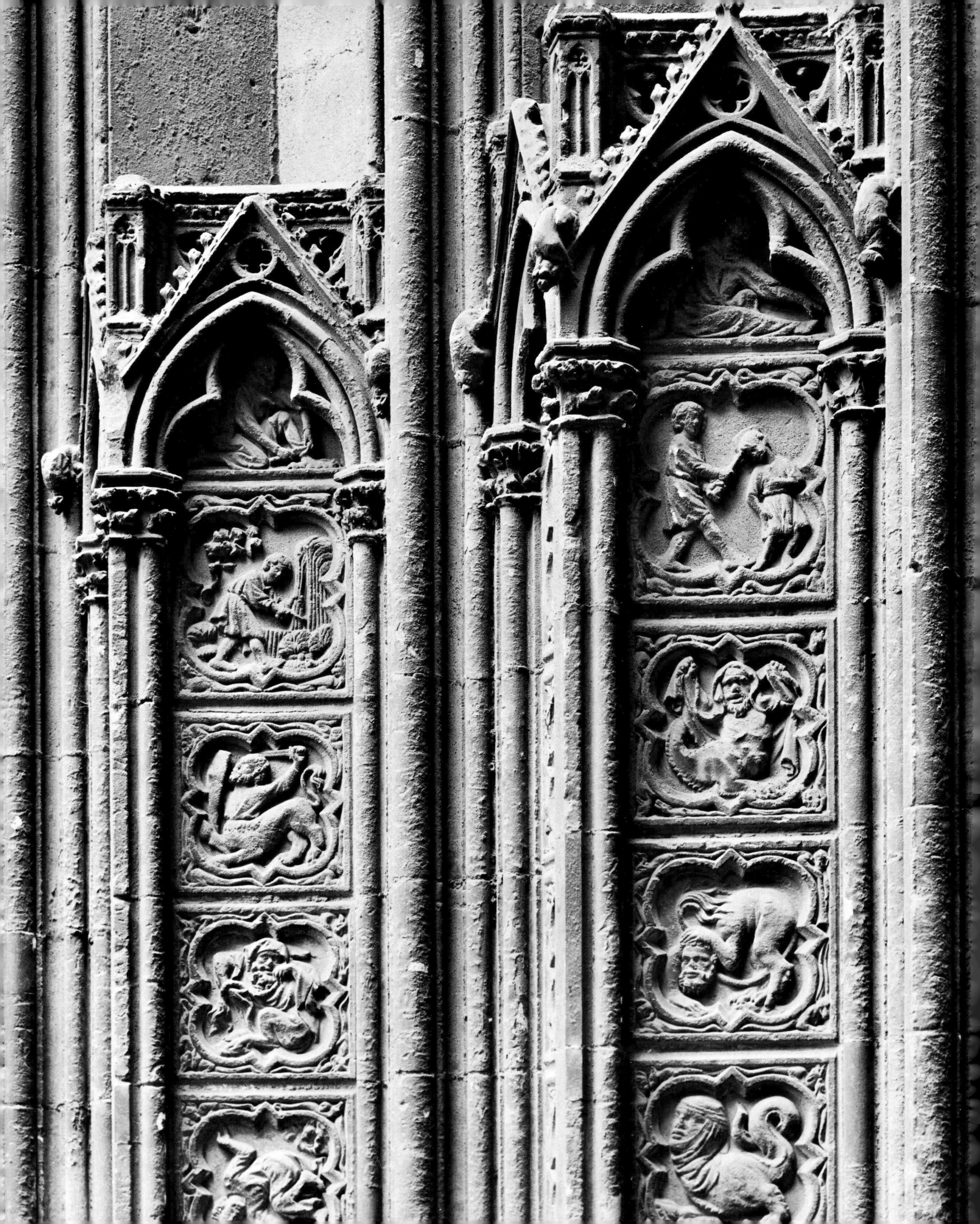

Albi

Die südlichen Provinzen Frankreichs, die eine großartige Blüte der romanischen Kunst hervorgebracht hatten, sind nicht sehr reich an gotischen Kathedralen. Zu den schönsten gehört der rote Ziegelsteinbau der Kathedrale von Albi. In einer Bucht des Flusses Tarn, oberhalb der rhythmischen Bogen der Alten Brücke von 1030 und der malerischen Häuser, die den Hügel hinanklettern, türmen sich die gewaltigen Massen der Cäcilien-Kathedrale und des Bischöflichen Palastes: ein imposantes Bild (Abb. 78). Hier spielte eine der furchtbarsten Episoden der europäischen Geschichte: im Süden Frankreichs kam es im 12. Jahrhundert zur Verfemung und Unterdrückung der Albigenser,

Haß beherrschten die Stadt, und sogar die Domherren wandten sich gegen Castanet[36]. Unter diesen Verhältnissen nahm der Plan der neuen Kathedrale Gestalt an: ein steinernes Porträt des gefürchteten Bischofs.

Über einem klippenartigen Sockel, der einem Angreifer keinen Halt böte, schwingen sich die Mauern bis zu einer Höhe von etwa 14 m, vom Boden der Kathedrale aus gerechnet, auf und viel höher über den Erdboden (Abb. 180). Nirgends ist der festungsähnliche Charakter der Kirche so evident wie in dem großen Westturm der gegenüber dem Schloß des Hauses von Montfort errichtet wurde[37]; das Schloß fiel nicht unter die Gerichtsbarkeit des Bischofs und war daher eine ständige Gefahrenquelle (Abb. 176). Der Westturm (Abb. 177) ist kein anmutiger Glockenturm, sondern ein mittelalterlicher Donjon ohne Verzie-

176 Blick auf die Kathedrale von Albi (s.a. Abb. 78)

177 Kathedrale von Albi. Der mittelalterliche Donjon der Westfront könnte einer Belagerung standhalten

und in Albi wurden ihre Männer, Frauen und Kinder mit teuflischer Grausamkeit niedergemetzelt.

Der Widerstand war schon gebrochen, als Bernard de Castanet 1277 Bischof wurde und gleich nach seinem Amtsantritt den Bau einer neuen Kathedrale anordnete, zum Ersatz für die »durch Kriege und Ketzerei geschwächte« alte. In der ganzen Languedoc hatten von den Unglücklichen nach dem Geständnis der Dominikaner-Inquisitoren nicht mehr als fünfzig überlebt. Dennoch setzte Bernard de Castanet den Kampf gegen das Ketzertum fort. Keine Woche ging vorüber, ohne daß Bürger verhaftet, gemartert oder gefangengesetzt wurden. Der Großteil des konfiszierten Vermögens kam in die Schatzkammer des Bischofs. Furcht und

rung. Seine Mauern, von Schießscharten durchbrochen, sind an den Ecken durch runde Strebepfeiler verstärkt – stark genug, einer Belagerung standzuhalten[38]. Der Turm erhebt sich hoch über das Dach des Hauptschiffs, nach Westen weicht er gestuft zurück und vermittelt einen Eindruck von nur mühsam gebändigter Energie.

Ein einziges schlichtes Tor bot im Süden der feindlichen Außenwelt Zugang[39]. In friedlicheren Zeiten (1519–1535) wurde es

178 Umseitig: Spätgotischer Eingang der Kathedrale von Albi, vom befestigten Torweg aus gesehen

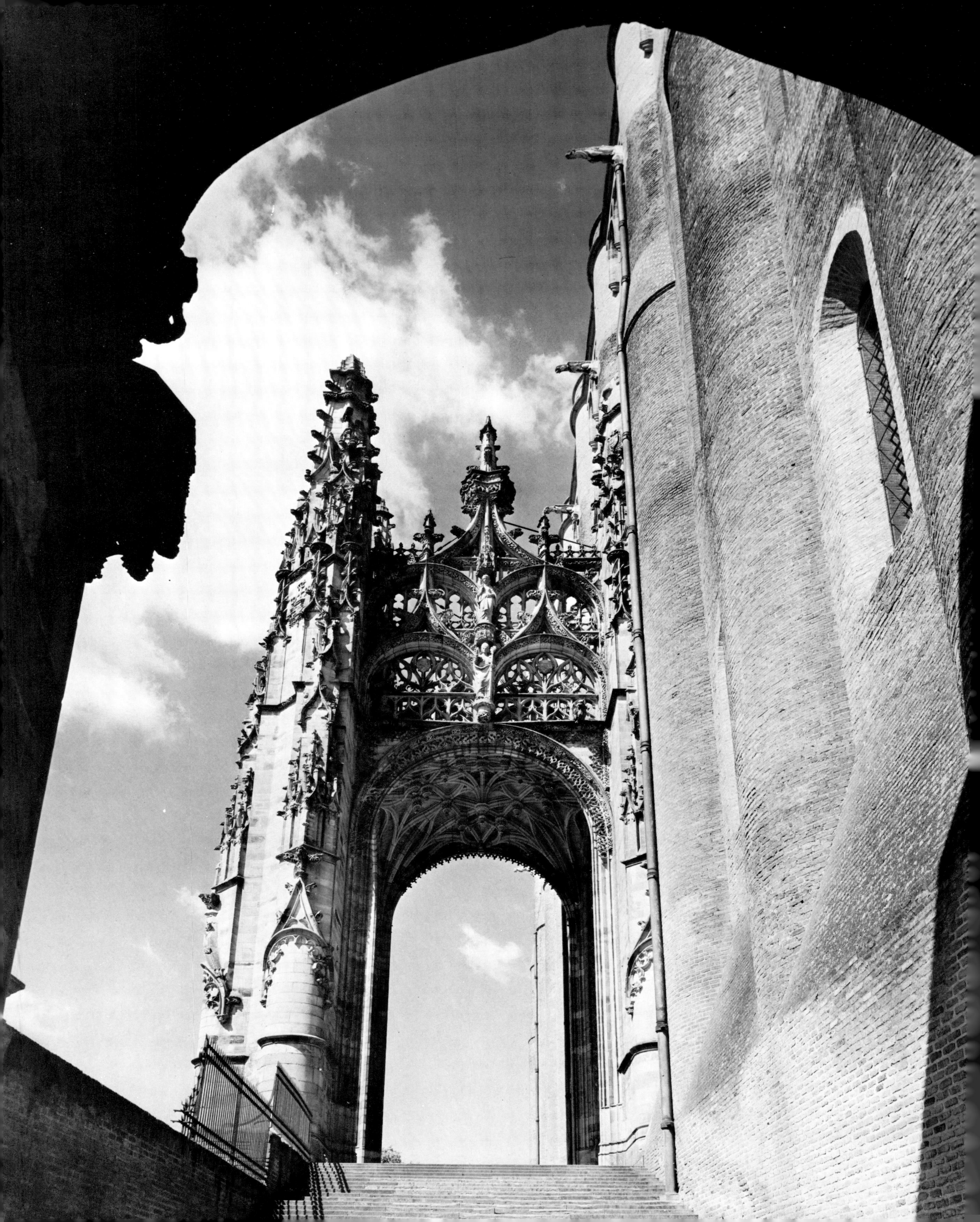

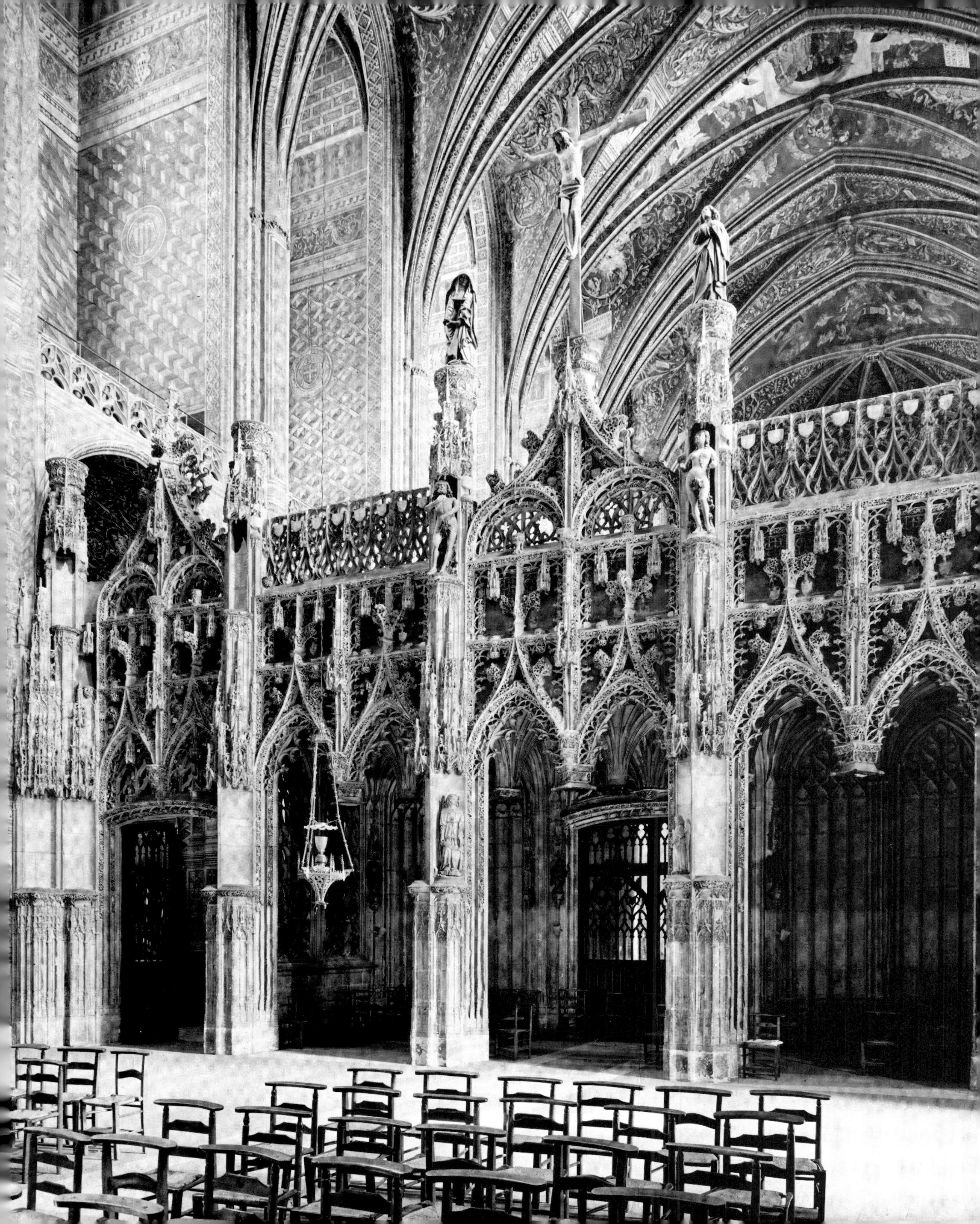

180 Blick vom Wachtturm der Abtei St. Salvi auf das Bollwerk der Kathedrale von Albi

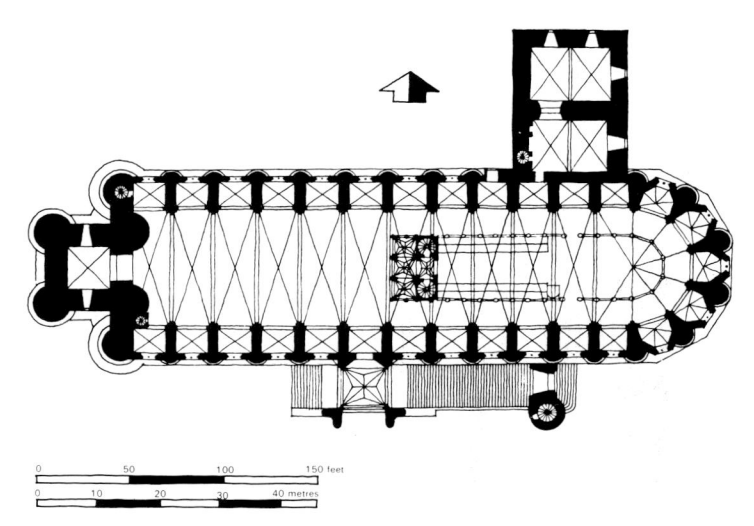

Fig. 14 Grundriß der Kathedrale von Albi

vergrößert und auf würdige Weise mit einer prächtig in spätgotischem Stil geschmückten Vorhalle versehen, die man 'Baldachin' nannte. Über eine monumentale Freitreppe durchschreitet man das befestigte Tor (Abb. 178). Meisterlich ist der Kontrast zwischen der schwingenden, flammenden Bauplastik, die nach oben zu immer reicher und komplizierter wird, und der starren Ziegelwand dahinter herausgearbeitet. Diese kühne und einfache Gotik des Südens spricht den modernen Architekten in besonderer Weise an[40].

Das Innere wirkt auf den ersten Blick überraschend. Statt der Raumgliederung der großen Kathedralen des Nordens hier ein Entwurf von geradezu verwegener Einfachheit: ein einziger großer Raum in Form eines 30,50 m hohen Schiffes, die Gewölbe etwa 18 m breit, zu beiden Seiten zwischen riesigen 1,50 m dicken und 6 m tiefen Strebemauern eingefügt die Kapellen. Es gibt keine Seitenschiffe, keine Querschiffe. Der Nachdruck liegt auf der von den Bettelorden bevorzugten Gebetshalle. Leicht stellt man sich vor, wie hier der Großinquisitor der Dominikaner seine Flüche gegen das Ketzertum schleuderte, wenn auch die elegante Bauplastik eine andere Atmosphäre heraufbeschwören möchte (Abb. 179).

Die ursprüngliche Kirche wurde im wesentlichen schon zwischen 1282 und 1390 vollendet. Die zweite wichtige Bauphase nahm ihren Anfang, als Louis d'Amboise 1473 Bischof wurde.

◁ 179 S. 161: Die prächtige Chorschranke der Kathedrale von Albi (s. a. Abb. 98)

Er stammte aus einer erlauchten, reichen Familie, war der Bruder des ersten Ministers von Ludwig XII. und selber ein Vertrauter des Königs, ein Lebemann, der den Luxus liebte und die Künste förderte. Das Kapitel wählte ihn wohl hauptsächlich, weil es einen mächtigen und reichen Schutzherren wünschte, der imstande wäre, den großen streng wirkenden Innenraum auszuschmücken. Obwohl man es mit dem Privatleben eines Kirchenfürsten damals nicht genau nahm, kam es zu einem Skandal, so daß der Bischof 1502 abtreten mußte. Er hatte jedoch vorgesorgt: sein Neffe, ebenfalls Louis, folgte ihm im Amte. Beide wirkten nun zusammen am Ausbau der Kathedrale: die drei oberen Geschosse des großen Westturms, der Portikus[41], die Abgrenzung des Chors und die Bauplastik wurden geschaffen – bewundernswerte Schöpfungen. Weniger glücklich war der Entschluß, den oberen Teil der Kapellen durch eine Tribünengalerie abzutrennen. Hierdurch wurde nicht nur die aufstrebende Linie gestört, sondern auch ein Beleuchtungsproblem geschaffen, das sich besonders nach Errichtung der Chorschranke bemerkbar machte. Man löste es, indem man in das Mauerwerk der Apsis kleine Fenster einließ, die die Außenansicht stark beeinträchtigen (Abb. 180). Da uns jetzt elektrisches Licht zur Verfügung steht, könnte man sie wieder zumauern.

Zum Glück ist die gotische Chorschranke, die schönste Europas, erhalten (Abb. 98, 179). In dem weiten Innenraum wirkt sich die raumgliedernde Funktion des *jubé* am glücklichsten aus. Sie schafft eine große Mannigfaltigkeit räumlicher Effekte. Aus dem großen Schiff mit seinen hohen blauen und goldenen Gewölben gelangt man in die intime Sphäre der *jubé*-Halle mit ihrem komplizierten Sterngewölbe. Man durchschreitet den schattigen Chorumgang, wo die Figuren aus dem Alten Testament darauf zu warten scheinen, den Chor zu betreten, wo das Licht der hohen Fenster die Apostel und Heiligen des Neuen Testaments umflutet (Abb. 179). Die Bauplastik ist besonders in den Baldachinen unglaublich fein und kompliziert. Richelieu soll während seines Besuches 1629 auf eine Leiter gestiegen sein und den Stein beklopft haben, um sich davon zu überzeugen, daß es kein Stuck wäre. Auch wer Chorschranken nicht liebt oder den spätgotischen Stil nicht mag: hier wird er, überwältigt von der Schönheit, sich mit Prosper Mérimée »angesichts diesen großartigen Überschwangs seiner Logik schämen«.

181 Kathedrale von Albi. Engel von der Chorschranke mit dem Christusmonogramm in der Hand. Im Hintergrund die Renaissance-Putten

Während des zehnjährigen Episkopats Louis' II. d'Amboise (1502–1511) vollzog sich der Triumph des Renaissance-Stils. Der Bischof ließ die Chorschranken noch im gotischen Stil fertigstellen, die französischen Künstler aber, die das riesige *Jüngste Gericht* an der Westwand gemalt hatten (es ist schwer beschädigt und eher interessant als schön) entließ er. Ihre Stelle nahmen Italiener ein, die in dem kurzen Zeitraum von sechs Jahren die übrigen Wände und die Gewölbe mit den umfangreichsten und besterhaltenen Renaissance-Fresken bedeckten, die wir in Frankreich aus dieser Zeit finden. Der jugendlichen Kraft ihrer Putten gegenüber wirken die Engel von Chorschranke und Lettner, obwohl unvergleichlich schön, doch seltsam matt (Abb. 181). Sie sind der Schwanengesang der gotischen Kunst.

182 Straßburger Münster. Die Engelsäule ▷

Straßburg

Das Straßburger Münster, mit dem sich im deutschen Kaiserreich nur das kaiserliche Münster von Speyer messen konnte, brannte 1176 zum vierten Mal in einem Jahrhundert ab. Einige Jahre später ließ Bischof Heinrich I. die Kirche vollständig neu aufbauen; nur die alten Fundamente blieben und wurden verstärkt, um die Last des erstmalig geplanten steinernen Gewölbes tragen zu können. Um 1225 waren die Apsis, die Vierung und das nördliche Querschiff fertig: in spätromanischem Stil, im wesentlichen so, wie wir sie jetzt sehen. Als das südliche Querschiff schon seine halbe Höhe erreicht hatte, erfolgte ein jäher Übergang zum gotischen Stil.

Als wolle er sogleich die Möglichkeiten des neuen *opus francigenum* ausschöpfen, schuf der Baumeister von Straßburg eines der spektakulärsten Werke im Bereich der gotischen Kunst, die einzigartige *Engelsäule* (1225–1230). In drei Lagen übereinander stehen die Evangelisten, in Posaunen stoßende Engel und ganz oben Christus mit drei Engeln, die die Passionswerkzeuge tragen (Abb. 182). Die Figuren stehen zwischen glatten einfachen Schäften, die einen ausgezeichneten Hintergrund für die Skulpturen bilden und die Vertikale noch betonen, so daß die Säule trotz ihres Umfangs schwerelos in die Dämmerung des Gewölbes aufstrebt. Die meisterhafte Plastik zeigt den Einfluß von Chartres.

Der *Marientod* (nach 1230) im Tympanon einer der Doppeltüren des Südportals zeigt den Einfluß von Reims, wie ein deutscher Bildhauer ihn erfuhr (Abb. 184). Der üppige Faltenwurf bringt etwas ruhelos Wirbelndes in die Komposition, worin sich

183 Straßburger Münster. Portal des *Jüngsten Gerichts* an der Westfassade mit den klugen und den törichten Jungfrauen, Symbolen für die Erwählten und die Verdammten

184 Straßburger Münster. *Marientod* vom Südportal – eine Synthese französischer Grazie und deutschen Gefühls

185 Ansicht des Straßburger Münsters im Jahr 1630 von Wenceslas Hollar; Stich von 1645. London, British Museum

wohl ebenso die Ergriffenheit der dem Geschehen beiwohnenden Personen ausdrückt wie eine spezifisch deutsche Neigung zum Expressionistischen. Zu Seiten des Doppelportals stehen die großartigen Figuren der *Synagoga* und der *Ecclesia*[12]. Letztere (die Kirche) trägt Kreuz und Kelch, und blickt stolz zu ihrer besiegten Rivalin hinüber, deren Augen verhüllt sind, da das Alte Gesetz, wie es hieß, nur die Hälfte der Wahrheit erfaßt habe. Die anmutige Figur der Synagoge, noch im Unterliegen edel, verkörpert den hohen Idealismus dieser Zeit (Abb. 190).

Das Hauptschiff wurde in hochgotischem Stil zwischen 1240 und 1275 gebaut. Seine Proportionen, basierend auf dem gleichseitigen Dreieck, fügen sich schön zu der romanischen Vierung und Apsis; es fehlt aber eben deswegen das heitere Aufwärtsstreben anderer Kathedralen. Von den herrlichen Glasmalereien des 14. Jahrhunderts blieb viel erhalten. In den großen Lanzettfenstern des nördlichen Seitenschiffs neunzehn heroische Gestalten deutscher Kaiser, prächtig und barbarisch (Abb. 162). In den Nimben Namen wie ›Henricus Babinbergensis‹, ›Carolus Magnus Rex‹, ›Lotharius Romanorum Imperator‹. Ganz anders sind die südlichen Fenster mit Szenen vom Leben und Sterben Christi (Abb. 186). Sie sind berühmt um ihrer ausdrucksvollen, kalligraphischen Linienführung und glänzenden Farben willen und nehmen den epischen Stil des 15. Jahrhunderts vorweg.

Wundervoll ist die Westfassade des Münsters (Abb. 187). Zeichnungen, die im Musée de l'Œuvre Notre-Dame[43] aufbewahrt werden, gestatten, die Entwicklung des Bauplans vom letzten Viertel des 13. bis zum Ende des 15. Jahrhunderts zu verfolgen. Am 25. Mai 1277 begann Erwin von Steinbach nach einem von seinem Vorgänger hergestellten Entwurf mit dem Bau der Fassade. Die Front im traditionellen Stil von Notre-Dame in Paris bereicherte er durch eine zweite freistehende Skelettfassade, deren steile, zugespitzte, eng beieinander stehende Schäfte mit den Saiten einer Harfe verglichen wurden. Der prächtige, dreidimensionale Effekt und das dramatische Helldunkel erreichen ihren Höhepunkt im Giebel über dem mittleren Portal (Abb. 187).

Auch hier geht es, wie am südlichen Querschiff in den Figuren von *Synagoge* und *Kirche*, um die Überwindung des Alten Gesetzes durch das Neue; (was, wie manche meinen, darauf zurückzuführen ist, daß das jüdische Element im mittelalterlichen Straßburg sehr stark war). *Salomos* Thron ist von zwölf Löwen umgeben, von denen das oberste Paar sich aufgerichtet hat, um der darüber

186 Straßburger Münster. Detail des Passionsfensters mit *Einzug in Jerusalem* (14. Jh.) ▷

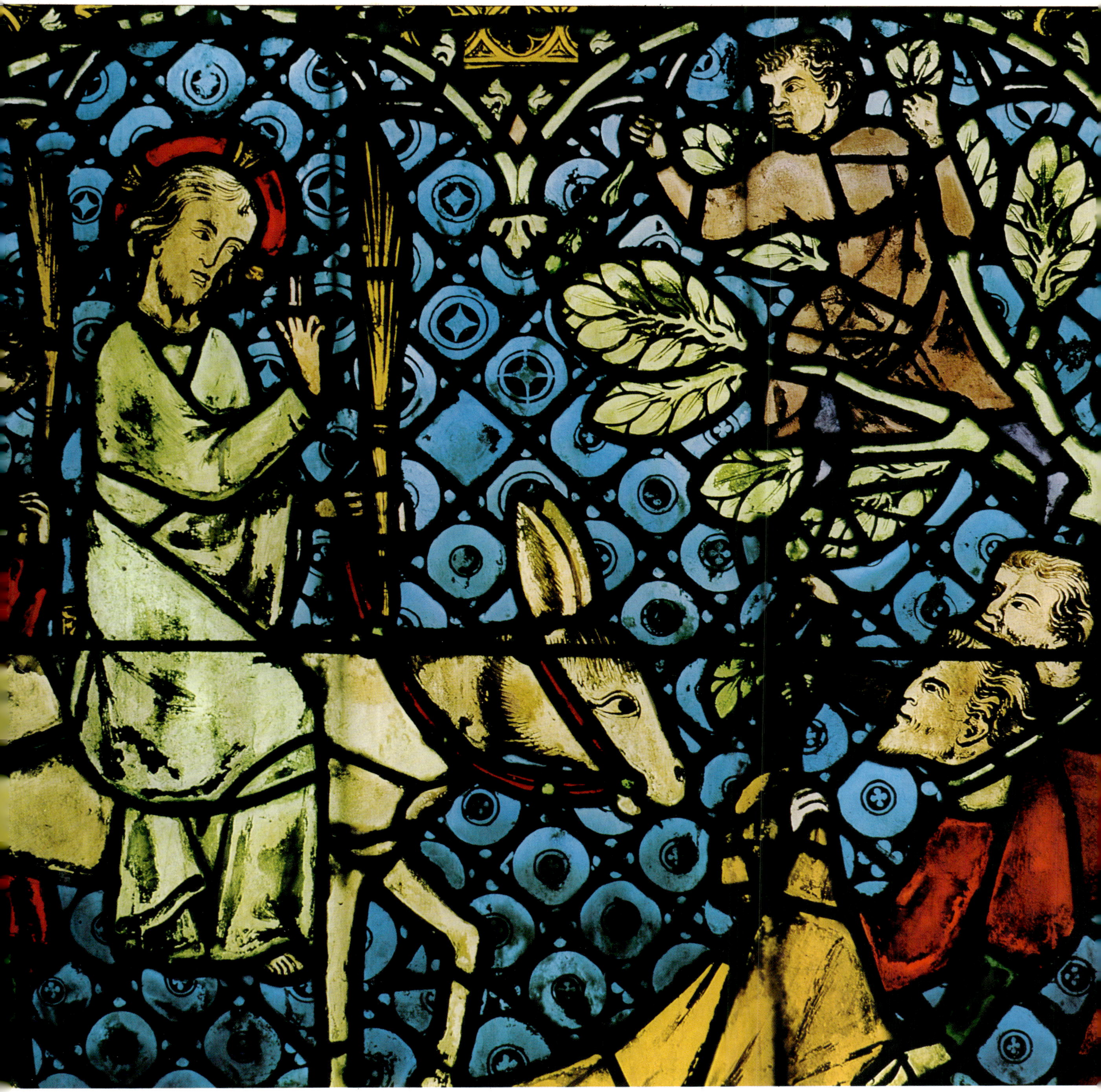

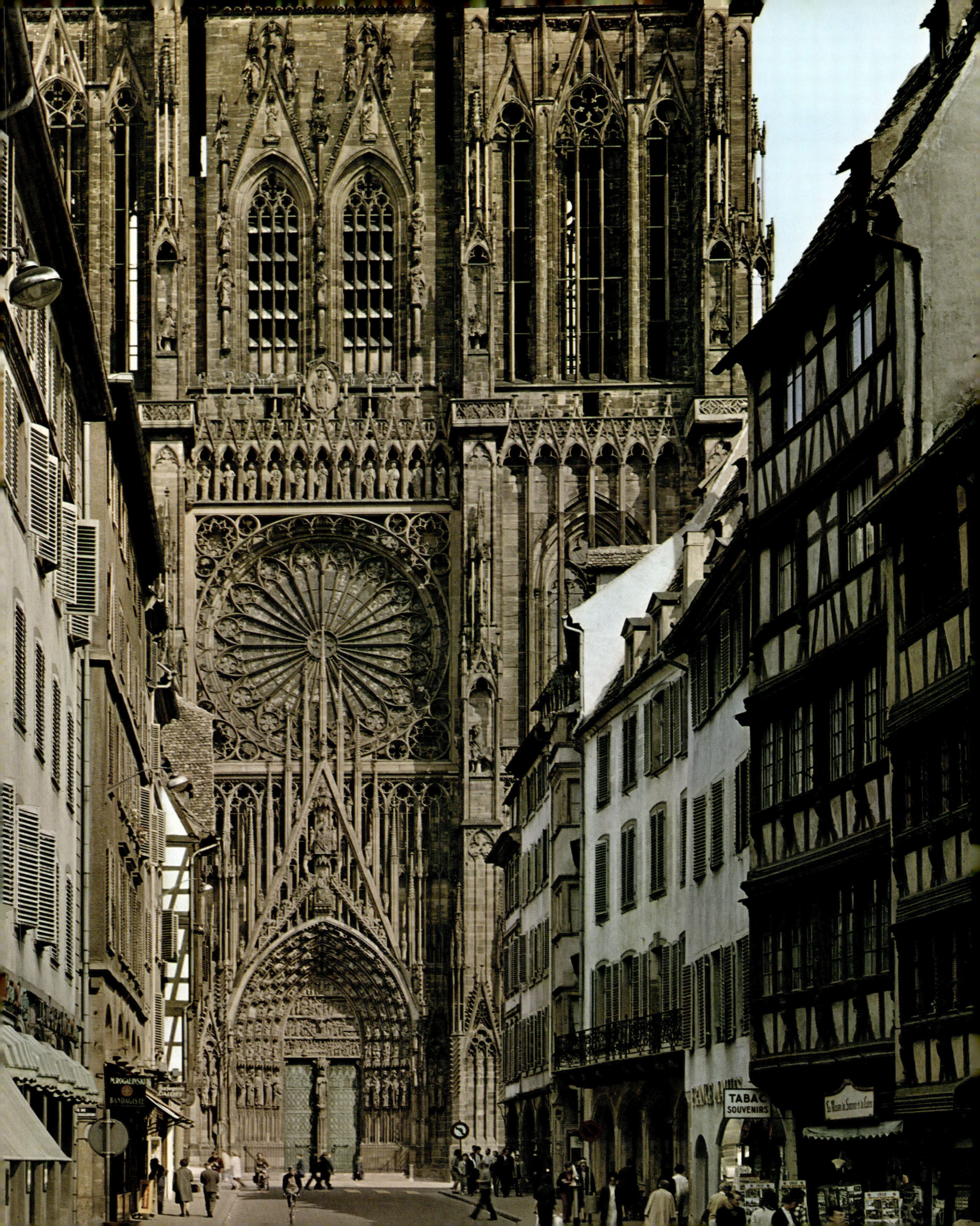
TABAC
SOUVENIRS

thronenden *Maria* zu huldigen, in der die 'neue Weisheit' personifiziert ist. Die spitzen Fialen, die sie umgeben, deuten in die Mitte der großen Fensterrose, wie um anzudeuten, daß auch dies ein Symbol Mariä sei, der schönsten aller Blumen, »super rosam rosida«.

Das südliche Portal der Westfassade zeigt das *Jüngste Gericht* (Abb. 183). Rechts die Seligen: dort werden die klugen Jungfrauen mit ihren erleuchteten Lampen von Christus, dem himmlischen Bräutigam, begrüßt. Links die Verdammten: die törichten Jungfrauen und die eindrucksvolle Figur des Versuchers, der als jugendlicher Mann dargestellt ist (bis zu den eleganten kleinen, spitz zulaufenden Schuhen modern gekleidet) und mit bestrickendem Lächeln einer der Jungfrauen den Apfel der Versuchung reicht. Sie, freudig erregt, nestelt an ihrem Kleid und bemerkt nicht, daß abscheuliche Kröten und Schlangen den nackten Rücken des Versuchers zernagen[45]. Für die anderen törichten Jungfrauen ist schon die Stunde der Reue gekommen, geängstigt von der ewigen Verdammnis, schwanken sie auf ihren Sockeln und drohen aus ihren Nischen herauszufallen[46].

Die Westfassade, reich gegliedert, ist doch von starker Einheitlichkeit dank der harmonischen Proportionen, die »nach dem wahren Maß« konstruiert sind[47]. Die Doppeltürme des dritten Geschosses folgen dem herkömmlichen Muster, doch die Konstruktion eines kräftigen Mauervorsprungs zwischen ihnen bezeichnet einen radikalen Wandel der Auffassung. Die großartige Zeichnung Meister Michael Parlers (um 1385), aus der wir die Fensterrose reproduzieren (Abb. 192), sieht einen einzigen Mittelturm vor. Der Plan wurde aufgegeben, und Ulrich von Ensingen, der Schöpfer des großen Turms von Ulm, baute zwischen 1399 und 1419 das gegenwärtige große Achteck mit seiner komplizierten Durchdringung offener Formen, das so charakteristisch für die deutsche Spätgotik ist. Sein Nachfolger, Johan Hültz von Köln, entwarf einen neuen Plan für die Turmspitze. Ein früherer Vorschlag sah ein durchbrochenes Achteck vor, das stark an die Freiburger Turmspitze erinnert (Abb. 58, S. 73). Der spätere Plan, der zur Ausführung gelangte, ist mit seinen Himmelstreppen inmitten stacheliger Fialen ungewöhnlich und bizarr. Die 1439 vollendete, 142 m hohe Turmspitze von Straßburg war der höchste Steinbau des Mittelalters und wurde als achtes Weltwunder betrachtet[48].

In der Französischen Revolution beantragte 1794 ein Stadtverordneter die Zerstörung der Turmspitze, da sie die Idee der Gleichheit beleidige. Das drohende Unheil wurde abgewendet, indem man den Dachreiter mit einer riesigen phrygischen Mütze aus Eisenblech krönte. Von der Bauplastik dagegen wurden 1793 über 300 Figuren zerstört. Nur durch das mutige Auftreten des Ministers für staatliche Bauten und eines Professors Herman wurden einige der schönsten Meisterwerke, darunter die Gestalten der *Kirche* und der *Synagoge*, gerettet und im Botanischen Garten versteckt.

188 Das Straßburger Münster in einer Darstellung aus dem 19. Jh.

189 Seitliche Fassade des Südturms vom Straßburger Münster mit der beherrschenden Vertikale

◁ 187 Straßburger Münster. Mittelalterliche Häuser umrahmen die Westfassade aus rötlichem Vogesen-Sandstein

190 Umseitig: Kopf der *Synagoge* (nach 1225). Straßburg, Musée de l'Œuvre ▷ Notre-Dame

191 Umseitig: Kopf des *Versuchers* (um 1280). Straßburg, Musée de l'Œuvre ▷ Notre-Dame

192 S. 170: Ausschnitt aus einer Zeichnung von Meister Michael Parler ▷ (um 1385). Tinte auf Pergament, die Figuren der Jungfrau und der Apostel mit Gouache gehöht. Straßburg, Musée de l'Œuvre Notre-Dame

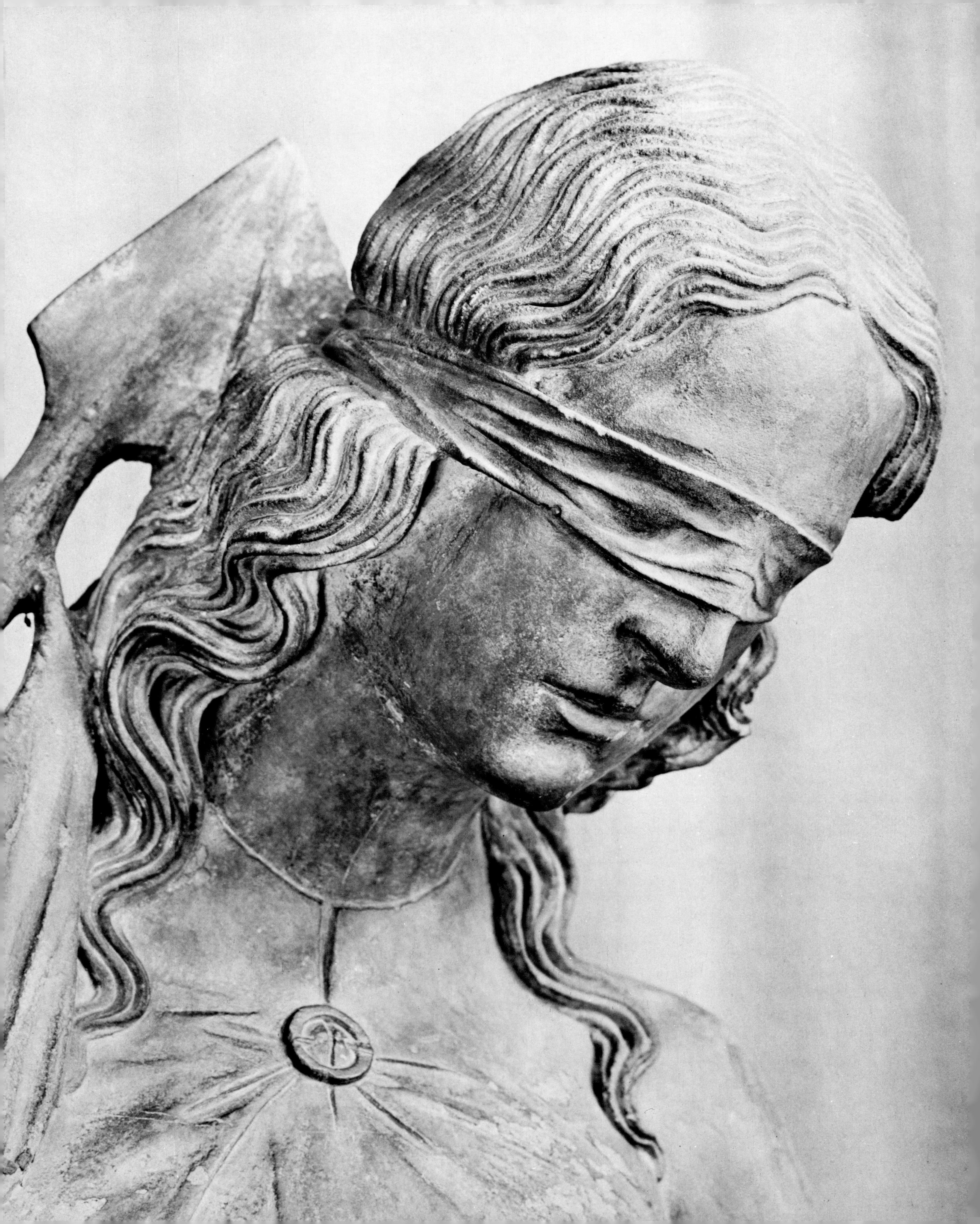

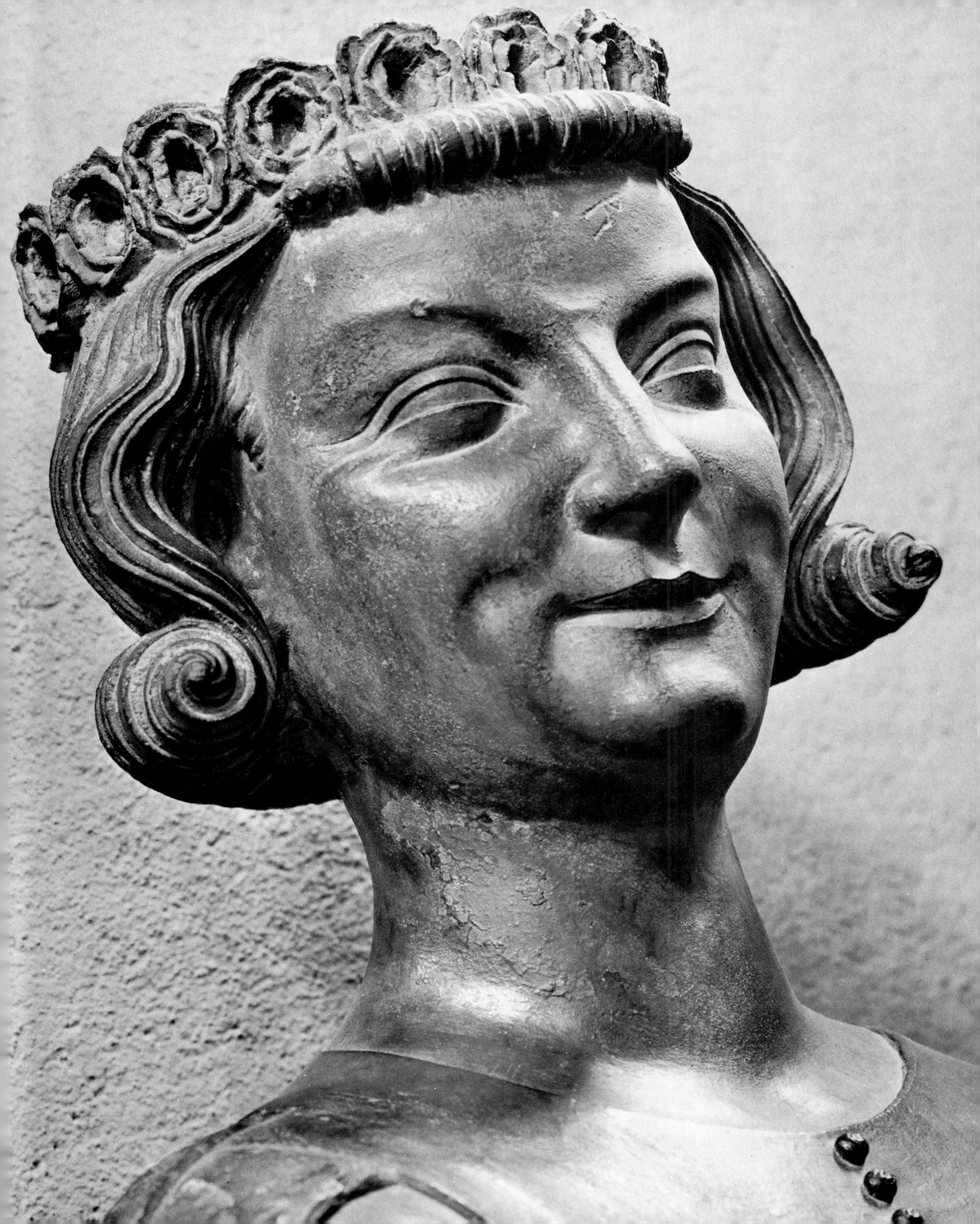

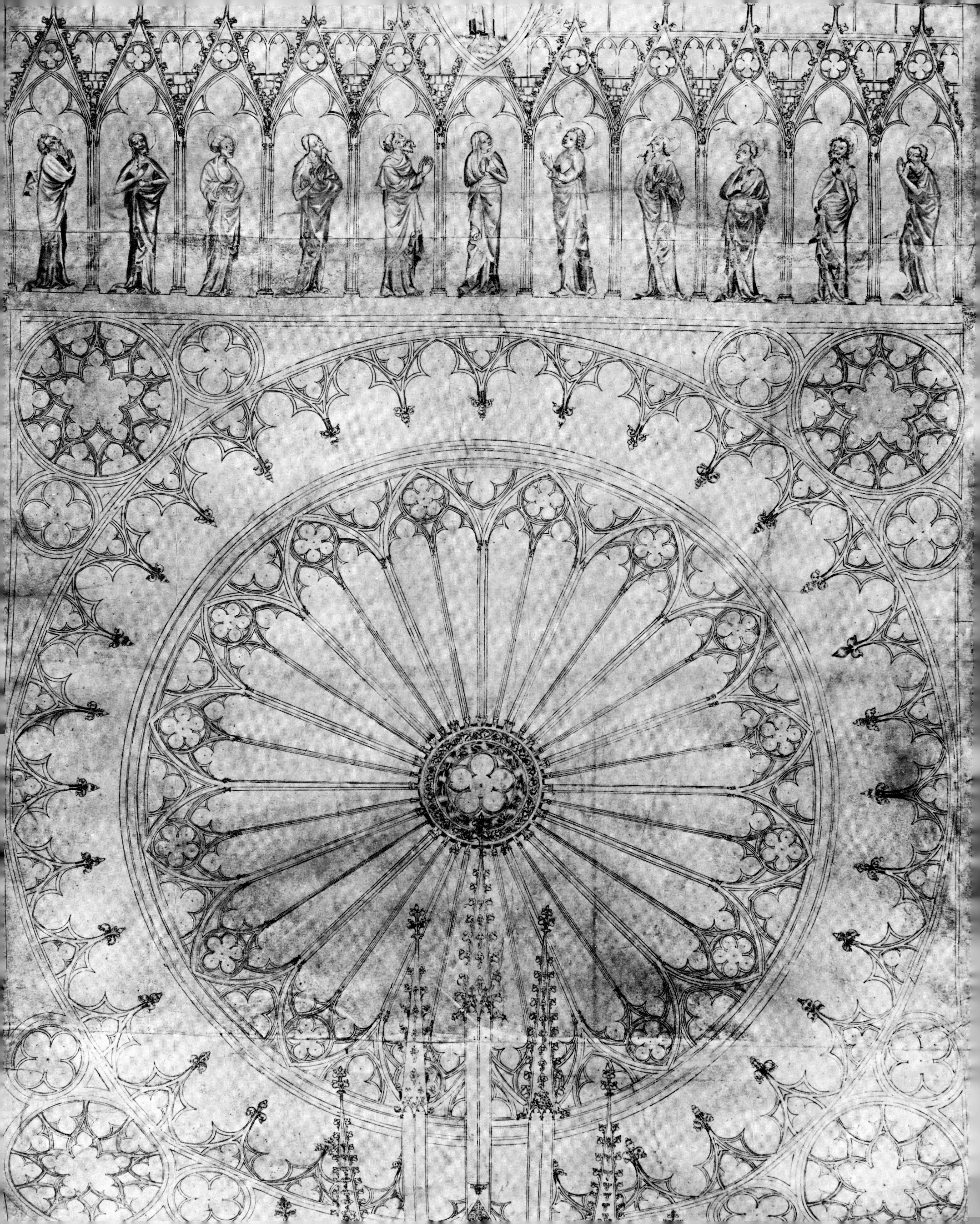

5 England

Konsolen und Bossen, die in ihrer Mannigfaltigkeit, Originalität und reinen Schönheit nie übertroffen wurde, in großartigen Zierköpfen und intimen Genreszenen und schließlich in schönen Grabdenkmälern.

Von gleicher Qualität sind die Illustrationen der ost-angelsächsischen Schule im ersten Viertel des 14. Jahrhunderts. Die stilisierten Pflanzenformen der früheren Manuskripte weichen einer üppigen, naturalistischen Vegetation, die mancherlei lebensgetreuen oder grotesken Lebewesen Platz bietet, zwanglos die Ränder überwuchernd und doch – wenigstens in den schönsten Exemplaren – mit einem unbeirrbaren Sinn für das Zeichnerische. Das ist typisch englisch: der lineare Stil, die Freude an der Bewegung, das anekdotische Element, der Sinn für Humor. Tiere mit menschlichem Gehaben sind schon in der Bibel des William of Devon (Mitte 13. Jahrhundert) ein beliebtes Thema (Abb. 195). Eine Seite des Gorleston-Psalters (um 1310–1325) trägt eine entzückende Parodie auf einen Leichenzug: als Priester und Messediener gekleidete Kaninchen begleiten den Sarg, die Bahrtuchträger sind zwei Hunde (Abb. 194). Am Ende des Zuges bringt ein Kaninchen einen Vorrat von Kerzen. Auch die Beziehungen zwischen Mönchen und Nonnen werden gern kommentiert: auf einer Randzeichnung schiebt ein nackter Mann eine Schubkarre voller Nonnen vor sich her; auf anderen entblößen Mönche vor Nonnen ihr Geschlecht.

In dieser Zeit (dem späten 13. und frühen 14. Jahrhundert) erfuhren die englischen Meßgewänder, die so sehr zum Glanz des Gottesdienstes in den großen Kathedralen beitrugen, ihre höchste Vervollkommnung. Ganz Westeuropa erkannte Englands führende Rolle auf diesem Gebiet an; so finden wir großartige Exemplare des 'opus anglicanum' noch in Schweden und Spanien, besonders reich vertreten aber in italienischen Sammlungen, da englische Könige, Edelleute und Prälaten solche Meßgewänder oft dem Papst als Geschenk anboten[2].

196 Blick vom Haupteingang des Stiftshauses auf die Westtürme der Kathedrale von Canterbury

194/195 Humoristische Tierdarstellungen. Oben: *Leichenzug der Kaninchen*, aus dem Gorleston Psalter, ost-angelsächsisch (1310–1325). Unten rechts: Personifizierungen aus der Bibel des William of Devon (Mitte 13. Jh.). Beide London, British Museum

197 S. 175: Westfassade der Kathedrale von Lincoln

Canterbury

König Ethelbert von Kent und seine fränkische Gemahlin Bertha, die schon Christin war, begrüßten 597 den hl. Augustinus, der mit anderen Missionaren aus Rom nach 'Cantwarabyrig', der 'Burg der Leute von Kent' kam. Noch vor der Abreise des hl. Augustinus, der später als 'Bischof der Engländer' zurückkehrte, ließ sich der König mit Tausenden seiner Untertanen taufen. Das Primat der 'Christchurch' von Canterbury – von York hartnäckig angefochten – wurde durch die in Gegenwart von Wilhelm dem Eroberer 1072 geschlossene 'Übereinkunft von Wincester' aufs neue bestätigt; doch seinen großen Ruf erlangte Canterbury erst ein Jahrhundert später.

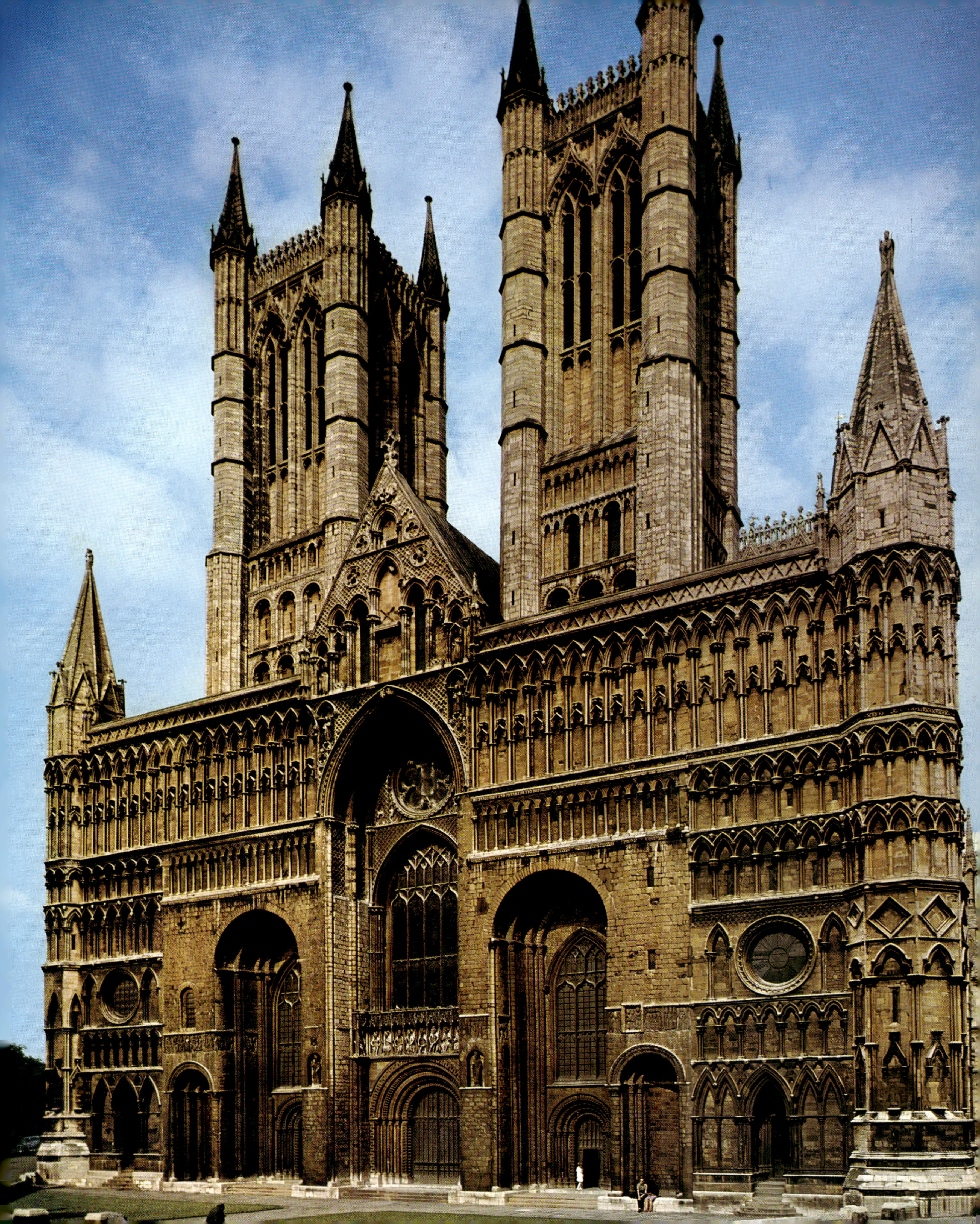

DANIEL OSIAS

EZECHIEL IOSAS

Heinrich II. hatte im Bemühen, der Krone als höchster Macht auch über den Klerus Geltung zu verschaffen, seinen weltlichen Freund Thomas Becket zum Erzbischof von Canterbury ernannt. Er fand in ihm aber einen unerbittlichen Verteidiger der Rechte der Kirche. Der Erzbischof wurde verbannt; die darauf in Frankreich stattfindende Versöhnung war nur das Vorspiel zu einem neuen Zusammenstoß. Becket kehrte nach England zurück, und Heinrich rief in einem seiner Wutausbrüche: »Will mich denn keiner von diesem Priester aus niedrigem Stand erlösen?« Vier Ritter nahmen das wörtlich, stürzten davon – die ihnen nachgeschickten Kuriere konnten sie nicht mehr einholen – und schlugen den Erzbischof nach heftigem Wortwechsel vor dem Altar im nördlichen Querschiff der Kathedrale nieder (vgl. a. Abb. 123).

bekannte Pilgerfahrt nach Canterbury gehörte zu den bedeutendsten Wallfahrten Europas. In der ganzen Christenheit wurden dem hl. Thomas Altäre und Kapellen geweiht, als ständige Mahnung an die Folgen einer Auflehnung gegen die Macht der Kirche.

Nichts ist von der Kirche aus der Zeit des hl. Augustinus übriggeblieben, und kaum etwas aus der Zeit Lanfrancs, des begabten Abtes von Caen, der von Wilhelm dem Eroberer zum Erzbischof ernannt und mitten unter den Ruinen eingekleidet worden war, die ein Brand 1067 zurückgelassen hatte. Der übereilte, ohne große Begeisterung vorgenommene Wiederaufbau im Stil der großen Abbaye-aux-Hommes in Caen erwies sich als völlig unzureichend, und schon Anfang des 12. Jahrhunderts

199 Kathedrale von Canterbury. Blick in die Dreifaltigkeits-Kapelle, die früher den Schrein des hl. Thomas barg. Im Hintergrund blickt man in die Corona-Kapelle

200 Canterbury. Chorhaupt und turmähnliches Chorquadrat der Corona-Kapelle

Das Verbrechen hatte furchtbare Folgen: in dem Martyrium des Erzbischofs und in der Demütigung des Königs, der zum Zeichen der Buße barfuß durch die Straßen von Canterbury ging und vor Beckets Grab gegeißelt wurde, fand die Kirche schreckliche Waffen in ihrem Kampf mit der weltlichen Macht. Becket wurde heiliggesprochen. An seinem Grab sollen sich mehrere Wunder ereignet haben. Die aus Chaucers ›Canterbury Tales‹

mußte der Arm des östlichen Querschiffs um das Doppelte vergrößert werden. Die riesige normannische Krypta mit ihrem labyrinthischen Säulenwald steht noch heute. Der Überbau wurde nach dem Entwurf des Baumeisters Blitherus ausgeführt und während der Amtszeit des Priors Conrad 1126 vollendet. Den Chroniken zufolge hatte er an Pracht und Schönheit in England nicht seinesgleichen, ihm war aber nur kurze Dauer beschie-

◁ 198 'Golden Window' in der Kathedrale von Wells. *Könige und Propheten des Alten Testaments in den Zweigen des Jessebaums*

201 Umseitig: Canterbury. Die vollkommene Meißelarbeit an den korinthischen Kapitellen der Dreifaltigkeits-Kapelle

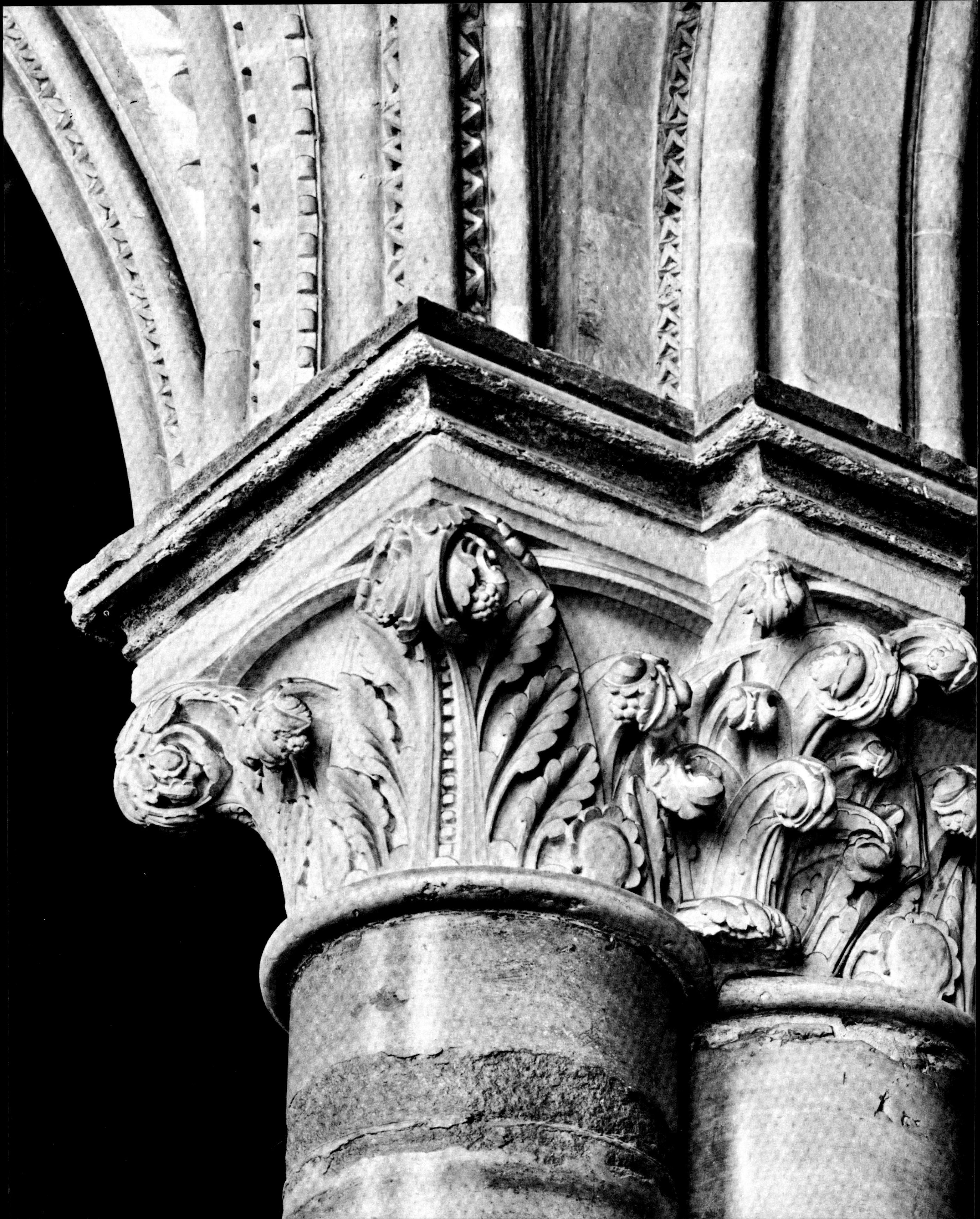

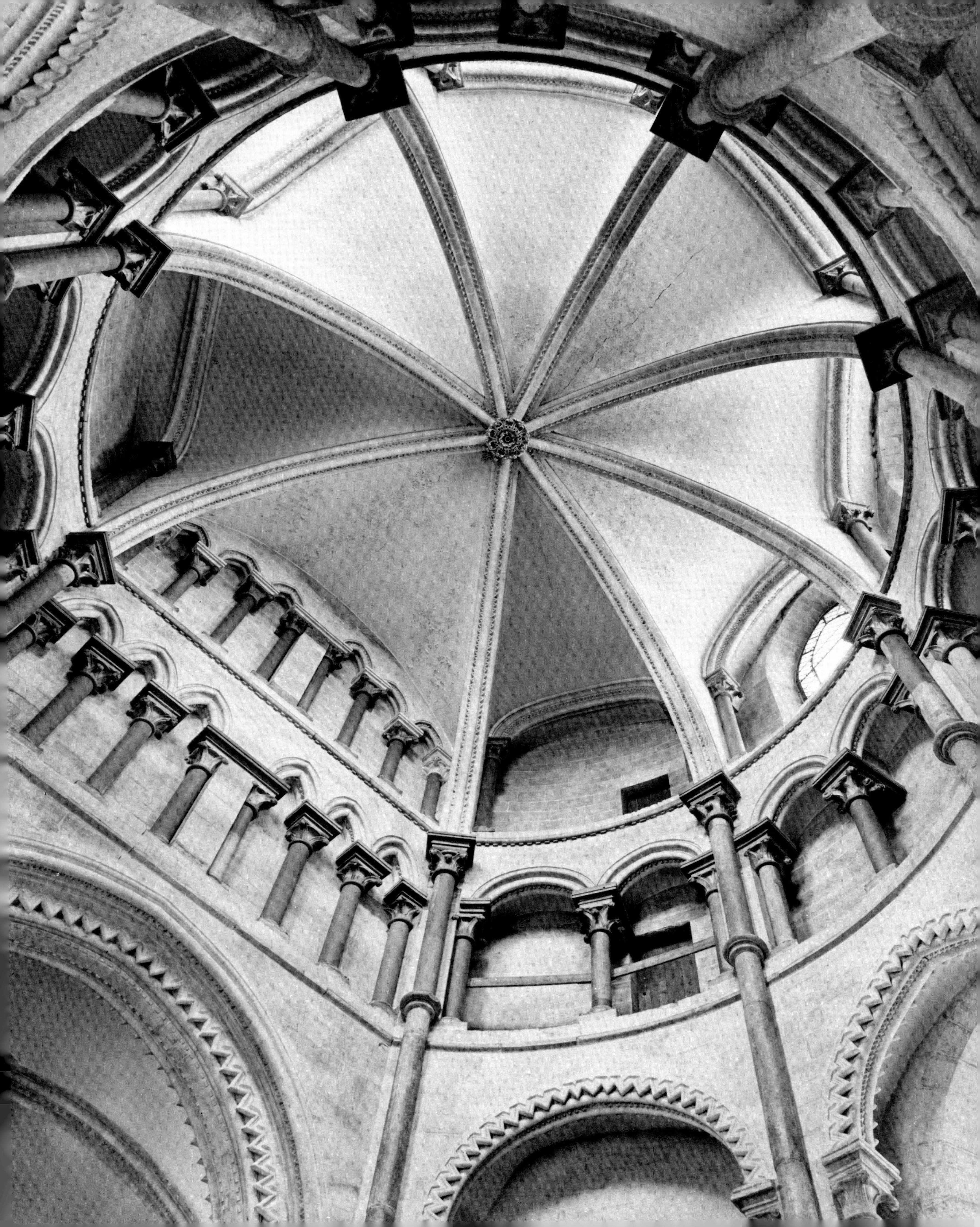

den. Kaum 48 Jahre später fiel der 'glorreiche Conrad-Chor' einem Brand zum Opfer. Der Mönch Gervase von Canterbury hinterließ einen Augenzeugenbericht über die Katastrophe und eine ausführliche Beschreibung des Wiederaufbaus im gotischen Stil.

Am 5. September 1174 brannten drei Hütten in der Nähe der Kathedrale ab. Die glühende Asche wurde vom Wind auf die Kathedrale zugetrieben, wo sie sich in den Fugen des Dachgebälks festsetzte. Der Brand schwelte zwischen der bemalten Decke und dem Tafelblei darüber und wurde erst entdeckt, als das Blei zu schmelzen begann.

»Die Leute und die Mönche kommen herbeigeeilt, schöpfen Wasser, schwingen Beile, rennen die Stufen empor und sind voll Eifer, die Kirche zu retten, die nicht mehr zu retten ist. Wie sie das Dach erreichen und überall den Qualm und die züngelnden Flammen sehen, geben sie den Versuch verzweifelt auf, denken nur noch an ihre eigene Sicherheit und eilen wieder hinunter... da fielen aber auch schon die glühenden Balken in den Chor hinunter auf das Chorgestühl der Mönche, die Stühle fingen Feuer, und das Unheil wurde immer schlimmer. So traurig es war, so wunderbar war es zu sehen, wie der herrliche Chor das Feuer nährte, das ihn zerstörte... Nun rannten die Leute zu den Kirchengeräten und begannen, die Pallia und Vorhänge herunterzuziehen, einige, um sie zu retten, andere, um sie zu stehlen, und die Heiligenschreine wurden aus ihrer Höhe herabgeworfen, zerbrachen und verstreuten ihren Inhalt auf dem Boden... So verwandelte sich das Gotteshaus, das bisher ein Ort paradiesischer Freude gewesen war, in einen abscheulichen Haufen Asche.«[3]

Die Mönche »errichteten so gut es ging im Kirchenschiff einen Notaltar, wo sie eher weinen und klagen, als singen konnten«. Bei Fachleuten in England und Frankreich holte man Rat ein, wie der beschädigte Chor wieder aufgebaut werden könne. Einige Baumeister meinten, die Pfeiler könnten wiederhergestellt werden. Schließlich übertrug man den Wiederaufbau einem Franzosen, Wilhelm von Sens, »einem geistvollen, angesehenen Mann... erfahren im Bearbeiten von Holz und Stein«. Obwohl er zu dem Schluß kam, daß die Ruinen abgerissen werden müßten, »verheimlichte er es den Mönchen noch, die es im gegenwärtigen Zustand nicht ertragen hätten...« Inzwischen begann der Wiederaufbau. Als die Mönche wieder bei Kräften waren, konfrontierte er sie mit der Wahrheit, und sie erklärten sich »wohl oder übel mit der Zerstörung des Chors einverstanden«.

Da die Steine aus Caen in der Normandie kamen, »konstruierte Wilhelm von Sens kunstvolle Maschinen zum Laden und Löschen der Schiffe... verschaffte den Steinmetzen Formen und Schablonen zum Schneiden der Steine... und war unermüdlich mit anderen Vorbereitungen dieser Art beschäftigt«. Die Vorbereitungen nahmen das erste Jahr in Anspruch, doch schon im Sommer 1178 waren einige Gewölbe des Chors fertig. Als der Baumeister auf dem Gerüst den Bau der Gewölbe kontrollierte, gaben die Balken nach, und er stürzte aus einer Höhe von 15 m herab. »Durch den Zorn des Himmels oder die Boshaftigkeit Satans« gelähmt, leitete er eine Zeitlang die Arbeit vom Bett aus; so wurden weitere Joche vollendet. Als er einsah, daß er nicht mehr geheilt werden könne, kehrte er in die Heimat zurück; sein Nachfolger wurde Wilhelm 'der Engländer', »von kleiner Statur, doch als Fachmann auf vielen Gebieten kundig und ein rechtschaffener Mann«.

Gervase scheint besonders empfänglich für den radikalen Bruch mit der Tradition in dem neuen gotischen Chor gewesen zu sein. In einer bemerkenswerten Stilanalyse weist er besonders darauf hin, daß die neuen Stützen schlanker sind und die Höhe betont wird. Die zylindrischen Pfeiler hatten den gleichen Durchmesser wie die alten, waren aber 3,60 m höher; das neue Innere des Chors hatte ein ganzes Fenstergeschoß mehr als das alte. Der Baumeister beweist Einsicht in eine neue Ästhetik, in der die Architektur an sich das Schönheitsempfinden befriedigt. Der Chor war früher mit einer »Holzdecke versehen, die mit einer ausgezeichneten Malerei geschmückt war, hier ist nun aber ein aus Stein und leichtem Tuff schön konstruiertes Gewölbe«. Gervase ist stark von der vervollkommneten Technik der Steinmetzarbeit beeindruckt. Er bemerkt, das Wenige, was es in der alten Kathedrale an Bauplastik gab, sei wie mit dem Beil ausgehauen gewesen, während jetzt die reiche Dekoration mit Sorgfalt gemeißelt sei. Der Kontrast zwischen der groben Arbeit in der romanischen Krypta und den wunderbaren neuen korinthischen Kapitellen, besonders an den Doppelsäulen der Dreifaltigkeitskapelle, war gewiß erstaunlich (Abb. 201).

Es kann nicht wundernehmen, daß Wilhelm von Sens sich in seinem Entwurf von der französischen Bauweise dieser Zeit und der neuen gotischen Kathedrale seiner Heimatstadt beeinflussen ließ. Die merkwürdige Enge des Chors von Canterbury (Fig. 15) erklärt sich aus dem Bestreben, die schrägstehenden normannischen Kapellen der Heiligen Anselm und Andreas zu erhalten.

203 Kathedrale von Canterbury. Blick hinauf in das Netzgewölbe des Mittelschiffs, das einen Triumph des 'Perpendicular Style' darstellt

◁ 202 S. 179: Kathedrale von Canterbury. Blick in die Corona-Kapelle, in der die Schädeldecke des hl. Thomas Becket aufbewahrt werden sollte

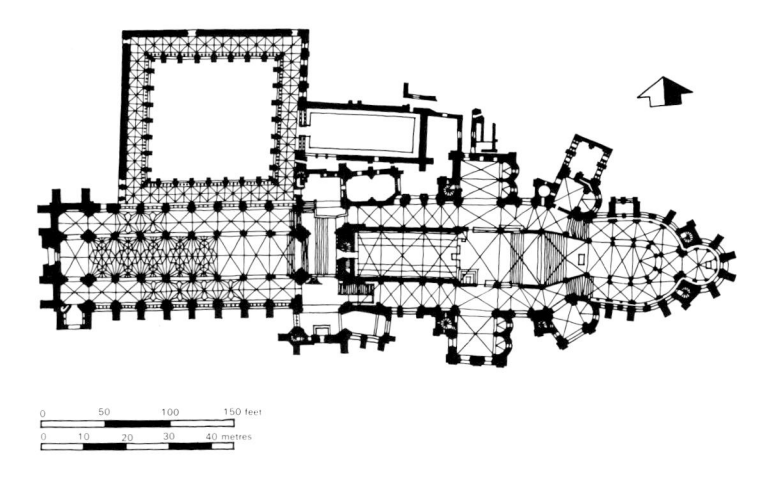

Fig. 15 Grundriß der Kathedrale von Canterbury

Der typisch französische Bauplan erfuhr eine Abwandlung, der Bau wurde länger, um den großen Prozessionen des Klerus und der Wallfahrer zum Grab des hl. Thomas Platz zu bieten. Nach Fertigstellung des Chors wurden die sterblichen Reste des Märtyrers in einen großzügig ausgestatteten (und größeren) Raum hinter dem Hochaltar überführt. Der prächtige, goldbedeckte Schrein war mit kostbaren Edelsteinen, darunter dem 1179 von Ludwig VII. gespendeten 'Régale de France', geschmückt. Heinrich VIII. ließ den als schönsten Rubin Europas geltenden Stein in einen Ring fassen und befahl, den Schrein des »Verräters Becket« zu zerstören. Heute ist da nur ein leerer Raum, und einzig die von den Knien der Betenden herrührenden Vertiefungen im Marmorboden erinnern daran, daß dieser Ort einmal zu den heiligsten der Christenheit gehörte (Abb. 199).

Die Mörder hatten mit solcher Wucht zugeschlagen, daß sich die Schädeldecke Beckets ablöste. Diese Reliquie fand ihren Platz in einer der Ostseite der Kirche vorgelagerten Kapelle, der 'Corona' ('Beckets Krone') (Abb. 202). Wie der Abschluß des Chors, wo sich der Schrein befand, stammt auch sie aus der Zeit des Baumeisters Wilhelm 'des Engländers'. Geoffrey Webb glaubt, daß sie schon von Wilhelm von Sens geplant worden sei[4]. Die Mischung von runden und spitzen Bogen ist für die Zeit des Übergangs vom Romanischen zum Gotischen typisch. Die dunklen Schäfte aus Purbeck-Marmor bilden einen starken Kontrast zu dem hellen Stein. Obwohl umstritten ist, woher dieses dekorative Motiv stammt – es gibt frühere Beispiele in England, aber auch in Frankreich und Belgien –, wurde es nur in England zu einem bedeutenden Element der gotischen Bauweise und trug zu der Fülle der Gegensätze bei, die der englische Geist so schätzt. Englisch ist auch das Bestreben, von der Vergangenheit möglichst viel zu erhalten und stückweise zu bauen. Daher trifft man statt des meist einheitlichen Charakters französischer Kathedralen, die zumindest als Ganzes konzipiert sind, hier oft ein Zusammenfügen von Elementen ganz verschiedener Stile und Epochen. Dafür entschädigt die historische Mannigfaltigkeit. Ein Beispiel dafür sind die beiden normannischen Kapellen, die man stehen ließ, obwohl sie dem neuen Entwurf im Wege waren.

Obgleich die Kirchenkasse über reiche Mittel verfügte, wurde das normannische Schiff von Lanfranc erst zwei Jahrhunderte nach Fertigstellung des Chors – nun schon baufällig – im spätgotischen sog. 'Perpendicular Style' umgebaut; der Name ist besonders zutreffend für das Schiff der Kathedrale von Canterbury mit ihrer dominierenden Vertikale (Abb. 203). Die erstrebte Raumeinheit entstand durch die Arkade des Mittelschiffs, die auf Kosten des Fenstergeschosses hochgezogen wurde, so daß es zu einem kräftigen Zusammenschluß der Volumen von Hauptschiff und Seitenschiffen kam, deren hohe Fenster die wichtigste Lichtquelle darstellen – ein der deutschen 'Hallenkirche' nicht unähnlicher Effekt. Die Pläne entwarf Henry Yevele (1320–1400), der königliche Baumeister, der auch an Old St. Pauls und Westminster Abbey mitarbeitete und dessen uns in allen Einzelheiten überlieferte Architektenkarriere zu den glänzendsten der ganzen Gotik gehört.

Mit dem Bau des prächtigen 'Bell Harry Tower', welcher der wenig einheitlichen Komposition den dringend benötigten Zusammenhalt gab, wurde 1493 ein Anfang gemacht (Abb. 204). Obwohl man die Querträger verstärkt hatte, damit sie das zusätzliche Gewicht zu tragen vermochten, begannen sie sich bald durchzubiegen. John Wastell, der Architekt des Turms, baute die durchbrochenen Spannbogen (Abb. 205), die in hohem Maße zu dem dramatischen und mysteriösen Eindruck der Laterne mit ihrem schönen Fächergewölbe beitragen – dem höchsten Triumph der englischen Gotik, die in Canterbury geboren wurde.

204 *Die Kathedrale von Canterbury*, Darstellung von J. Buckler, 1804. Der zentrale Bell Harry Tower gibt der lockeren Komposition den wichtigen Zusammenhalt. An der Westfassade der normannische Nordturm, 1834 zerstört und durch den Südturm ersetzt

205 Umseitig: Kathedrale von Canterbury. Mit den durchbrochenen Querarkaden wurden die Pfeiler der Vierung, die sich unter dem Gewicht des Mittelturms bogen, abgestützt

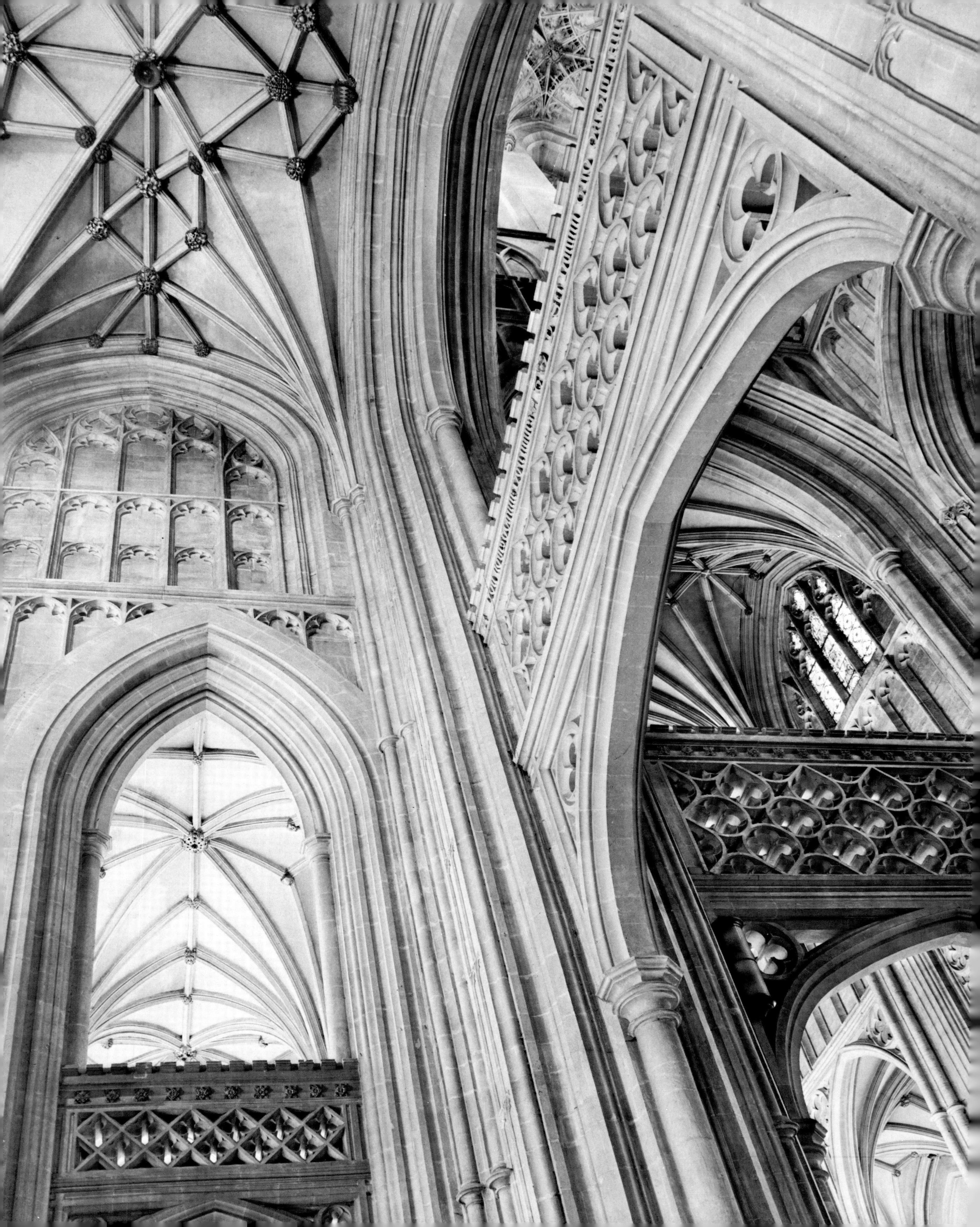

Lincoln

Das Erdbeben von 1185, das die herrlich auf einem Hügel gelegene Kathedrale von Lincoln heimsuchte, machte den Wiederaufbau des Gebäudes bis auf die monumentale Westfassade und die Westtürme des normannischen Münsters notwendig. Die neue Kathedrale, nicht mehr im Übergangsstil, sondern rein gotisch, baute Bischof Hugh, ein Kartäusermönch aus Avalon bei Grenoble, Mystiker, dabei weltklug und ein fähiger Organisator. Eine bemerkenswerte Persönlichkeit war auch Geoffrey de Noier, der die Bauarbeiten leitete, der *constructor a fundamentis*, wie er in den Dokumenten heißt. Der französische Name läßt darauf schließen, daß er einer normannischen Familie entstammte, die länger in England beheimatet war. Kunstkritiker von Viollet-le-Duc bis zur Gegenwart betonen, daß Lincoln einen Vorgeschmack jener typisch englischen Auffassung der Gotik gebe. Der erfindungsreiche Geoffrey hatte eine übertriebene Freude am Ungewöhnlichen, wie vor allem das Gewölbe des Chors von St. Hugh erkennen läßt. Rev. Robert Willis nannte es schlicht »verrückt« (Abb. 206).

Die Kunsthistoriker des 19. Jahrhunderts suchten von ihrem rationalistischen Standpunkt aus hinter dem Bizarren einen praktischen Zweck zu erkennen. Viele Theorien wollten beweisen, daß eine bautechnische Absicht vorliege, etwa das Bestreben, das Licht gleichmäßiger zu verteilen. Im 20. Jahrhundert dagegen erkennen wir das irrationale Element in der künstlerischen Schöpfung an und bewundern Geoffreys Entwurf eher als lebendig. Mit Paul Frankl glauben wir, daß diese Bauweise »innerhalb der Melodie und Polyphonie der Kathedrale als eines Ganzen eine reizvolle Dissonanz darstellt... das Salz, ohne das die Kathedrale von Lincoln viel von ihrem Geschmack verlieren würde«[6].

Obwohl die asymmetrische Anordnung der Gewölbe von Lincoln keine Nachfolge fand, kündigt sie doch die charakteristische Entwicklung der Spätgotik an – in der Zeit, als die

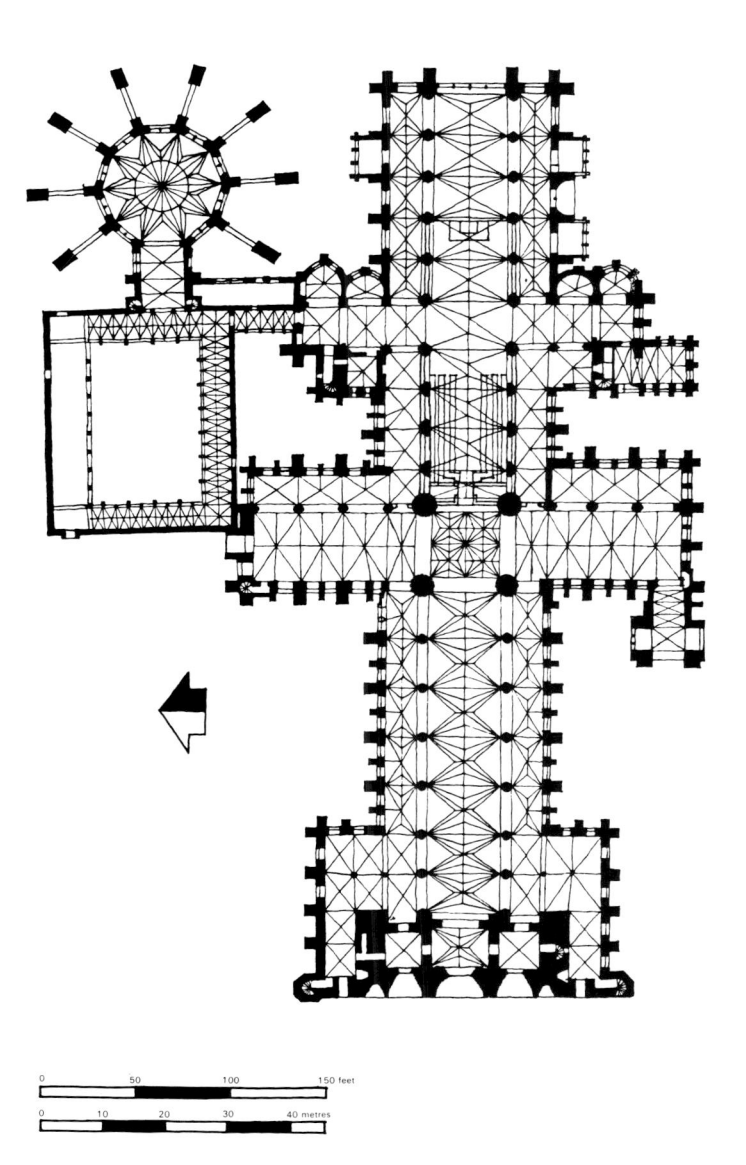

Fig. 16 Grundriß der Kathedrale von Lincoln

206 Kathedrale von Lincoln. Die 'verrückten Gewölbe' im St. Hughs-Chor

Kathedrale von Chartres gebaut wurde[7]. Bis dahin waren die Gewölbe vier- oder sechsteilig, wobei die Struktur des Joches klar hervortrat. Hier ist das einzelne Joch nicht mehr scharf umrissen, stattdessen erfolgt eine ständige Zickzackbewegung auf die Tiefe zu, durch die langgezogene Scheitelrippe stabilisiert und rhythmisiert (Abb. 209). Hinzu kommen die Verbindungsrippen, die keine bautechnische Funktion erfüllen, die erste bewußt vorgenommene Auswertung der dekorativen Möglichkeiten von Gewölberippen. In diesem Sinne sind alle Spielarten von Netz-, Stern- und Fächergewölben mit den »verrückten Gewölben« von Lincoln verwandt.

Ebenso originell sind Geoffreys Doppelarkaden der Seitenschiffwände: die üblichen Blendarkaden aus Kalkstein werden von einer zweiten Reihe von Kleeblattarkaden überlagert, die auf Schäften aus Purbeck-Marmor in der Mittellinie der hinteren Arkade ruhen (Abb. 211). Hier finden wir wieder den synkopischen Rhythmus, der unwiderstehlich zum Seitenschiff hinzieht, zusammen mit einem anderen Umstand, der Tiefe vortäuscht: der Kontrast zwischen den schwarzen Schäften aus Purbeck-Marmor bei der vorderen Reihe und dem hellen Hintergrund, in den die Schäfte der rückwärtigen Arkade fast unmerklich übergehen, vergrößert optisch den Abstand zwischen den beiden Reihen[8]. Geoffreys Nachfolger kamen bei den Querschiffen wieder auf das eindeutig sechsteilige Gewölbe zurück, regulierten und vervollkommneten seine 'verrückten' Gewölbe und schufen so ein wunderbar dekoratives mit Nebenrippen versehenes Sterngewölbe im Mittelschiff (Abb. 209).

Der Bau war wie üblich an der Ostseite begonnen worden. Das Mittelschiff war kaum fertig und die großartige normannische Westfassade (Abb. 197) an den Seiten und oben vergrößert worden, um die prächtige Gitterfassade zu schaffen, die nicht in organischem Zusammenhang mit dem Bau darunter steht, als man sich entschloß, die Ostseite umzubauen. Der Grund: man brauchte Raum für die Massen, die zu dem Grab des als 'St. Hugh von Lincoln' heiliggesprochenen Bischofs hinter dem Hochaltar pilgerten. Der ursprüngliche Plan mit seiner polygonalen Apsis – in Einzelheiten so exzentrisch wie von Meister Geoffrey zu erwarten – war im Grunde doch eine Abwandlung des französischen Chorhauptes. Jetzt trat das für England charakteristische Chorquadrat an seine Stelle. Der Einfluß der Zisterzienser spielte eine Rolle, die tief verwurzelte Vorliebe für den quadratischen Chorabschluß geht jedoch schon auf die angelsächsische Zeit zurück. John Harvey[9] vertrat die umstrittene, doch einleuchtende Theorie, daß es hauptsächlich darum ging, die Kapellenaltäre gut auszurichten, was auf heidnische Sitten zurückgehe, die in Teilen des Landes bis ins 9. Jahrhundert bestanden. Eine Erinnerung an den Sonnenkult sei es auch, daß man stets darauf achtete, daß die Strahlen der aufgehenden Sonne auf den Altar fielen.

Ein Sonnenanbeter könnte sich keine bessere Lage für den Chor wünschen. Zugleich zeigt die Lichtfülle, die durch die prächtigen, fast 18 m hohen Maßwerkfenster im Osten bricht, natürlich auch die Freude der Gotik am Licht an. In Lincoln

207 Schüssel mit der Gotteshand und silberner Kelch. Vom Grab des Bischofs Gravesend († 1279). Kathedrale von Lincoln

208 Kathedrale von Lincoln. Blick vom Triforium der Galerie auf den Engelchor. Eine Fülle von Kriechblumen verziert die Wände und sogar die Scheitelrippe des Gewölbes (oben rechts)

209 Kathedrale von Lincoln, Mittelschiff. Blick nach Osten ▷

kommt dem besondere Bedeutung zu; hier wirkte als Bischof von 1235 bis 1253 der große Robert Grosseteste, Forscher und Gelehrter, Erneuerer des Unterrichts und Verfasser einer berühmten Abhandlung über die Optik, worin er das Licht feierte als das »nobelste von allen Naturphänomenen... den Mittler zwischen der körperlosen und körperlichen Substanz: ein geistiger Körper und ein verkörperter Geist«.

England: Lincoln   185

der Triforiums-Arkade selbst (Abb. 208). Reizvoll ist die Gestaltung der Lichtgaden. Obwohl das elegante Stab-Maßwerk von Reims über Westminster Abbey seinen Weg nach Lincoln fand, muß der prächtige, dreidimensionale Effekt der doppelten Maßwerklagen doch als Errungenschaft des englischen Geistes gewertet werden. Schon in Canterbury war die dicke Mauer des Fenstergeschosses, angelsächsisch-normannischer Bautradition folgend, durch einen Gang in eine äußere und innere Wand geteilt worden. Dies wurde in Lincoln von Anfang an weiter entwickelt: die äußere Steinhaut durchbrachen Lanzettfenster, die innere bestand aus einer Arkade. Im Engelchor verschmolzen beide Elemente zu einer Einheit.

Geoffrey de Noiers ursprünglicher Mittelturm war eingestürzt und zwischen 1238 und 1255 durch einen neuen Turm ersetzt worden, den Meister Alexander gebaut und mit dem diagonalen Gittermuster geschmückt hatte, das er bevorzugte. Im frühen 14. Jahrhundert wurde dieser Turm nach den Plänen von Richard of Stowe auf eine Höhe von 82 m gebracht und war damit der höchste, aber auch einer der schönsten Mitteltürme Englands (Abb. 215). Gegen Ende des 14. Jahrhunderts trieb man auf ähnliche Weise auch die Westtürme in die Höhe. Alle drei mit großen Nadelspitzen aus bleibedecktem Holz gekrönten Türme müssen eine wahrlich ehrfurchtgebietende Komposition gebildet haben. Die Turmspitze über der Vierung, wegen ihrer Höhe von 165,20 m berühmt, wurde 1547/48 durch einen Sturm zerstört, während die Spitzen der Westtürme bis 1807 existierten.

Dies nur als Beispiel für den architektonischen Reichtum der Kathedrale, der die eindrucksvollen naiven normannischen Basreliefs der Westfassade und das früheste der polygonalen Stiftshäuser, die der Stolz gotischer Kathedralen in England sind,

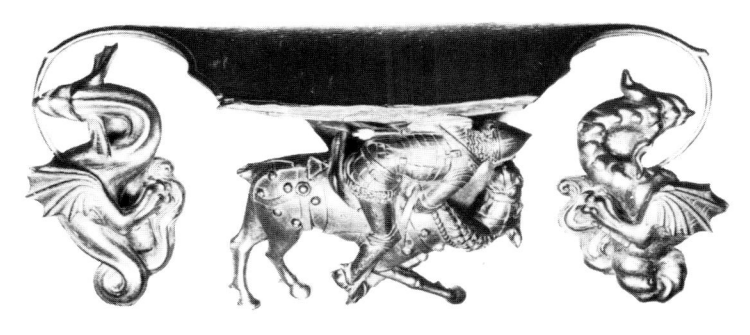

210   Lincoln. Das nördliche Querschiff mit dem 'Dean's Eye' (oben)

211/212   Lincoln. Links: Die übereinander angeordneten doppelten Bogenstellungen der Chorgänge von Geoffrey de Noier. Rechts: Von den Engeln mit offenen Flügeln in den Zwickeln der Triforiums-Arkade erhielt der Engelchor seinen Namen

213   *Verwundeter Ritter, vom Pferd stürzend*. Vielleicht eine Allegorie des Hochmuts, der zu Fall kommt. Miserikordie vom Chorgestühl in der Kathedrale zu Lincoln (14. Jh.)

214   Umseitig: Detail einer Arkade des Engelchors von Lincoln. An der Basis des reich verzierten Kragsteins das 'Lincoln Imp'

215   Umseitig: Der Mittelturm der Kathedrale von Lincoln. Die untere Hälfte mit dem charakteristischen Gittermuster stammt aus der Mitte des 13. Jh., der obere Teil aus dem frühen 14. Jh.

Zu den Meisterwerken der englischen Gotik gehört der Engelchor in den Zwickeln der Triforiums-Arkade, so genannt nach den Engelfiguren mit gebreiteten Flügeln (Abb. 212). Er ist gleicherweise schön in seiner Geistigkeit, der Ausgewogenheit seiner Proportionen und in der Vielfalt und ausgezeichneten Qualität seiner Bauplastik, die verschwenderisch reich, aber ganz gebändigt ist (Abb. 214). Die Kombination von Purbeck-Marmor mit dem hellen Stein findet ihren vollendeten Ausdruck in

ebenso umfaßt wie die beiden großen Fensterrosen. Die nördliche Rose nannte man 'Dean's Eye', weil sie auf das Dekanat blickt; ihr kräftiges Muster wirkt wie aus dem Maßwerk herausgestanzt (Abb. 210). Sie bildete ein Paar mit dem 'Bishop's Eye', der Rose im südlichen Querschiff; deren originelles Muster eines

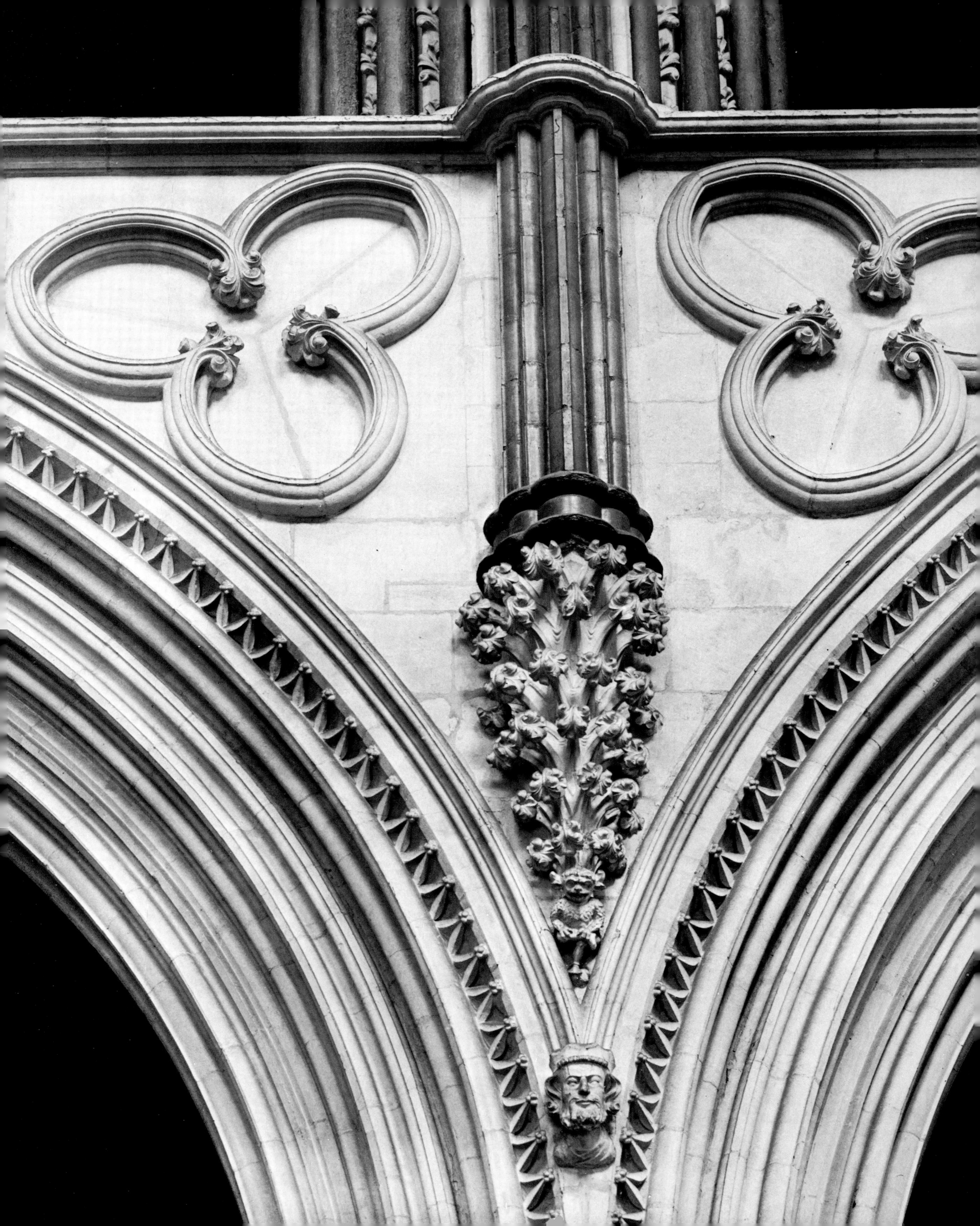

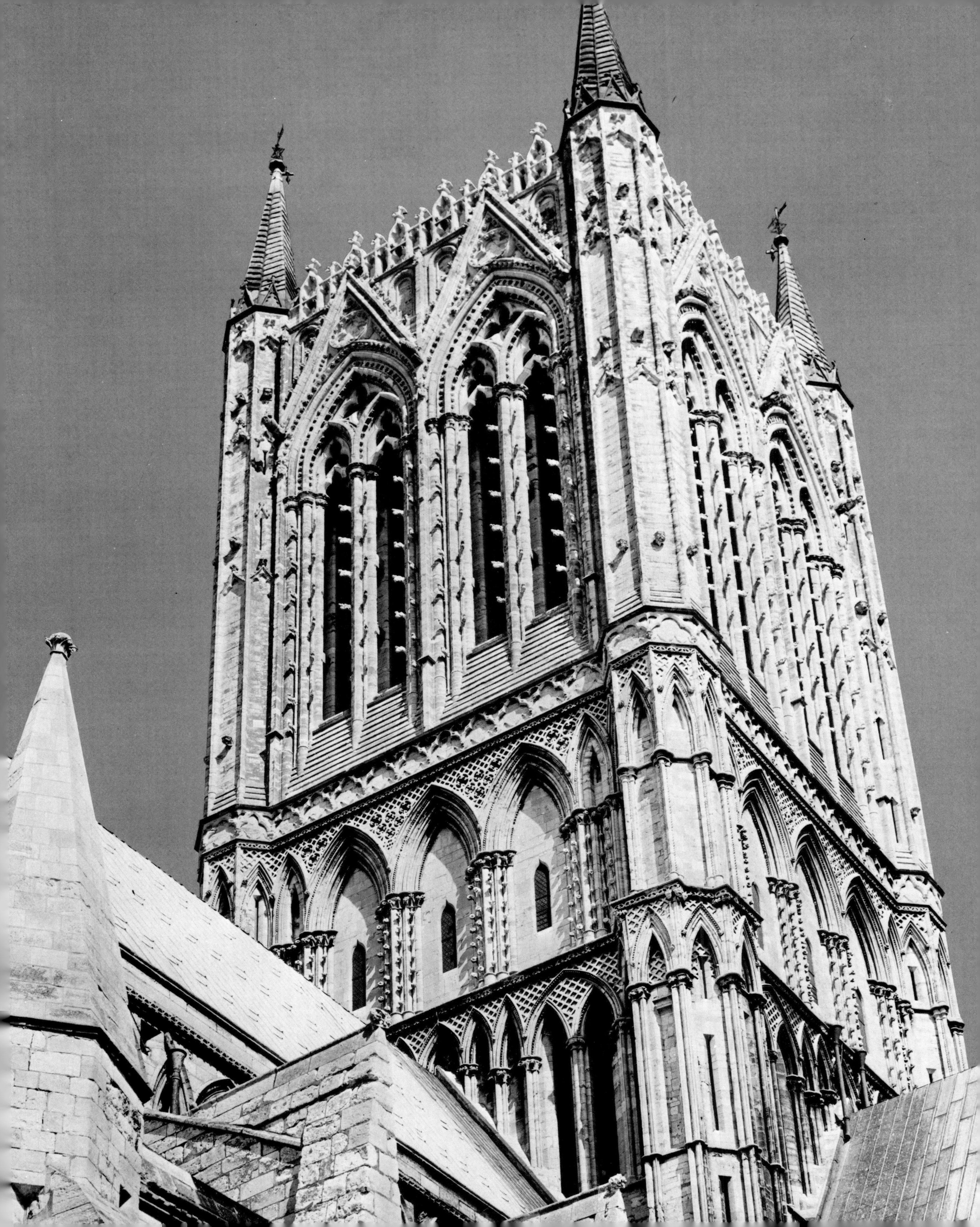

fließenden Maßwerks, im 'Decorated Style' um 1330 in die Wand eingefügt (Abb. 92), wurde gefüllt mit den Bruchstücken des Glases der bei der Beschießung im Bürgerkrieg zertrümmerten Fenster. Hervorragend sind auch die steinerne Chorschranke und das 'Ostergrab' im Chor (Abb. 6) und die schönen alten Miserikordien am Gestühl, darunter die berühmte Figur eines Ritters, der, von einem Pfeil im Rücken getroffen, vom Pferd stürzt – vielleicht eine Allegorie des Stolzes, der zu Fall kommt (Abb. 213). Die Kathedrale in Lincoln darf als die schönste Kirche Englands betrachtet werden.

216 Das Hauptschiff der Kathedrale von Wells. Blick auf die Vierung

Wells

Die kleine Handelsstadt Wells hat sich seit dem Mittelalter wenig verändert. In ruhevoller Umgebung, noch immer in unmittelbarer Nähe der Felder und Wiesen, erhebt sich eine der kleinsten, aber auch schönsten englischen Kathedralen. Besser als sonstwo in Europa sind hier die Nebengebäude einer säkularen Kathedrale erhalten: Kreuzgänge, Stiftshaus und Kapitelbibliothek, befestigte Tore, die zum Domkapitel führen (wie die 'Armenpforte', an der Almosen unter die Notleidenden verteilt wurden), der mit Festungsmauern und Gräben umgebene Vorhof des Bischöflichen Palastes, die schönen Häuser des Dekans, des Erzdekans und des Kanzlers[10], und am ungewöhnlichsten das Vikariat, das Bischof Ralph of Shrewsbury 1348 für die Stiftsherren bauen ließ. Die Wohnhäuser stehen sich in zwei Reihen gegenüber; jedes besitzt einen oberen und einen unteren Raum und einen kleinen Garten. Eine winzige Kapelle im Norden und ein Speisesaal mit Küche im Süden vervollständigten die Einrichtungen dieses autonomen Modelldorfes. Um die Gefahren der nächtlichen Landstraße zu meiden, überbaute man später das 'Chain Gate' mit einer überdachten Brücke, die vom Domkapitel aus ungestörten Zugang zur Kathedrale ermöglichte (Abb. 222).

Nach der Überlieferung stiftete König Ina von Wessex Anfang des 8. Jahrhunderts unweit der Quellen, die der Stadt den Namen gaben, die erste dem hl. Andreas geweihte Kirche. Der Bau der heutigen Kathedrale – in England die früheste gotische, die vollständig mit Spitzbogen ausgestattet ist – begann 1186 unter Bischof Reginald de Bohun. Chor, Querschiffe und östliche Joche des Mittelschiffs wurden kurz nach 1200 fertig; Westfassade und Türme waren fast vollendet, als die Kirche 1239 eingeweiht wurde.

In Wells fand die englische Vorliebe für Fassaden, die wie große Gitterwände oder Retabel die Skulpturen zur Schau stellen, ihre großartigste Verwirklichung: die beinahe 49 m breite Westfront, entstanden, indem man die Westtürme aus der Linie der Seitenschiffe heraustreten ließ, beherbergt zusammen mit den Seitenwänden und Einkehlungen der Türme in Nischen und mit Marmorschäften versehenen Ädikulen noch 300 von den ursprünglichen 400 Figuren, die schönste Gruppe mittelalterlicher Skulptur in England (Abb. 230). Mehr als 150 Figuren sind lebensgroß oder größer, alle monumental in der Auffassung, für England außergewöhnlich. Auffällig ist die Haltung bei den Figuren der Könige, die ihre Ellbogen aufstützen; wir finden sie wieder in der Galerie der Könige in Lincoln. Die oberen Geschosse der Westtürme mit ihren schön mit dem Ganzen harmonierenden Hinzufügungen im 'Perpendicular Style' (im 15. Jahrhundert vollendet) bilden einen würdigen Abschluß der Fassade (Abb. 218). Der Anblick muß im Mittelalter – wenn auch nicht nach unserem Geschmack – noch spektakulärer gewesen sein als heute; damals war die Fassade mit metallenen Ornamenten geschmückt und glänzte von Vergoldungen und hellen Farben. Spuren davon sind noch erhalten.

»Was für ein Unterschied zwischen den jämmerlich kleinen Löchern, die Türen an der Westfront sein wollen... und wie Eingänge zu einem Bienenkorb oder Wespennest aussehen, mit den himmelstrebenden Arkaden und königlichen Bekrönungen

217 Die scherenförmigen Arkaden an der Vierung der Kathedrale von Wells

218 Umseitig: Die Westfassade der Kathedrale von Wells

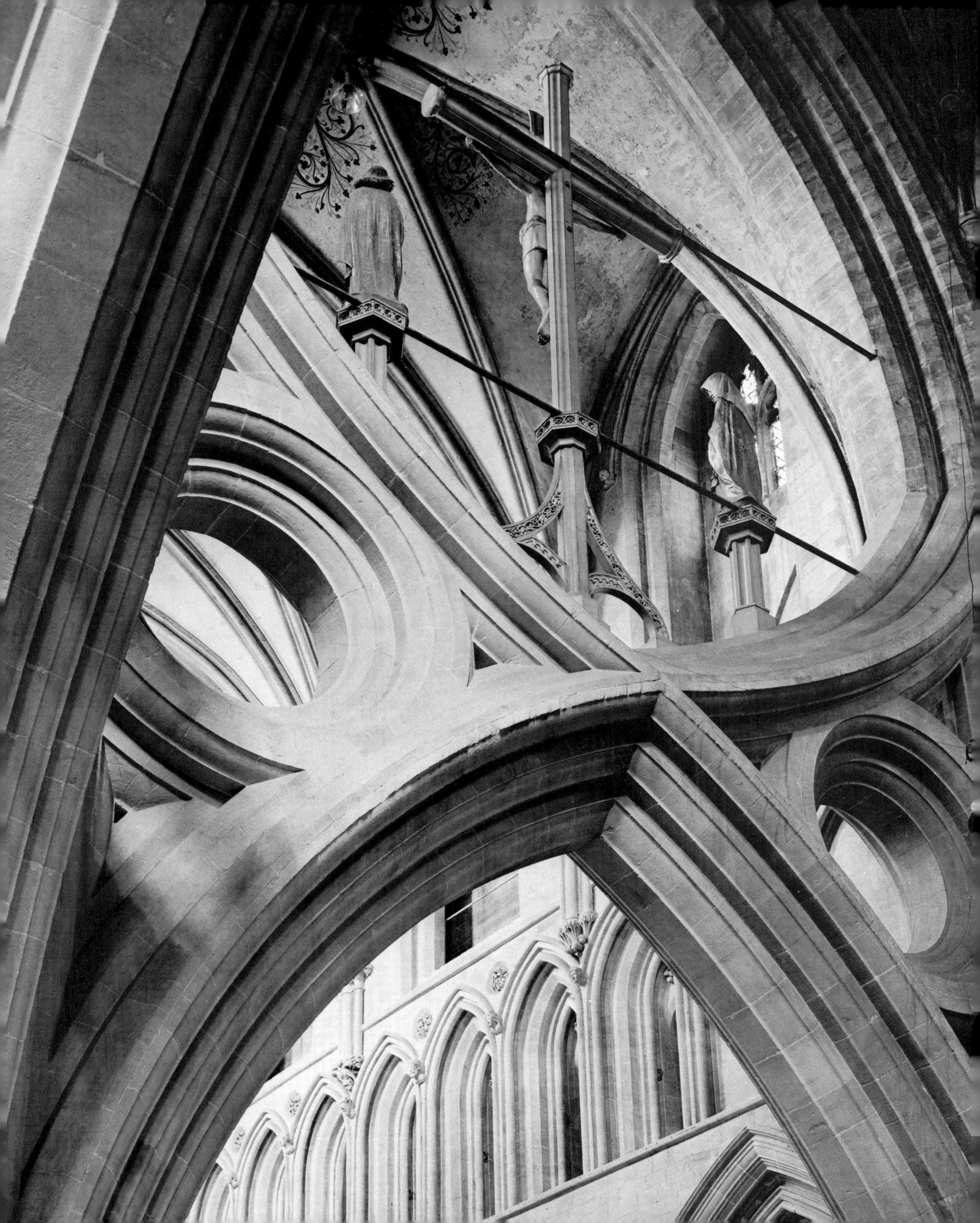

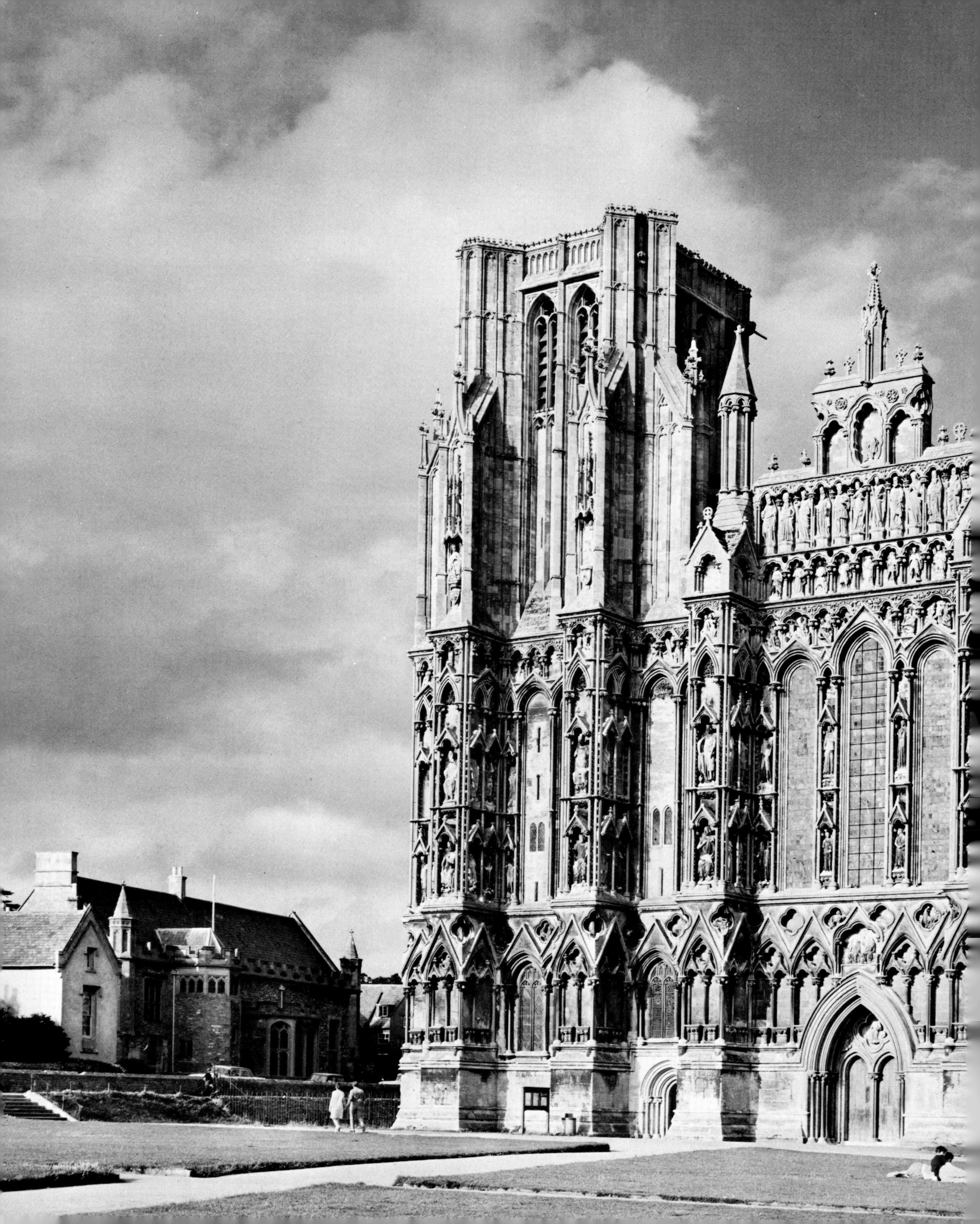

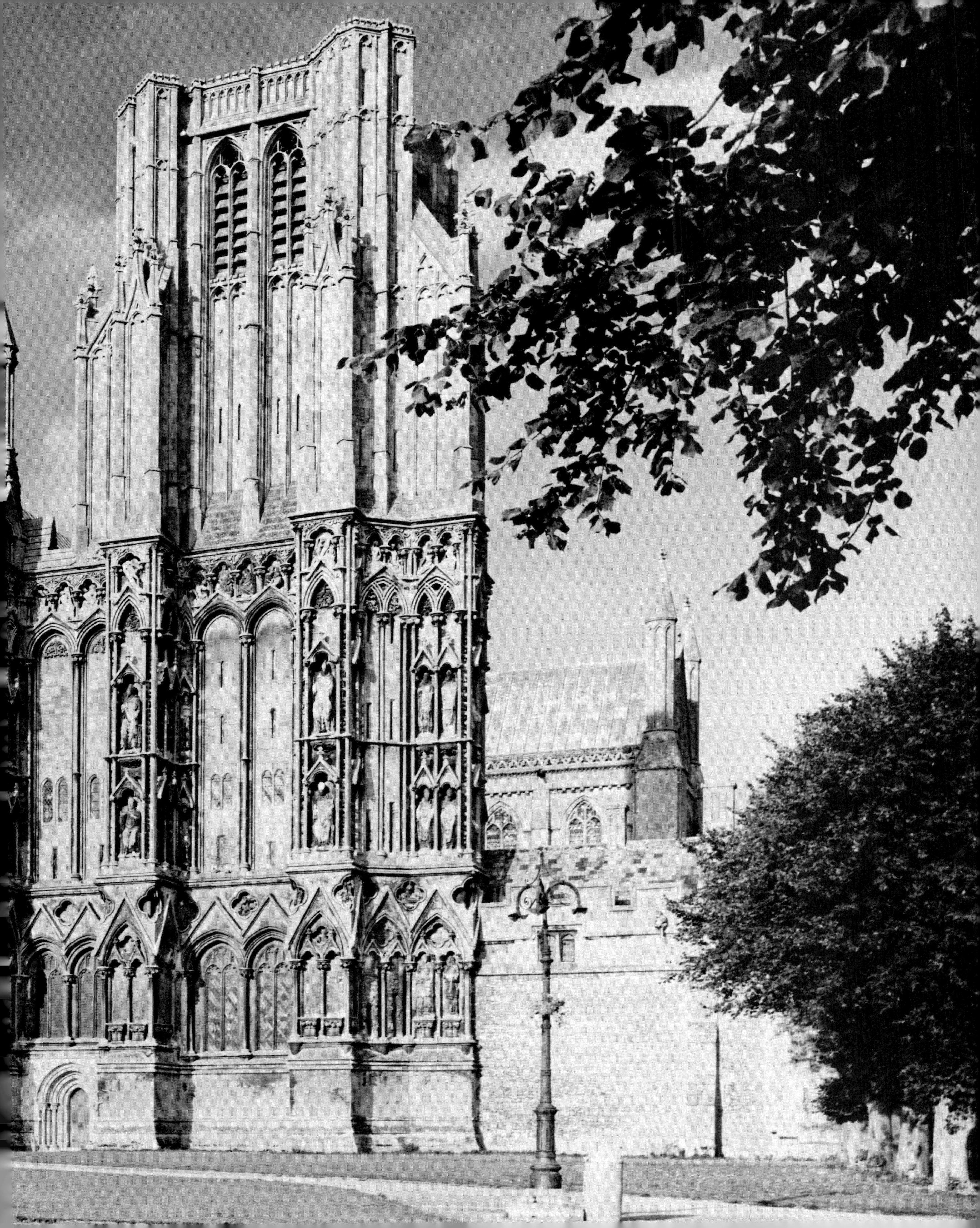

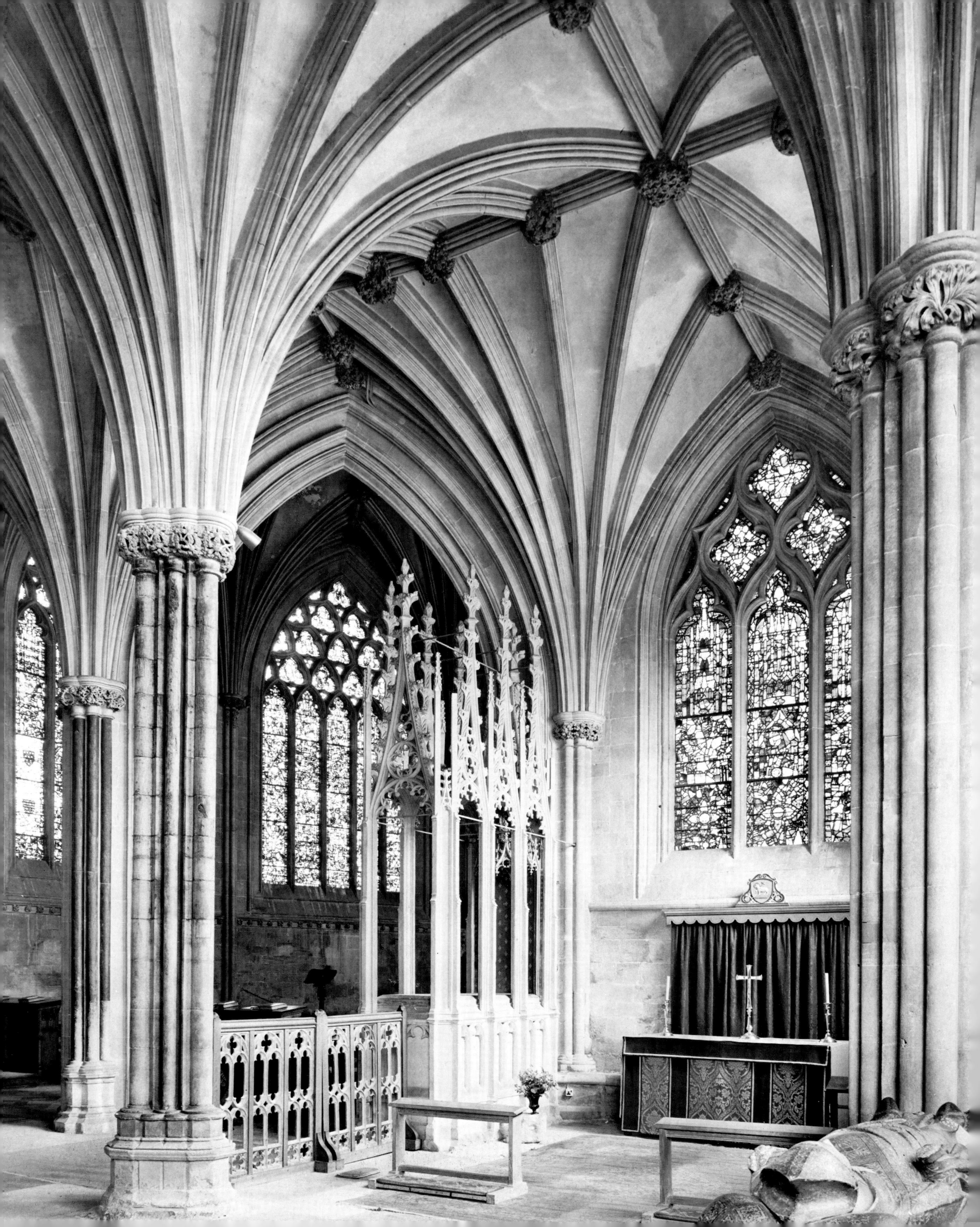

der Portale von Abbeville, Rouen oder Reims...«[11]. Diese Worte Ruskins, auf die Westportale von Salisbury bezogen, treffen auch auf Wells zu. Die großen französischen Westportale mit ihrem reich skulptierten Gewände und den Archivolten haben die englische Gotik kaum beeinflußt. Im Mittelalter lag im Westen der Kathedrale ein Kirchhof, und die Westportale waren nur selten geöffnet. Den zeremoniellen Eingang bildete der verschwenderisch reich verzierte Portikus im Norden, eines der bemerkenswertesten Elemente der ganzen Kathedrale.

Betritt man das Schiff von Westen, hat man einen einzigartigen Anblick. Die mäßige Höhe und die durch die Gestaltung des Triforiums erzielte Unterstreichung der Horizontalen sind ausgesprochen englisch (Abb. 216). In Lincoln wurden die Gewölbeschäfte über das Triforium und die Zwickel der Hauptarkade nach unten gezogen und endeten unmittelbar über den Pfeilerkapitellen in Kragsteinen (Abb. 209). Im Mittelschiff von Wells enden die Schäfte über dem Triforium, das eine durchlaufende Arkade bildet und keine Beziehung zur Form des Joches hat. Der scharfe Kontur des Gurtsimses unterstreicht die Horizontale noch. Die lanzettartigen Öffnungen des Triforiums haben, als wollten sie ihren dekorativen Charakter betonen, durchlaufende Gesimse, von keinen Kapitellen unterbrochen.

Um 1230 wurde der Mittelturm im 'Decorated Style' auf seine gegenwärtige Höhe[12] gebracht, aber bald erwiesen sich die Tragebalken als zu schwach. Man baute scherenförmige Tragepfeiler, die drei Seiten der Vierung stützten (die vierte war durch die Steinschranke, die den Altarplatz abschloß, stark genug); das gab der Kathedrale wohl die bizarrste, erstaunlichste Struktur der gotischen Baukunst (Abb. 216). Da sie dem hl. Andreas geweiht war, war vielleicht auch eine Anspielung auf das Andreas-Kreuz beabsichtigt. Uns erinnert es eher an die dynamischen Formen industrieller Architektur. Die massiven Verbindungsbogen sind nicht schön, doch üben sie eine starke Faszination aus und tragen stark zu dem geheimnisvollen Eindruck des Innenraums bei. Sie erzeugen immer wieder neue dramatische Raumeffekte (Abb. 217) und veranschaulichen, wozu es führt, wenn die englische Tendenz zur Raumteilung bis ins Extrem durchgeführt wird.

Zu Anfang des 14. Jahrhunderts wurde der östliche Arm des Schiffes umgestaltet und im 'Decorated Style' ausgebaut. Joche wurden an den Chor angebaut, dessen quadratischer Abschluß ein hohes Ostfenster erhielt: das 'Golden Window', so genannt nach dem dominierenden Gold und Grün der wundervollen Glasmalerei (um 1330). Das Fenster ist sehr gut erhalten, man kann es aber nur unter Lebensgefahr von der engen Triforiums-Galerie aus fotografieren (Abb. 198). Das komplizierte, wenig reizvolle, mit Ornamenten überladene Gewölbe stellt wohl den Versuch dar, die in Somerset gefundenen Holzdeckenmuster – die man jetzt nur noch in Kirchen aus späteren Zeiten antrifft – in Stein nachzubilden.

◁ 219 Kathedrale von Wells. Blick vom rückwärtigen Chor auf die Marienkapelle

220 *Diebe im Obstgarten*. Steinmetzarbeit an einem Kapitell im südlichen Querschiff der Kathedrale von Wells (oben rechts)

221 *Salamander*. Kragstein-Konsole in der Kathedrale von Wells ▷

222 Umseitig: Wells. Die Stufen zum Stiftshaus und dem überdachten Weg über dem 'Chain Gate'

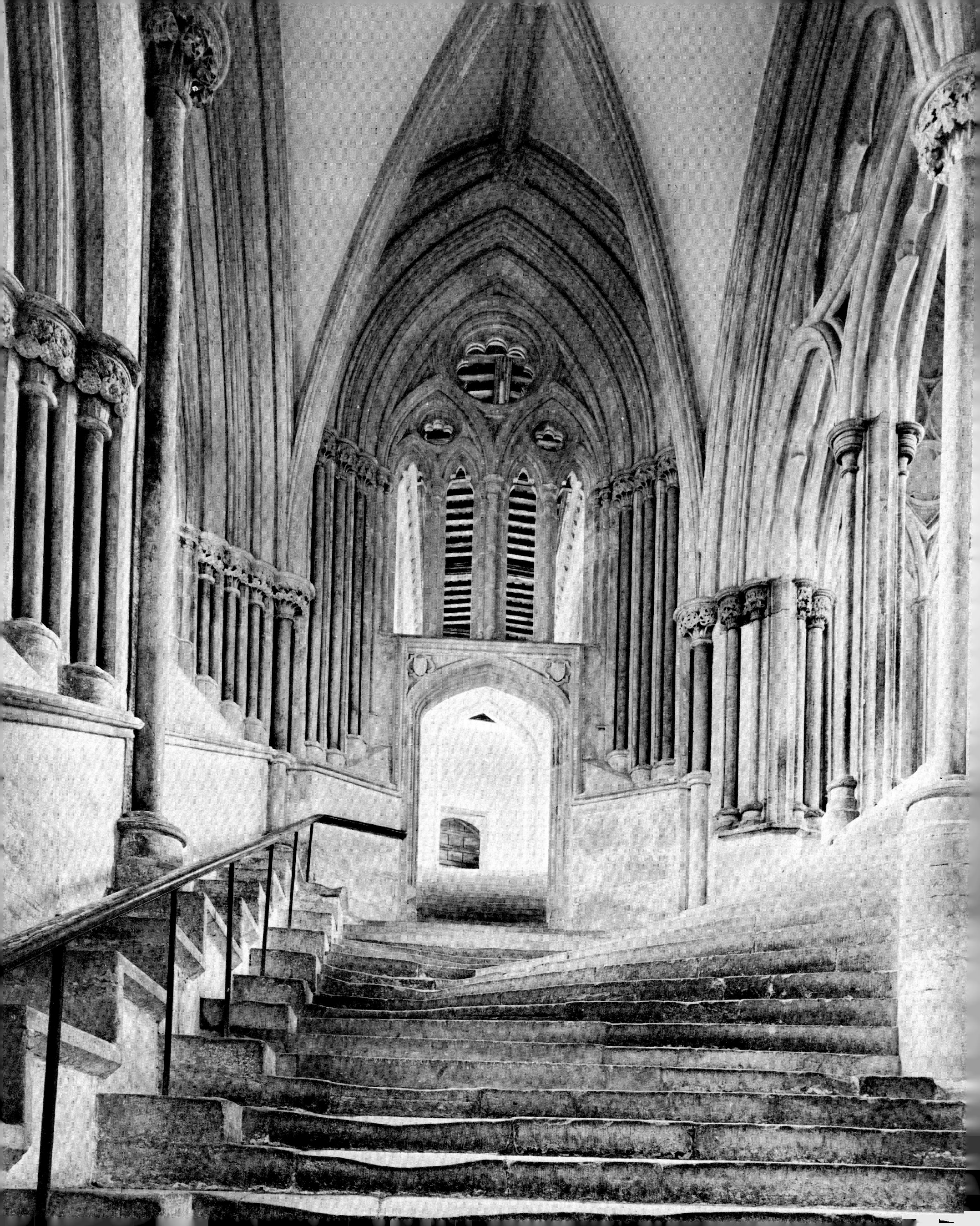

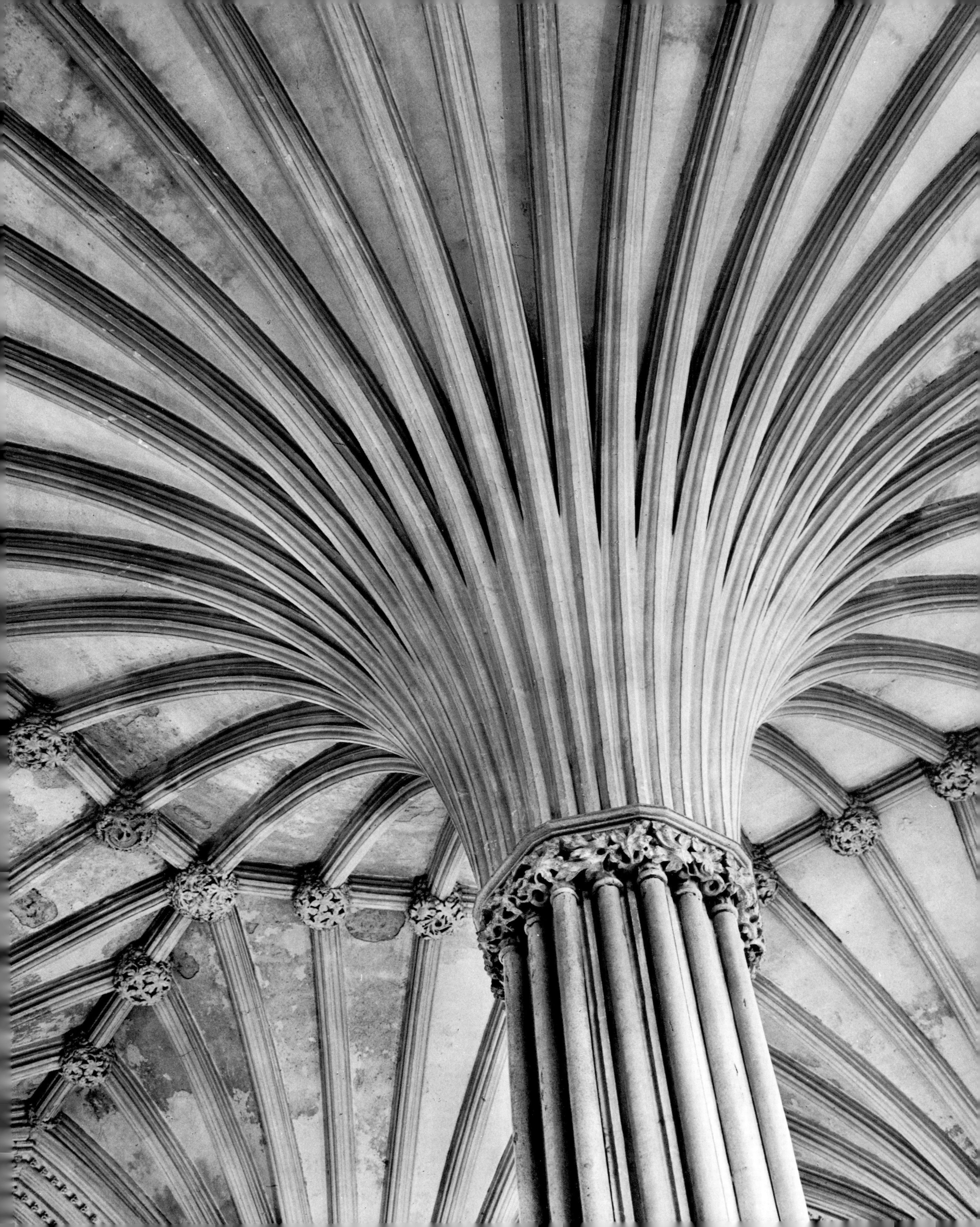

Zur selben Zeit wurde weiter östlich eine Marienkapelle in der Form eines länglichen Achtecks gebaut. Ursprünglich sollte sie frei im Raum stehen, später wurden durch die Hinzufügung eines von sechs schlanken Pfeilern getragenen rückwärtigen Chors drei Seiten des Achtecks mit dem Hauptgebäude verschmolzen (Abb. 219). Überblickt man das Ergebnis, die architektonisch meisterhaft ineinander fließenden Raumelemente, dann kann man kaum glauben, daß diese komplizierte Durchdringung von Gewölben und Volumen gewissermaßen ein nachträglicher Einfall war. Gerade das Bedürfnis zu improvisieren und Kompromißlösungen zu finden, zeitigte in der englischen Kunst und Architektur oft die schönsten Ergebnisse, zudem war in dieser Periode die englische Architektur der festländischen überlegen. Die zauberische Atmosphäre findet ihre Vollendung in den Grabdenkmälern und in der Glasmalerei, einem kaleidoskopischen Mosaik aus Bruchstücken des 14. Jahrhunderts, dessen abstrakter Charakter das Zeitlose stark betont.

Wie in der Bauplastik der Westfassade und des Nordportals ist auch im Innern hohes künstlerisches und handwerkliches Niveau erreicht. Hervorragend sind die Blattkapitelle, jedes eigen in seiner Art und ohne einen Anflug von Steifheit. Genreszenen sind beschwingt und lebendig erzählt: In der ersten der vier Vignetten an den Seiten eines Kapitells schleichen zwei Diebe aus einem Obstgarten davon (Abb. 220); in der zweiten werden sie von einem Knecht mit der Heugabel verfolgt; in der dritten hat er einen der Diebe ertappt und am Ohr gepackt; in der letzten verprügelt er ihn mit der Heugabel.

Ein unterirdisches Gewölbe mit Gitterfenstern und starken Doppeltüren, die noch die ursprünglichen Eisenbeschläge besitzen, früher als Schatzkammer benutzt, trägt das freistehende Stiftshaus, dem man sich vom nördlichen Querschiff aus über eine schöne Treppe nähert (Abb. 222). Man geht über die ausgetretenen Stufen, die zu dem mit reichem Maßwerk versehenen Bogengang führen, seitwärts zu der kleinen Vorhalle des Stiftshauses. Diese wunderbaren polygonalen Domkapitel findet man nur in England; das Steingewölbe wird meist von einem Mittelpfeiler getragen. Das früheste, in Worcester, stammt aus dem 12. Jahrhundert (später wurde es an der Außenseite umgebaut), war rund und besaß ein in zehn Joche unterteiltes Gewölbe. Im 13. Jahrhundert entstand das zehneckige Stiftshaus von Lincoln mit einer Spannweite von beinahe 20 m, das zweitgrößte, das je gebaut wurde. Bei Westminster Abbey griff man auf das Achteck zurück, das unter anderen Vorteilen größeren Raum für die Fenster ließ, und man verwendete es auch um 1275 in Salisbury und in Wells, wo das unterirdische Gewölbe den Grundriß des Domkapitels bestimmte, das erst gegen Ende des Jahrhunderts entstand. In Salisbury diktierten architektonische Erwägungen die Anordnung der Rippen (Abb. 237); in Wells dominiert das dekorative Element in der Hinzufügung von 32 Zwischenrippen, die sich, nahe aufeinander gedrängt, wie ein Palmenwedel vom Mittelpfeiler ausfächern (Abb. 223). In Salisbury ist die Wirkung stärker, in Wells prächtiger. Beide sind auf ihre Weise unübertroffen.

Peterborough

Als ein Diener 1116 in dem großen angelsächsischen Kloster St. Peter in Peterborough das Feuer nicht in Brand bekam, rief er ungeduldig: »Der Teufel soll Feuer machen!« – worauf Kirche und Kloster in Flammen aufgingen. Das heutige Gebäude wurde in den nächsten 80 Jahren gebaut und besitzt, von Durham abgesehen, den wundervollsten romanischen Innenraum, den man in England findet, mit dem stattlichen zehnjochigen Mittelschiff, großartigen Holzdecken und der originellen Apsis des Chors. Ende des 12. Jahrhunderts baute man den Westteil im gotischen

224 Kathedrale von Peterborough. Blick vom Nordosten auf die Türme und Fialen der Westfassade

225 Die Westfassade der Kathedrale von Peterborough mit ihren ungewöhnlichen Proportionen, die sich auf die musikalischen Konsonanzen Oktave, Quinte und Quarte gründen ▷

Stil weiter aus. Das Mittelschiff erhielt zwei weitere Joche, das zweite in der Form eines von Türmen überragten westlichen Querschiffs (Abb. 224). Noch weiter westlich entstand eine neue Fassade in Form dreier großer Arkaden; sie erreichen eine Höhe von beinahe 25 m und werden von Ecktürmen flankiert, mit Fialen besetzt (Abb. 225).

Die wahrhaft monumentale Konzeption dieser Fassade – der bemerkenswerteste Beitrag der englischen Gotik zum 'großen

◁ 223 S. 195: Wells. Palmenwedelartig gehen die 32 dichtgedrängten Rippen vom Mittelpfeiler des Stiftshauses aus

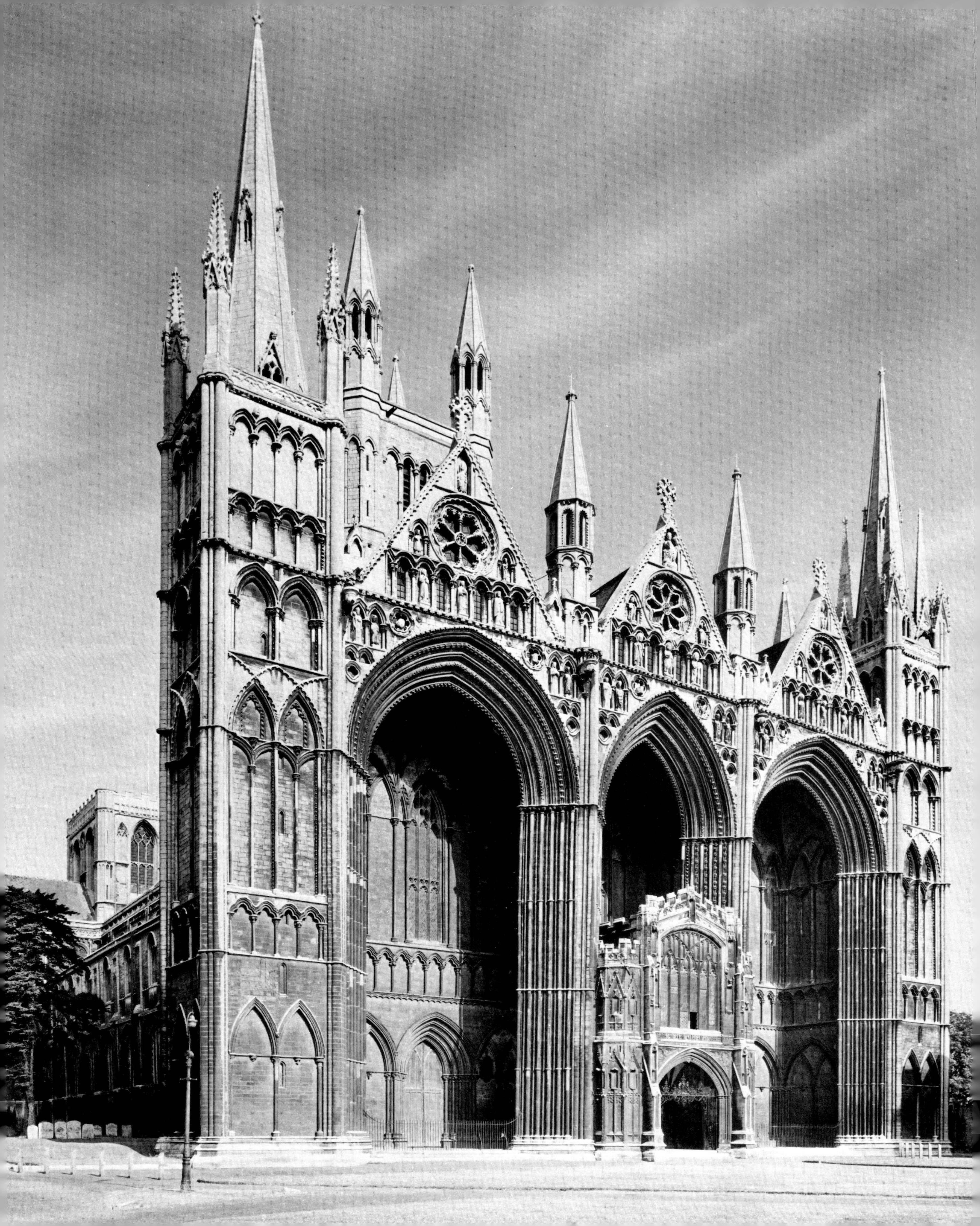

198　England: Peterborough

226　Der vorherrschend normannische Innenraum der Kathedrale von Peterborough. Blick zur gotischen Westfront hin. Die Holzdecke über dem Chor im 'Perpendicular Style' (spätes 14. Jh.)

227　Der Chor in der Kathedrale von Peterborough besitzt das schönste aller spätgotischen Fächergewölbe

Stil' – erhellt aus den Maßen: die drei großen Arkaden erreichen mit den Strebemauern rechts und links eine Breite, die der Westfassade von Wells mit ihren unzähligen Statuen gleichkommt und fast anderthalbmal so groß ist wie die normannische Westfassade von Lincoln vor ihrem Ausbau im gotischen Stil; diese normannische Fassade (vgl. Abb. 197) war nach Geoffrey Webb (Studie über den Bauplan von Peterborough) die wichtigste Inspirationsquelle. Auffällig an der Kathedrale von Peterborough ist, daß die Mittelarkade nicht breiter als die Seitenarkade oder wenigstens ebenso breit, sondern viel schmaler ist. Dieser Bruch mit einer allgemein gültigen Proportionsregel beim Entwurf eines so bedeutenden Bauwerks war ganz ungewöhnlich. Als Erklärung gab man meistens an, daß der ursprüngliche Plan abgeändert wurde, der vielleicht statt *einer* Seitenarkade, wie sie tatsächlich gebaut wurde, zwei kleinere vorsah.

Geoffrey Webb zeigt dagegen in überzeugender Weise, daß es sich hier keineswegs um eine Zufallslösung, sondern um »einen überaus scharfsinnigen und ehrgeizigen Plan« handelte. Die von ihrem Giebel überragte Mittelarkade sollte ein schmales Verbindungsglied darstellen zwischen den zwei dominierenden Massen der Seitenarkaden, der Giebel und Türmchen, der flankierenden Ecktürme mit ihren Spitzen und den höheren Türmen über den westlichen Querschiffen. Die Versetzung der Fialen zu Seiten des mittleren Giebels nach außen hin geschah nach Webb nicht, um dem Mitteltor eine größere und würdevollere Weite zu verschaffen, sondern um die Beziehung zu den ähnlichen Turmspitzen sinnfällig zu machen.

Daß die Querschifftürme nicht als integrierender Teil der Fassade gesehen werden können, daß die auf sich allein gestellten Giebel keine Beziehung zu den großen Arkaden darunter haben und daß die gegenwärtige Fassade in gewisser Hinsicht mißlungen scheint – dabei immer noch jeder hübschen Vollkommenheit unendlich überlegen –, geht nicht so sehr auf Mängel des Bauplans zurück, sondern ist eine Folge davon, daß nur der nördliche der beiden Querschifftürme gebaut wurde und daß auch dieser seine Spitze verlor. Denkt man sich den fehlenden Turm und die beiden großen Turmspitzen hinzu, wie Geoffrey Webb in einem Trickfoto zeigt, dann ist das Gleichgewicht der Komposition wiederhergestellt, besonders wenn man sich auch noch den Portikus wegdenkt, der im späten 14. Jahrhundert hinzugebaut wurde und dessen stämmige Proportionen und harte Gliederungen so wenig mit der mächtigen Plastizität der Architektur des 13. Jahrhunderts zusammenklingen. Am meisten fasziniert das Proportionsschema der Westfassade (Abb. 225). Die Höhe bis zum Gurtsims über den Arkaden entspricht der Hälfte der gesamten Breite (das beliebte, auch in Wells benutzte Doppelquadratverhältnis); die Breite der Mittelarkade beträgt zwei Drittel der Seitenarkaden oder drei Viertel der Seitenarkade mit dem Eckturm, der halb so breit wie die Mittelarkade ist. Das gesamte Schema gehorcht also den Verhältnissen 1 : 2, 2 : 3 und

228　Kathedrale von Peterborough. Die trotz ihrer Mächtigkeit eleganten ▷ Gewändepfeiler an der Westfassade

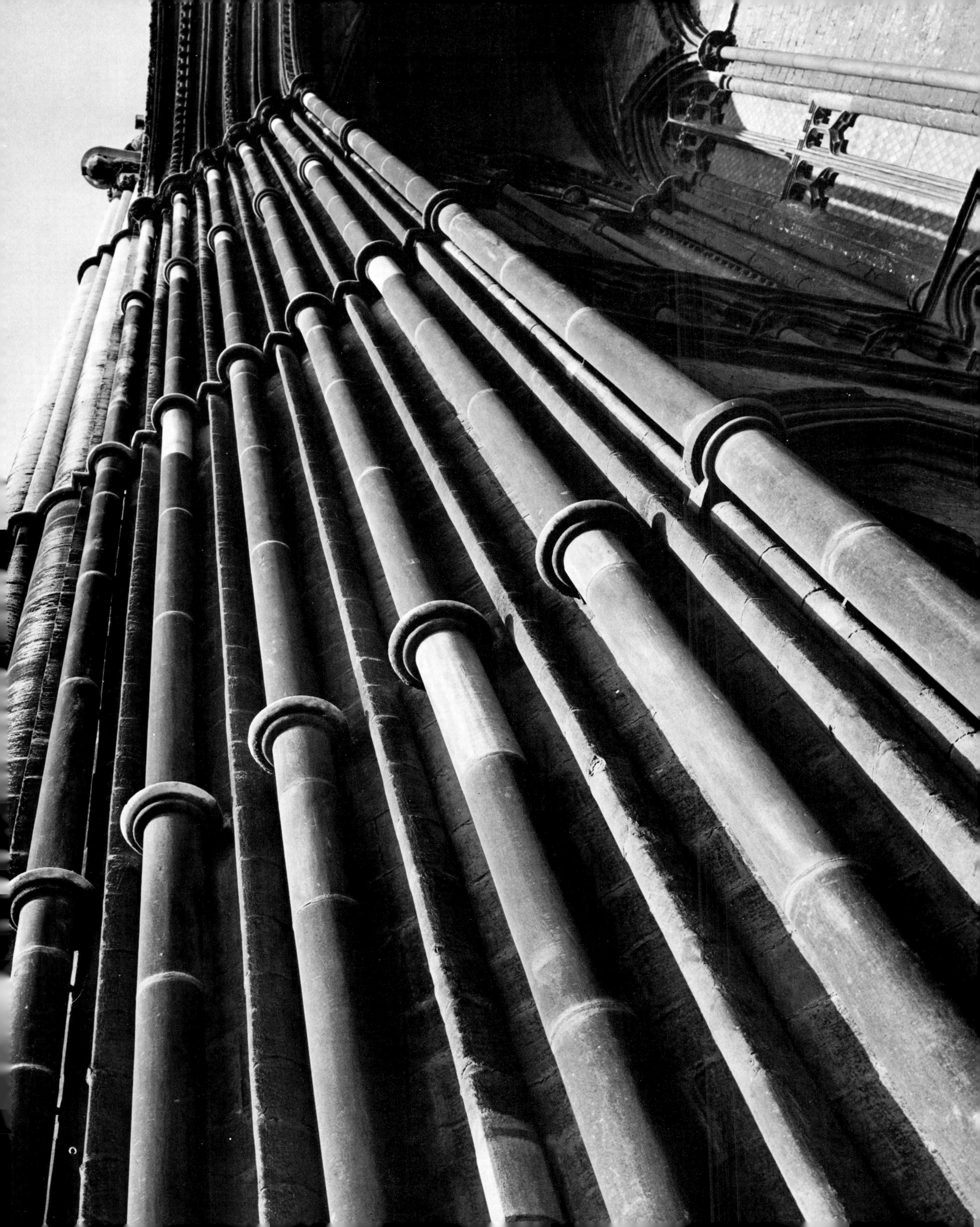

3 : 4, die, wie wir sahen, mit den musikalischen Konsonanzen *diapason* (Oktave), *diapente* (Quinte) und *diatessaron* (Quarte) übereinstimmen.

Erst gegen Ende des 15. Jahrhunderts nahm man das 'neue Gebäude' in Angriff, einen Ausbau des Osthauses im 'Perpendicular Style' (Abb. 226). Große Fenster wurden in die mittlere normannische Apsis eingelassen, die Seitenapsiden wurden entfernt, die Seitenschiffe weiter durchgezogen und in einem Chorquadrat vereinigt, das mit dem schönsten aller spätgotischen Fächergewölbe bedeckt wurde[14] (Abb. 97 u. 227), entworfen von John Wastell, der die unvergleichlichen Gewölbe der King's College Chapel in Cambridge schuf.

Das früheste Manuskript im vollendeten ost-angelsächsischen Stil ist der Psalter, der sich jetzt in der Bibliothèque Royale von Brüssel befindet. Er wurde 1300 für Peterborough, damals ein bedeutendes Zentrum der Kunstproduktion, hergestellt. Die Titelseite des ›Beatus‹ (»*Beatus vir*« lautet der Anfang des 1. Psalms) ist wunderbar in ihrer Pracht, ihrer dekorativen Wirkung und ihrer Fülle an entzückenden Einzelheiten (Abb. 79). Diese Manuskripte erregten großes Aufsehen in Europa und beeinflußten nachhaltig die Entwicklung der flämischen und niederländischen Illuminationskunst. Der ›Peterborough-Psalter‹ ist auch interessant, weil man in einigen religiösen Figuren und Szenen Inspirationen der früher im Chor der Abteikirche befindlichen Gemälde des 12. Jahrhunderts sieht. Das Kloster wurde von Heinrich VIII. aufgelöst; am 4. September 1541 wurde es als Kathedrale neu eröffnet.

229 'Piscina' im nördlichen Chorgang der Kathedrale von Peterborough (13. Jh.). Der Priester wusch darin die sakralen Gefäße während der Messe

Salisbury

Die gotische Kathedrale von Salisbury ist die einzige in England, die ohne Unterbrechung nach einem einheitlichen Plan auf freiem Gelände gebaut wurde. Der Bischofssitz befand sich früher bei Old Sarum, einige Meilen weiter nördlich, inmitten einer erst römischen, dann angelsächsischen und später normannischen Umwallung. Der Wind pfiff über die Kuppen der Hügel, »daß die Chorsänger sich beim Singen kaum hören konnten«, auch herrschte ständiger Wassermangel, und es gab Reibungen mit der Garnison. Bischof Richard Poore ersuchte daher 1217 den Papst um Genehmigung, die Kathedrale an anderer Stelle bauen zu dürfen. Das Gesuch wurde 1219 bewilligt, und schon im nächsten Jahr begann man mit dem Bau einer neuen Kathedrale auf einem weiten, ebenen Gelände in einer Schleife des Avon-Flusses. Die Bewohner von Old Sarum folgten ihrem Bischof und legten bei der Kathedrale eine neue, in gleichmäßige Quadrate gegliederte Stadt an.

Da der Bau der Kathedrale, von bestehenden Gebäuden und den Schwierigkeiten eines beschränkten oder zum Bau ungeeig-

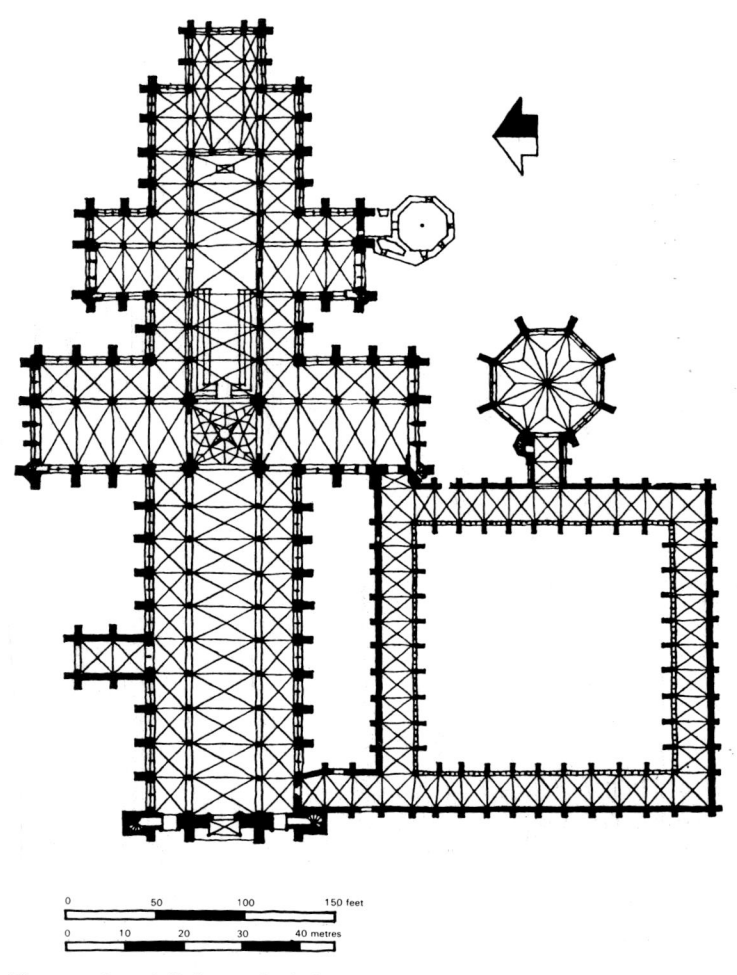

Fig. 17 Grundriß der Kathedrale von Salisbury

230 Die skulpturenreiche Westfassade der Kathedrale von Wells ▷

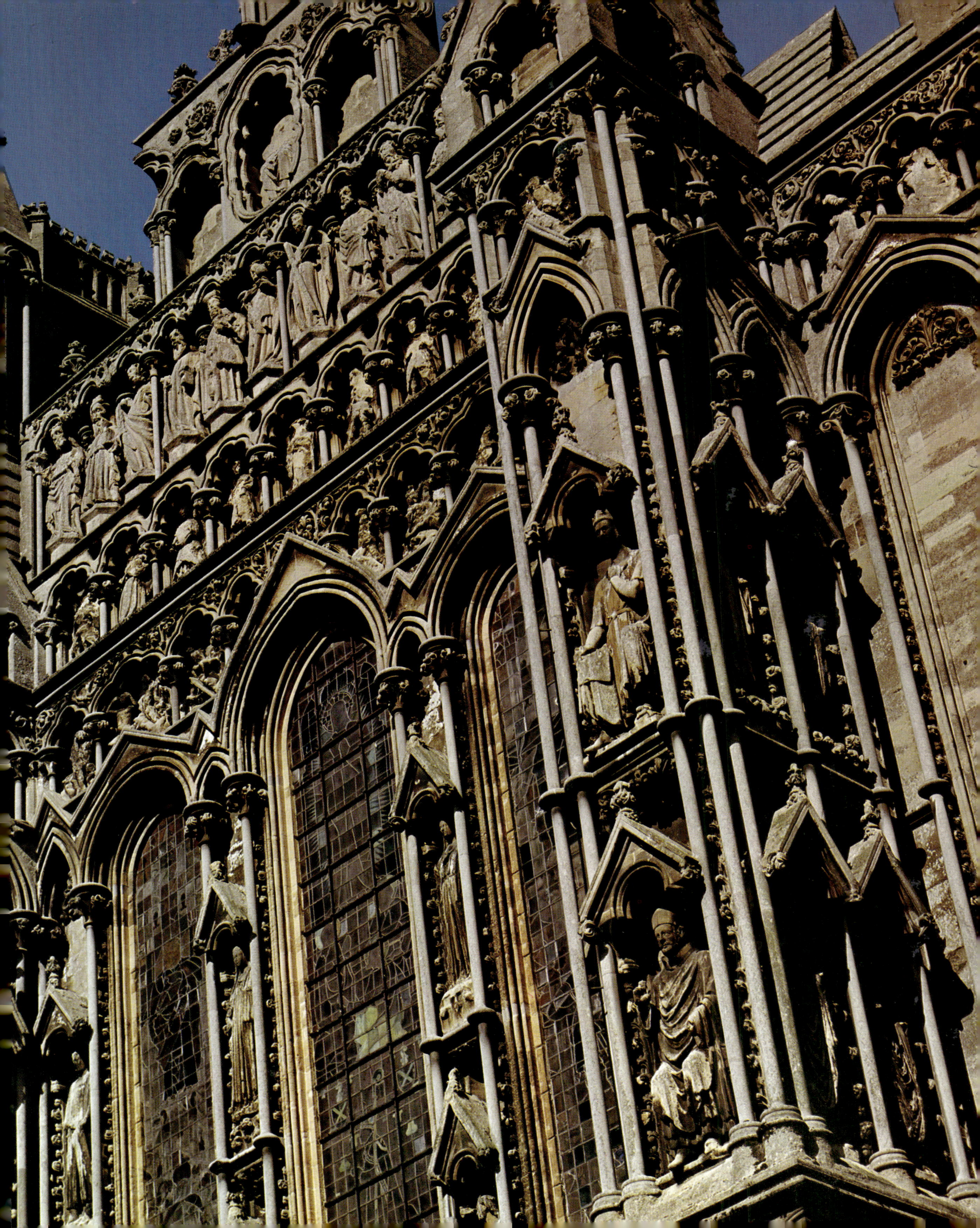

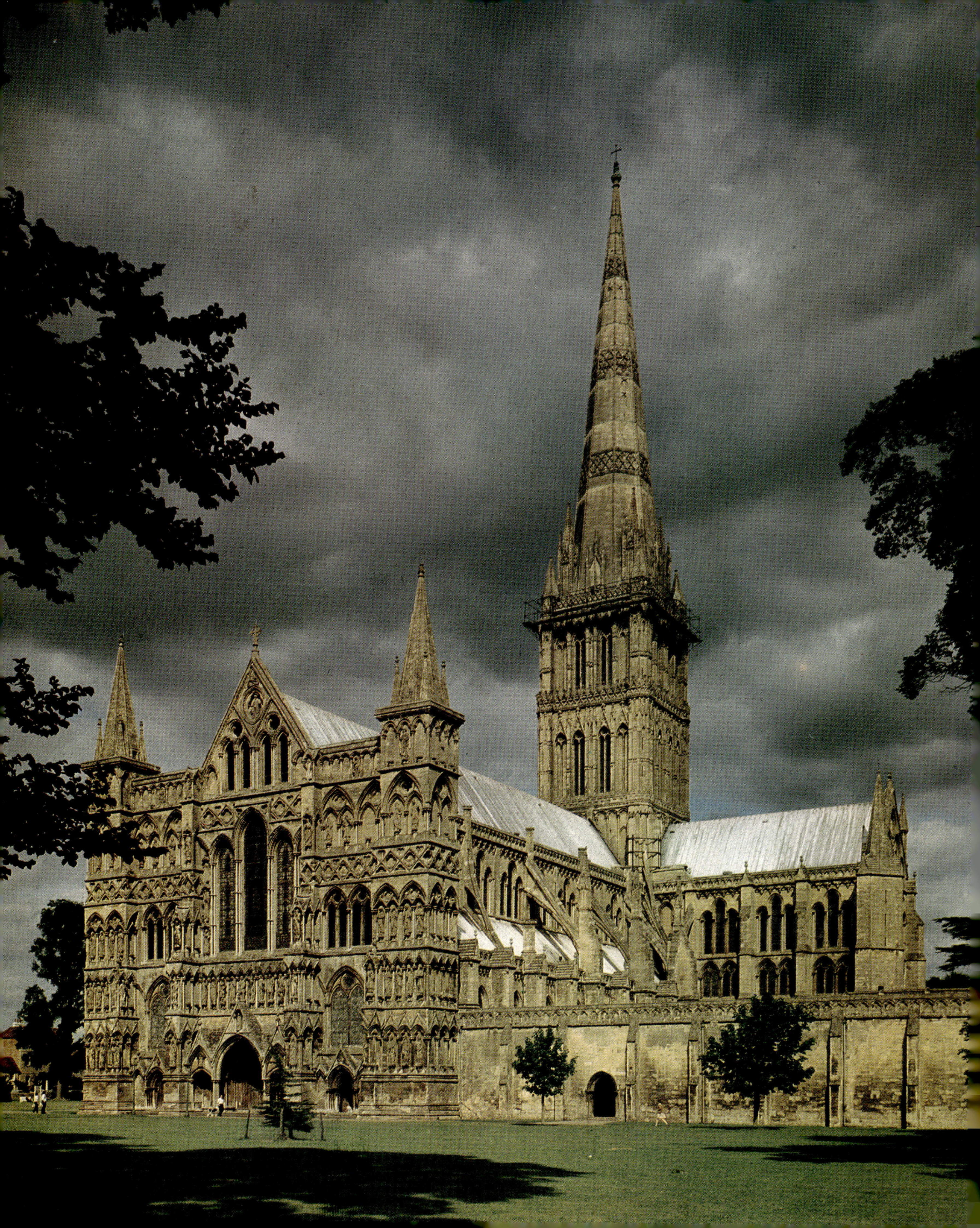

neten Geländes unbehindert durchgeführt werden konnte, darf man annehmen, daß er die für den englischen Geist hochgotisch-scholastischer Prägung ideale Lösung darstellt. Die Lösung ist untadlig in Klarheit und Ordnung (ausgenommen den nördlichen Portikus und den später hinzugefügten Kreuzgang und das Stiftshaus), streng symmetrisch und frei von den pittoresken Unregelmäßigkeiten, die wir gern der mittelalterlichen Mentalität zuschreiben, die aber oft durch äußere Umstände bedingt waren. Die Eigenheit des englischen Geschmacks und das Erfordernis des Rituells konnten in Salisbury ihren reinen Ausdruck finden: in der großen Länge, in den stark vortretenden Doppelquerschiffen und den Chorquadraten – eine Komposition, ganz anders als bei dem im selben Jahr begonnenen Bau in Amiens. Groß schätzt man auch den Einfluß des Domherrn Elias de Dereham auf den Bauplan ein. Er arbeitete am Schrein des hl. Thomas von Canterbury und wirkte an mehreren Bauprojekten mit. Leitender Baumeister war Nicholas of Ely. Die Kathedrale erhebt sich hinter einer Allee von hohen Bäumen und bietet das klassische Bild eines Doms in ländlicher Umgebung, im Gegensatz zu den Kathedralen inmitten großer Städte auf dem Festland. Englisch ist die Verschachtelung der Volumen, die eine Stufenpyramidenform ergibt. Den großartigen Turm baute ein Jahrhundert später Meister Richard of Farleigh im englischen 'Decorated Style' – um vieles monumentaler und prächtiger, als der ursprüngliche Plan vorsah. Er ist mit äußerster Sorgfalt proportioniert und bildet mit seinen verschwenderisch reichen Einzelheiten (Abb. 234) einen schönen Gegensatz zu den kühlen, zurückhaltenden Formen des frühenglischen Stils (Abb. 232).

Die steinerne Turmspitze, 123 m hoch, steht an Schönheit nur hinter dem Südturm von Chartres zurück. Beide zeigen noch in großer Höhe durch starke Gliederung ein überzeugendes Maßgefühl: in Chartres durch das kräftige Fischschuppenmuster, das jeden Anflug von Plumpheit vermeidet; in Salisbury durch den noch gewagteren Wechsel von glatten und diagonal gekreuzten Streifen, die einander steigern.

Die Architektonik zeigt der Blick von Nordosten am besten (Abb. 232), die Schönheit der Lage jedoch wird erst deutlich vom Südwesten aus, auch wenn die nach dem Vorbild von Wells gestaltete Fassade hinter dieser weit zurückbleibt und von der ursprünglichen Bauplastik nicht viel übrig ist (Abb. 231). Wunderbar aber ist die Tönung des flechtenbedeckten Chilmark-Steins inmitten der Wiesen. Die Bauarbeiten begannen am Ostteil; um 1226 war die Marienkapelle[15] fertig. Man erreicht sie über einen auf gleicher Höhe liegenden rückwärtigen Chor; mit ihrem Hauptschiff und den engen gleichhohen Seitenschiffen stellt sie die Kleinform einer 'Hallenkirche' dar. Die Stützen bestehen aus Purbeck-Marmor, Bündelpfeiler im rückwärtigen Chor und in der Marienkapelle, unglaublich schlanke, einzelne Schäfte, die man mit Ofenrohren verglichen hat[16]. Im Verein mit den spitzen Bogen des Gewölbes wird der Effekt heiterer Schwerelosigkeit erzielt.

Der Purbeck-Marmor tritt in Salisbury überall auf, sogar an den großen Säulentrommeln der Pfeiler im Mittelschiff (Abb. 235). Am wenigsten gelungen ist das Triforium, das sich auf den Dachraum über den Seitenschiffen hin öffnet – ein merkwürdig englischer Kompromiß zwischen der Übergangslösung der Tribünengalerie (z.B. in Laon) und dem weiter entwickelten französischen Triforium. Da die für den festgelegten Entwurf erforderliche Höhe fehlte, mußte man die Bogen schräg aus den Bün-

◁ 231 Die Kathedrale von Salisbury inmitten von Wiesen

232 Salisbury. Der Blick von Nordosten zeigt die pyramidenförmige Komposition, von Richard of Farleighs spitzem Turm beherrscht (oben)

233 Salisbury. Die scherenförmigen Arkaden dienen zur Verstärkung der Pfeiler des östlichen Querschiffs. Die Deckenmalereien sind viktorianische Restaurierungen von Originalen des 13. Jh.

234 Umseitig: Detail vom großen Turm der Kathedrale von Salisbury ▷

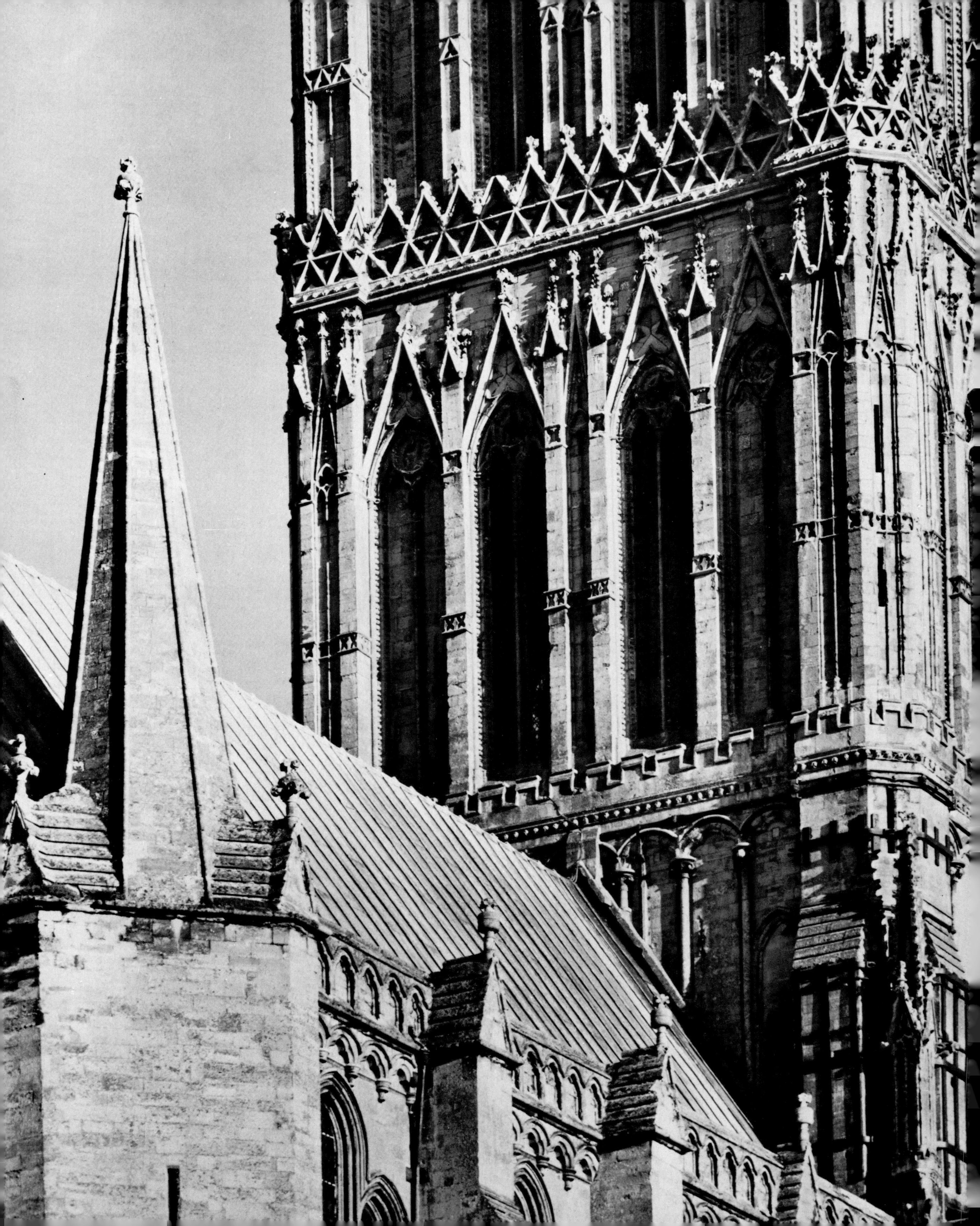

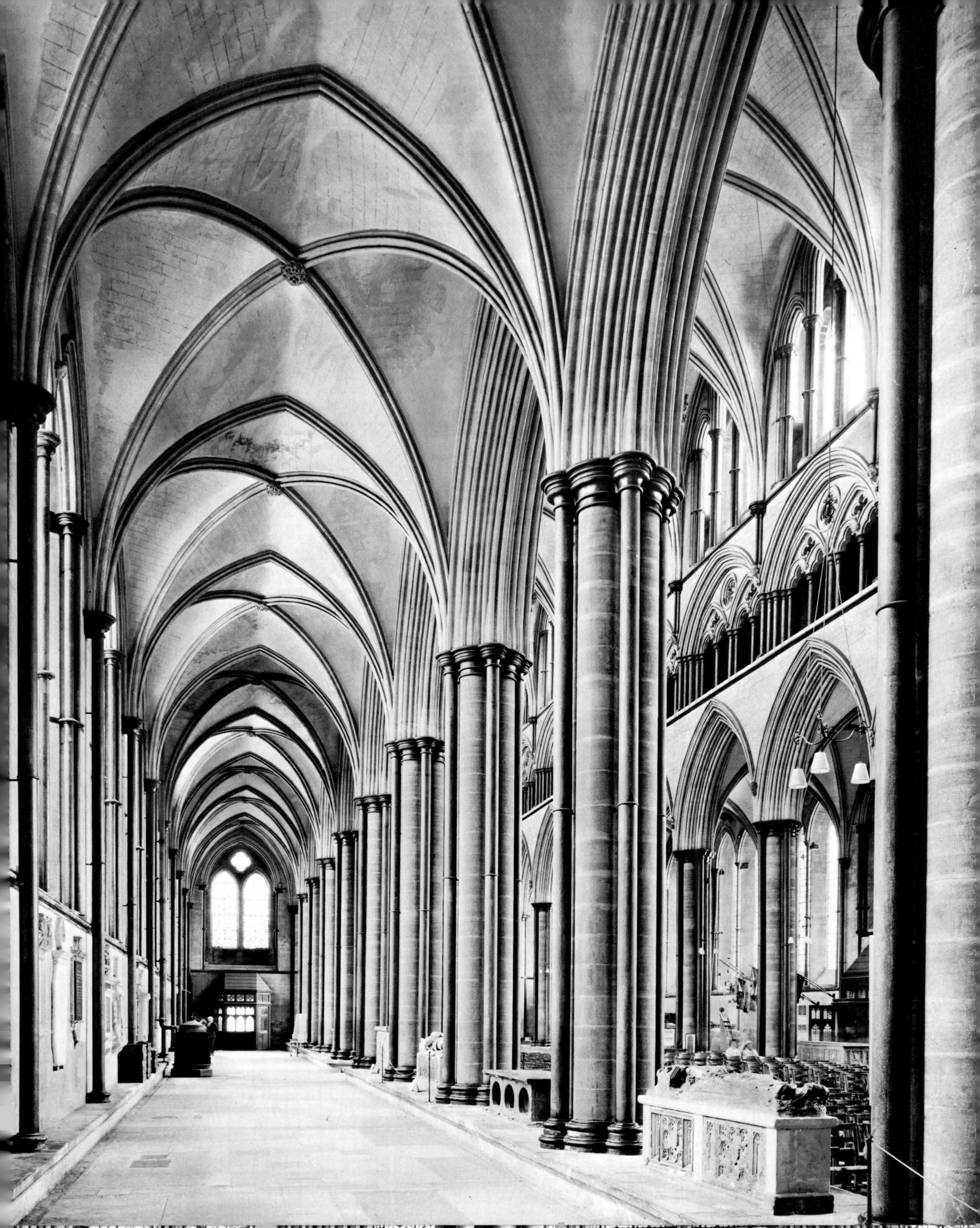

York

York war eine bedeutende römische Stadt, als Konstantin d. Gr. hier 306 zum Augustus ausgerufen wurde. 627 wurde hier auf dem Gelände des *praetorium* in einer hölzernen Kirche Edwin, der König von Northumberland, getauft, dessen christlicher Gemahlin Ethelburga, Tochter jenes Ethelbert von Kent, den Augustinus getauft hatte, es gelungen war, ihn zum Christentum zu bekehren. Unter dem großen Gelehrten Alkuin (735-804) wurde York zu einem der bedeutendsten akademischen Zentren Europas.

Der älteste Teil des gegenwärtigen Münsters ist, von der normannischen Krypta abgesehen, das südliche Querschiff mit seinem schuppigen Radfenster, unter Erzbischof Walter de Gray zwischen 1220 und 1241 erbaut. Gleich darauf entstand das nördliche Querschiff mit dem Glanzstück der Kathedrale, den schlanken Lanzettfenstern, die 'Fünf Schwestern' genannt, jedes 16 m hoch und 1,50 m breit. Sie haben das schönste Grisaille-Glas des 13. Jahrhunderts, das sich in Europa finden läßt (Abb. 242). Neben den großzügigen Zuwendungen des Erzbistums bezog die Kathedrale bedeutende Einkünfte aus den Spenden der Wallfahrer, die zum Grab des hl. William of York pilgerten, Urenkel Wilhelms des Eroberers und einst Erzbischof. Daher konnten die neuen Querschiffe in größten Ausmaßen konzipiert werden: die Gewölbe sind fast 31 m hoch (von Westminster Abbey abgesehen, die höchsten Englands). Für das Problem, sie zu überwölben, fand der Architekt eine simple Lösung: Gewölbe aus Eichenholz, ursprünglich so bemalt, daß sie Stein vortäuschten, aber nach der letzten Restaurierung in ihrer natürlichen Farbe belassen, was einen starken Effekt hervorruft (Abb. 240).

Der schöne Blick durch die Querschiffe auf die 'Fünf Schwestern' wurde erst zu Beginn des 15. Jahrhunderts frei, als man die kleine normannische Laterne durch den gegenwärtigen Monumentalbau ersetzte – den größten seiner Art in England – und damit eine gewaltige Lichtquelle schuf; das Gewölbe der Laterne schwebt 55 m über dem Boden. Der Bau vollzog sich unter der Leitung des königlichen Baumeisters William of Colchester; Heinrich IV. stellte ihn dem Kapitel zur Verfügung, um nach der Hinrichtung des rebellischen Erzbischofs Scrope in York wieder die Gunst der Bevölkerung zu erringen. Der Groll gegen den König und die Berufung eines Fremden zum Baumeister bewirkten jedoch, daß William zunächst sehr unfreundlich empfangen wurde. Sein Gehilfe wurde getötet, er selber entkam dem Tod mit Mühe und mußte den König um Schutz bitten.

Das Stiftshaus im 'Decorated Style' wurde um 1296 fertig; der Wunsch nach einer unbehinderten Raumwirkung führte hier zum Verzicht auf den üblichen Mittelpfeiler und machte ein hölzernes Gewölbe notwendig. Die Kräusellinie der sorgfältig in Stein ausgeführten Baldachine über den Sitzen, die sich um die Wände ziehen, ist typisch für die damals beliebten dreidimensionalen Formen. Bemerkenswert sind die vielen wunderlichen und humoristischen Plastiken. An der Eingangstür die Inschrift *Ut rosa phlos phlorum sic est domus ista domorum* (wie die Rose die Blume der Blumen, ist dies das Haus der Häuser) kann wohl nur von jemandem herrühren, der die Stiftshäuser in Lincoln, Salisbury oder Wells nicht kannte.

Das Hauptschiff, um dieselbe Zeit begonnen, zeichnet sich vor allem durch seine Größe und stilistische Elemente wie die Verschmelzung von Fenstergeschoß und Triforium zu einer Einheit aus, die spätere Entwicklungen vorwegnimmt. Hier scheinen steinerne Gewölbe geplant gewesen zu sein, obwohl die Spannweite beinahe 14 m betrug; man griff aber auch in diesem Fall zum hölzernen Gewölbe. Um die Mitte des 14. Jahrhunderts, vielleicht erst 1370 fertiggestellt, ist es besonders an der Verbindungsstelle mit den steinernen Kragsteinen wenig eindrucksvoll. Am schönsten ist noch das große Westfenster von 1338: die in Reih und Glied stehenden Heiligen unter den für die Glasmalerei dieser Zeit charakteristischen Baldachinen verlieren durch das

238 Kathedrale von York. Blick von Südosten

◁ 239 Kathedrale von York. Maßwerk des großen Westfensters, das im Volksmund 'Herz von Yorkshire' genannt wird

240 Kathedrale von York. Triforium und Fenstergeschoß des nördlichen ▷ Querschiffs mit Eichenholzgewölbe

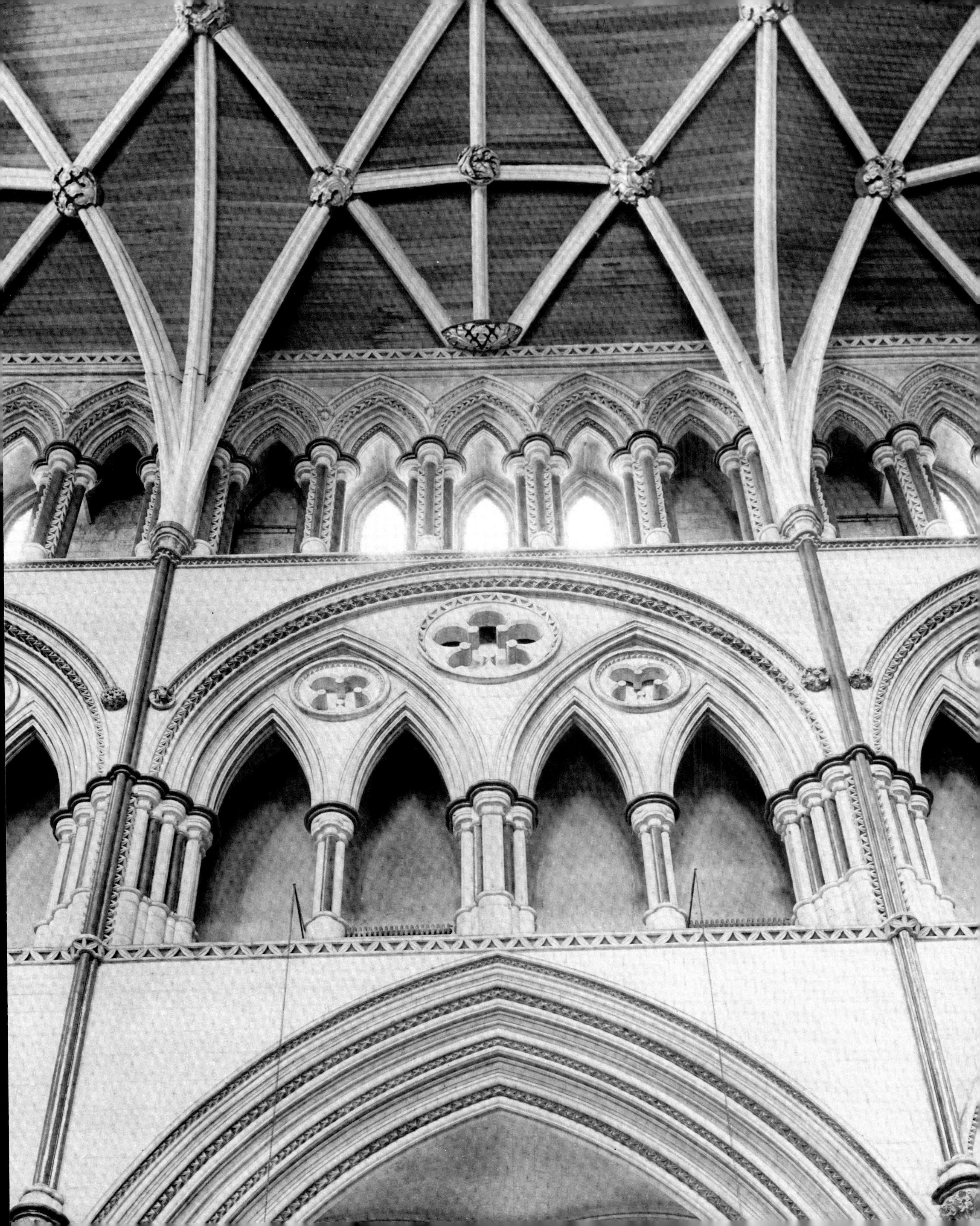

verschwenderisch reiche bogenförmige Maßwerk im Bogenfeld viel von ihrer Monotonie (Abb. 239).

Auch im Chor (zwischen 1361 und 1440 restauriert) sind die Fenster auffallend. Obwohl die Kathedrale von York (nach der Zerstörung von Old St. Paul's) die größte mittelalterliche Kirche Englands ist, zeichnet sie sich architektonisch nur durch die Querschiffe, das Stiftshaus und die mittlere Laterne aus. Ihr Stolz sind die mittelalterlichen Glasmalereien, etwa die Hälfte aller in England erhaltenen.

Zu den schönsten zählen Glastafeln aus der normannischen Kirche (12. Jh.) und die 'Fünf Schwestern' (13. Jh.). Typisch für den 'Decorated Style' (frühes 14. Jh.) sind die Fensterreihen an den Seitenwänden des Schiffes; hier trennen Streifen aus farblosem Glas mit den Wappenschildern, die sich auch in der sakralen Kunst dieser Zeit in den Vordergrund drängen[18], eine doppelte Reihe von farbigen Figuren-Gruppen (Abb. 243). Randstreifen mit Vögeln und anderen Tieren vereinheitlichen die Komposition und verhindern, daß die Horizontale zwischen den einzelnen Fenstern zu stark betont wird. Eine weitere Feinheit: Die Randmuster wiederholen sich jeweils auf dem übernächsten Fenster.

Das große Ostfenster der Marienkapelle im 'Perpendicular Style', 22 m hoch und über 9 m breit, aus dem frühen 15. Jahrhundert, besitzt noch nahezu das ganze ursprüngliche Glas (Abb. 44). Von der Größe eines Tennisplatzes, besteht es doch ganz und gar aus kleinen Szenen und Figuren, die fein und schwungvoll ausgeführt sind, lebendig in der anekdotischen Darstellung und im Detail (Abb. 146). Wir kennen die Geschichte des Fensters, und auch der Vertrag existiert noch zwischen Dekan und Kapitel und dem Künstler John Thornton of Coventry, der sich verpflichtete, die Arbeit von 1405 bis 1408 fertigzustellen und »die Historien, Figuren und andere Dinge mit eigener Hand zu malen«. Er erhielt einen Wochenlohn von 4 s, eine Zulage von £ 5 pro Jahr und eine Gratifikation von £ 10 bei Ablieferung. Die Kosten für Material und Lohn der Gehilfen hatte das Domkapitel zu tragen. John Thornton, dadurch berühmt geworden, eröffnete später eine eigene Werkstatt. York wurde ein bedeutendes Zentrum der Glasmalerei, obwohl in England bis zum Ende des Mittelalters nur farbloses Glas hergestellt und das farbige importiert wurde.

Im obersten Feld des Fensters thront über einer Schar von Engeln und Heiligen im Maßwerk des Bogenzwickels Gottvater. In seinem aufgeschlagenen Buch die Worte: »Ich bin das Alpha und das Omega«. Die 117 Felder darunter, jedes fast 1 m² groß, zeigen Episoden aus dem Alten Testament und der Apokalypse – eine erstaunliche Leistung, auch wenn das durchgängig schöne Handwerk nur selten hohes künstlerisches Niveau erreicht.

Ely

Die Initiative zur Gründung der großen Abtei von Ely ging von einer außergewöhnlichen Frau aus, der hl. Etheldreda, die in zwei Ehen (die zweite mit Ecgfrid, König von Northumbrien, dauerte zwölf Jahre), Jungfrau geblieben war. Als ihr Gemahl ihr schließlich erlaubte, Nonne zu werden, kehrte sie 673 zur Insel Ely zurück – ein Erbe ihres ersten Mannes – und stiftete dort ein Kloster. Als Äbtin war sie nach den Worten des Archidiakons Bede »die jungfräuliche Mutter vieler gottgeweihter Jungfrauen«.

Nach ihrem Tod wurde ihre Schwester Sexburga Äbtin. Sie ließ Etheldreda in der Kirche beisetzen. Da ereignete sich am Grab das erste von vielen Wundern, die Ely zu einem berühmten Wallfahrtsziel machten. Nach der Zerstörung und dem Blutbad, das die dänischen Eroberer angerichtet hatten, wieder aufgebaut, wurde das Kloster, von schier undurchdringlichem Marschland umgeben, zum letzten Bollwerk von Hereward the Wake im Streit gegen Wilhelm den Eroberer. Noch vor Beilegung der Streitigkeiten schloß das Kloster Frieden mit dem Eroberer und wurde dafür gebührend belohnt: es blieb verschont, und zwischen 1083 und 1189 wurde die große normannische Kirche, die heute noch zum großen Teil steht, im romanischen Stil erbaut.

Das erste Bauelement im gotischen Stil (frühes 13. Jh.) war der elegante Galiläa-Portikus[19] an der Basis des Westturms (Abb. 244). Zwischen 1239 und 1259 wurde die normannische Apsis niedergerissen und der Chor, um sechs Joche vergrößert, durch ein Chorquadrat abgeschlossen. Sein Stil nimmt schon viel von dem etwas späteren 'Engelchor' in Lincoln vorweg. 1231 begann man mit dem Bau einer neuen, großzügig geplanten Marienkapelle im Norden des Chors, der aber bald unterbrochen wurde, da anderes dringlicher wurde. Die Pfeiler, die den normannischen Kuppelturm über der Vierung trugen, zeigten schon lange Anzeichen des Verfalls. Man hielt keinen Gottesdienst mehr in dem Chor unterhalb der Vierung ab, tat sonst aber nichts dagegen. 1322 gaben die Pfeiler nach, der Turm stürzte nach Osten zu ein und zerstörte mehrere Joche des Chors. Aus dieser Katastrophe gingen das aufsehenerregende Oktogon und die Laterne hervor, Elys größter Stolz.

Ein riesiger leerer Raum blieb, als die Trümmer der Vierungspfeiler aufgeräumt waren. Vielleicht führte dieser Anblick zu der revolutionären Idee, die Pfeiler fortzulassen und einen großen achteckigen Mittelraum von der Breite des Schiffes und der Seitenschiffe zu erstellen. Die Konzeption wird in den Chroniken dem Sakristan Alan of Walsingham zugeschrieben. Nach den Bauregistern brauchte es einige Zeit, bis die geeigneten Stein-

241 York. Bauplastik über dem Südportal des Hauptschiffes (14. Jh.). In der Mitte: *Ritter im Kampf mit einem Bären;* links: *Samson, einen Löwen zähmend, während Delilah ihm das Haar abschneidet;* rechts: *Delilah verhöhnt Samson*

242 Kathedrale von York. Die hohen Lanzettfenster, 'Die fünf Schwestern' genannt ▷

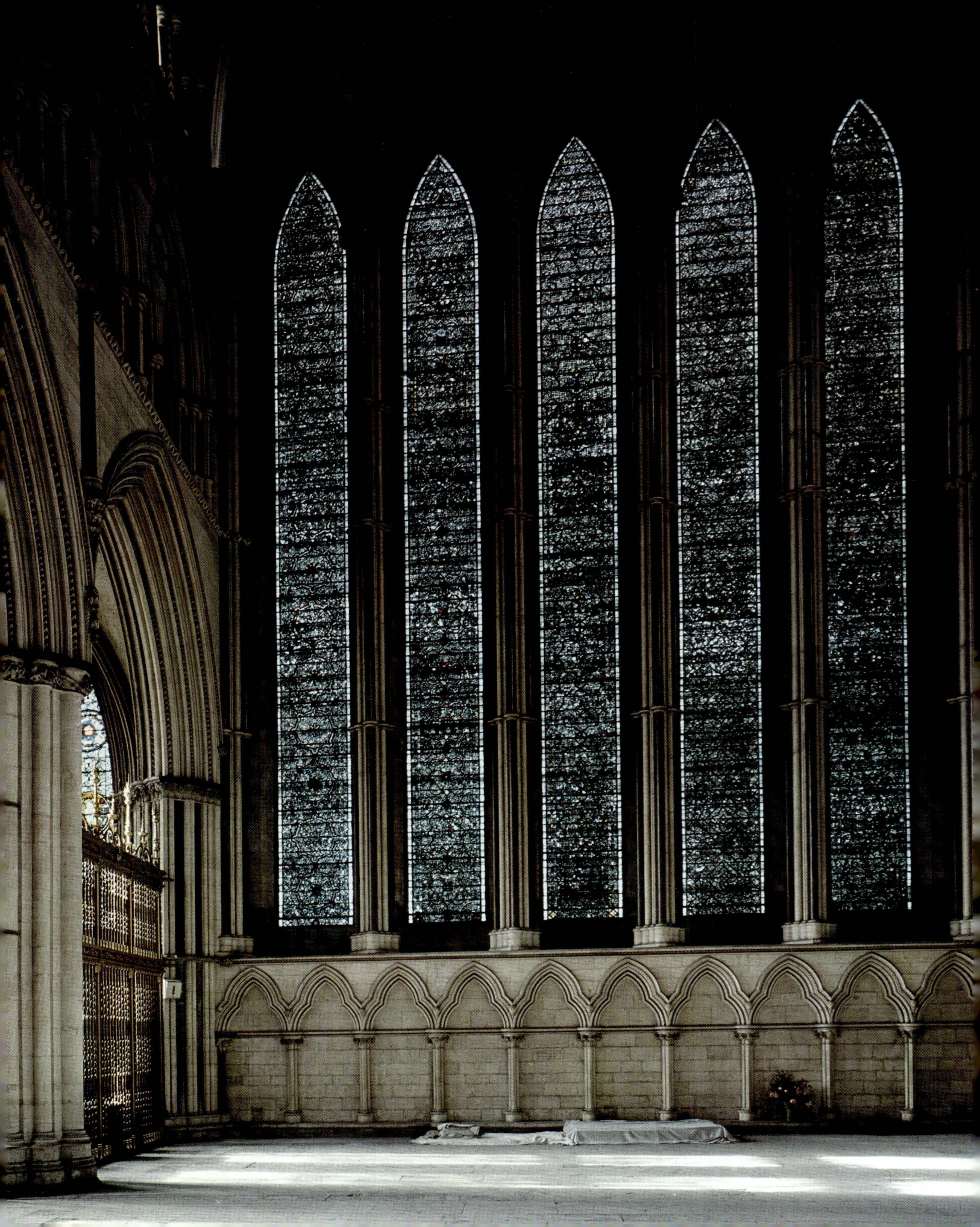

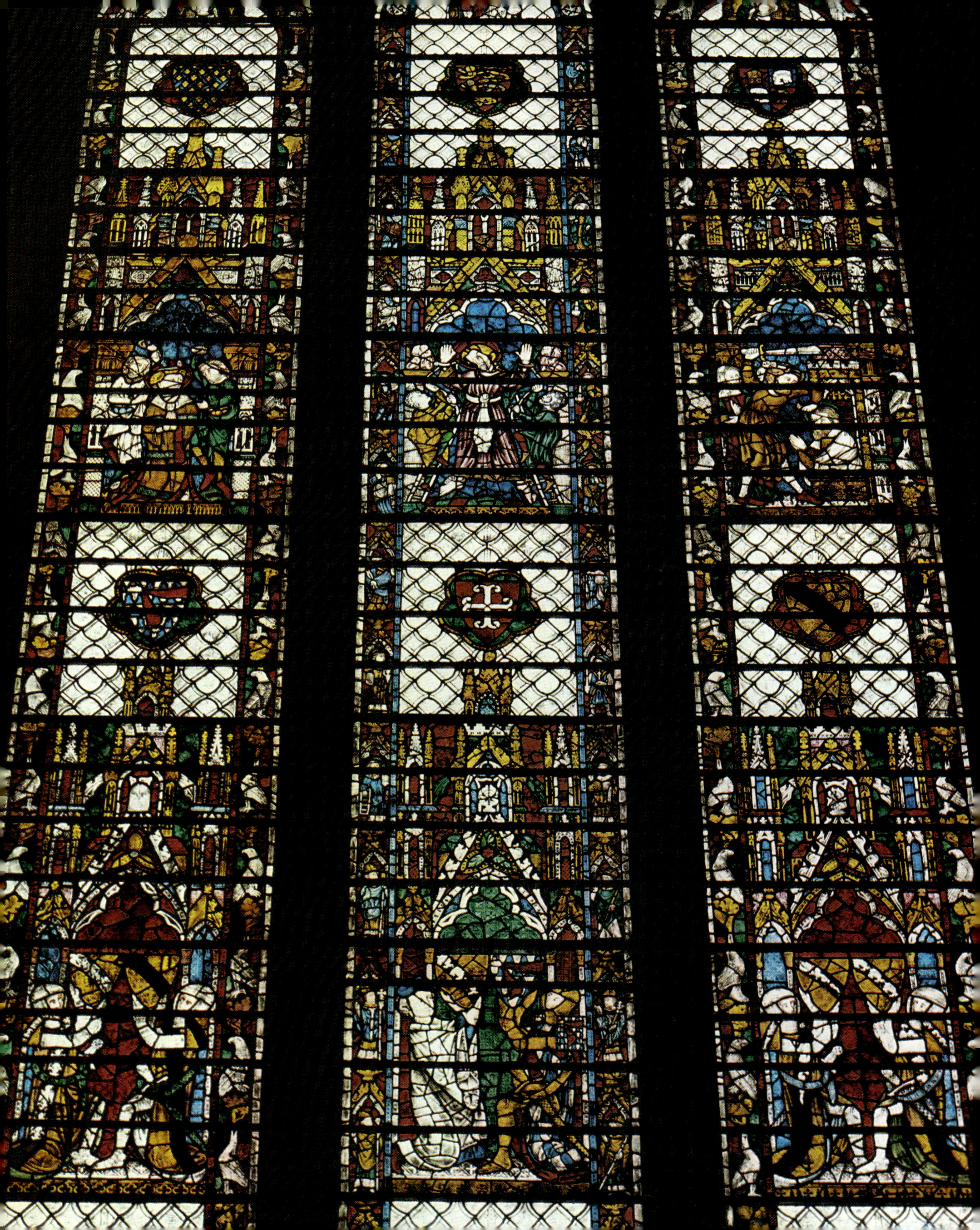

sorten gefunden und die Transportfrage gelöst war; auch Straßen und Brücken auf dem Transportweg mußten verstärkt werden. Dann war das Material für die Mauern des unregelmäßigen Achtecks (mit vier kurzen und vier langen Seiten, den Hauptachsen entsprechend) bald herangeschafft. Schwierig war es, den Riesenraum zu überwölben. Das Gewölbe hatte fast 21 m zu überspannen; das ließ den Gebrauch von Holz, worin die gotischen Baumeister Englands Meister waren, ratsam erscheinen (Abb. 72). Bei vielen weltlichen Bauten, besonders den großen Hallen mit ihren prächtig zutage tretenden Holzdächern, war mehr der Meister-Zimmermann der leitende Mann als der Meister-Steinmetz.

Aber auch ein Holzgewölbe bot noch große Schwierigkeiten. Das Kapitel zog einen Fachmann zu Rate, einen Meister William de Hurle (oder Hurley) aus London, einen berühmten Mann. Seine Lösung war so kühn wie originell: ein hölzernes Gewölbe, überragt von einer kleineren hohen achteckigen Laterne, deren acht Eckpfosten die Stichpfosten von acht abgewandelten Stichbalkenlagen des Daches bildeten; sie leiten die Last von 400 Tonnen nach außen zu auf die Pfeiler des Oktogons ab. Die Eichenholzpfosten sind 19 m lang und beinahe 1 m dick. Schwierig war schon, acht Balken von solcher Länge zu finden; sie zu transportieren und mit den primitiven Hilfsmitteln dieser Zeit in die richtige Lage, 27 m über dem Boden, hinaufzuziehen, war eine Höchstleistung der Ingenieurkunst.

Der Blick hinauf in die achteckige Laterne ist großartig (Abb. 246). Was dem unteren Achteck noch an Ausrichtung fehlte, wurde dadurch beseitigt, daß man das Oktogon der Laterne in Beziehung dazu brachte, so daß man nun das Gefühl hat, von einem wahrhaft in einem Mittelpunkt zusammengefaßten Raum umfangen zu werden. Man hat diese Kuppel »die einzige gotische« genannt. William Hurleys Lösung übte starken Einfluß auf die Konstruktion von Holzdächern aus, doch blieb das Oktogon von Ely einzigartig und fand keine Nachfolge, bis in der Renaissance ein neues Interesse für monumentale Mittelräume erwachte. Stützungssystem und Grundriß der Vierungspfeiler der von Christopher Wren erbauten Kathedrale St. Paul's bezeugen den Einfluß von Ely; der Baumeister kannte die Kathedrale gut, da sein Onkel hier Bischof war.

Die Bauregister der Kathedrale geben Auskunft über die Dekoration des Oktogons. Das Holz wurde weiß getüncht; aus Pergament und Leinwand stellte man Schablonen mit den verschiedenen Blendmaßwerk-Mustern her. Verschiedene Künstler werden namentlich genannt: Ralph, der Goldschläger »stellte das Blattgold für das Vergolden von Bossen und anderen Verzierungen aus Goldmünzen her, die er vom Prior erhielt«. Meister Walter, dem Maler, übertrug man die endgültige Ausschmückung der Laterne; 42 Wochen arbeitete er daran bei einem Wochenlohn von 9 d; er erhielt freie Verpflegung und einen Malerkittel. Als die spätere Übermalung im 19. Jahrhundert entfernt wurde, fanden sich Spuren der ursprünglichen Dekoration. Die Muster

◁ 243 Fenster der Kathedrale von York. Seit dem 14. Jh. spielt die Heraldik in der sakralen Kunst Englands eine bedeutende Rolle

244 Kathedrale von Ely. Blick von Westen auf den schönen zweigeschossigen Galiläa-Portikus an der Basis des Normannenturms und auf die Laterne (spätes 14. Jh.), die ihn krönt. Das nordwestliche Querschiff stürzte ein und wurde nicht wieder aufgebaut (oben)

245 Kathedrale von Ely. Ostfenster der Marienkapelle im kurvenreichen ▷ 'Decorated Style'

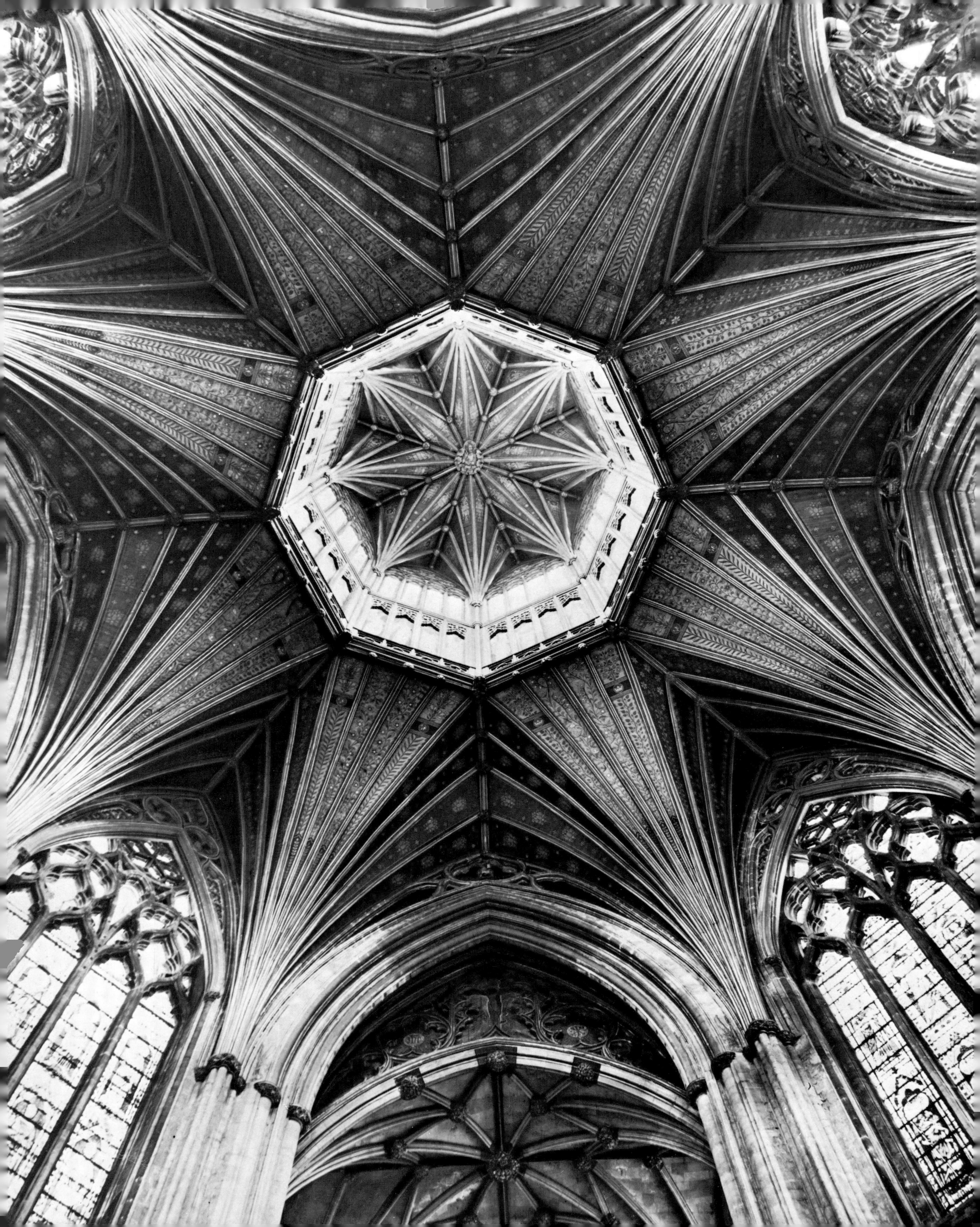

waren geometrisch und die vorherrschenden Farben sandiges Beige und Grün mit schwarzen und hellroten Akzenten. Das heutige perfektionierte Dekor stammt aus viktorianischer Zeit. Die Restaurierung ist nicht unser Geschmack, aber akzeptabel. Dagegen gehört die Glasmalerei, insbesondere in den großen

247 Von Blattwerk umgebener Kopf von der Bogenstellung der Marienkapelle in der Kathedrale von Ely

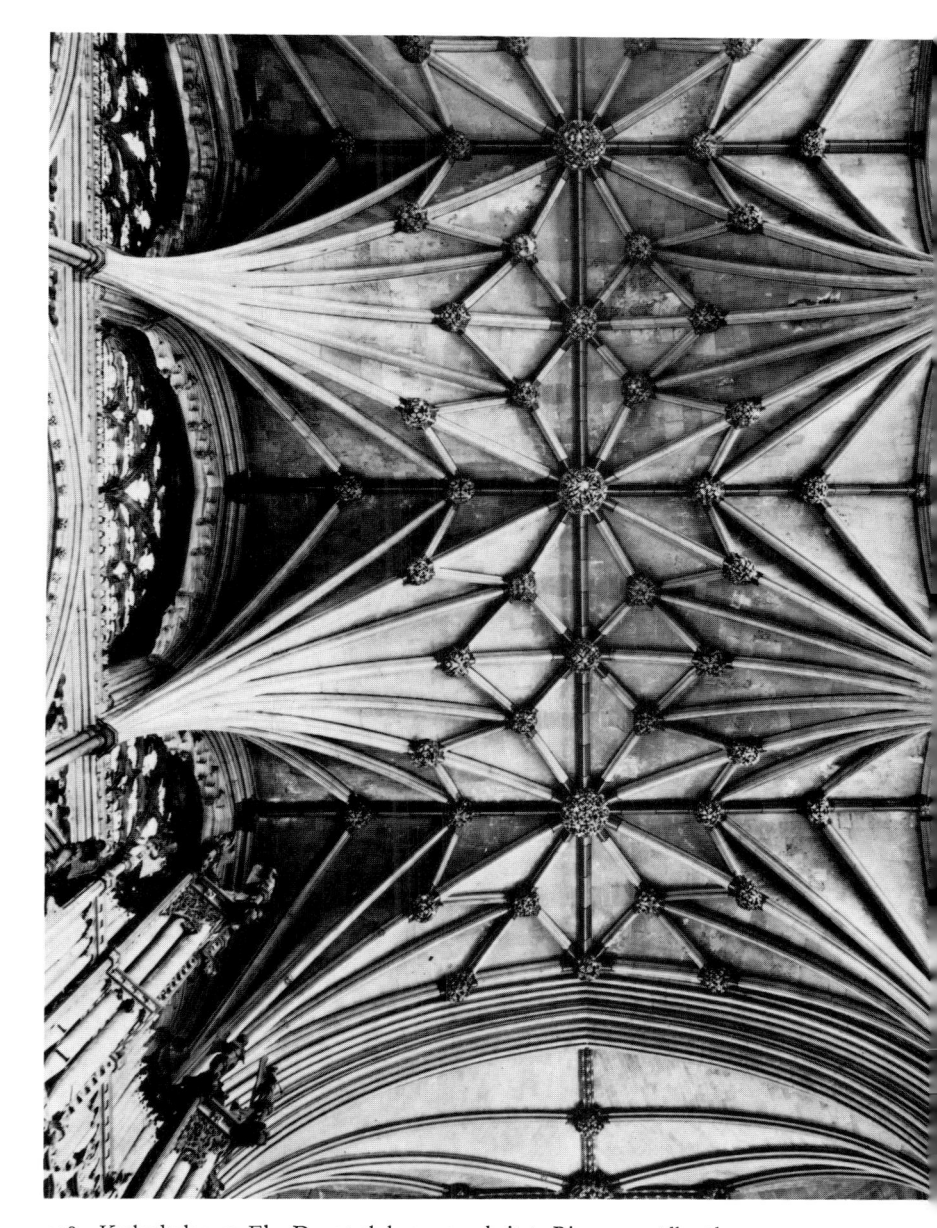

248 Kathedrale von Ely. Das stark herausgearbeitete Rippengewölbe über den westlichsten Jochen des Chors (1322–1336) ist von großer historischer Bedeutung als Prototyp des Sterngewölbes, das zum wichtigen Element in der spätgotischen Baukunst vor allem Deutschlands und Spaniens wurde

Fenstern, an den schrägen Seiten des steinernen Achtecks, zum Schlimmsten, was aus dieser Epoche der Kunstdämmerung überkommen ist.

Zugleich mit dem Bau des Oktogons (zwischen 1322 und 1336) wurde auch die Marienkapelle fertig. Die beschädigten Joche des Chors wurden durch neue ersetzt, deren Architektur fast überladen wirkt. Gelungen jedoch ist das mit vortretenden Rippen versehene Gewölbe, der Prototyp für die Sterngewölbe, die in der spätgotischen Architektur, besonders in Deutschland und Spanien, eine so große Rolle spielen sollten (Abb. 248).

Der 'Decorated Style' erlebte unter Eduard II. (1307–1327) und Eduard III. (1327–1377) seine Blütezeit. Die Ornamentik wurde perfektioniert, der Nachdruck lag auf Bewegung, Mannigfaltigkeit und überraschenden Effekten; eine besondere Vorliebe wendet sich dem 'Eselsrücken' zu, der, wie wir sahen[20], starken Einfluß auf die Gestaltung des spätgotischen 'Flamboyant-Stils' in Frankreich ausübte. Die einzige große Kathedrale Englands, die während dieser Zeit gebaut wurde, ist die von Exeter; doch das beste Beispiel für den Stil in seiner prächtigsten Form ist die Marienkapelle auf Ely (Abb. 249).

Der Raum selber, mit dem weitesten Steingewölbe der englischen Gotik (14 m) bedeckt, ist verhältnismäßig einfach und zeigt die Raumeinheit, die damals erstrebt wurde, wirkt aber durch das komplizierte Dekorationsschema keineswegs monoton. Bemerkenswert sind vor allem die Spitzbogen der Wandarkatur und die doppelten Reihen von Nischen, die die Pfeiler darüber schmücken; sie sind nach oben zu auswärts gebogen und bilden dadurch sog. 'Vorhangbogen'. Durch die Kombination mit den betont vertikalen Giebeln, die durch Kontrastwirkung die dreidimensionale Bewegung der gebogenen Linien betonen, wird ein außerordentlich prächtiger Eindruck erzielt. Der Innenraum muß überwältigend gewirkt haben, bevor die Nischen ihrer

◁ 246 Kathedrale von Ely. Blick hinauf in die achteckige Laterne

216   England: Ely

Skulpturen beraubt, die Basreliefs von Bilderstürmern schwer beschädigt und die Glasmalereien zerstört wurden. Der jetzt weiße Stein war, nach erhaltenen Spuren zu urteilen, mit glänzenden Farben bemalt.

Für die Dekoration benutzte man einen tonhaltigen Kalkstein, der, frisch gehauen, weich und leicht zu bearbeiten ist, an der Luft aber hart wird, ideal für tief aushöhlende Steinmetzarbeit (Abb. 247). In der Periode des 'Decorated Style' trat an die Stelle des frischen, kräftigen Blattornaments der frühenglischen Phase eine üppigere Vegetation; der Nachdruck liegt eher auf der Gliederung der gekräuselten Oberfläche als auf scharfen Konturen. Beliebt waren schwülstige Formen, die an Algen erinnern.

249   Kathedrale von Ely. Blick in die Marienkapelle ▷

250   Kopf der alabasternen Grabfigur König Eduards II. in der Kathedrale von Gloucester

Gloucester

Die 'barocke' Üppigkeit des 'Decorated Style' entsprach nicht lange dem englischen Temperament und wich nach etwa siebzig Jahren dem streng linearen 'Perpendicular' oder 'Rectilinear Style', in dem die Vertikale dominiert, während die hinzukommenden Horizontalen für eine flache gradlinige Umleistung sorgen. Dieser Stil, auf die Dekoration von Wänden angewandt, erzeugt einen Effekt, der an Holztäfelung gemahnt, von der man den Stil auch abgeleitet hat.

Der neue Stil trat wohl zuerst in London in Erscheinung, doch die frühesten Beispiele, namentlich die Royal Chapel of St. Stephen im Palace of Westminster und das Stiftshaus der Old St. Paul's, sind uns nur aus Zeichnungen bekannt[21]. Das früheste Beispiel, das noch existiert, ist der umgestaltete normannische Bau von Gloucester Abbey, der daher – abgesehen von seiner eigenen Qualität – von großer historischer Bedeutung ist. Wie der Stil nach Gloucester[22] gelangte, erklärt sich aus den innigen Beziehungen zwischen der Stadt und dem Hof – Beziehungen, die nach der Ermordung Eduards II. 1327 in Berkeley Castle noch enger wurden.

Abt, von Mitleid bewegt, die Leiche des Königs nach Gloucester brachte, wo sie mit großem Zeremoniell empfangen und an einem Ehrenplatz genau nördlich vom Altar in dem normannischen Chor beigesetzt wurde. Abt Thokey konnte nicht ahnen, welch reiche Früchte seine mutige Tat tragen würde. Der Sohn des toten Königs, Eduard III., löste sich von seiner Mutter, und der schwache und unfähige Eduard II., weder im öffentlichen noch im privaten Leben ein Vorbild an Lauterkeit, wurde rasch zum Märtyrer und Heiligen gemacht.

Über seinem an Wundern reichen Grab erhob sich ein prächtiges Denkmal, finanziert in der Hauptsache von Eduard III. Auf einer Basis aus Purbeck-Marmor, überragt von einem vollendet skulpierten, schön mit Fialen geschmückten Baldachin aus Sandstein, liegt eine Alabasterfigur, das früheste und schönste Beispiel für den Gebrauch dieses Materials bei einer großformatigen Grabfigur. Besonders schön ist der Kopf (Abb. 250). Obwohl die Plastik um 1331, vier Jahre nach dem Tod Eduards II., entstand, trägt sie keine porträtähnlichen Züge, sondern war, wie Joan Evans darlegte, als »Christus-ähnliches Idealbild«[23] gemeint. Die königlichen Zuwendungen und die Spenden der Pilger, die das Grab besuchten, brachten der Abtei die Mittel, ein großes Bauprogramm zu verwirklichen. Zunächst wurde das

251 Kathedrale von Gloucester. Blick in das komplizierte Rippengewölbe über dem Chor mit seinen sorgfältig ausgeführten Engelbossen

252 Das große Ostfenster der Kathedrale von Gloucester wurde zum Andenken an den Sieg in der Schlacht von Crécy zwischen 1347 und 1349 eingesetzt. Detail

Aus Furcht vor der Königin und ihrem Komplizen, Roger Mortimer, hatten sich die nahegelegenen Abteien von Bristol und Malmesbury geweigert, die verwesende Leiche zu begraben. Die Chronik von Gloucester Abbey berichtet, daß der dortige

südliche Querschiff umgebaut, dann wandte man sich dem Ostarm zu. Hier blieb – abgesehen von dem Umbau des Abschlusses im Osten und dem Bau eines hohen Fenstergeschosses, dessen Gewölbe sich 6 m über das Gewölbe des Hauptschiffes erhob –

die normannische Architektur bewahrt. Ihre massigen Formen wurden durch die Wandverkleidung im 'Perpendicular Style' gedämpft. Man hat diese Ausgestaltung, vielleicht ein Werk des königlichen Baumeisters und Schöpfers des neuen Stiftshauses St. Paul's, William Ramsey, ein »erstaunliches Zimmermannswerk in Stein« genannt[24].

Das umgebaute Presbyterium wurde mit einem dichtmaschigen Rippengewölbe bedeckt: es ähnelt einem Netz, an den Knotenpunkten mit Bossen zusammengeknüpft. Sie sind außerordentlich interessant und besonders schön über dem Altar, wo sie

254 Kathedrale von Gloucester. Blick vom Seitenschiff zum Transept; die durchbrochenen Steinwände erzeugen einen außergewöhnlichen Effekt von Tiefe und Transparenz

◁ 253 Kathedrale von Gloucester. Das Gewölbe über der Vierung mit dem Skelettbogen, der die Last der Hängerippen auf die Vierungspfeiler weiterleitet. Die runde Öffnung gestattete, Baumaterialien in den Turm darüber hinaufzuziehen

Die Ostwand erhielt das größte mittelalterliche Fenster Englands, beinahe 22 m hoch und über 11 m breit – breiter auch als der Chor. Die drei Teile des Fensters wurden zu einem flachen Bogen abgeschrägt, wodurch ihr Widerstand gegen den Winddruck wuchs, und die Wände des östlichsten Joches nach außen gebogen, so daß von weitem der Eindruck einer vollständigen Fensterwand entsteht, die sich über die vorspringenden Pfeiler hinaus ausdehnt. Das vorherrschend farblose Glas läßt eine Flut von Licht herein. Es trägt die Wappenschilder von Eduard III., dem Schwarzen Prinzen, und Mitgliedern des Hochadels, die an den französischen Feldzügen teilnahmen und sich ihre Sporen in dem Sieg von Crécy (1346) verdienten (Abb. 252). Das um 1350 vollendete Fenster muß als das erste in der langen Reihe von

einen musizierenden Engelchor bilden (Abb. 251). Das Gewölbe wurde nach Westen zu ohne Unterbrechung weitergezogen, so daß es die Vierung mit umfaßt und die beiden Raumelemente in wirksamer Weise zu einer Einheit zusammenschließt. Dazu mußte die Ostarkade, die die Turmfront stützte, entfernt und in größerer Höhe oberhalb des Gewölbes wieder aufgebaut werden; es wurde auch notwendig, die Last der gebündelten Hänge-

255 Die Kathedrale von Gloucester von Nordosten gesehen. Der Turm im späten 'Perpendicular Style' mit hohen Fialen und durchbrochener Balustrade. Die Marienkapelle, fast losgelöst vom Bau, läßt den Blick auf das Ostfenster frei ▷

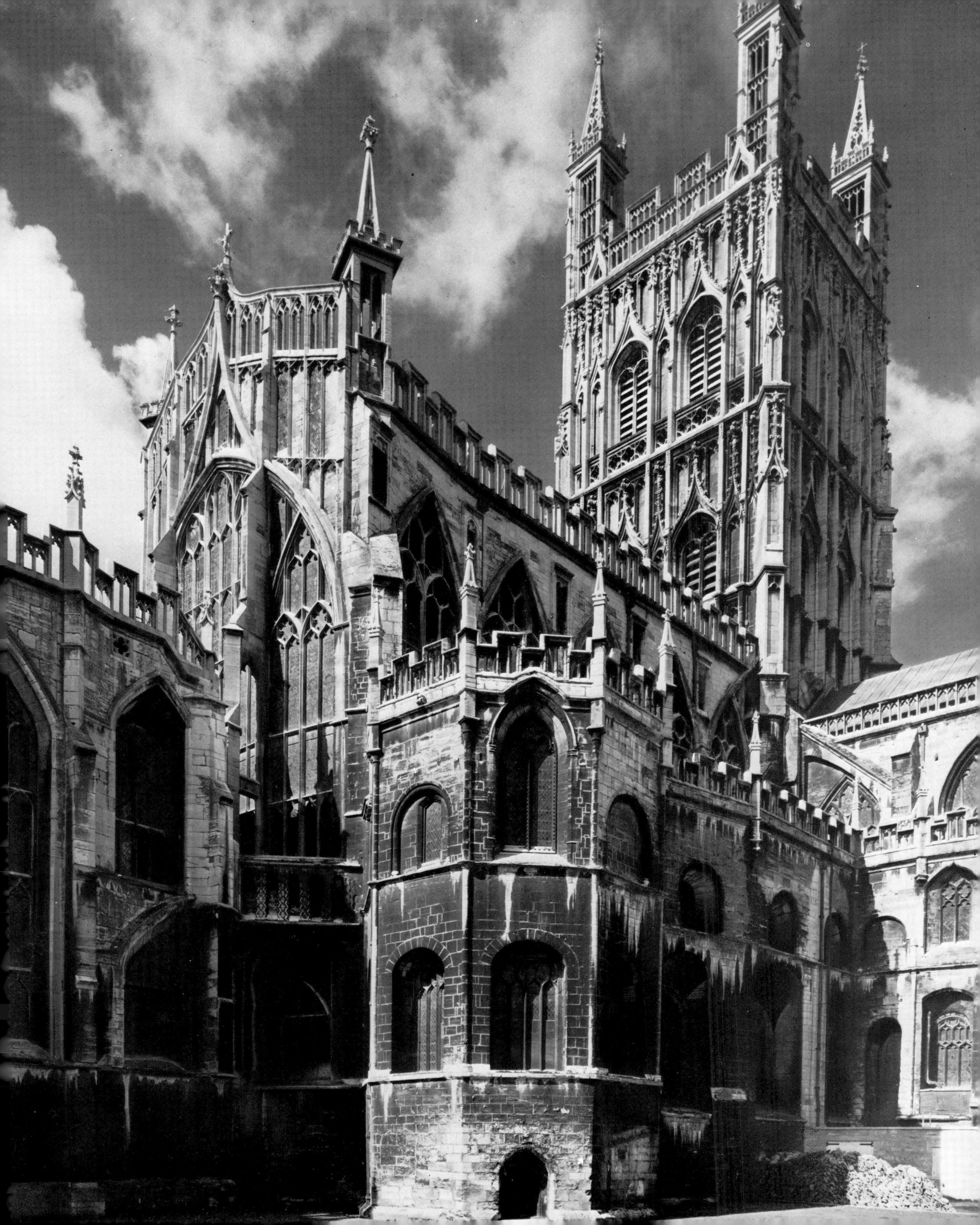

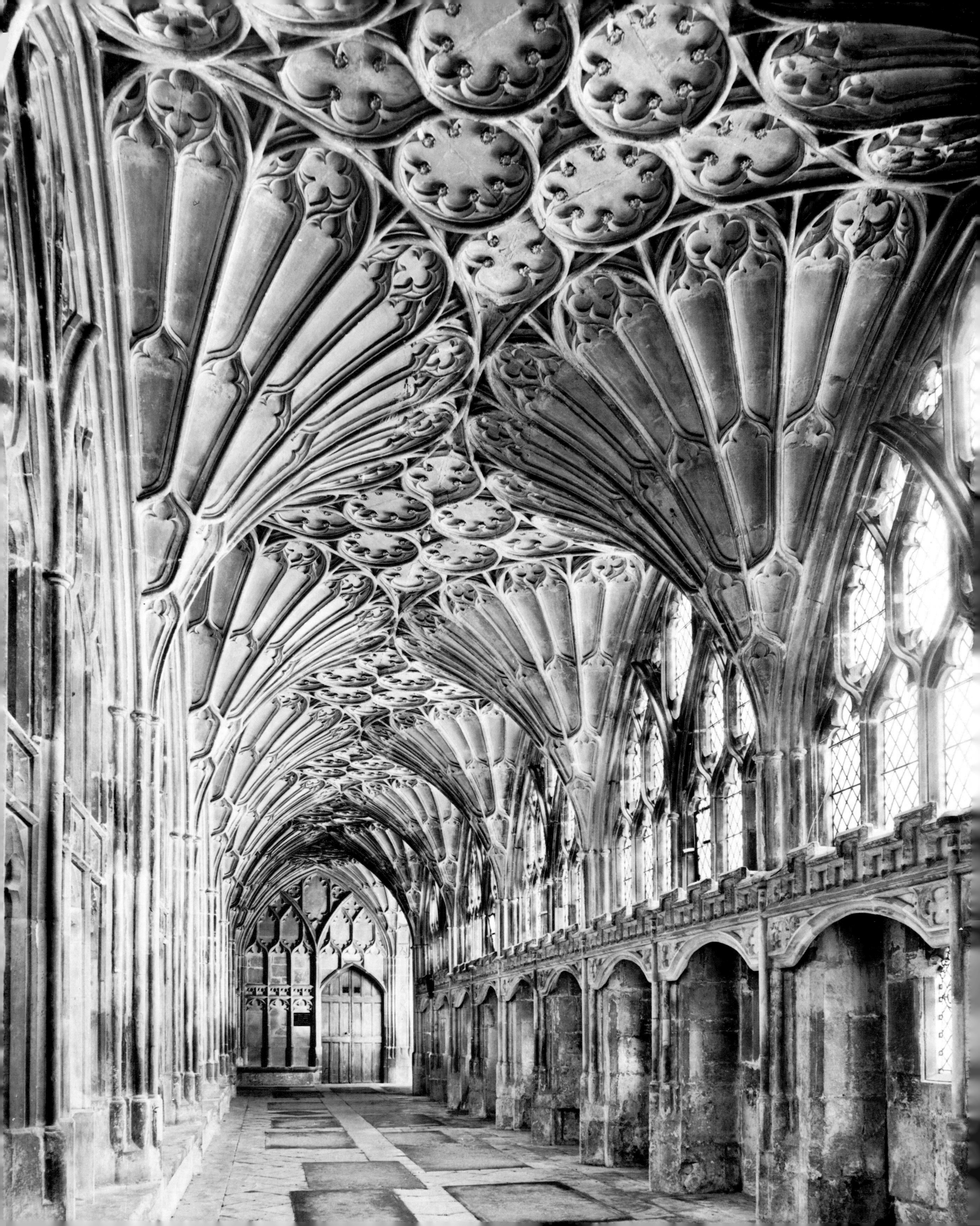

rippen über dem Querschiff auf die Querpfeiler zu verlegen, und zwar durch Strebebogen, deren starke Skelettform in der Linie der damals bei den westenglischen Baumeistern so beliebten funktionellen Bauweise liegt (Abb. 253). Dem Schub des Turmes selber, der zwischen 1450 und 1460 im späten 'Perpendicular Style' wieder aufgebaut wurde, hielten innere Strebebogen stand, die kühn über die Seitenschiffe hinwegspringen (Abb. 254).

Aus dieser späten Epoche stammt auch die neue Marienkapelle ganz im Osten der Kathedrale. Sie besitzt in Miniaturmaßen die Form des Chors[25], von dem sie durch eine niedrige Vorhalle abgetrennt wurde. Die Verbindung zwischen den normannischen Tribünengalerien über den Chorgängen wurde durch einen Brückengang aufrecht erhalten, der sog. 'Seufzergalerie', die in eine kleine Kapelle über der Vorhalle mündet; von ihr aus schaut man in die Marienkapelle hinunter. Der Bau ist fast freistehend errichtet und beeinträchtigt die Beleuchtung durch das große Ostfenster nicht (Abb. 255 u. 53, S. 65).

Ein Genueser Schiff, das 1347 aus dem Schwarzen Meer kommend in Messina vor Anker ging, brachte die furchtbarste aller Krankheiten nach Europa, die Beulenpest in ihrer bösartigsten Form. Damit beginnt eine neue Phase des mittelalterlichen Lebens. Die heitere Lebensbejahung des 13. Jahrhunderts war vorüber. In Kunst und Schrifttum wurde der 'Totentanz' ein beliebtes Thema; in der Plastik wandten sich die Künstler der Grabgestaltung zu. In früheren – wie auch späteren – Zeiten drückte ein Grabspruch wie »Hier liegt Staub, Asche – nichts!« die Vergänglichkeit der menschlichen Existenz hinreichend aus. Nicht so nach dem Schwarzen Tod! Nicht einmal das Skelett gab jetzt ein zutreffendes Bild vom Tode; die verwesende Leiche wurde nun in ihrer ganzen Abscheulichkeit dargestellt, oft im Kontrast zum gesunden Leib. Grabmäler bezeugen es: oben ruht der verstorbene Fürst oder Geistliche in prächtigen Gewändern, als schliefe er nur; unten, wie im Grab selber, liegt ein starrer, ausgemergelter Körper, nackt oder im Leichentuch, mit offenem Mund, leeren Augenhöhlen und verwesendem Fleisch, das von Würmern wimmelt (Abb. 257).

Vom frühen 14. Jahrhundert an waren in englischen Kirchen Grabmäler besonderer Art oft mit Weihekapellen verbunden[26]. In Form von Steinkäfigen umschlossen sie das Grab und einen Altar, an dem ständig Messen für die Seele des Stifters gelesen werden konnten; die Kosten waren durch die großzügige Stiftung finanziert. In der Reformationszeit waren die Kirchen voll solcher Weihekapellen; nur ein Teil von ihnen überstand die Wut der Bilderstürmer und den Eifer der Restaurateure. Ein Beispiel sieht man links auf der Abbildung 254.

Früher führte man das Entstehen des 'Perpendicular Style' auf den Einfluß der Pest zurück. In Wahrheit gab es den Stil schon vor Ausbreitung der Seuche in Europa. Seine vereinfachten Formen gegenüber dem 'Decorated Style', die Wiederholung von Einzelheiten, die eine Massenproduktion erlaubte, und die Vorliebe fürs Umgestalten schon vorhandener Bauten kamen freilich der Zeit, in der sich ein Mangel an qualifizierten Arbeitskräften bemerkbar machte, entgegen.

Mit dem wunderbaren Chor und seinem großen Ostfenster wetteifern die großartigen Fächergewölbe des Kreuzganges (Abb. 256). Das Fächergewölbe ist für England charakteristisch; es entwickelte sich logisch aus den Gewölbeformen in polygona-

◁ 256 Der südliche Kreuzgang der Kathedrale von Gloucester mit dem großartigen Fächergewölbe diente als Scriptorium. Jeder Mönch hatte eine eigene Studierzelle

257 Kathedrale von Lincoln. Charakteristisch für die Denkweise zur Zeit der Pestepidemien ist das Grabmal des Bischofs Fleming († 1431)

len Stiftshäusern, wie es sie nur in England gibt. Das Gewölbe, das von dem Mittelpfeiler im Stiftshaus von Wells ausgeht, erzeugt eine trichterartige Kegelform, die mit dem Fächergewölbe verwandt ist (Abb. 223). Die Rippen zeigen im Grunde dieselbe Bogenlinie und wären gleich, wenn die Scheitelrippe rund wäre. Diese Form gab es in dem zerstörten Stiftshaus der Kathedrale von Hereford aus der Zeit zwischen 1360 und 1370: es könnte das erste wirkliche Fächergewölbe gewesen sein. Nach demselben Prinzip wurde 1370 der durchlaufende, aus quadratischen Jochen bestehende Kreuzgang[27] gebaut.

Deutschland und Österreich

Die Mitte des 13. Jahrhunderts bezeichnet einen entscheidenden Wendepunkt der deutschen Geschichte auf politischem und künstlerischem Gebiet. Mit dem Ende der Hohenstaufen-Dynastie trat 1254 ein Niedergang der kaiserlichen Macht ein und führte zu einer Beschleunigung des Prozesses, der das Land in eine Reihe von mehr oder weniger unabhängigen Staaten zersplitterte. Zu gleicher Zeit trat der gotische Stil an die Stelle des romanischen, der so innig mit den kaiserlichen Bestrebungen der Hohenstaufen verknüpft gewesen war.

Die Elisabethkirche in Marburg ist der erste wirklich gotische Sakralbau in Deutschland (begonnen 1235); gleich darauf entstand die ebenso bedeutende Liebfrauenkirche in Trier, und 1248 die epochemachende neue Kathedrale von Köln. Während der gotische Stil sich in England aus einer Wechselwirkung von französischen Einflüssen und einheimischen Traditionen entwickelt hatte, die ihre eigenen gotischen Entwicklungsmöglichkeiten besaßen, kam der neue Stil aus Frankreich nach Deutschland in voll entwickelter Form, und es verging einige Zeit, bevor der deutsche Geist sich seiner bemächtigte und eine spezifisch deutsche Gotik schuf.

Der bedeutendste deutsche Beitrag zur Entwicklung der gotischen Architektur war die Hallenkirche mit Hauptschiff und Nebenschiffen von gleicher oder nahezu gleicher Höhe. Als Weiterentwicklung des 'Bethauses' der Bettelorden, die im religiösen Leben Deutschlands eine große Rolle spielten, erreichte sie eine eigene und stark ausgeprägte Einheitlichkeit des Innenraumes. Sie führte schließlich zu den Pfarr- und Wallfahrtskirchen der Spätgotik. Charakteristisch ist das monumentale Dach, das Hauptschiff und Mittelschiffe bedeckt und schräg genug ist, um Schneemassen abgleiten zu lassen. Der Stephansdom in Wien ist ein klassisches Beispiel für diesen Bautyp.

Die deutschen Baumeister bewiesen eine ausgesprochene Vorliebe für einen einzigen Westturm. In Straßburg kam das bei einer doppeltürmigen Fassade im klassischen französischen Stil zum Ausdruck, in Freiburg im Breisgau und in Ulm war der einzige Mittelturm aber von Anfang an beabsichtigt. Der Architekt vergeudete seine ganze Liebe an diesen einen Turm, der gewaltig in die Höhe wuchs und die ganze Komposition beherrschte. Oft gipfelte er in einem durchbrochenen Turmhelm, einem der bedeutendsten Beiträge deutscher Baukunst zum Arsenal der gotischen Formen.

Das ritterliche Ideal der Selbstbeherrschung, das in der klassischen gotischen Bildhauerei Frankreichs zu so vollendetem Maßgefühl geführt hatte und das in Straßburg so wirksam mit der eher 'expressionistischen' deutschen Ausdrucksweise verschmolzen war, wich in Deutschland bald der Neigung zu übersteigertem Realismus und dem starken Gefühlsausdruck der Pietà- und Kreuzigungsgruppen in der Spätgotik. Die Endphase dieser 'Sondergotik' zeichnet sich durch eine Ornamentik von schwelgerischer Formenpracht und Kompliziertheit aus, mit einer technischen Fertigkeit ausgeführt, die nicht ihresgleichen hat.

Köln

Die hohe Achtung, die im Mittelalter der Kölner Dom genoß, beruhte vor allem auf der außergewöhnlichen Sammlung von Reliquien, die er beherbergte, insbesondere denen der Drei Könige. Von der hl. Helena, der Mutter Konstantins, entdeckt, kamen diese Reliquien im 6. Jahrhundert nach Mailand, von wo aus Friedrich Barbarossa sie nach der Eroberung der Stadt 1164 nach Köln überführte. Den großartigen Schrein, im Glanz seines Goldes und seiner Edelsteine eines der berühmtesten Beispiele romanischer Goldschmiedekunst, schuf Nikolaus von Verdun von 1181 an.

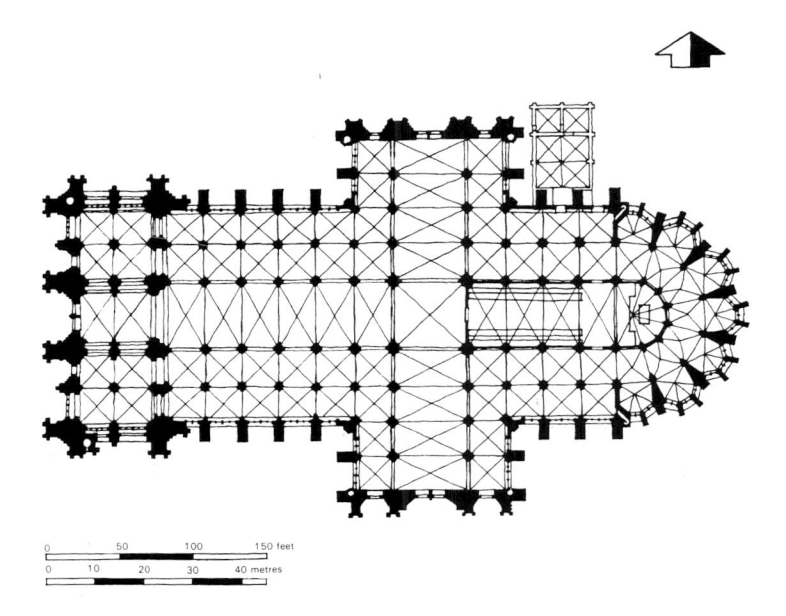

Fig. 18 Grundriß des Kölner Domes

226 Deutschland: Köln

Die Verehrung der Heiligen Drei Könige (und daher auch ihrer Reliquien) hatte religiöse und politische Hintergründe. Sie bedeutete eine bedingungslose Anerkennung der Lehnpflicht der Herrscher des Erdkreises dem höchsten König-Kaiser Christus gegenüber; die Entgegennahme ihrer Geschenke wurde andererseits als eine Anerkennung der weltlichen Herrscher ausgelegt. Daher gingen die deutschen Kaiser nach ihrer Krönung in Aachen nach Köln, um am Schrein der Drei Könige zu opfern und damit gleichsam die göttliche Bestätigung ihres Herrscherrechts zu empfangen. Die Kirche gewährte das, betonte aber, daß die weltliche Macht der Kirche unterworfen sei, die in Köln in der Gestalt des Erzbischofs die weltliche und die geistliche Macht innehatte. Das prächtige vergoldete Schwert mit Scheide, das der Erzbischof als weltlicher Herrscher trug und das heute noch im Domschatz ist (Abb. 259), macht das deutlich.

259 Schwert des Erzbischofs von Köln. Köln, Domschatz

260 Kölner Dom. Die Gewölbe, innen 43,5 m hoch bis zum Schlußstein, sind die höchsten, die je gebaut wurden

Auf dem Platz des dem Mercurius Augustus geweihten römischen Tempels standen nacheinander verschiedene christliche Heiligtümer, bis sich 1247 das Kapitel unter dem Episkopat von Konrad von Hochstaden entschloß, die fünfschiffige karolingische Basilika mit ihrem großen Atrium abzureißen und eine Kathedrale im gotischen Stil zu bauen.[1] Ein Meister Gerhard wird in den Archiven als der 'iniciator' bezeichnet. Der Bau, 1248 begonnen, war in Nachfolge französischer Vorbilder, namentlich Amiens[2], damals im Bau, der erste deutsche Dom, der das ganze Arsenal hochgotischer Elemente, das perfektionierte Strebesystem eingeschlossen, vorbehaltlos übernahm. Anfangs wurden schnelle Fortschritte erzielt. Die formelle Einweihung des Chors fand 1322 statt; eine Wand trennte ihn von dem übrigen Gebäude, in dem die Bauarbeiten am Hauptschiff und an den Querschiffen im Gange waren. Mitte des 14. Jahrhunderts begann man den Bau der Westfassade unter der Leitung von Baumeister Michael aus der berühmten Baumeisterfamilie Parler. Achtzig Jahre später (1437) war der Südturm mit dem ganzen Baudekor bis zur Höhe des Glockenstuhls vollendet. Der gewaltige Kran zum Hochziehen des Baumaterials bildete zwischen dem 15. und frühen 19. Jahrhundert in jeder Stadtansicht das Wahrzeichen Kölns (Abb. 261). Obwohl die Stadt mit wirtschaftlichen Schwierigkeiten zu kämpfen hatte, gingen die Bauarbeiten über hundert Jahre mit Unterbrechungen weiter. 1560 wurden sie eingestellt, die Säulen des Mittelschiffs waren nur bis zur Höhe der Kapitelle fertig und von den Pfeilern des Nordturms ragten nur Stümpfe aus dem Boden.

Während der Französischen Revolution wurde der Dom geplündert und als Heuscheune benutzt. Als er 1803 dem Erzbistum von Aachen unterstellt wurde, bedeutete dies eine Degradierung des gigantischen Torsos zur Pfarrkirche. Zwanzig Jahre später wurde Köln wieder Erzbistum. Die Neugotik weckte neues Interesse am Dom. Er sollte nach den ursprünglichen Plänen, die unter romantischen Umständen entdeckt worden waren, vollendet werden[3]. Man sicherte sich Goethes Hilfe, und die deutsche Übersetzung von Pugins Schrift ›Die wahren Prinzipien der spitzbogigen oder christlichen Architektur‹, die aus religiösen wie stilistischen Gründen den gotischen Stil als maßgeblich für christliche Kirchen erklärte, wurde weit verbreitet und übte großen Einfluß aus. Der König von Preußen, dem das Gebiet nach Napoleons Niederlage zufiel, begann sich dafür zu interessieren, und 1842 wurde der erste Stein des Neubaus gelegt. Die 'provisorische' Wand, die 541 Jahre lang den Chor vom Schiff getrennt hatte, wurde 1836 abgerissen. 1880 konnte die Vollendung des Doms feierlich begangen werden.

Der 144 m lange Kölner Dom, der eine Fläche von 28 666 qm einnimmt, ist die größte gotische Kathedrale nach Mailand und Sevilla. Der interessanteste und schönste Teil ist der mittelalterliche Chor: eine Variante des in Amiens angeschlagenen Themas, das Verhältnis von Stein zu Glas noch stärker zugunsten des Glases entschieden, die Vertikale noch stärker betont, die Ausmaße riesenhaft. Das Mittelschiff ist 15,5 m breit, die Gewölbe, 43,5 m bis zum Schlußstein, sind die höchsten, die je gebaut wurden (Abb. 260), wenn man die später eingestürzten Gewölbe von Beauvais außer acht läßt (s. S. 136). Der Anblick von Osten auf die gewaltige Masse des Chorhauptes mit seinem siebenteiligen Kapellenkranz ist unvergeßlich. Aus der Nähe betrachtet, tritt der Dom mit seiner perfektionierten Bauplastik hinter das Meisterwerk von Amiens zurück.

Das Innere, besonders des hohen Chors, ist bedeutungsvoll, da hier zum großen Teil noch die ursprüngliche Ausstattung vorhanden ist, die Petrarca so beeindruckte, als er Köln 1333 besuchte. Die Kirchenfenster sind zwar weitgehend restauriert, aber schön in ihrer Wirkung; das Mittelfenster in der Apsis zeigt, wie der Ort es gebot, die *Heiligen Drei Könige*. Auf den Kragsteinen an den Pfeilern die *zwölf Apostelfiguren* sind vielleicht etwas zu elegant; sehr schön *Christus* und *Maria*. Die Vertikale wird

261 Detail aus dem Holzschnitt von Anton Woensam von Worms (1531 datiert). Blick auf Köln mit dem vollendeten Chor des Doms und dem Kran auf der Spitze des unvollendeten Westturms

TEMPLV S. PETRI ET
S. TRIVM REGVM.

S. GEREON

AD PREDKATORES

AD MARIE GRADVS

T. MAXI.

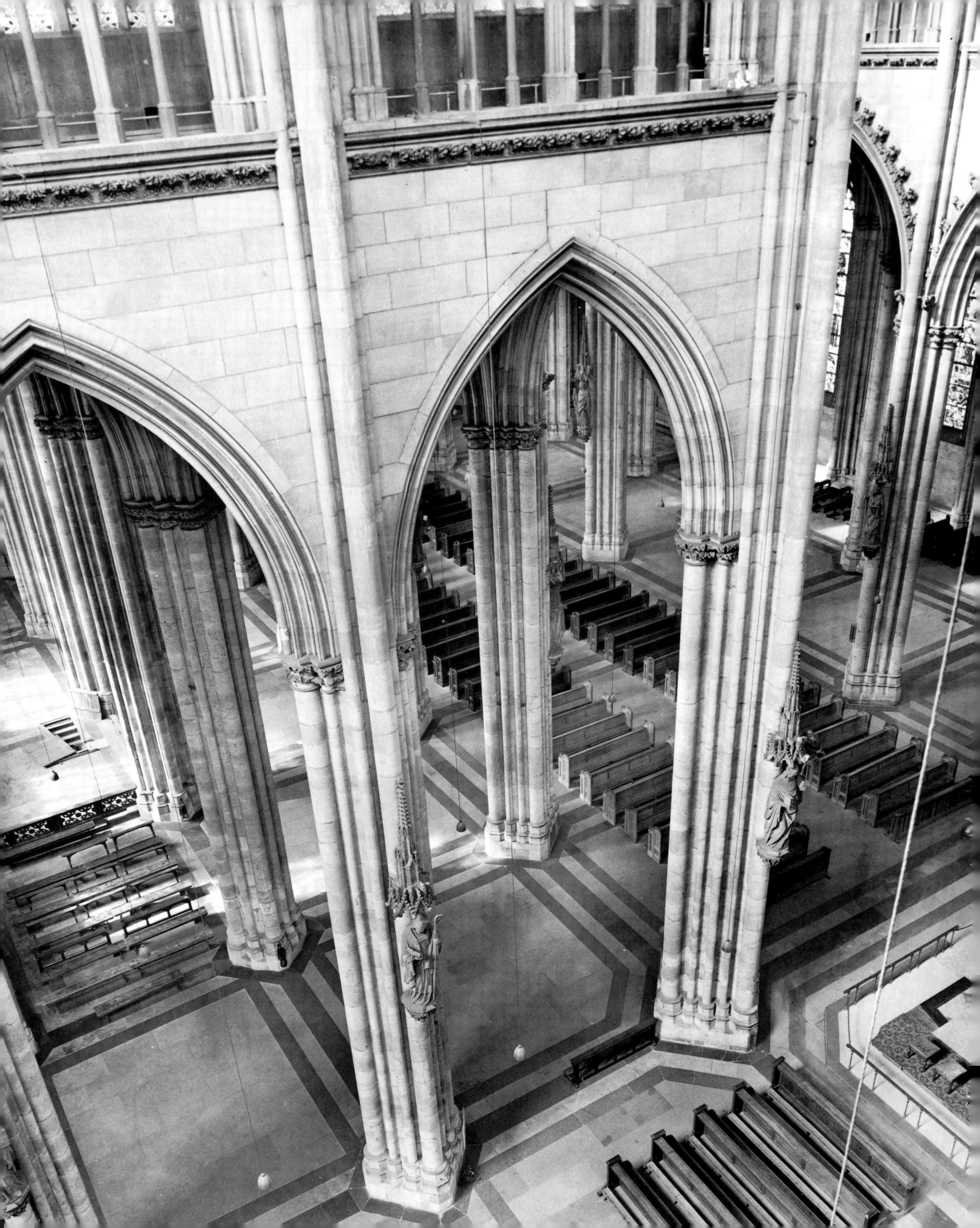

noch durch große, von musizierenden Engeln gekrönte Baldachine betont. Hinter dem Hochaltar steht der unvergleichlich schöne *Dreikönigenschrein*. Sein schimmernder Glanz harmoniert wunderbar mit der originalen Altarfront, deren weißmarmorne Blendarkaden und Skulpturen sich von dem schwarzen Marmor des Hintergrundes abheben (Abb. 265).

Das schöne Chorgestühl stammt aus der Zeit um 1320 und bildet mit seinen 104 Stühlen die größte Gruppe mittelalterlicher Chorstühle, die es in Deutschland gibt. Zu dem feinen Schnitzwerk der Stühle kommen insbesondere die Fresken auf der Steinwand, die den Altarplatz von den Chorgängen oberhalb der Stühle trennen. In der architektonischen Umrahmung gemalter Goldbaldachine heben sich die Szenen, abwechselnd rot und blau, von einem stilisierten Hintergrund ab (Abb. 275 u. 263).

Der großartig dekorative Effekt gemahnt an mittelalterliche Stoffe[4]. Die Malereien waren jahrhundertelang, da sie dem Zeitgeschmack nicht entsprachen, abgedeckt und sind daher in ausgezeichnetem Zustand. Trotz der Restaurierung im 19. Jahrhundert und der Bombenschäden aus dem Zweiten Weltkrieg sind sie ein schönes Beispiel für den eleganten linearen Stil der Kölner Schule im 14. Jahrhundert.

Die Chorkapellen sind reich an Schätzen, darunter das herrliche große *Gero-Kreuz*. Unter ihren schönen Grabdenkmälern ragt das *Grabmal des Erzbischofs Konrad von Hochstaden* hervor, des Stifters der gegenwärtigen Kathedrale. Er ist nicht als Greis, sondern in dem idealen Mannesalter von dreiunddreißig Jahren

◁ 262 Kölner Dom. Blick vom Triforium auf die Pfeiler des Schiffs mit den doppelten Seitenschiffen

263 Kölner Dom. Malerei an der Chorschranke (14. Jh.) (unten)

264 Detail vom Giebel des Petrusportals an der Westfront des Kölner ▷ Doms, im Mittelalter vollendet

265 Detail vom Hochaltar des Kölner Doms aus der Zeit der Einweihung des Chors (1322). Man vergleiche die hochgotische Darstellung der *Marienkrönung* mit derjenigen in Laon (Abb. 102, S. 106)

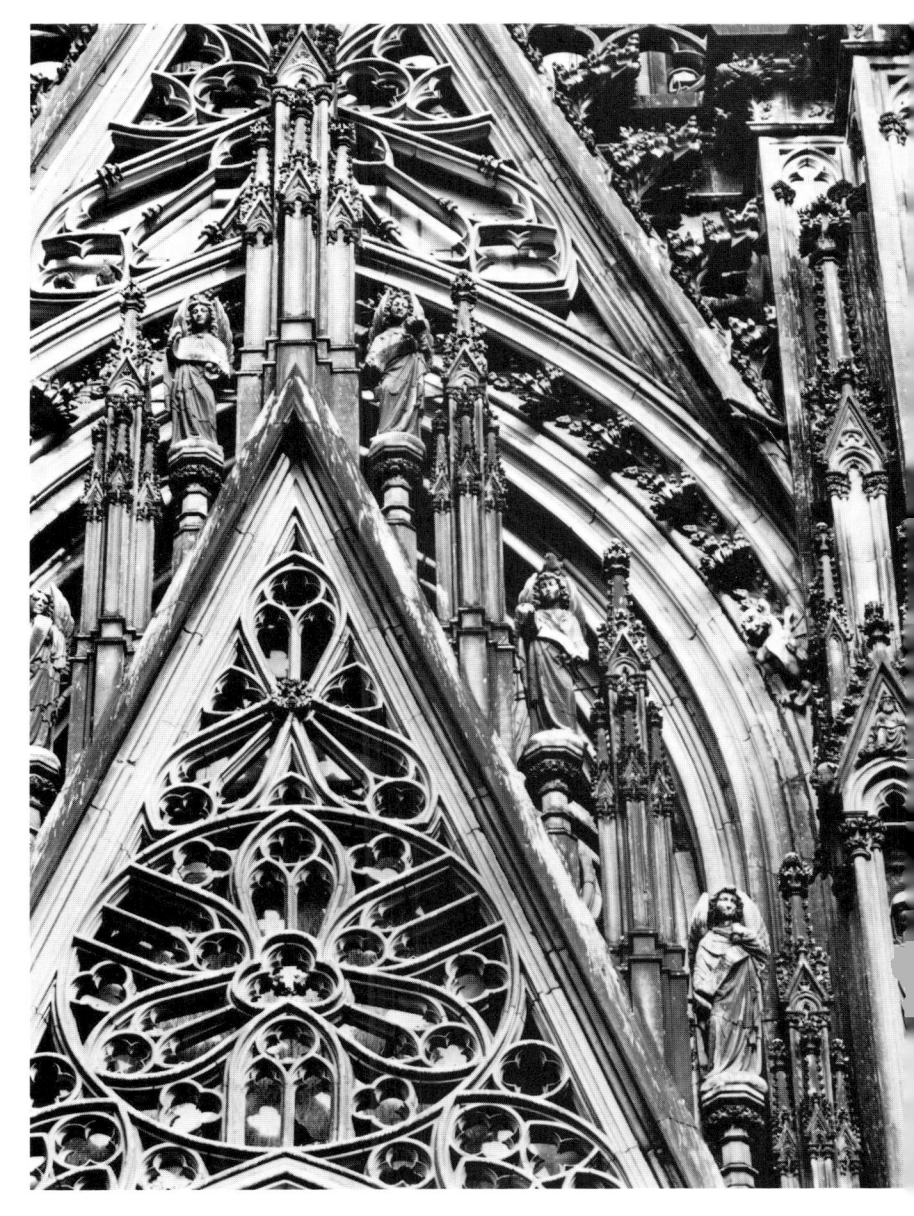

266/267 Vergoldete Silbermonstranz aus der Zeit um 1400. Köln, Domschatz

Die mittelmäßige Architektur der Westfront (Abb. 57) hat ihre Ursache nicht so sehr darin, daß sie größtenteils aus dem 19. Jahrhundert stammt, sondern in Mängeln des ursprünglichen Bauplans. Der schmale Raum zwischen den beiden 157 m hohen Türmen ist wenig erfreulich. Die horizontale Gliederung der unteren Turmgeschosse, die sich logisch aus den doppelten Seitenschiffen ergibt, wirkt im zweiten Geschoß auch reizvoll, führt aber unten zu einer Nebeneinanderstellung von ganz unvereinbaren Elementen: dem Seitenportal und einem Fenster von solcher Höhe, daß es das Hauptportal fast erdrückt. Auch die Masse der Türme, die sich nach oben verjüngen, wirkt durch schwache formlose Mauerrücksprünge wie geschnitzt; die kräftigen horizontalen Akzente des französischen Wasserspeiers fehlen. Es wäre für diesen Dom mehr als für alle anderen vorteilhaft gewesen, wenn wie in Straßburg nur eine der beiden Turmspitzen vollendet worden wäre, doch die Patrioten des 19. Jahrhunderts, für die die Vollendung der Kathedrale ein Symbol der deutschen Einheit war, hätten es nie bei solchem 'Stückwerk' bewenden lassen.

Diesen Einschränkungen zum Trotz muß gesagt werden, daß die Westfassade schon durch ihre Größe ehrfurchtgebietend ist und daß die Doppeltürme, wenn man sie von weitem erblickt, wie sie im Morgennebel in der Luft zu schweben scheinen, eine starke Wirkung entfalten.

dargestellt. Jacob Burkhardt verglich sein Bildnis mit einem griechischen Apoll (Abb. 268).

Dem monumentalen Charakter des Innenraums entspricht die überlebensgroße, polychrome Statue des *St. Christophorus* (um 1470). Von seinem hohen Pfeiler blickt er zu dem alten Eingang des unvollendeten Doms hinüber (Abb. 269). Nach dem herrschenden Glauben sollte jeder erlöst sein, der wahrhaft reumütig den Dom betretend dem milden Blick des Riesen begegnete. Der Domschatz ist wegen seiner mittelalterlichen Sammlung von Handschriften und Kunstwerken berühmt, enthält aber auch bedeutende Werke der Gotik, besonders eine herrliche Monstranz aus der Zeit um 1400 (Abb. 266 u. 267). Sie besteht aus vergoldetem Silber; der Abendmahlkelch wird von zwei Bergkristallplatten umschlossen; die Figuren der Madonna mit Kind und musizierenden Engeln darüber stehen innerhalb einer komplizierten Architektur, mit Strebebogen, Fialen und fein ziselierten Dachrinnen. Der schöne Bischofsstab, wahrscheinlich Kölner Handwerk aus der Mitte des 14. Jahrhunderts, ist mit durchscheinendem Emaille eingelegt (Abb. 115).

268 Chorkapelle des Kölner Doms. Detail vom Grabmal Erzbischofs Konrad ▷ von Hochstaden († 1261). Der Erzbischof ist im Alter von 33 Jahren dargestellt, in dem die Toten nach mittelalterlichem Glauben auferstanden

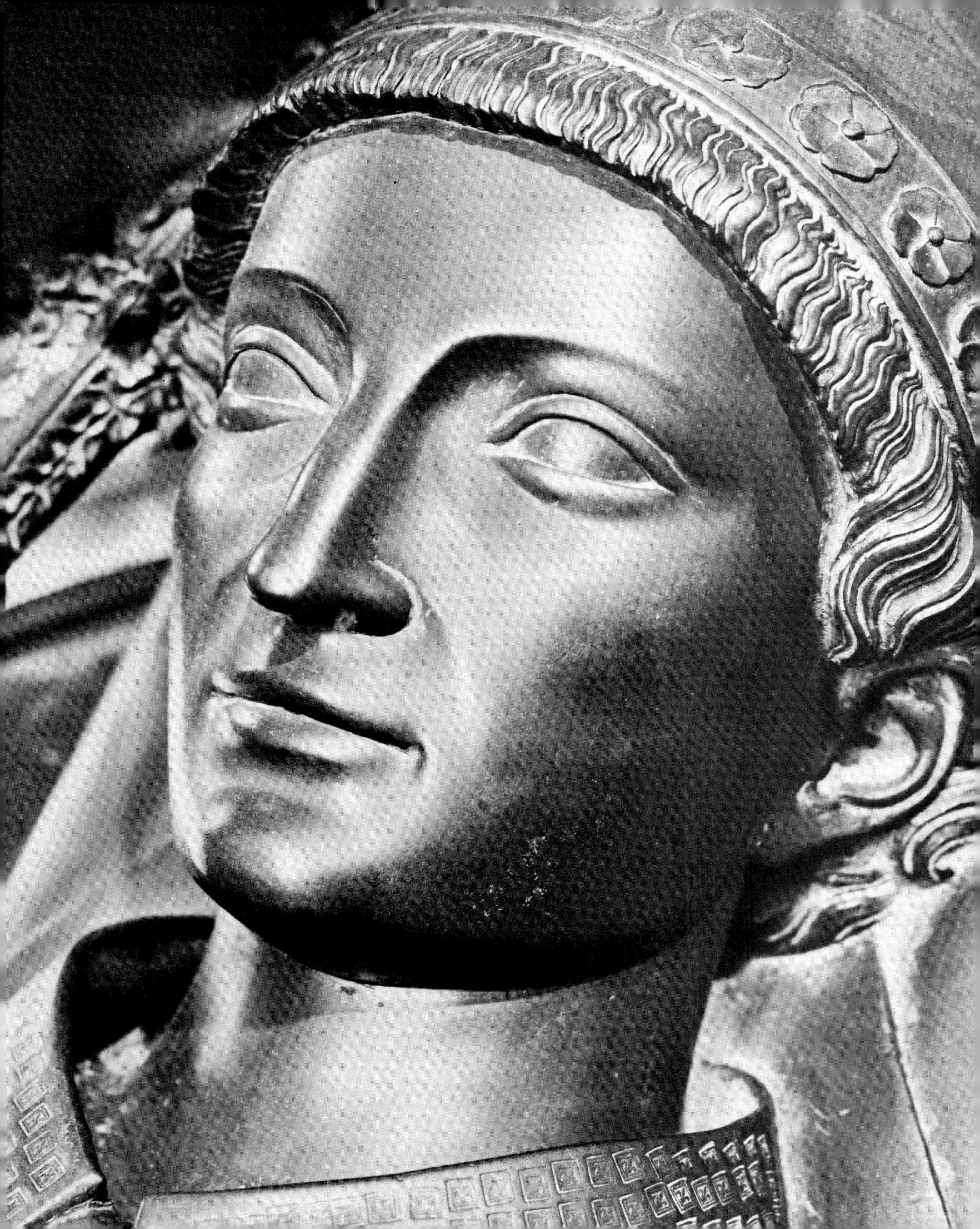

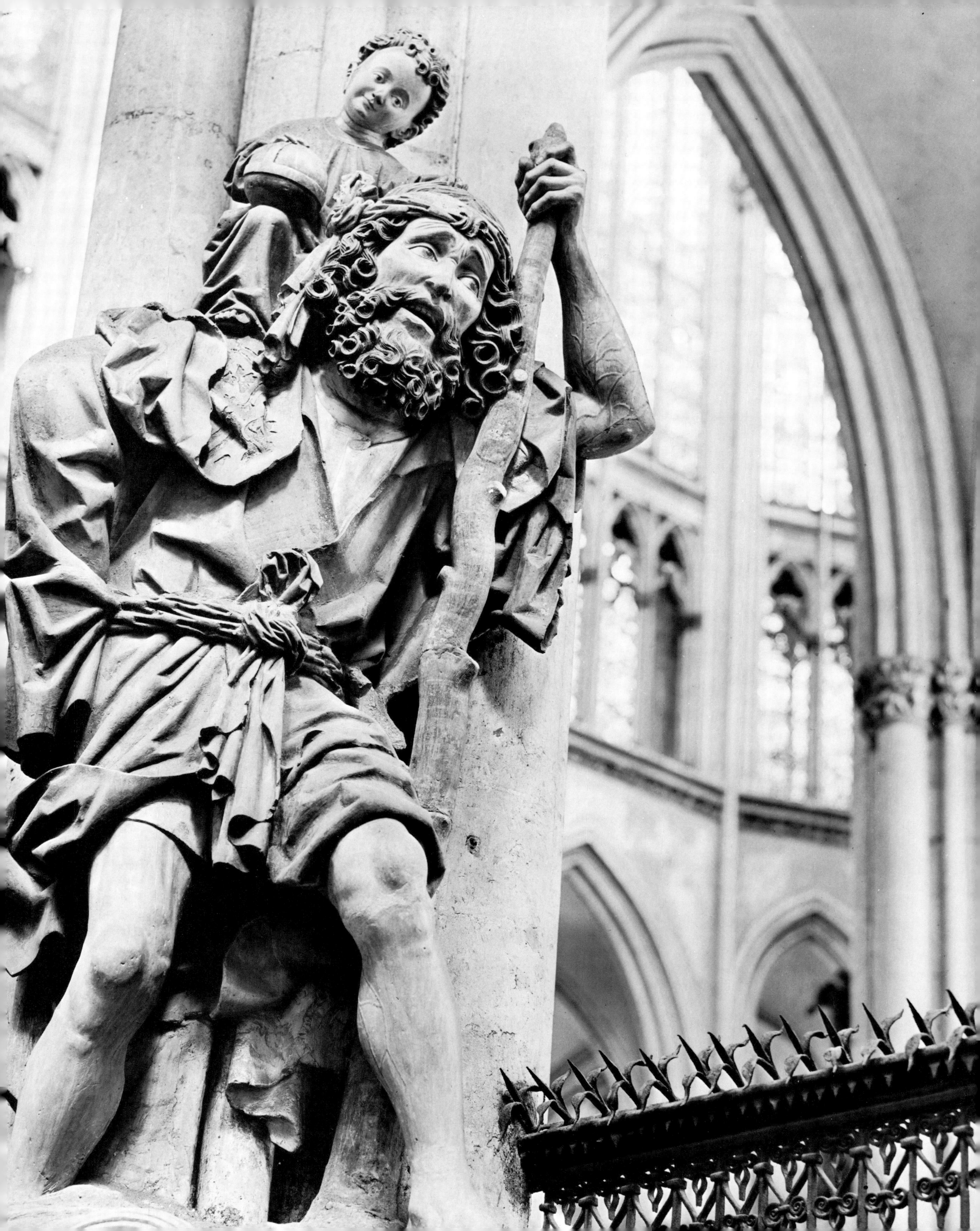

Freiburg

Das rosarote Münster in Freiburg im Breisgau vereint die Größe einer Kathedrale mit der Innigkeit einer Pfarrkirche.

Um 1200 entschloß man sich zum Umbau der alten Pfarrkirche, in der der hl. Bernhard die Gläubigen so leidenschaftlich zur Teilnahme an den Kreuzzügen aufgerufen hatte. Die Arbeit an dem ehrgeizigen Projekt ging langsam voran. Nur eine einfache polygonale, von Kapellen flankierte[5] und von den unteren Geschossen der Chortürme überragte Apsis, die Vierung und der quadratische Arm des Querschiffs waren vollendet, als der Bau 1218 infolge des Todes des letzten Herzogs von Zähringen,

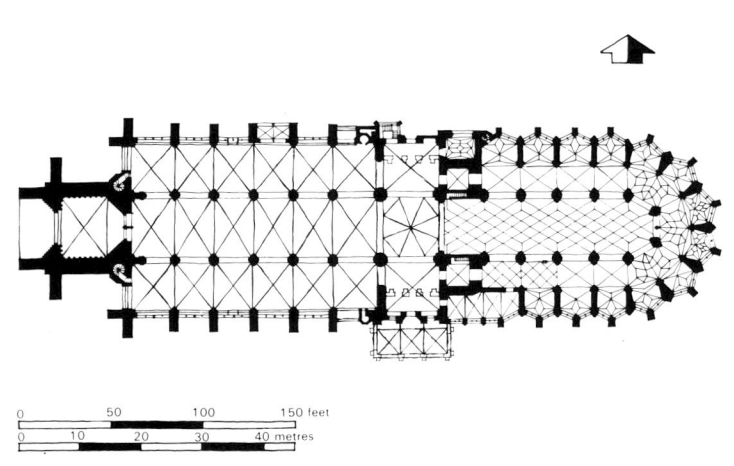

Fig. 19 Grundriß des Freiburger Münsters

270 Freiburger Münster. Inneres mit Votiv-Madonna aus der Zeit um 1500

Berthold V. und des darauf einsetzenden Erbfolgestreits unterbrochen wurde. Erst um 1250 standen wieder hinreichende Mittel zur Verfügung. In der Zwischenzeit hatte der gotische Stil im oberen Rheinland Eingang gefunden. Als die Bauarbeiten wieder aufgenommen wurden, folgte der Entwurf des Langhauses dem Vorbild des Straßburger Münsters[6]. Kurz vor der Vollendung des Mittelschiffs begann man mit dem Bau des Westturms, heute der Stolz des Münsters. Meister Gerhart schuf den Entwurf bis zur Höhe der Turmuhr; unten die tiefe Vorhalle, die gelegentlich auch als Gerichtssaal diente; darüber die Michael-Kapelle, die in den oberen Teil des Mittelschiffs mündete und von außen durch ein einziges großes Fenster markiert war; oben die Glockenstube, die ursprünglich offengelassen wurde. Das war von dem Turm (Baubeginn 1275) um 1301 fertig. Erst zehn Jahre später wurde die Arbeit wieder aufgenommen, unter Leitung des Baumeisters 'Heinrich der Leiter'[7]. Weiter weiß man von ihm nichts, wie bei manch anderen Schöpfern größter Meisterwerke. Er bezog die Glockenstube in die untere Hälfte eines großen Oktogons ein; der visuelle Übergang vom Quadrat zum Achteck gelang ihm mittels großer Stützfialen an den Diagonalen auf äußerst subtile Weise. Der obere Teil des Oktogons bildet einen luftigen Raum mit Maßwerköffnungen; die Giebel darüber maskieren schön die Basis der oktogonalen Pyramide (Abb. 271). Die Innenansicht ist noch spektakulärer. Steigt man von der bedrückend engen Glockenstube mit ihren riesigen Schwarzwaldbalken die schmale Wendeltreppe hinan, gelangt man in einen großartigen Steinkäfig, von wo sich dem aufwärts gerichteten Blick ein Gebilde filigranhafter Leichtigkeit und Feinheit bietet (Abb. 272).

Kein Kunsthistoriker konnte sich dem begeisternden Eindruck dieses Turms entziehen. Georg Dehio nannte ihn die kühnste Unabhängigkeitserklärung eines Kunstwerks von der Zweckmäßigkeit; wirklich scheinen die entmaterialisierten Flächen der Turmspitze, die vor Regen oder Schnee nicht schützt, eine rein symbolische Kunstform zu proklamieren. Während die Turmspitzen in Köln, Ulm und Regensburg aus dem 19. Jahrhundert stammen, ist die durchbrochene in Freiburg ein typisch deutsches Beispiel aus dem Mittelalter und gehört zu den einzigartigen Schöpfungen der Gotik. In Deutschland gilt er als 'der schönste Turm der Welt', was sich freilich (wozu ich neige), auch vom Südturm in Chartres sagen ließe oder auch von Salisbury.

Die Vorhalle unter dem Westturm birgt einen Schatz an Bildwerken des späten 13. Jahrhunderts, eine der umfassendsten und reichhaltigsten Ikonographien in Deutschland. Wir finden hier die Personifizierungen der *Sieben Freien Künste* (Abb. 274 u. 25) und eine Variante des 'Versuchers' von Straßburg. '*Der Fürst dieser Welt*', auch hier elegant gekleidet, während sein Rücken von Kröten zerfressen wird, reicht seine Blumen einer neben ihm stehenden reizenden Frau, die nur ein ihr lose über die Schulter hängendes Ziegenfell trägt und '*Die Lust der Welt*' symbolisiert.

◁ 269 Die riesige Figur des *St. Christophorus* im Kölner Dom, mit dem Blick auf den alten Eingang der Kathedrale

271 Umseitig: Der großartige durchbrochene Turmhelm des Freiburger Münsters ▷

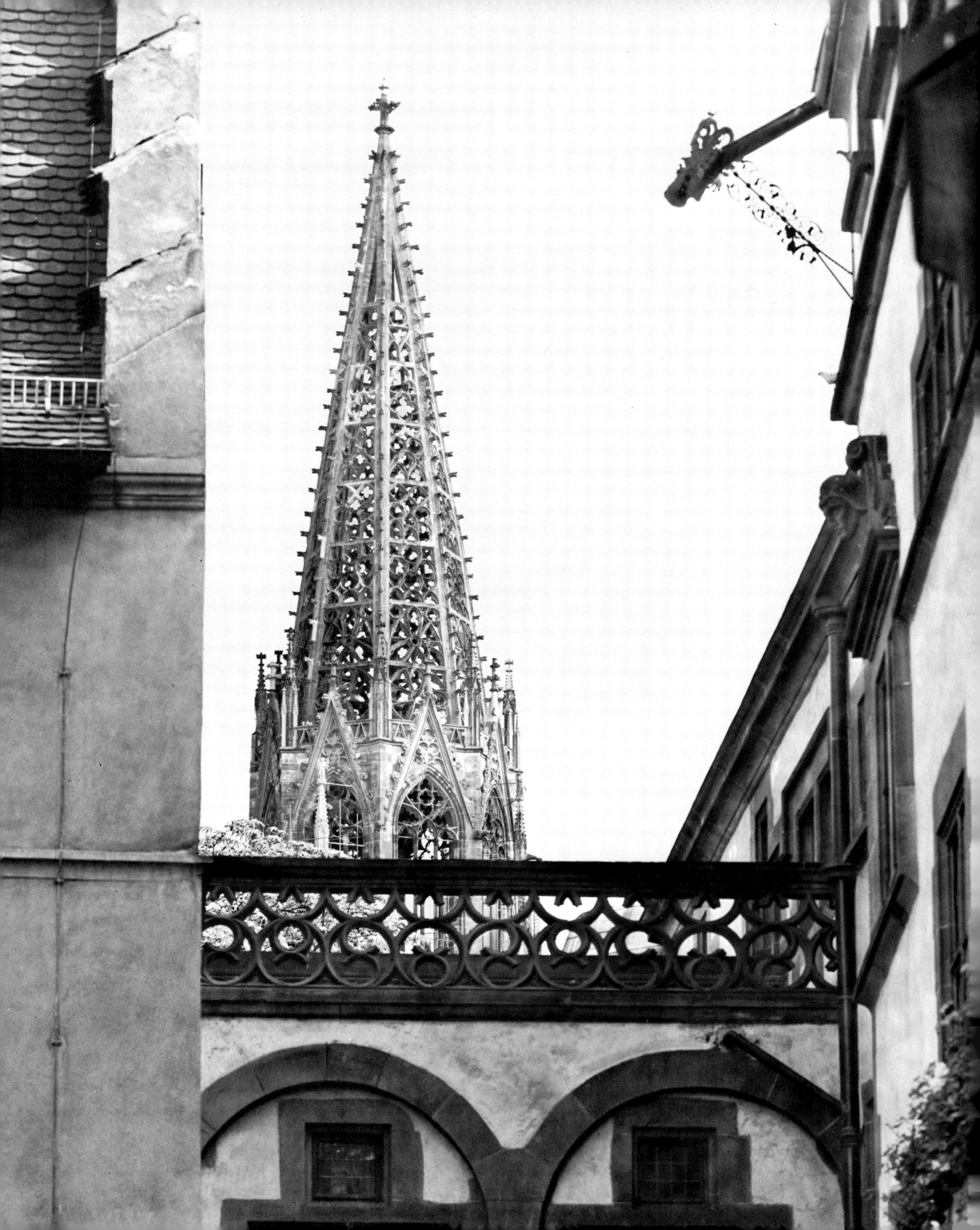

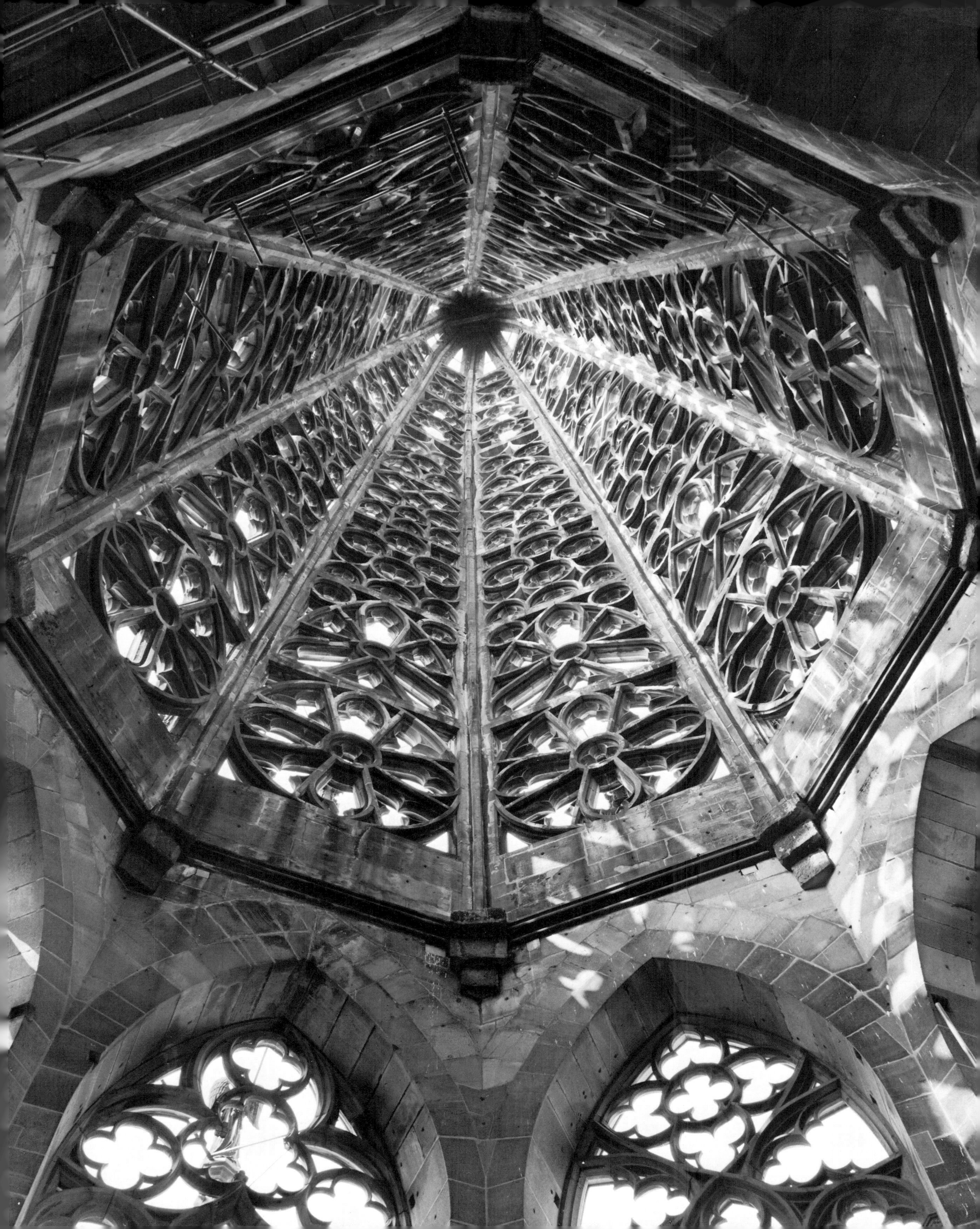

236 Deutschland: Freiburg

Beide bemerken nicht in ihrer Nähe den Engel mit dem Spruchband, auf dem die Worte '*Ne intretis*' stehen.

Um die Mitte des 14. Jahrhunderts wurden weitere Geschosse der romanischen Chortürme gebaut, auch sie mit durchbrochenen Turmspitzen, passend zu dem kürzlich vollendeten Westturm und mit vergoldeten Wetterfahnen gekrönt (daher 'Hah-

273 Freiburger Münster. Blick in den Chor

274 *Die Artes liberales* vom westlichen Portikus des Freiburger Münsters. Von links nach rechts: Grammatik, Rhetorik und Arithmetik (vgl. Abb. 25)

nentürme'). Zu gleicher Zeit entschloß man sich, den Chor umzubauen, und berief 1359 Johann Parler zum Baumeister auf Lebenszeit. Vom Mittelschiff mit seinem bescheidenen Lichtgaden und der dunklen romanischen Vierung aus gesehen, erscheint der aufwärts strebende, von Licht durchflutete spätgotische Chor als das geeignete Ziel für die Wallfahrt gen Osten – dem Licht entgegen (Abb. 273).

Eine der gelungensten Schöpfungen der deutschen Spätgotik, bezeichnet der Chor einen bedeutenden Meilenstein auf dem

◁ 272 S. 235: Blick in den durchbrochenen Turmhelm des Freiburger Münsters

Weg zu der Endphase der Gotik. Wie hier die sich verjüngenden Bogenschäfte der Pfeiler in einem Zug nach oben streben und sich in die drehenden rundstabähnlichen Rippen verwandeln, die sich auf augenscheinlich organische Weise diagonal über das Gewölbe ziehen, nur um zu einem Punkt halbwegs zwischen den Stützpunkten zu gelangen, ist zweifellos ein vollendeter Ausdruck jenes ruhelosen, irrationellen Geistes des späten Mittelalters mit seinem Suchen nach neuartigen Effekten. Die Betonung der Diagonale im Gewölbemuster findet eine subtile Entsprechung in der Anordnung der Chorkapellen. Statt der üblichen ungeraden Zahl, wobei die auf der Hauptachse liegende vom Chor aus einen frontalen Anblick bietet, liegt in Freiburg der Pfeiler, der die beiden mittleren Kapellen trennt, auf der Achsenlinie, und der Blick wird diagonal in die Kapellen gelenkt. Dasselbe wiederholt sich in den Kapellen selbst, wo auch ein Pfeiler an der Mittellinie zwischen zwei Fenstern steht.

Die Gewölbe des Chorumganges und der Kapellen (erst um 1500 vollendet) sind Meisterwerke der 'Parler-Schule', die ihrem eigenen Schönheitsideal huldigte (Abb. 46 u. 278). Weit entfernt von der Logik und Klarheit der klassischen französischen Gotik ist diese willkürliche Verflechtung der Rippen, die sich wie Palmenzweige von den Bogenschäften der Pfeiler abzweigen, und die scheinbar sinnlose Abstumpfung der Querrippen. Den Höhepunkt bilden die 'Kaiserkapellen'[8], wo die Rippen – die zusammenlaufen, sich kreuzen und wieder auseinanderlaufen, so daß sich die Form eines Stundenglases ergibt – ganz frei vom Gewölbe gehalten sind.

Freiburg darf sich außergewöhnlich schöner Glasmalereien rühmen. Ausdrucksstark ist die Szene aus einer Heiligenvita;

275 Kölner Dom. Malereien auf der Chorschranke aus der Zeit der Einweihung des Doms (1322) mit Darstellungen von zwei Ereignissen aus der Geschichte Konstantins ▷

276 Umseitig: Fenster im Hauptseitenschiff des Freiburger Münsters (14. Jh.). *Gefangene, vor Angst schreiend, während das Haus in Brand gesteckt wird*

...gar e in crabca untere infignia dara...
aue o area fur infule facta piara

...t papam facro baptifmate rex renouatur
...ac a lauacro loco filij Icuca fumour

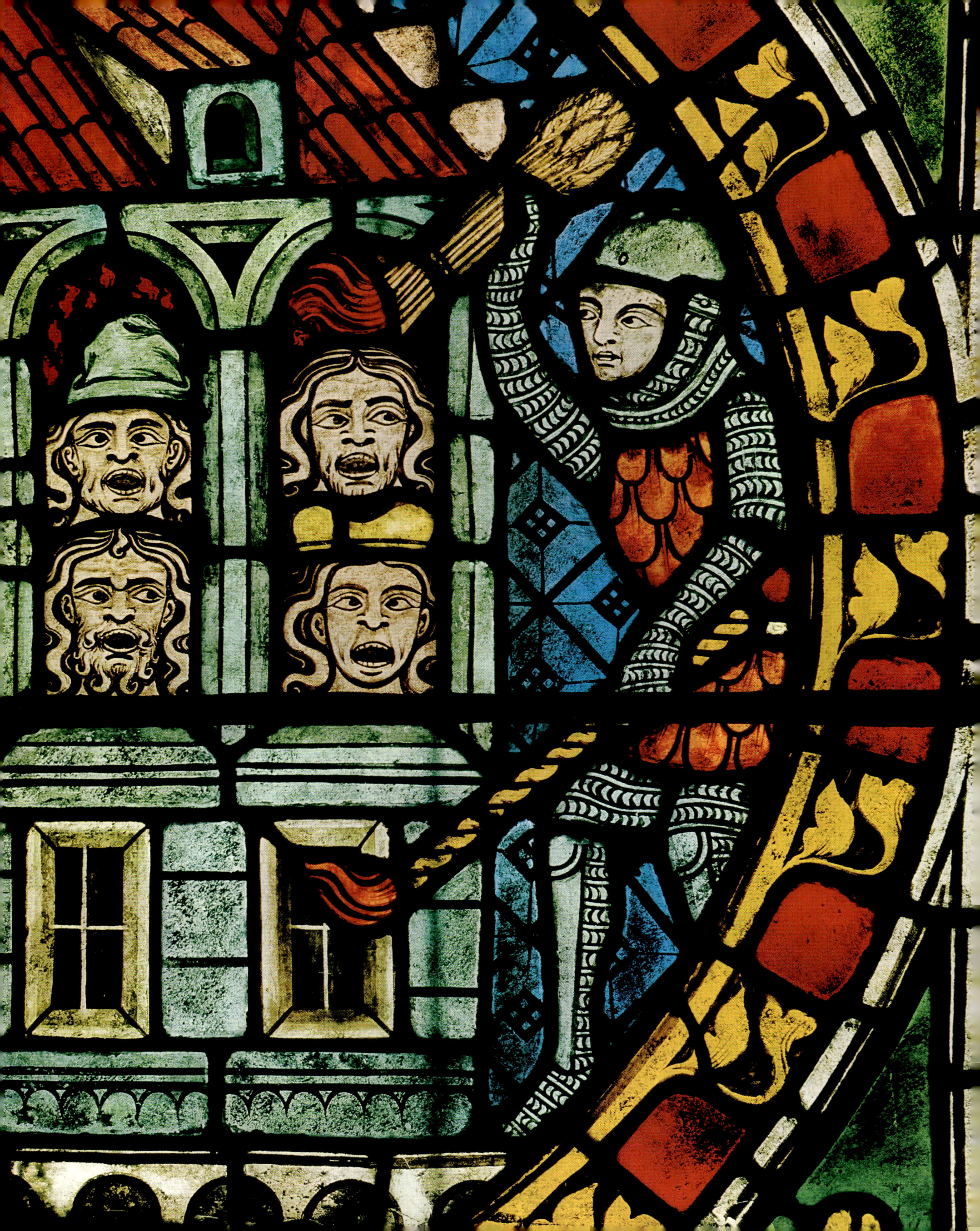

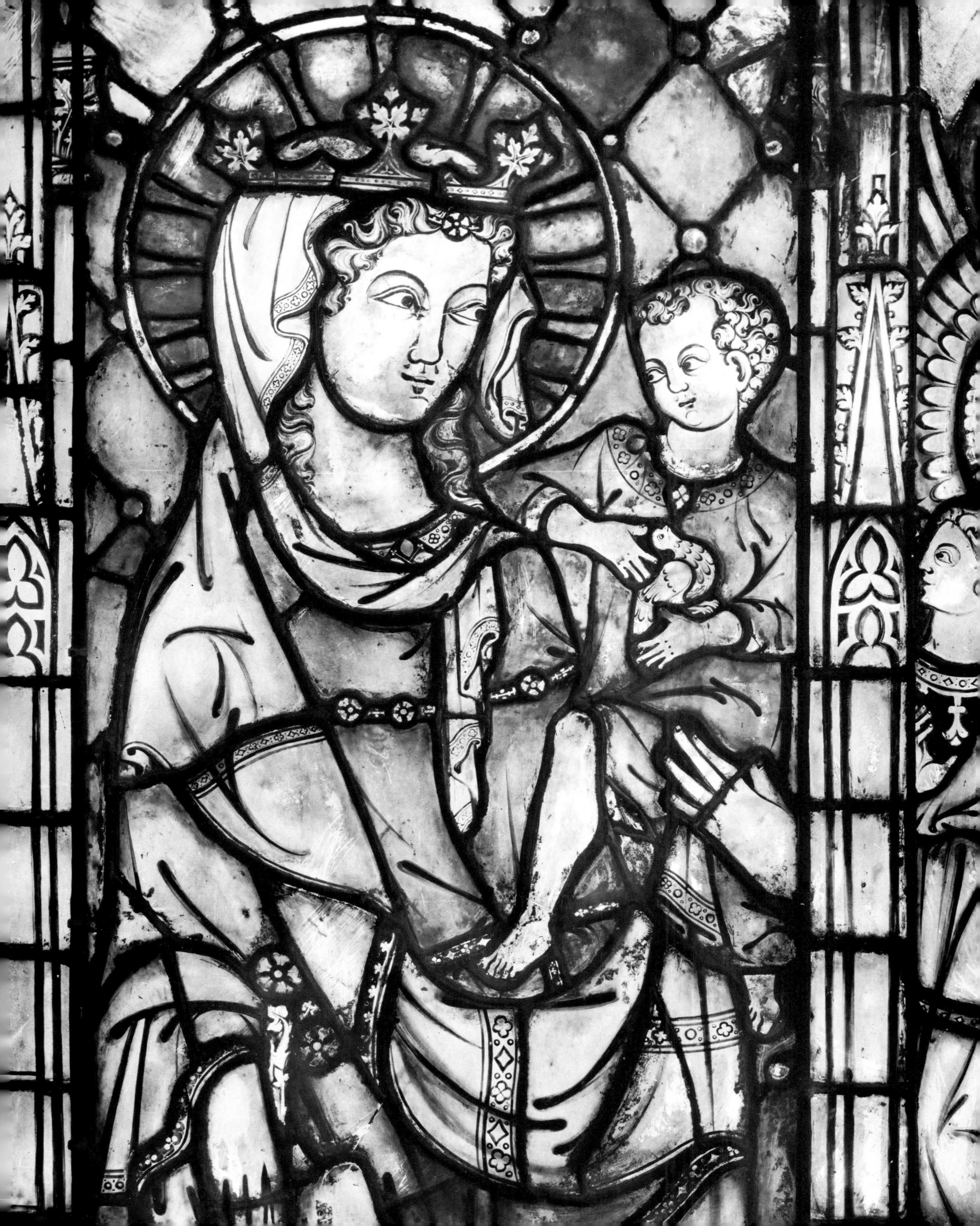

278 Chorumgang und Kapellen im Freiburger Münster

279 Regensburger Dom. Südliches Querschiff mit dem Brunnen, der Donauwasser führt

Gefangene in einem Haus schreien vor wahnsinniger Angst und verdrehen die Augen, da ein Soldat das Gebäude in Brand steckt (Abb. 276). Ganz anders wieder die königliche *Maria mit Kind*, als Leihgabe im Augustinermuseum, ein herrliches Beispiel süddeutscher Glasmalerei aus der ersten Hälfte des 14. Jahrhunderts (Abb. 277).

277 S. 239: *Maria mit Kind*. Glasmalerei aus der ersten Hälfte des 14. Jh. Freiburg, Augustinermuseum

Regensburg

An der Mündung des Regen und der Naab in die Donau liegt die Stadt Regensburg, eine der ältesten deutschen Städte. Die keltische Siedlung, entstanden um 500 v. Chr., trug den Namen Rathaspona. Sie wurde zur mächtigen römischen Festung und später Hauptstadt des ostfränkischen Reiches. Vom frühen bis zum Hochmittelalter war Regensburg ein blühendes Handelszentrum. Aus allen Zeiten sind Monumente erhalten.

Die romanische Kathedrale des 11. Jahrhunderts, eine dreischiffige Basilika mit Holzdach, mehrmals durch Feuer beschädigt und restauriert, mußte schließlich nach dem katastrophalen Brand von 1273 neu gebaut werden. Der neue Regensburger Dom (der erste Stein wurde 1275 gelegt) weist in seiner Architektur Ähnlichkeit mit der Urbanskirche in Troyes[9] auf. Das erklärt sich wohl daraus, daß Leo von Tundorf, der Bischof von Regensburg, 1274 am Konzil von Lyon teilnahm und dort unter anderen bedeutenden Klerikern Kardinal Archer traf, unter dessen Patronat die Kirche von Troyes gebaut wurde.

Obwohl der neue Dom viel größer war als der frühere, so daß die bestehenden Fundamente nicht benutzt werden konnten, ent-

280 Regensburger Dom. Nördliches Seitenschiff an der Apsis mit zwei Ciborien

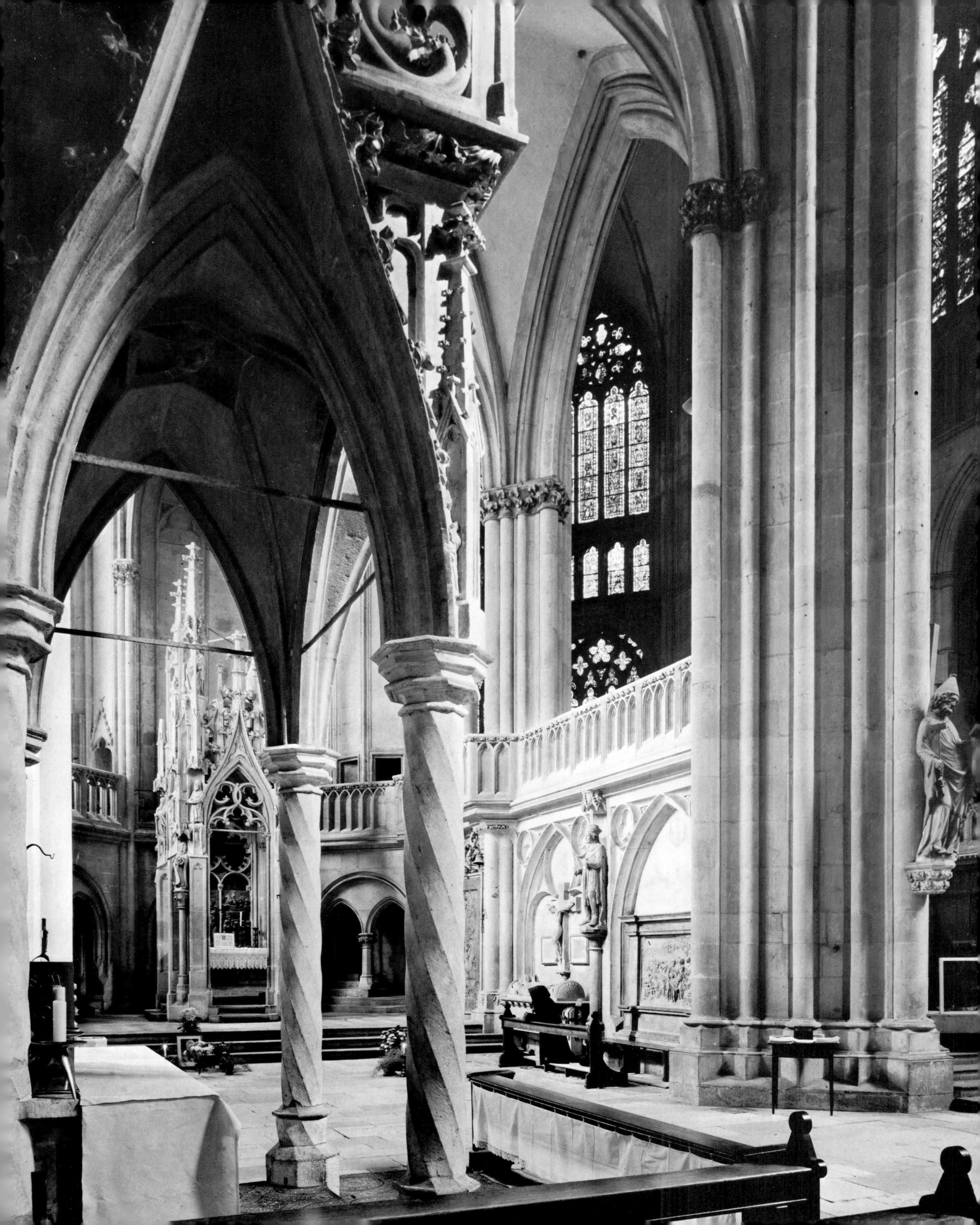

242 Deutschland: Regensburg

wickelten sich die neuartigen französischen Formen aus einem Grundriß, der typisch bayrisch-romanische Elemente bewahrte, wie den Abschluß von Mittel- und Seitenschiffen in parallelen, polygonalen Apsiden ohne Chorumgänge. Der Chor, unter dem Episkopat von Nikolaus von Stachowitz (1313–1340) gebaut, stammt aus derselben Zeit wie der von Köln, ist aber bei weitem nicht so revolutionär. Das an Straßburg erinnernde Langhaus wurde erst später fertig. Eine durchlaufende Empore in der Art einer 'Galerie champenoise' zieht sich um die Seitenschiffwände, schwingt sich über die Türen zum Querschiff und erreicht ihren stärksten Effekt im südlichen Querschiff durch den stark gliedernden Akzent des spätgotischen Treppengeländers (Abb. 279).

Die starke, erregende Wirkung des Kircheninneren beruht nicht nur und nicht einmal in erster Linie auf rein architektonischen Erwägungen, denn die Formen sind nicht immer von hervorragender Schönheit. Auch tastendes Suchen kann seinen eigenen Reiz haben, hier liegt das Geheimnis in der gefühlsstarken Atmosphäre.

Der Dom hat viele schöne Glasfenster – darunter manche aus der früheren romanischen Kathedrale. Eine Reihe besonders schöne Ciborien, wie durch ein Wunder den Bilderstürmern und den Restauratoren entgangen, erzeugt durch ihre starke Raumgliederung einen unvergleichlich intimen Reiz (Abb. 280).

An schönen Bildwerken gibt es zu bewundern die Reitergruppen des *Hl. Georg* und des *Hl. Martin mit dem Bettler* (Abb. 3). Die interessanteste der vielen Kragstein-Skulpturen ist die Figur, die sich unter der Last krümmt, an der Innenseite der Westwand (Abb. 281). Mit den scharf gezeichneten Gesichtszügen vielleicht ein Selbstbildnis des Bildhauers. In die vorderste Reihe der frühgotischen Bildhauerkunst gehören die Figuren der *Verkündigung Mariä* und des *Verkündigungsengels* mit seinen Locken und dem archaischen Lächeln. Der Engel von Regensburg und die Jungfrau scheinen von ihren hohen Postamenten aus über das Mittelschiff hinweg Zwiesprache miteinander zu halten (Abb. 283 u. 284). In ihrer Spontaneität und Ehrlichkeit ergreifende Werke jenes eigensinnigen, nur auf sich selbst gestellten Genies, des Meisters von Erminold, der sie um 1280 schuf.

Draußen nimmt vor allem die Westfassade unsere Aufmerksamkeit gefangen. Mit dem Bau begann man 1340 am Südturm mit dem niedrigen Toreingang, der an englische Vorbilder erinnert. Die bezaubernd naive Bauplastik des Tympanons stellt die *Rettung Petri* dar; der Engel hebt den oberen Teil des Gefängnisses ab und zieht den recht verstörten Apostel heraus, während die Wächter unbekümmert schlafen (Abb. 282). Die Bauarbeiten am Nordturm mußten warten, da auf dem Gelände noch die Kollegiatskirche des hl. Johannes (die freistehende Taufkapelle der früheren Kathedrale) stand. Erst 1380 einigte man sich dahin, das Gebäude niederzureißen und an anderer Stelle eine neue Kirche zu bauen.

Einer der hervorragendsten Baumeister dieser Zeit, Wentzel Roriczer, übernahm 1411 die Leitung. Damals war das dritte Geschoß des Südturms im Bau. Roriczers Lösung bezeugt in der Art und Weise, wie er seinen neuen Plan mit den existierenden Teilen zu verbinden wußte, ein außergewöhnliches Einfühlungsvermögen. In den unteren Geschossen und in den großen spitzbogigen Arkaden bediente er sich des damals geläufigen spätgotischen Formenarsenals, in den oberen Geschossen griff er willentlich

281/282 Regensburger Dom. Links: Kragsteinfiguren, die erste wahrscheinlich ein Selbstbildnis des Bildhauers. Rechts: *Der Engel befreit den hl. Petrus aus dem Gefängnis;* aus dem Tympanon der Westfassade

283 Die *Jungfrau der Verkündigung* im Regensburger Dom (unten)

284 Der *Engel von Regensburg* blickt zu der Jungfrau auf der anderen Seite ▷ des Schiffes hinüber

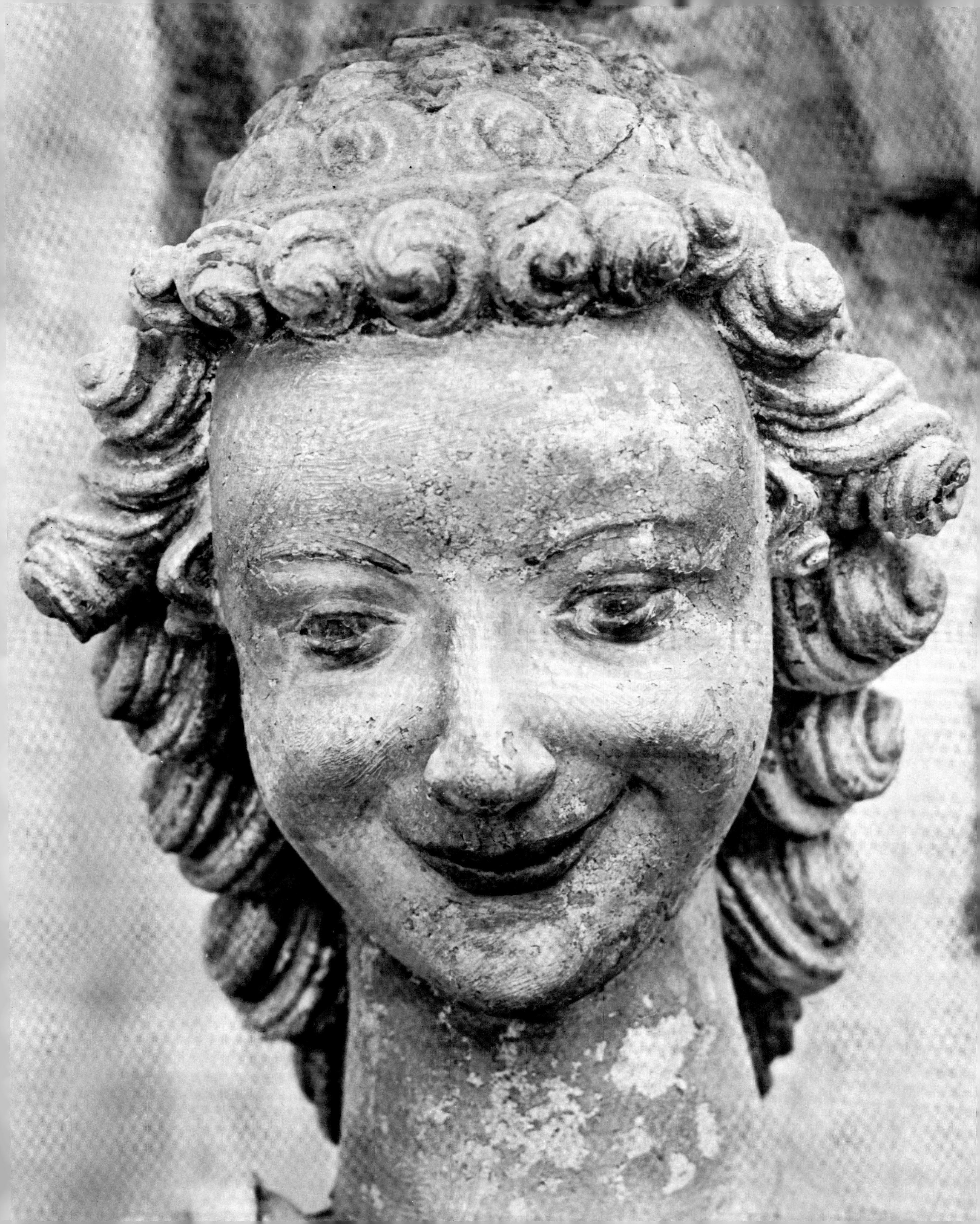

285 *Westfassade des Regensburger Doms.* Lithographie von Domenico Quaglio, 1820. London, Victoria and Albert Museum

auf Formen zurück, die denen des alten Turms ähnelten, und erzielte so einen harmonischen Gesamteindruck.

Sein Sohn Konrad baute die (1482, zwei Jahre nach seinem Tod vollendete) kapriziöse, viel umstrittene Vorhalle[10]. Die bei allem Reichtum feine Ornamentik beeinträchtigt nicht den Kontrast der Diagonalen mit der klippenartigen Fassade dahinter. Daß die Vorhalle zwischen den stark vortretenden Strebebogen eingekeilt ist, stört besonders, weil die Dreiecksform dazu einlädt, die Vorhalle von der Seite zu betrachten. Als Konrad Roriczer 1480 starb, wurde sein Sohn Matthäus, der berühmte Autor des bereits erwähnten ›Büchleins von der Fialen Gerechtigkeit‹ (s. S. 99) sein Nachfolger.

Nach 1530 wurde der Dom nicht weitergebaut. Stuckverzierungen und Fresken verliehen im frühen 18. Jahrhundert dem Inneren einen barocken Charakter; diese Dekoration wurde im Jahrhundert darauf entfernt. Ludwig I. von Bayern teilte die Vorliebe seiner Landsleute für die Antike, aber auch für den gotischen 'nationalen Stil'. Eine Lithographie von Domenico Quaglio von 1820 zeigt uns die Westfassade, bevor sie noch durch durchbrochene achteckige Turmhelme, nach dem Vorbild von Freiburg, verschandelt wurde. Aus der Ferne, vor allem von dem berühmten Aussichtspunkt über die Donau hinweg gesehen, bereichern die Turmspitzen das Stadtbild, doch ihre übertriebenen Abmessungen und die seellosen Formen vertragen sich schlecht mit der Fassade darunter (Abb. 285).

Ulm

Die Geschichte vom Bau des Ulmer Münsters ist darum so interessant, weil sie den Stolz und den freiheitlichen Geist der Bürger im späten Mittelalter zeigt. An dem wichtigen Flußübergang errichteten die Franken schon im Jahr 600 eine Missionskirche zur Bekehrung der heidnischen Stämme. 813 unterstellte Karl d. Gr. die Kirche zusammen mit dem auf dem Gelände stehenden Palast dem Kloster Reichenau. Im 14. Jahrhundert war Ulm eine wohlhabende Freistadt geworden. Ihre größte Kirche, die Marienkirche vor dem Frauentor, ein Nachfahr der Missionskirche, stand außerhalb der Festungsmauern, was besonders unangenehm während der erfolglosen Belagerung der Stadt durch Kaiser Karl IV. 1376 und bei dem Konflikt zwischen den schwäbischen Städten und den Herzögen von Württemberg war. Die Bürger wollten sich nicht noch einmal den Zugang zu ihrer Kirche abschneiden lassen und wollten auch von dem Kloster Reichenau unabhängig sein. Sie schleiften also die Kirche und bauten sie innerhalb der Stadtmauer wieder auf – einem Chronisten zufolge in sechs Wochen. Das war aber keine endgültige Lösung. Der hohe Rang, den die Stadt an der Spitze des schwäbischen Bundes eingenommen hatte, gab ihr Anspruch auf eine stattlichere Kirche. Der erste Stein für einen großen Neubau wurde noch im selben Jahr (1377) gelegt – weder von einem Fürsten noch von einem Prälaten, sondern vom Bürgermeister von Ulm, Ludwig Kraft.

Man nimmt jetzt allgemein an, daß der zuerst in den Archiven erwähnte Meister Heinrich, von dem der erste Entwurf des Bauwerks stammen soll, mit Heinrich von Gmünd d. Ä. (um 1300 bis 1387) identisch ist, dem Begründer der Parler-Dynastie, der in Köln als ein 'Parlier' (zweiter Baumeister) gearbeitet und die Kreuzkirche in Schwäbisch-Gmünd gebaut hatte[11]. Seine Nachfolger waren ein Meister Michael (wahrscheinlich ein Sohn) und später ein anderer Meister Heinrich. Als dieser Heinrich d. J. 1391 von seinem Amt zurücktrat, um in Mailand als Ratgeber beim Bau des neuen Domes zu fungieren, war der Chor ohne Chorumgänge fertig, es fehlte aber noch das Gewölbe, das erst 1449 entstand. Für diese Verzögerung fand Paul Frankl[12] diese Erklärung: da das Münster aus einer Mischung von Stein und Ziegeln gebaut wurde, Materialien, die sich nicht gleichmäßig setzen, war für die Festigkeit des Bauwerks eine Wartezeit von fünfzig Jahren erforderlich – undenkbar für uns, vielleicht aber nicht für das Mittelalter. Der Bau konnte ja inzwischen an anderen Stellen weitergeführt werden.

Der einzigartige Westturm, geht – in seinen gegenwärtigen Riesenmaßen – auf den Entwurf Ulrich von Ensingens (um 1350–1419) zurück, der auch das Oktogon des großen Nordturms von Straßburg gebaut hatte (s. S. 167)[13]. Auch hier liegt die Stärke des Entwurfs im Aufbrechen der festen Form, um komplizierter Raumeffekte willen. Es ist, als hingen steinerne Schleier übereinander, was einen solchen Eindruck von Transparenz und Schwerelosigkeit erzeugt, daß der Turm trotz seiner Riesenmaße himmelwärts zu schweben scheint (Abb. 287). Seine scharfen Konturen fallen um so mehr auf, als sie im Kontrast zu den breiten Flächen des Ziegelbaus darunter stehen.

Meister Ulrich machte sich die Eitelkeit der Bürger und ihr Bestreben, alle Rivalen – namentlich Straßburg – zu übertrumpfen, zunutze und änderte den Plan des Münsters. Er erhöhte die Zahl der Joche im Hauptschiff auf zehn und gab den Seitenschiffen die gleiche Breite wie dem Mittelschiff, was eine Gesamtbreite von 44 m (im Vergleich zu den 32 m in Straßburg) ergab. Die Überwölbung der Schiffe war eine architektonische Meister-

Deutschland: Ulm   245

286 Ulmer Münster. Die doppelten Seitenschiffe mit ihren luftigen Sterngewölben

287 Der Turm des Ulmer Münsters, seine gewaltige Masse verleugnend, steigt scheinbar mühelos zum Himmel auf

◁ 288 Blick in die Besserer-Kapelle des Ulmer Münsters

leistung. Erst hundert Jahre später wurden sie bei einem drohenden Zusammensturz, der einen anderen Grund hatte, durch Hinzufügung einer Reihe schlanker Säulen der Länge nach unterteilt und mit einem leichten Sterngewölbe versehen, wodurch sie ihr gegenwärtiges Aussehen einer selbständigen Hallenkirche erhielten (Abb. 286).

Auch die winzige Besserer-Kapelle, die man vom Chor aus betritt, ist ein Werk Ulrich von Ensingens, sie zeigt eine ganz andere Seite seines Könnens. Wohlproportioniert und noch mit den ursprünglichen Glasmalereien und Ausstattungsgegenständen versehen, wirkt sie entzückend intim und bildet eine vollendete Ergänzung zu den großzügig gestalteten Haupträumen (Abb. 288).

Drei Generationen der Ensinger-Familie leiteten den Bau, bis 1474 Matthäus Böblinger die Leitung übernahm. Er vollendete

289 Ulmer Münster. Zwei Büsten vom Chorgestühl, Schnitzwerk von Jörg Syrlin d. Ä. Links: *Pythagoras*; rechts: die *Kimmerische Sibylle*

nach Ulrich von Ensingens ursprünglichem Entwurf das dritte Geschoß des großen Turms und entwarf ein noch komplizierteres Oktogon darüber und einen noch höheren Turmhelm. Er hatte jedoch die Pfeiler des Turms nicht hinreichend verstärkt, und 1493 traten die ersten Anzeichen der Versackung ans Licht. Böblinger wurde entlassen, und achtundzwanzig Baumeister traten zusammen und berieten über die notwendigen Schritte. Einer von ihnen, Burkhard Engelbert, setzte sich schließlich durch; ihm gelang die Konsolidierung des Turmbaus; er nahm zwischen 1502 und 1507 die erwähnte Unterteilung der breiten Seitenschiffe vor.

Nach dem Reichstag von Augsburg ging Ulm 1530 zum Protestantismus über; das Münster ist jetzt die lutherische Pfarrkirche der Stadt, das einzige in unserem Buch enthaltene Bauwerk, in dem nie ein Bischofsstuhl stand. Die Bilderstürmer zerstörten 1531 mehr als sechzig Altäre und viele Kunstwerke, während der Chor der völligen Zerstörung entging. Verloren ging aber das bedeutendste Altargemälde[14], an seiner Stelle hängt ein reizvolles Bild Martin Schaffners von 1521 (Abb. 291). Die bemalten Flügel des Polyptychons zeigen schon ausgesprochenen Renaissance-Einfluß, doch das geschnitzte Mittelstück folgt noch den alten Traditionen. Die Figuren, die noch im Glanz ihrer ursprünglichen Farben prunken, könnten gradewegs aus einem Mysterienspiel gestiegen sein.

Der 'Zimmermeister und Schreiner' Jörg Syrlin d. Ä. schnitzte zwischen 1469 und 1474 die Chorstühle mit ihren unvergleichlichen Büsten an den Stallen, den schönsten Besitz des Münsters: auf der Nordseite berühmte Männer des Altertums und ihnen entsprechend auf der Südseite die Sibyllen, die das Kommen des Messias prophezeit hatten. Visionäre Größe ist hier mit bemerkenswerter Kunst des Charakterisierens vereint: *Pythagoras*, 'der Erfinder der Musik' lauscht hingegeben den Harmonien, die er seiner Laute entlockt (Abb. 289), während *Ptolemäus*, die Himmelskugel an der Wange, den Geheimnissen der Astronomie nachsinnt (Abb. 293).

Das bedeutendste Bildwerk ist, neben dem Chorgestühl, der ergreifende *Schmerzensmann*. Hans Multscher schuf die Figur 1429. Sie steht auf dem Mittelpfeiler des Westportals, in der

◁ 290 Ulmer Münster. Der *Schmerzensmann*, ein Werk Hans Multschers, auf dem Mittelpfeiler des Westportals

291 Ulmer Münster. Mittlere Tafel vom Altaraufsatz, von Martin Schaffner, 1521 ▷

292 Umseitig: Vignette mit *Szene aus dem Leben des hl. Stephan*, vom St. Stephans-Fenster der Kathedrale von Bourges

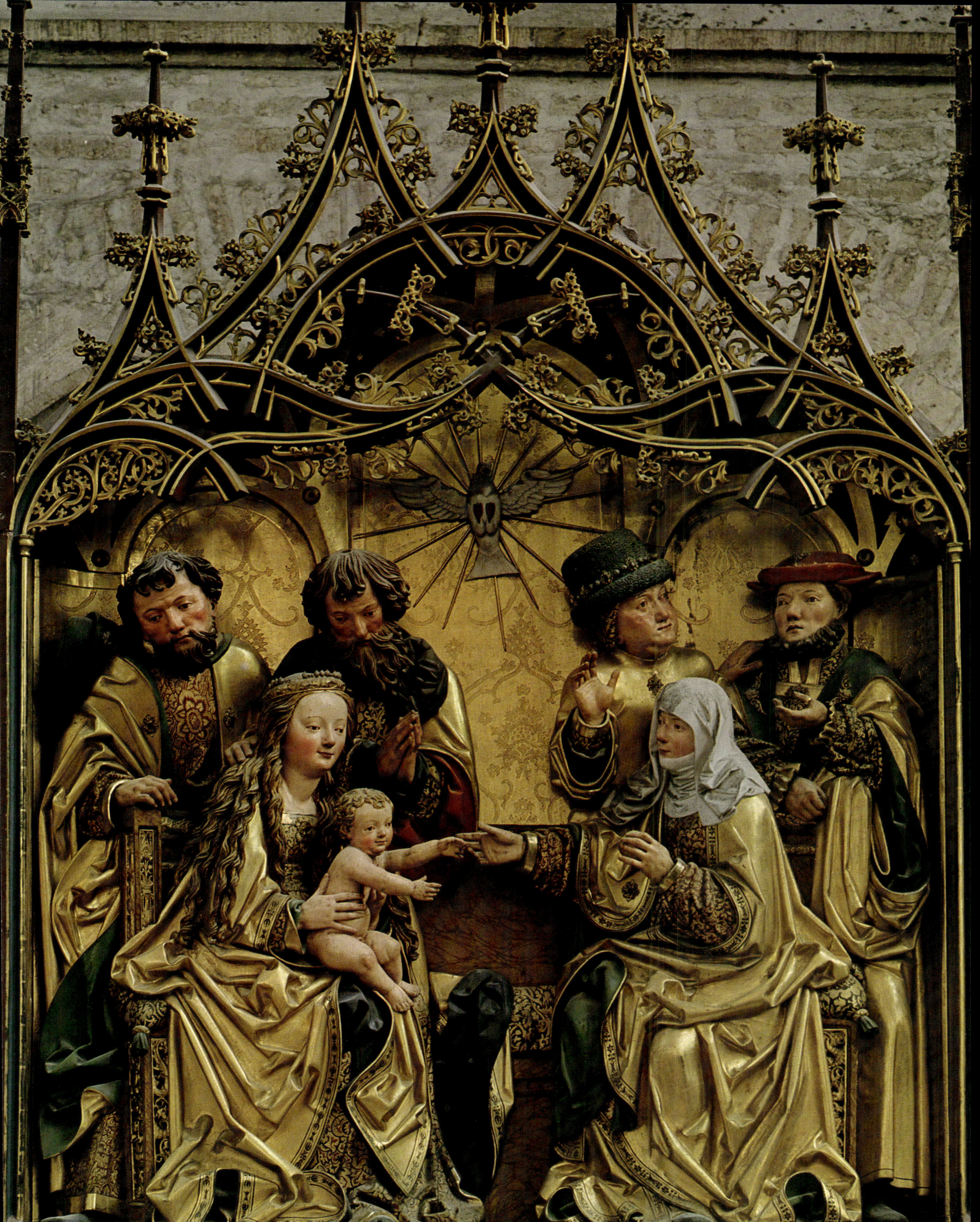

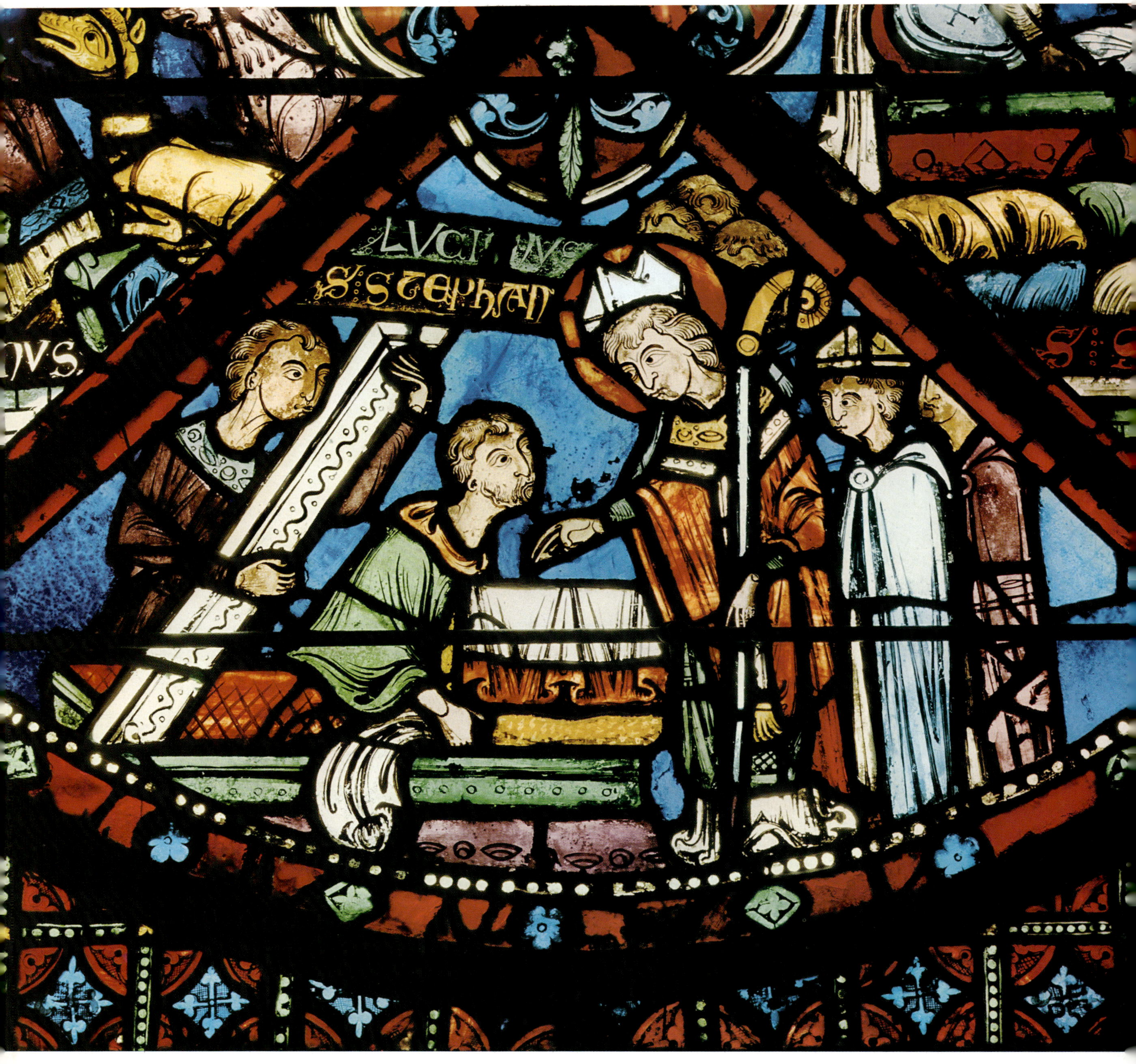
LVCI
S STEPHAN

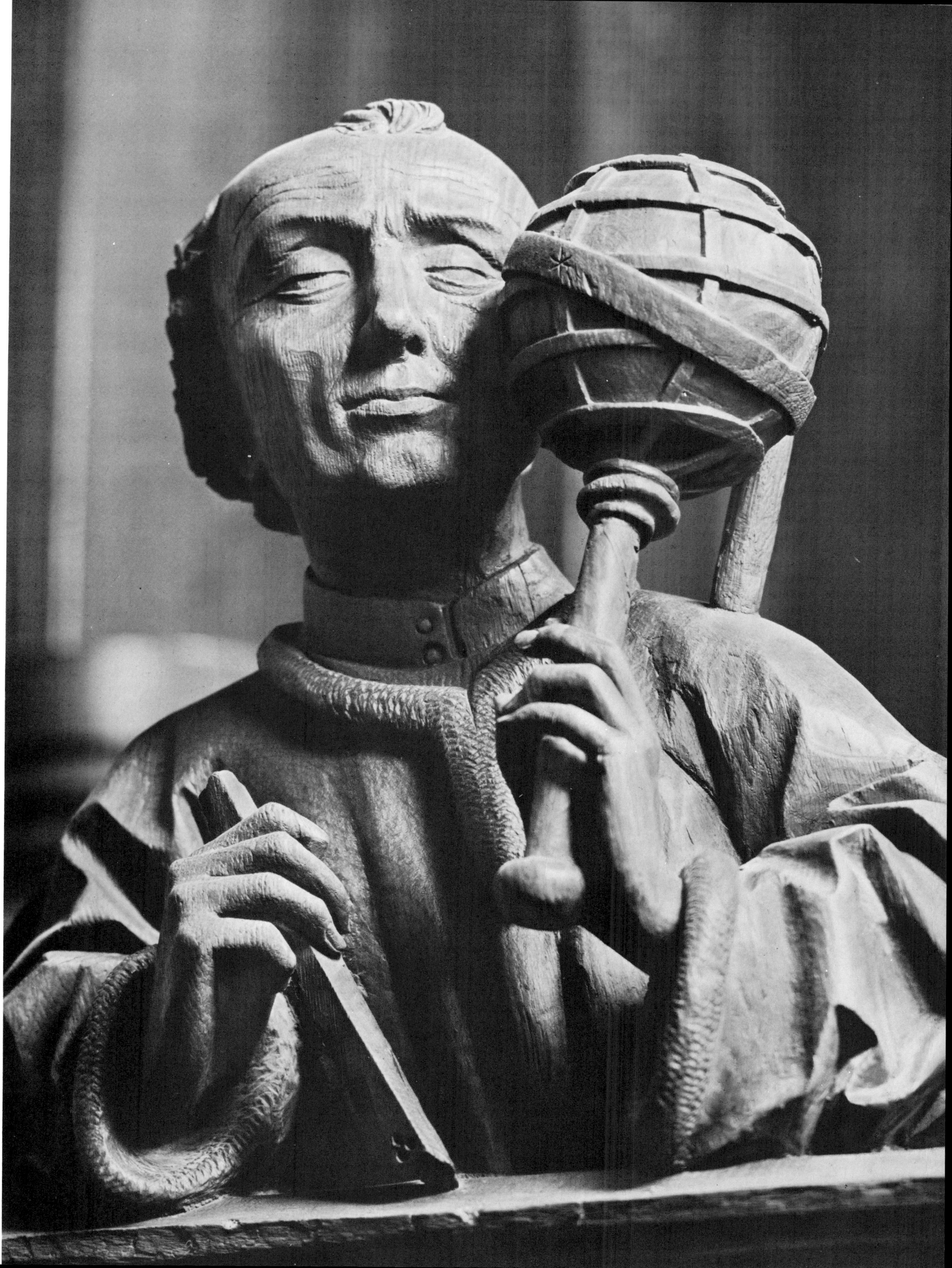

weiträumigen spätgotischen Vorhalle (Abb. 290). Charakteristisch für die 'Sondergotik' ist der vielstimmige Rhythmus der dreifachen Eingangsarkade, die zu den paarweise angebrachten Türen führt.

Erst Mitte des 19. Jahrhunderts wurden nach Matthäus Böblingers ursprünglichem Entwurf das Oktogon und der große durchbrochene Turmhelm errichtet[15]. Er erhebt sich in die schwindelnde Höhe von 161 m und ist damit die höchste steinerne Turmspitze, die je gebaut wurde, wenn der Turm auch in manchen Einzelheiten – wie den überbetonten knaufartigen Helmzierarten – die Vollendung des Freiburger Turms nicht erreicht. Abbildung 294 zeigt ihn angestrahlt, vom anderen Donauufer gesehen.

Wien

Der gotische Stil hielt 1304 Einzug in Wien, als die romanische Stephanskirche einen weiträumigen neuen Chor erhielt, und zwar in der Form einer Hallenkirche mit gleich hohen und fast gleich breiten Schiffen, die in drei typisch deutsche polygonale Apsiden ausliefen. In dem späteren Langhaus wurde das Mittelschiff über die Seitenschiffe hinausgezogen, doch ohne Lichtgaden, so daß der Charakter der Hallenkirche erhalten blieb (Fig. 20 u. Abb. 295). Die romanische Westfassade blieb an Ort und Stelle und wurde nur umgestaltet. Um für ihr einziges kleines Portal zu entschädigen, kamen an den Querschiffen Vorhallen hinzu, die in zwei Türmen gipfelten.

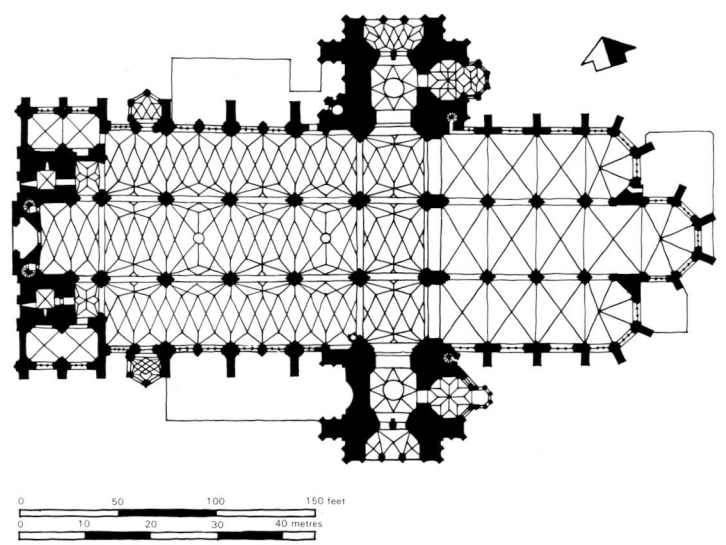

Fig. 20   Grundriß des Wiener Stephansdoms

Der sog. 'Alte Steffl' im Süden wurde zwischen 1368 und 1433 gebaut. Der Bau des Nordturms dagegen begann 1450 und wurde 1511 in halbfertigem Zustand unterbrochen. Gründe hierfür waren die Reformation und die türkische Bedrohung, die vordringlich Befestigungswerke erforderlich machte. Es regten sich aber auch Zweifel, ob zwei gleich stark ins Auge fallende Türme ästhetisch befriedigen würden. Man beschloß schließlich, den Nordturm nicht weiter in die Höhe zu treiben und begnügte sich mit einer eleganten kleinen Kuppel im italienischen Renaissancestil der letzten Hälfte des 16. Jahrhunderts. Dabei blieb es, bis im 19. Jahrhundert die fixe Idee aufkam, das Erbe der Vergangenheit 'perfektionieren' zu müssen. Was von den mit Sorgfalt ausgeführten durchbrochenen Giebeln des Hans Puchsbaum (entworfen Mitte des 15. Jahrhunderts) übriggeblieben war, wurde vervollständigt (nur der Giebel auf Abb. 297 ist ursprüng-

293   S. 249: Die Figur des *Ptolemäus* von Jörg Syrlin d. Ä. am Chorgestühl des Ulmer Münsters

294   Der angestrahlte Turm des Ulmer Münsters, vom anderen Donauufer aus gesehen (links oben)

◁   295   Stephansdom zu Wien. Blick in das Hauptschiff nach Westen

296   *Kopf der hl. Anna.* Die Figur stand früher auf dem Hauptturm des Stephansdoms. Wien, Kunsthistorisches Museum   ▷

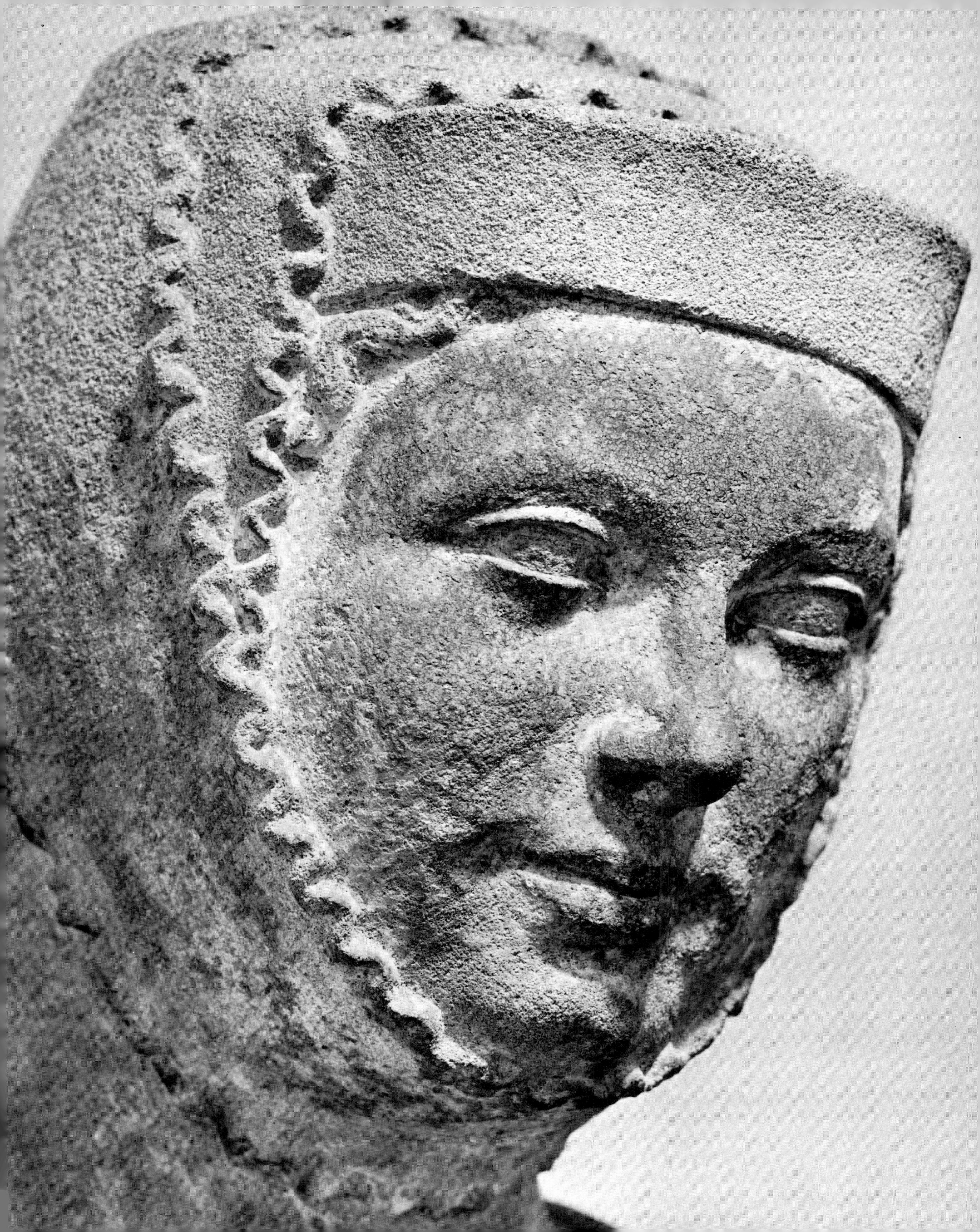

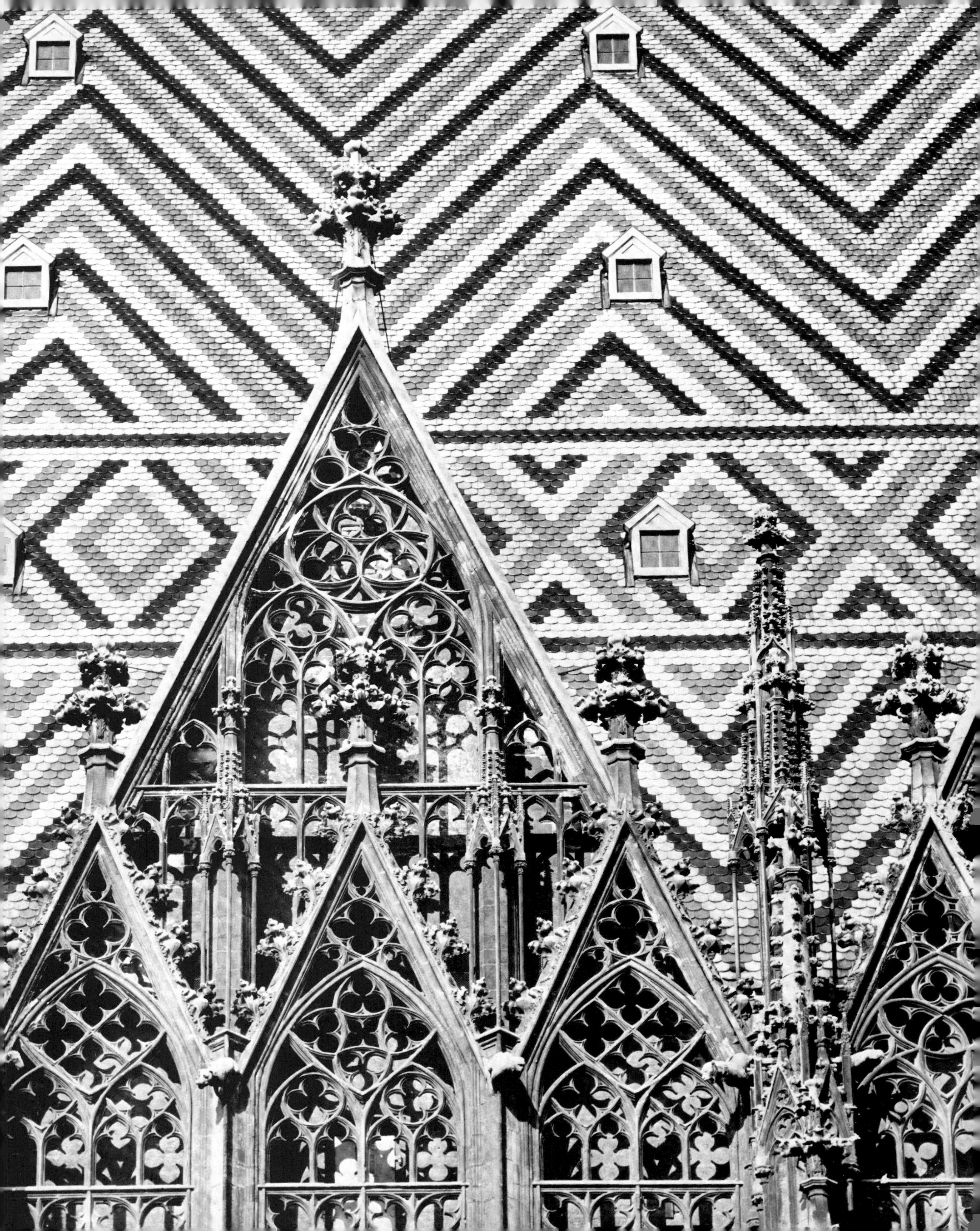

lich); der Architekt stellte detaillierte Zeichnungen zur Errichtung des Nordturms her. Zum Glück wurde nichts von diesen Plänen realisiert, und damit war eines der kühnsten und gelungensten Beispiele architektonischer Massierung gerettet.

Zwei Elemente, die sich wunderbar im Gleichgewicht halten und ergänzen, beherrschen das Äußere: der 136 m hohe, wie ein mahnender Finger aufgerichtete Südturm, dessen kompliziertes Filigran sich in eine obeliskenhafte Form einfügt, und das riesige Dach. Es verdankte sein Entstehen der Bemühung, einen Bau vom Typ der Hallenkirche und von der Breite des Stephansdoms mit einem so schrägen Dach zu bedecken, daß es den schweren Schneefällen Mitteleuropas gewachsen war (Abb. 297, 299 u. 300). Mit seinen polychromen Ziegeln in Zickzack- und Rautenmustern, die an Kelimteppiche erinnern, ähnelt das Dach einem Nomadenzelt Mittelasiens und besitzt einen exotischen Reiz, den wir sonst nur in den Dächern der russischen Architektur finden.

Die Konzeption des Turms als eines von der übrigen Komposition nahezu unabhängigen Bauelements – beliebt bei modernen Architekten – war zur Zeit der Gotik ganz ungebräuchlich. Es ist für die geographische Lage Wiens im Herzen Europas bezeichnend, daß wir gerade hier diesen interessanten Kompromiß zwischen dem Nordturm, der einen integrierenden Teil der Ar-

◁ 297   Der originelle Giebel des Stephansdoms von Hans Puchsbaum

298   Die *Dienstboten-Madonna* im Stephansdom

299   Gesamtansicht des Stephansdoms (oben rechts)

300   Das Dach des Stephansdoms

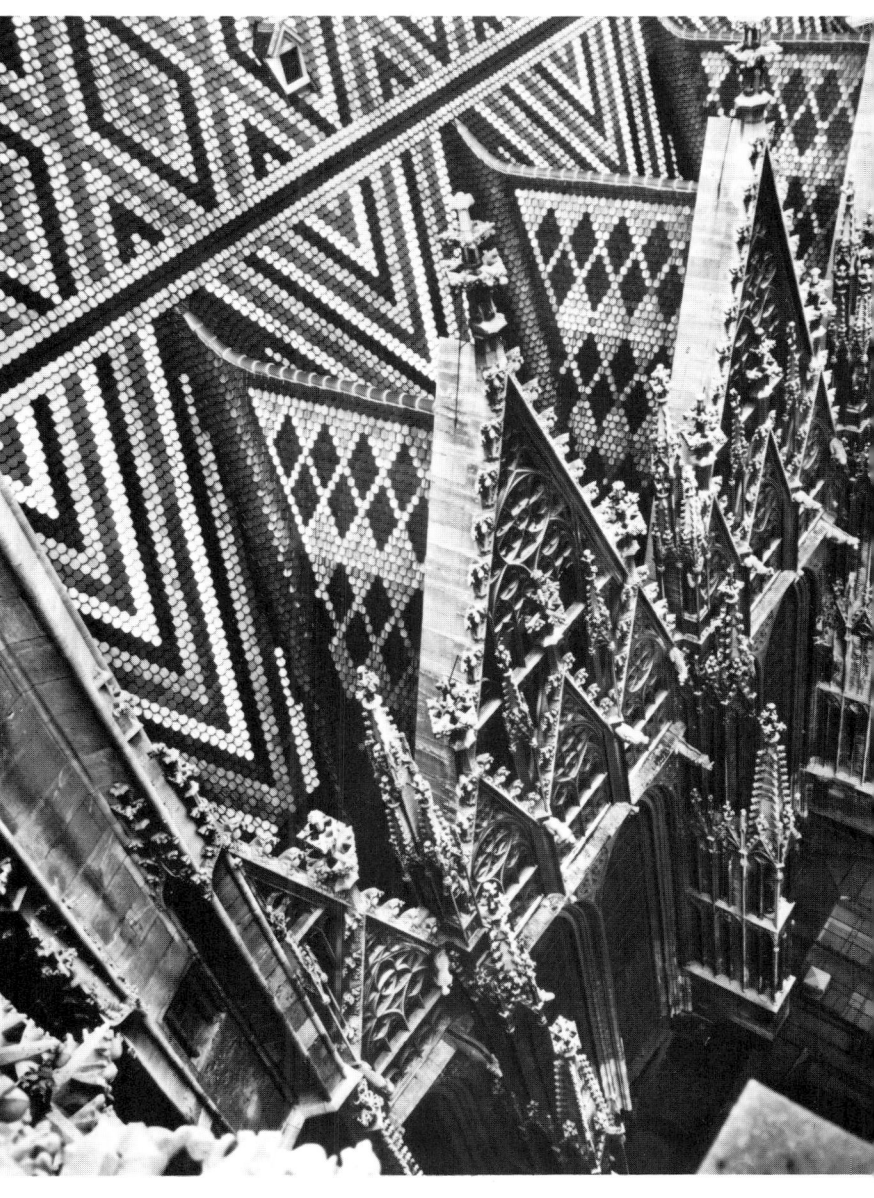

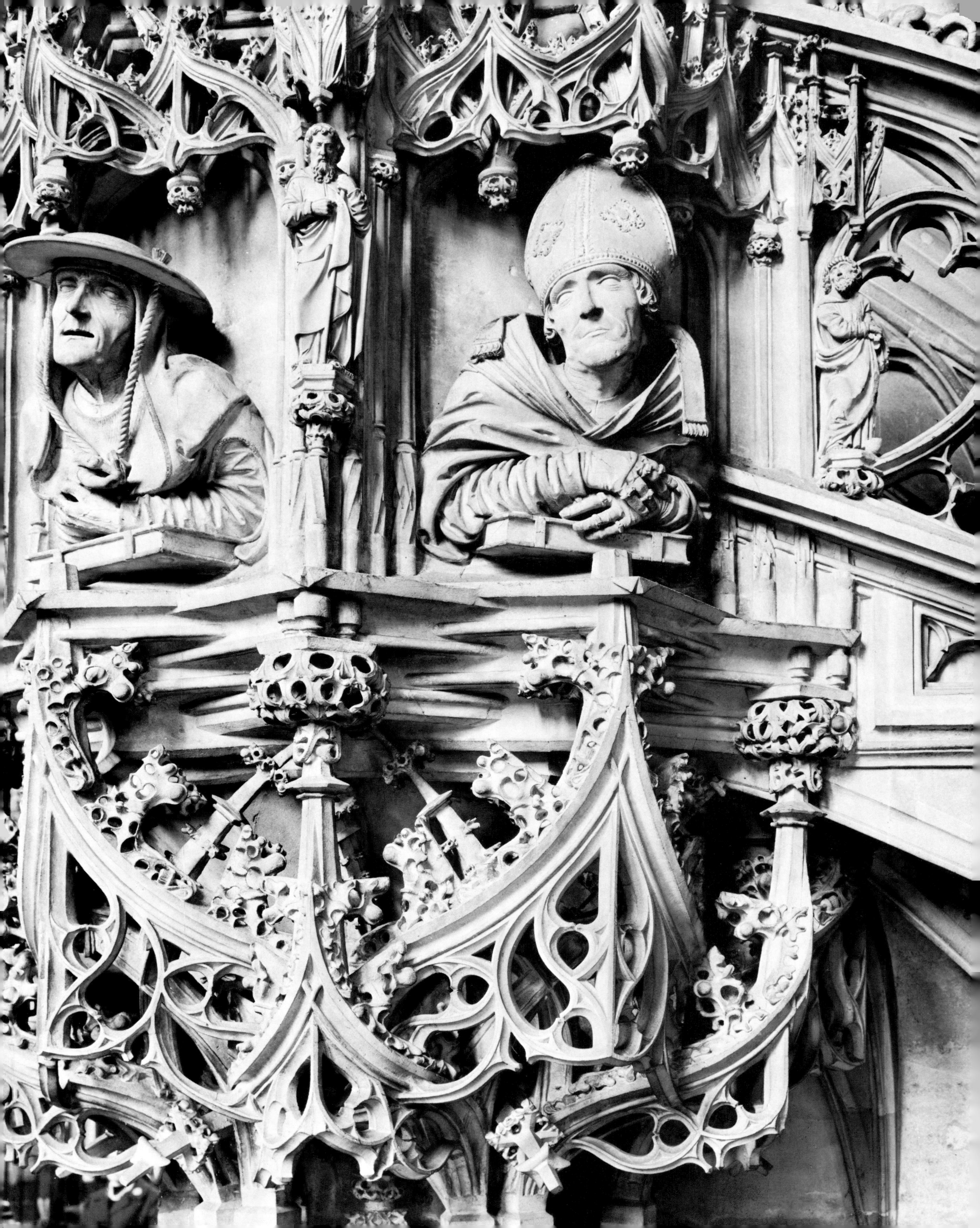

Österreich: Wien 255

302 *Die Habsburger Katharina von Böhmen und Rudolf IV*. Die Sandsteinfiguren (um 1365) standen früher an der Westfassade des Stephansdoms. Wien, Kunsthistorisches Museum

chitektur bildet und dem freistehenden italienischen Campanile finden. Die Position des Turms hat auch den Vorzug, die Aufmerksamkeit von dem schwächsten Punkt, dem wenig gelungenen Übergang zwischen dem Dach des Chors und dem des neuen, höher gelegenen Mittelschiffs, abzulenken.

Das reich verzierte Innere, am Ende des Zweiten Weltkriegs nur noch ein Skelett, wurde gut restauriert und hat seine wunderbar stimmungsvolle Atmosphäre wiedergewonnen. Die *Dienstbotenmadonna* (Abb. 298), jetzt auf einem Pfeiler des Hauptschiffs, stand der Legende zufolge früher im Haus eines Adligen. Als das des Diebstahls bezichtigte Hausmädchen vor dem Madonnenbild niederfiel, sagte die Herrin, die Madonna erhöre keine Dienstboten; doch die Unschuld des Mädchens stellte sich heraus, und die reuige Gräfin schenkte das Bildwerk dem Stephansdom. Zweifellos könnte man sich eine liebenswürdigere Fürsprecherin nicht wünschen. Die elegante Haltung und der sanfte Gesichtsausdruck der Madonna, mit deren Spange das reizende Jesuskind spielt, sind für die Plastik dieser Zeit (1320–1330) typisch.

Die Habsburger, die an dem Bau des Domes innigen Anteil nahmen, sind im Baudekor außerordentlich stark vertreten. Zwei Fenster der Herzogskapelle (um 1390) sind mit großen Figuren ihrer Vorfahren bedeckt, nicht als Stifter oder Betende, sondern als weltliche Herrscher dargestellt. Lebensgroße Standbilder der Habsburger und ihrer Gemahlinnen, die Quintessenz von Vornehmheit und Ritterideal dieser Zeit, schmücken auch die Fassade und den großen Turm (Abb. 302). Von besonderem Interesse ist der große Menschenkenntnis verratende *Kopf Herzog Albrechts II.*, des Weisen oder auch Lahmen (Abb. 303).

◁ 301 Detail der Kanzel im Stephansdom, Wien. Skulptur von Anton Pilgram (1510–15). Der auf der Abbildung gezeigte Teil ist aus einem einzigen Steinblock gemeißelt

303 *Herzog Albrecht II., der Weise*. Kopf der Statue vom Hauptturm des Stephansdoms. Wien, Kunsthistorisches Museum

Ein typisches Beispiel für den überwuchernden Formenaufwand der 'Sondergotik' in ihrer Spätphase bildet die große Kanzel (1510–1515), die letzte gotische Monumentalplastik, ein Werk des Baumeisters Anton Pilgram, dessen Bildnis den Kragstein des Orgelfußes schmückt (Abb. 83). Dieses virtuose Meisterwerk, der ganze auf Abbildung 301 gezeigte Teil, die Kanzel selber, die lebendigen Porträtbüsten der Kirchenväter und die spitzigen Palmwedelornamente – alles ist aus einem einzigen Steinblock gemeißelt[16].

Die reiche Ornamentik erinnert an Huizingas glänzende Beschreibung der spätgotischen Architektur als »Nachspiel eines Organisten, der nicht aufhören kann... alle formalen Elemente unaufhörlich zerlegt... alle Einzelheiten miteinander verwoben... keine Linie ohne Kontralinie«[17].

304 Umseitig: Gesamtansicht der Kathedrale von Burgos

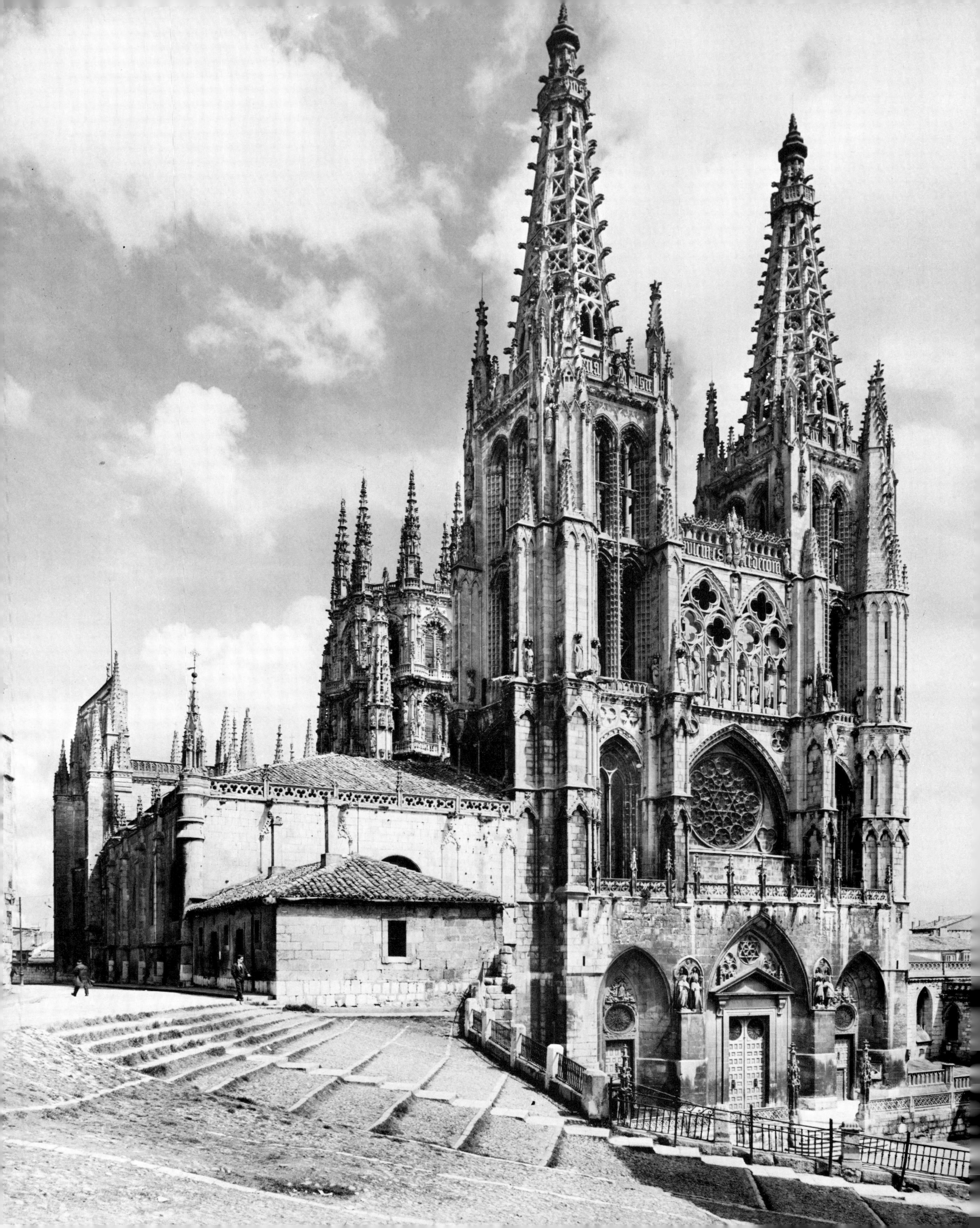

7 Spanien

Spanien

Die maurischen Eroberer überquerten 711 n. Chr. die Meerenge von Gibraltar, unterwarfen das spanische Westgotenreich und beherrschten innerhalb von drei Jahren nahezu die ganze Iberische Halbinsel. Nur in dem gebirgigen Ödland des Nordens, in den Bergen Kantabriens und in den Pyrenäen bewahrten sich die Christen – Einheimische wie Flüchtlinge – eine fragwürdige Unabhängigkeit und geboten dem maurischen Vordringen Einhalt. In diesen Gebieten entwickelten sich die Fürstentümer Asturien, Navarra, Aragonien und Katalonien. Sie dienten als Sprungbrett für die spätere Wiedereroberung des Südens. Die arabische Kultur Spaniens war drei Jahrhunderte lang die fortschrittlichste und glänzendste Europas. Als durch inneren Zwist die Omaijaden-Dynastie 1031 zerfiel, brach das Reich in zwei Staaten auseinander. Die Wiedereroberung (Reconquista), die schon im Norden und Westen bedeutende Gebietsteile gewonnen hatte und als Kreuzzug gegen die Ungläubigen propagiert wurde, erhielt einen neuen Impuls. Ihren Höhepunkt fand sie 1212 in der Schlacht bei Las Navas de Tolosa. Die christlichen Armeen, verstärkt durch Truppen aus Frankreich, Deutschland und Italien, versetzten dem spanischen Maurenreich den Todesstoß. Nur in Granada blieb es noch bis 1492, dem Jahr der Entdeckung Amerikas, an der Macht.

Die Zeit der Gotik fällt in Spanien mit der Eroberung des maurischen Südens zusammen. Es kam zu einer Assimilierung vieler Elemente seiner reichen Kultur. Arabische Handwerker und Fachleute arbeiteten im Dienst der Eroberer. Der 'Mudejar'-Stil, entstanden aus gotischen und islamischen Elementen, fand für weltliche Bauten weite Verbreitung. Dagegen suchte man beim Kathedralenbau arabische Einflüsse auszuschalten, die aber dennoch nachwirkten, besonders in der Gestaltung der meistens oktogonalen und auf Trompen ruhenden Laterne *(cimborrio)* über der Vierung. Wir erwähnten bereits, wieviel das mittelalterliche Europa auf dem Gebiet der Wissenschaft und der Überlieferung des klassischen Gedankenguts dem Islam verdankt. Hier sei noch bemerkt, daß in der kosmopolitischen Gesellschaft Spaniens im 13. und 14. Jahrhundert Christen, Araber und Juden einträchtig zusammenlebten und daß Gelehrte hier eine geistige Freiheit genossen wie nirgendwo sonst in Europa.

In Spanien, wie im Heiligen Land, fühlte sich die europäische Christenheit zum Schutz eines Grabes besonders aufgerufen. Der hl. Jakobus d. Ä. (Santiago), ein Bruder des Evangelisten Johannes, verbrachte der Legende nach sieben Jahre im römischen Spanien, vor allem in Galicien, bevor er nach Jerusalem zurückkehrte und dort den Märtyrertod starb. Auf wundersame Weise wurde sein Leichnam nach Galicien zurückgebracht. Über dem Grab, während der Verfolgungen im 3. Jahrhundert in Vergessenheit geraten, erschien 812 ein Stern. So wurde es wiederentdeckt. Die Stelle erhielt den Namen 'Campus Stellae', woraus Compostela wurde. Die Wallfahrt nach 'Santiago de Compostela' stand im Mittelalter der nach Jerusalem und Rom nicht nach. Der 'französische Weg' *(camino francés)* nach Santiago, auf dem sich Pilger mit dem Muschelsymbol des hl. Jakobus aus den entferntesten Ländern, wie Deutschland und Irland, trafen, brachte wertvolle Kontakte zwischen den Völkern Europas zustande. So gelangten französische Einflüsse nach Spanien. In Santiago de Compostela selbst ist die große, von französischer Kunst beeinflußte Pilgerkirche das schönste Beispiel des hochromanischen Stils in ganz Europa. Einige der frühesten Bauwerke in dem neuen *opus francigenum* entstanden an dem Pilgerweg.

305 Die Kathedrale von León, eine nach Spanien verpflanzte französische Kathedrale

Die ersten gotischen Kathedralen Spaniens wurden von französischen Architekten und Bildhauern nach französischen Vorbildern gebaut. Bald jedoch trat die spanische Eigenart zutage. Große Dächer kannte weder die römische noch die islamische Kunst – das Klima machte sie überflüssig. In Burgos verschwindet das flache Ziegeldach nahezu hinter der kleinen Brüstung (Abb. 304); in Sevilla treten die steinernen Gewölbe unverhüllt zutage und bezeichnen damit den vollständigen Bruch mit der nördlichen Bauweise (Abb. 341). In der sengenden Hitze des spanischen Sommers wurde die gotische Glaskirche des Nordens zu einem Treibhaus. Viele der großen Fenster, die die ausländischen Architekten der frühen Kathedralen angebracht hatten, wurden daher später durch Mauerwerk überschattet. Die späteren Kathedralen erhielten sogleich kleinere Fenster. Der Scheinwerfereffekt dieser kleinen, sehr hellen Lichtquellen mit den Reflexen auf den verschwenderisch reich verzierten und vergoldeten Dekorationen trägt in hohem Maße zu dem dramatischen und mysteriösen Charakter der Innenräume bei. Unter den Dekorationen sind besonders beachtenswert die riesigen geschnitzten Altaraufsätze (Retabel) und die schönen Gitter aus gehämmertem und ziseliertem Eisen *(rejas)*, oft mit reichem Zierrat gekrönt und geschmückt mit getriebenen Figuren, die Rücken an Rücken stehen[1].

Wenn französische Kathedralen sich durch ihre Höhe und englische sich durch ihre Länge auszeichnen, so fällt bei den spanischen die Breite ins Auge. Sie bedeckten ein immer größeres Areal, nachdem die fremden Einflüsse assimiliert waren und sich ein eigener Stil entwickelte. Die spanischen Bauten sind trotz des großen Raums, der für die Geistlichkeit reserviert wurde, verhältnismäßig kurz. Die Isolierung des Sanktuariums mit Hochaltar *(Capilla Mayor)* und Chor *(coro)* und die Anordnung des Chors westlich von der Vierung gibt dem Kircheninneren seinen besonderen Charakter. Diese Anordnung des Chors setzte sich auch in neuen Bauten durch, wo man den Westarm wie in England hätte verlängern können, um genügend Raum zu finden. Es scheint, daß es dem spanischen Empfinden unangemessen erschien, den Ort, an dem das Abendmahl vollzogen wurde, in den Dienst anderer Funktionen zu stellen[2].

306 Kathedrale von Burgos. Tympanon der Puerta del Sarmental. Die Evangelisten sind beim Niederschreiben ihrer Bücher dargestellt; zugleich erscheinen ihre Symbole: Adler, Löwe, Engel und Stier

Burgos

Burgos war die Hauptstadt Altkastiliens, der Geburtsort des Cid und Sitz der Dynastie von León-Kastilien, die bei der Wiedereroberung des Südens eine bedeutende Rolle spielte. Am 20. Juli 1221, ein Jahr später als in Amiens und Salisbury, wurde hier in Gegenwart des jungen Königs von León, Ferdinands III. des Heiligen, eines Vetters Ludwigs des Heiligen, der Grundstein für die erste große spanische Kathedrale in gotischem Stil gelegt[3]. Einige Jahre zuvor war der Stifter, Bischof Mauricio, nach Speyer gereist, um über die Ehe des Königs mit einer Tochter Kaiser Barbarossas zu unterhandeln. Er besuchte auch Frankreich, wo die großen gotischen Kathedralen, Symbole der neu errungenen Macht der städtischen Bischöfe, ihn stark beeindruckten und in dem Entschluß bestärkten, die bescheidene romanische Kathedrale von Burgos durch einen Bau zu ersetzen, der noch den Glanz des königlichen Klosters von Las Huelgas am Rande der Stadt überstrahlen sollte.

Bischof Mauricio war 'Engländer'; aber nur insofern als er aus dem französischen Gebiet kam, das unter englischer Herrschaft stand. Die neue Kathedrale von Burgos folgt der französischen Bautradition und weist starke Ähnlichkeiten mit Bourges und Coutances auf[4]. Der erste Architekt, der die Apsis schuf, war wohl jener Maestro Ricardo, der von 1203 (oder früher) bis 1226 (oder später) in Las Huelgas gewirkt hatte. Der zweite Architekt, Enrique, übernahm 1235 die Leitung; er baute zwischen 1243 und 1260 das Hauptschiff.

Der Bau wurde in den steilen Abhang des Hügels eingelassen, den das Schloß der Könige von Kastilien beherrschte. Dabei mußte der Niveauunterschied durch Rampen und Treppen überbrückt werden, die einem beim Gang um die Kathedrale immer neue Eindrücke eröffnen. Durch den mit Zinnen versehenen Torweg gelangt man auf den südlich gelegenen Hauptplatz[5], von dort sieht man die Kathedrale in ihrer ganzen Länge, wie sie mit ihrer von Fialen und Türmen starrenden Silhouette majestätisch auf ihrem hohen Postamente ruht. Der Haupteingang von der Stadt ist die Puerta del Sarmental am südlichen Querschiff, ein Werk des 13. Jahrhunderts, zu der man über eine gewaltige Freitreppe gelangt (Abb. 307). Das ist französische Gotik. Die drei bedeutendsten Bauelemente – Portal, Fensterrose und darüber die 'Königliche Galerie' –, durch große glatte Mauerflächen voneinander getrennt, bilden ein gutes Beispiel für die Neigung, verschwenderische Dekoration mit spartanischer Strenge zu verbinden. Trotz aller fremden Einflüsse tritt das hier klar zutage. Im Tympanon des Portals, dem ersten Hauptwerk gotischer Skulptur in Spanien, ein *Jüngstes Gericht*: Christus, königlich gekrönt und gewandet, von den Evangelisten und ihren Symbolen umgeben (Abb. 306). In den Archivolten die Könige Israels, die das himmlische Konzert anstimmen. Das Problem, den beiden oberen Figuren des Matthäus und Johannes einen Halt zu geben, löste der Künstler durch den gekräuselten Wolkenteppich, den zwei hilfreiche Engel halten.

Durch eine enge Öffnung gelangt man zur Plaza de Santa Maria im Westen. Aus dem Abhang gehöhlt, gleicht sie einem Amphitheater. Eine kieselsteinbedeckte Treppenrampe führt zu dem Aussichtspunkt im Nordwesten; der Blick auf die Kathedrale von hier aus zählt zu den schönsten Stadtansichten Europas (Abb. 304). Der untere Teil der Westfassade entstand zu Beginn des französischen Einflusses, würde aber durch 'Verbesserungen' des 18. Jahrhunderts verschandelt. Der obere Teil zeigt andere Einflüsse. Bischof Alonso de Cartagena, der Deutschland, die Schweiz und Böhmen besucht hatte, berief 1442 Juan

die Westtürme und Helme; Simón die wunderbaren Kapellen der hl. Anna und des Konnetabels von Kastilien; Francisco erneuerte die von seinem Großvater gebaute mittlere Laterne, die 1539 eingestürzt war (Abb. 34, S. 44).

Die von Juan de Colonia geschaffenen durchbrochenen Turmspitzen – einige Jahrhunderte vor denen in seiner Heimatstadt Köln entstanden – befriedigen vielleicht nicht in allen Einzelheiten, doch die großen Lanzettformen, die Einblick in den Glockenstuhl gewähren, sind sehr schön. Aus der Entfernung bewirken die struppigen Kriechblumen eine feine Gliederung; aus der Nähe scheinen ihre lebendigen, geradezu 'surrealistischen' Formen die Extravaganz von Antonio Gaudis Sagrada Familia in Barcelona[6] vorwegzunehmen (Abb. 308). Um die Basis der Türme miteinander zu verbinden, baute Juan die hohe Balustrade, die ein Marienbild und die gotische Inschrift PULCHRA ES ET DECORA einschließt.

Gehen wir in nördlicher Richtung, bietet sich uns ein schöner Blick auf Fransiscos neue Laterne, deren schwelgerische Mischung frühplateresker Kleinformen einen sonderbaren Kontrast zu der strengen Größe und Stilreinheit der Königlichen Galerie

◁ 307 Kathedrale von Burgos. Die Puerta del Sarmental

308 Kathedrale von Burgos. Die Nischen der Westtürme mit ihrem reichen Kriechblumen-Dekor

309 Kathedrale von Burgos. Heraldischer Baudekor von der Capilla del Condestable

de Colonia (Hans von Köln) zum Baumeister. Drei Generationen lang leiteten Juan, sein Sohn Simón aus der Ehe mit einer Spanierin und sein Enkel Francisco die Bauarbeiten und die Ausschmückung der Kathedrale. Juan baute zwischen 1442 und 1458

310 Umseitig: Gotische und maurische Einflüsse vermischen sich in dem ▷ Sterngewölbe der hohen Laterne über der Vierung der Kathedrale von Burgos

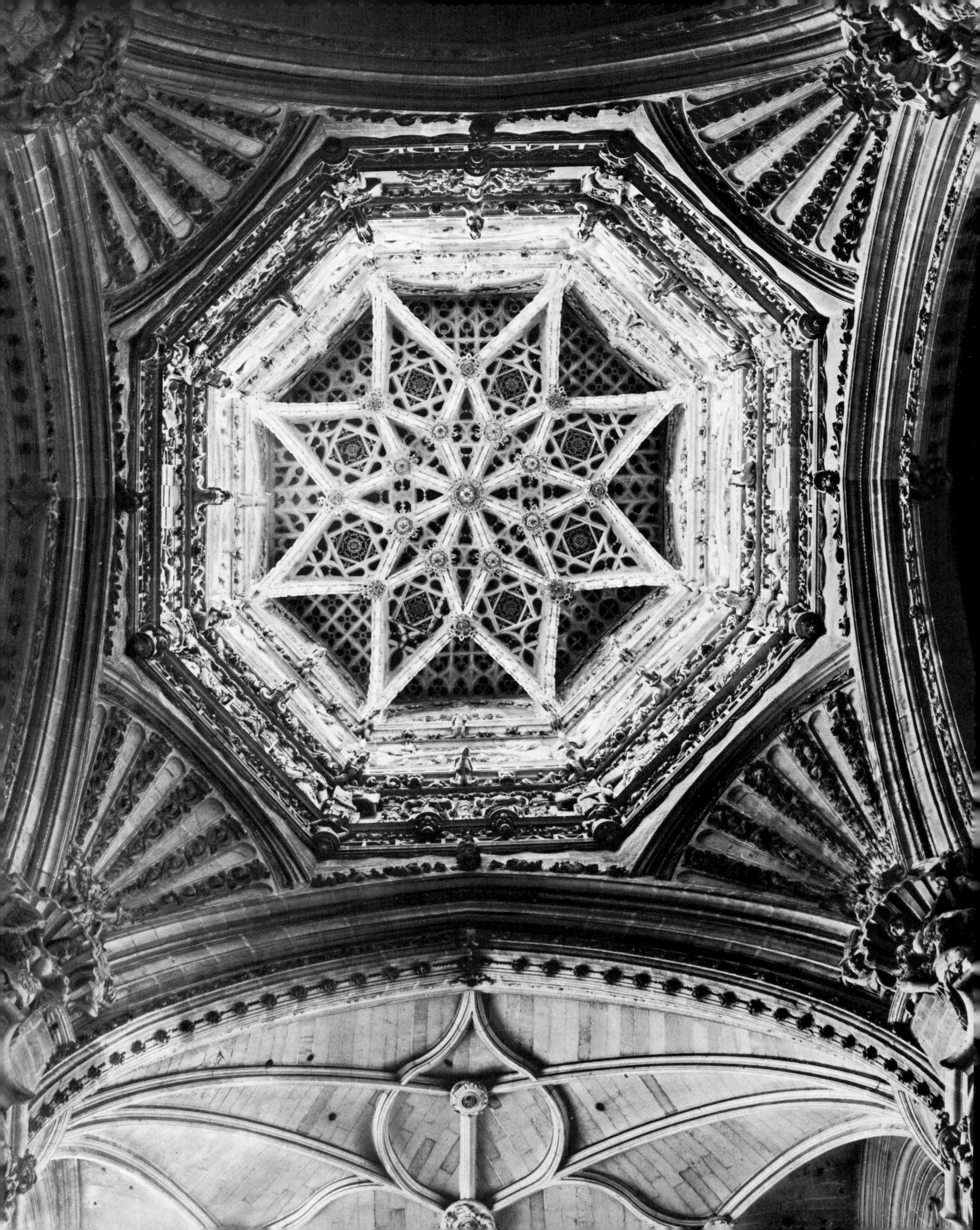

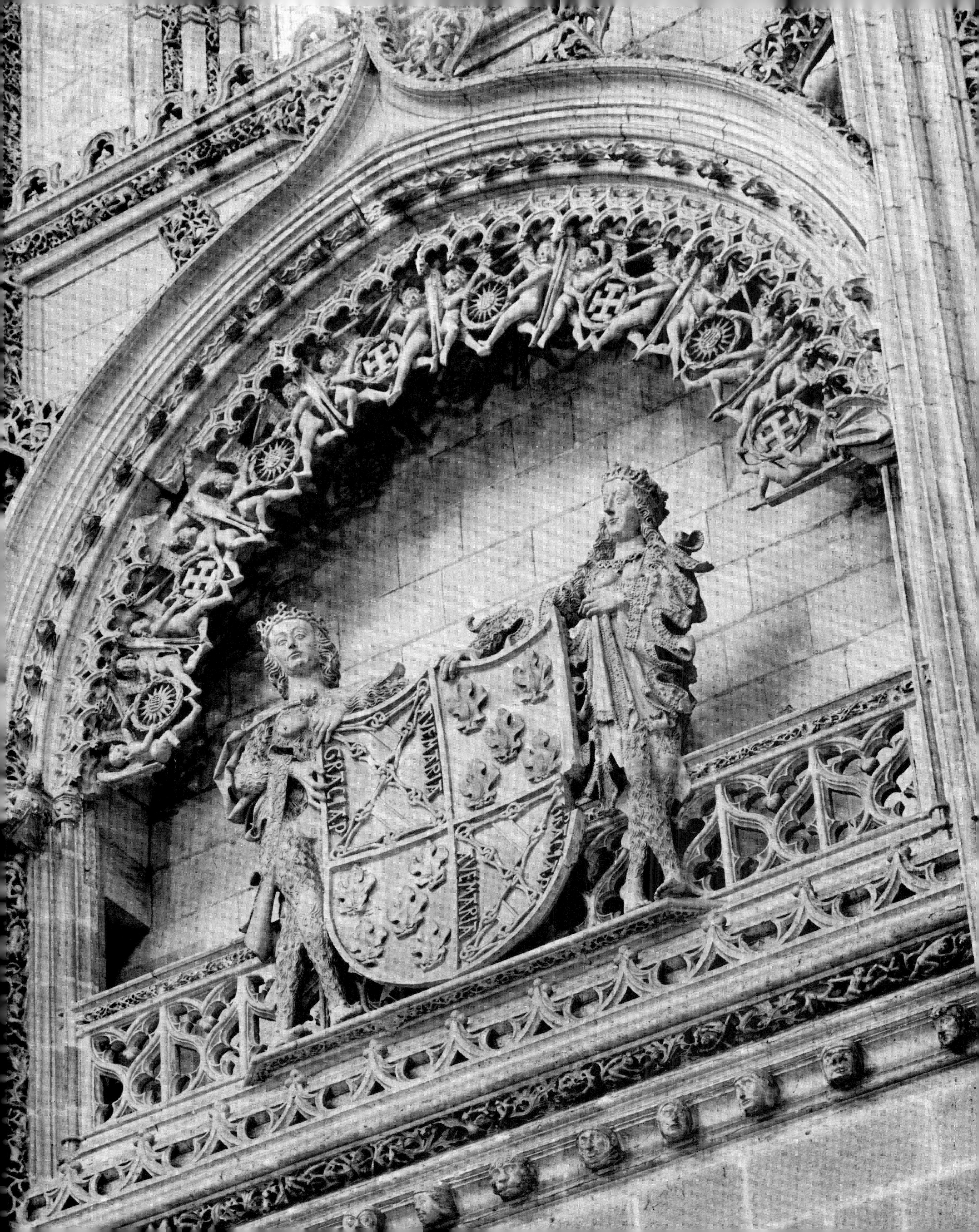
AVEMARIA
GRACIAP
AVEMARIA

312 Kathedrale von Burgos. Blick in das Hauptschiff nach Westen

des 13. Jahrhunderts bildet, die das nördliche Querschiff überragt. Eine schmale Gasse trennt hier die verfallenen Patrizierhäuser von der Puerta Alta oder Puerta de la Coronería (13. Jahrhundert), mit ihrer großartigen Bauplastik, die der an der Puerta del Sarmental ähnelt. Durch das jetzt geschlossene 'Hohe Portal' gelangte man früher zur 'Goldenen Treppe' im nördlichen Querschiff, die innerhalb der Kathedrale hinabführt; sie ist im plateresken Stil der Renaissance erbaut. Östlich vom Querschiff wird der Weg breiter; von einer Terrasse schaut man auf den Weizenmarkt und hinüber zu den eleganten Fialen der großen östlichen Kapelle, die Simón de Colonia zwischen 1482 und 1495 baute. Die Capilla del Condestable ließ der Großschwertträger von Kastilien, Pedro Hernández de Velasco, Graf von Haro, als Grabstätte für sich und seine Gemahlin Doña Mencia de Mendoza errichten. Die großartigen Wappenschilder draußen und drinnen stellen wohl die einfallsreichste Auswertung heraldischer Elemente in der gesamten Architektur dar (Abb. 309 u. 311).

Von der monumentalen Freitreppe aus führt ein langer schmaler Gang zu dem reich verzierten Renaissanceportal, durch das man in das nördliche Querschiff zu ebener Erde gelangt. Wir lassen die Capilla del Condestable links liegen und steigen abwärts durch eine schmale Gasse mit festungsartigen Mauern der Kapellen, die die darüber liegenden Kreuzgänge säumen[7]. Am Ende der Gasse führt ein Torbogen in den dunklen unteren Gang des infolge des unterschiedlichen Bodenniveaus zweigeschossig angelegten Kreuzganges, der den Verkehr in der engen Straße entlastet und verlockende Blicke in den Klostergarten gestattet. Gleich darauf umflutet uns wieder Sonnenlicht, leuchtend erhebt sich über uns wieder die Puerta del Sarmental.

Das Innere der Kathedrale war ursprünglich wohl französisch, doch im Lauf der Jahrhunderte erhielt es einen ausgeprägt spanischen Charakter mit geschnitzten Retabeln, gemeißelten Steinschranken und den großen Eisengittern, die Chor und Sanktuarium verbinden und die vielen reich geschmückten Kapellen abschließen. Die achteckige Capilla del Condestable, über 15 m im Durchmesser, erscheint durch ihre glashellen, hohen Fenster und das stellenweise offene Sterngewölbe noch am dunkelsten Tage von Licht übergossen. Das Grabmal der Stifter steht vor dem Altar mit seinem hochgetürmten vergoldeten Renaissance-Retabel. Zu Seiten die riesigen steinernen Wappenschilder werden von Kennern Gil de Siloé, dem größten spanischen Bildhauer dieser Zeit, zugeschrieben[8]. Über jedem Wappenschild eine rundbogige Nische mit den Figuren von Wilden, Männern und Frauen, ebenfalls mit einem riesigen Wappen (Abb. 309 u. 311).

Der für das Publikum bestimmte Teil des Hauptschiffes wurde durch den weiträumigen Chor von 1497 fast auf ein Vestibül reduziert. Die westliche Fensterrose läßt sich am besten von der Orgelempore aus betrachten (Abb. 312). Ungewöhnlich ist im Hauptschiff das sorgfältig ausgearbeitete Triforium, dessen Arkade eine Reihe von Köpfen, schönen wie grotesken, ziert. Die Arkaden kamen noch schöner zur Geltung, bevor man die spätgotische Balustrade anbrachte, deren Spitztürmchen die Säulen der Arkade wie die Triebe einer Schmarotzerpflanze umklammern.

Nach dem Zusammensturz von Juan de Colonias *cimborrio* – immerhin der gewaltigsten architektonischen Leistung Spaniens im 15. Jahrhundert – wurden die Pfeiler der Vierung zu dicken plumpen Zylindern verstärkt, um die Last der neuen Laterne zu tragen, die Francisco de Colonia zwischen 1540 und 1568 baute. Wenig schön sind Pfeiler und Trompen, und die Laternenwände tragen plumpe Dekorationen. Um so überraschender ist das Sterngewölbe der hohen Laterne, in dem gotische und maurische Einflüsse zu einer wundervollen Einheit zusammengefügt sind (Abb. 310).

◁ 311 S. 263: Burgos, 'Capilla del Condestable'. Unter der reich verzierten Arkade zwei pelzgekleidete *Wilde Frauen* der mittelalterlichen Legende mit dem Wappenschild des Stifters

313 *Gottvater als 'Architekt des Universums', mit dem Zirkel des Baumeisters die* ▷ *Welt ordnend.* Detail der Titelseite zur Schöpfungsgeschichte in der Bibel, die Ludwig der Heilige seinem Vetter Ferdinand dem Heiligen zum Geschenk machte. Toledo, Domschatz

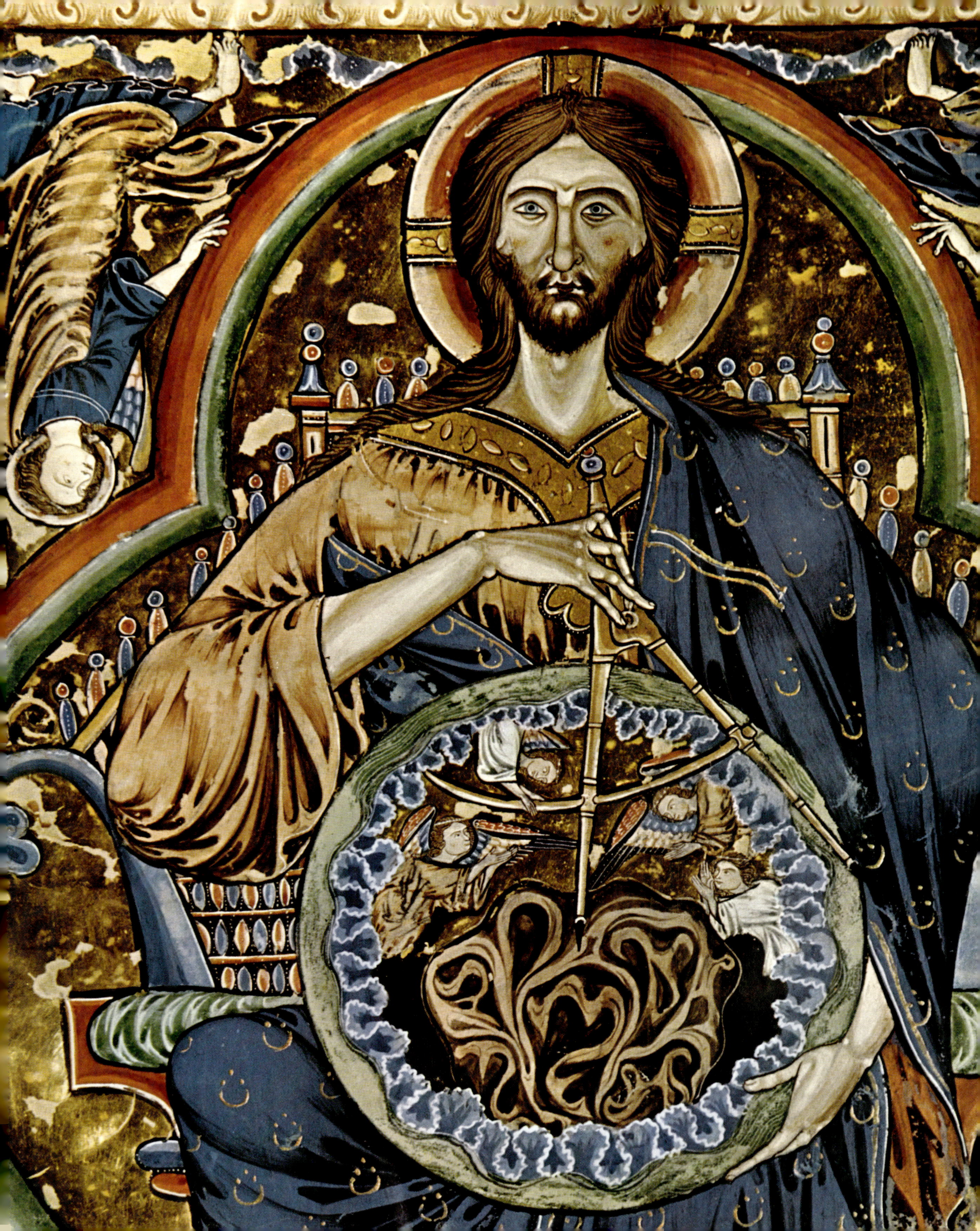

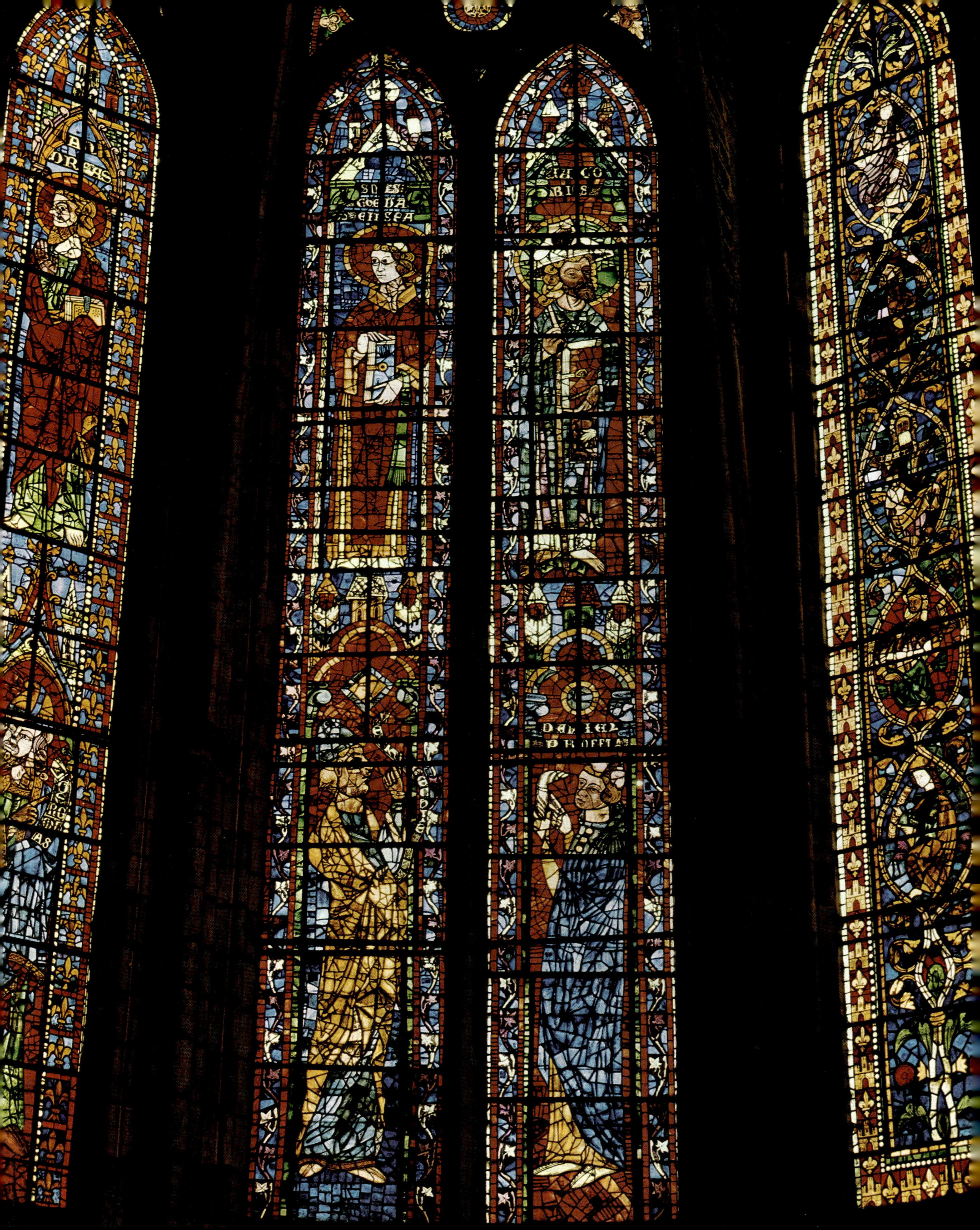

Toledo

Alfons VI. von Kastilien entriß den Mauren am 25. Mai 1085 die ehemalige Hauptstadt des Westgotenreichs, Toledo.

Die alte westgotische Kirche, die als Moschee diente, wurde dem christlichen Gottesdienst zurückgegeben. Ferdinand III. der Heilige, der 1227 den ersten Stein für die gegenwärtige Kathedrale legte, ließ sie abreißen. Nach einem Schriftstück aus diesem Jahr hieß der Architekt Martín; er leitete die Bauarbeiten bis 1234. Das Chorhaus war 1238 fertig. Nach Meister Martín hatte ein 'Petrus Petri' die Leitung inne; er starb 1291. Spanische Quellen nennen ihn auch Pedro Perez[9]; vielleicht ist er mit jenem Pierre de Corbie identisch, mit dem Villard de Honnecourt den

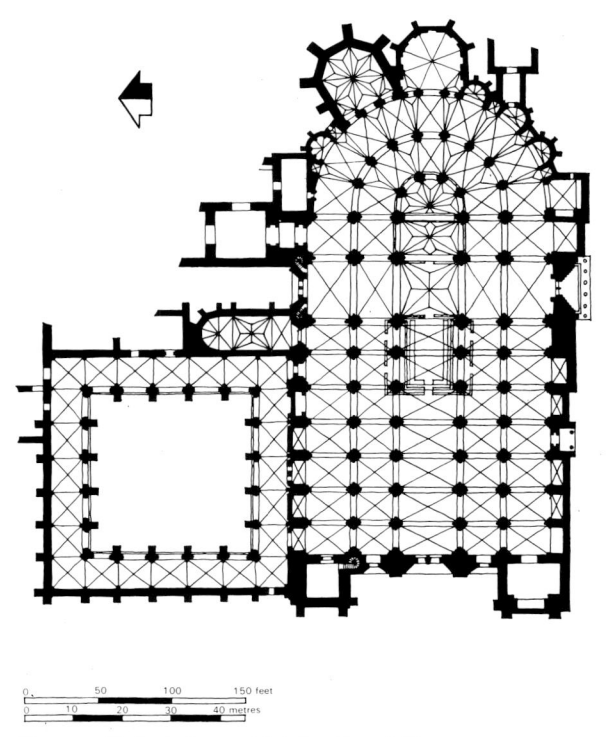

315 Kathedrale von Toledo. Chorumgang mit Durchblick zur Santiago-Kapelle mit der kostbaren Steinschranke. Man beachte die Kielbogen des Triforiums

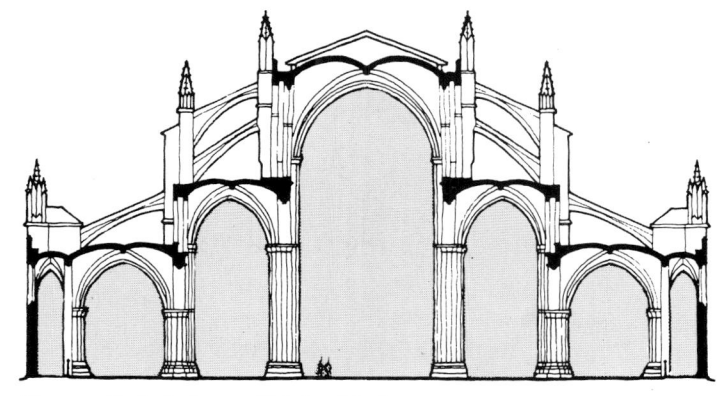

Fig. 21 Kathedrale von Toledo, Grundriß

Fig. 22 Kathedrale von Toledo, Schnitt

Chor in seinem Skizzenbuch gemeinschaftlich entwarf (s. S. 96); die sonderbare Anordnung von abwechselnd dreieckigen und rechteckigen Gewölbejochen auf der Skizze ähnelt denen im Chorumgang von Toledo (Fig. 21 u. Abb. 315). Der Bauplan mit den der Höhe nach abgestuften doppelten Seitenschiffen und dem Chorumgang greift auf Bourges zurück, betont aber weniger die Vertikale und um so stärker, sogar in einem für Spanien ungewöhnlichem Maß, die Breite. Ein Grund für die vollständige Erneuerung der Kirche war, mit der arabischen Bautradition zu brechen, die sich aber deutlich genug in den maurischen Hufeisenbögen des Triforiums im Chorumgang manifestiert (Abb. 315). Im Mittelschiff, an dem man bis zum Ende des 14. Jahrhunderts baute, blieb das Triforium weg; das klassische dreigeschossige Innere ersetzten zwei Elemente: Arkade und Fenstergeschoß (Abb. 318).

Selbst in einem Land, dem der Reichtum zweier Kontinente für die Ausstattung der Kathedrale zur Verfügung stand und

◁ 314 Kathedrale von León. Die hohen Fenster der Apsis aus dem 13. und dem 15. Jh.

wo die Kirchen nur selten ihrer Schätze beraubt wurden, ist die Kathedrale von Toledo einzigartig in ihrem Reichtum. Die Vielfalt von Meisterwerken reicht von illuminierten Manuskripten des Korans und des Talmuds und einer Sammlung von Priestergewändern, mit denen sich nur die Sammlung in der Eremitage von Leningrad messen kann, bis zu den Gemälden El Grecos, darunter die *Entkleidung Christi*. Unter den gotischen Schätzen ragt die dreibändige Bibel hervor, die Ludwig der Heilige Ferdinand dem Heiligen zum Geschenk machte. Sodann die noch in ursprünglichen Farben leuchtende *Virgen Blanca*, ein französisches Werk des 14. Jahrhunderts (Abb. 15). Das Reliquiar von Sant' Anita ist das Geschenk einer Königin von Navarra (Abb. 114). Schließlich gehört die Monstranz dazu, die am Corpus Christi-Fest in der Prozession mitgeführt wurde. Diese 'Custodia' schuf 1524 Enrique de Arfe, ein flämischer Goldschmied. Sie besteht aus vergoldetem Silber, wiegt 172 kg und hat die Form eines fast 3 m hohen gotischen Spitzbogens, mit Edelsteinen besät und gekrönt von einem Kreuz aus reinem Gold, das Kolumbus aus der Neuen Welt heimgebracht hatte.

Die Ausstattung der Kathedrale ist nicht weniger eindrucksvoll: da gibt es viele schöne Fenster, ein großartiges Chorgitter

316 Silbernes Reliquiar des ersten Bischofs von Toledo, des hl. Eugenio. Toledo, Schatzkammer

317 Kathedrale von Toledo. Detail des aus Lärchenholz geschnitzten Retablo mayor. Unten rechts die 'Custodia'

(vielleicht die schönste *reja* ganz Spaniens), mit Eingang zur Capilla Mayor[10], und hinter dem Hochaltar einen Altaraufsatz von berückender Schönheit. Die geschnitzten Retabel Spaniens sind einzigartig. Sie nahmen immer kolossalere Proportionen an und waren mehr als bloße Dekorationen; mit dem Bauwerk verschmolzen, reichten sie am Ende der Gotik bis zum Gewölbe, und ihre Gestaltung nahm ausgesprochen architektonischen Charakter an (Abb. 317 u. 339). Viele Fachleute waren daran tätig: ein *trazador*, oft ein Maler, der den Entwurf herstellte, zahlreiche Holzschnitzer, die *encarnadores* und *estofadores* (die die Fleischtöne anbrachten und die Ornamente bemalten) und die *doradores* (Vergolder). Die Retabel sind eine der letzten bedeutenden Manifestationen der mittelalterlichen Zusammenarbeit vieler Künstler, die dem Gesamtwerk ihre Individualität so vollständig unterordneten, daß es oft unmöglich ist, zwischen den Beiträgen der einzelnen zu unterscheiden.

Nur Sevilla besitzt ein Retabel, das den *retablo mayor* von Toledo (1498–1504) an Größe – aber nicht an Schönheit – übertrifft. Unter dem gewaltigen *Kalvarienberg*, der sich von den Gewölben abzeichnet, erblicken wir Passionsszenen – naturalistisch wie lebende Bilder aus einem Mysterienspiel – um eine äußerst fein skulptierte 'Custodia' gruppiert (Abb. 317). Der Entwurf stammt von Peti Juan (Petit Jean), unter dessen Leitung die burgundischen Meister Felipe Bigarny und Juan de Borgoña, die Niederländer Diego Coínn und Christiano, der deutsche Rodrigo Alemán und der Kastilianer Sebastián de Almonacid arbeiteten; solche internationale Zusammenarbeit ist für die Zeit typisch. Als die Niederlande und Burgund durch die Verbindung der Habsburger mit Johanna der Wahnsinnigen zum spanischen Reich kamen, wurde ihr Einfluß noch stärker.

An drei Seiten drängen sich die Gebäude der heute noch orientalisch anmutenden Altstadt an die Mauern der Kathedrale, die in einem selbst für Spanien ungewöhnlichen Maß durch die Anbauten aus Jahrhunderten verdeckt wird. Nur im Westen gehen die steilen, engen Gassen auf einen unregelmäßig geformten Platz hinaus, der vom Bischöflichen Palast, dem schönen Rathaus und der Kathedrale umsäumt wird (Abb. 321). Die großen Portale der Westfront stammen aus dem 15. Jahrhundert. Der schlanke Pfeiler des mittleren Portals trägt auf hohem Sockel eine *Christusfigur*. Die ungewöhnliche Reliefkomposition im Tympanon-Stil zeigt *Die Rückgabe des Meßgewands an San Ildefonso*. Das Wunder widerfuhr dem Bischof von Toledo 666, zum Lohn für die Verteidigung der Jungfräulichkeit Mariens. Die kolossalen Eisentore mit dem ineinandergreifenden Emblemen von León und Kastilien, der wunderbaren durchbrochenen Ornamentik und den doppelköpfigen Adler darüber harmonieren in ihrer Pracht mit ihrer Umgebung. Weniger gilt das von den Dingen, die im 17. Jahrhundert über den Portalen hinzukamen, vor allem dem theatralischen *Abendmahl*, das sich über dem Mittelportal wie auf einer schrägen Bühne hinzieht, so daß man die Tischplatte von unten sieht. Die sonderbar dreieckige Vorhalle, die den Blick auf die große gotische Fensterrose verstellt, behin-

318 Kathedrale von Toledo. Blick vom inneren Seitenschiff auf das Hauptschiff ▷

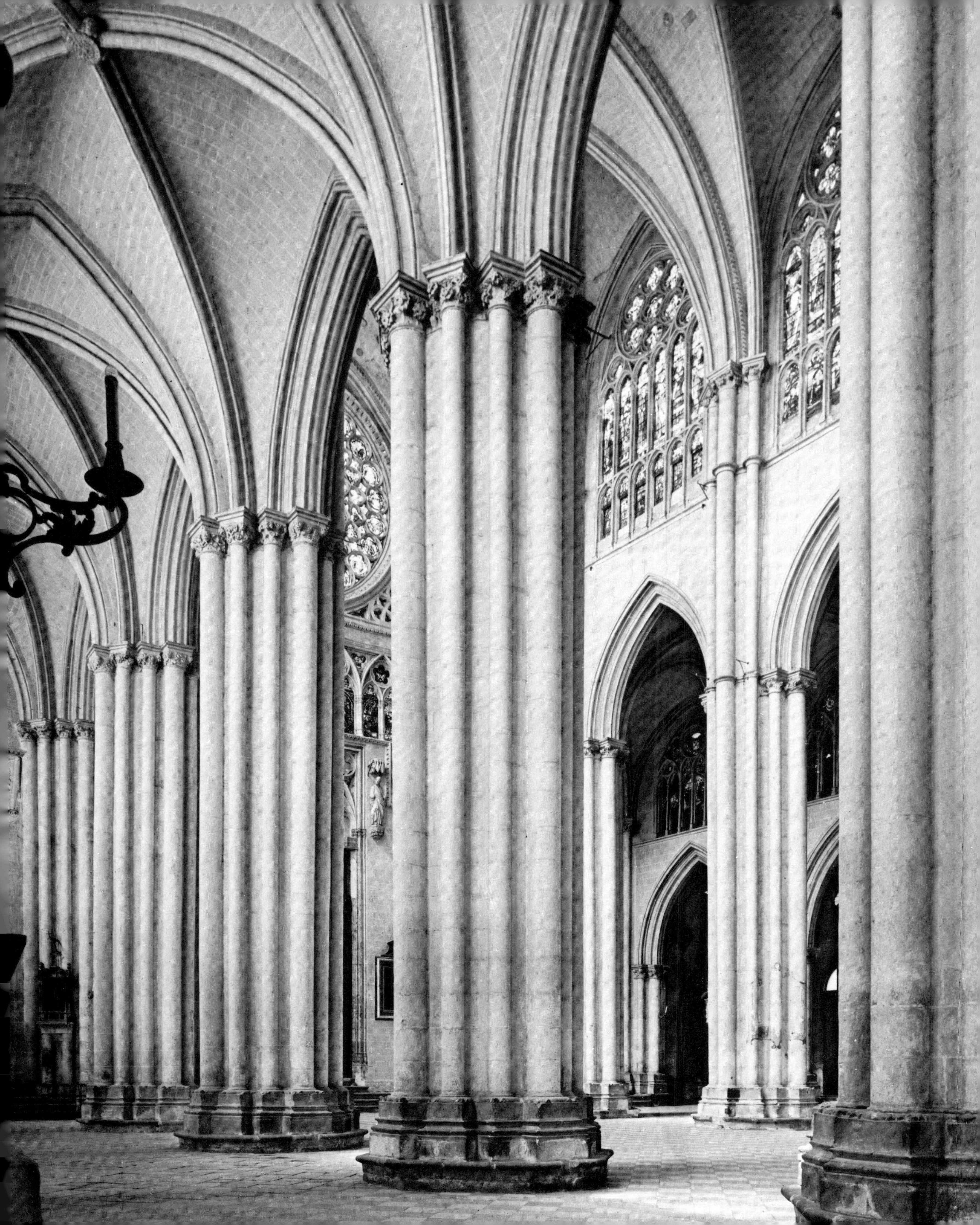

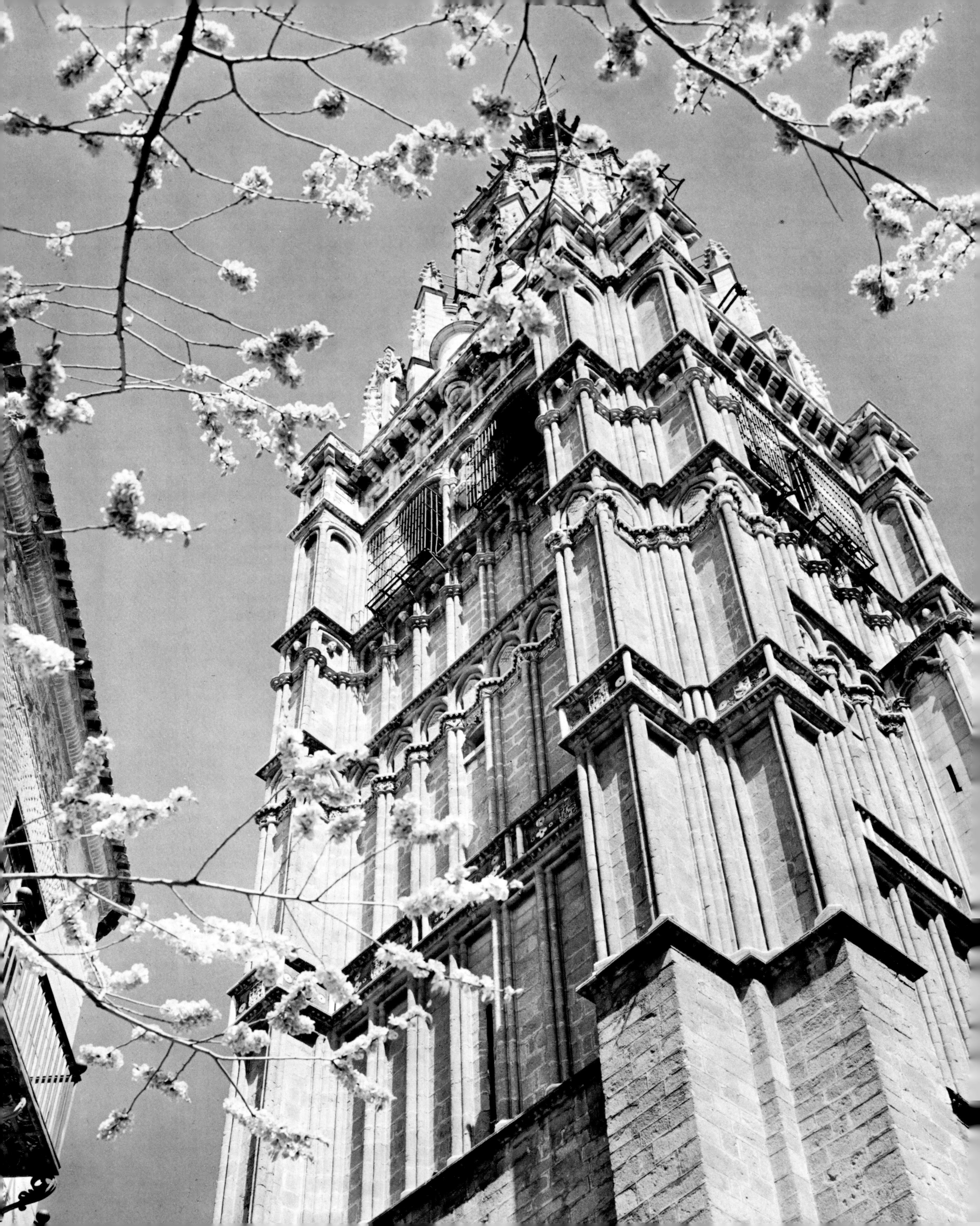

320   Kathedrale von Toledo. Mittleres Portal an der Westfassade

321   Kathedrale von Toledo. Die Westfassade und der große Turm mit der dreifachen 'Dornenkrone'

dert jedoch den Einfall des Lichtes nicht, so daß man die Fensterrose von drinnen in ihrer ganzen Schönheit bewundern kann (Abb. 318).

Ursprünglich waren zwei Westtürme beabsichtigt; der endgültige Entwurf des Nordturms läßt aber keinen Zweifel, daß man diesen Plan damals schon zugunsten des einzigen hohen Turms aufgegeben hatte, der jetzt trotz des Stilunterschieds erstaunlich gut von der Masse der klassischen Kuppel, einem Werk von Jorge Manuel Theotocopuli, dem Sohn El Grecos, im Gleichgewicht gehalten wird. Der große Turm erhebt sich über einem (um 1400 begonnenen) einfachen unteren Geschoß, das früher eine festungsähnliche Kapelle enthielt und jetzt die Schatzkammer birgt. Die darüber liegenden Geschosse, die Alvar Martínez zwischen 1425 und 1440 baute, sind mit Blendarkaden geschmückt; der strenge Eindruck des grauen Granits wird durch Gurtgesimse und einen Fries aus schwarzem und weißem Marmor mit eingelegter blauer und weißer Azulejo-Keramik und mit großen vorspringenden Gittern vor den Öffnungen des Glockenstuhls gemildert (Abb. 319). Nach der abschließenden Horizontale des vorspringenden Kranzgesimses erhält der Turm einen neuen vertikalen Auftrieb durch die Krone und Turmspitze, die Hanquín de Egas (Annequin de Eycken) aus Brüssel, der von 1448 an amtierende *maestro de la obra*, errichtete. Das hohe Achteck, verstärkt durch Strebepfeiler mit Fialen, erzeugt ein wirkungsvolles Spiel von Licht und Schatten; es läuft in eine oktogonale Helmspitze aus, mit nicht eben schönen, aber eindrucksvollen Stachelornamenten umgeben, die eine dreifache 'Dornenkrone' bilden.

Meister Hanquin de Egas schuf auch das große Portal am südlichen Querschiff, die Puerta de los Leones. Das Tympanon wurde im 18. Jahrhundert verschandelt, die schön geformten Pfosten jedoch tragen Skulpturen von Juan Alemán, »schön in der Linie, edel in der Form und klar von Umriß[11]« (Abb. 322).

322   Kathedrale von Toledo. Skulpturen vom Gewände der 'Puerta de los Leones', von Juan Alemán (nach 1465)

◁ 319   Kathedrale von Toledo. Der Westturm aus grauem Granit

Leon

Die kleine Stadt León mit ihrem großstädtischen Gepräge war im 10. Jahrhundert die bedeutendste Stadt des christlichen Spaniens und die Hauptstadt Asturiens. Das Königreich war allen anderen bei der Reconquista vorangegangen, und als es später unter Ferdinand dem Heiligen mit Kastilien vereinigt wurde, konnte es sich stolz darauf berufen, daß es eine Dynastie von vierundzwanzig Königen gehabt hatte, bevor es in Kastilien noch Gesetze gab.

Mit dem Bau der heutigen Kathedrale wurde kurz vor 1255 begonnen. Das Gebäude war mit Ausnahme der Türme um 1303 vollendet. Es ist ziemlich sicher, daß der Entwurf von demselben

323 *Der Eingang zum Paradies*. Aus der Darstellung des *Jüngsten Gerichts* von der Westfassade der Kathedrale zu León

Maestro Enrique stammt, der zwischen 1243 und 1260 die Querschiffe und das Langhaus von Burgos baute. Durch die Erfahrungen, die er sich dabei aneignete, in seinem Selbstvertrauen bestärkt und durch den Anreiz eines Neubeginns befeuert, vollbrachte er hier eine wahrhaft avantgardistische Leistung. Mit Burgos verglichen, ist der Fortschritt erstaunlich. Maestro Enrique ließ sich diesmal hauptsächlich von Reims inspirieren und bewies, als wolle er einen Ausgleich für die geringeren Maße des Gebäudes schaffen, um so größeren architektonischen Wagemut; er verfeinerte und reduzierte das Profil der Pfeiler und schuf ein verglastes Triforium (Abb. 71 u. 305). Dadurch beschleunigte er beinahe eine Katastrophe, wie Beauvais sie erlebte. Einige Jahrhunderte später zeigte das Gebäude Anzeichen von Baufälligkeit, und viele Öffnungen wurden zugemauert, darunter das Trifo-

324 Kathedrale von León. *Kopf des Verkündigungsengels*, dessen Lächeln an ▷ den Engel von Reims erinnert

325 Tympanonfiguren im Vestibül des Kreuzgangs der Kathedrale von ▷ León (um 1300). Die ursprünglichen Farben sind noch erhalten

rium; um die Mitte des 19. Jahrhunderts stand das Bauwerk nahe vor dem Einsturz und mußte vollständig restauriert werden. Der Neubau begann 1859; erst 1901 wurde die Kathedrale wieder eingeweiht. Ein Wunder, daß fast alle Glasfenster im ursprünglichen Zustand erhalten sind.

Die Glasmalerei stellt Leóns höchsten Ruhm dar. Den Archiven des Kapitels zufolge arbeiteten schon 1263 zwei Glasmaler, Adam und Fernán Arnol, an den Fenstern; ein Jahr später kam Pedro Guillermo hinzu, der fünfzehn Jahre lang hier tätig war. Nach einer Eintragung von 1281 war Juan Pérez, der Enrique als Baumeister folgte, zugleich auch Glasmaler – ein Beweis für die vielfältigen Fertigkeiten des mittelalterlichen Künstlers. Das 14. Jahrhundert war für León eine unruhige Zeit, so daß die Arbeit an den Fenstern nur geringe Fortschritte machte, doch im 15. Jahrhundert wurde sie mit neuem Eifer aufgenommen und das Werk im großen ganzen vollendet. Nur selten harmonieren Glasmalereien aus dem 13. und 15. Jahrhundert so vollkommen miteinander wie hier (vgl. Abb. 314). Die großen Figuren (15. Jh.) sind in den selben tiefen Tönen gehalten wie der *Jessebaum* (13. Jh.)[12]. Um dieser gleichbleibenden Tönung der Fenster willen, die auch bei der eingreifenden Restaurierung des 19. Jahrhunderts beobachtet wurde, muß man dem Glas einen hohen Wert zuerkennen, auch wenn es die lichtzerstreuende Wirkung von Glanzflecken nicht besitzt. Unter den großen Kathedralen Europas wurde die von den Kathedralenbauern des 13. Jahrhunderts erstrebte magische Eigenschaft des Lichtes nur in Chartres und León voll und ganz erreicht.

An der Westfront wird das Volumen des Mittelschiffs, das die Seitenschiffe überragt, zu klarem Ausdruck gebracht, indem Strebebogen die Schlucht zwischen dem Mittelschiff und den Türmen zu Seiten der Seitenschiffe überspannen (Abb. 328). Neben dieser herausfordernden Betonung architektonischer Lauterkeit, dem Kern französischer *raison*[13], wirkt der große Blendgiebel mit der Fensterrose, durch die man den Himmel sieht, um so unheimlicher – als wäre der Bau unvollendet oder durch einen Brand zerstört. Bei dieser nach Spanien verpflanzten französischen Kathedrale könnte man sich vorstellen, daß hier das in Nordeuropa übliche hohe Dach geplant war, aber dann nicht gebaut wurde.

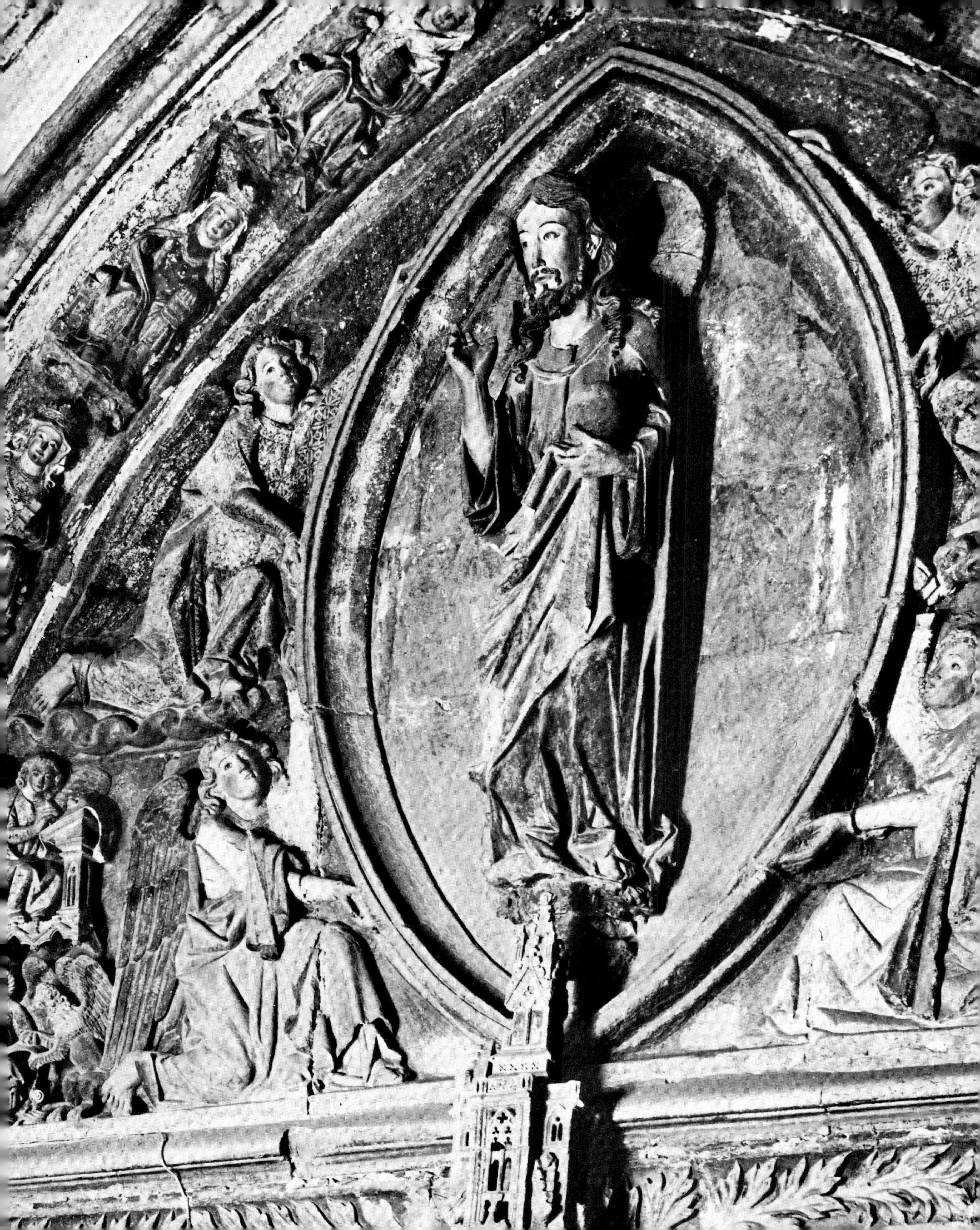

Westfassade und südliches Querschiff haben die mit reicher Bauplastik geschmückten dreifachen Portale nach dem Vorbild von Chartres. Bemerkenswert ist die reizvolle Paradiesdarstellung im *Jüngsten Gericht* (Abb. 323). Links öffnet Petrus einem knienden Papst das Himmelstor. Von größtem Interesse ist die Gruppe rechts, die das Lebensgefühl dieser Zeit bezeugt. Waren früher die Blicke der Seligen starr auf das Himmelstor gerichtet, so scheint es hier eine lebensfrohe Menge mit dem Eintreten nicht eilig zu haben; sie wendet ihre Aufmerksamkeit dem elegant gekleideten jungen König und dem jugendlichen Orgelspieler zu, dessen Gehilfe die Blasbälge zieht. Henri Focillon wies auf die ausgesprochen spanischen Typen und Kostüme hin[14]. Das bunte Laubwerk auf dem Türsturz darunter aber könnte gradewegs aus Reims (Abb. 139) kommen. Die Ähnlichkeit tritt noch stärker auf älteren Fotos hervor. Seit fünfzig Jahren etwa schilfert der Stein ab und wurde porös, so daß die Skulpturen von León sonderbar entstellt erscheinen. Unter den zum Glück verschonten Bildwerken befindet sich der schöne *Engel der Verkündigung*, der wohl vom Südportal stammt, jetzt aber in einer vom Kreuzgang ausgehenden Halle steht (Abb. 324).

Durch das Tor am nördlichen Querschiff gelangt man in ein weiträumiges Vestibül, das durch schmale Öffnungen mit dem Kreuzgang verbunden ist. Durch diese doppelte Barriere fällt nur wenig Licht auf das reich dekorierte Portal aus der Zeit um 1300 – ein Nachteil, bis die Augen sich an die Dämmerung gewöhnt haben. Dann erkennt man, daß die Plastiken gerade durch das Dunkel ihre ursprünglichen Farben fast vollkommen bewahrt haben. Die sinnende *Maria* auf dem Pfosten scheint das Schicksal ihres Sohnes zu ahnen. Darüber im Tympanon tragen Engel mit rosigen Wangen eine Mandorla, in der ein *Triumphierender Christus* mit Reichsapfel seinen Segen erteilt (Abb. 325).

Es gibt noch vieles in der Kathedrale zu bewundern[15]. Unvergeßlich bleibt der harmonische Einklang von Architektur und Glas. León ist nicht die originellste Kathedrale Spaniens, doch der Innenraum in seiner reinen Schönheit, im Mittelalter als 'Pulchra Leonina' berühmt[16], ist unübertroffen.

Pamplona

Das Königreich Navarra, zu dem im Mittelalter die gleichnamigen spanischen und französischen Provinzen gehörten, spielt in der spanischen Geschichte eine bedeutende Rolle. Obwohl von einem französischen Herrscherhaus regiert, blieb es dem Wesen nach spanisch, und seine Hauptstadt Pamplona lag auf spanischem Gebiet. Die Lage der Stadt an dem großen Pilgerweg nach Santiago de Compostela, der die Pyrenäen bei Roncesvalles überquerte, verlieh dem Königreich religiöse Bedeutung und erfüllte die Bevölkerung mit einem Missionseifer, den sie sich bis zum heutigen Tage bewahrt hat. Hier wird bei religiösen Zeremonien eine Feierlichkeit zur Schau getragen, die das Gegenstück zu dem Überschwang und der fast heidnischen Fröhlichkeit während der 'Semana Santa' in Sevilla bildet.

Mit dem Bau der Kathedrale wurde 1397, wohl unter Leitung des französischen Baumeisters Jacques Perut, begonnen; in den folgenden dreißig Jahren wurde das Gebäude zum großen Teil vollendet[17]. Ein klassizistischer Portikus an der Westfassade entstellt das Äußere, aber das strenge und zugleich elegante Innere ist homogen und stilrein, und trotz der französischen Abwandlung der Formen mit den schmalen Fensteröffnungen, die in große, glatte Mauerflächen eingelassen sind, ausgesprochen spanisch – die Antithese zu der Glaskirche Nordeuropas (Abb. 326).

Das Prunkstück der Kathedrale ist der 1317 begonnene Kreuzgang[18], der zu den schönsten ganz Europas zählt (Abb. 327, 331 u. 332). Die feinen, rautenförmigen Verbindungsschäfte der spätgotischen Arkade vereinen Kraft mit Eleganz; das Maßwerk, durch das man auf die Zypressen und Palmen des Klostergartens blickt, wirft bei Sonnenauf- oder -untergang ein berückendes

327 Kathedrale von Pamplona. Spätgotisches Maßwerk der Kreuzgang-Arkaden (unten)

326 Kathedrale von Pamplona. Blick in das Gewölbe der Vierung. Typisch spanisch sind die kleinen Fensteröffnungen (oben rechts) in der glatten Mauerfläche

328 Westfassade der Kathedrale von León. Die Portale und die Front des Mittelschiffs stammen aus dem 13. Jh., der Nordturm aus dem 14. Jh., der Südturm, ein Werk von Maestro Jusquín aus Utrecht, aus dem 15. Jh. ▷

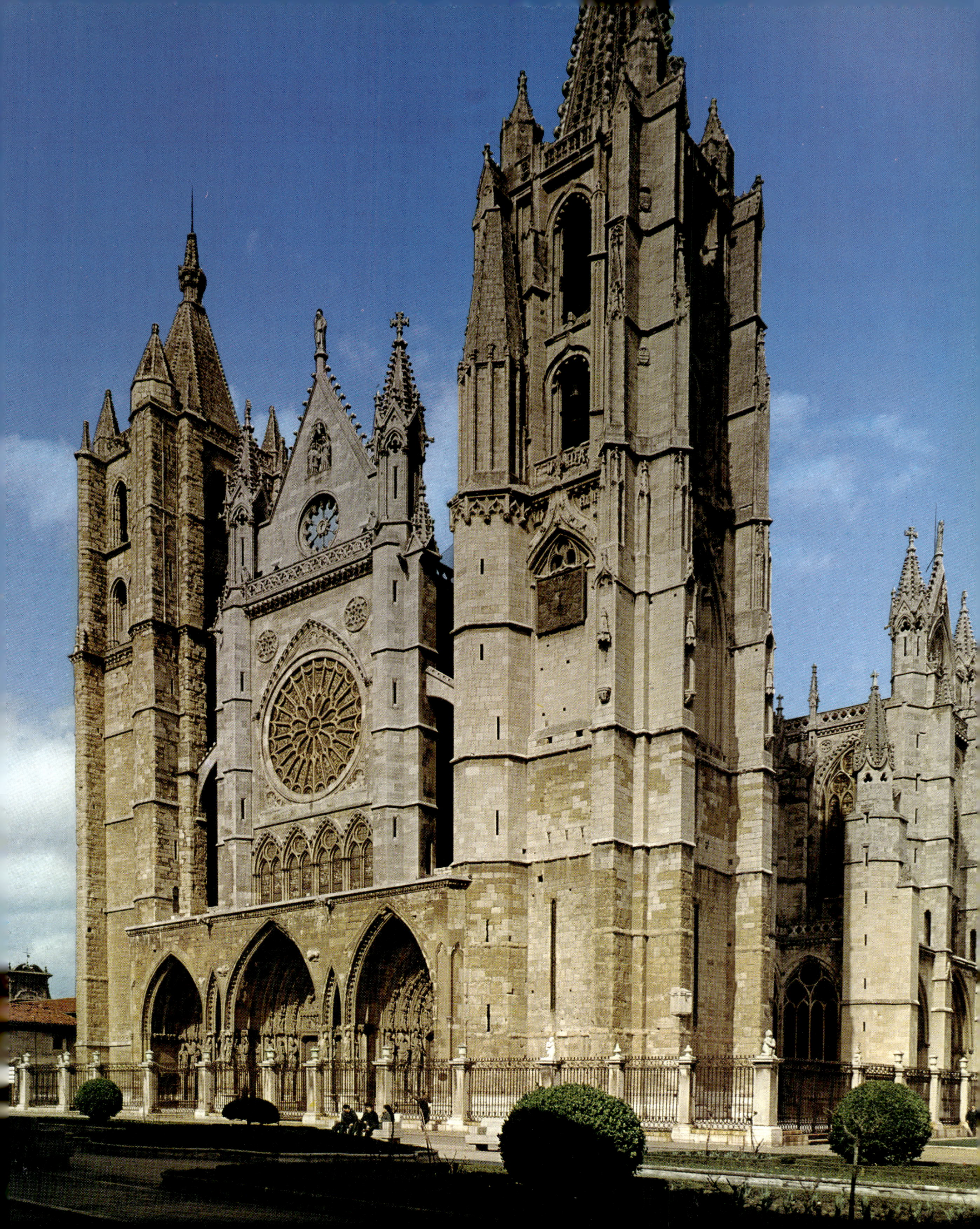

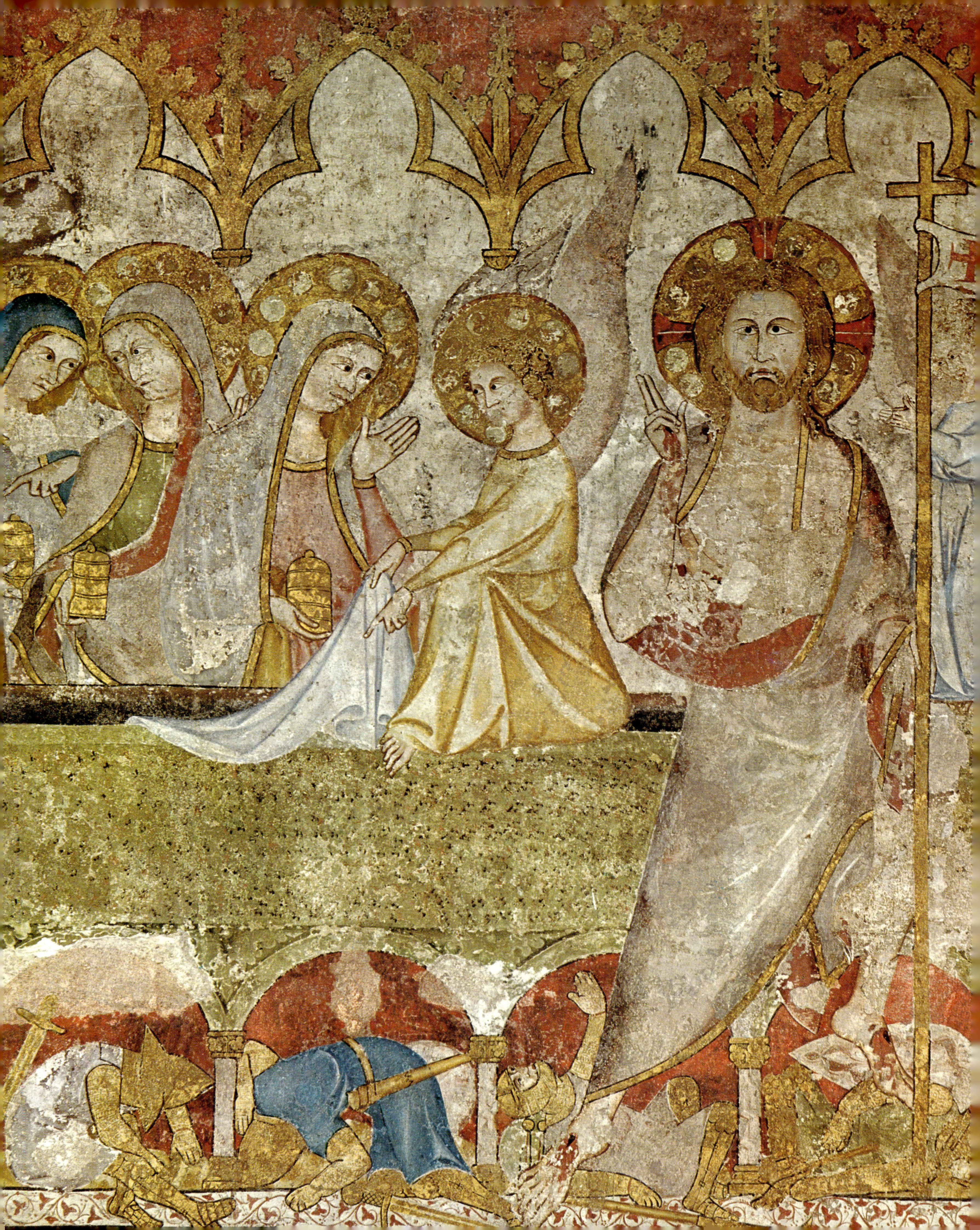

Schattenmuster auf die glatte Kreuzgangwand. Einen herrlichen Blick bietet der obere Kreuzgang, zu dem eine Wendeltreppe hinaufführt. Die Kunst, Licht und Dunkel, Volumen und leeren Raum, verschwenderische Ornamentik und asketische Formenstrenge in ein Gleichgewicht zu bringen – ein spanisches Talent –, zeigt sich hier in vollendeter Weise: in den giebelverzierten Bogenstellungen, dem schlichten oberen Geschoß mit seinem schrägen Dach und der massigen Mauer des Querschiffs, deren Stärke die Einfassung der Fensterrose noch betont (Abb. 331).

Auf dem Pfosten des Tores, das von der Kathedrale zum Kreuzgang führt, steht die hochverehrte *Nuestra Señora del Amparo*, zu deren Füßen immer neue Blumenspenden niedergelegt werden. Im Tympanon darüber stellt ein vielfiguriges Hochrelief den *Tod Mariä* dar (Ende 14. Jahrhundert). Die Farben sind gut erhalten (Abb. 330). Die kindliche Figur der Jungfrau – die der Überlieferung nach vom Alter unberührt blieb – steht in starkem Kontrast zu den scharf umrissenen Gesichtern der Apostel. Vom Kreuzgang aus erreicht man das frühere Refektorium, jetzt Kapelle, und die Küche mit dem großen Kamin in der Mitte – was daran erinnert, daß das Kapitel der Kathedrale ein Gemeinschaftsleben führte. Die wohlerhaltenen gotischen Wandmalereien des Refektoriums wurden auf Leinwand übertragen und sind heute im Museo de Navarra. Bemerkenswert ist der *Auferstandene Christus*, der triumphierend vor dem offenen Grab steht, wo die drei Marien, Salbtöpfe tragend, ein Gespräch mit dem Engel führen (Abb. 329). Das Werk, 1330 datiert, ist mit 'Johannes Oliveri' (Juan Oliver) signiert. Stilistische Ähnlichkeiten mit der englischen Malerei dieser Zeit führten zu der Vermutung, der Künstler sei Engländer gewesen[19].

Die Schatzkammer birgt das silberne Reliquiar vom Heiligen Grab, 1258 datiert, der Überlieferung zufolge ein Geschenk Ludwigs des Heiligen an die Kathedrale (Abb. 333). In einem offenen Schrein, dessen kostbare Arbeit an den der Sainte-Chapelle erinnert, stehen die drei Marien und der Engel, der auf den gläsernen Deckel des Sarkophages weist, in dem die Reliquie, ein Stein vom Heiligen Grabe, liegt, und zu dessen Füßen die kleinfigurigen Wächter des Pilatus eingeschlafen sind, zwischen ihnen, auf der Matte, Krug, Becher und Würfel.

332 Umseitig: Blick in den Kreuzgang der Kathedrale von Pamplona

333 S. 279: Silberreliquiar des Heiligen Grabes (1258). Ein Geschenk Ludwigs des Heiligen an die Kathedrale von Pamplona. Pamplona, Schatzkammer

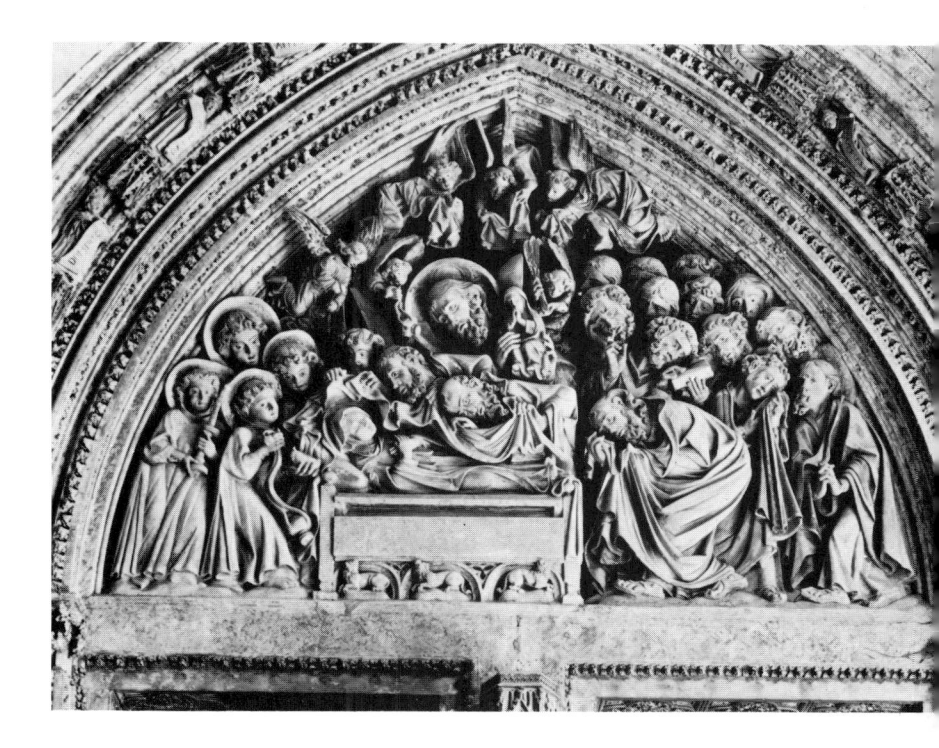

◁ 329 *Der auferstandene Christus*. Detail einer Wandmalerei von Juan Oliver (1330), aus dem Refektorium der Kathedrale. Pamplona, Museo de Navarra

330 Kathedrale von Pamplona. *Marientod*, polychromes Relief im Kreuzgang (spätes 14. Jh.) (oben)

331 Kathedrale von Pamplona. Blick auf Kreuzgang und südliches Querschiff ▷

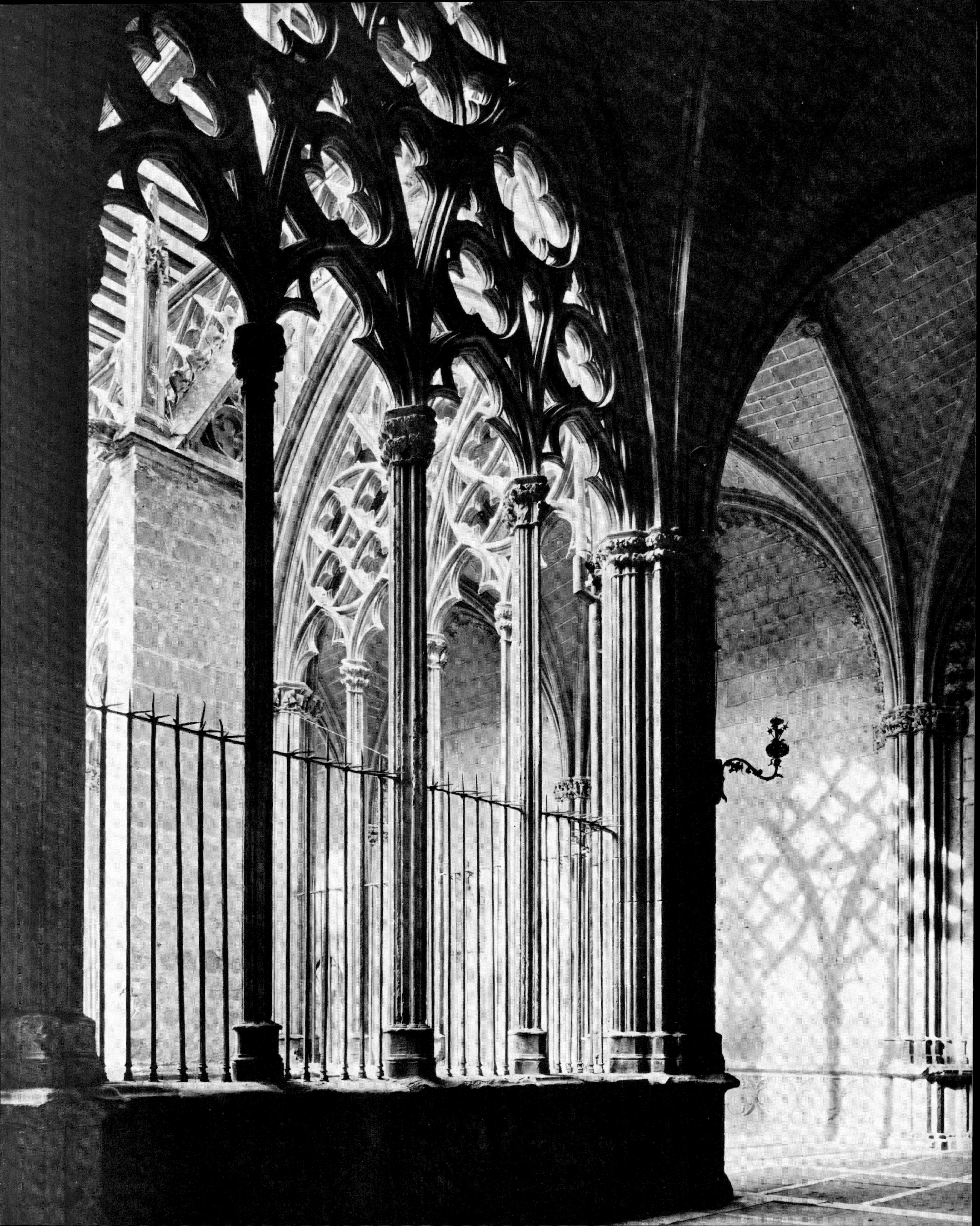

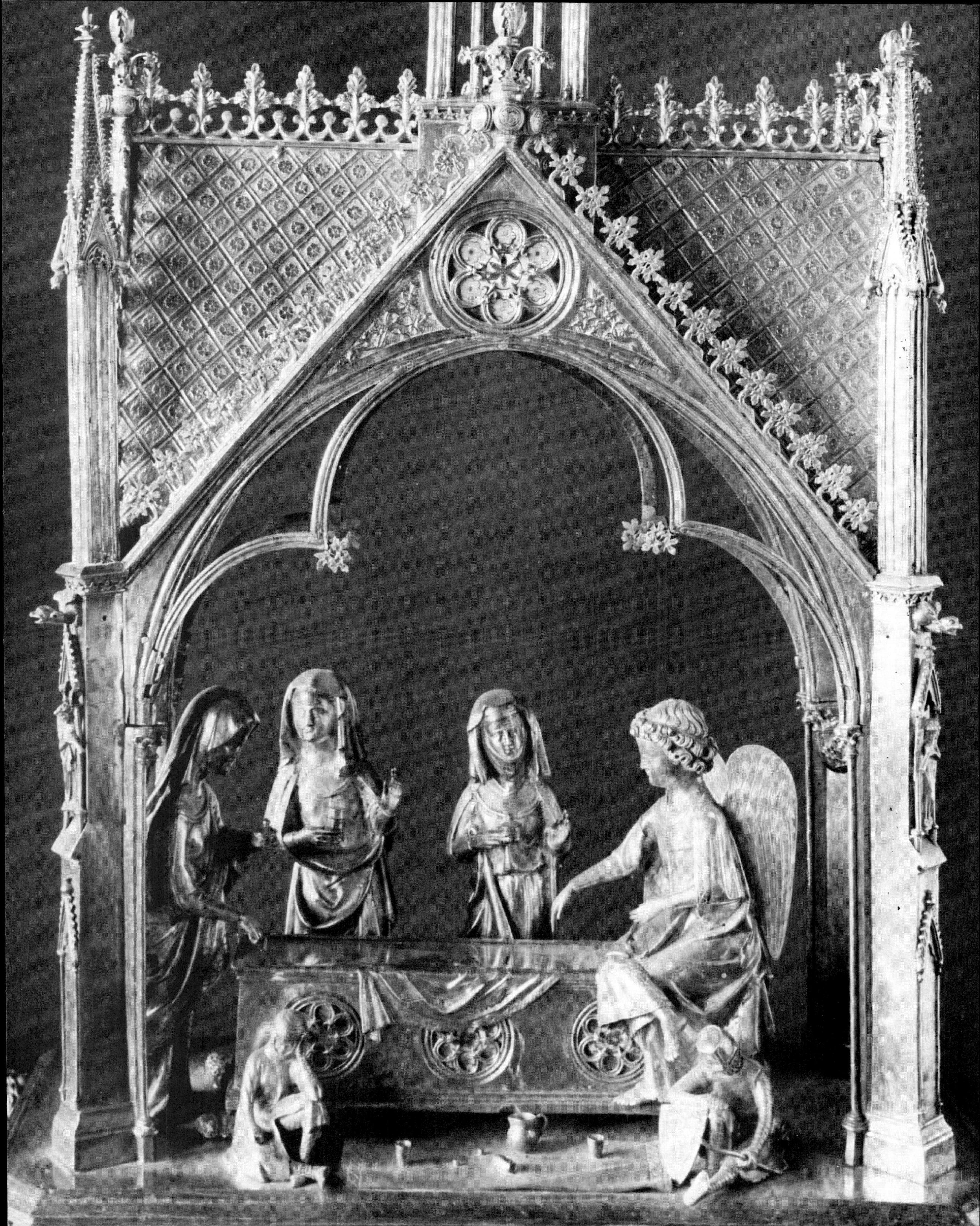

Palma de Mallorca

Die Balearen, die Inseln der Hesperiden der Griechen, fielen früh in die Hände der maurischen Eroberer und wurden erst 1229 rückerobert. In diesem Jahr stach eine große Flotte unter Jakob I., dem jugendlichen König von Aragonien und Grafen von Barcelona, in See und wäre beinahe in einem heftigen Sturm umgekommen. Sie benötigte für die hundert Meilen von Barcelona nach Mallorca volle drei Tage. Palma wurde nach viermonatiger Belagerung erobert. Gleich darauf begann man, wohl in Erfüllung eines während der Seenot getanen Gelübdes, mit dem Bau der Kathedrale auf dem Gelände der Hauptmoschee.

Die 'Capilla Mayor' konnte schon vor 1264 vollendet werden, später kam der Bau aber nur sporadisch voran, und zu Ende des Jahrhunderts ging das Kapitel in seiner Verzweiflung zu einer merkwürdig modernen Werbeaktion über, wobei Spender für einen bestimmten Beitrag die Zusage erhielten, daß ihr Wappen die Gewölbebossen schmücken würde. In dem gegenwärtigen Bauwerk ist wohl nur wenig von dem ursprünglichen Gebäude übriggeblieben. Umstritten ist die Urheberschaft des kühn entworfenen Hauptschiffes, das aus dem 14. Jahrhundert stammt. Man nennt Meister Pere Salvô, der 1309 für Jakob II. das großartige, gleicherweise neuartige Schloß von Bellver mit rundem Grundriß auf einem die Stadt beherrschenden Hügel baute[20]; aber auch den berühmten katalanischen Baumeister Jaime Fabre, der, gebürtig von Mallorca, in der ersten Bauphase die Arbeit an der Kathedrale von Barcelona leitete und dort wahrscheinlich auch die große Kirche Santa Maria del Mar[21] baute. Hier wie auch in Palma macht sich der Einfluß der breitschiffigen Kongregationskirchen Südfrankreichs geltend, was nicht wundernimmt, da das 1262 von Jakob I. geschaffene unabhängige Königreich Mallorca, das große Pracht entfaltete und erst 1344 mit Aragonien vereinigt wurde, Roussillon und die Grafschaft Montpellier mit umfaßte.

Die Arbeit am Hauptschiff zog sich durch das 14. und 15. Jahrhundert hin – zum Glück nach dem ursprünglichen Plan. Als man zur Westfassade kam, herrschte schon der Renaissancestil. Nur das mittlere Portal in reich verziertem platereskem Stil kam zur Ausführung, und erst Mitte des 19. Jahrhunderts wurde die Arbeit wieder aufgenommen und die Fassade im neugotischen Stil vollendet.

Eine prächtigere Lage für eine Kathedrale läßt sich kaum vorstellen: auf dem großen Felsen ragt sie empor, von Süden in ihrer ganzen Breite sichtbar und gleichsam das Meer umfangend. Vom Schiff aus steht die fialengeschmückte Silhouette schwerelos im ungewissen Licht des Morgens; von der Hafeneinfahrt aus gesehen, scheinen die geraden Linien ihrer gedrängten Strebepfeiler die Takelage der vielen kleinen Schiffe im Hafen wiederzuspiegeln.

Das große Schiff, in seiner 'kubistischen' Kraft und Schlichtheit ausgesprochen spanisch, wird von dem immer wiederkehrenden Leitmotiv des Strebewerks beherrscht. Oberhalb der kolossalen, glatten Sockelmauer sind polygonale Kapellen zwischen die Hauptpfeiler eingeführt; sie werden verstärkt durch je zwei Strebepfeiler, die alle die gleiche Höhe haben und so weit wie die Hauptpfeiler hervortreten; Fialen, mit Kriechblumen verziert, bilden ihren Abschluß. Hierdurch wird der Eindruck einer sta-

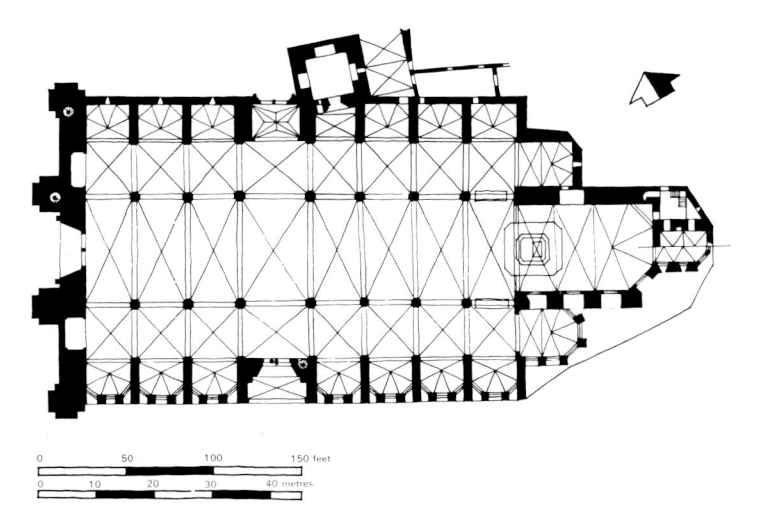

Fig. 23 Grundriß der Kathedrale von Palma. Die untere Hälfte zeigt den Schnitt durch den oberen Teil der Kapellen, so daß die einzigartige Anordnung der verbindenden Strebepfeiler deutlich wird (vgl. Abb. 334)

334 Die palisadenartige Südfassade der Kathedrale von Palma. Die Kapellen zwischen den Hauptpfeilern erhielten ihr Licht durch Lanzettfenster, die später teilweise durch Mauerwerk verschlossen wurden

cheligen Palisade erzeugt, die einen optischen Zusammenhalt in dem horizontalen Gurtgesims findet (Abb. 47 u. 334). Einladend inmitten dieser Fassade von soldatischer Strenge ist das tief zurücktretende, reich skulptierte Mirador-Portal, von Pedro Morey ab 1389 erbaut.

Das Innere ist überwältigend. 19 m breit und 44 m hoch ist das Hauptschiff. Die Seitenschiffe schwingen sich bis zum Bogenansatz des Hauptschiffgewölbes hinauf und erreichen eine Höhe von 32 m. Hauptschiff und Seitenschiffe bedecken eine Fläche von 110 x 55 m und sind durch vierzehn schmucklose achteckige Pfeiler voneinander getrennt, die, bei einem Durchmesser von 1,60 m, in einem Abstand von 9 m – beim Mirador-Joch 11,50 m – stehen. Es gibt in der Geschichte der gotischen Architektur kein zweites Beispiel für ein solches Mindestmaß an Stützen innerhalb eines einheitlichen Raumes. Wie man aus den Zahlen errät, wird der Eindruck eines eher gegliederten als unterteilten Riesenraums erzeugt, wie zuvor nur in Bourges. Der Effekt ist am stärksten, wenn man nach Osten zu auf das Sanktuarium blickt. Da der früher gebaute Chor um ein Drittel niedriger ist als das Hauptschiff, ergibt sich am Übergang vom Hauptschiff zum Chor ein weites Fenstergeschoß mit einem großen Rundfenster, 11,50 m im Durchmesser, dessen Maßwerk ein von der islamischen Kunst beeinflußtes Sternmuster bildet, und dessen farbensprühende, abstrakte Glasmalereien allmorgendlich den Raum in Farbenglut tauchen (Abb. 5). Die zwei kleineren Fensterrosen an der Ostseite der Seitenschiffe zu Seiten dieses Rundfensters haben eine grelle moderne Glasmalerei; dasselbe wiederholt sich am östlichen Abschluß des Chors, wo die Rose von zwei großen Lanzettfenstern flankiert wird. Unterhalb dieser Rose an der Apsis gestattet die offene Bogenstellung einen Blick in die winzige Dreifaltigkeitskapelle. Sie liegt 6 m über dem Boden und wird daher mit ihrer Ausstattung oberhalb des Chors sichtbar.

Der ursprünglich ummauerte *coro* befand sich zunächst, wie in Spanien üblich, innerhalb des Schiffs, wurde aber nach dem Chor verlegt, als Antonio Gaudi zu Beginn des 20. Jahrhunderts das Innere erneuerte[22]. Er brachte eigentümliche, aber wirkungsvolle Leuchtkörper an, die die großen Pfeiler des Hauptschiffs wie spitzige Rosenkränze umringen und ihre aufwärtsstrebende Grazie eher betonen als unterbrechen. Die Retabel des Chors aus dem 14. Jahrhundert verbannte Gaudi an eine Seitenwand des Hauptschiffs. Den Hochaltar zog er nach vorne und hängte darüber einen riesigen, kantigen Kronleuchter aus skulptiertem Metall, ein Meisterwerk der Art Nouveau, das aber schlecht zu der gotischen Umgebung paßt.

335 Kathedrale von Palma. Tierschnitzereien am Chorgestühl. Links: *Affe als Tuba spielender Mönch*

336 Skulptur vom Mirador-Portal der Kathedrale von Palma

Sevilla

Am 8. Juli 1401 hielt das Kapitel der Kathedrale von Sevilla eine historisch gewordene Tagung ab. Es ging um den Neubau der großen ehrwürdigen Moschee, die als Kathedrale diente, seitdem Ferdinand der Heilige 1248 die Stadt wiedererobert hatte, die nun aber Anzeichen des Verfalls zeigte und zudem kein adäquater Ausdruck für die religiöse Leidenschaft und den Bürgerstolz der blühenden Stadt war. Man faßte den Entschluß, »eine so schöne Kirche zu bauen, daß keine andere ihr gleich käme... so groß und von solcher Art, daß alle, die sie schließlich sehen würden, denken müßten, daß wir verrückt waren!« Die Abmessungen der Kathedrale – nur vom Petersdom übertroffen – rufen tatsächlich ungläubiges Staunen hervor. Abgesehen von späteren weiträumigen Anbauten, bedeckt das gotische Bauwerk mit Hauptschiff und gleich hohen doppelten Seitenschiffen, flankiert von Kapellen, die zwischen die Strebemauern eingefügt sind, ein 120 m langes Rechteck und besitzt die nie erreichte, durchgängige Breite von etwa 75 m.

Der ungewöhnliche rechteckige Grundriß (Fig. 24), welcher dieselbe Fläche einnimmt wie die Moschee, zeigt den für Spanien typischen Drang nach immer größerer Weiträumigkeit in seiner prägnantesten Form. Trotz der großen Höhe der Gewölbe – 40 m im Hauptschiff und in den Querschiffen, und 26 m in den beiden doppelten Seitenschiffen – gewinnt man beim Umhergehen in dem weiten, widerhallenden Inneren den Gesamteindruck einer scheinbar unbegrenzten horizontalen Raumweite, die bezeichnenderweise auch ein Hauptmerkmal der Moschee ist. Und doch erlauben die beiden großen, den Blick verstellenden Elemente der 'Capilla Mayor' und des 'Coro' nicht, den gesamten Raum von einem Punkte aus zu überschauen. Das gewal-

337 Kathedrale von Sevilla. Blick nach Westen

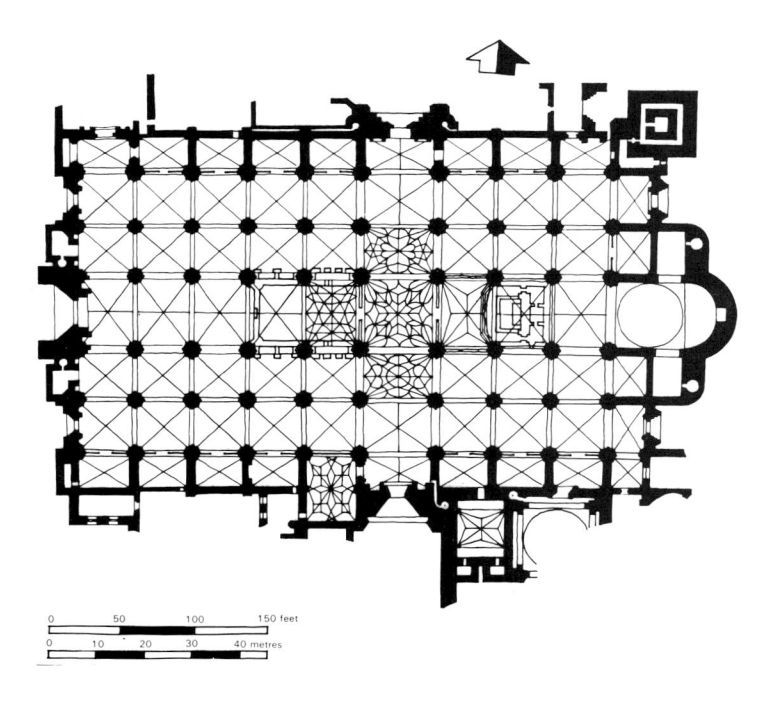

Fig. 24 Grundriß des Hauptgebäudes der Kathedrale von Sevilla. Oben rechts der Giralda-Turm

tige Ausmaß des Ganzen läßt die Teilansicht der Abb. 337 nur erahnen. Doch veranschaulicht das Bild etwas von der strengen Größe, die ohne die wunderschönen Renaissancefenster vielleicht kalt anmuten würde.

Die Einzelheiten sind im Hinblick auf die späte Entstehungszeit erstaunlich maßvoll. Freilich wird, was die interessanten Pfeilerbasen in Form eines Achtecks mit ausgehöhlten Seiten versprechen, von den Pfeilern selbst nicht erfüllt. Die vielen verschwommenen Ornamente verdecken die Grundform eher als sie zu betonen, und die Kapitelle zerschneiden die vertikalen Pfeilerschäfte mit einer bei ihrem geringen Umfang erstaunlichen Vehemenz. Solche Kleinigkeiten schmälern jedoch nicht den Gesamteindruck einer gewaltigen Raumeinheit, die diese Kathedrale auszeichnet.

Die Dokumente der ersten Bauphasen gingen durch den Brand im Alten Alcázar von Madrid verloren, wohin man sie auf Geheiß Philipps II. gebracht hatte. Der Entwurf stammt sicherlich

338 Kathedrale von Sevilla. Blick auf die 1518 von Juan Gil de Hontañon neugebauten Gewölbe mit ihrer reichen Ornamentik

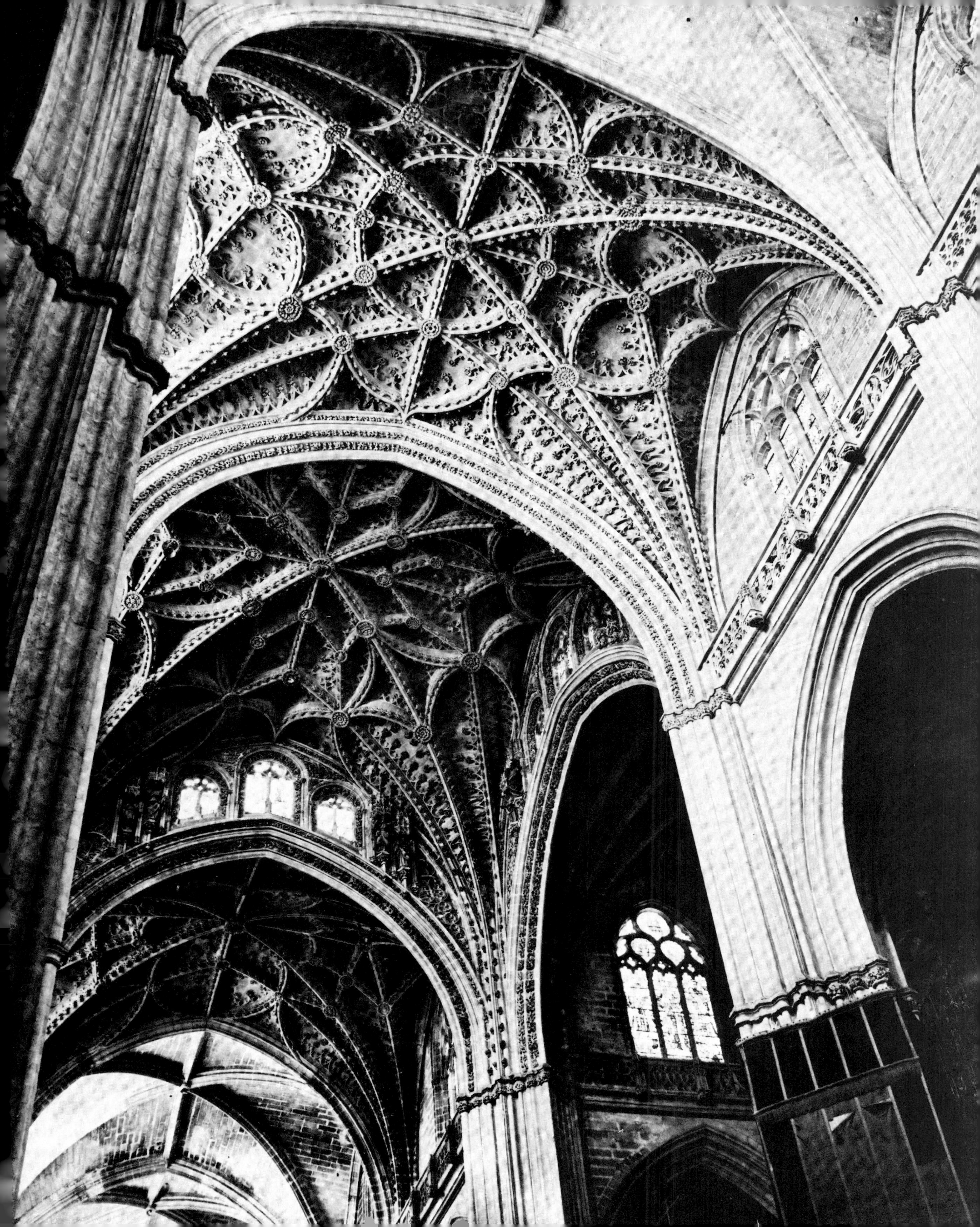

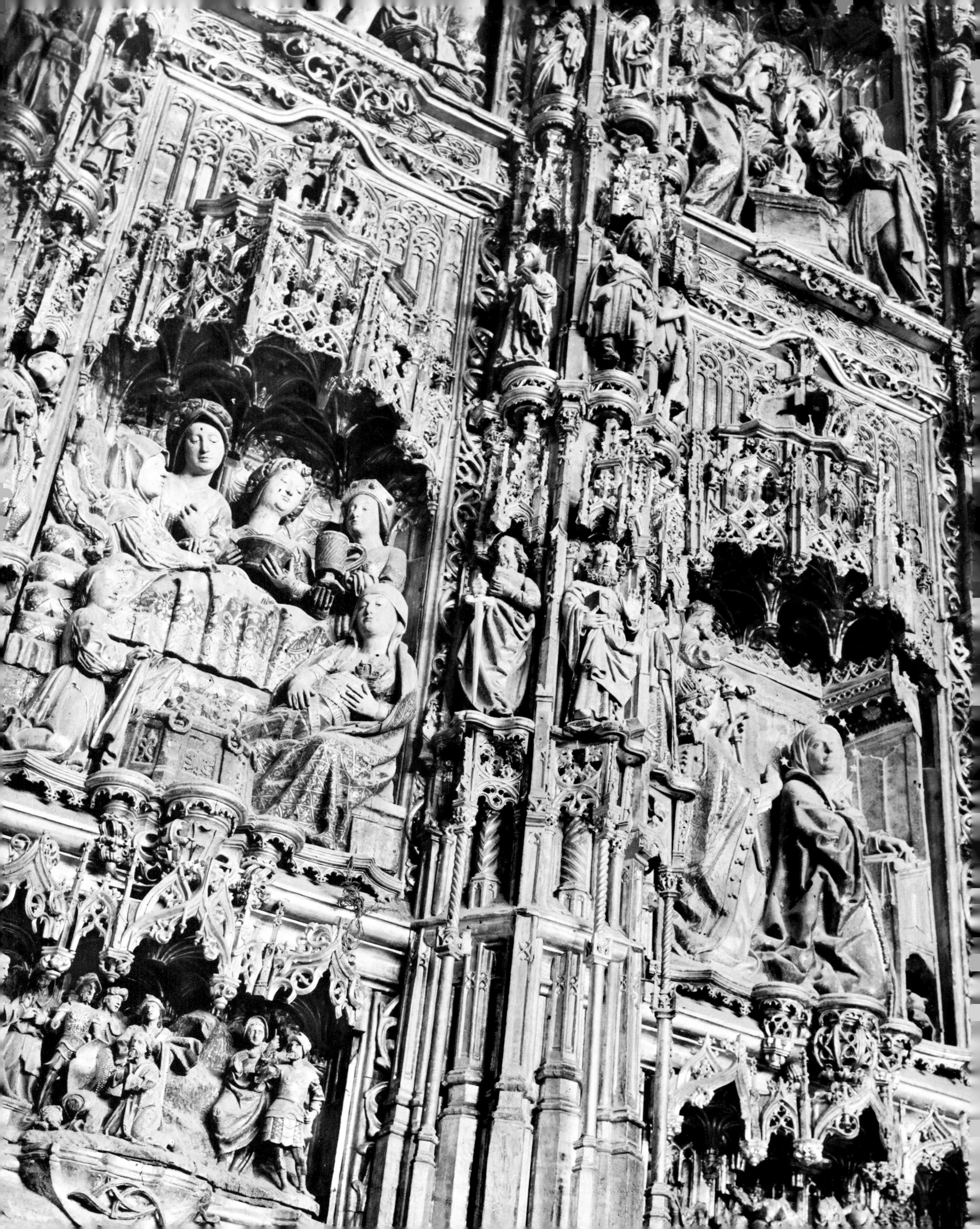

von Alonso Martinez. Er wird 1394, als schon der Auftrag zu den grundlegenden Plänen gegeben war, als *maestro de la obra* erwähnt. Ein Franzose, Maestro Carlin, übernahm 1439 die Leitung und erhielt ein Jahresgehalt von 1500 *maravedis* nebst zwei Maß Weizen. Ihm folgte Juan Norman, unter dessen Leitung die ersten Gewölbe errichtet wurden[23]. Ein Schriftstück von 1496 bezeichnet als Baumeister einen gewissen Ximón, der vielleicht mit Simón de Colonia aus Burgos identisch ist[24].

Der Schlußstein der Laterne über der mittleren Vierung wurde 1506 angebracht; damit war das große Projekt kaum ein Jahrhundert nach Bauanfang vollendet. Die Laterne stürzte 1511 ein und wurde 1518 von Juan Gil de Hontañon neu gebaut. Innerhalb dieses kurzen Zeitraums setzte sich ein vollständig anderes

◁ 339 Kathedrale von Sevilla. Hauptretabel mit 45 großen Szenen, jede 1 m im Geviert. Links: *Geburt Mariä*; rechts: *Verkündigung*

340 Kathedrale von Sevilla. Die 'Puerta del Bautismo' an der Westfassade ▷ (15. Jh.). Oben die Strebepfeiler über dem Dach

341 Kathedrale von Sevilla. Das Strebewerk über den Seitenschiffen, von oben gesehen. Die Gewölbe, nur durch eine Ziegelschicht geschützt, sind das Gegenstück zu den Dächern des Nordens

342 Kathedrale von Sevilla. Hauptretabel mit Darstellung der *Ostfassade* und des *Giralda-Turms*, wie sie um 1510 aussahen

architektonisches Ideal durch; neben der Schlichtheit des allgemeinen Gewölbes steht nun der blumenreiche Überschwang der neuen Laterne und der angrenzenden Joche (Abb. 338). Das großartige Hauptretabel ist ein Werk des flämischen Bildhauers Pieter Dancart, der von 1482 bis zu seinem Tod, sieben Jahre später, daran arbeitete. Der Mittelteil wurde erst 1526 fertig; zwischen 1550 und 1564 kamen die Flügel hinzu. Mit seiner Breite von 18 m und fast der gleichen Höhe das größte Retabel Spaniens, umfaßt es innerhalb einer reich verzierten architektonischen Umrahmung fünfundvierzig größere Figurengruppen, jede beinahe von 1 m im Geviert (Abb. 399). Interessant sind zwei zusätzliche Schnitzereien mit Stadtansichten dieser Zeit (um 1510), von Schutzheiligen bewacht: eine Gesamtansicht der mittelalterlichen Stadt, die Bürger in die befestigte Umwallung eingezwängt, und ein Ausschnitt vom Ostteil der Kathedrale mit der ursprünglichen Laterne vor dem Einsturz, mit der kleinen vortretenden Ostkapelle (später durch die monumentale Renaissancekapelle 'Capilla Real' ersetzt) und mit dem Giralda-Turm in seiner ursprünglichen maurischen Form (Abb. 342).

Mit der Zeit verdeckten Anbauten bis zu einer gewissen Höhe viel von den ursprünglichen gotischen Fassaden. Die reich verzierten Portale stammen aus dem 19. Jahrhundert, nur die Seitenportale an der Westfront sind aus dem Mittelalter. Einzigartig sind die Strebebogen, die den Schub der hohen Gewölbe auffangen, besonders von oben gesehen: die elegante 'Raumeinfassung' wiederholt in Skelettform die blockartigen Volumen darunter (Abb. 341).

Am eindrucksvollsten sind die Bauteile, die der islamischen Zeit entstammen: die zinnengeschmückten Mauern, die den 'Patio de los Naranjos' umschließen, den früheren Hof der Moschee, der zu Händewaschungen diente und noch heute nach Orangenblüten duftet und kühl ist von tröpfelndem Wasser, – und der hochragende Giralda-Turm, höchster Triumph des maurischen Genies und trotz der unpassenden Barockkrone von unvergleichlicher Anmut.

8 Italien

Italien

Die Gotik in Italien stellt einen Sonderfall dar. Die Halbinsel erfuhr nie einen vollständigen Niedergang des städtischen Lebens, wie er sich in Nordeuropa vollzog, und war nie ganz auf das Wirtschaftssystem des autonomen *mansus* herabgesunken. Da Italien auch nie eine vollständig geldlose Gesellschaft besaß, kam es hier zuerst zu einer Wiederbelebung des Handels und zum Entstehen des Banksystems, das schließlich die Basis der Feudalgesellschaft untergrub. Politisch bestand Italien aus einer Anzahl halb autonomer Fürstentümer und Gemeinwesen, die sich auch nominell von der Lehnspflicht lösten, sobald das Reich beim Fall der Hohenstaufen-Dynastie zerbröckelte. Venedig, der Kirchenstaat, der Süden und Sizilien – alle pflegten unabhängige Traditionen und standen den verschiedenartigsten kulturellen Einflüssen offen. Das Klima machte die Schrägdächer der nordeuropäischen Gotik überflüssig, und man verzichtete bald auf sie, auch wo man die entsprechenden spitzen Giebel aus ästhetischen Gründen beibehielt. Der Überfluß am Marmor begünstigte den Gebrauch eingelegter farbiger Platten an Stelle des einheitlichen Baudekors im Norden. Die klassische Tradition mit ihren unverletzlichen Harmoniegesetzen erlaubte dem italienischen Künstler nicht, die Dynamik und das aufwärts strebend Transzendentale des gotischen Stils uneingeschränkt zu übernehmen.

Das nordische Ideal der Glaskirche wurde abgewandelt, um der großen Mauerflächen willen. Die romanische Tradition der Wandmalerei wurde fortgeführt und weiter entwickelt. Das didaktische Element spielte in der Glasmalerei nur eine untergeordnete Rolle. Der gotische Beitrag der italienischen Architektur lag nicht so sehr auf religiösem als auf weltlichem Gebiet: in den prächtigen Regierungspalästen und in der Anlage der Piazza als Mittelpunkt des bürgerlichen Lebens. Mit der Malerei von Simone Martini und seiner Schule übte Italien auch einen bestimmenden Einfluß auf den 'internationalen gotischen Stil' aus.

Die Wandlungen, denen der vom Ausland eindringende Stil in Italien unterlag, zeigen sich am deutlichsten in einem Hauptwerk der italienischen Gotik (um 1287), dem großen Kirchenfenster, das als Brennpunkt der Apsis in der Kathedrale von Siena konzipiert war (Abb. 353). Man schreibt den Entwurf allgemein Duccio[1] zu, die Ausführung lag in den Händen zweier Spezialisten der Glasmalerei. Die Technik des 'bemalten Glases' ist typisch italienisch und kündigt im Vergleich zu dem Mosaik-Verfahren der nördlichen Glasmalerei im 13. Jahrhundert schon die Renaissance an. Bleieinfassung und Eisengerüst erlegten dem Künstler eine Disziplin auf, die in Italien eher geduldet als künstlerisch ausgewertet wurde. Man übersah die dekorativen Möglichkeiten der Fensterrose und wählte eine recht willkürliche Einteilung in neun Felder. Wir gewinnen den Eindruck, hier sei eine Tafelmalerei mit dem Mindestmaß an Veränderungen, die das andere Material erforderte, auf Glas übertragen worden, während man sich die Fenster von Chartres überhaupt nur als Glasmalerei vorstellen kann. Die dynamische Fensterrose wurde zum statischen Rundfenster[2]. Während das Maßwerk der typisch gotischen Fensterrose den Radius betont, den es in die drehenden Bewegung einbezieht, zeigt Siena ein Spiel von Vertikalen und Horizontalen in einem Rund, mit dem Nachdruck auf dem Umkreis. Hier ist der Renaissancestil mit seiner heiteren Ausgewogenheit vorweggenommen.

343 Dom von Siena. Oberer Teil der reich verzierten Fassade mit dem Rundfenster ohne Maßwerk. Rechts der gestreifte Campanile

Orvieto

Im Mittelalter kam der alten etruskischen Stadt Orvieto auf ihrem fast uneinnehmbaren Plateau, das das ganze Land umher beherrscht, große Bedeutung zu. Lange bevor die Stadt 1354 dem Kirchenstaat einverleibt wurde, unterhielt sie enge Beziehungen zu Rom. Als Lieblingsresidenz – und Zufluchtsort – der Päpste sah sie die historische Heiligsprechung Ludwigs des Heiligen in ihren Mauern.

1263 zelebrierte ein skeptischer Priester aus Prag die Messe in Bolsena. Da erschien, wie die Chroniken berichten, unweit von dieser Stelle die Hostie im lebendigen Fleisch, und Blutstropfen fielen auf die Altardecke herab – »*un miracolo stupendissimo*«. Papst

344 Dom von Orvieto. Die vertikalen Linien der gotischen Strebepfeiler werden durch die horizontalen Zebrastreifen des romanischen Langhauses betont

345 *Der hl. Christophorus*. Intarsie vom Chorgestühl im Dom zu Orvieto. Orvieto, Museo dell' Opera del Duomo

Urban IV., der in Orvieto Hof hielt, ließ die Reliquie in die Stadt bringen, und feierte im folgenden Jahr diese dramatische Bestätigung der Doktrin von der Transubstantiation durch die Einführung des Corpus Christi-Festes. Thomas von Aquino verfaßte die Liturgie. Damals war schon eine Kathedrale im Bau; der Besitz der kostbaren Reliquie und das daraus resultierende Einkommen ermutigten die Bürger jedoch zum Bau einer größeren Kirche. Möglicherweise legte Arnolfo die Cambio[3], anderweitig in Orvieto beschäftigt, einen Entwurf gotischer Prägung vor, doch die konservative Faktion der Domherren trug den Sieg davon. Ausdrücklich wurde bestimmt, daß als Vorbild für die neue Kirche die Basilika Santa Maria Maggiore in Rom zu gelten habe. Daher erinnert die Gesamtwirkung des Hauptschiffs mit den grauen und weißen Basalt- und Travertin-Streifen der Säulen, der runden Arkaden und des sichtbaren Holzdaches an die frühchristliche Basilika, auch wenn das Formenarsenal romanisch mit gotischen Elementen ist.

Als das Hauptschiff vollendet war, hatte sich der gotische Stil durchgesetzt. Der aufstrebende Charakter des Osthauses, wo die Schäfte der Transeptpfeiler sich mit einer in der italienischen Gotik seltenen Betonung der Vertikale zum Bogenansatz der Gewölbe hinaufschwingen, kündigt sich schon von weitem durch das große, schmale Maßwerkfenster der Apsis und seinen Widerschein auf dem glänzend-blaßroten Marmorpflaster des Hauptschiffes an (Abb. 346). Wie ein leuchtender Turm zieht es den Blick auf die Apsis, wo die schönen Glasmalereien, die Fresken an Wänden und Gewölben, das hölzerne Kruzifix von Maitani und das gotische Chorgestühl ein wundervoll harmonisches Ganzes bilden. Die herrlichen Intarsien an Stühlen und Lesepulten, zwischen 1330 und 1340 unter Leitung von Giovanni Ammanati ausgeführt (Abb. 345 u. 352), waren so berühmt, daß sie gemäß einer Verordnung von 1357 nur mit Fuchsschwanzwedeln abgestaubt werden durften.

Während das konventionelle Hauptschiff keine außergewöhnlichen technischen Probleme mit sich brachte, zeigte der gotische Trakt bald Mängel, die aus der unzureichenden Stützung der

346 Dom von Orvieto. Blick auf die gotische Apsis ▷

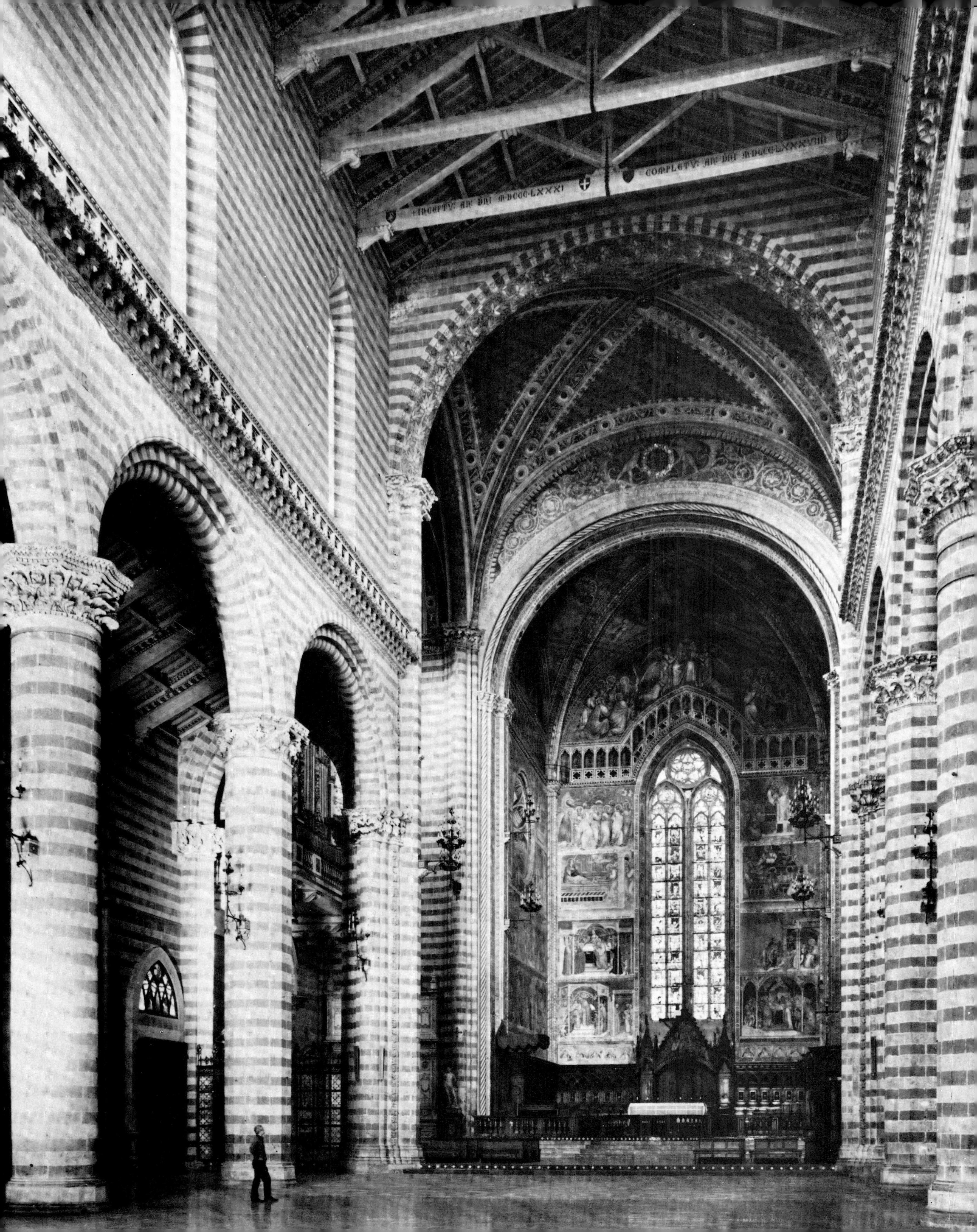
+INCEPTV: AN: DNI M·DCCC·LXXXI
COMPLETV: AN: DNI M·DCCC·LXXXVIIII

347–349 Drei Details aus dem Relief der Schöpfungsgeschichte vom Fassadensockel des Domes von Orvieto, geschaffen von Lorenzo Maitani und seiner Schule. Links: *Zwei Engel aus der Erschaffung Evas*. Rechts: *Die Erschaffung der Tiere*. Unten: *Gottvater löst Adam eine Rippe aus dem Körper*

350 Zwei Silberplatten, vergoldet und emailliert, vom Reliquiar der heiligen Altardecke, geschaffen von Ugolino di Vieri und Schülern (14. Jh.). *Der zum Empfang der Reliquien ausgesandte Bischof und der Papst begegnen sich in der Nähe von Orvieto*. Orvieto, Museo dell' Opera del Duomo

351 Dom von Orvieto. Detail vom Reliquiar des hl. Savino, von Ugolino di Vieri und Viva di Lando (unten links)

352 *Der hl. Andreas*. Intarsie vom Chorpult. Orvieto, Museo dell' Opera del Duomo

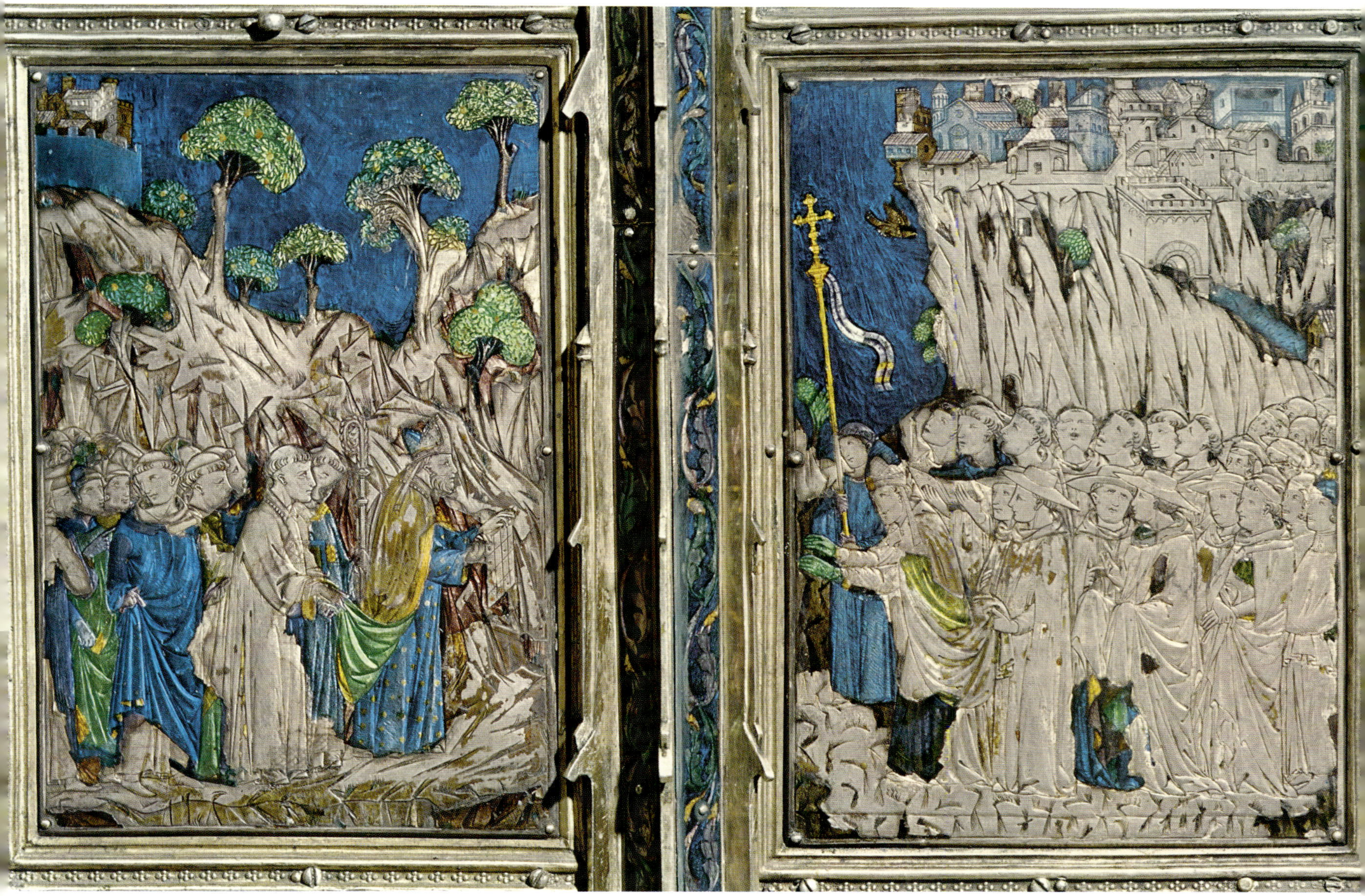

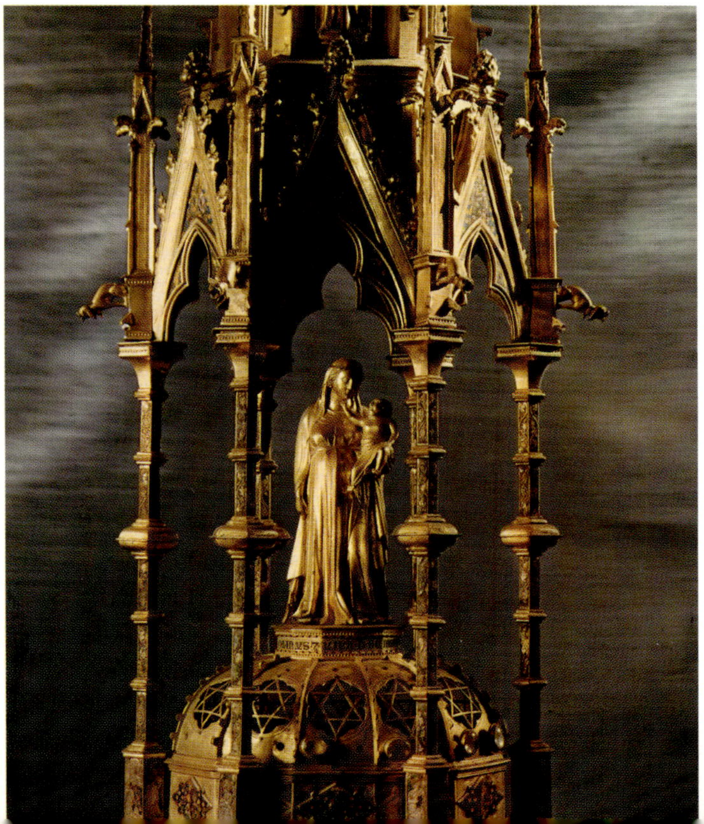

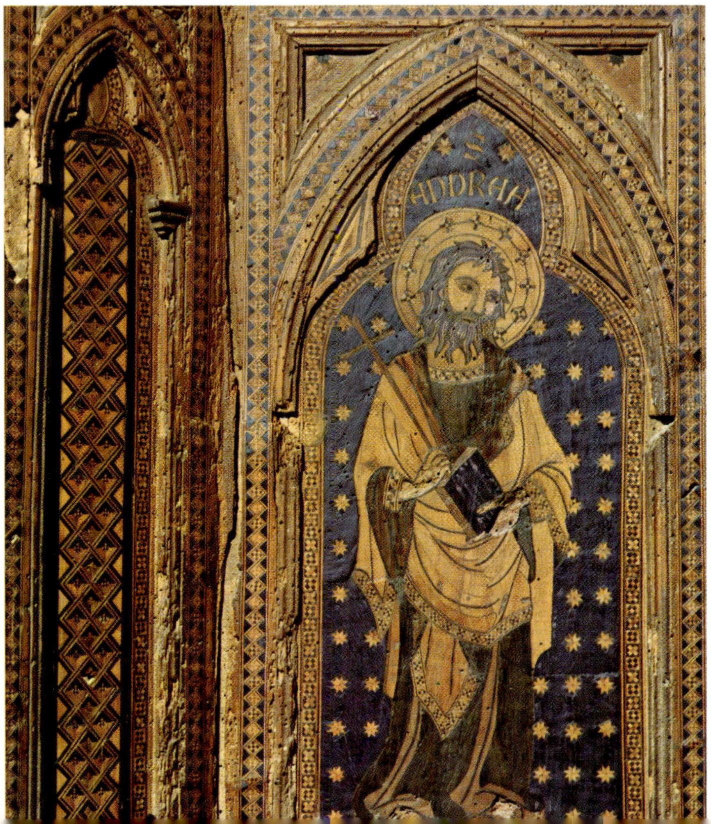
S
ANDREAS

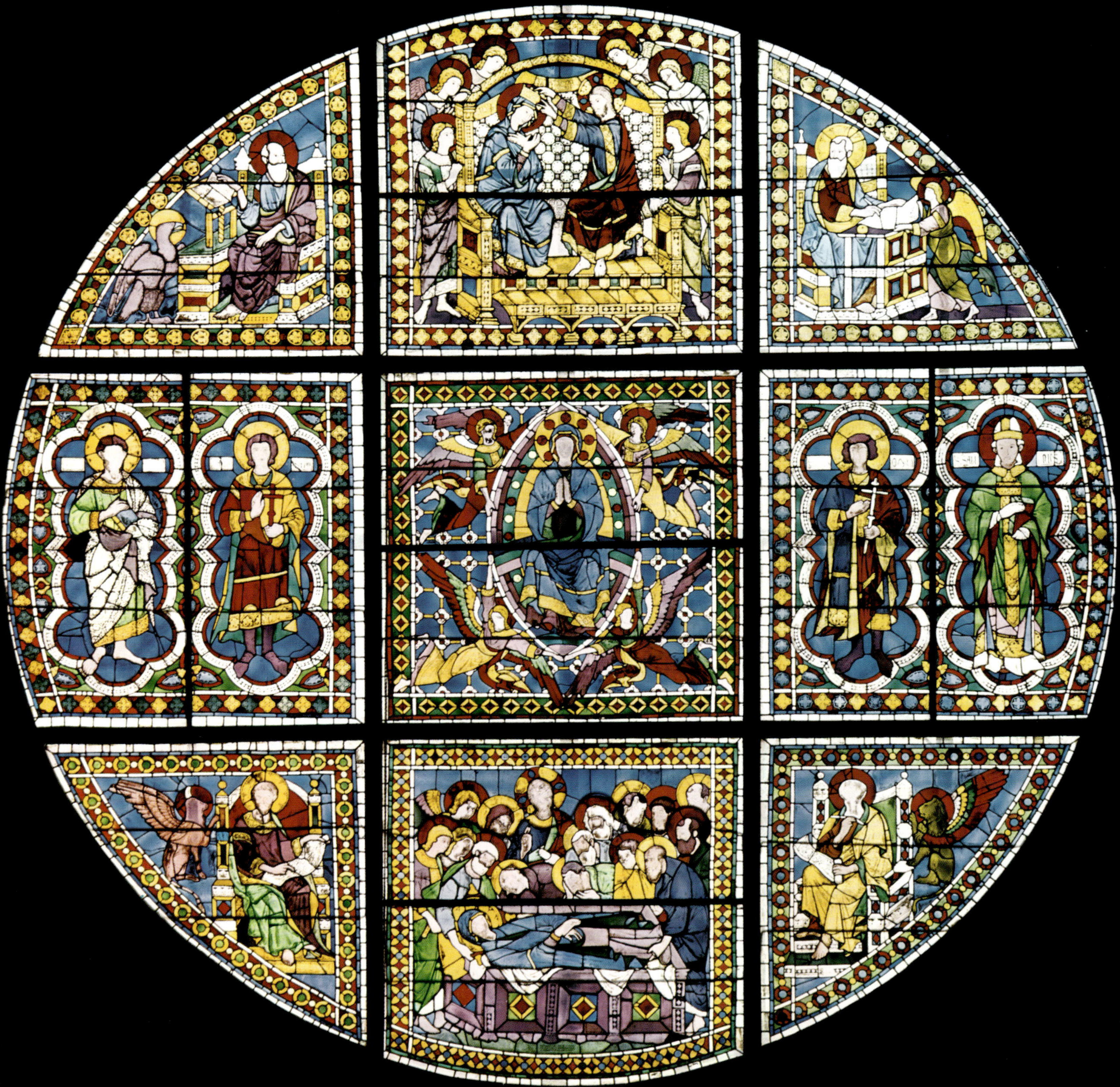

hohen Steingewölbe des Querschiffs resultierten. Man berief Lorenzo Maitani 1305 aus Siena nach Orvieto; er verstärkte die Querschiffe durch Strebepfeiler, ließ die halbrunde Apsis abreißen und schuf an ihrer Stelle das gegenwärtige rechteckige Presbyterium im Zisterzienserstil, dessen Seitenwände die notwendigen Stützen bilden. Die seitlichen Strebepfeiler der Querschiffe, ursprünglich freistehend, wurden später in hinzukommende Kapellen eingebaut. Sie sind sichtbar an der Fassade, wo ihre dynamischen Umrisse stark mit den horizontalen Streifen der Wände kontrastieren[4].

Die Nordkapelle birgt die heilige Altardecke. Das Reliquiar, in dem sie aufbewahrt ist, wird von einem marmornen Tabernakel aus der Zeit zwischen 1358–1364 umschlossen und gehört zu den Meisterwerken der Silberschmiedekunst. Es ist wahrscheinlich ein Werk Ugolino di Vieris[5] aus Siena und wird nur bei seltenen Anlässen zur Schau gestellt. Das aus massivem Silber bestehende 360 Pfund schwere Gefäß ist mit Gold und polychromem Email von solcher Transparenz überzogen, daß der Silbergrund hindurchscheint; hierdurch entsteht ein außerordentlich prächtiger Effekt. Abb. 350 zeigt in zwei Szenen die Begegnung des Papstes mit dem Bischof, der ausgesandt war, die Reliquie zu holen. Von großer Ausdruckskraft und Lebendigkeit sind die feinziselierten Gesichter des Gefolges und die mittelalterliche Stadt mit ihren Häusern, die sich am Rand des Felsens zusammendrängen und über die abschüssige Felsenspitze vorkragen.

Der Ruhm der Kathedrale ist die Westfassade (Abb. 368), eben jenem Lorenzo Maitani zugeschrieben, der die Querschiffe vor dem Einsturz bewahrte und von 1309 bis zu seinem Tod 1330 die Bauarbeiten leitete. Die Kathedrale steht auf einem der höchsten Punkte der Hügelstadt. Inmitten der Piazza, die, mit Ausnahme des eindrucksvollen Palazzo dei Papi auf tiefer liegendem Gelände im Süden, von recht hohen Gebäuden umgeben ist, erhebt sie sich auf einem hohen Postament, so daß noch die letzten Strahlen der Abendsonne auf der Fassade spielen. Arkade und Giebel, Fensterrose, Galerie, Strebewerk und Fialen in schöner Harmonie mit dem Dekor aus Marmor, Bronze und Mosaik glühen dann in fast überirdischem Glanz vor dem dämmrigen Himmel. Die ganze Fassade scheint in ein großes schimmerndes Reliquiar verwandelt.

Die überzeugende Einheit der Fassade rührt vor allem von dem vertikalen Rhythmus her, den die mächtigen Strebepfeiler erzeugen. Architektonisch eindeutiger wäre es gewesen, wenn sie durchgehend, wie an den Seiten, bis zur Basis herunterreichen würden (Abb. 344). Das hätte aber den Verzicht auf die Sockelreliefs bedeutet, die zum Schönsten der ganzen Fassade gehören. Sie wurde zwischen 1310 und 1330 vermutlich nach dem Entwurf Lorenzo Maitanis, der vielleicht auch verschiedene selber ausführte, gemeißelt. Die 'Specula' der Erziehung, der Moral und der Geschichte finden in ihnen ihren angemessenen Platz. Klarheit, Würde und Kraft vereinen sich hier mit der Feinheit der Goldschmiedekunst. Besonders schön sind in der unteren Reihe die Szenen aus der *Genesis* mit den überaus lebendigen und prachtvollen Tierdarstellungen (Abb. 348) oder mit Gottvater, wie er mit unendlicher Behutsamkeit die Rippe aus Adams Körper löst (Abb. 349), aus der eine Eva von klassischer Anmut wird, oder auch mit den Engelgestalten, deren Flügelpaar die Blätter des Paradieses streift (Abb. 347). In der Szene des Jüngsten Tages schließlich stoßen die Toten die Deckel der mit antikischen Motiven geschmückten Sarkophage auf. Die

354 Dom von Orvieto. Baudekor aus eingelegtem Marmor (Cosmatenarbeit) vom Mittelportal

Qualen der Verdammten wurden wohl nie so grauenhaft und so schön dargestellt, wie in der verängstigten Figur, deren Arm von einem Ungeheuer verschlungen wird und die vor Schmerz und Grauen ohnmächtig in die Knie sinkt (Abb. 357).

Mit den Sockelreliefs ist die Bauplastik an der Fassade nicht erschöpft. Hinzuweisen ist auf die Umgebung der Fensterrose, deren kompliziertes Maßwerk sich in die Flächigkeit der Front einfügt (Abb. 356 u. 368). Prachtvoll sind die großen bronzenen Evangelistensymbole, die auch aus der Zeit Lorenzo Maitanis stammen (Abb. 355). Der Bau dieser Fassade, der sich so getreu an Maitanis Entwurf hielt, nahm fast drei Jahrhunderte in Anspruch. Die hohen Seitengiebel und ihr Mosaikdekor, deren illusionistischer Barockstil mit dreidimensionalen perspektivischen Effekten aus dem Rahmen des übrigen Bauwerks herausfällt[6], wurden erst Anfang des 17. Jahrhunderts geschaffen.

◁ 353 Das Ostfenster des Domes zu Siena (13. Jh.), wahrscheinlich nach einem Entwurf von Duccio ausgeführt

355 Umseitig: Dom von Orvieto. Bronzeadler, eines der *Evangelistensymbole* ▷
von Lorenzo Maitani an der Westfront

356 Umseitig: Dom von Orvieto. Die westliche Fensterrose ▷

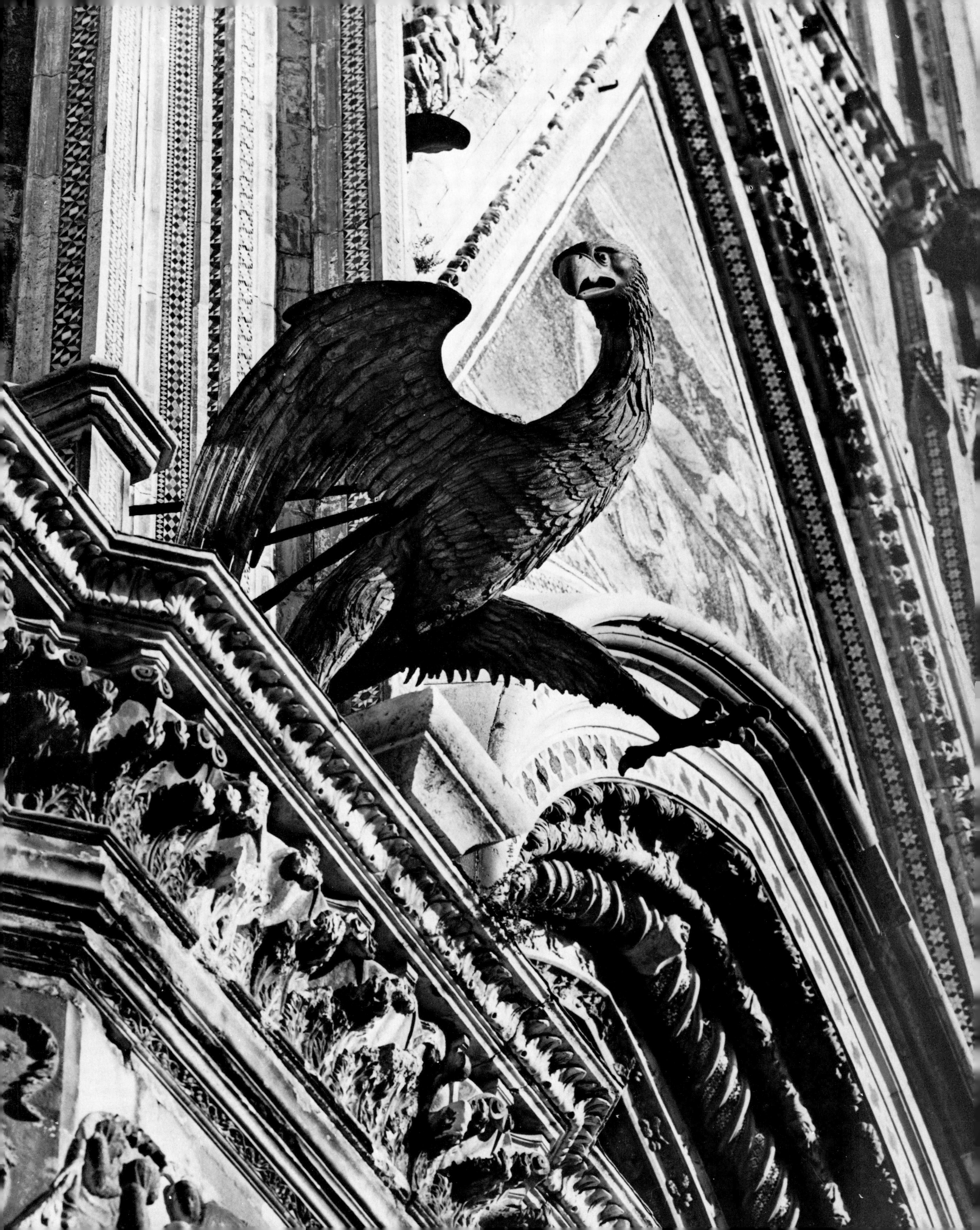

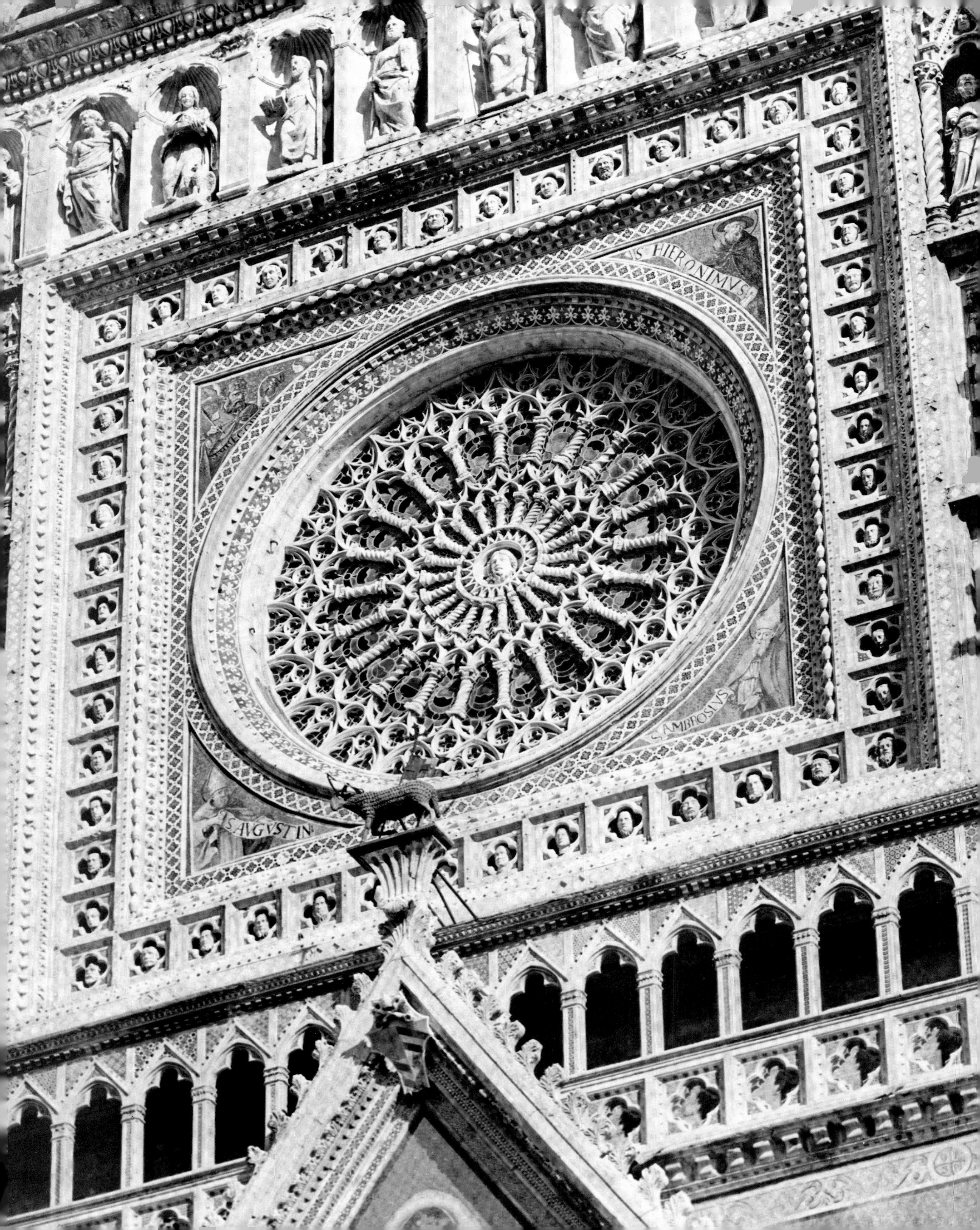
S. HIERONIMVS
S. AMBROSIVS
S. AVGVSTIN

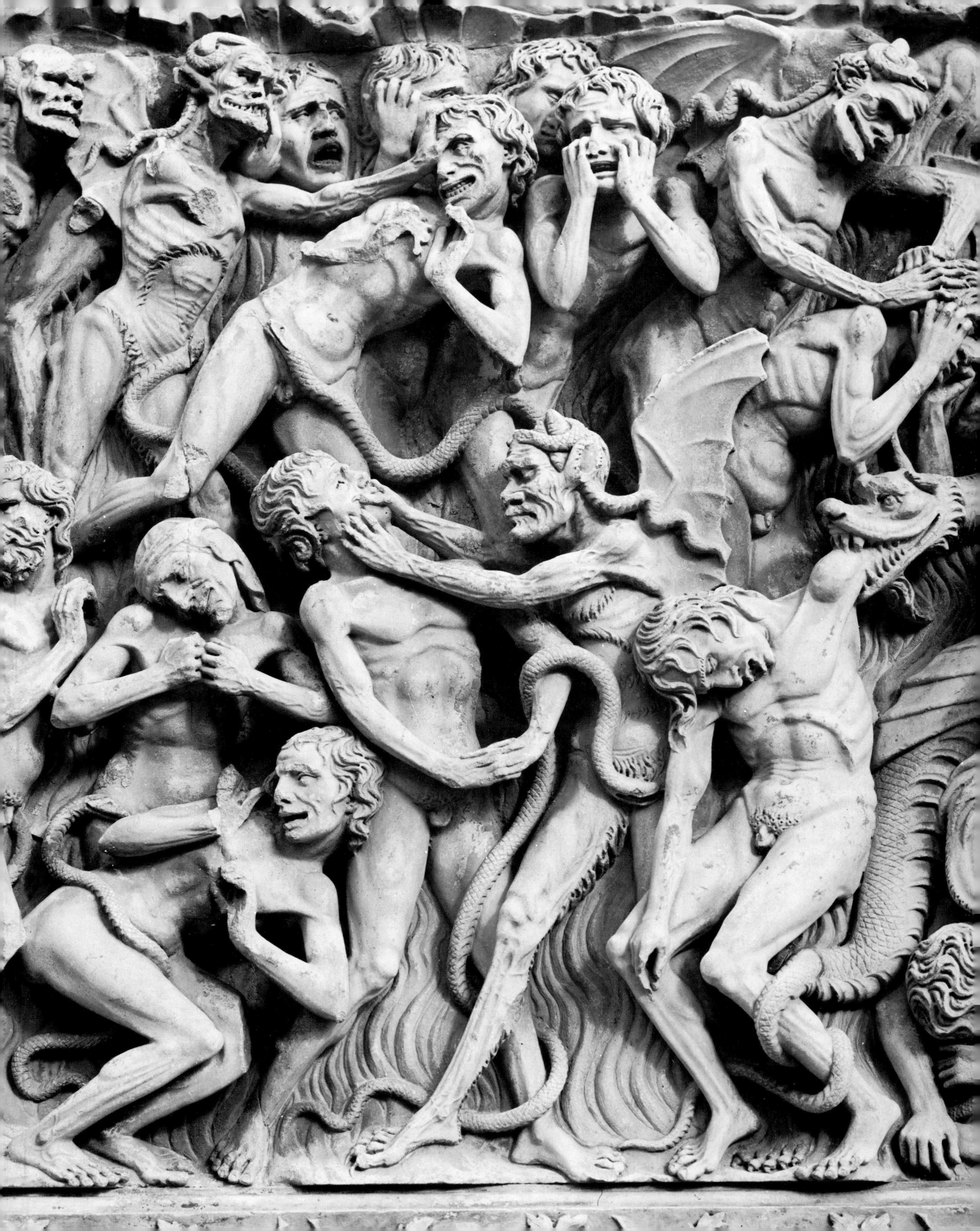

Siena

Nur wenigen Gebäuden ist der ständige Wechsel der Konzeption während des Baus so gut bekommen wie dem Dom von Siena. Der heutige Bau wurde um 1226 begonnen; etwa fünfzig Jahre später war die romanische Basilika im großen ganzen vollendet. Den Mittelpunkt bildete, die Breite von Hauptschiff und Seitenschiffen zusammenfassend, das gegenwärtige große Sechseck über der Vierung. Ursprünglich dominierte es viel stärker, vor allem von außen, da das heutige Hauptschiff mit seinen prächtigen Pfeilern, deren Zebrastreifen an Orvieto erinnern, hier aber viel eindringlicher sind, damals auf geringerer Höhe mit einem offenen Holzdach bedeckt war oder bedeckt werden sollte. Das

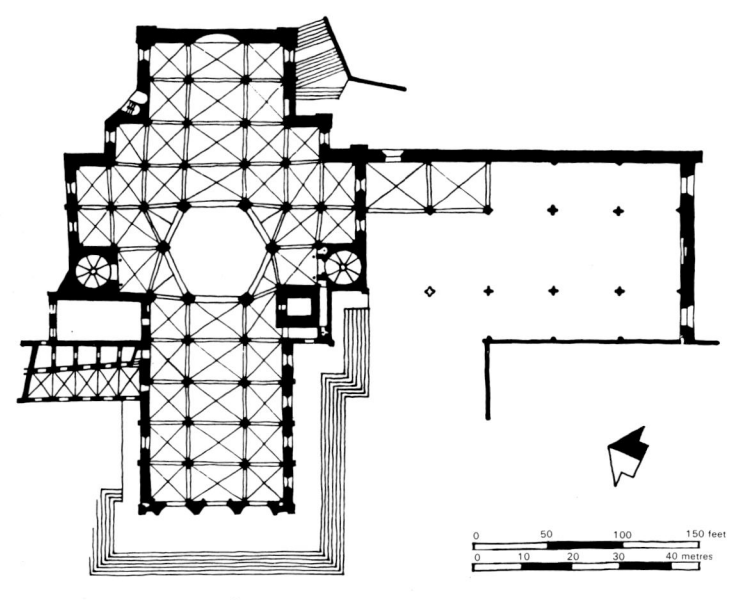

Fig. 25 Grundriß des Domes von Siena. Rechts die Ruinen des Hauptschiffes des 'Nuovo Duomo'

Fenstergeschoß mit den dreiteiligen Lanzettfenstern und dem hohen Steingewölbe wurde später errichtet. Man beschloß, die Apsis abzureißen und den Chor beträchtlich zu erweitern; dieser Vorschlag stieß auf Wiederstand. Vorgebracht wurde – wenn man das Resultat betrachtet, nicht ohne Grund –, ein unverhältnismäßig langer Chor würde das Sechseck entstellen. Nach vielfachen Überlegungen nahm man die Arbeit dennoch in Angriff. Sie war aber noch nicht abgeschlossen, als sich die Gemeinde 1339 zu einer viel radikaleren Änderung entschloß.

Die Stadt erlebte damals ihre größte Blütezeit und überflügelte vorübergehend sogar Florenz. In dem neu erwachten Selbstvertrauen und dem Bestreben, mit dem Rivalen zu konkurrieren, wollte man das südliche Querschiff erweitern, so daß es ein großes neues Hauptschiff im rechten Winkel zu dem bestehenden bilden würde. Chor und altes Hauptschiff sollten dann die Querschiffe des harmonisch vergrößerten Bauwerks werden, dessen Hauptachse nun nordsüdlich verliefe (Fig. 25). Der Neubau wurde sofort in Angriff genommen und Meister Lando di Pietro anvertraut. Wie in Orvieto aber stießen seine gotischen Bauprinzipien auf mangelndes Verständnis. Man hatte die angemessene

◁ 357 Dom von Orvieto. *Die Verdammten des Jüngsten Gerichts*, Relief an der Westfassade, von Lorenzo Maitani und seiner Schule

358 Blick auf den Dom von Siena von den Ruinen des 'Nuovo Duomo' aus. Die spitzen Giebel bilden zusammen mit den Schrägdächern der nördlichen Gotik ein rein dekoratives Muster (oben)

359 Dom von Siena. Blick auf das Hauptschiff. Ganz rechts einer der heller getönten Pfeiler des Chors

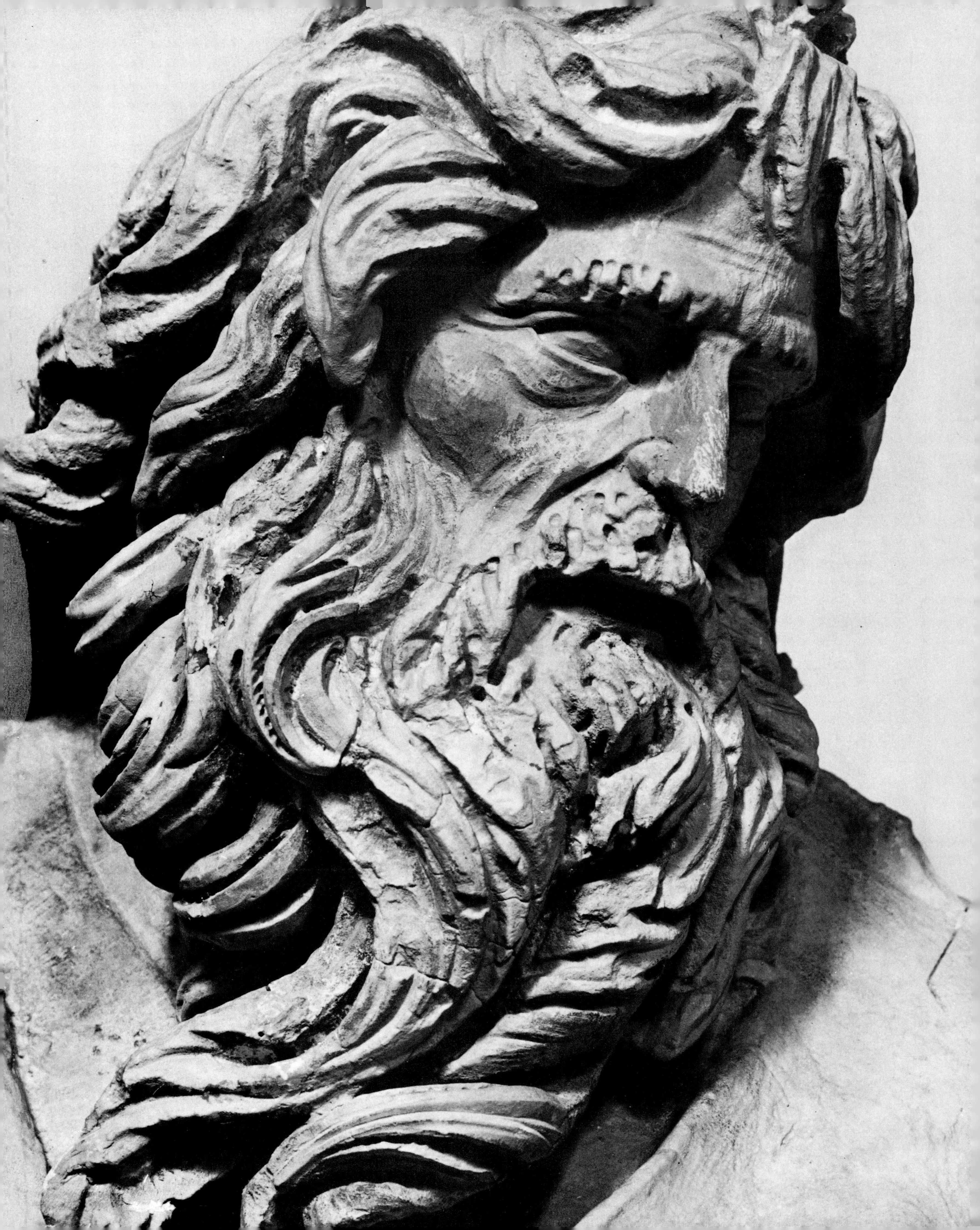

361 *Kopf der Miriam* von Giovanni Pisano. Von der Fassade des Doms zu Siena. Siena, Museo dell' Opera Metropolitana

362 Reliquiar des hl. Galgano (spätes 13. Jh.). Siena, Museo dell' Opera Metropolitana

Stützung der hohen Gewölbe nicht als wesentlich betrachtet, und bald zeigten sich Risse in den eben erst fertiggestellten Gewölben. Erschwerend kam hinzu, daß der Baugrund eine aufgefüllte Senke darstellte; das machte in dieser späten Bauphase die Anlage von äußeren Strebepfeilern noch schwieriger.

Inzwischen erlebte Siena einen Niedergang, und 1348 fielen der Pest 80 000 Einwohner zum Opfer. Das gab neben den technischen Problemen den Ausschlag, in einem Beschluß von 1357 auf den Nuovo Duomo zu verzichten und alle Kraft auf die Fertigstellung des bestehenden Bauwerks zu verwenden. Die Innenwände des grandiosen neuen Hauptschiffs und die Gewölbe der Seitenschiffe wurden im Interesse der Sicherheit niedergerissen, die Außenwände aber ließ man stehen. Sie müssen für die Stadt ein stummer Vorwurf gewesen sein, die schönheitliebenden Sieneser brachten es aber offenbar nicht übers Herz, sie zu vernichten. Die in spätere Bauten einbezogenen Mauern stehen noch heute und verleihen dem Domplatz eine an Piranesi gemahnende Pracht.

Die Energien, die dem Neubau zukommen sollten, wandten sich nun der Verschönerung der bestehenden Kathedrale zu. So wurde sie die reichste aller großen toskanischen Kirchen. Abgesehen von den Handwerkern, arbeiteten zwischen 1372 und 1562 mehr als vierzig Künstler, von den 'Maestri Comacini' bis zu Beccafumi, an den monumentalen Figurengruppen, die den Marmorboden des gesamten Inneren schmücken, in einer der Gravierkunst ähnlichen Graffito-Technik eingelegte Marmormuster.

Man vervollständigte die Erweiterung des bestehenden Chors durch eine neue durch den beträchtlichen Niveauunterschied tieferliegende Taufkapelle. Beide Elemente sind hinter einer ele-

◁ 360 *Kopf des hl. Simeon* von Giovanni Pisano. Von der Fassade des Doms zu Siena. Siena, Museo dell' Opera Metropolitana

363 Dom von Siena. Unterer Teil der Fassade, von Giovanni Pisano. Im Hintergrund die Ruinen des Nuovo Duomo (oben rechts)

364 Dom von Siena. Detail von der Kanzel des Nicola Pisano

365 Die Mitteltafel der *Maestà* des Duccio di Buoninsegna. Siena, Museo dell' Opera Metropolitana

366 Die *Verkündigung* des Simone Martini, gemalt für die Kapelle Sant' Ansano im Dom zu Siena. Florenz, Uffizien (s.a. Abb. 8)

ganten Ostfassade vereint. Die Form des neuen Chors folgt der des bestehenden Schiffes, nur daß, bezeichnend für die Lichtbesessenheit der Gotik, hier die Säulen nicht mehr gleichmäßig schwarz und weiß gestreift sind, sondern das Weiß bei weitem überwiegt (Abb. 359).

Die Westfront gewann, da man auf den ursprünglichen Plan zurückgriff, ihre frühere Bedeutung wieder. Den unteren Teil der Fassade bis zu dem Zurücktreten der Mauer oberhalb der großen Portale hatte kurz vor 1300 Giovanni Pisano geschaffen; der kräftige Übergangsstil ist bemerkenswert wegen der gelungenen Verschmelzung von Plastik und Architektur. Nach einer Unterbrechung von etwa siebzig Jahren wurde nun der obere Teil vollendet. Der Stil ist stark von Orvieto beeinflußt, es fehlt ihm aber die meisterhafte Mäßigung und Einheit. In Siena bezaubert das Detail, besonders der Baudekor Giovanni Pisanos und seiner Schule. *Maria, die Schwester Mosis (Miriam)* (Abb. 361) und *Der heilige Simeon* (Abb. 360), beide von Giovanni Pisano, sind Meisterwerke in ihrer Kraft und Beseeltheit. Sie bilden einen Vorposten gotischer Skulptur in Italien.

Die einflußreichen Bettelorden der Franziskaner und Dominikaner maßen der Predigt besondere Bedeutung bei. In Italien verdrängte daher vom 13. Jahrhundert an die Kanzel den Ambo (Lesebühne), eine Wandlung, die nördlich der Alpen erst im 15. Jahrhundert stattfand. Die schönsten Arbeiten spätromanischer und gotischer Bildhauerkunst in Italien treten deshalb an den Kanzeln in Erscheinung. Die monumentale achteckige Marmorkanzel der Kathedrale von Siena (Abb. 364) schuf zwischen 1266 und 1268 Nicola Pisano mit seinem Sohn Giovanni und seinen besten Schülern. Neun Säulen tragen die Kanzel. Von den acht äußeren sind vier glatt, vier ruhen auf den Rücken von Löwen, die ihre Beute verschlingen und von Löwinnen, die ihre Jungen säugen. Den Fuß der Mittelsäule zieren sitzende weibliche Figuren, das früheste Beispiel einer Darstellung der Sieben Freien Künste und der Philosophie in Italien. Die empochemachende Kanzel in der Taufkapelle von Pisa hatte Nicola Pisano ein Jahrzehnt zuvor geschaffen; er ließ sich von den klassischen Sarkophagen des Campo Santo inspirieren und kam gräko-römischen Formen sehr nahe[8]. In Siena haben wir dagegen einen Übergangsstil von der Romanik zur Gotik vor Augen. Die edle Einfalt, die Klarheit und Ausgewogenheit von Pisa sind aufgegeben. Rastloses Leben durchpulst die gedrängten Szenen mit ihrer komplizierten Raumgliederung. Die dramatische Intensität von Gesichtsausdruck und Gebärde kündigt schon den reifen Stil Giovanni Pisanos an[9].

1308 erhielt Duccio di Buoninsegna, der berühmteste Künstler der Zeit, den Auftrag, eine kolossale *Maestà* oder *Thronende Madonna* für den Hauptaltar zu malen. Der Kontrakt ist noch heute in den Domarchiven; er verpflichtete Duccio, »sein Bestes herzugeben, so Gott ihm dazu die Gnade schenke«. Das Material hatte das Kapitel zu beschaffen, »so daß besagter Duccio nichts hineinzustecken hätte, als sich selbst und seinen Fleiß«[10]. Der Altaraufsatz war ungewöhnlich groß und reich gegliedert. Die etwa 4 m breite und 2 m hohe Haupttafel zeigte die thronende Madonna mit dem Kind, von Engeln und Heiligen umgeben (Abb. 365 u. 367). Die verzierte Umrahmung bot Raum für zahlreiche untergeordnete Figuren und Szenen. Da die Rückseite frei stand, wurde auch sie mit sechsundzwanzig Passionsszenen bemalt.

Trotz mancher Verstümmelung in den Wechselfällen der Zeit ist fast das Ganze erhalten, ein Meisterwerk Duccios und zugleich eine der größten künstlerischen Leistungen aller Zeiten. Das Werk wurde mit ungeteilter Begeisterung empfangen. Ein Chronist nennt es »das schönste Bild, das je gesehen oder gemacht wurde und mehr als dreitausend Goldgulden Wert«, zur damaligen Zeit eine Riesensumme und viel mehr als Nicola Pisanos Kanzel gekostet hatte. Am 9. Juni 1311 trug man die *Maestà* im Triumphzug von der Werkstatt des Künstlers in die Kathedrale. Auch hiervon berichten die Archive: »Für den Transport des von Duccio gemalten Bildes 12 *lire*, 10 *soldi* gezahlt an die Musikanten mit Trompeten, Cymbal und Trommeln zwecks Abholung des besagten Bildes[11]. Der Stolz von Bürgerschaft und

367 Detail mit Maria und Kind aus der *Maestà* des Duccio (s.a. Abb. 365) ▷

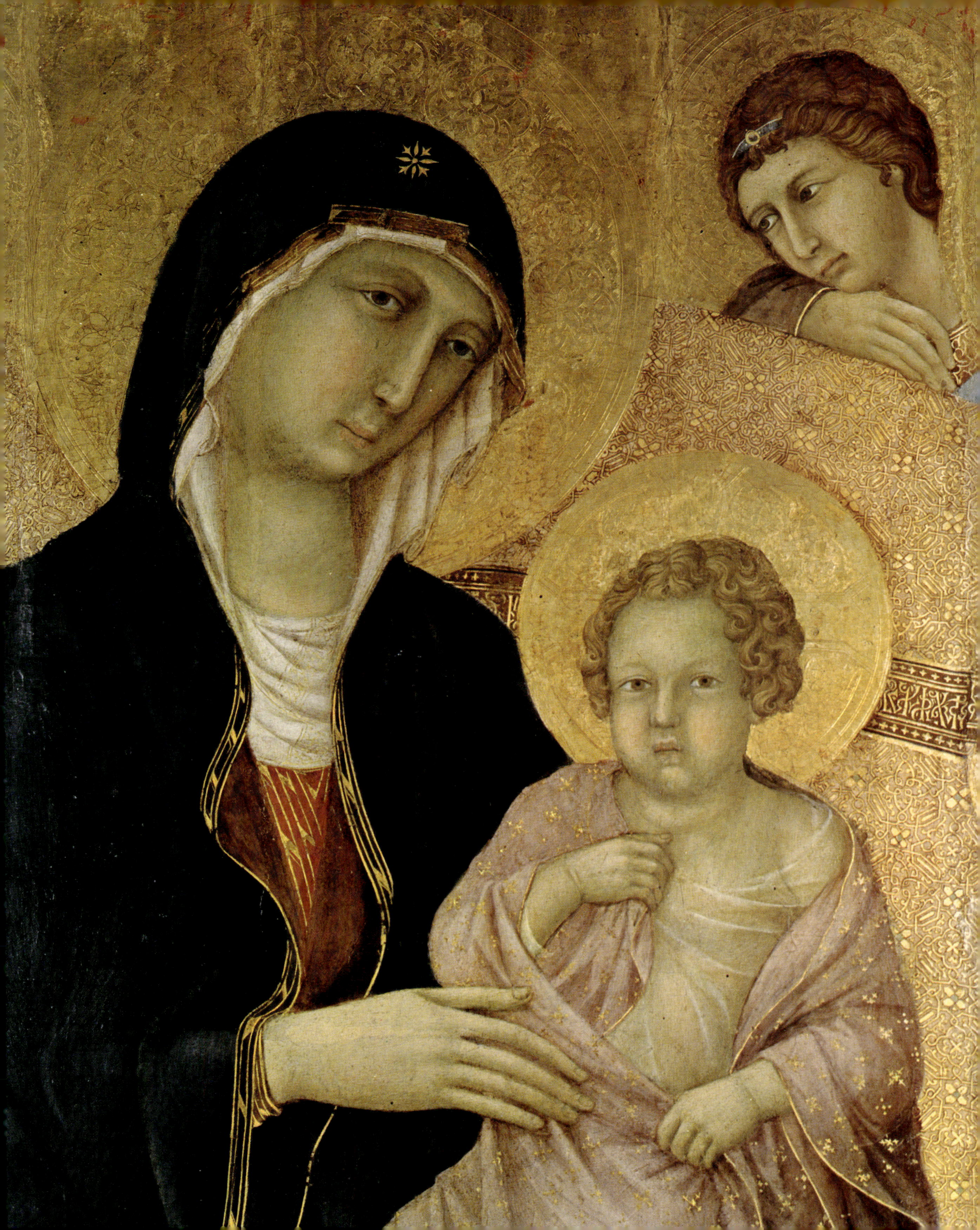

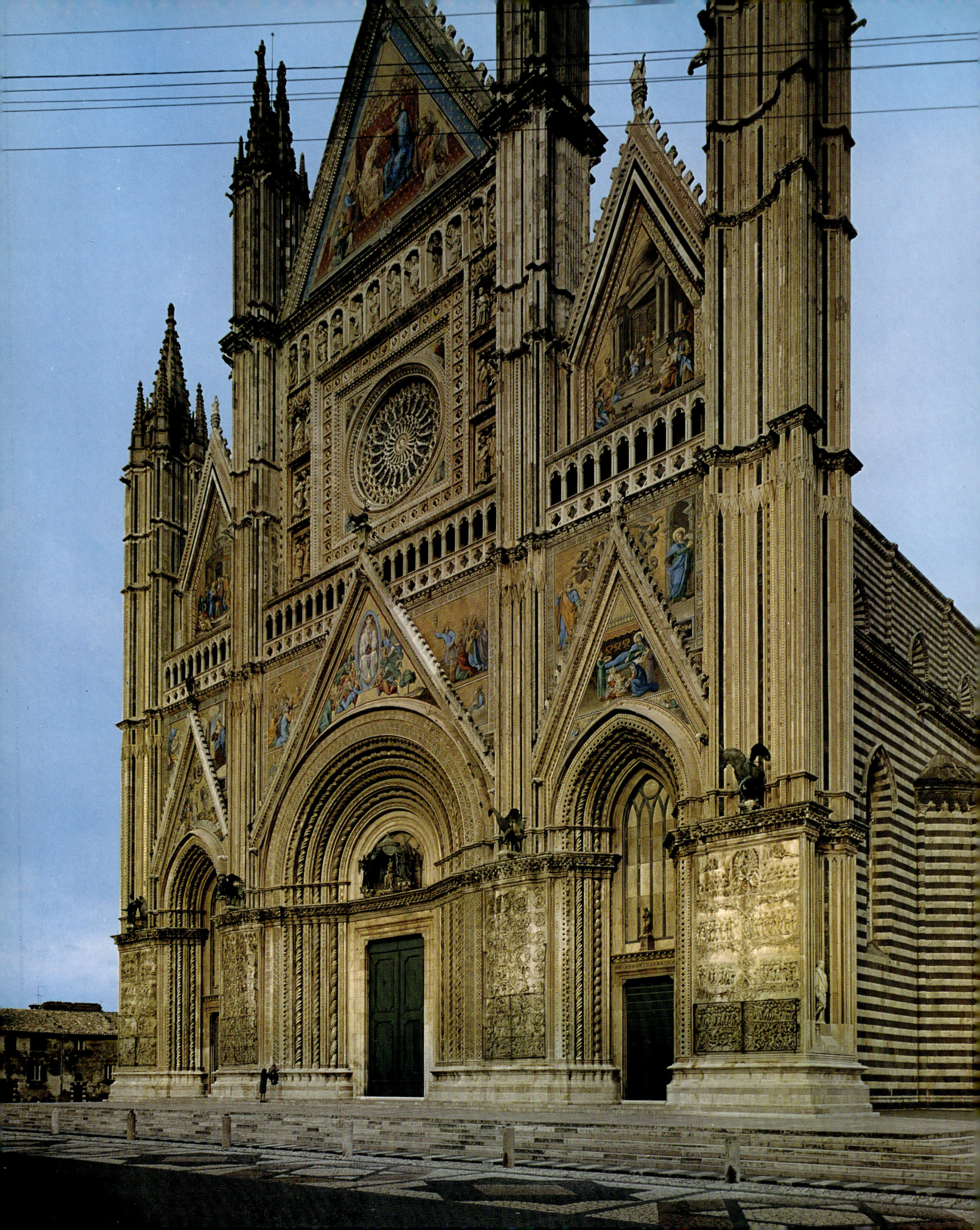

Künstler bekundet sich in einer Inschrift auf der Basis des Madonnenthrons:
MATER SANCTA DEI-SIS CAUSA SENIS REQUIEI SIS DUCIO VITA-TE QUIA PINXITITA (Heilige Mutter Gottes, gib Siena Frieden und Duccio, der dich so gemalt hat, langes Leben)[12].

Tendenzen, die sich in Duccios Kunst ankündigen, gewannen im Werk seines Nachfolgers Simone Martini ihre vollendete Form. Rein gotisch ist die Fühlweise seines Meisterwerkes, der *Verkündigung*, die er 1333 für die Kapelle Sant' Ansano des Domes malte. Das Werk ist heute in den Uffizien in Florenz (Abb. 366). Die italienische Kunst hat nichts Poetischeres hervorgebracht als die Mittelfiguren dieses einzigartigen Bildes, das die Vollendung des gotischen Stils von Siena darstellt. Die rhythmische Linienführung, die leuchtenden Farben, die Vornehmheit der Gesinnung, das tief Geheimnisvolle des Geschehens – alles findet hier seinen höchsten Ausdruck. Von dieser Kunst ging eine starke Wirkung auf ganz Europa aus, denn Simone Martini verbrachte seine letzten Lebensjahre am päpstlichen Hof in Avignon, wo er großen Einfluß auf die zeitgenössische französische Kunst und auf den späteren 'internationalen gotischen Stil' gewann.

Florenz

Traf die Gotik in Siena und Orvieto auf fruchtbaren Boden, so kann das von Florenz nicht gesagt werden. Hier bieten die Werke dieser Zeit oft ein Problem für die Stilanalyse. Weder romanisch noch frühe Renaissance, dürfen sie doch auch als gotisch kaum bezeichnet werden. Ein Beispiel dafür ist der Dom Santa Maria del Fiore. Der 1294 begonnene Bau entsprach in seiner Größe der wachsenden wirtschaftlichen und politischen Bedeutung der Stadt und sollte die Stelle des viel kleineren Domes Santa Reparata einnehmen. Den Entwurf lieferte der berühmte Arnolfo di Cambio, der damals an der großen Franziskaner-Kirche Santa Croce arbeitete. Der Plan sah ein Hauptschiff mit vier kolossalen Jochen und über der Vierung ein Achteck von unerhörten Ausmaßen vor. Auch Querschiffe und Altarplatz entsprachen dieser Form: sie bilden die fünf Seiten eines Achtecks (Fig. 26).

Anfänglich muß der Bau gut vorangekommen sein, denn in einem Dekret vom 1. April 1300 gewährte die Gemeinde Meister 'Arnolphus' lebenslänglichen Steuererlaß als Anerkennung für den »großartigen, in die Augen springenden Bauanfang«. Als

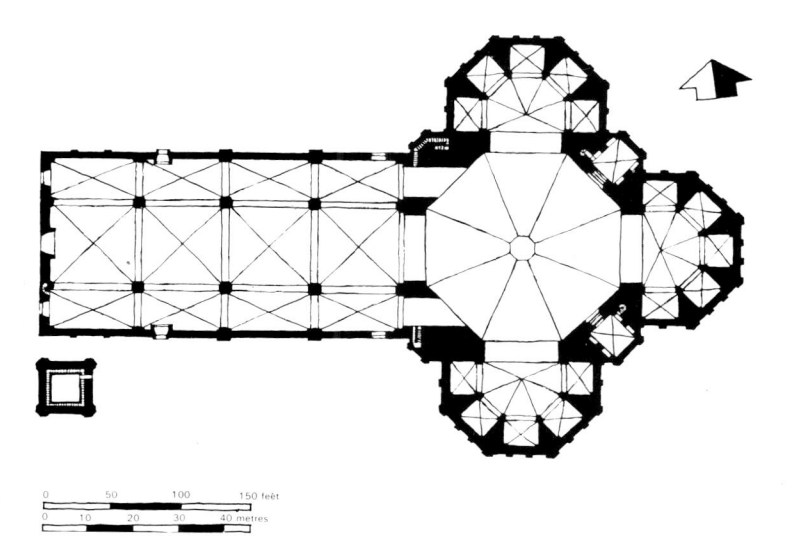

Fig. 26 Grundriß des Doms von Florenz

Arnolfo um 1302 starb, waren aber nur ein Teil der Westfassade und die angrenzenden Joche der Seitenwände fertig, und die Arbeit am neuen Dom wurde nahezu eingestellt.

Florenz erlebte damals eine unruhige Zeit. In den unseligen Feldzügen gegen Castruccio Castracani von Lucca gelang es diesem trotz viel geringerer Mittel, die Heere von Florenz zu schlagen und das Territorium der Stadt zu verwüsten. Erst nach Castruccios Tod (1328) nahmen die Ereignisse eine günstige Wendung. 1331 bestimmte die Gemeinde Geldmittel für die Fortsetzung des Projekts und überließ es der Gilde der Wollhändler, 'Arte della Lana', ihrer Geschäftstüchtigkeit wegen berühmt, den Baufonds zu verwalten. Baumeister wurde 1334 Giotto. In den drei Jahren, die er noch lebte, konzentrierte er sich auf den Bau des freistehenden Glockenturms. Obwohl allgemein als 'Giottos Campanile' bekannt, verdankt man dem großen Maler doch höchstens den Entwurf der drei unteren Hauptgeschosse. Nach seinem Tode führte Andrea Pisano[13] den Bau weiter, und Francesco Talenti vollendete ihn 1357; dieser Zeit-

369 Florenz, Eingang zu Giottos Campanile

◁ 368 Westfassade des Doms von Orvieto. Am Sockelgeschoß die Skulpturen von Maitani und seiner Schule. Die Mosaiken der oberen Hälfte stammen größtenteils aus dem 19. Jh.

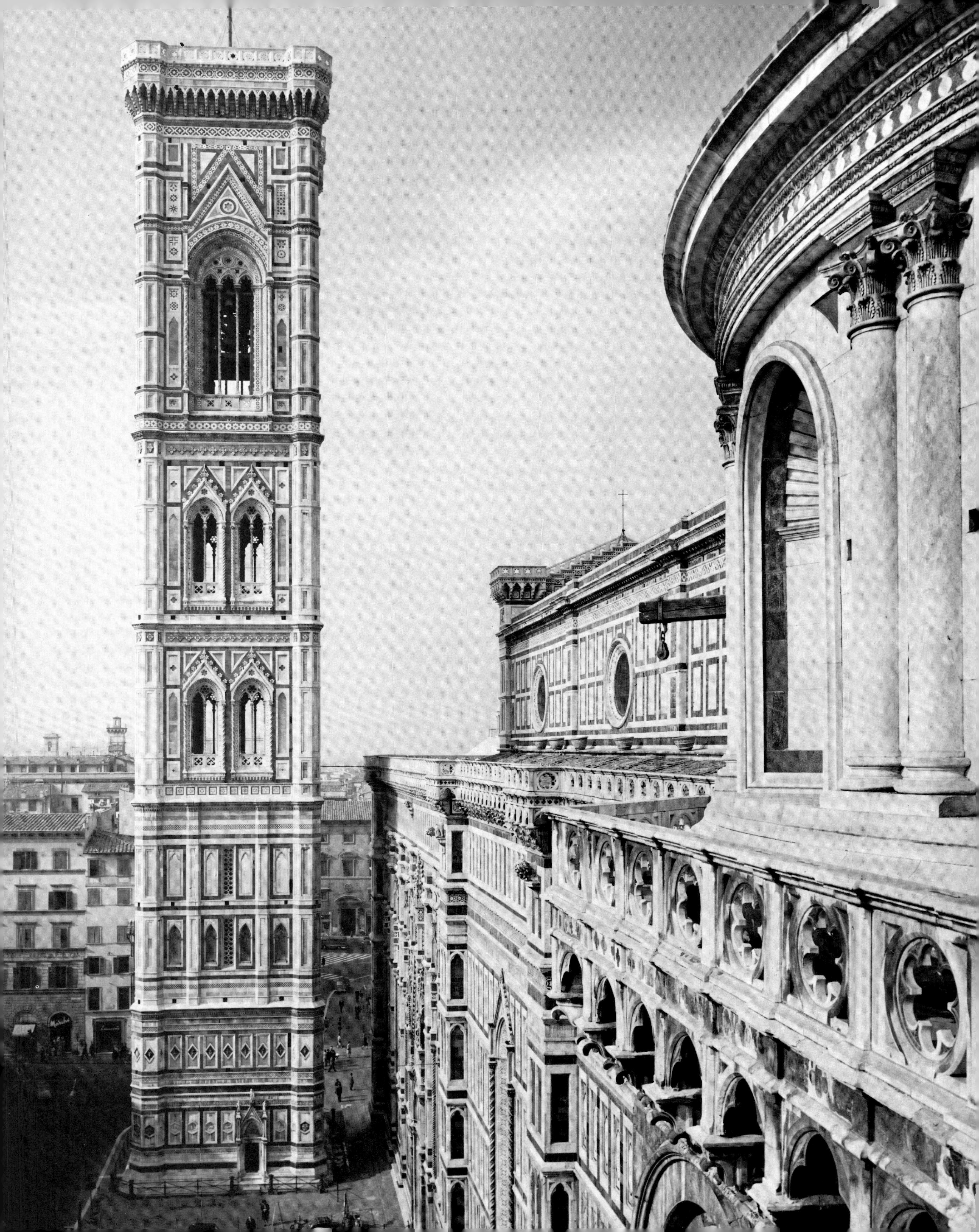

raum manifestiert sich in dem stilistischen Wandel vom Übergangsstil zur Hochgotik (Abb. 369 u. 370).

Italien rühmt sich vieler großartiger Glockentürme, der Campanile des Giotto aber ist der schönste. Die herkömmliche romanische Bauweise wird abgewandelt durch die Durchbrechung der Volumen, die sich von Geschoß zu Geschoß steigert und in der großen dreiteiligen Fensteröffnung von Talentis Glockenstuhl mit seinem komplizierten Maßwerk und den dünnen gedrehten Säulen gipfelt. Durch die immer stärker reduzierten Geschosse verleugnet der Turm seine Masse und ist trotz vieler klassischer Elemente von einer aufwärts strebenden gotischen Anmut, die noch stärker in Erscheinung treten würde, wenn die ursprünglich beabsichtigte Turmspitze hinzugekommen wäre. Die Verkleidung des Ziegelbaus mit farbigem Marmor in rechtlinigen Mustern ist ausgesprochen toskanisch[14].

Der Turm war beinahe vollendet, als 1357 die Arbeit am Dom, nun in noch größerem Maßstab, wieder aufgenommen wurde. Francesco Talenti hielt Arnolfos Entwurf für veraltet und nahm einige wichtige Änderungen vor. Vor allem erhöhte er die Tiefe der Joche des Hauptschiffs um ein Drittel, eine fragwürdige Verbesserung. Drei neue Joche wurden so groß wie die vier von Arnolfo, ein viertes kam im Osten hinzu. Auch das Achteck wurde vergrößert. Dieser Entwurf wurde noch weiter abgewandelt, und ein endgültiger Bauplan, an den sich zu halten alle Beteiligten feierlich schworen, wurde 1366 von einem Ausschuß von vier Architekten und vier Malern abgefaßt[15] (Abb. 372). Von nun an ging die Arbeit gut voran. Um 1421 wurde der Tambour der Kuppel montiert, und übrig blieb nur noch die Überdachung des Mittelraums. Obwohl sie bei den gewaltigen Ausmaßen schier unmöglich schien, hatte man sich erstaunlicherweise bisher kaum darum gekümmert. Die gänzende Lösung, die Brunelleschi fand, ist nicht mehr gotisch, sondern in ihrem Charakter schon ausgesprochen Renaissance.

◁ 370 Blick auf den Florentiner Dom Santa Maria del Fiore und den Campanile des Giotto

371 Dom von Florenz. Blick nach Osten in das Mittelschiff

372 Detail vom Fresko der *Streitbaren Kirche* von Andrea da Firenze (1366) in der Spanischen Kapelle des 'Chiostro Verde' der Kirche Santa Maria Novella. Im Hintergrund der Duomo, wie er von dem Ausschuß im selben Jahr entworfen wurde. Die achteckige Kuppel hat noch keinen Tambour, beherrscht aber schon das Gebäude und ist Brunelleschis Lösung sehr ähnlich

Das große, kalte Innere der Kathedrale flößt eher Ehrfurcht als Zuneigung ein (Abb. 371). Es schmeichelt dem Betrachter nicht. Die Urteile variieren von 'hart', 'unfreundlich' und 'uninteressant' bis zu 'seren', 'streng' und 'nobel'. Interessant auch, wie verschieden Menschen auf die Raumgröße reagieren. Nach Ruskin »könnte man mit dem größten Erfindungsreichtum keinen Plan für das Innere eines Gebäudes entwerfen, das radikaler seine Abmessungen verleugnet und auf die Vorteile verzichten würde, die man gemeinhin aus der Größe zieht«[16]; dagegen bringt die Kirche nach dem deutschen Gelehrten Paul Frankl gerade »ihre Größe greifbarer zum Ausdruck als die großen französischen Kathedralen...«[17]. Die Proportionen der Hauptschiffarkaden, sie mögen noch so unerfreulich sein, scheinen den Kirchenbesucher doch unwiderstehlich zu der Vierung und zum Oktogon hinzuleiten.

Das Formenarsenal, das im Hauptschiff Verwendung fand, ist vorherrschend gotisch, die Art und Weise jedoch, wie die Formen miteinander kombiniert wurden, bildet geradezu eine Negierung des gotischen Geistes. Die Vertikale wird beharrlich unterdrückt. Die Pfeiler des Hauptschiffs, 'klassisch' in ihrer eindringlichen Frontalität, stehen 19 m auseinander, obwohl die Höhe der Gewölbe die gleiche ist wie in Amiens, wo der Zwischenraum nur 7 m beträgt. Der geringe Schwung, den die Spitzbogen erzeugen, geht durch das mächtige horizontale Emporengesims verloren, das sich ununterbrochen um Haupt-

373 Kopf der *Jungfrau Maria* des Arnolfo di Cambio von der alten Domfassade. Florenz, Museo del' Opera del Duomo

374 *Die unvollendete Fassade des Doms von Florenz*, kurz vor ihrer Zerstörung. Zeichnung des 16. Jh. Florenz, Museo dell'Opera del Duomo (unten links)

375 Dom von Florenz. Blick auf die Südfassade. Das an den Campanile angrenzende Joch wurde nach dem ursprünglichen Entwurf gebaut, später aber in die Höhe gezogen

376 *Die Hoffnung greift nach der Krone der Unsterblichkeit*, Detail von einer der Bronzetüren des Andrea Pisano am Baptisterium in Florenz

schiff, Oktogon und Apsiden hinzieht, oberhalb der Pfeiler des Schiffes hervortritt und ihre Verbindung mit dem Gewölbe gerade da verhüllt, wo die Kontinuität der Vertikale am stärksten wirken würde. Hier und da entziehen die Gewölbe das Gesims dem Blick und streben himmelwärts, wodurch sich die Proportionen des Inneren in einem fast unglaublichen Maß verändern.

Der Bau des Duomo war weitgehend ein Unternehmen der Stadtgemeinde und ging jeden Bürger an. Ein Sechstel der Stadtfinanzen wurde dafür reserviert; hinzu kamen die Einkünfte aus einer Kopfsteuer von 2 *soldi*, die jeder männliche Einwohner zu zahlen hatte. Das öffentliche Interesse wurde gefördert: 1357 stellte man ein Modell der Pfeiler des Hauptschiffes aus; große Lettern verkündeten, daß jeder sich innerhalb von acht Tagen mit der Bauverwaltung in Verbindung setzen möge, der an dem Entwurf etwas auszusetzen habe – man werde ihn aufmerksam anhören. Als noch in diesem Jahr die Fundierung für den ersten Pfeiler gelegt war, wurde das Ereignis unter dem Klang von Glocken, Orgel und Gesang gefeiert.

Die Arbeit an Arnolfo die Cambios Westfassade, die Francesco Talenti weitergeführt hatte, war 1420 stillgelegt worden. Etwas mehr als ein Drittel der Fassade war fertig, als sie 1588 auf Betreiben von Bernardo Buontalenti niedergerissen wurde. Eine florentinische Zeichnung aus der Zeit des Manierismus zeigt, wie sie vor der Vernichtung aussah (Abb. 374); wenn man dazu die Qualität der erhaltenen Fragmente in Betracht zieht, kann man den Verlust nur bedauern. Die heutige geschmacklose Fassade wurde zwischen 1871 und 1887 nach einem Entwurf von Emilio de Fabris gebaut.

Unter den Skulpturen von Arnolfo di Cambios Hand, die von der ursprünglichen Fassade erhalten sind, befindet sich eine monumentale sitzende *Madonna und Kind*; klassische, byzantinische und gotische Elemente sind hier eine überzeugende Synthese eingegangen (Abb. 373). Die eingelegten Glasaugen verleihen dem Antlitz der Madonna einen sonderbar zwingenden Ausdruck.

Andrea Pisano schuf die Südtüren des Florentiner Baptisteriums (1330–1336), das bedeutendste Bronzewerk dieser Zeit (Abb. 376 u. 379). Dieses Material wurde während der ganzen Gotik vernachlässigt. In ihrem architektonischen Charakter, der sich in Rücksichtnahme auf die Ganzheit des Bauwerks äußert, sprechen sie den modernen Betrachter fast stärker an als die illusionistischen Wunderwerke Ghibertis an der berühmten 'Paradiestür' der Taufkapelle[18]. Auch die schönsten der sechseckigen Basreliefs im untersten Geschoß des Campanile werden Andrea Pisano zugeschrieben (Abb. 377).

Unter dem Baudekor des Domes ragt das Relief der *Himmelfahrt Mariä* von Nanni di Banco (1400–1421) an der 'Porta della Mandorla' hervor, dem zuletzt fertiggestellten Portal im Norden (Abb. 378). Die Kriechblumen am Giebel verwandeln sich schon in das klassische *rinceaux*-Laubwerk. An den kleinen *Prophetenfiguren*, deren starke Bewegtheit noch mehr dem Geist der Spätgotik entspricht als dem der Frührenaissance, arbeitete der junge Donatello.

377 *Musik, Metallbearbeitung, Bildhauerei*. Sechseckige Basreliefs am untersten Geschoß des Campanile von Florenz, geschaffen von Andrea Pisano

378 Die 'Porta della Mandorla' im Dom von Florenz mit der *Himmelfahrt Mariä* von Nanni di Banco (unten)

379 Umseitig: *Johannes tauft in der Wüste*. Relief von einer der Bronzetüren des Andrea Pisano am Baptisterium in Florenz

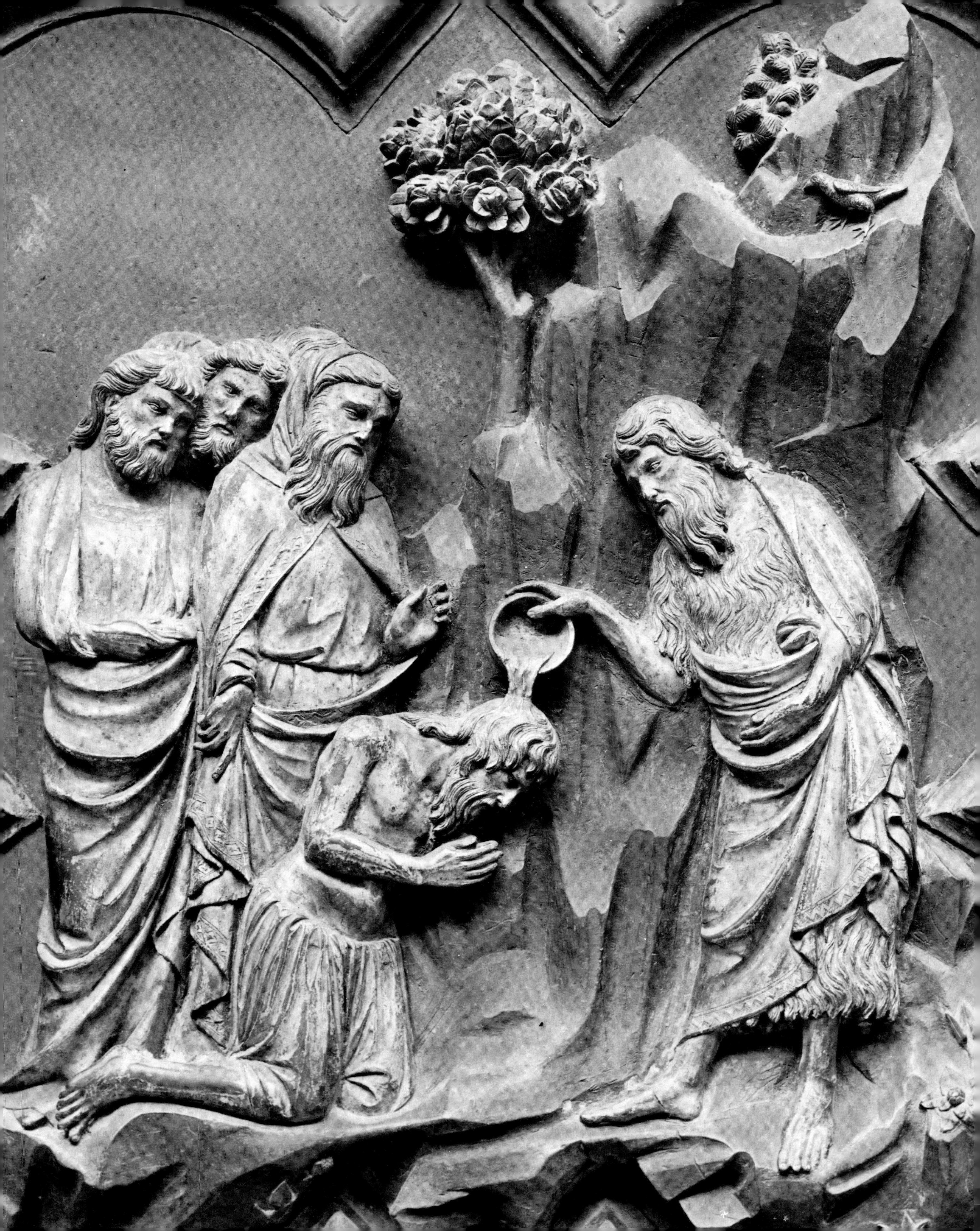

Mailand

Der Mailänder Dom bietet sich als Abschluß unserer Darstellung an. Mit der Kathedrale von Sevilla stellt er das letzte Bauunternehmen in wahrhaft großem Maßstab dar, und er gehört zu den letzten Bauten, die im Geist des mittelalterlichen Baugewerbes ausgeführt wurden[19]. In dem Wald reich verzierter Fialen (von denen einige allerdings erst später hinzukamen) finden wir den letzten Ausdruck des Geistes, der die Portale von Saint-Denis schuf und die rätselhaften Ochsen auf den Türmen von Laon.

Gian Galeazzo Visconti bemächtigte sich 1385 der Herrschaft über Mailand, die sein Onkel innegehabt hatte. Nach zwei Jahrhunderten politischen Niedergangs führte er die Stadt zu Wohlstand und Macht. Schon im Jahr darauf begann man mit dem Bau einer großen neuen Kathedrale, die nach dem Willen des ehrgeizigen Herzogs die größten Gebäude des Nordens in den Schatten stellen sollte – kein geringes Unternehmen, waren doch seit Jahrhunderten in der Lombardei keine wirklich großen Bauwerke errichtet worden. Sogar in dieser Spätzeit der Gotik scheint die gotische Bauweise den italienischen Baumeistern noch Schwierigkeiten bereitet zu haben. Es tauchten Probleme auf vor allem im Hinblick auf die abstrakte geometrische Basis, der Grundriß und Aufriß zu entsprechen hatten und von der die Höhe des Schiffes und der Seitenschiffe abhing. Gian Galeazzo zog daher auch namhafte ausländische Baumeister zu Rate; die Archive erwähnen in Zusammenhang mit dem Entwurf und den ersten fünfzehn Baujahren nicht weniger als fünfzig Namen. Nirgends können wir besseren Einblick in die mittelalterliche Bautechnik gewinnen als hier, wo so viel Urkunden erhalten sind.

Zunächst sprach man sich für einen Grundriß *ad quadratum* aus, der auf Quadrat und Doppelquadrat beruhte und von einem stark betonten Hauptschiff mit gleich hohen Seitenschiffen ausging. Bald aber entschied man sich für einen Grundriß auf der Basis des gleichseitigen Dreiecks. Da die Höhe eines gleichseiti-

380 Aufriß des Mailänder Doms nach dem Proportionsschema *ad triangulatum*. Aus: Cesare Caesariano, ›Vitruvius‹, Como 1521

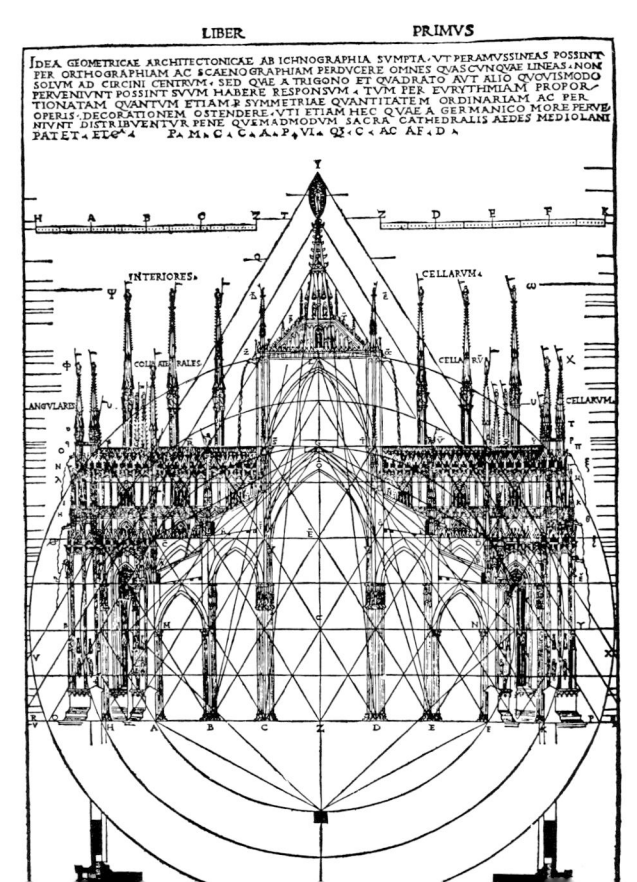

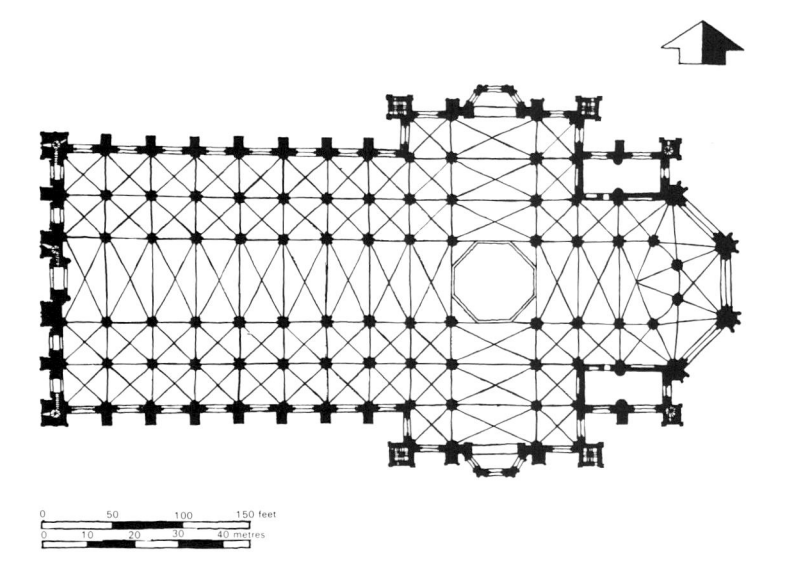

Fig. 27 Grundriß des Mailänder Doms

gen Dreiecks aus seiner Seite nicht ableitbar ist, bemühte man sich um die Mitarbeit des Mathematikers Gabriele Stornaloco aus Piacenza. Er rundete die Höhe von 83,138 auf 84 *braccia* ab, die bequem in sechs 'große Einheiten' von 14 *braccia* geteilt werden konnten. Die geometrische Basis dieses Schemas wird in dem 1521 in Como erschienenen ›Kommentar zu Vitruvius‹ des Cesare Caesariano veranschaulicht (Abb. 380). Der Hinweis auf Sechseck und Kreis in Beziehung zu dem grundlegenden gleichseitigen Dreieck betont die Anpassung des Entwurfs an universelle Gesetze.

Stornalocos Schema wurde im Prinzip angenommen, schließlich aber dahingehend abgewandelt[20], daß die Höhe reduziert und die Übereinstimmung mit klassischen Normen stärker hervorgehoben wurde. Dieser Kompromiß mit dem 'richtigen Maß' erregte den Zorn des deutschen Ratgebers Heinrich Parler, der meinte, nicht nur die Schönheit, sondern auch die Stabilität des Bauwerks werde dadurch gefährdet. Eine fruchtbare Zusammenarbeit zwischen den ausländischen Beratern und den einheimischen Baumeistern erwies sich als unmöglich, da sie von verschiedenen Voraussetzungen ausgingen. Bei der Bestimmung des Pfeilerdurchschnitts griffen die Mailänder auf ihre bewährte Bautechnik *(ars)* zurück, während die nordeuropäischen Baumeister Nachdruck auf theoretische Planung legten, die sie *scientia* nannten. Die lombardischen Baumeister arbeiteten mit dem vertrauten Marmor und waren gewöhnt, die Pfeiler auf der Höhe der Kapitelle mit Eisenstäben zu verbinden, wodurch sie die benötigten Bauteile verringern konnten; gerade dies aber stellten die ausländischen Ratgeber entschieden in Abrede. Heinrich Parler wurde 1392 entlassen, und Ulrich von Ensingen, den man 1394 schließlich überreden konnte, von Ulm nach Mailand zu kommen, blieb nur sechs Monate. Die italienischen Baumeister quälten sich alleine weiter, bis eine Reihe ungelöster Probleme sie 1399 nötigte, die Hilfe anderer Ausländer, diesmal französischer, in Anspruch zu nehmen.

Auf einer stürmischen Sitzung Anfang 1400, die einberufen worden war, um den vielen Einwänden des französischen Baumeisters Jean (Giovanni) Mignot zu begegnen, legten die lombardischen Baumeister solche Verständnislosigkeit für gotische Bauprinzipien an den Tag, daß sie sogar leugneten, von spitzbogigen Arkaden gehe ein Schub aus. Der verblüffte Meister Jean warf den lombardischen Meistern ein verächtliches »*ars sine*

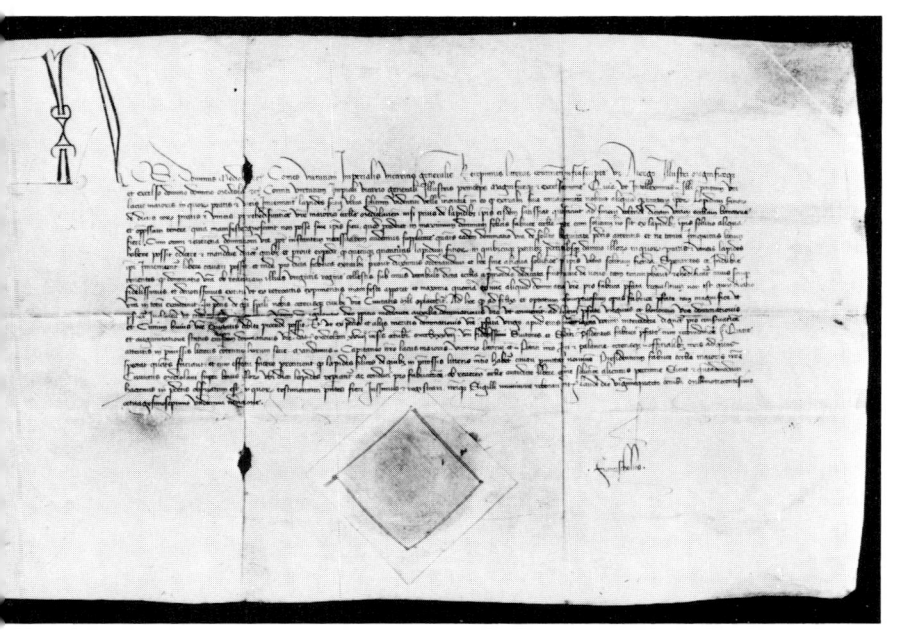

312   Italien: Mailand

381   Urkunde des Herzogs Gian Galeazzo Visconti vom 19. Oktober 1387 über die Abtretung der Marmorbrüche von Candoglia an das Kapitel des Doms. Mailand, Archive der Veneranda Fabbrica

383   Mailänder Dom. Blick auf die Gewölbe mit dem *trompe l'œil*-Maßwerk

scientia nihil est« an den Kopf; aber die Italiener gaben zurück »*scientia sine arte nihil est*«.

Als Mignot im nächsten Jahr nach Paris zurückkehrte, blieben seine Einwände so gut wie unbeachtet. Die Italiener trieben ihren eigenen Bauplan voran und behaupteten sich in der Praxis. Trotz der erheblichen Mängel, auf die die gelehrten Nordeuropäer hinwiesen – die schwachen Fundamente und Pfeiler wie die unzureichenden Stützen –, steht der Dom bis zum heutigen Tag[21]. Chor und Querschiffe wurden um 1450 fertig, doch der Bau der

382   Der Mailänder Dom

großen Laterne und des Hauptschiffs schleppten sich jahrhundertelang hin, und die Westfassade wurde erst 1809 auf Geheiß Napoleons gänzlich vollendet. Der Dom, der eine Oberfläche von 38 000 qm bedeckt, ist nach Sevilla die zweitgrößte gotische Kathedrale und einzigartig in seiner Marmorverkleidung.

Eine Urkunde vom 19. Oktober 1387 in den Dom-Archiven besagt, daß Gian Galeazzo Visconti den Marmorbruch von Candoglia für den Bau des Doms zur Verfügung stellte (Abb. 381). Den in der Nähe des Lago Maggiore gebrochenen Stein beförderten *barconi* ohne große Mühe quer über den See und dann über den Fluß und Kanal zu dem Dock mitten in der Stadt in unmittelbarer Nähe des Bauplatzes[22]. Von unwesentlichen Ausnahmen abgesehen, ist der ganze Dom mit diesem Marmor bekleidet und wird heute noch damit repariert (Abb. 382). Der rosige Candoglia-Marmor, der auch durch die Rußablagerung der Industriestadt hindurchschimmert, reflektiert den geringsten Wechsel der Beleuchtung und nimmt bei Sonnenuntergang eine reiche Vielfalt von Farbtönen an: Orange, Blaßrot, Mauve und Violett.

Die Gewölbe des Mittelschiffs sind 45 m hoch (beinahe so hoch wie die in Köln, wo die Höhe außen, bis zum Dachfirst, 61,50 m beträgt), erscheinen aber nicht so schwerelos. Schuld daran tragen die Kapitelle in Form von riesigen Trommeln: sie sind 6 m hoch und tragen in den überdachten Nischen überlebensgroße Skulpturen. Obwohl in den Einzelheiten gotisch, bezeugt diese absichtliche Unterbrechung der Vertikale doch einen anderen Geist. Vorherrschend bleibt der Eindruck eines schweigenden, geheimnisvoll dunklen nördlichen Waldes, dem noch das reiche Maßwerkmuster der Gewölbe – der einzige nicht mit Marmor abgearbeitete Bauteil – entgegenkommt. Es ist in einem erstaunlich überzeugenden *trompe l'œil*-Stil bemalt (Abb. 383).

384   Mailänder Dom. Mittelfenster der Apsis mit der riesigen *razza* in der Mitte, dem Wappenzeichen des Geschlechts der Visconti ▷

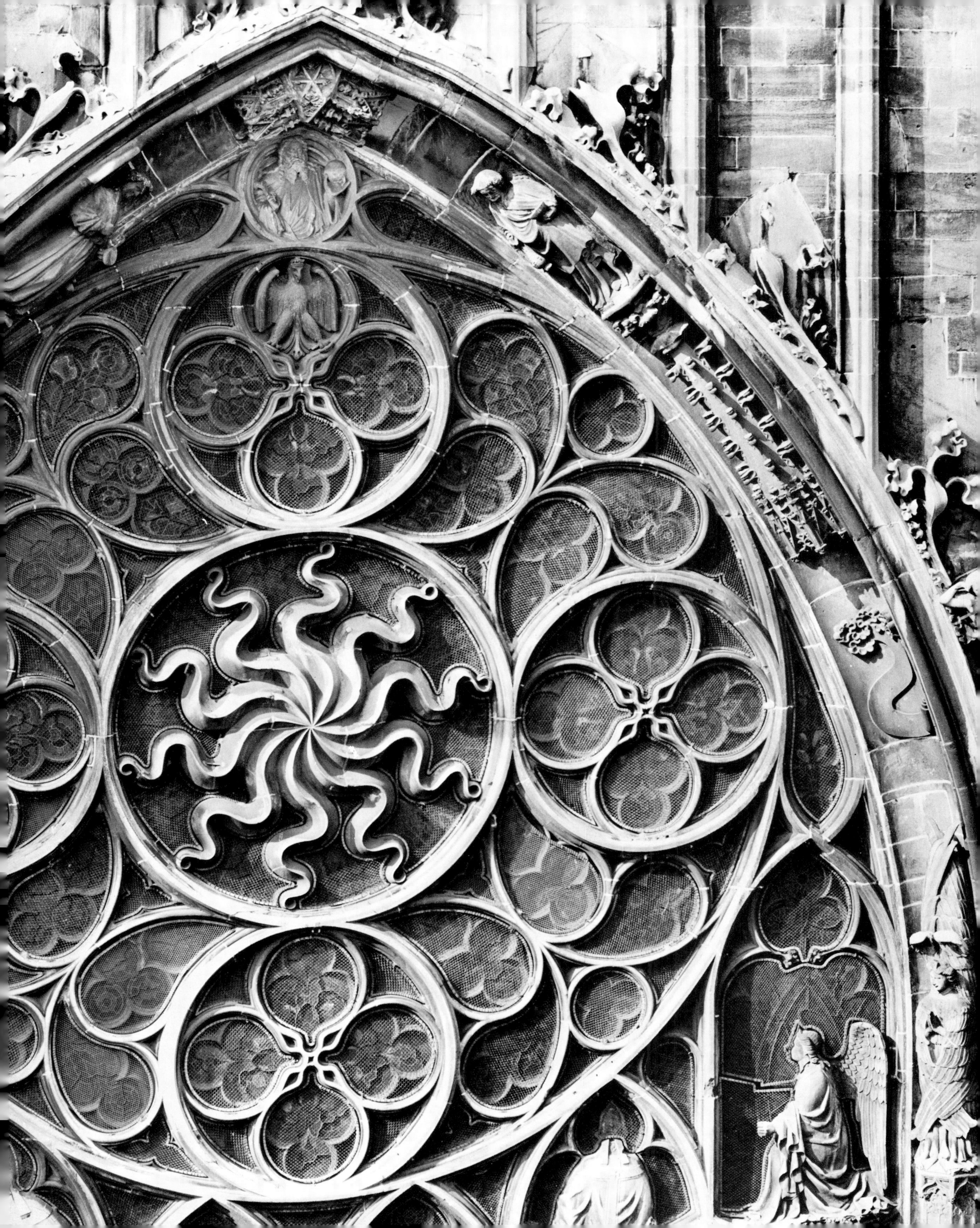

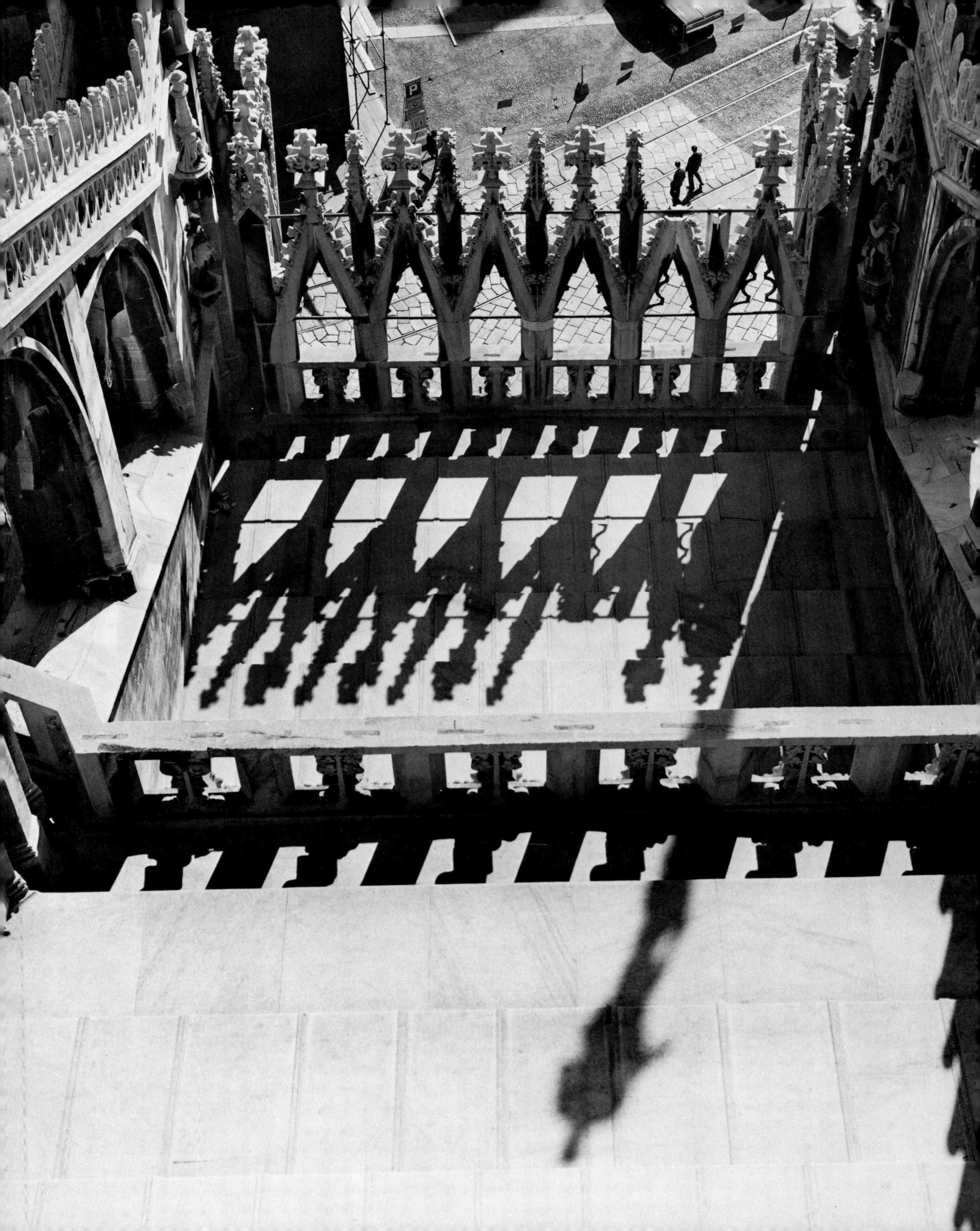
P

Das Hauptschiff und die doppelten Seitenschiffe, geräumig und der Höhe nach abgestuft, sind nach dem Vorbild von Bourges gebaut, der Nachdruck liegt aber eher auf der Breite als auf der Höhe. Durch die sehr schmalen Fensteröffnungen mit dem dunkel getönten Glas fällt nur düsteres Licht ins Innere des Mittelschiffes. Um so stärker wirkt der helle Lichtschein, den die drei großen Fenster der polygonalen Apsis hereinlassen. Unwiderstehlich zieht er den Besucher zum Chor hin, dem ältesten und schönsten Teil des Gebäudes. Die Fenster sind wirklich kolossal; jedes mißt 21 m x 8,5 m. Das merkwürdige Wappen der Visconti, die einem Flammenrad ähnelnde *razza* (Abb. 384), bildet den Brennpunkt des mittleren Fensters und vermittelt der ganzen Komposition eine starke Bewegung, ebenso wie das wirbelnde Flamboyant-Maßwerk der Seitenfenster.

An den östlichen Fassaden findet man die ältesten und interessantesten von den 2245 Statuen, die das Gebäude schmücken, geschaffen von französischen, deutschen und italienischen Bildhauern vom 14. bis zum 20. Jahrhundert, in einer verwirrenden Vielfalt von Stilen: Gotik, Renaissance, Barock, Klassizismus, Neugotik und moderne Monumentalkunst (Abb. 43, 386 u. 387).

Ausgesprochen italienisch ist die mit großen Marmorplatten belegte Dachfläche von so geringer Neigung, daß man auf ihr spazieren gehen kann (Abb. 385). Man schlendert an einem sonnigen Tag die mit komplizierten Filigranmustern besäten, mit durchbrochenen und bekrönten Balustraden versehenen Marmorterrassen entlang, blickt hinauf zur großen Laterne und der Turmspitze mit der kolossalen vergoldeten Bronzestatue der Jungfrau, 107 m über den wimmelnden Straßen (Abb. 388), schreitet durch eine Palisade von Fialen, die Statuen krönen (Abb. 385), und späht hinüber zu den fernen Alpen. Hinter ihnen liegt die 'barbarische' Welt der Nordens, die ihren schönsten künstlerischen Ausdruck in dem *opus modernum* des 13. Jahrhunderts fand: der gotischen Kathedrale.

◁ 385   Schattenspiel auf den marmornen Dachterrassen des Mailänder Doms

386   Mailänder Dom. Blick auf die Strebepfeiler, Fialen und Statuen

387   Die statuengekrönten Fialen des Mailänder Doms ▷

388   Umseitig: Mailänder Dom. Blick auf die Apsis und die achteckige Laterne über der Vierung mit der 106 m hohen vergoldeten Statue der *Madonnina*

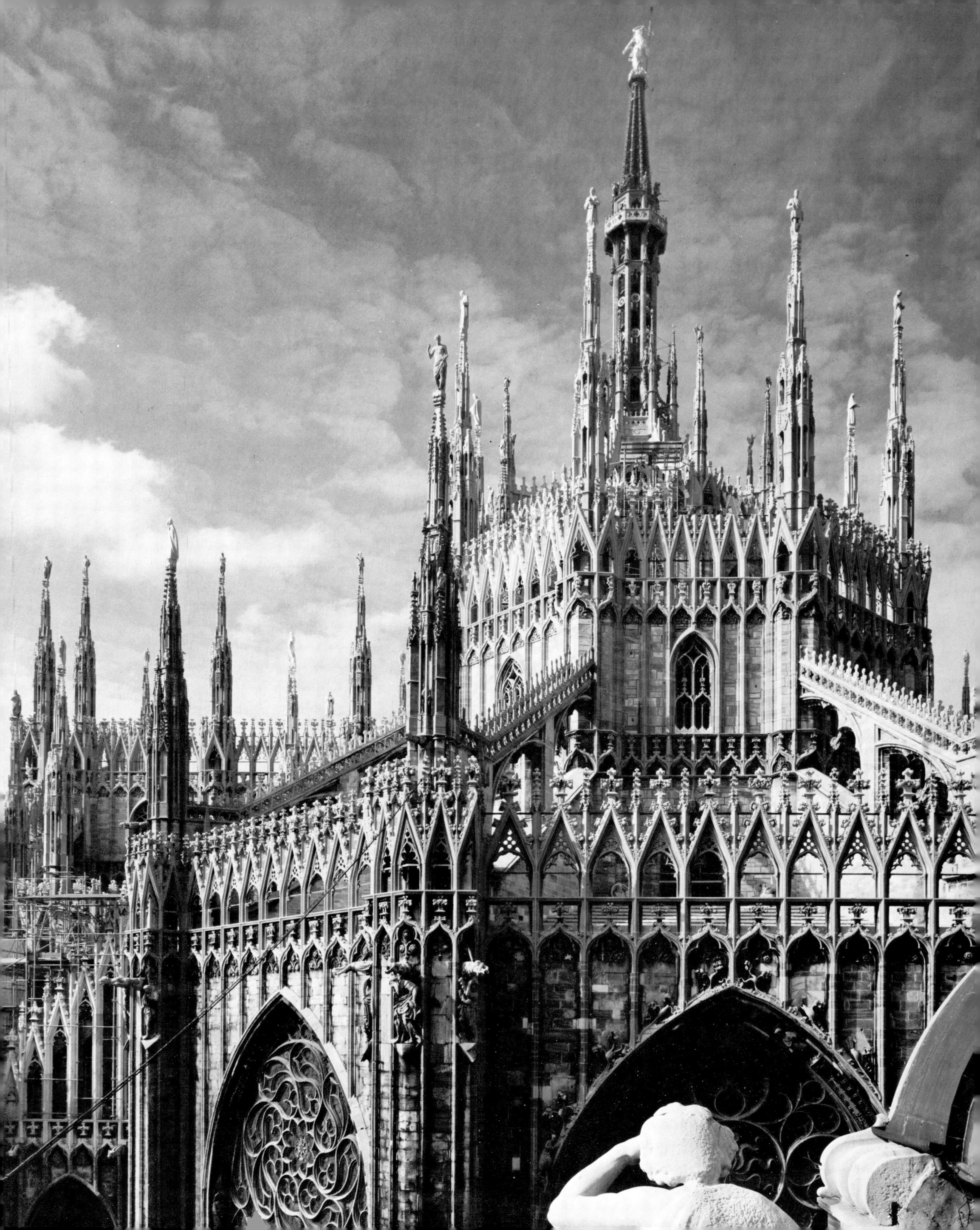

Verzeichnis der Fachausdrücke

ÄDIKULA. Giebelbekrönter Aufbau auf Stützen, rückseitig mit der Wand verbunden.
AMBO. Kanzelartiges Lesepult an den Chorschranken. *Epistelambo* im Süden mit einer Treppe, *Evangelienambo* im Norden mit zwei Treppen.
ANTEPENDIUM. Altartischbekleidung aus Gewebe oder Metall.
APSIS. Die angefügte halbrunde, vieleckige oder rechteckige Nische am Chorhaupt. Ursprünglich Ort für die Kathedra des Bischofs und für den Altar.
ARCHIVOLTE. Stirn und Laibung eines Bogens, dann Bogenlauf, der zwei Gewändeglieder in Gewändeportalen verbindet.
ARKADE. Auf Pfeilern oder Säulen ruhende Bogenstellung.

BALDACHIN. Thronhimmel. In der Architektur feste Überdachung einer Statue oder eines Altars.
BLENDBOGEN, BLENDARKADE. 'Blinder', der Wand vorgeblendeter Bogen. Die Blendarkade ist eine Bogenstellung ohne Öffnungen.
BOGEN. Wölbung, relativ kurz in der Tiefenausdehnung, auf Pfeilern ruhend. Der Bogen fängt die auf ihm ruhende Last auf. Der echte Bogen besteht aus keilförmigen Steinen (und Mörtel) oder aus rechteckigen Steinen und keilförmigen Mörtelfugen. Die am Bogenansatz liegenden Steine heißen *Anfänger*, der oberste Stein ist der *Schlußstein*. Die Vorderseite heißt *Stirnseite*, die Unterseite *Laibung*, die Oberseite *Rücken*. Der Bogen ruht auf dem *Kapitell* oder *Kämpfer*; die senkrechten tragenden Teile bilden die *Widerlager*. – Formen: *Rund-* oder *Halbkreisbogen, Hufeisenbogen, Kleeblatt-* oder *Dreipaßbogen, Segmentbogen, Korbbogen, normaler Spitzbogen, Lanzettbogen* (Abb. 242), *Kielbogen* oder *Eselsrücken* (Fig. 31), *gestelzter Bogen, einhüftiger* oder *steigender Bogen.*
BOGENFELD. s. Tympanon.
BOGENZWICKEL. Das über einem Bogen verbleibende dreieckige Wandstück.
BOSSE. Schlußstein an der Schnittfläche von Gewölberippen, oft reich verziert (Abb. 251).
BÜNDELPFEILER. Um einen Pfeilerkern herumgelegte Dienste (Halb- und Dreiviertelsäulen) wirken wie gebündelt. Im Straßburger Münster sind Bündelpfeiler mit sechzehn gebündelten Diensten.

CAPILLA MAYOR. Sanktuarium der spanischen Kirche, in dem sich der Hochaltar befindet.
CHOR. Erhöhter Ort für den Altar und für die Geistlichkeit; umfaßt oft Apsis, Chorquadrat und Vierung. Auch die Querschiffarme können noch zum Chor gehören, ebenso eine begrenzte Fläche des Mittelschiffes. Zu unterscheiden vom Sanktuarium, einem begrenzten Teil des Chores, in dem Hochaltar und Sakramentshaus (Tabernakel) stehen.
CHORGESTÜHL. An den Längsseiten der Chöre von Domen und Klosterkirchen, meist reich mit Schnitzereien versehen. Seit dem 13. Jh. Die aneinandergereihten Sitze werden durch hohe *Wangen* abgeschlossen. Die *Miserikordie* (Abb. 213) ist ein kleiner Lehnsitz unter dem hochgeklappten Einzelsitz, der *Stalle*.
CHORUMGANG. Um den Chor herumführender Gang in Verlängerung der Seitenschiffe und in offener Verbindung mit dem Chormittelschiff (Binnenchor). In der Gotik oft mit radial angeordneten Kapellen. Bei englischen Kirchen oft rechteckig.

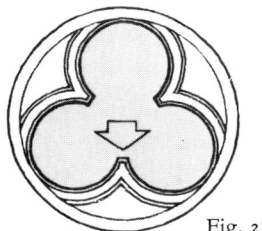

Fig. 28 Dreipaß

CIBORIUM. Auf Säulen ruhender Altarüberbau (Abb. 280).
CIMBORRIO (span.). Laterne über der Vierung (Abb. 310).
CORO. Der den spanischen Kathedralen eigentümliche abgeschrankte Versammlungsraum des Kapitels.

DACHREITER (FLÈCHE). Schlankes Glocken- oder Uhrtürmchen auf dem Dachfirst, oft über der Vierung.
DECORATED STYLE. Der reich verzierte Stil in der zweiten Phase der englischen Gotik (spätes 13. bis Mitte 14. Jh.) (Abb. 245).
DIENST. Pfeiler- oder Wandvorlage. Viertel-, Halb- oder Dreiviertelsäule, die den Gurt oder die Rippe eines Kreuzrippengewölbes stützt.

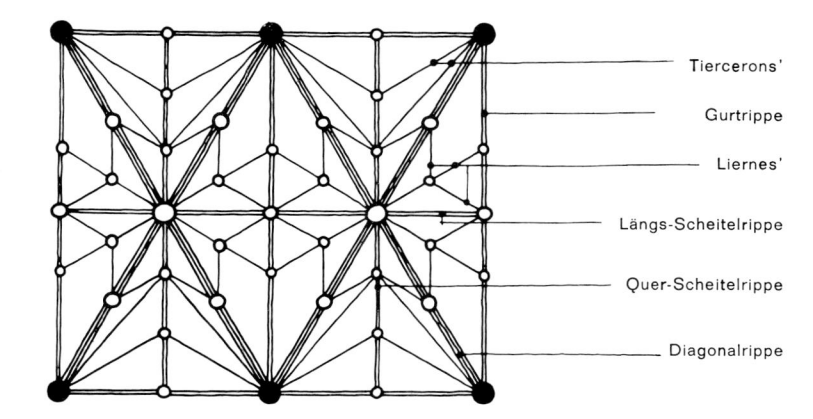

Fig. 29 Bezeichnung der Rippen im gotischen Gewölbe

DREIPASS. Paß ist der Zirkelschlag. Dreiblättriges Kleeblatt innerhalb einer runden oder gerundeten gotischen Maßwerkform (Fig. 28). Entsprechend Vier-, Fünf-, Sechs-, Vielpaß.

EARLY ENGLISH. Erste, klassische Phase der englischen Gotik, die fast das ganze 13. Jh. herrschte. Charakteristisch: Große schmale Lanzettfenster.
EKKLESIA. Allegorische weibliche Gestalt, die die Kirche verkörpert.
EMPORE. Über den Seitenschiffen in gleicher Breite errichtete Galerie, die sich nach dem Mittelschiff öffnet.
EVANGELISTENSYMBOLE. Matthäus: Engel; Markus: Löwe; Lukas: Stier; Johannes: Adler. Ezechiel I, 5. Geheime Offenbarung, 4, 6ff.

FIALE. Spitzes gotisches Türmchen als Pfeileraufsatz, seitlich von Wimpergen und auf Strebepfeilern.
FISCHBLASE. Spätgotische Maßwerkform. Im Gegensatz zu den Paßformen kurvig-bewegt.
FLAMBOYANT. Maßwerk mit Flammenformen. Die letzte Phase der französischen Gotik wird *style flamboyant* genannt (Abb. 178).

GEWÖLBE. *Tonnengewölbe:* ein längs durchschnittener Zylinder, auch spitz-, korb- oder segmentbogig. Zerteilt man ein über rechteckigem Grundriß errichtetes Tonnengewölbe durch senkrechte Diagonalschnitte, so zerfällt das Gewölbe in vier Teile; an den Halbkreisbögen liegen die *Kappen,* dazwischen die *Wangen. Kreuzgewölbe* (Fig. 2, S. 60): Durchdringung zweier rechtwinklig zueinander stehender Tonnengewölbe. An den Durchdringungslinien bilden sich *Grate,* daher *Kreuzgratgewölbe.* Wird das Kreuzgewölbe von Diagonalrippen getragen oder sind ihm Diagonalrippen unterlegt, spricht man von *Kreuzrippengewölbe.* Grundgebilde aus vier Kappen, auch sechsteiliges Kreuzrippengewölbe. Beim *Sterngewölbe* sind die Rippen sternartig angeordnet (Abb. 248; Fig. 29). Beim *Fächergewölbe* strahlen die Rippen fächerartig von einer Stütze aus (Abb. 256). Das *Netzgewölbe* verwischt mit seinen netzartig angeordneten Rippen die Jocheinteilung des Gewölbes.
GURTBOGEN. Verbindet zwei sich im Schiff quer gegenüberliegende Pfeiler; trennt die Joche voneinander.
GURTGESIMS. Trennt Geschosse und Wandzonen voneinander, faßt den Baukörper zusammen.

HALLENKIRCHE. Drei- oder mehrschiffige Kirche mit gleichhohen Gewölbekämpfern, so daß alle Schiffe gleich hoch oder annähernd gleich hoch sind. Belichtung des Mittelschiffs indirekt durch die Seitenschiffe. Charakteristisch für die deutsche Gotik (Abb. 295).

INTARSIE. Einlegearbeit, Verzierung bei Möbeln und Fußböden mittels Blattholz (Furnier). Wirkung durch verschiedene und verschiedenfarbige Hölzer.

JOCH. Der unter einem Gewölbe als Einheit gefaßte Raum innerhalb einer Folge solcher Einheiten. Senkrecht gegliederter Abschnitt einer Wand im Wechsel von Öffnung und Wand.

KÄMPFER. Bezeichnet den Punkt, an dem die Bögen von der Lotlinie der Stützen und Mauern abbiegen.
KAPELLENKRANZ. s. Chorumgang.
KRABBE. Gotische Kriechblume an Giebeln und Fialen.
KRAGSTEIN. Aus der Mauer vorspringender einfacher Tragstein.
KREUZGANG. Die um den Klosterhof im Rechteck herumgeführten Gänge, zum Klosterhof hin in Arkaden geöffnet.

KRIECHBLUME. s. Krabbe. *Kriechblumenkapitell* charakteristisch für die französische Gotik (Abb. 158).

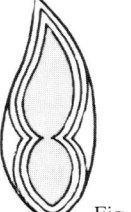

Fig. 30   Mouchette

LATERNE.   Baldachinartiger Aufbau über der Lichtöffnung in der Mitte einer Kuppel (Abb. 170, 246).
LEHRGERÜST.   Provisorische Holzstütze bei Bau eines steinernen Gewölbes.
LETTNER.   Ursprünglich Lesepult an der Scheidewand zwischen Chor und Laienhaus, dann diese Scheidewand selbst (franz. *jubé*, Abb. 179).
LICHTGADEN, OBERGADEN.   Bei basilikalem Querschnitt der die Seitenschiffe übersteigende Hochraum des Mittelschiffs mit den Fenstern (Fig. 7, S. 62).

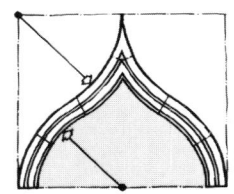

Fig. 31   Kielbogen oder 'Eselsrücken'

LIERNE.   Nebenrippe im gotischen Gewölbe, für die eine deutsche Bezeichnung fehlt (Fig. 29).
MANDORLA.   Mandelförmiger Heiligenschein, umschließt die ganze Figur (Abb. 378).
MASSWERK.   Gemessenes, gezirkeltes gotisches Ornament in Spitzbogenfeldern. Mit dem *Stabwerk* bildet es die Gitterform im gotischen Maßwerkfenster (Abb. 108, 154).
MOUCHETTE.   Bogenförmiges Maßwerkmotiv, charakteristisch für den englischen *Decorated Style* und den französischen *style flamboyant* (Abb. 174; Fig. 30).
MUDEJAR-STIL.   Spanischer Stil von ausgeprägt maurischem Charakter, wie maurische Handwerker ihn unter christlicher Herrschaft hervorbrachten.

OKTOGON.   Ein im Grundriß achteckiger Bau.

PERPENDICULAR STYLE.   Dritte und letzte Phase der englischen Gotik (vom frühen 14. bis zum frühen 16. Jh. (Abb. 226).
PFEILER.   Im Gegensatz zum Wandpfeiler und zum Pilaster, die mit der Wand verbunden sind, ist der Pfeiler eine freistehende Stütze von rechteckigem Querschnitt mit Fuß und Kopfstück. Charakteristisch für die Gotik der *Bündelpfeiler* (Abb. 107).
PLATERESK.   Architekturstil der span. Renaissance. Charakteristisch das reiche, fein ziselierte Ornament.
PORTIKUS.   Säulengetragener Vorbau vor der Fassade eines Gebäudes.
PRESBYTERIUM.   Der Teil der Kirche östlich vom Chor, der nur von Priestern betreten wird und in dem sich der Hochaltar befindet.
PULPITUM.   Die Schranke, die den Westteil des Chors abschließt. Das engl. Äquivalent für den franz. *jubé*.

RAYONNANT.   Name für den franz. Stil zwischen 1250 und 1350. Charakteristisch die Reduktion der Stützen, die ganze Fensterwände ermöglicht, ein gewisser Linearismus im Detail und eine Vorliebe für Fensterrosen mit strahlenförmigem Maßwerk – daher der Name (Abb. 108).

RETABEL.   Altaraufsatz, Altarrückwand. Vom 11. Jh. bis in die Mitte des 20. Jh. üblich.
RETABLO MAYOR.   Hauptretabel der spanischen Kirche.
RIPPE.   Plastischer Steinbogen. In der frühen Gotik schwach, später reich profiliert. Trägt das Gewölbe oder ist diesem unterlegt (Fig. 29).
RUNDPFEILER.   Im Gegensatz zur Säule stämmige Stütze von kreisförmigem Querschnitt ohne Schwellung oder Verjüngung. Vor allem in frühen französischen Kathedralen.

SCHEITELRIPPE.   Mit der Richtung des Raumes laufende Rippe im Gewölbescheitel.
SCHLUSS-STEIN.   Oberster Stein eines Bogens, mittlerer Stein eines Gewölbefeldes. Im gotischen Kreuzrippengewölbe als Reliefplatte betont und oft ornamental behandelt.

Fig. 32   Soufflet

SONDERGOTIK.   Die bizarre letzte Entwicklungsstufe der deutschen Gotik; die Gewölbe zeichnen sich durch eingefügte halmähnliche Rippen aus, die oft willkürlich abgestumpft sind (Abb. 278).
SOUFFLET.   Längliches Vierblatt, von dem zwei Blätter an entgegengesetzten Enden zugespitzt sind; beliebtes Motiv im Maßwerk des Flamboyant-Stils (Fig. 32).
STABWERK.   s. Maßwerk.
STREBEWERK.   Funktionsganzheit von *Strebepfeilern* und *Strebebögen* an der gotischen Kirche zur Abstützung der Wände und zum Auffangen des Schubes von Gewölbe und Dachlast. Die *Strebepfeiler* sind senkrecht zur Außenwand und an dieser stehende Stützpfeiler auf der Achse der Binnenstützen. Zwischen ihnen sitzen die großen Fenster. Die Strebepfeiler können auch nach innen gezogen sein; dann sind die Außenwände wenig gegliedert, und im Innern bilden sich zwischen den Pfeilern Einsatzkapellen. Bei gotischen Basiliken werden die Strebepfeiler an der Außenwand der Seitenschiffe über die Traufhöhe der Seitenschiffe hinaus hochgeführt. Die Hochgotik bekrönt sie mit *Fialen*. Zwischen der Oberwand des Mittelschiffes und den hochgezogenen Strebepfeilern spannen sich die *Strebebögen*, einhüftige Bögen, die die Schubkräfte der Hochwände vermittelnd auf die Strebepfeiler ableiten. Sind jeweils zwei Strebebögen vorhanden, dann fängt der untere den Gewölbeschub, der obere die Dachlast (und den Winddruck) auf.

TABERNAKEL.   Baldachinartiger Aufbau aus Säulen und Dach.
TAMBOUR.   Trommel unter der Kuppel.
TIERCERON.   Von der Scheitelrippe ausgehende Nebenrippe im gotischen Gewölbe, für die eine deutsche Bezeichnung fehlt (Fig. 29).
TRIFORIUM.   Schmaler Laufgang an der inneren Hochschiffwand gotischer Kirchen mit drei- oder mehrfacher Bogenstellung (Fig. 7, S. 62).
TROMPE.   Bogen in einer rechtwinkligen Raumecke; darunter, die Ecke ausfüllend, eine nischenartige Wölbung.
TRUMEAU.   Mittelpfeiler, der das Tympanon trägt und einen breiten Eingang in zwei Teile teilt; in der französischen Gotik häufig mit Figuren von großer ikonographischer Bedeutung (Abb. 156).
TYMPANON.   Giebel- oder Bogenfeld. Oft plastisch ausgestaltet (Abb. 163).

VIERUNG.   Bildet sich, wo Mittel- u. Querschiff sich durchdringen. Im Grundriß quadratisch.

WIMPERG.   Gotischer dreieckiger Ziergiebel über Portalen und Fenstern, mit Maßwerk oder Blendmaßwerk gefüllt. Schenkel oft krabbenbesetzt; die Spitze ziert eine Kreuzblume.

Anmerkungen

Die Welt der Kathedralenbauer

1   Raoul Glaber oder Rudolf der Kahle (um 985 bis um 1046). Verschiedene Historiker maßen dem Gedanken des Weltuntergangs um das Jahr 1000 große Bedeutung bei. Darauf erfolgte eine gegenteilige Reaktion. Dies ist aber nur einer von vielen Faktoren, die zu der Wiederbelebung Europas im 11. Jh. beitrugen.

2   Cluny wurde 910 gestiftet. Erster Abt war der hl. Berno. Zur Zeit des dritten Abtes, des hl. Odo, begann Cluny andere Klöster zu reformieren. Die Kongregation von Cluny wurde von größter Bedeutung, besonders für die Künste. Die dritte Abteikirche in Cluny, 1088 begonnen und während der Französischen Revolution zerstört, gehörte zu den größten Kirchen der Christenheit.

3   Nach den Einbrüchen von Normannen, Hunnen und Mauren im 10. Jh. war dies eine verhältnismäßig ruhige Zeit. Die Idee eines 'Gottesfriedens' zwischen den Feudalherren wurde zuerst 990 in Le Puy proklamiert und zeitigte ihre erste Wirkung in Aquitanien – einer der Gründe für das Aufblühen dieses Herzogtums. Später schlossen sich Fürsten in Nordfrankreich, Italien und Deutschland der Bewegung an.

4   Henri Pirenne, ›A History of Europe from the Invasions to the XVI Century‹, London 1939. Pirennes Auffassung gilt nicht mehr vorbehaltlos. Auch die kleinen Feudalherren dürften in der Frühzeit des wiedererstarkenden städtischen Lebens eine bedeutende Rolle gespielt haben.

5   Ebenda.

6   Bischofssitze, die nur aufgrund der Anwesenheit des Bischofs als Städte galten, waren im Grunde nur kirchliche Verwaltungszentren für eine reine Agrargesellschaft, bis sie durch den Kaufmannsstand zu neuer Blüte kamen.

7   Der Bourgeois selber war von Anfang an ein freier Mann.

8   Die bedeutende Rolle englischer Gelehrter hierbei erklärt sich z. T. aus der Herrschaft einer normannischen Dynastie auf Sizilien, wo Engländer hohe Ämter innehatten. 'Walter of the Mill' war Erzbischof von Palermo, 'Robert of Selby' war Kanzler König Rogers II.; englische Studenten waren an der Universität von Salerno hochwillkommen.

9   Die klassische Formel in der ›Summa‹ des Thomas von Aquino bestand darin, jeden Gegenstand in vier Teilen zu behandeln. Zunächst wurden die Argumente gegen die Schlußfolgerung dargestellt *(videtur quod...)*; darauf folgten die Argumente zu ihren Gunsten *(sed contra...)* und legte der Lehrer seine eigene Meinung dar *(respondeo dicendum...)*; schließlich versuchte er, die augenscheinlichen Einwände, den einen nach dem anderen, wegzuinterpretieren *(ad primum, ad secundum...)*.

10   Erwin Panofsky, ›Gotic Architecture and Scholasticism‹, Latrobe 1951. Hier vollständige Darlegung der Beziehungen zwischen Architektur und Philosophie in dieser Periode.

11   Brunetto Latini erklärte, er habe sein Buch ›Le Trésor‹ auf französisch geschrieben wegen des unnachahmlichen Klangs dieser Sprache und aufgrund ihrer universalen Geltung.

12   Eine Zahlenmystik, gegründet auf die heilige Zahl der Dreiheit im Quadrat (= neun), gleichsam die Vollkommenheit im Quadrat, durchdringt den formalen Aufbau wie auch die Erzählung. Dante teilt nicht nur Inferno, Purgatorio und Paradiso in je neun Kapitel ein, sondern trifft Beatrice, als beide neun Jahre alt sind, und sie sprechen sich zuerst neun Jahre später: solche Zahlensymbolik war für den Geist des Mittelalters von größter Bedeutung.

13   Bestätigt in einer Beschreibung der Zeremonie von Pierre de Corbeil, Erzbischof von Sens.

14   Aus einem Brief, den die Behörden der Universität von Paris an den König von Frankreich richteten mit der Bitte, das Fest zu verbieten. Zit. von Sir Edmund K. Chambers, ›The Mediaeval Stage‹, Oxford 1903.

15   Blick von der Empore, die eine gute Aussicht bietet. Von unten gesehen, verdunkelt die Orgel die Fensterrose noch mehr.

16   Zit. von G. G. Coulton, ›Art and the Reformation‹, London 1928.

17   ›Works of François Villon‹, übertr. von Geoffrey Atkinson, London 1930.

18   Von William Durandus (um 1220–1296) in ›Rationale Divinorum Officiorum‹ wiederholt.

19   Emile Mâle, ›L'Art religieux du XIIe siècle en France‹, Paris 1922; ›L'Art religieux du XIIIe siècle en France‹, Paris 1902; ›L'Art religieux de la fin du moyen age en France‹, Paris 1908. Der Verfasser verdankt diesen Werken sehr viel. Sie müssen als Ausgangspunkt aller modernen Studien über mittelalterliche Ikonographie gelten.

20   Alle vier Gestalten haben Flügel; daher hielt man die menschliche Figur irrtümlicherweise für einen Engel, doch die mittelalterlichen Kommentatoren lassen in dieser Hinsicht keinen Zweifel bestehen.

21   Emile Mâle, ›The Gothic Image‹, London 1961.

22   Honorius von Autun (tätig 1090–1120), ›Speculum Ecclesiae‹.

23   Arnold Hauser, ›The Social History of Art‹, London 1951.

24   Vincent von Beauvais benutzt das Wort '*doctrinale*', um Werke aller Art, Handarbeit wie geistige Arbeit, einzubeziehen.

25   Übereinstimmungen fand man noch in den geringsten Einzelheiten der Geschichte: »Der Esel, der das Zubehör für das Opfer trug, ohne zu wissen, was er tat, ist die blinde, verständnislose Synagoge. Das Holz, das Isaak auf den Schultern trägt, ist das Kreuz. Der Dornstrauch, in dem sich der Widder mit den Hörnern verfängt, ist eine Anspielung auf die Dornenkrone.« Emile Mâle, ›The Gothic Image‹, London 1961.

Der gotische Stil

1   Gekürzte und mit Anmerkungen versehene Ausgabe der Übersetzung von Erwin Panofsky: ›Abbot Suger on the Abbey Church of St. Denis and its Art treasures‹, Princeton University Press 1946.

2   Der Boden der *camera* lag höher als die Kapellen an den Seitenschiffen. Der Höhenunterschied wurde durch eine Holztreppe überbrückt. Sie konnte entfernt werden, dann war die Schatzkammer von der Außenwelt abgeschnitten.

3   Übers. von Otto v. Simson, ›The Gothic Cathedral‹, Bollingen Foundation, New York 1956. Der Ausdruck 'Heilige Fenster' an anderer Stelle.

4   Satz Sugers.

5   Viollet-le-Duc, ›Dictionnaire raisonné de l'architecture française du XIe au XVIe siècle‹, Paris 1864–1868, 10 Bde.

6   In der Betrachtung des Mysteriums von Christi Opfer für den zweifachen Tod von Leib und Seele (durch den Sündenfall verursacht) sagt Augustinus in ›De Trinitate‹, daß die am leichtesten erkennbare aller Oktaven (1 : 2) am besten den Sinn des Mysteriums der Erlösung offenbare.

7   Die Analyse entspricht derjenigen von E. de Bruyne, ›Edudes d'esthétique médiévale‹, Brügge 1946, zit. bei Otto v. Simson, ›The Gothic Cathedral‹, New York 1956. Hier auch eine ausgezeichnete Darstellung der Rolle, die Licht und »Maß, Zahl und Gewicht« in der gotischen Architektur spielten.

8   Nach George Culton in ›Art and the Reformation‹, London 1928. Übers. der an William, Abt von St. Thierry, gerichteten ›Apologia‹ des hl. Bernhard.

9   Aus der Übersetzung von Erwin Panofskys ›Abbot Suger on the Abbey Church of St. Denis and its Art Treasure‹, Princeton University Press 1946.

10   Ebenda.

11   Ebenda.

12   Louise Lefrançois-Pillion, ›Les sculpteurs français du XII et XIII siècles‹, Paris 1931.

13   Paul Frankl, ›Gothic Architecture‹, Harmondsworth 1962.

14   Spitzbogen kamen in der alten assyrischen Architektur hauptsächlich bei Profanbauten wie Aquädukten und Wasserleitungen vor. Von hier aus kamen sie nach Persien, wo die arabischen Eroberer sie übernahmen.

15   Henri Focillon, ›The Art of the West in the Middle Ages‹, Bd. II: ›Gothic Art‹, London 1963; aus dem Franz. ›Art d'occident‹, Paris 1938.

16   Pol Abraham, ›Viollet-le-Duc et le rationalisme médiéval‹, Paris 1934.

17   Bogenöffnungen, die dazu dienten, den Dachraum begehbar zu machen, könnten zu dieser Idee geführt haben.

18   Arnold Hauser, ›The Social History of Art‹, London 1951.

19   Vor dieser Zeit wurde die Scheibe durch eine steinerne Umrahmung oder durch ein hölzernes Gitterwerk in ihrer Lage gehalten.

20   Im 13. Jh. bildeten die Stangen ein einfaches Gitter; im 14. Jh. wurden sie den Umrissen der Medaillons entsprechend gebogen.

21   James Rosser Johnson untersuchte mit dem Mikroskop ein Stück Rubinglas aus dem 12. Jh.: »Dem bloßen Auge scheint es, als bestünde die pigmentierte Hälfte aus solider Farbe, doch unter dem Mikroskop zeigt sie eine äußerst komplizierte Struktur, die sich aus vielen dünnen Plättchen von Rot und dazwischen Streifen farblosen Glases zusammensetzt, insgesamt nicht weniger als 56 Plättchen an gewissen Stellen dieses Bruchstücks...« (›The Radiance of Chartres‹, London 1964.)

Wie Kathedralen gebaut wurden

1 Übers. von Henry Adams, ›Mont Saint-Michel and Chartres‹, Boston 1904.

2 In einem Brief an Bischof Thierry von Amiens, auch von 1145, sagt der Erzbischof von Rouen, daß das Beispiel von Chartres inspiriere die Gläubigen seiner eigenen und benachbarter Diözesen dazu, ähnliche Vereinigungen zwecks Transport von Baumaterialien für den Kirchenbau zu gründen.

3 In klösterlichen Niederlassungen erfüllte meist der Sakristan diese Funktion.

4 Der Verfasser verdankt vieles Douglas Knoops und G. P. Jones' Untersuchungen über mittelalterliche Bautechnik (in: ›The Mediaeval Mason‹, Manchester 1949).

5 Analysiert durch Douglas Knoop und G. P. Jones, ›The First Three Years of the Building of Vale Royal Abbey‹ in: ›Ars Quatuor Coronatorum XLIV‹.

6 Lionel Vibert, ›Freemasonry before the Existence of Grand Lodges‹, London 1932, sagt dazu: »Es ist umstritten, was *frei* genau bedeutet. Die Erklärung, daß man damit ursprünglich einen Maurer bezeichnete, der in Haustein *(freestone)* arbeitete, ist philologisch problematisch. Eine andere Erklärung ist, daß der Freimaurer nicht vertraglich gebunden war und daher frei von der Gilde oder seinem Wohnbezirk. Eine weitere betont seine Unabhängigkeit von der Gilde: er war frei von ihr und von ihren einschränkenden Bestimmungen, frei z.B. zu reisen und zu arbeiten, wo er wollte; da er innerhalb und außerhalb der Stadt arbeitete, war er wohl auch frei von gewissen einschränkenden Bestimmungen des Stadtrechts.« G. G. Coulton, ›Art and the Reformation‹, London 1928, schreibt: »Wahrscheinlich war der Freimaurer ein Mann, der mit Haustein *(freestone)* arbeitete, denn der Ausdruck *freestone* kommt schon in viel früheren Urkunden vor als *freemason*.«

7 Franz. Urkunden erwähnen häufig weibliche Gipser, und in Caernarvon werden »Juliana Filia fabri, Emmota filia fabrik, Elena de Engelond and Juliana uxor Ade« genannt. D. Knoop und G. P. Jones, ›The Mediaeval Mason, Manchester 1949.

8 Dies und die Ziffer für die vorhergehende Periode entnehmen wir John Harvey, ›The Gothic World‹, London 1950. Der Verfasser schlägt einen Multiplikator von 100 vor, um schätzungsweise ein modernes Äquivalent für die mittelalterliche Währung bis 1348 zu ermitteln, und einen Multiplikator von 80 für die darauf folgenden 150 Jahre (mit Rücksicht auf die starken Preissteigerungen nach der Pest).

9 Schätzung von G. H. Cook, ›Portrait of Salisbury Cathedral‹, London 1949.

10 John Plantagenet, Herzog von Bedford, Bruder von Heinrich V. von England und Regent von Frankreich.

11 Die ital. Gemeinden bilden eine bemerkenswerte Ausnahme, viele Elemente des mittelalterlichen Lebens in Italien waren vom nordeurop. Standpunkt aus ungewöhnlich.

12 Z.B. dem Erzbischof von Canterbury 1396.

13 Zit. bei George Edmund Street, ›Some Account of Gothic Architecture in Spain‹, London 1865.

14 Ebenda.

15 ›Relatio Translationes corporis Sancti Geminiani‹ (Modena ms Cod. OII ii).

16 Auf die großen Lettern reduziert; die fehlenden Teile sind aus alten Gravierungen und Berichten bekannt. Die Inschrift wurde entfernt, als die von Meister Erwin gebaute Kapelle und die alte Chorschranke während der Neugestaltung der Kathedrale im *grand goût* bei der Wiedereinführung des katholischen Kultes 1681 niedergerissen wurden.

17 Nach der Übers. von Robert Willis, ›Facsimile of the Scetch-book of Wilars de Honecourt‹, London 1859.

18 Besonders interessant sind zwei groteske männliche Akte auf der Rückseite des Blattes, zusammen mit einem großartig gezeichneten Blattwerkornament. Vielleicht Kopien nach der Antike; ein Mann allerdings trägt mittelalterliches an der Innenseite befestigtes Schuhwerk und der andere eine Arbeiterkappe aus dieser Zeit (wohl nach der Natur gezeichnet). Die Behandlung des Faltenwurfs ist wie im ganzen Werk Villards meisterhaft, das gilt aber nicht von der Zeichnung der Akte. Offenbar hatte der Künstler darin nicht viel Übung oder war nicht daran interessiert.

19 Die Kathedrale von Kassa (Kaschau) zeigt stilistische Affinitäten mit dem Werk von Villard de Honnecourt. Vielleicht gibt es Zusammenhänge.

20 Übers. von Paul Frankls, ›The Secret of the Medieval Masons‹, The Art Bulletin XXVII, New York 1945.

21 Matthäus Roriczer, ›Das Büchlein von der Fialen Gerechtigkeit‹, Regensburg 1486.

22 Aus der Übers. der Widmung von John W. Papworth, ›Roriczer on Pinnacles‹, veröff. von der Architectural Publications Society, London 1848 u. 1853.

23 Siehe Paul Frankl, ›The Secret of the Medieval Masons‹, The Art Bulletin, XXVII, New York 1945.

24 Siehe B. Kossmann, ›Einsteins maßgebende Gesetze bei der Grundrißgestaltung von Kirchengebäuden‹ (Studien zur deutschen Kunstgeschichte Nr. 231), Straßburg 1925.

25 Übers. von Geoffrey Grigson, ›Architectural Review‹, Bd. 98.

Frankreich

1 Im 14. Jh. wurden Kapellen zwischen die Strebepfeiler eingelassen und im südl. Querschiff anstelle der früheren Fensterrose ein großes Maßwerkfenster eingefügt. Im 16. Jh. wurden die Kapellen durch reizvolle Steinschranken im Renaissancestil von der Kirche abgeschlossen.

2 Aus 15 km entfernten Steinbrüchen, die Jean de Chermizy nach einer 1205 datierten Urkunde der Kathedrale abgetreten hatte.

3 In den oberen Medaillons des Lanzettfensters (s. Abb. 77) ein *Marienleben* und die eine Geschichte aus den Apokryphen; dort, im Pseudo-Matthäus-Evangelium wird berichtet, daß das Kind schon geboren war, als Joseph mit zwei Hebammen zu der Höhle zurückkehrte. Eine Hebamme bat Maria berühren zu dürfen, und sah zu ihrem Staunen, daß sie trotz der Geburt noch Jungfrau war. Die andere konnte es nicht glauben und wollte sie auch berühren. Da verdorrte ihr die Hand. Eine Erscheinung aber riet ihr, das Kind zu berühren – als sie es tat, war die Hand wieder genesen. Emile Mâle zitierte die Geschichte in ›The Gothic Image‹, London 1961.

4 Die beiden Westtürme, zwei über jedem Querschiff und ein Mittelturm über der Laterne.

5 Verstärkt durch das hohe schmale Hauptschiff. Die runden Öffnungen, die ursprünglich in den Dachraum über den Emporen mündeten, wurden um 1230 entfernt und die Fensterschwellen im Lichtgaden heruntergezogen, so daß eine größere Höhe zustande kam. Viollet-le-Duc stellte in den an die Vierung angrenzenden Jochen die alte Anordnung wieder her.

6 Zum ersten Mal im Interesse der Einheitlichkeit eingeführt.

7 Ludwig XIII. hatte sein Königreich 1638 der Muttergottes geweiht und gelobt, für Notre-Dame einen neuen, von einer *Pietà* überragten Hochaltar zu spenden. Er hielt sein Versprechen. (Man verglich die Maria der von Nicolas Coustou 1723 geschaffenen Pietà-Gruppe mit einer in Ohnmacht fallenden Schauspielerin der Comédie Française.)

8 Besonders die Plastiken aus der Zeit der Frühgotik, die stilisierte Bemalung zeigen. Die für einige spätgotische Skulpturen charakteristischen Fleischtöne erinnern oft an Wachspuppen.

9 Der sog. 'Caveau de Saint-Lubin'.

10 Otto v. Simson, ›The Gothic Cathedral‹, Bollingen Foundation, New York 1956.

11 Die dritte Reihe von Strebepfeilern kam später hinzu.

12 Hypothese von Emile Mâle.

13 Louise Lefrançois-Pillion, ›Les Sculpteurs français du XII et XIII siècles‹.

14 Die Zwischenphase in der Entwicklung gotischer Skulptur sieht man in Laon.

15 Eine kleine Sakristei im späten 13. Jh.; ein Stiftshaus und darüber die Kapelle St. Piat östlich der Kathedrale im 14. Jh., und ein Anbau an das Hauptschiff: die Vendôme-Kapelle im 15. Jh.

16 Sieben Jahre später arbeitete Jean de Beauce schon im Renaissance-Stil, als er den reizenden kleinen Uhrenpavillon am Fuß des Turmes baute.

17 Es ist umstritten, ob der Stifter, Erzbischof Aubry de Humbert, oder Robert de Coucy auf der mittleren Platte abgebildet war.

18 Bei der viertägigen Beschießung durch die deutsche Artillerie fing das Gerüst am Nordturm Feuer, der Brand griff auf das große Dach über, das völlig zerstört wurde. Wände und Gewölbe hielten stand, doch viele Skulpturen gingen durch Granattreffer verloren. Die Kathedrale wurde 1938 wieder in Gebrauch genommen.

19 Der Mittelschaft des Triforiums war etwas stärker (Abb. 133). Die untere Arkade ließ man ganz fallen; die Wandfläche bildete auf der Höhe der Fensterschwelle einen Gang *(galerie champenoise)*, charakteristisch für die Gegend.

20 Die Datierung der Bauplastik von Reims ist umstritten. Viele Figuren wechselten den Platz, nebeneinander stehende Figuren haben oft keine Beziehung zueinander, weder chronologisch noch stilistisch.

21 Der 'Gotisierung' des romanischen Radfensters durch die nordeuropäischen Künstler steht die Tendenz italienischer Baumeister gegenüber, die dynamische Fensterrose zum statischen Rundbild zu machen.
22 Das Faltenwurf-Motiv findet man schon in den Vorhallen. Heute bedecken richtige Wandteppiche, die ältesten aus dem 15. Jh. und früher nur bei Krönungen zur Schau gestellt, die Wände der Seitenschiffe.
23 Das Reliquiar gehörte zum königlichen Schatz und soll ein Geschenk Heinrichs II. an die Äbtin von Saint-Pierre-les-Dames in Reims, Renée von Lothringen, sein.
24 Das zweite von Geoffroy d'Eu († 1326), seinem Nachfolger.
25 Diese mittelalterlichen 'Schlangen' erlagen dem Zauber des Gesanges.
26 Vom Trumeau des Südportals. Noch königlicher ist die Maria am Tympanon des Annenportals in Paris, um 1170 (Abb. 20).
27 John Ruskin, ›The Bible of Amiens‹.
28 Die bösen Taten sind durch einen aufgeblähten Kopf mit riesigen Ohren und durch eine krötenartige Kreatur unter der Schicksalswaage symbolisiert.
29 Der Erzbischof von Bourges, Henri de Sully (1183–1199), und der Bischof von Paris, Eudes de Sully, Maurice de Sullys Nachfolger, aber kein Verwandter.
30 Hauptsächlich in den Innenräumen der Türme und in den Dachräumen über den Seitenschiffen.
31 Er ruht in der Abtei Fontevrault.
32 Eine symbolische oder satirische Absicht wird von Gelehrten wie Emile Mâle in Abrede gestellt.
33 Das 'Fließende' steht in scharfem Kontrast zu der gelungenen Verschmelzung des Baudekors mit dem mittleren Portal im spätgotischen Stil des angehenden 16. Jh.
34 Siehe Verzeichnis der Fachausdrücke.
35 Erwin Panofsky, ›Gothic Architecture and Scholasticism‹, Latrobe 1951.
36 Schließlich konnte Papst Clemens V. die Klagen nicht länger überhören und ordnete eine Gruppe von Prälaten nach Albi ab. Sie befreiten Gefangene, die seit drei Jahren oder länger auf ihren Prozeß warteten und in den dunklen Kerkern des bischöflichen Gefängnisses eingesperrt waren.
37 Inzwischen abgerissen.
38 Während des Hundertjährigen Krieges und 1562, als eine protestantische Armee Albi belagerte, erwies sich der festungsartige Charakter der Kirchen als Abschreckungsmittel.
39 Eine Tür an der Nordseite, die dem Klerus vorbehalten war, gewährte Zugang zum Komplex des bischöflichen Palais de la Berbie, wurde später aber zugemauert. Das gegenwärtige Tor im Norden, das zu der im 19. Jh. freigegebenen engen Gasse führt, stand früher mit der Sakristei aus dem 15. Jh. in Verbindung.
40 Basil Spence bekannte, wieviel er Albi bei dem Entwurf für die neue Kathedrale von Coventry verdankt.
41 Obwohl erst zwischen 1519 und 1535 gebaut, wurde der Baldachin aus Geldmitteln finanziert, die Ludwig I. für diesen Zweck hinterlassen hatte.
42 Jetzt durch Repliken ersetzt; Originale im Musée de l'Œuvre Notre-Dame.
43 Die weltliche Instanz, die mit den Finanzen und der Verwaltung des Bauunternehmens betraut war; zuerst in Ablaßbriefen (von 1190 bis 1202) erwähnt.
44 Meister Rudolf I. macht die frühere Zeichnung 'A' um 1275.
45 Als wäre der Versucher schon eine Leiche; symbolisch für den Tod der Seele durch die Sünde.
46 Die Skulptur (um 1280) zeigt in dem eleganten Gebärdenspiel den Manierismus der zeitgenössischen Schule von Paris.
47 Die Fassade ohne Türme bildet ein Quadrat; die Länge der Diagonale dieses Quadrats bestimmt die Höhe der Türme, und ein in das gesamte Rechteck eingezeichnetes gleichschenkliges Dreieck bestimmt den Neigungswinkel der Giebel. Eine Analyse von H. Reinhardt und E. Fels, ›La façade de la Cathédrale de Strasbourg‹ in: ›Bulletin de la Société des Amis de la Cathédrale de Strasbourg‹, Straßburg 1935.
48 Der Eindruck des großen Turms von Straßburg war so überwältigend, daß die Zünfte der Baumeister und Steinmetze des Deutschen Reiches, 1459 in Regensburg zusammengetreten, um eine gemeinschaftliche Vereinigung zu gründen, dem Meister der Straßburger Loge den Titel eines Großmeisters verliehen. Die Stadt wurde zum 'Großkapitel' des Ordens. Damit waren die höchsten Ehren verbunden – bis 1707, Ludwig XIV. die Gilden aus politischen Gründen auflöste.
49 Die ereignisvolle Geschichte der Stadt hat ihre Spuren an der Kathedrale hinterlassen. Von 1525–1681 war sie lutherische Kirche, was nur den Verlust der zusätzlichen Altaraufsätze zur Folge hatte. Bei Vereinigung des Elsaß mit Frankreich unter Ludwig XIV. katholisch geworden, wurde der Chor im 'großen Stil' neu ausgestattet. Verloren gingen dabei die alte Chorschranke, Meister Erwins Marienkapelle und später der ursprüngliche Hochaltar. In der Französischen Revolution diente die Kathedrale als 'Tempel der Vernunft', wurde 1801 wieder eingeweiht und so weit wie möglich restauriert. Zwischen 1848 und 1850 wurde der Dekor im 'großen Stil' wieder entfernt. Man versuchte den Chor in seiner alten Form wiederherzustellen. Im Krieg 1870/71 richtete deutscher Beschuß schweren Schaden an. Die Stadt wurde 1871 deutsch und blieb es bis 1918, so daß die Restaurierung zum größten Teil, wie der Bau selber, von Deutschen stammt. Die Kathedrale wurde im Zweiten Weltkrieg durch Bomben beschädigt; zum Glück nicht erheblich.

England

1 Vgl. dazu Nikolaus Pevsner, ›The Englishness of English Art‹, London 1956.
2 In einer Urkunde des Vatikans von 1295 kommt der Ausdruck *opus anglicanum* 113 mal vor, viel häufiger als bei Stickereien anderer Herkunft.
3 Gervase of Canterbury (1141–1210), ›Chronica‹. Übers. von R. Willis, ›The Architectural History of Canterbury Cathedral‹, London 1845.
4 Geoffrey Webb, ›Architecture in Britain in the Middle Ages‹, Harmondsworth 1956.
5 Einen wissenschaftlichen Bericht über seine Laufbahn gibt John Harvey in: ›Henry Yevele; The Life of an English Architect‹, London 1944.
6 Paul Frankl, ›The Crazy Vaults of Lincoln Cathedral‹, Art Bulletin XXXV, New York 1953.
7 Früher wurden die Gewölbe von Lincoln auf 1239 datiert. Damals stürzte der Vierungsturm ein und machte Rekonstruktionen notwendig. Heute spricht man sich für das Jahr 1192 aus.
8 Die räumlichen Möglichkeiten der Bogenstellung von Lincoln realisierten im 13. Jh. die Arkaden des Kreuzgangs der Abtei Mont Saint-Michel maximal, wo die ähnlich zickzackförmig angebrachten Arkaden durch einen schmalen, überwölbten Wandelgang voneinander getrennt sind.
9 John Harvey, ›English Cathedrals‹, London 1950.
10 Das Mitglied des Kapitels, das mit dem Unterricht in der Diözese betraut war und das Siegel des Kapitels und die Bibliothek unter seiner Obhut hatte.
11 John Ruskin, ›The Seven Lamps of Architectur‹, London 1849.
12 Einzelheiten, vor allem das Fensterwerk, wurden um 1440 im 'Perpendicular Style' umgestaltet.
13 Geoffrey Webb, ›The Sources of the Design of the West Front of Peterborough Cathedral‹, Archaeological Journal (London), LVI (Nachtrag für 1952).
14 Das früheste und schönste Beispiel eines Fächergewölbes im Kreuzgang der Kathedrale von Gloucester (Abb. 256).
15 In Wirklichkeit ist die Kathedrale der Muttergottes geweiht.
16 Oder Stahlröhren, auch dann könnten sie nicht dünner sein.
17 Wyatt, der die meisten alten Glasmalereien entfernte, weil sie das Innere verdunkelten, zerstörte auch den schönen – wenngleich baufälligen – Campanile im Norden des Langhauses und entfernte das Chorgitter, wovon ein Fragment im nördlichen Chortransept (Morgenkapelle) erhalten ist.
18 Die Zeit des Rittertums, wie es sich in Ludwig dem Heiligen verkörperte, war mit dem 13. Jh. dahin, doch die Symbole des Rittertums wurden im 14. Jh. besonders ostentativ zur Schau gestellt.
19 Nach Worten Christi an die Apostel »Seht, ich werde euch in Galiläa vorangehen«, die der Kantor anstimmt, wenn er vor der Hochmesse an Sonntagen die Prozession durch die Vorhalle und zurück in die Kirche führt.
20 Im Kapitel über Rouen.
21 Der ausgesprochene englische 'Perpendicular Style' zeigt starken französischen Einfluß. Bedeutendste Inspirationsquelle für die Königliche Stephanskapelle war die Sainte-Chapelle. Verschiedene Perpendicular-Motive können auf Clermont-Ferrand, Limoges und Narbonne zurückgeführt werden.
22 Historiker des 19. Jh. schrieben den Ursprung des 'Perpendicular Style' den Baumeistern Westenglands zu. Neuerdings sieht man den Ursprung in London. Einige Bauteile im südlichen Querschiff von Gloucester stellen einen Übergangsstil zum 'Perpendicular Style' dar und sind nur einige Jahre älter als die frühesten Beispiele in der Hauptstadt.
23 Joan Evans, ›English Art 1307–1461‹, Oxford 1949.

24 Henri Focillon, ›The Art of the West in the Middle Ages‹, London 1963; (franz. Original: ›Art d'occident‹, Paris 1938).

25 Die geringen Stilwandlungen zwischen dem Chor und der Marienkapelle, die anderthalb Jahrhunderte später vollendet wurde, unterstreichen den konservativen Charakter spätgotischer Kunst.

26 Vom franz. *chanter:* singen. Siehe G. H. Cook, ›Mediaeval Chantries and Chantry Chapels‹, London 1947.

27 Obwohl der Kreuzgang erst um 1412 vollendet wurde, waren mehrere Joche schon zur Amtszeit von Abt Horton mit Gewölbe versehen. Der Bauplan war also schon vor seinem Tod 1377 fertig.

Deutschland und Österreich

1 Bei der Wahl des neuen Stils mochte die politische Gegnerschaft des Erzbischofs gegenüber den Hohenstaufen, die dem spätromanischen Stil verbunden waren, mitsprechen.

2 Auch mit Elementen von Beauvais.

3 Sulpiz Boisserée fand in Darmstadt eine Frau, welche die große Zeichnung der Westfront, in einem Rahmen gespannt, zum Trocknen von Bohnen benutzte.

4 Das ist wohl kein Zufall, da beide Figuren und der Dekor den Einfluß des ostanglischen Stils vom Ende des 13. Jh. bekunden, der sich in Europa durchsetzte und seinen stärksten Ausdruck in zwei Kunstgattungen fand, darunter Stickereien mit dem Namen *opus anglicanum*.

5 Später in Durchgänge umgestaltet, die zum Chorumgang des gegenwärtigen Chors führen.

6 Auch in Freiburg diente das gleichseitige Dreieck zur Proportionierung des Neubaus.

7 Vielleicht mit Meister Heinrich Müller identisch.

8 Die beiden Kapellen am Chorhaupt, zur Seite der Mittelachse. Sie wurden aus kaiserlich-österreichischen Pfründen und Einkünften zu Ehren der Habsburger finanziert.

9 Und für die Architektur der Champagne im allgemeinen.

10 Sie erinnert an die 'Das Dreieck' genannte Vorhalle in Regensburg, die zwei Generationen früher entstand.

11 Wenn es nicht Heinrich d. Ä. selber war, so darf man doch annehmen, daß er zur Familie gehörte und mit dem Bauplan der Kirche in Gmünd vertraut war.

12 Paul Frankl, ›Gothic Architecture‹, Harmondsworth 1962.

13 Wahrscheinlich sah der ursprüngliche Bauplan von Ulm, der auf der Kreuzkirche in Schwäbisch-Gmünd basierte, überhaupt keinen Westturm vor.

14 Von Jörg Syrlin d. Ä., der die einzigartigen Chorstühle schuf.

15 Wie in Köln ist auch hier die Originalzeichnung erhalten.

16 Der gleichfalls sorgfältig durchgearbeitete 'Steven', der die Kanzel stützt, ist aus einem zweiten Stück gemeißelt. Rechts das Verbindungsglied, durch das die Kanzel mit der Treppe verbunden ist.

17 J. Huizinga, ›The Waning of the Middle Ages‹, London 1924.

Spanien

1 Die meisten *rejas*, die erst zu Ende des Mittelalters allgemein Verwendung fanden, um Kapellen und Raumteile für den ausschließlichen Gebrauch des Klerus abzuschließen, zeigen Renaissancestil.

2 John Harvey in der Einführung zu ›Cathedrals of Spain‹, London 1957.

3 Berenguera, rechtmäßige Königin von Kastilien, Mutter Ferdinands des Heiligen, und Bianca von Kastilien, Gemahlin Ludwigs VIII. von Frankreich, waren Schwestern.

4 Es ist umstritten, ob Burgos von Coutances beeinflußt wurde oder umgekehrt; beide Chöre gehen vielleicht auf dasselbe Vorbild zurück: die Zisterzienser Klosterkirche von Pontigny.

5 Das schwierige abschüssige Gelände diktierte die ungebräuchliche Ausrichtung der Kathedrale, deren Hauptachse vom Nordosten nach Südwesten verläuft. Wir haben bei unserem Rundgang diese Unregelmäßigkeit ignoriert und z.B. von einer 'Westfront' statt von einer 'Südwestfront' gesprochen.

6 1884 begonnen und noch im Bau befindlich.

7 Die Kreuzgänge baute Juan Pérez, Nachfolger von Maestro Enrique, zwischen 1290 und 1324. Die Arkaden wurden leider mit Glas bedeckt, wodurch sie viel von ihrem Reiz verloren.

8 Schöpfer des großartigen Grabmals von Juan II. von Kastilien und seiner Gemahlin Isabella von Portugal, den Eltern von Isabella der Katholischen und dem Infanten Alonso, in der Kirche Cartuja de Miraflores in den Außenbezirken von Burgos, von Juan und Simón de Colonia neu gebaut.

9 Namentlich Camille Enlart in: ›Manuel d'Archéologie Française‹, Paris 1902–1904. Das hieße, daß das Gewölbe des Chorumgangs auf 1234 zurückdatiert werden muß, als Meister Martin noch die Leitung innehatte, aber auch, daß Pierre de Corbie ein Wunderkind war, als er mit Villard de Honnecourt zusammenarbeitete. Meist nimmt man jetzt aber an, daß Petrus Petri Spanier war.

10 Die *reja* im Renaissancestil von Francisco de Villalpando (1548).

11 Theodor Müller, ›Sculptures in the Netherlands, Germany, France and Spain: 1400–1500‹, Harmondsworth 1966.

12 Spätgotische span. Glasmalereien, die im Muster einen starken niederländ. Einfluß bekunden, sind allgemein für diese Zeit ungewöhnlich dunkel getönt. Auch hier der Wunsch, das Innere kühl und dämmrig zu halten.

13 Die Anordnung erinnert an das Strebewerk – wenn auch nicht an die Position der Türme – bei der oft nachgeahmten Westfront von Saint-Nicaise in Reims von Hugues Libergier. Eine andere Variation an der turmlosen Front des südl. Querschiffs in León; sie erinnert an den Aufriß einer großen Kirche in dem Palimpsest von Reims.

14 Henri Focillon, ›Art d'Occident‹, Paris 1938.

15 Großartiger spätgotischer bemalter Altaraufsatz im Stil Rogier van der Weydens aus Fragmenten des ursprünglichen, der im Barock entfernt und unter verschiedene Provinzkirchen aufgeteilt wurde; schöne spätgotische Chorstühle, von eindrucksvollem Renaissancegitter umschlossen; viele schöne Grabmäler, besonders im Kreuzgang, der im 16. Jh. ein Gewölbe in mißlungenem Renaissancestil erhielt; hervorragende mozarabische Handschriften aus dem 10. Jh. in dem interessanten Museum der Kathedrale.

16 Man sagte: Sancta Ovetensis, Dives Toletana, Pulchra Leonina, Fortis Salamanca (Oviedo die Heilige, Toledo die Reiche, León die Schöne, Salamanca die Starke).

17 Unter seinem Nachfolger, wohl dem Flamen Jannin Lhomme, der 1416 mit der Arbeit an dem monumentalen Alabastergrabmal Karls des Edlen und seiner Gemahlin im Hauptschiff begann.

18 Die nördlichen und östlichen Umgänge wurden in der ersten Bauphase vollendet, die südlichen und westlichen viel später, zwischen 1492 und 1507.

19 John Harvey, ›The Cathedrals of Spain‹, London 1957.

20 Ebenda.

21 Ralph Adams Cram, ›The Cathedral of Palma de Mallorca – an Architectural Study‹, Cambridge/Mass. 1932.

22 Vollendet von seinem Schüler Juan Rubio.

23 Der Name verrät seinen Ursprung, wie die durchgehende Scheitelrippe der hohen Gewölbe den englischen Einfluß verrät.

24 Siehe John Harvey, ›The Cathedrals of Spain‹, London 1957.

Italien

1 John White, ›Art and Architecture in Italy: 1250–1400‹, Harmondsworth 1966, schreibt das Werk Cimabue zu.

2 Durch das Fehlen von steinernem Maßwerk sieht das Fenster, so wirkungsvoll es von innen erscheinen mag, von außen wie ein gähnendes Loch aus, und bricht die architektonische Einheit der Fassade (Abb. 343).

3 Der florentinische Architekt, der den Duomo und Santa Croce entwarf.

4 Bei Renato Bonelli, ›Il Duomo di Orvieto e l'Architettura Italiana de Duecento Trecento‹, Citta di Castello 1952, eine Analyse mit Diagrammen der verschiedenen Bauphasen.

5 Man ist sich einig, daß Ugolino di Vieri das Kunstwerk schuf und die Grundelemente des Entwurfs festlegte, doch ist umstritten, wer seine Mitarbeiter waren und welcher Anteil ihnen zukommt. Siehe Enzo Carli, ›Il Reliquiario del Corporale ad Orvieto‹, Mailand 1964, und Paolo Dal Poggetto, ›Ugolino di Vieri: Gli Smalti di Orvieto‹, Florenz 1965.

6 Der einzige Mißklang kommt von den Mosaiken, die von Anfang an einen wesentlichen – wenn auch ausgesprochen ungotischen – Teil der Komposition bildeten, weil die Muster repariert und neugeschaffen wurden. Die ausgezeichnete Qualität der ursprünglichen Mosaiken kann man an der *Geburt Mariä* ermessen, nach einem Entwurf von Ugolino di Prete Ilario ausgeführt, früher über dem Toreingang zur Rechten, jetzt im Victoria and Albert Museum in London.

7 Siehe auch Enzo Carli, ›Sculture del Duomo di Siena‹, Turin 1941.

8 Nicolà Pisano, der erste 'italienische' Bildhauer, erhielt seine Ausbildung in Apulien, wo Kaiser Friedrich II. den Eingang zum Castel del Monte mit einem für die Renaissance typischen Giebel geschmückt und das Interesse für klassische Skulptur wiederbelebt hatte.

9 In höchster Vollendung bei der Kanzel von Sant' Andrea in Pistoia.

10 Zitiert bei Charles Eliot Norton in ›Historical Studies of Church Building in the Middle Ages‹.

11 Ebenda.

12 Fast zwei Jahrhunderte thronte die *Maestà* über dem Hochaltar. In der Renaissance wurde sie heruntergeholt und auseinandergenommen. Die meisten Teile sind erhalten; das Werk wurde kürzlich in glänzender Weise restauriert. Heute im Museo dell' Opera Metropolitana.

13 Oft in italienischen Quellen wie bei Andrea da Pontedera erwähnt.

14 Der Stil, schon ein Element des Baptisteriums, das den Grundton für den Dekor der gesamten Kathedrale anschlug, hielt sich bis in die Renaissance hinein.

15 Ein Fresko von Andrea da Firenze aus demselben Jahr in der Spanischen Kapelle des 'Chiostro Verde' von Santa Maria Novella mit einer Darstellung des 'Chiostro Verde' von Santa Maria Novella mit einer Darstellung der Streitbaren Kirche zeigt im Hintergrund eine Ansicht der Kathedrale mit vierjochigem Hauptschiff. Das muß der abgeänderte Entwurf des Ausschusses sein. Mit der endgültigen, zur Ausführung gebrachten Version verglichen, ist er mit seinen großen Maßwerkfenstern, später durch Rundfenster überragt, viel gotischer. Die oktogonale Kuppel, obwohl noch ohne Tambour, stellt schon das herrschende Element dar und ähnelt der Lösung Brunelleschis.

16 John Ruskin, ›Mornings in Florence‹, Orpington 1875.

17 Paul Frankl, ›Gothic Architecture‹, Harmondsworth 1962.

18 Das Baptisterium hat drei Türen: eine im Süden von Andrea Pisano (1330–1336); eine im Norden (1403–1424) von Lorenzo Ghiberti, durch Pisanos früheres Werk inspiriert; und eine im Osten (1425–1452), ebenfalls von Ghiberti, nach Michelangelos Worten 'Paradiestür' genannt.

19 Ausgenommen die Kathedrale von Salamanca, die ein zu zwitterhafter Bau ist.

20 Die 14 *braccia*-Einheit wurde bei vier Abschnitten beibehalten, während die oberen beiden auf je 12 *braccia* reduziert wurden.

21 Bei James S. Ackerman, ›Ars Sine Scientia Nihil Est‹, The Art Bulletin XXXI 1949, ein ausgezeichneter kritischer Bericht über die historische Konfrontation von italienischen und nordeuropäischen Baumeistern.

22 Der Name der Straße 'Via Larghetto', jetzt auf dem Gelände des Docks, gemahnt an den früheren Zustand.

23 Durch die illusionistisch-perspektivische Schule von Sanquirico und Gobetta im 19. Jh.

Danksagung

Der Dank des Verfassers gebührt der Direction des Monuments Historiques de France, den Kirchenbehörden in Frankreich, Deutschland, Spanien und Italien, und den Dekanen und Kapiteln der englischen Kathedralen und des Münsters von York für freundliche Hilfsbereitschaft, auch beim Fotografieren des Kircheninneren und der Dächer der Kathedralen, bei Aufnahmen in den Schatzkammern von Reims, Köln, Pamplona, Toledo. Dank schulde ich der Dombehörde in Orvieto: sie machte mir das marmorne Tabernakel mit dem Reliquiar der hl. Altardecke für die Aufnahmen der emaillierten Platten Ugolino di Vieris zugänglich. Durch die Mitarbeit aller Beteiligten war es mir möglich, alle Fotos für dieses Buch selber zu machen – ausgenommen einige Manuskripte und Stiche und die Grisaillezeichnung der *Hl. Barbara* von Jan van Eyck (mit frdl. Genehmigung des Museums van Schone Kunsten, Antwerpen). Daher herrscht in diesem Buch ein einheitlicher Gesichtspunkt.
Folgende Museen gestatteten mir, Werke aus ihren Sammlungen zu fotografieren: Musée du Louvre (Paris), Musée de l'Œuvre Notre-Dame und Musée Rohan (Straßburg), Stadtmuseum (Köln), Augustinermuseum (Freiburg i. Br.), Kunsthistorisches Museum (Wien), Museo de Navarra (Pamplona), die Museen der Opera del Duomo (Orvieto, Siena u. Florenz), die Uffizien (Florenz), die Archive der Veneranda Fabbrica (Mailand). Die Stadt Florenz erlaubte mir, das Fresko Andrea da Firenzes in der Spanischen Kapelle des 'Chiostro Verde' von Santa Maria Novella zu fotografieren. Fotos und Handschriften aus dem British Museum: Abb. 61, 65, 66, 74, 194, 195; aus dem Victoria and Albert Museum (London): Abb. 285; aus der Bibliothèque Nationale (Paris): Abb. 39, 59, 69, 84, 87, 88, 89, 90, 93, 94, 105, 132 u. Vorsatz hinten; aus der Bibliothèque Royal (Brüssel): Abb. 63, 79; aus der Pierpont Morgan Library (New York): Abb. 67; aus der Walters Art Gallery (Baltimore): Abb. 70.
Mein besonderer Dank gebührt den Verfassern der Standardwerke über die Gotik: Marcel Aubert, Henri Focillon, Paul Frankl, Louis Grodecki, Erwin Panofsky und Otto v. Simson. Emile Mâle bin ich verpflichtet für seine Werke über mittelalterliche Ikonographie; Douglas Knoop und G. P. Jones, John Harvey, Pierre du Colombier und Jean Gimpel für ihre Untersuchungen auf dem Gebiet der Organisation, der Methoden und Techniken des Bauens. Christopher Brooke schrieb die Einführung zu diesem Buch. Bei Nachforschungen in der Bibliothek des Victoria and Albert Museums wurde mir größte Hilfe zuteil.

London, Dezember 1968   W. S.

389 Der sog. 'Remigius-Kelch' (spätes 12. Jh.). Er wurde bei den Krönungsfeierlichkeiten der französischen Könige benutzt. Reims, Domschatz

Bibliographie

Mittelalterliche Welt

Chambers, Sir Edmund K., *The Mediaeval Stage*. Oxford 1903
Coulton, George G., *Art and the Reformation*. Cambridge 1953
Gilson, Étienne, *La Philosophie au Moyen Age*. Paris, 12. Aufl. 1952
Hauser, Arnold, *The Social History of Art*. London 1951
Holt, Elizabeth, *A Documentary History of Art*. Bd. 1., New York 1957
Huizinga, Johan, *The Waning of the Middle Ages*. London 1924
Maritain, Jacques, *Art et Scholastique*. Paris 1927
Pirenne, Henri, *Mediaeval Cities*. Princeton 1925
Pirenne, Henri, *Economic and Social History of Mediaeval Europe*. London 1936
Pirenne, Henri, *A History of Europe from the Invasions to the XVI Century*. London 1939

Der gotische Stil

Abraham, Pol, *Viollet-le-Duc et le Rationalisme Médiéval*. Paris 1934
Adams, Henry, *Mont Saint-Michel and Chartres*. Boston 1904
Bauch, Kurt, *Über die Herkunft der Gotik*. Freiburger Wissenschaftliche Gesellschaft Heft 27, 1939
Branner, Robert, *Gothic Architecture*. London 1961
Branner, Robert, *St. Louis and the Court Style in Gothic Architecture*. London 1965
Cali, François, *L'Ordre Ogival: Essai sur l'Architecture Gothique*. Paris 1963
Dehio, Georg und Georg von Bezold, *Die Kirchliche Baukunst des Abendlandes*. Bd. II., Stuttgart 1901
Focillon, Henri, *Art d'Occident*. Paris 1938
Frankl, Paul, *Der Beginn der Gotik und das allgemeine Problem des Stilbeginns*. In: *Festschrift Heinrich Wölfflin*. München 1924
Frankl, Paul, *Gothic Architecture*. Harmondsworth 1962
Gall, Ernst, *Die Gotische Baukunst in Frankreich und Deutschland*. Leipzig 1925
Gross, Werner, *Zur Mittelalterlichkeit der gotischen Kathedrale*. In: *Festschrift für Wilhelm Pinder*. Leipzig 1938
Gross, Werner, *Die abendländische Architektur um 1300*. Stuttgart o. J. (1948)
Harvey, John, *The Gothic World*. London 1950
Jantzen, Hans, *Über den gotischen Kirchenraum*. Freiburg i.Br. 1927. Wiederabdruck in: *Über den gotischen Kirchenraum und andere Aufsätze*. Berlin 1951
Jantzen, Hans, *Zur Beurteilung der gotischen Architektur als Raumkunst*. In: *Kritische Berichte zur kunstgeschichtlichen Literatur*. Leipzig 1927
Karlinger, Hans, *Die Kunst der Gotik*. Berlin 1926
Lethaby, William R., *Mediaeval Art*. London 1904
Mâle, Emile, *L'art religieux du XIIIe siècle en France*. 6. Aufl. Paris 1925 (deutsch: *Die kirchliche Kunst des XIII. Jahrhunderts in Frankreich*. Straßburg 1907
Mâle, Emile, *Notre Dame de Chartres*. Paris 1948
Mâle, Emile, *L'Art Réligieux de la Fin du Moyen Age en France*. Paris 1908
Panofsky, Erwin, *Abbot Suger on the Abbey-Church of St Denis and its Art Treasure*. Princeton 1946
Panofsky, Erwin, *Gothic Architecture and Scholasticism*. Latrobe 1951
Pevsner, Nikolaus, *An Outline of European Architecture*. London 1948
Sauerländer Willibald, *Beiträge zur Geschichte der frühgotischen Skulptur*. In: *Zeitschrift für Kunstgeschichte* 1956
Sedlmayr, Hans, *Das erste mittelalterliche Architektursystem*. In: *Kunstwissenschaftlichen Forschungen*. Bd. 2., Berlin 1933
Sedlmayr, Hans, *Die Entstehung der Kathedrale*. (Zürich 1950)
Simson, Otto von, *The Gothic Cathedral*. New York 1962
Viollet-Le-Duc, Eugène E., *Lectures on Architecture*. Übers. aus d. Franz., 2 Bde., London 1877–81
Vöge, Wilhelm, *Die Anfänge des monumentalen Stils im Mittelalter*. Straßburg 1894
Vöge, Wilhelm, *Die Bahnbrecher des Naturstudiums um 1200*. In: *Zeitschrift für bildende Kunst*. N.F. XXV., Leipzig 1914
Vöge, Wilhelm, *Bildhauer des Mittelalters. Gesammelte Studien von Wilhelm Vöge*. Berlin 1958
Worringer, Wilhelm, *Formprobleme der Gotik*. München 1911

Baumethoden und -techniken

Ackerman, James S., *Ars sine scienta nihil est, Gothic Theory of Architecture at the Cathedral of Milan*. In: *The Art Bulletin XXXI*. New York 1949
Booz, Paul, *Der Baumeister der Gotik*. München u. Berlin 1956
Colombier, Pierre du, *Les Chantiers des Cathédrales*. Paris 1953
Fitchen, John, *The Construction of Gothic Cathedrals*. Oxford 1961
Frankl, Paul, *The Secret of the Mediaeval Masons*. In: *The Art Bulletin XXVII*. New York 1945
Gimpel, Jean, *Les Bâtisseurs des Cathédrales*. Übers. in: *The Cathedral Builders*. New York 1961
Hahnloser, Hans, *Villard de Honnecourt*. Wien 1935
Knoop, Douglas und G. P. Jones, *The Mediaeval Mason*. Manchester 1949
Knoop Douglas und G. P. Jones, *The First Three Years of the Building of Vale Royal Abbey*. In: *Ars Quattuor Coronatorum XLIV*.
Kossmann, B., *Einsteins maßgebende Gesetze bei der Grundrißgestaltung von Kirchengebäuden (Studien zur deutschen Kunstgeschichte Nr. 231)*. Straßburg 1925
Lefrançois-Pillion, Louise, *Maîtres d'Œuvre et tailleurs de pierre des Cathédrales*. Paris 1949
Mortet, Victor, *Recueil de textes relatifs à l'histoire de l'architecture et à la condition des architectes en France au Moyen Age*. Paris 1911–1929
Papworth, John W., *Roriczer on Pinnacles*. London 1848–1853
Salzman, Louis F., *Building in England down to 1540*. Oxford 1952
Vibert, Lionel, *Freemasonry before the Existence of Grand Lodges*. London 1932
Willis, Rev. Robert, *Facsimile of the Sketchbook of Wilars de Honecourt (Villard de Honnecourt)*. London 1859

Frankreich

Adenauer, Hanna, *Die Kathedrale von Laon*. Düsseldorf 1934
Aubert, Marcel, *French Sculpture at the beginning of the Gothic Period*, 1140–1225. Paris 1929
Aubert, Marcel, André Chastel, Grodecki etc., *Le Vitrail Français*. Paris 1958
Aubert, Marcel, *Notre-Dame de Paris. Sa place dans l'histoire de l'architecture du XIIe au XIVe siècle*. Paris 1920
* Boinet, Amédée, *La Cathédrale de Bourges*. Paris 1911
* Boinet, Amédée, *La Cathédrale d'Amiens*. Paris 1922
* Broche, Lucien, *La Cathédrale de Laon*. Paris 1926
* Colmet-Daage, Patrice, *La Cathédrale de Coutances*. Paris 1933
* Demaison, Louis, *La Cathédrale de Rheims*. Paris 1910
Evans, Joan, *Art in Mediaeval France*. Oxford 1948
Grodecki, Louis, *Le Vitrail et l'Architecture au XIIe et au XIIIe Siècles*. In: *Gazette des Beaux-Arts*. Paris 1949
Grodecki, Louis, *The Transept Portals of Chartres Cathedral; the Date of their Construction according to Archaeological Data*. In: *The Art Bulletin XXXIII*. New York 1951
Grodecki, Louis, *Chartres*. Paris 1963
* Jalabert, Denise, *Notre-Dame de Paris*. Paris 1963
Jantzen, Hans, *Kunst der Gotik. Klassische Kathedralen Frankreichs*. (rde 48) Reinbek 1957
Johnson, James Rosser, *The Radiance of Chartres*. London 1964
Katzenellenbogen, Adolf, *The Sculptural Programs of Chartres Cathedral*. Baltimore 1959
Kunze, Hans, *Das Fassadenproblem der französischen Früh- und Hochgotik (Straßburger Dissertation)*. Leipzig 1912
* Laran, Jean, *La Cathédrale d'Albi*. Paris 1911
Lefrançois-Pillion, Louise, *Les Sculpturs Français du XIIe et XIIIe Siècles*. Paris 1931
* Loisel, Abbé Armand, *La Cathédrale de Rouen*. Paris 1913
Mâle, Emile, *L'art religieux du XIIIe siècle en France*. 6. Aufl. Paris 1925 (deutsch: *Die Kirchliche Kunst des XIII. Jahrhunderts in Frankreich*. Straßburg 1907)
Mâle, Emile, *Notre-Dame de Chartres*. Paris 1948
* Merlet, René, *La Cathédrale de Chartres*. Paris 1909
Rodin, Auguste, *Les Cathédrales de France*. Paris 1921
Temko, Allen, *Notre-Dame of Paris*. London 1956
Verrier, Jean, *La Cathédrale de Bourges et ses Vitraux*. Paris 1942
Viollet-le-Duc, Eugène E., *Dictionnaire Raisonné de l'Architecture Française du XIe au XVe Siècle*. 10 Bde., Paris 1854–1869
* Walter, Joseph, *La Cathédrale de Strasbourg*. Paris 1933

* Monographien über französische Kathedralen in der Reihe Petites Monographies des Grands Édifices de la France, hrsg. von Marcel Aubert

England

Atkinson, Thomas D., *Architectural History of the Benedictine Monastery of Saint Ethelred at Ely*. Cambridge 1933
Bond, Francis, *Gothic Architecture in England*. London 1906
Bond, Francis, *Introduction to English Church Architecture*. 2 Bde., London 1913
Bony, Jean, *French Influences on the Origins of English Gothic Architecture*. In:

Journal of the Warburg and Courtauld Institutes XII. London
Brieger, Peter H., *English Art 1216–1307.* Oxford 1957
Chapman, F. R., *Sacrist Rolls of Ely.* Cambridge 1908
Cook, G. H., *Mediaeval Chantries and Chantry Chapels.* London 1947
Cook, G. H., *Portrait of Canterbury Cathedral.* London 1949
Cook, G. H., *Portrait of Salisbury Cathedral.* London 1949
Cook, G. H., *Portrait of Lincoln Cathedral.* London 1950
Cook, G. H., *The Story of Gloucester Cathedral.* London 1952
Cook, G. H., *The English Chathedral.* London 1957
Evans, Joan, *English Art 1307–1461.* Oxford 1949
Frankl, Paul, *The Crazy Vaults of Lincoln Cathedral.* In: *The Art Bulletin* In: *XXXV.* New York 1953
Harvey, John, *Gothic England 1300–1550.* 2. Aufl. London 1948
Harvey, John, *English Cathedrals.* London 1950
Harvey, John, *English Medieval Architects: A Biographical Dictionary, down to 1550.* London 1954
Knowles, John A., *The York School of Glass Painting.* London 1936
Pevsner, Nikolaus (Hrsg.), *The Buildings of England.* Harmondsworth 1951
Pevsner, Nikolaus, *The Englishness of English Art.* London 1956
Prior, Edward S., *A History of Gothic Art in England.* London 1900
Prior, Edward S. und Arthur Gardner, *An Account of Mediaeval Figure Sculpture in England.* Cambridge 1912
Rackham, Bernard, *The Ancient Glass of Canterbury Cathedral.* London 1949
Raine, James, *Fabric Rolls of York Minster.* In: *Surtees Society XXXV* Durham 1859
Read, Herbert, *English Stained Glass.* London 1926
Stone, Lawrence, *Sculpture in Britain: The Middle Ages.* Harmondsworth 1955
Webb, Geoffrey, *The Sources of the Design of the West Front of Peterborough Cathedral.* In: *Archaeological Journal* (London) *LVI* (Suppl. 1952)
Webb, Geoffrey, *Architecture in Britain: The Middle Ages.* Harmondsworth 1956
Willis, Rev. Robert, *Architectural History of Canterbury Cathedral.* London 1845

Deutschland

Aubert, Marcel, *Hochgotik.* Baden-Baden 1963
Baum, Julius, *German Cathedrals.* London 1956
Boisserée, Sulpice, *Geschichte und Beschreibung des Doms von Köln.* 2. Aufl. München 1842
Busch, Harald, *Deutsche Gotik.* Wien/München 1969
Busch, Harald (Hrsg.), *Europäische Baukunst – Gotik.* Frankfurt/M. 1971
Clasen, Karl Heinz, *Deutsche Gewölbe der Spätgotik.* Berlin 1958
Clemen, Paul, *Der Dom zu Köln.* Düsseldorf 1937
Dehio, Georg, *Geschichte der deutschen Kunst.* Berlin 1921
Dehio, Georg, *Handbuch der deutschen Kunstdenkmäler.* 5 Bde., Berlin 1927
Gerstenberg, Kurt, *Deutsche Sondergotik.* München 1913
Gerstenberg, Kurt, *Das Ulmer Münster.* Burg 1926
Hofstätter, Hans H., *Gotik.* München 1968
Horn, Adam, *Der Dom zu Regensburg.* Bayreuth 1939
Hoster, Joseph, *Der Dom zu Köln.* Köln 1965
Jantzen, Hans, *Das Münster zu Freiburg im Breisgau.* Burg 1929
Müller, Theodor, *Sculpture in the Netherlands, Germany, France and Spain, 1400–1500.* Harmondsworth 1966
Panofsky, Erwin, *Die deutsche Plastik des elften bis dreizehnten Jahrhunderts.* München 1924
Peters, Hans, *Dome und Kathedralen.* Honnef 1958
Schmitt, Otto, *Gotische Sculpturen des Freiburger Münsters.* 2 Bde., Frankfurt a. M. 1926
Seifert, Hans, *Das Chorgestühl im Ulmer Münster.* Königstein i. T. 1958
Stange, Alfred, *Deutsche Malerei der Gotik.* Berlin 1934
Steingräber, Erich, *Deutsche Plastik des Mittelalters.* Königstein 1962

Spanien

Ainaud de Lasarte, J., *Ars Hispaniae Bd. X: Cerámica y Vidrio.* Madrid 1952
* Berrueta, Domínguez, *León.* Madrid 1953
Bevan, Bernard, *History of Spanish Architecture.* London 1938
Callahan, Gale Guthrie, *Revaluation of the Refectury Retable from the Cathedral at Pamplona.* In: *The Art Bulletin XXXV.* New York 1953
Cram, Ralph Adams, *The Cathedral of Palma de Mallorca – an Architectural Study.* Cambridge/Mass. 1932
Durán, Sampere A. und J. Ainaud de Lasarte, *Ars Hispaniae Bd. VIII: Gótica Escultura.* Madrid 1955
* Gaya Nuño, J. A., *Burgos.* Madrid 1949
* Gudíol Ricart, Josef, *Toledo.* Madrid 1947
Gudíol Ricart, Josef, *Ars Hispaniae Bd. IX: Pintura Gótica.* Madrid 1955
* Guerrero Lovillo, L., *Sevilla.* Madrid 1952
Harvey, John, *The Cathedrals of Spain.* London 1957
Lambert, Élie, *L'Art Gothique en Espagne aux XIIe et XIIIe Siècles.* Paris 1931
Lampérez y Romea, V., *Historia de la Arquitectura Cristiana en la Edad Media.* Barcelona 1904–49
Lozoya, Juan de Contreras, Marques de, *Hostiria del Arte Hispánico.* Barcelona 1934
Müller, Theodor, *Sculpture in the Netherlands, Germany, France and Spain, 1400–1500.* Harmondsworth 1966
Street, George Edmund, *Some Account of Gothic Architecture in Spain.* London 1865
Torres Balbás, L., *Ars Hispaniae Bd. VII: Architectura Gótica.* Madrid 1952
* Verrié, Federico, *Mallorca.* Madrid 1948

* Monographien über Spanische Kathedralen in der Reihe Guias Artisticas de España, hrsg. von Josef Gudiol Ricart

Italien

Bascape, Giacomo, *Il Duomo di Milano.* Mailand 1965
Bonelli, Renato, *Il Duomo di Orvieto e l'Architettura Italiana del Duecento Trecento.* Città di Castello 1952
Carli, Enzo, *Sculture del Duomo di Siena.* Turin 1941
Carli, Enzo, *Il Pulpito di Siena.* Bergamo 1943
Carli, Enzo, *Vetrata Duccesca.* Florenz 1946
Carli, Enzo, *Le Sculture del Duomo di Orvieto.* Bergamo 1947
Carli, Enzo, *Il Reliquiario del Corporale ad Orvieto.* Mailand 1964
Carli, Enzo, *Il Duomo di Orvieto.* Rom 1965
Crispolti, Virgilio, *Santa Maria del Fiore.* Florenz 1937
Dal Poggetto, Paolo, *Ugolino di Vieri: gli smalti di Orvieto.* Florenz 1965
Decker, Heinrich, *L'Italie Gothique.* Paris 1964
Edgell, George H., *A History of Sienese Painting.* New York 1932
Lusini, Aldo, *The Cathedral of Siena.* Siena c. 1955
Marchini, Giuseppe, *Italian Stained Glass Windows.* Siena 1957
Norton, Charles Eliot, *Historical Studies of Church Building in the Middle Ages.* New York 1880
Pope-Hennessy, John, *Italian Gothic Sculpture.* London 1955
Rusconi, Arturo J., *Il Campanile di Giotto.* Bergamo 1943
Siebenhüner, Herbert, *Deutsche Künstler am Mailänder Dom.* München 1944
Toesca, Ilaria, *Andrea e Nino Pisano.* Florenz 1950
Toesca, Pietro, *Il Trecento.* Turin 1951
White, John, *Art and Architecture in Italy, 1250–1400.* Harmondsworth 1966

Index

(Zu den Abbildungen siehe das Verzeichnis am Anfang des Buches)

Aachen 119, 226
Abälard, Peter 24, 27, 29
Abbeville 193
Abraham, Pol 57
Adelard von Bath 24
Ælfheah, hl. 18
Aelred, Abt 34
Albertus Magnus 27
Albi, Kathedrale 31, *159–163*
Albigenser 159
Albrecht II., Herzog 255
Alemán, Juan 271
Alemán, Rodrigo 268
Alexander III., Papst 110
Al-Hasan 24
Alfons VI. von Kastilien 267
Alkuin 208
Alonso de Cartagena, Bischof 260
Amiens, Kathedrale 13, 31, 37, 84, 96, *134–142*, 152, 203, 226, 260, 307
Ammanati, Giovanni 290
Anselm von Canterbury 18, 24, 73
Anselm von Laon 105
Anjou 60
Aristoteles 24, 27
Arnol, Adam 272
Arnol, Fernán 272
Arnolfo di Cambio 290, 305, 307, 309
Assisi, San Francesco 5
Augustinus, hl. 24, 39, 51, 118, 174, 177, 208
Autun, Kathedrale 15

Balaquer, Pedro 84
Bamberg, Dom 109
Barcelona, Kathedrale 280
Barcelona, Sagrada Familia 261
Basel 83
Beaulieu 55
Beauvais, Kathedrale 31, 34, 136, 226, 272
Beccafumi, Domenico 301
Becket, Thomas, hl. 15, 18, 177, 181
Bede, Archidiakon 210
Bedford, Duke of 76, 156
Bela, König von Ungarn 96
Bernard de Castanet 159
Bernard de Soissons 128
Bernhard von Chartres 24, 27, 124
Bernhard von Clairvaux 24, 27, 29, 52, 55, 233
Berry, Jean de, Herzog 143
Berthold V., Herzog von Zähringen 233
Bigarny, Felipe 268
Blanka, hl. (Blanche von Kastilien) 29, 122

Böblinger, Matthäus 245, 246, 250
Boëthius 136
Bourges, Kathedrale 13, 15, 16, 109, *143–150*, 152, 260
Brunelleschi, Filippo 307
Buontalenti, Bernardo 309
Burckhardt, Jacob 230
Burgos, Kathedrale *260–264*, 272

Caen, Abbaye-aux-Hommes 48, 151, 177
Caesariano, Cesare 311
Cambrai, Kathedrale 94, 96
Cambridge, King's College Chapel 200
Canterbury, Kathedrale 15, 18, 173, *174–182*, 185, 206
Castracani, Castruccio 305
Chartres, Kathedrale 13, 16, 30, 34, 38, 51, 55, 57, 61, 73, 84, 94, *118–127*, 136, 143, 146, 149, 152, 183, 233, 272, 274
Chartres, Schule von 24
Châteauroux, Eudes de 27
Chaucer, Geoffrey 18, 177
Chermizy 109
Chlodwig, Frankenkönig 127, 128
Choisy 57
Christiano 268
Christine de Pisan 30
Cid 260
Cluny 52
Conrad, Prior 177
Constantius Chlorus, röm. Kaiser 151
Copín, Diego 268
Coutances, Kathedrale 149, *151–153*, 260

Dammartin, Guy de 143
Dancart, Pieter 286
Dante 29
Decorated Style 193, 203, 208, 210, 215, 217, 221
Dehio, Georg 233
Didron 96
Dionysius Areopagita 48
Dionysius von Paris 48
Dominicus Gundissalinus von Segovia 52
Donatello 309
Duccio di Buoninsegna 289, 302, 305
Dunstan, hl. 18
Durham, Kathedrale 56, 173

Eadmer 18
Ecgfrid, König von Northumbrien 210
Eckehart, Meister 156
Eduard II. von England 215, 217
Eduard III. von England 18, 215, 217, 218
Edwin, König von Northumberland 208
Eleanore von Aquitanien 29, 48
Elias de Dereham 203
Elisabeth von Thüringen, hl. 96
Ely, Kathedrale 83, 173, *210–216*
Engelbert, Burkhard 246
Enrique de Arfe 267
Erwin von Steinbach 84, 164
Ethelbert, König von Kent 174, 208
Etheldreda, hl. 210
Eudes de Montreuil 83
Evesham, John of 83
Eyck, Jan van 78

Fabre, Jaime 280
Fabris, Emilio de 309

Ferdinand III. der Heilige 260, 267, 272, 282
Fibonacci, Leonardo 51
Flamboyant-Stil 215
Florenz, Dom 13, 16, *305–310*
Florenz, Santa Croce 5
Focillon, Henri 274
Fouilly, Evrard de 84, 134
Fouquet, Jean 78
Francisco de Colonia 261, 264
Frankl, Paul 56, 100, 183, 244, 307
Franz von Assisi 29, 34
Freiburg, Münster 31, 167, 225, *233–240*
Freimaurerei 99
Friedrich I. Barbarossa 225, 260
Fulbert, Bischof 119, 120

Gaucher de Reims 128
Gaudi, Antonio 261, 281
Gaudri, Bischof 105
Gautier de Mortagne, Bischof 105
Geoffrey de Noier 183, 184, 185
Gerona, Kathedrale 83, 84
Gervase von Canterbury 180
Ghiberti, Lorenzo 309
Gilbert de la Porée 48
Gil de Hontañon, Juan 285
Gil de Siloë 264
Giotto 305, 307
Gislebert, Bischof 119
Glaber, Raoul 23
Gloucester, Kathedrale 173, *217–222*
Godwin 18
Goethe, Johann Wolfgang 101, 226
Granada 259
Gratian 27
Greco, El 267, 271
Gregor, hl. 34
Grosseteste, Robert 48, 184
Guillermo, Pedro 272

Hahnloser, H.R. 106
Haimon von Saint-Pierre-sur-Dives, Abt 71, 73, 119
Hanquín de Egas 271
Harvey, John 184
Hauser, Arnold 37
Heinrich V., Kaiser 47
Heinrich I. von England 47
Heinrich II. von England 177
Heinrich IV. von England 208
Heinrich VIII. von England 173, 181, 200
Heinrich I., Bischof 163
Heinrich 'der Leiter' 233
Heinrich von Gmünd d. Ä. 244
Heinrich von Gmünd d. J. 244
Heinrich von Pisa 34
Helena, hl. 225
Hereford, Kathedrale von 83, 221
Hereward the Wake 210
Hernández de Velasco, Pedro, Graf v. Haro 264
Hieronymus, hl. 39
Honorius III., Papst 127
Honorius von Autun 37
Hugh, Bischof, hl. 183, 184
Hugo von St. Viktor 48
Hunald von Aquitanien, Herzog 119

Ibn Rushd (Averroës) 24
Ina, König von Wessex 188

Jacobus de Voragine 38
Jacob I. von Aragonien 280
Jacob II. von Aragonien 280
Jacobus d. Ä., hl. 259
Jean de Beauce 127
Jean de Boubers (d'Abbeville) 134
Jean de Chelles 84, 110
Jean de Loup 128
Jean d' Orbais 128, 130
Jeanne d'Arc 127
Johan Hültz von Köln 167
Johann von Osnabrück 27
Johanna die Wahnsinnige 268
Johannes von Salisbury 24, 29
Jones, G. P. 74
Juan de Borgoña 268
Juan de Colonia (Hans von Köln) 261, 264

Karl d. Gr. 24, 118, 244
Karl d. Kahle 118
Karl IV., Kaiser 244
Karl VII. von Frankreich 127
Knoop, Douglas 74
Köln, Dom 78, 99, 136, *225–232*, 233
Konrad von Hochstaden 226, 229
Konstantin d. Gr. 208, 225
Konstantinopel, Hagia Sofia 61
Kraft, Ludwig 244

Lando di Pietro 299
Lanfranc, Erzbischof 18, 177
Langton, Stephen, Erzbischof 18
Laon, Kathedrale 15, 60, 73, *105–109*, 110, 124, 136, 203, 311
Laon, Schule von 24, 73
Las Huelgas 260
Lassus 96
Latini, Ser Brunetto 27
Lemaistre, Guillaume 131
Le Mans, Kathedrale 149
Léocade 143
León, Kathedrale *272–274*
Leoninus 34
Leo von Tundorf, Bischof 240
Lescouve, Jean 134
Libergier, Hugues 84, 99
Limoges, Kathedrale 99
Lincoln, Kathedrale 173, *183–188*, 198, 208
Lindisfarne 57
Lloyd Wright, Frank 173
London, Old St. Paul's 15, 181, 210, 217
London, Palace of Westminster (Royal Chapel of St. Stephen) 217
London, St. Paul's Cathedral 15, 16, 18, 213, 218
London, Westminster Abbey 5, 74, 181, 185, 196, 208
Louis d'Amboise, Bischof 162
Louis d'Amboise II., Bischof 163
Ludwig I. von Bayern 244
Ludwig VI. von Frankreich 47
Ludwig VII. von Frankreich 47, 48, 181
Ludwig IX. der Heilige 29, 124, 260, 267, 290
Ludwig XII. von Frankreich 162
Ludwig XIII. von Frankreich 117
Ludwig XIV. von Frankreich 117
Lugo, Kathedrale 83
Luzarches, Robert de 84, 134

Lyon, Kathedrale 38
Lyon, Konzil von 240

Mailand, Dom 13, 16, 51, 73, 83, 100, 149, 226, *311–316*
Maitani, Lorenzo 295
Mâle, Emile 34
Marburg, Elisabethkirche 5, 96, 225
Martinez, Alonso 285
Martinez, Alvar 271
Martini, Simone 289, 305
Matthäus von Paris 27, 84
Mauricio, Bischof 260
Meister Alexander 83, 185
Meister Blitherus 177
Meister Carlin 285
Meister Clemens von Chartres 122, 154
Meister Enrique 272
Meister Erminold 242
Meister Gerhard 226
Meister Gerhart 233
Meister Heinrich 244
Meister John 83
Meister Lanfranc 84
Meister Martín 267
Meister Raymundo 83
Meister Ricardo 260
Meister Wilhelm (der Engländer) 180, 181
Meister Ximón 285
Mérimée, Prosper 162
Mignot, Jean 311, 312
Modena, Dom 84
Montfaucon 55
Morey, Pedro 281
Mortimer, Roger 217
Mudejar-Stil 259
Multscher, Hans 246

Nanni di Banco 309
Napoleon I. 226, 312
Naumburg, Dom 109
Nicholas de Biard 84
Nicholas of Ely 203
Nikolaus von Stachowitz, Bischof 242
Nikolaus von Verdun 225
Norman, Juan 285

Old Sarum 200
Oliveri, Johannes 277
Orvieto, Dom *290–298*, 305

Palma de Mallorca, Kathedrale *280–281*
Pamplona, Kathedrale *274–279*
Panofsky, Erwin 27
Paris, Notre-Dame 13, 29, 34, 76, 84, 105, 109, *110–118*, 120, 136, 146, 164
Paris, Sainte-Chapelle 61
Paris, Saint-Germain-des-Prés 89
Parler, Heinrich 51, 311
Parler, Johann 236
Parler, Michael 99, 167, 226, 244
Paulus, Apostel 48
Pérez, Juan 272
Périgord 56
Perotinus Magnus 34
Perut, Jacques 274
Perpendicular Style 156, 181, 188, 200, 210, 217, 218, 221
Peter von Nottingham 74

Peterborough, Kathedrale 173, *196–200*
Peti Juan 268
Petrarca 226
Petrus Petri (Pedro Perez) 267
Philipp II. von Spanien 282
Philipp II. August von Frankreich 120, 151, 154
Philipp IV. von Valois 127
Pierre de Corbie 96, 267
Pierre de Montreuil 84, 89, 110, 112
Pilgram, Anton 255
Pirenne, Henri 23
Pisa, Taufkapelle 302
Pisano, Andrea 13, 305, 309
Pisano, Giovanni 302
Pisano, Nicola 302
Platon 48, 51
Poitou 60
Poore, Richard, Bischof 200
Pseudo-Dionysius Areopagita 48
Ptolemäus 24
Puchsbaum, Hans 250
Pugin 226

Quaglio, Domenico 244

Ralph of Shrewsbury, Bischof 188
Ramsey, William 218
Ravy, Jean 112
Regensburg, Dom 99, 233, *240–244*
Reginald de Bohun, Bischof 188
Reims, Kathedrale 94, 96, *127–133*, 136, 185, 193, 274
Reims, Saint-Nicaise 84
Remigius, hl. 105, 127, 128, 131
Renard de Cormont 84
Richard I. Löwenherz 120, 154
Richard of Farleigh 203
Richard of Stowe 185
Robert de Coucy 128
Roncesvalles 274
Roriczer, Konrad 244
Roriczer, Matthäus 99, 100, 117, 244
Roriczer, Wentzel 242
Rouen, Kathedrale 74, 122, *154–158*, 193
Ruskin, John 154, 193, 307

Saint-Denis, Abtei 5, 47, 48, 52, 55, 61, 100, 117, 124, 311
Salimbene da Parma 34, 124
Salisbury, Kathedrale 76, 173, 196, *200–207*, 208, 233, 260
Salvo, Pere 280
Santiago de Compostela 259, 274
Sayer, Dorothy 18
Schaffner, Martin 246
Scrope, Erzbischof 208
Sebastián de Almonacid 268
Sevilla, Kathedrale 226, *282–286*, 312
Siena, Dom 289, *299–305*
Simón de Colonia 261, 264, 285
Simson, Otto von 120
Somerset 193
Speyer 163
Stephan, hl. 110, 143
Stornaloco, Gabriele 311
Straßburg, Münster 13, 30, 83, 93, 99, *163–170*, 225, 230, 233, 242, 244
Stubbard, John 83

Suger, Abt 47, 48, 52, 55, 61, 73, 110, 122
Sully, Maurice de, Bischof 110
Syrlin, Jörg d.Ä. 246

Talenti, Francesco 305, 307, 309
Texier, Jean 127
Theophilus 61
Theotocopuli, Jorge Manuel 271
Thierry von Chartres 24
Thokey, Abt 217
Thomas de Cormont 84
Thomas von Aquino 27, 29, 48, 156, 290
Thornton of Coventry, John 210
Toledo, Kathedrale 149, *267–271*
Toulouse, Saint-Sernin 90
Trier, Liebfrauenkirche 225
Troyes, Urbanskirche 240
Trupin, Jehan 139

Ugolino di Vieri 295
Ulm, Marienkirche vor dem Frauentor 244
Ulm, Münster 83, 167, 225, 233, *244–250*
Ulrich von Ensingen 83, 167, 244, 246
Urban IV., Papst 290

Valencia, Kathedrale 84
Vale Royal, Abtei 74
Vézelay 56
Villard de Honnecourt 89, 90, 93, 94, 96, 100, 106, 130, 267
Villon, François 34
Vincent von Beauvais 34
Viollet-le-Duc, E. 48, 57, 96, 117, 152, 183
Visconti, Herzöge 13
Visconti, Gian Galeazzo 73, 311, 312

Walter de Gray, Erzbischof 208
Wastell, John 181, 200
Webb, Geoffrey 198
Wells, Kathedrale 13, 173, *188–196*, 198, 203, 208, 221
Whittington, Dick 16
Wien, Stephansdom 13, 225, *250–255*
Wilhelm d. Eroberer 177, 208, 210
Wilhelm von Conches 24
Wilhelm von Sens 18, 173, 180, 181
William of Colchester 208
William of Devon 174
William de Hoton 83
William de Hurle(y) 213
William von Ockham 156
William of York 208
Willis, Robert 183
Windsor Castle, Kapelle 74
Worcester 196
Wren, Christopher 213
Wyatt, James 206

Yevele, Henry 181
York, Kathedrale 76, 83, 173, *208–210*

Errata

Seite 60, rechte Spalte, 7. Zeile v.u. lies Laon statt Lyon

Seite 268, linke Spalte, 4. Zeile v.u. lies Copín statt Coinn

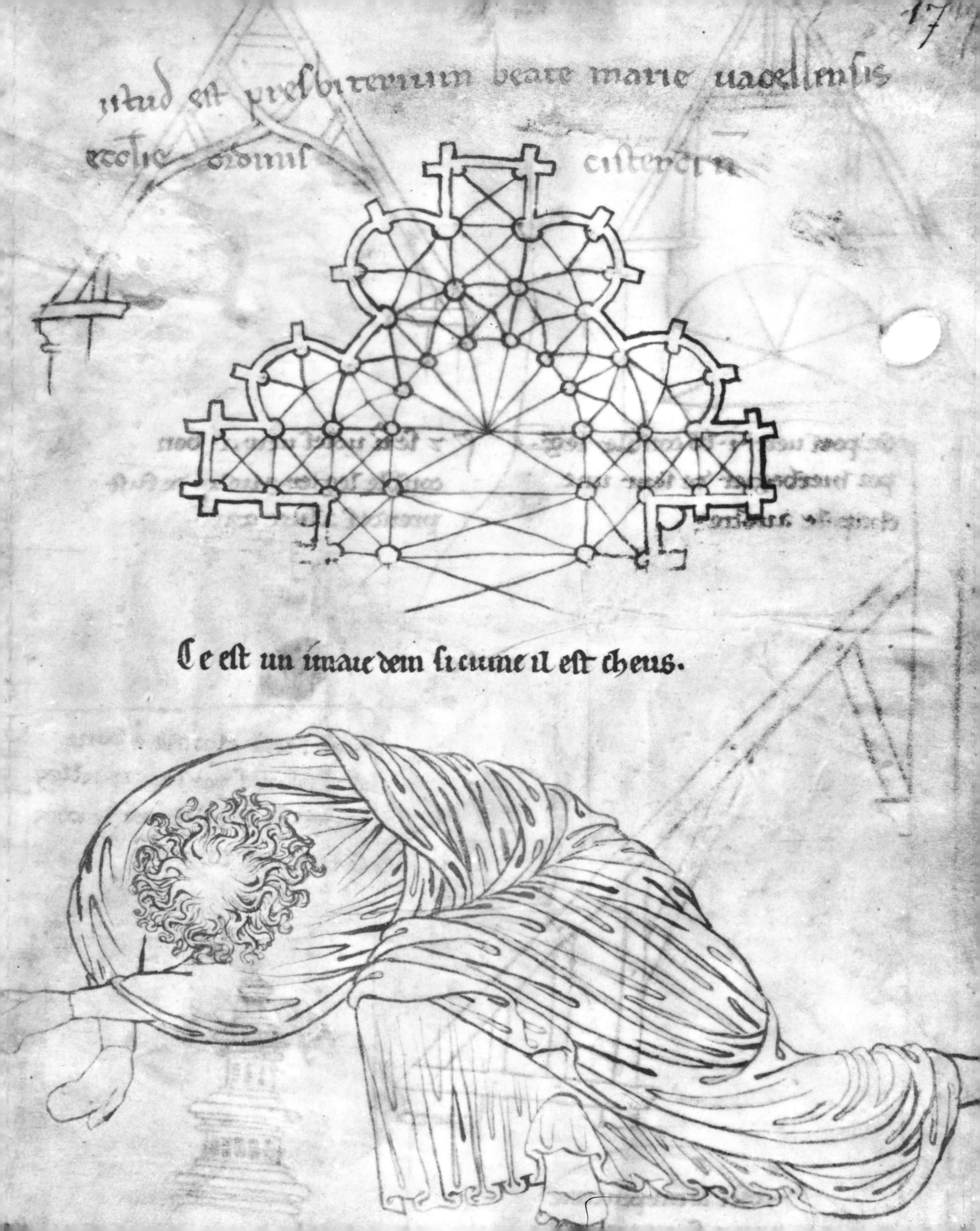

istud est presbiterium beate marie vacellensis ecclesie ordinis cistercien

Ce est un imaie dewi si cume il est theus.